단기 합격을 위한
해커스경찰 커리큘럼

입문
탄탄한 기본기와 핵심 개념 완성!
누구나 이해하기 쉬운 개념 설명과 풍부한 예시로 부담없이 쌩기초 다지기

TIP 베이스가 있다면 **기본 단계**부터!

기본+심화
필수 개념 학습으로 이론 완성!
반드시 알아야 할 기본 개념과 문제풀이 전략을 학습하고
심화 개념 학습으로 고득점을 위한 응용력 다지기

기출+예상 문제풀이
문제풀이로 집중 학습하고 실력 업그레이드!
기출문제의 유형과 출제 의도를 이해하고 최신 출제 경향을 반영한
예상문제를 풀어보며 본인의 취약영역을 파악 및 보완하기

동형문제풀이
동형모의고사로 실전력 강화!
실제 시험과 같은 형태의 실전모의고사를 풀어보며 실전감각 극대화

최종 마무리
시험 직전 실전 시뮬레이션!
각 과목별 시험에 출제되는 내용들을 최종 점검하며 실전 완성

PASS

단계별 교재 확인 및
수강신청은 여기서!

police.Hackers.com

* 커리큘럼 및 세부 일정은 상이할 수 있으며,
자세한 사항은 해커스경찰 사이트에서 확인하세요.

해커스경찰

노신
범죄학

기본서

해커스경찰

노신

<table>
<tr><td>약력</td><td>저서</td></tr>
</table>

약력	저서
현 | 해커스경찰 범죄학 강의 　　해커스공무원 교정학 강의 　　변호사	해커스경찰 노신 범죄학 단원별 기출+실전문제집 해커스경찰 노신 범죄학 기본서 해커스공무원 노신 교정학 기본서 해커스공무원 노신 교정학 단원별 기출문제집 해커스공무원 노신 교정학 법령집 해커스공무원 노신 교정학 실전동형모의고사 해커스공무원 노신 교정학 핵심요약집 해커스공무원 노신 형사정책 단원별 기출문제집 해커스공무원 노신 형사정책 법령집 해커스공무원 노신 형사정책 기본서 해커스공무원 노신 형사정책 실전동형모의고사 해커스공무원 노신 형사정책 핵심요약집

범죄학이란 사회현상으로서의 비행과 범죄에 대한 지식의 체계로서, 과학적 원리를 적용하여 범죄행위와 그에 대한 사회의 반응에 관한 연구를 하는 학문을 말합니다.

2022년부터 경찰공무원시험 과목개편으로 경위 공개경쟁채용시험(경찰간부후보생 선발시험)과 경찰행정학과 경력경쟁채용시험에 범죄학이 필수과목으로 도입되었습니다.

기출문제의 출제경향을 반영하고 내용을 수정·보완하여 2025년 대비 개정판을 출간합니다.

범죄학을 처음 접하는 수험생의 입장에서는 그 용어와 표현을 이해하는 것이 상당히 까다로울 것으로 생각되며, 이는 범죄학이라는 학문의 특성상 불가피한 것입니다. 따라서 이를 대비하는 수험생의 입장에서는 꾸준하게 반복학습을 하여 용어와 표현에 익숙해지도록 하는 것이 수험의 첫번째 단계라고 할 것입니다.

본 교재를 통해 수험생 여러분이 범죄학의 핵심을 정확하고 용이하게 이해하여 고득점에 이를 수 있도록 부단히 노력하였습니다. 본 교재가 수험생 여러분의 범죄학 공부에 대한 소중한 첫걸음이 되기를 바랍니다.

더불어 경찰공무원시험 전문 해커스경찰(police.Hackers.com)에서 학원강의나 인터넷 동영상 강의를 함께 이용하여 꾸준히 수강한다면 학습효과를 극대화할 수 있습니다.

"단 한 명만 뽑더라도 내가 합격하겠다."라는 마음으로 묵묵히 최선의 노력을 다한다면 합격의 기쁨이 여러분과 함께 할 것이라고 믿습니다.

2024년 11월
노신

목차

제1편

범죄학 기초

제1장 / 범죄

01 범죄의 개념

① 일반적으로 범죄란 그 폐해가 사회적으로 막대하고, 그것을 방치하면 사회질서의 유지가 불가능·곤란하게 되는 행위를 말한다.
② 형법상 범죄(형식적 범죄개념)는 법률상 범죄의 구성요건에 해당하고 위법하며 책임이 인정되는 행위를 말한다(범죄의 성립요건: 구성요건해당성, 위법성, 책임).
③ 형법상 범죄뿐만 아니라, 실정법상 범죄가 되지 않더라도 사회질서의 유지를 위해 국가·사회가 조치를 취할 필요가 있는 모든 '**반사회적 행위**'도 범죄학 연구의 대상이 된다(예 심신장애인의 위법행위, 형사미성년자의 촉법행위 등).

02 범죄에 대한 여러 가지 정의

1. 개별현상인 범죄와 집단현상인 범죄

개별현상인 범죄	① 특정한 개인에 의한 범죄를 총체적으로 파악하는 것을 말한다(Crime). 개별현상으로서 범죄는 개인의 비정상적인 현상으로 이해된다. ② 생물학적·심리학적 연구방법으로 접근할 수 있으며, 특별예방적 관점과 교정정책상 처우의 과학화 및 보안처분의 주요대상이 된다.
집단현상인 범죄 ✤	① 일정시기·일정사회의 자연적 산물인 범죄의 총체를 의미한다(Criminality). 이는 개별범죄의 집합이 아니라, 전체로서 자연스러운 사회적 현상으로 이해해야 한다. ② 일정한 유형성·경향성을 나타내므로 사회학적 연구방법으로 접근할 수 있으며, 일반예방적 관점과 입법정책·사법정책의 주요대상이 된다.

2. 절대적 범죄개념과 상대적 범죄개념

절대적 범죄개념	① 시간과 공간을 초월하여 타당하고 일정한 국가의 법질서와 무관한 자연적 범죄개념을 말한다(예 살인, 폭력, 절도, 강간 등). 24. 경행 ② 가로팔로(R. Garofalo)는 시간과 문화를 초월하여 인정되는 범죄가 존재한다고 보고 이를 자연범이라고 하였다. ✤
상대적 범죄개념	① 일정한 국가의 법질서와 관련해서만 규정할 수 있는 범죄개념이다. ② 오늘날에는 범죄의 개념은 시간적·공간적 상대성을 가지므로 절대적 범죄개념은 타당하지 않으며, 상대적 범죄개념이 타당하다고 보는 것이 일반적이다. 예 대마초의 합법화, 성매매의 합법화, 동성결혼의 합법화, 낙태의 비범죄화 등

3. 형식적 범죄개념과 실질적 범죄개념 23. 해경간부, 24. 경행

형식적 범죄개념	범죄를 구성요건에 해당되는 위법·유책한 행위로 규정한다(형법상 범죄개념). 범죄개념의 명확성을 기할 수 있다는 장점이 있으나, 입법적 지체현상으로 인해 법적 허점이 야기되는 문제가 있다. 24. 간부(74)
실질적 범죄개념	사회유해성과 법익침해성을 기준으로 하는 반사회적 행위로서, 실정형법을 초월하여 타당할 수 있는 신범죄화와 비범죄화의 실질적 기준을 제시하기 위한 개념이다(범죄학의 범죄개념). ✦✦
평가	연구의 대상으로 실질적 범죄개념을 포함하여야 하는 이유는 범죄개념에는 시간적·공간적 상대성과 가변성이 있기 때문이다. 이를 기준으로 현행법상 처벌되지 않은 반사회적 행위를 신범죄화하거나, 사회 변화에 따라 처벌할 필요가 없는 행위를 비범죄화하게 되는 것이다. 결국 형식적 범죄개념과 실질적 범죄개념 모두 범죄학 연구의 대상이 된다. ✦

4. 일탈행위

① 일탈행위란 흔히 공동체나 사회에서 보편적으로 인정되는 규범에 의해 승인되지 않는 행위를 의미한다(사회학적 범죄개념).
② 형법상의 범죄개념보다 넓어서 공동체에서 통용되는 모든 규범에 대한 침해가 포함된다. ✦✦
③ 일탈행위의 예로는 매춘, 알코올 중독, 마약 사용, 자살, 정신·신체의 질병, 부부 사이의 불화, 가난, 언어규칙 위반, 불손한 행위, 규범에 대한 지나친 순응 등이 있다.

5. 자연범과 법정범

자연범	법 제정과 무관하게 그 자체가 도덕적 비난을 받을 수 있는 속성을 지닌 행위를 말한다. 예 살인, 강도, 강간 등
법정범	행위 자체는 도덕성과 무관하나 법에서 범죄로 규정하여 그 위반에 대한 비난이 가해지는 행위를 말한다. 예 교통법규 위반

6. 도구적 범죄와 표출적 범죄 24. 경행

도구적 범죄	다른 목적(욕구 충족 등)을 달성하기 위해 행해지는 범죄를 말한다. 예 절도, 사기, 횡령 등 재산범죄
표출적 범죄	① 쾌락이나 범죄 그 자체를 저지르기 위해 행해지는 범죄를 말한다. ② 법적 제재의 억제효과는 표출적 범죄에서 더 약하다(챔블리스).

7. 범죄의 법률적 정의(법의 생성과 기원에 따른 구분) 22. 경행, 24. 간부(74)

합의론적 관점	① 합의론적 관점(consensus view)은 사회합의론과 기능론을 전제로 하여, 사회를 다양한 부분들이 하나로 통합된 구조로 조직되었다고 보며 범죄 대책에서는 현상유지적·수정적 경향을 지닌다. 24. 간부(74) ② 즉, 한 사회의 법률은 사회구성원들에 의해 일반적으로 합의된 행위규범을 반영하는 것으로 그 사회의 가치·신념의 주류를 대변하는 것이고, 범죄는 이러한 법률의 위반으로 사회 전체의 일반적 합의에 모순된 행위로 규정된다.
갈등론적 관점	① 갈등론적 관점(conflict view)은 이익갈등론과 강제론을 전제로 하며 범죄에 대한 대책에서도 개혁적·변혁적 경향을 띠고 있다. 갈등론자들은 법을 사회구성원의 합의의 산물로 보는 전통적 관점을 배척하고 법의 기원을 선별적인 과정으로 본다. ② 즉, 사회의 다양한 집단들 중에서 자신들의 정치적·경제적 힘을 주장할 수 있는 집단이 자신들의 이익과 기득권을 보호하기 위한 수단으로 만들어 낸 것이 법률이라는 것이다. 이에 의하면 범죄는 지배계층이 피지배계층을 통제하기 위해 법률에 규정한 행위가 된다. ③ 화이트칼라 범죄가 거리범죄(street crime)에 비해 훨씬 더 많은 해악을 끼치는 경우가 많음에도 불구하고, 지배집단의 이익을 보호하기 위해 마련된 형법은 거리범죄에 대해 더 가혹한 형벌을 규정한다.
상호작용론적 관점	① 상호작용론적 관점(interactionist view)은 개인의 정체성이나 자아관념은 타인과의 상호작용을 통해 형성된다고 보는 상징적 상호작용론의 입장을 전제로 한다. ② 사회적·법적 권력을 가진 소위 도덕적 십자군(도덕적 기획가)의 기준에 의해 범죄에 대한 정의가 결정·변경된다. 이에 의하면 범죄는 그 자체로 악한 행동 또는 반도덕적 행동이 아니라 사회가 그렇게 규정한 행동이다.

8. 범죄의 비법률적 정의

① 나날이 변화하고 복잡해지는 현대사회에서 마찬가지로 복잡하고 다양해지는 인간의 행위를 법률적으로 규정하기 어렵다.
② 또한 범죄의 법률적 정의는 법에 의해 특별히 금지되지는 않지만, 사회에 위해를 초래할 수 있는 행위들을 포함하기 어렵다.
③ 범죄의 법률적 정의에만 의존하면 실정법의 규율영역 밖에 있는 사회적 비행과 일탈에 대한 통제가 약화될 우려가 있다.
④ 다만, 범죄의 비법률적 정의는 범죄의 범위·대상을 확대하였다는 장점이 있으나, 그 개념이 애매모호하다는 비판을 받는다.

사회·법률적 접근	서덜랜드(Sutherland)는 다양한 반사회적 행위에 관심을 기울일 것을 주장하면서, 상위계층에 의한 경제범죄에 대한 범죄학적 연구의 중요성을 강조하였다.
비교문화적 접근	셀린(Sellin)은 어느 개별 집단이 가치를 두는 규범과 모든 집단에 보편적인 규범이 있으며, 범죄연구의 초점은 후자에 있다고 주장한다.

통계적 접근	윌킨스(Willkins)는 어느 사회에서 발생하는 다양한 행위의 발생빈도에 관심을 두고, 발생빈도가 높은 것은 정상이지만 발생빈도가 낮은 것은 일탈이라고 주장한다.
낙인적 접근	벡커(Becker)는 일탈자란 일탈의 낙인이 성공적으로 부착된 사람이며, 일탈행위는 사회구성원이 그렇게 낙인찍은 행위라고 본다.
인권적 접근	슈벤딩거 부부(H. Schwendinger & J. Schwendinger)에 의하면 모든 사람은 약탈적 개인이나 억압적이고 제국주의적인 사회지도층으로부터 침해를 당하지 않을 권리가 있고, 이러한 권리를 부정하는 행위는 범죄로 간주되어야 한다고 본다(범죄란 인권의 침해).
이상향적 무정부주의적 접근	테일러(Taylor), 왈튼(Walton), 영(Young) 등에 의하면 범죄는 사회적 부정의에 항거하기 위한 정상적인 시도로서, 억압자와 피억압자 사이의 갈등의 산물이라고 한다.

제2절 비범죄화

01 의의

① 비범죄화(decriminalization)란 형법의 보충성과 공식적 사회통제 기능의 부담가중을 고려하여 일정한 범죄 유형을 형벌에 의한 통제로부터 제외시키는 경향을 말한다.
② 비범죄화는 범죄화의 과잉경향에 대하여 국가형벌권의 억제를 요구하며(겸억주의), 가장 급진적인 불개입주의의 산물이다.
③ 비범죄화는 형사처벌의 폐지가 아니라 형사처벌의 완화를 목표로 한다. ✄

02 근거

① 형사사법기관의 과중한 업무부담의 해소, 과잉범죄화에 대한 반성 및 형사사법경제를 이유로 비범죄화가 요구된다.
② 비범죄화의 필요성은 소극적 일반예방(위하)이 아니라 **적극적 일반예방**(규범의식 강화)으로부터 도출된다.
③ 사회의 다원화와 가치의 다양화에 의해 **형법의 탈윤리화**(최후수단성 · 보충성)가 요청된다. ✄✄
④ 경미범죄의 처벌로 인한 낙인효과의 심각성에 대한 반성으로 비범죄화가 대두된다. ✄
⑤ 사회통제기관의 자의적인 법 집행이나 타락을 방지한다는 점에서도 근거를 찾을 수 있다.

비범죄화 분류(나우케, W. Naucke)

선언적 비범죄화	순수한 형태의 비범죄화로서 어떤 형벌법규가 아무런 대체입법 없이 무조건 삭제되는 경우
외견상 비범죄화	좁은 의미의 형벌은 배제되지만 다른 형태의 제재를 받아야 할 필요가 있어 여전히 일탈행위로 규정되어야 하는 경우 예 보안처분의 부과, 가벼운 질서 위반에 대한 범칙금 부과, 기소유예 · 선고유예, 민법 · 행정법 · 사회법 등에 의한 통제
현실적 비범죄화	국가가 일탈행위의 존재를 잘 알고 있으면서도 국가형벌을 철회하고 그 문제해결을 사회에 일임하는 경우

03 비범죄화가 가능한 영역

① 개인적 법익 또는 국가적 법익이 아니라 주로 **사회적 법익을 침해하는 범죄, 피해자 없는 범죄**에 대해서 주장된다. 24. 간부(74)

　예 비영리적 공연음란죄, 음화판매죄, 간통죄, 성매매, 낙태죄, 단순도박죄, 동성애, 경미한 마약 사용 등 ✦✦

② 행정형법상의 처벌을 형벌이 아닌 과태료로 전환하는 것도 비범죄화의 일종으로 보기도 한다.

04 유형

① **법률상의 비범죄화**: 입법작용이나 헌법재판소의 위헌결정과 같은 판결에 의해 **형벌법규가 무효화됨**으로써 이루어지는 비범죄화를 의미한다. 24. 간부(74)

② **사실상의 비범죄화**: 형사사법의 공식적 통제권한에는 변함이 없으면서도 일정한 행위양태에 대해 **형사사법체계의 점진적 활동 축소**로 이루어지는 비범죄화를 의미한다. 24. 간부(74)

수사상 비범죄화	수사기관(경찰 · 검찰)이 형벌법규가 존재함에도 불구하고 사실상 수사하지 아니하는 경우(예 기소유예 등) ✦
재판상 비범죄화	재판 주체(법원)가 더이상 범죄로 판단하지 않아 재판을 종결하는 경우

05 구별개념

1. 신범죄화

산업화 · 도시화 등 **사회구조의 변화**에 따라 종래 예상치 못했던 행위에 대해 형법이 관여하게 되는 경향을 말한다(예 환경범죄, 교통범죄, 경제범죄, 컴퓨터범죄 등).

2. 과범죄화

가정이나 공동체 등에 의한 **비공식적 사회통제 기능이 약화**됨으로 인하여 그것이 규율하던 부분을 법이 담당하게 되는 경향을 말한다(예 경범죄, 청소년범죄, 가정폭력 등).

3. 비형벌화(depenalization)

① 범죄행위 자체는 인정하지만, 형벌 부과의 타당성이나 처우의 효율성 등을 고려하여 비형벌적 제재를 과하는 경우를 의미한다. 24. 간부(74)

② 비형벌화는 일정한 '범죄자'를 대상으로 형벌을 완화하거나 형벌 이외의 제재를 하는 것이므로, 일정한 '행위'를 대상으로 형벌에 의한 통제에서 제외하는 비범죄화와 구별된다.

협의의 비형벌화	형벌을 보안처분, 민사제재 등의 형벌 이외의 제재로 대체하는 것
광의의 비형벌화	협의의 경우 외에 자유형의 벌금형화, 형벌 완화, 집행유예 · 가석방의 확대, 다이버전 등이 포함

제3절 암수범죄(숨은 범죄)

01 서론

1. 의미

① 암수범죄(숨은 범죄)란 실제로 범죄가 발생하였음에도 수사기관이(또는 누구든지) 아예 인지하지 못하였거나, 인지하기는 하였으나 해결되지 못하여 공식적인 범죄 통계에는 나타나지 않는 범죄의 총체를 의미한다. 23. 간부(73), 23. 해경간부

② 암수범죄이론에 의해 가장 신랄한 비판을 받는 것은 **절대적 형벌론**이다. 모든 범죄 행위가 남김없이 처벌된다는 전제에서 의미가 있는 절대적 형벌론의 주장은 형벌 이 미치지 않는 암수범죄의 영역이 존재한다는 사실 자체로 퇴색되지 않을 수 없다.

③ 암수범죄는 다음과 같이 분류할 수 있다. 23. 간부(73), 23. 해경간부

절대적 암수범죄	실제로 범하여졌지만 누구도(또는 수사기관이) 인지하지 못하는 범죄의 경우
상대적 암수범죄	수사기관에 인지는 되었으나 해결되지 못한 범죄의 경우
범죄경력의 암수	유죄판결을 받은 범죄자가 형사소추기관에 의해 입증된 것보다 훨씬 더 많은 범죄를 저지른 경우

2. 연혁

① 암수범죄의 문제는 범죄통계학이 도입된 시기부터 지적되었으나, 단지 공적인 기 관에 알려진 범죄와 그렇지 않은 범죄의 관계가 항상적인 것이라고 보아 처음에는 그 중요성을 인정받지 못하였다(케틀레, 정비례의 법칙). ✦

② 20세기에 들어서서 암수범죄는 범죄통계의 커다란 맹점으로 인식되었고, "범죄와 비 행에 대한 통계는 모든 사회통계 중 가장 신빙성이 없고 난해한 것이다(서덜랜 드)."라고 지적되기도 하였다. 23. 간부(73)

③ 암수범죄에 대한 정확한 이해는 범죄통계의 커다란 급소로서 범죄의 실태를 올바 르게 파악하기 위한 불가결한 전제조건이라 할 수 있다(전체 범죄 ≒ 공식범죄통계 + 암수범죄). ✦

3. 중요성

① 암수범죄의 존재는 범죄통계의 정확성에 이의를 제기하기 때문에 일정한 정책에 의해 범죄통계가 달라진 경우에도 그것이 정책의 실질적인 영향으로 볼 수 없는 경우가 많다.

② 범죄원인론에서 중요하게 취급되는 범죄의 여러 원인은 부정확한 범죄통계에 의 한 것이기 때문에 범죄학은 그 경험적인 우위를 지킬 수 없다.

③ 대부분의 사람은 암수범죄자가 될 수 있고, 여기에서 정책의 공평성에 대한 문제 와 선별적 형사소추의 문제가 제기된다.

④ 암수범죄를 법경제학적으로 해석하면, 유죄판결을 받을 확률을 계산해서 형량을 결정해야 일반예방효과가 있다는 의미가 된다.

⑤ 암수범죄의 존재 사실은 서로 다른 정책방향을 유도하기도 한다. 낙태행위가 암수
범죄로 많이 행해진다는 사실은 비범죄화 요구와 직결되어 이용되기도 한다. 반면
경제범죄가 암수범죄로 많이 이루어진다는 것은 더욱 엄격하게 대처해야 한다는
요구로 이어지기도 한다.

02 발생원인

1. 일반적 원인

① 발생한 모든 범죄가 인지되는 것은 아니다. 이는 범죄의 특수성으로 인해 범죄자
가 자신의 범죄사실을 인식하지 못하는 경우뿐만 아니라, 피해자가 특정되어 있지
않거나 간접적 피해자만 존재하는 경우도 포함된다(예 탈세범죄, 환경범죄, 낙태범
죄, 마약소지 등).

② 인지된 모든 범죄가 수사기관에 알려지는 것도 아니다. 이것은 피해자의 개인적
사정이나 신고에 따른 불편·불이익, 피해자나 제3자의 제한된 고소·고발행위에
그 원인이 있다(예 종래 성범죄의 친고죄 규정). 24. 간부(74)

③ 수사기관에 알려진 모든 범죄를 수사기관이 해결하는 것은 아니다(수사기관의 검
거율). 24. 간부(74)

④ 수사기관에서 해결한 모든 범죄행위에 대해 공소가 제기되는 것은 아니다(기소편
의주의). 24. 간부(74)

⑤ 기소된 모든 범죄행위가 법원의 소송절차에서 유죄판결을 받는 것은 아니다. 24. 간
부(74)

⑥ 그밖에 당국의 통계조사의 흠결로 인하여 암수범죄로 남는 경우도 있다. ✦

> ①, ②의 경우는 절대적 암수범죄의 원인으로 볼 수 있고, ③, ④, ⑤의 경우는 상대
> 적 암수범죄의 원인으로 볼 수 있다. 특히 상대적 암수범죄의 원인으로 제시된 법
> 집행기관의 자의 또는 재량의 문제(④, ⑤)와 관련하여, 폴락(Pollak)은 "현존하는
> 남녀 범죄간에 보이는 불평등을 야기하는 현저한 원인의 하나는 기사도 정신에 의
> 한 것이고, 그것은 남성의 여성에 대한 일반적인 태도이다. 경찰은 여성을 체포하
> 기를 꺼려하고, 검찰은 기소하기를 꺼려하며, 재판관이나 배심원은 유죄로 하기를
> 꺼려한다."라고 지적하였다(기사도가설). 24. 간부(74)

2. 비판범죄학에서 제기되는 원인

① 비판범죄학에서는 선별적 형사소추의 문제를 암수범죄의 가장 큰 원인으로 제시하
고 있다. 이는 통제기관(형사사법기관)이 일정한 의도를 가지고 특정 집단의 사람
들만을 범죄인으로 만든다는 이론을 토대로 한다. ✦

② 이 견해는 낙인이론과 결합하여 법 집행과정에서 집행주체인 경찰·검찰·법원 등
의 편견이나 가치관에 따라 범죄자를 차별적으로 취급함으로써 암수범죄가 발생
한다고 본다. 이에 대해 셀린(Sellin)은 선별 과정에서 암수를 줄이기 위해서 경찰
통계를 활용할 것을 주장하기도 하였다. ✦✦

03 조사방법

1. 의의

① 암수범죄의 조사는 공식통계보다 범죄학적 연구의 관점이 많이 고려된다.
② 암수범죄의 조사를 통해 공식통계보다 경미범죄와 일탈행위를 잘 파악할 수 있다.
③ 암수범죄의 조사방법에는 직접적 관찰과 간접적 관찰이 있으며, 이 중에서 간접적 관찰(설문조사)이 주로 실시되고 있다.

2. 직접적 관찰 ✬✬

자연적 관찰	실제로 일어나는 암수범죄를 직접 관찰하는 방법	
	참여적 관찰	관찰하고자 하는 범죄행위에 직접 가담하는 방법
	비참여적 관찰	유리벽을 통한 관찰 또는 몰래 카메라로 촬영하는 방법
인위적 관찰	'실험'을 통하여 암수범죄를 직접 실증하는 방법 예 블랑켄부르크(Blankenburg)의 연구	

3. 간접적 관찰(설문조사) 23. 경행 2차

(1) 자기보고 조사(행위자 조사)

① 의의: 일정한 집단을 대상으로 설문조사와 면접을 통해 개개인의 범죄·비행을 스스로 보고하게 함으로써 암수범죄를 측정하는 방법이다. 22. 경행, 23. 간부(73), 23. 해경간부, 24. 간부(74)
② 장·단점 23. 해경간부

장점	㉠ 객관적인 범죄의 실태와 실제 발생한 범죄량 및 빈도의 파악이 용이하다. ㉡ 사회의 범죄 분포에 관한 포괄적인 이해가 가능하다. ㉢ 범죄관련사항 외에 대상자의 인격특성·가치관·태도·환경 등도 같이 조사하므로 범죄이론의 검증 및 범죄원인의 파악이 가능하다.
단점	㉠ 조사대상자의 정직성·진실성에 따라 그 결과의 타당성 여부가 달라질 수 있다. ✬✬ ㉡ 중범죄나 사회적으로 금기시하는 범죄(예 살인, 강간 등) 또는 직업적으로 행하는 범죄(예 화이트칼라 범죄) 등을 조사하는 데는 부적합하다. ✬✬ ㉢ 주로 청소년의 비행(또는 경미한 성인범죄)을 조사하는 데 이용되고, 학교 등에서 집단적으로 조사가 실시되어 조사대상자의 대표성에 의문이 제기된다.

(2) 피해자 조사

① 피해자가 자신이 당한 범죄를 진술하게 함으로써 암수범죄를 조사하는 방법을 말한다. 23. 간부(73)
② 피해자 조사는 현재 **암수범죄의 조사방법으로 가장 많이 활용**되는 것으로, 가장 오래된 방법이자 가장 신뢰할 수 있는 방법이다. 23. 경행 1차, 23. 해경간부, 24. 간부(74)
③ 지금까지 형사소송·피해보상 등에서 충분히 고려되지 못했던 피해자의 이익에 대한 관점이 강화되는 것을 의미한다.

1. 범죄연구 방법
암수범죄의 연구는 공식범죄 통계에 의한 범죄연구와 더불어 범죄에 접근할 수 있는 또 다른 방법이다. 공식범죄 통계에 있어서는 형사사법의 실무적 관점이 더 많이 작용하고, 중대한 범죄를 더 잘 파악하여 사회통제기관의 관점에서 고찰한다. 반면, 암수범죄의 조사는 범죄학적 연구의 관점이 많이 고려되어 경미범죄를 잘 파악할 수 있고, 범죄학적 인식에 새로운 차원을 열어준다.

2. 평가
양자의 범죄연구 방법은 각각 독자적인 범죄실태를 확인시켜주는 것으로서, 상호보완적일 수는 있어도 상대방의 흠결에 대한 보충이 되기는 어렵다.

④ 우리나라는 1994년부터 한국형사정책연구원에서 전국단위의 범죄피해조사를 실시하여 왔고, 2009년에 전국범죄피해조사, 2013년에 국민생활안전실태조사로 변경되었다. 2009년 이후 전국적으로 6,000~7,000가구를 대상으로 설문조사방식과 면접조사방식을 병행하여 2년마다 실시되고 있다(횡단 조사).

⑤ 장 · 단점

장점	㉠ 피해자를 직접 조사함으로써 정확한 범죄현상의 파악이 가능하다. ㉡ 전국적인 조사가 가능하므로 대표성 있는 자료를 수집할 수 있다. ㉢ 범죄발생과정에서 피해자의 역할 등을 파악할 수 있다. ㉣ 범죄예방(피해의 축소, 범행기회의 제거)에 유용한 자료를 제공한다.
단점	㉠ 피해자 조사는 일정한 유형의 범죄에 대해서는 사용될 수 없는 한계가 있다[예 피해자 없는 범죄, 법인 · 재단 등 피해자가 개인이 아닌 범죄, 피해자가 범죄로 인식하지 않는 범죄, 경미범죄 또는 중범죄(특히 살인범죄), 피해자를 특정하기 어려운 환경범죄나 경제범죄, 국가적 · 사회적 법익에 관한 범죄 등]. ☆☆ ㉡ 피해자가 증오심에 사로잡혀 있는 경우에는 과장된 보고를 함으로써 오히려 진실이 은폐될 수 있는 가능성도 있다(과대보고 혹은 과소보고의 문제점). ㉢ 조사방법에 따른 한계도 있다. 피해자 조사는 많은 사람을 대상으로 하므로, 직접면담은 거의 불가능하고 대부분 전화 · 서면질의로 행해진다. 또한 조사자 · 피조사자의 태도에 의해 조사결과가 왜곡될 수 있다. ㉣ 조사결과의 신뢰성에 대한 문제도 있다. 보고된 범죄가 실제로 발생했는가는 검증할 방법이 없으며, 서로 다른 사회적 · 경제적 · 교육적 배경을 가진 대상자들의 범죄에 대한 평가가 얼마나 정확한지도 문제이다. ㉤ 전통적인 범죄(예 살인, 강도, 강간, 절도 등)만이 조사대상이 되므로, 상당수의 범죄는 조사되지 않는다. 24. 간부(74)

(3) 정보제공자 조사

정보제공자 조사는 피해자 조사에 대한 보조수단으로서, 법 집행기관에 알려지지 않은 범죄나 비행을 인지하고 있는 제3자에게 범죄내용을 보고하게 하는 방법이다. ☆☆

제4절 피해자 없는 범죄

01 개념

① 피해자 없는 범죄(victimless crime)란 법익침해 내지 그 위험성을 수반하지 않는 범죄, 즉 보호법익이 명백하지 않은 범죄를 의미한다.
② 피해자 없는 범죄는 주로 공공법익에 관한 범죄로서 개인적 법익을 침해하지 않는다는 점에서 슈어(E. Schur)가 피해자 없는 범죄라고 하였다.

02 특징

① 피해자 없는 범죄는 법에 의하여 금지되어 있지만, **동의에 의한 범죄이거나, 가해자와 피해자의 대립구도가 명확하지 않고, 개인적 법익을 침해하지 않는다**는 특징이 있다. 23. 경행 1차
　예 동의낙태죄, 성매매, 도박죄, 간통죄, 동성애, 경미한 마약 사용, 공연음란죄 등 23. 해경간부
② 이로 인해 특별히 피해를 입은 자가 없고 잘 적발되지도 않아 대부분 **암수범죄**가 된다. 특히 피해자 없는 범죄는 절대적 암수범죄와 관련이 깊다고 한다. 23. 해경간부

03 비범죄화의 주장

① 피해자 없는 범죄는 피해자가 없음에도 불구하고 형벌로써 처벌할 필요성이 있는가의 문제(비범죄화)가 거론된다.
② 보호법익이 사회나 공공의 이익과 같은 보편적 법익의 경우(예 경제범죄, 환경범죄 등)에 대하여 피해자 없는 범죄로 보아 비범죄화하는 것은 옳다고 할 수 없다는 비판이 있다.
③ 피해자 없는 범죄란 원칙적으로 있을 수 없으며, 단지 그 피해자가 전통적 범죄의 피해자와는 다른 성격을 가진다고 본다(가해자가 동시에 피해자인 경우, 피해자가 불특정 다수인 경우 등).

04 피해자 없는 범죄의 유형

① **피해자와 가해자가 동일인인 범죄**: 매춘, 약물남용 등
② **피해자가 불특정 다수인인 범죄**: 기업범죄(예 독과점과 같은 공정거래위반 관련범죄, 허위광고, 위험물질의 생산과 판매, 환경범죄, 안전위해범죄 등)

단원별 지문 O/X

01 자연적 범죄개념에서는 범죄 가운데 시간과 문화를 초월하여 인정되는 범죄행위가 존재한다고 보고, 이는 형법상 금지 여부와 상관없이 그 자체의 반윤리성·반사회성으로 인해 비난받는 범죄행위이다. (　　)

02 범죄대책을 시행함에 있어서는 공식적인 통계에 나타나지 않는 범죄도 고려의 대상이 된다. (　　)

03 '법률이 없으면, 범죄도 없고, 형벌도 없다'라는 주장은 형식적 의미의 범죄개념을 의미한다. (　　)　　　24. 간부(74)

04 형식적 의미의 범죄가 아닌 것은 범죄학 연구의 대상에서 제외된다. (　　)

05 형식적 의미의 범죄는 시간과 공간에 따라 변하지 않는 특성이 있다. (　　)　　　24. 경행

06 형식적 의미의 범죄는 입법의 지연에 따라 법적 허점을 야기할 수 있다. (　　)　　　24. 경행

07 실질적 의미의 범죄는 사회에 유해한 반사회적 행위를 뜻한다. (　　)　　　24. 경행

08 실질적 의미의 범죄는 범죄개념에 더 근원적으로 접근하기 때문에 정책적 판단기준을 제시해준다. (　　)　　　24. 경행

09 사회적 일탈행위의 개념에서는 범죄행위뿐만 아니라 그 자체가 범죄로 되지 아니하는 알코올 중독, 자살기도, 가출 등과 같은 행위도 연구의 대상이 된다. (　　)

10 범죄의 개념과 원인 등은 합의론적 관점, 갈등론적 관점, 상호주의적 관점에서 접근할 수 있다. (　　)　　　24. 간부(74)

11 합의론적 관점에 의하면, 법은 지배계층을 보호할 수 있는 도구가 된다. (　　)　　　22. 경행

---

01 ○　'절대적 범죄개념'은 시간과 공간을 초월해서 타당하고 일정한 국가의 법질서와 무관한 '자연적 범죄개념'을 말한다(예 살인, 폭력, 절도, 강간 등). 가로팔로(Garofalo)는 시간과 문화를 초월하여 인정되는 범죄가 존재한다고 보고 이를 '자연범'이라고 하였다.

02 ○　공식적인 통계에 나타나지 않는 범죄(암수범죄)는 범죄통계의 커다란 맹점이라 할 수 있으므로, 이에 대한 정확한 이해를 통해 범죄의 실태를 올바르게 파악하고 범죄대책을 수립하여야 한다.

03 ○　지문의 주장은 죄형법정주의에 대한 표현으로 형식적 범죄개념과 연결된다.

04 ✕　범죄학 연구의 대상으로 실질적 범죄개념을 포함하여야 하는 이유는 범죄개념에는 시간적·공간적 상대성과 가변성이 있기 때문이다. 이를 기준으로 현행법상 처벌되지 않은 반사회적 행위를 신범죄화하거나, 사회변화에 따라 처벌할 필요가 없는 행위를 비범죄화하게 되는 것이다. 따라서 형식적 범죄개념과 실질적 범죄개념 모두 범죄학 연구의 대상이 된다.

05 ✕　시간과 공간에 따라 변하지 않는 특성은 '절대적 범죄개념'에 관한 설명이다.

06 ○　형식적 범죄개념은 입법적 지체현상으로 인해 법적 허점이 야기되는 문제가 있다.

07 ○　실질적 범죄개념은 사회유해성과 법익침해성을 기준으로 하는 반사회적 행위를 의미한다.

08 ○　실질적 범죄개념은 실정형법을 초월하여 타당할 수 있는 신범죄화와 비범죄화의 실질적 기준을 제시한다.

09 ○　'일탈행위'란 흔히 공동체나 사회에서 보편적으로 인정되는 규범에 의해 승인되지 않는 행위를 의미한다(사회학적 범죄개념). 일탈행위의 범위는 형법상의 범죄개념보다 넓어서 공동체에서 통용되는 모든 규범에 대한 침해가 포함된다.

10 ○　범죄를 법의 생성과 기원에 따라 합의론적 관점, 갈등론적 관점, 상호주의적(상호작용론적) 관점으로 구분할 수 있다.

11 ✕　'갈등론적 관점'에 관한 설명이다.

12 합의론적 관점에 의하면, 법은 대부분의 사회구성원이 공유하는 가치와 규범에 의해 만들어진다. (　　) 22. 경행

13 합의론적 관점에 의하면, 범죄는 사회가 낙인찍거나 정의하기 때문에 불법적인 행위가 된다. (　　) 22. 경행

14 합의론적 관점에 의하면, 범죄는 실제 행위의 위해(危害) 여부와는 관계없이 사회세력에 의해 유지된다. (　) 22. 경행

15 상호주의적 관점은 형사사법을 포함한 사회의 다양한 부분들이 하나의 통합된 구조로 조직되고, 어느 한 부분의 제도변화가 다른 부분에 상당한 영향을 미친다고 본다. (　　) 24. 간부(74)

16 표출적 범죄(expressive crime)는 특정한 목적이나 목표를 위해 동기부여된 범죄이다. (　　) 24. 경행

17 표출적 범죄는 주로 개인의 욕구 충족을 위해 저지르는 경우가 많다. (　　) 24. 경행

18 도구적 범죄(instrumental crime)는 타인과의 갈등 상황에서 감정이 격해져 우발적으로 저지르는 범죄이다. (　　) 24. 경행

19 도구적 범죄의 유형에는 절도, 사기, 횡령이 있다. (　　) 24. 경행

20 비범죄화는 피해자 없는 범죄와 주로 사회적 법익을 침해하는 범죄에 적용 가능하다. (　　) 24. 간부(74)

21 양심적 병역거부는 대법원의 판결에 따라 비범죄화되었다. (　　) 24. 간부(74)

22 비범죄화는 형사처벌의 완화가 아니라 폐지를 목표로 한다. (　　)

23 비범죄화와 관련하여 「성매매방지 및 피해자보호 등에 관한 법률」상 성매매 목적의 인신매매를 당한 사람은 처벌하지 아니한다. (　　) 24. 간부(74)

---

12 ○　합의론적 관점에 관한 설명이다.

13 ×　'상호작용론적 관점'에 관한 설명이다.

14 ×　'갈등론적 관점'에 관한 설명이다.

15 ×　'합의론적 관점'에 대한 설명이다. 상호주의적(상호작용론적) 관점은 개인의 정체성이나 자아관념은 타인과의 상호작용을 통해 형성된다고 보는 상징적 상호작용론의 입장을 전제로 한다.

16 ×　표출적 범죄는 '쾌락이나 범죄 그 자체를 저지르기 위해 행해지는 범죄'를 말한다. 특정한 목적이나 목표를 위해 동기부여된 범죄란 '도구적 범죄'에 대한 설명이다.

17 ×　'도구적 범죄'는 개인의 욕구 충족(목적 달성)을 위해 저지르는 경우가 많다.

18 ×　타인과의 갈등 상황에서 감정이 격해져 우발적으로 저지르는 범죄는 '격정범'에 대한 설명이다.

19 ○　절도, 사기, 횡령 등의 재산범죄는 금전적 이득을 목적으로 하는 범죄로서 도구적 범죄에 해당한다.

20 ○　비범죄화는 개인적 법익 또는 국가적 법익이 아니라 주로 사회적 법익을 침해하는 범죄, 피해자 없는 범죄에 대해서 주장된다.

21 ○　옳은 지문으로 처리되었는데, 아마도 대법원 판례(2016도10912) 등을 근거로 하는 것으로 판단된다. 비범죄화(decriminalization)란 형법의 보충성과 공식적 사회통제 기능의 부담가중을 고려하여 일정한 범죄 유형을 형벌에 의한 통제로부터 제외시키는 경향을 말하며, 그중 법률상 비범죄화는 입법작용이나 헌법재판소의 위헌결정과 같은 판결에 의해 형벌법규가 무효화됨으로써 이루어지는 비범죄화를 의미한다. 대법원 판례는 병역거부의 정당한 이유 여부를 판단하는 것이고, 정당한 이유가 없어 진정한 양심에 따른 병역거부가 아니라고 보아 유죄로 판단한 대법원 판례(2019도17322)도 있으므로, 병역법 규정을 무효화시키는 비범죄화에 해당한다고 볼 수 있을지 의문이다. 한편 헌법재판소는 양심적 병역거부자에 대한 대체복무제를 규정하지 아니한 병역법 조항이 과잉금지원칙을 위반하여 양심적 병역거부자의 양심의 자유를 침해한다고 판단하였는바(2011헌바379 등), 양심적 병역거부는 이러한 헌법재판소의 결정에 따라 비범죄화되었다고 볼 수도 있다.

22 ×　비범죄화는 형사처벌의 폐지가 아니라 '형사처벌의 완화'를 목표로 한다.

23 ×　지문의 경우는 비범죄화의 문제가 아니라, '비형벌화'의 문제이다(범죄는 성립하나 대상자의 특성을 고려하여 형벌을 부과하지 않고 다른 제재수단으로 대처하는 경우).

24 입법부에 의한 법률상의 비범죄화뿐만 아니라 경찰·검찰과 같은 수사기관에 의한 실무상의 비범죄화도 이루어지고 있다.

(　　) 24. 간부(74)

25 암수범죄란 실제로 범죄가 발생하였으나 공식적인 통계에는 나타나지 않은 범죄를 말한다. (　　)　　23. 간부(73)

26 서덜랜드(Sutherland)는 범죄와 비행에 대한 통계에는 암수가 존재하며, 암수는 가변적이므로 모든 사회통계 중에서 가장 신빙성이 없고 난해한 것이라고 하였다. (　　)　　23. 간부(73)

27 수사기관이 범죄피해자가 아닌 제3자의 신고를 받고 범죄를 인지하여 해결한 경우 암수범죄로 볼 수 없다. (　　)

28 절대적 암수범죄란 수사기관에 의하여 인지되었으나 해결되지 못하여 범죄통계에 반영되지 못한 범죄를 말한다. (　　)

23. 간부(73)

29 신고에 따른 불편, 수사기관 출두의 번거로움, 보복의 두려움은 절대적 암수범죄의 발생원인이다. (　　)

30 수사기관이 범죄의 혐의가 명백히 존재함에도 개인적 편견에 따라 차별적 취급을 한 경우 암수범죄로 볼 수 없다. (　　)

31 범죄통계에는 필연적으로 암수가 발생하는바, 암수를 조사하는 방법으로는 참여적 관찰, 비참여적 관찰, 인위적 관찰방법 등이 있다. (　　)

32 설문조사는 정치범죄, 가정범죄 등 내밀한 관계 및 조직관계에서 일어나는 범죄의 암수를 밝히는 데에 적합하다. (　　)

33 자기보고식조사는 보통 설문조사를 통하여 지난 1년 동안 각 유형별로 몇 건의 범죄를 했는지를 질문하는 방식인데, 익명 조사로 이루어지는 경우가 많다. (　　)

24. 간부(74)

---

24 ○　법률상의 비범죄화란 입법작용이나 헌법재판소의 위헌결정과 같은 판결에 의해 형벌법규가 무효화됨으로써 이루어지는 비범죄화를 의미하고, 사실상의 비범죄화란 형사사법의 공식적 통제권한에는 변함이 없으면서도 일정한 행위양태에 대해 형사사법체계의 점진적 활동 축소로 이루어지는 비범죄화를 의미한다(실무상의 비범죄화).

25 ○　암수범죄(숨은 범죄)란 실제로 범죄가 발생하였음에도 수사기관이 아예 인지하지 못하였거나, 인지하기는 하였으나 해결되지 못하여 공식적인 범죄통계에는 나타나지 않는 범죄의 총체를 의미한다.

26 ○　20세기에 들어서 암수범죄는 범죄통계의 커다란 맹점으로 인식되었고, "범죄와 비행에 대한 통계는 모든 사회통계 중 가장 신빙성이 없고 난해한 것이다(서덜랜드)."라고 지적되기도 하였다.

27 ○　암수범죄는 실제로 범죄가 발생하였음에도 수사기관에 아예 인지되지 않았거나, 인지되기는 하였으나 해결되지 않아 공식적인 범죄통계에는 나타나지 않는 범죄의 총체를 말하는 것으로서, 지문과 같은 경우에는 암수범죄에 해당하지 않는다.

28 ×　'상대적 암수범죄'란 수사기관에 인지는 되었으나 해결되지 못한 범죄의 경우를 말하고, 절대적 암수범죄란 실제로 범하여졌지만 누구도 인지하지 못하는 범죄의 경우를 말한다.

29 ○　절대적 암수범죄란 실제로 범하여졌지만 인지하지 못하는 범죄의 경우를 말하는 것으로서, 피해자의 개인적 사정이나 신고에 따른 불편·불이익, 피해자나 제3자의 제한된 고소·고발행위 등에 그 원인이 있다고 한다.

30 ×　비판범죄학에서는 낙인이론과 결합하여 법집행과정에서 집행주체인 경찰·검찰·법원 등의 편견이나 가치관에 따라 범죄자를 차별적으로 취급함으로써 암수범죄가 발생한다고 본다.

31 ○　암수범죄의 조사방법은 크게 직접적 관찰과 간접적 관찰(설문조사)로 나눌 수 있고, 직접적 관찰은 자연적 관찰(참여적 관찰, 비참여적 관찰), 인위적 관찰(실험)로 나누며, 간접적 관찰은 자기보고 조사, 피해자 조사, 정보제공자 조사로 나눌 수 있다.

32 ×　설문조사(간접적 관찰)는 조사대상자의 정직성에 따라 그 결과의 타당성 여부가 달라질 수 있다는 단점이 있으므로 지문에서 제시된 범죄유형의 조사에는 적합하지 않을 수 있다.

33 ○　자기보고 조사(행위자 조사)에 대한 옳은 설명이다.

34 공식범죄 통계를 통해 확인하기 어려운 암수를 직접 관찰하는 방법으로는 자기보고식 조사와 피해자 조사가 있다. (　　)

23. 경행 2차

35 피해자 조사는 암수범죄를 파악하는 데 용이하다. (　　)

23. 경행 1차

36 범죄피해조사는 공식 형사사법기관에 보고되지 않은 암수범죄를 밝히는데 유용하지만 살인, 강도, 강간, 절도 등 전통적인 범죄가 조사대상이 된다는 한계가 있다. (　　)

24. 간부(74)

37 암수범죄는 성매매, 낙태, 도박과 같이 피해자가 없거나 피해자와 가해자의 구별이 어려운 범죄에 많이 발생한다. (　　)

38 피해자 없는 범죄(victimless crimes)란 전통적인 범죄와 마찬가지로 피해자와 가해자의 관계가 명확하여 피해자를 특정하기 어려운 범죄를 의미한다. (　　)

23. 경행 1차

---

34 ✕　암수범죄의 조사방법에는 직접적 관찰과 간접적 관찰이 있으며, '간접적 관찰'에는 자기보고 조사, 피해자 조사, 정보제공자 조사가 있다.

35 ○　피해자 조사는 피해자에게 자신이 당한 범죄를 진술하게 함으로써 암수범죄를 조사하는 방법을 말하는데, 현재 암수범죄의 조사방법으로 가장 많이 활용되는 것으로, 가장 오래된 방법이자 가장 신뢰할 수 있는 방법이라고 평가된다.

36 ✕　옳지 않은 지문으로 처리되었으나, 대부분의 피해자조사는 보편적으로 전통적인 통상범죄를 주로 조사대상으로 하고 있어서 상당한 종류의 범죄가 조사되지 않기 때문에 우리 사회의 전체범죄를 파악하는 데는 불충분하다는 지적이 있고, 살인범죄는 피해자가 사망한 관계로, 강간 등은 피해자의 수치심과 명예의 손실 때문에 사실상 조사가 어렵거나 조사의 효과가 의문시된다고 보는데, 이러한 내용을 종합해보면, 피해자조사는 전통적인 통상범죄를 주로 조사대상으로 하고 있어, 사회의 전체범죄를 파악하는데 불충분하다는 한계(비판)이 있는데, 살인범죄나 강간 등은 사실상 조사가 어렵거나 조사의 효과가 의문시된다는 것이지, 살인범죄나 강간 등이 조사대상이 되지 않는다는 의미로 볼 수는 없는 것으로 생각된다.

37 ○　피해자 없는 범죄는 대부분 암수범죄가 되기 쉬운 특징이 있다.

38 ✕　피해자 없는 범죄는 '피해자와 가해자의 대립구도가 명확하지 않아' 피해자를 특정하기 어렵다. 피해자 없는 범죄의 유형으로는 ⓐ 피해자와 가해자가 동일인인 범죄(매춘, 약물남용 등)와 ⓑ 피해자가 불특정 다수인인 범죄(기업범죄) 등이 있다.

제2장 / 범죄학

제1절 범죄학의 의의

01 범죄학의 개념

① 범죄학이란 사회현상으로서의 비행과 범죄에 대한 지식의 체계로서, 과학적 원리를 적용하여 범죄행위와 그에 대한 사회의 반응에 관한 연구를 하는 학문을 말한다.

범죄학	• 1885년 가로팔로(R. Garofalo)가 『범죄학』에서 사용 • 범죄의 현상과 원인을 규명함을 주된 내용으로 하는 사실학 내지 경험과학의 총체
형사정책	• 1800년에 포이어바흐(P. Feuerbach)가 『코란형법서설』에서 처음 사용 • 범죄에 관한 다양한 학문적 정보와 함께 그에 따른 정부의 각종 대책을 종합적으로 연구하는 학문
형사학	• 1914년 가로(Garraud)가 처음 사용 • 리스트(Liszt)의 전형법학에 대응하는 광범위한 의미(범죄원인학 · 행형학 · 형사정책을 포괄)

② 서덜랜드와 크레시(Sutherland & Cressey)는 범죄학을 다음과 같이 정의한다.

> "범죄학이란 범죄를 사회적인 현상으로 간주하는 지식체계이다. 범죄학의 연구범주에는 법 제정의 과정, 제정된 법의 위반과정, 법 위반행위에 대한 대응과정 등이 포함된다. 범죄학의 궁극적인 목적은 이러한 법, 범죄, 범죄에 대한 조치와 관련된 여러 가지 과정들에 대한 일반적이고 신뢰할 수 있는 원칙들을 확립하는 데 있다."
> 23. 경행 2차

02 범죄학과 형사정책의 구별

① 범죄학은 범죄의 원인과 범위, 범죄의 성질 등을 연구하는 학문이지만, 형사정책은 범죄문제와 연관되어 있는 사회통제기관의 활동을 연구하는 학문이다.
② 협의의 형사정책은 범죄학의 경험적 연구를 토대로 독자적인 규범적 기준에 따라 범죄화 · 비범죄화 또는 형벌의 개폐를 결정하는 분야이다. 반면에 원래적 의미에서 범죄학은 범죄의 현실적 원인과 그에 대한 대책으로서 형벌의 실제적 효과를 경험적으로 연구하는 분야를 말한다.
③ 형사정책은 규범과학(정책학)이지만 범죄학은 경험과학(사실학)이라고 할 수 있다. 또한 형사정책은 가치과학이고, 범죄학은 존재과학이라고 할 수 있다. 이처럼 양자의 성격이 학문적으로는 엄격히 구별됨에도 불구하고 실제로는 혼용되어 사용되는 경우가 적지 않다.

03 범죄학의 연구목적

① 범죄실태의 정확한 파악을 위하여 사회의 범죄현상을 분석
② 범죄를 규율하는 법률의 제정이 타당한지 여부를 파악
③ 범죄에 대한 형벌의 집행이 일반인이나 범죄자에게 범죄억제의 효과가 있는지 여부를 탐구
④ 범죄원인을 탐색
⑤ 범죄발생을 방지하고 피해자화를 예방할 수 있는 방안을 강구

04 범죄학의 특성

1. 종합과학성

범죄학은 다양한 학문분야가 자신의 관점에서 독립적으로 관계하는 복수의 학제로, 때로는 이들 복수의 학제가 공동으로 관계하는 종합과학적 특성을 가지고 있다(융합학문적 성격, 학제적 성격). 23. 경행 2차

2. 독립과학성

범죄학이 아직은 독립된 학문분야가 되지 못하며 다양한 대상에 대한 다양한 생각과 정보를 합성한 것에 불과하다는 주장도 있다. 그러나 범죄학은 과학적 연구방법, 과학적 접근, 과학적 태도를 활용하는 이론적 개념화와 일련의 조직적 자료를 집합한 것으로 여러 분야의 지식을 통합한 하나의 독립된 학문분야라고 보는 것이 일반적이다.

05 범죄학의 역사

고전주의 학파	① 베카리아(Beccaria), 벤담(Bentham) 등 ② 법률제도의 개혁 및 범죄자에 대한 가혹한 처벌의 방지를 중요시 ③ 범죄는 위험과 이득에 대한 합리적 계산의 결과로 선택된 행위이며, 범죄에 상응하는 처벌이 필요하다고 주장 ④ 케틀레(Quetelet)는 처음으로 범죄학연구에 통계학적 방법을 도입하여, 범죄현상에 규칙성이 존재함을 주장(제도학파)
실증주의 학파	① 롬브로조(Lombroso), 페리(Ferri), 가로팔로(Garofalo) 등 ② 범죄자와 비범죄자에 대한 통제된 조사의 중요성을 강조하고, 과학적 기준에 입각하여 범죄원인을 파악하려고 시도 ③ 범죄자에 대한 개별적 처우와 더불어 범죄자로부터 사회를 보호하는 것을 동시에 강조
미국 범죄사회학	① 초기에는 실증주의의 영향을 많이 받음 ② 사회구조의 모순에서 범죄원인을 찾는 '사회구조이론'(사회해체이론, 긴장이론, 하위문화이론 등) ③ 사회과정을 중시하는 '사회과정이론'(학습이론, 통제이론, 낙인이론 등) ④ 사회의 갈등에서 범죄원인을 찾는 '갈등이론'(보수적 갈등이론, 비판범죄학 등)

<table>
<tr><td>현대
범죄학</td><td>① 범죄문제와 관련한 <u>피해자에 대한 연구</u>가 강조
② 1980년대 이후 복고적 경향으로 <u>현대적 고전주의</u>가 등장
③ 발달 범죄이론, 통합적 범죄이론 등</td></tr>
</table>

06 범죄학 이론의 평가 기준 22. 간부(72)

1. 논리적 일관성

범죄학 이론은 논리적으로 일관적이어야 하며, 이론의 설명에 있어서 서로 모순되는 부분이 존재하여서는 아니 된다.

2. 검증가능성

범죄학 이론은 <u>객관적이고 반복가능한 증거에 의해</u> 검증할 수 있어야 하므로, 이론의 가설을 동일한 방법으로 검증하여 그 결과가 일치하는지 알 수 있어야 한다.

3. 경험적 타당성

범죄학 이론은 경험적 증거에 의해 지지되어야 하므로, 이론의 명제나 가설을 <u>설문조사·관찰·실험 등의 연구를 통해 수집 가능한</u> 자료를 통해 지지되어야 한다. 이는 범죄학 이론의 평가 기준 중 가장 중요한 기준이라고 한다.

4. 정책적 함의와 유용성

범죄학 이론은 <u>범죄대책에 적용할 수 있는 다양한 정책적 함의</u>를 가져야 하므로, 형사사법정책이나 실무에 지침을 제공할 수 있어야 한다.

제2절 범죄학의 연구방법

01 범죄학 연구의 목적

① 범죄학은 사회에서 발생하는 범죄의 실태를 파악하여 어떤 범죄가 어떤 대상에 대하여 누구에 의하여 어떤 방법으로 어떤 이유와 동기 및 원인으로 인해 행해지는가를 이해하고, 이러한 범죄에 대하여 어떻게 예방하고 조치할 것인가를 강구하는 것을 연구의 목적으로 한다고 볼 수 있다.
② 따라서 범죄학 연구의 목적은 ㉠ <u>범죄의 현상과 실태를 파악</u>하여, ㉡ <u>범죄의 원인을 규명</u>하고, ㉢ <u>범죄예방대책을 강구</u>하는 것이다.

02 설문조사(조사연구)

① 설문조사(survey)란 특정 집단을 대상으로 <u>면접이나 설문을 통해 자료를 수집</u>하는 연구방법이다.

② 설문조사의 장점으로는 직접 관찰이 어려운 사회현상에 대한 자료수집이 가능하고, 큰 규모의 표본을 이용한 조사가 가능하며, 자료수집이 상대적으로 용이하고, 통계분석이 가능하여 연구결과를 일반화하기 용이하다는 점을 들 수 있다.

③ 설문조사는 공식범죄통계 연구가 어려운 주제의 연구에 적합하며, 공식범죄통계와 달리 두 변수(독립변수와 종속변수, 원인과 결과) 사이의 관계를 넘어서는 다변량 관계를 연구할 수 있다는 장점이 있다. 22. 간부(72)

④ 반면에 설문 개발에 시간과 노력이 많이 소요되며, 양적 연구방법으로서 사회현상에 대한 깊이 있는 연구가 곤란하다는 단점이 있다.

⑤ 또한 대상자들이 불성실 또는 부정직한 응답을 할 경우 조사결과의 신뢰성이 문제되므로 이에 대한 고려가 필요하다. 22. 간부(72)

03 공식범죄통계 연구

1. 의의

① 공식범죄통계 연구는 형사사법기관의 공식범죄통계를 이용하여 범죄와 범죄자 및 범죄피해와 피해자에 관한 제반사항을 조사·연구하는 방법이다(범죄현상에 대한 대량적 관찰).

　📖 경찰청의 '경찰백서'·'경찰범죄통계'·'경찰통계연보', 대검찰청의 '범죄분석'· '검찰연감', 법무부의 '법무연감', 법무연수원의 '범죄백서', 법원행정처의 '사법연감', 여성가족부의 '청소년백서', 교정본부의 '교정통계연보' 등

② 우리나라의 대표적 범죄통계로는 경찰청의 '범죄통계'와 대검찰청의 '범죄분석'을 들 수 있다. 경찰청의 '범죄통계'는 대검찰청의 '범죄분석'에 포함되는 검찰 인지 사건이 누락되어 있다는 단점이 있으나('범죄통계'의 범죄 건수 ≠ '범죄분석'의 범죄 건수), '범죄분석'에 비하여 단계를 거치면서 발생하는 범죄현상의 왜곡이 덜하다는 장점이 있다. 23. 간부(73)

2. 관련개념

(1) 범죄율

① 범죄통계와 관련하여 일정 기간 동안 특정 지역에서 인구 10만 명당 범죄발생 건수를 계산한 것을 '범죄율'이라고 한다(범죄수/인구 × 100,000). 23. 간부(73), 24. 간부(74)

② 범죄율은 인구변동에 관계없이 인구대비 범죄발생 건수를 비교할 수 있다는 점에서 유용한 자료이지만, 중요범죄와 상대적으로 가벼운 범죄가 동등한 범죄로 취급되어 통계화되며 암수범죄를 포함하지 못한다는 비판이 있다. 23. 해경간부

(2) 검거율

① '검거율'이란 인지된 범죄사건에 대한 검거된 사건의 비율을 말한다. 보통 경찰이 1년 동안 범인을 검거한 사건수를 1년 동안 발생한 사건수로 나눈 비율로 계산한다(1년 동안 범인을 검거한 사건수 / 1년 동안 발생한 사건수 × 100). 24. 간부(74)

경찰청의 범죄통계
전국 각급 경찰관서에서 3종의 형사사건 범죄통계원표(발생·검거·피의자통계원표)에 근거하여 작성 및 승인한 자료를 경찰청 국가수사본부 수사기획조정관실에서 집계·관리하여 분석한 것이다. 그 내용으로는 범죄 발생 검거 및 처리, 범죄발생상황 관련 특성, 범죄자 특성, 피해자 특성, 범죄자 유형 등이 있다.

② 실제로 범인이 시간이 한참 지난 후에 검거되는 경우도 많으므로, 범죄율은 1년 동안 발생한 사건 중에서 범인이 검거된 비율을 나타내는 것은 아니며, 결과적으로 <u>검거율이 100%가 넘는 경우도 있다.</u> 23. 간부(73)

(3) 범죄시계

① '범죄시계'란 매 시간마다 <u>범죄발생 현황을 표시</u>한 것을 말한다. 이는 범죄의 종류별 발생빈도를 시간단위로 분석하며, 종류별 사건의 수를 시간으로 나눈 수치로 표시된다.

② 범죄시계는 <u>일반인들에게 범죄경보 기능</u>을 한다는 장점이 있으나, <u>인구성장률 (인구변화율)을 반영하지 않고 있으며</u> 시간을 고정적인 비교단위로 사용하는 문제점이 있어서 통계적 가치는 없다고 할 수 있다. 23. 해경간부

3. 장·단점

(1) 장점

① 범죄통계는 <u>사회의 대량현상으로서의 범죄에 대한 양적 연구를 통해 범죄 경향을 파악</u>할 수 있다. 23. 해경간부

② 범죄관련자료를 매년 정기적으로 취합하므로 <u>시간적 비교연구가 가능</u>하다.

(2) 단점

① 범죄통계는 <u>형사사법기관의 독자적 목적을 우선시하여 작성</u>된 것이기 때문에 범죄학적 연구를 위한 통계로는 한계가 있다. 즉, 범죄와 범죄자에 관한 일반적 경향만을 나타낼 뿐이므로, 범죄현상의 인과적 상관관계나 범죄원인을 분석하기 위한 조사는 포함되어 있지 않다. 따라서 **범죄피해의 구체적 상황이나 범죄자의 개인적 특성 등의 파악에는 한계가** 있다. ✗

② 현실적으로 발생한 범죄량과 통계상 나타난 범죄량과의 사이에는 상당한 차이가 있어 객관적인 범죄상황을 정확히 나타내 주지 못한다는 비판(**암수범죄의 문제**)을 받는다. ✗✗

③ 공식범죄통계는 공식적으로 낙인찍힌 범죄자들의 범죄행위만 기록되고, 낙인의 가능성이 사람에 따라 다르다는 점에서 실제 범죄자와 범죄행위를 대표한다고 볼 수 없다.

④ 통계를 집계·관리하는 공공기관의 전문성 부족이나 책임회피로 인해 통계의 정확성이 낮아질 우려가 있다.

⑤ 다양한 범죄를 계량적으로만 관리·평가하여(양적 연구방법) 그 질적 수준을 알기 어렵다.

04 표본집단조사 연구

1. 의의

① 표본집단조사란 범죄의 종류·수법, 범인의 연령·범죄경력 또는 특정한 환경 등에 공통점을 가진 구체적 집단을 대상으로 하여 공통된 범인성을 규명하고, 어떤 특징과 관련되는가를 연구하여 범죄방지대책도 수립하는 방법을 말한다.

② 국가·사회 전체를 대상으로 범죄자 집단을 조사하는 것이 사실상 불가능하므로, 대개 표본집단조사에 의하고 있다. 이에 있어서는 일반적으로 **범죄인군에 해당하는 실험집단과 이와 대비되는 정상인군에 해당하는 통제집단(대조집단)을 선정하여 비교** (수평적 비교방법)하는 방법을 사용한다. 이를 통해 나온 결과를 전체 범죄자에게 유추적용해서 그 전체 상황을 파악하게 된다(예 쌍생아 연구 등).

③ 집단의 등가성 확보(무작위 할당방법을 주로 활용), 사전검사와 사후검사, 대상집단과 통제집단이라는 세 가지 전제조건을 특징으로 한다.

④ 연구의 내적 타당성에 영향을 미치는 요인들을 통제하는 데 유리한 연구방법으로 평가되나(연구자가 자극·환경·처우시간 등을 통제하여 관리 가능), 외적 타당성을 확보하기 어렵다는 단점이 있다(인위성의 문제). ✡✡

2. 장·단점

(1) 장점

표본집단조사에 의하면 비교적 체계적이고 객관적인 방법으로 <u>많은 자료를 수집</u>할 수 있고, 이를 통해 범죄문제의 일반적인 경향파악이 가능하다.

(2) 단점

① 표본집단(실험집단)이 전체 집단을 어느 정도 대표할 수 있는지가 문제된다 (**표본의 대표성 문제**).

② 표본집단조사는 통계조사의 문제점을 그대로 갖고 있다. 수치로 제시되는 결과에 대한 맹신 및 기초사실(조사결과와 실제상황)간의 상호연결 관계가 명확하지 않다.

05 실험 연구

1. 의의

① 실험적 방법이란 설정된 <u>가정(가설)</u>을 검증하기 위하여 제한된 조건하에서 반복적으로 이루어지는 관찰을 의미한다. 23. 간부(73), 24. 간부(74)

② 실험적 방법은 보통 **새로운 형사제도의 효율성을 미리 점검**하는 데 많이 이용되며 (예 가택구금제도를 새로이 설정해놓고 그 안에서 일어나는 피구금자의 행동과 반응의 차이를 교도소 내에서의 경우와 비교), **암수범죄의 조사방법으로도 활용**될 수 있다[예 블랑켄부르크(Blankenburg)의 연구]. ✡✡

2. 장·단점

① **장점**: 상대적으로 적은 비용으로 신속하게 연구결과를 얻을 수 있고(반복된 실험 가능), 연구자가 필요한 조건을 통제하여 <u>내적 타당성을 확보하는 것이 용이</u>하다. 22. 간부(72), 22. 경행, 23. 경행 1차

② **단점**: 중대한 범죄는 제외되고 <u>사소한 범죄만이 대상이 될 수 있고</u>, <u>실험조건 및 대상의 확보가 쉽지 않으며(윤리적 문제점), 대상자가 소규모이므로 연구결과를 일반화하기 어렵다</u>. ✡✡

06 참여적 관찰 연구

1. 의의

① 참여적 관찰이란 <u>연구자가 직접 범죄자 집단에 들어가 함께 생활하면서 그들의 생활을 관찰하는 조사방법</u>을 말한다(현장조사 연구). 22. 경행, 23. 간부(73)
② 원래 인류학자들이 원시사회를 연구하는 방법으로 고안해낸 것으로, 낙인이론의 연구자들이 범죄자·중독자·부랑자·갱단 등을 연구하기 위해 이용하였다.
③ 참여적 관찰의 대표적 예로는 **오스번**(T. M. Osborne)이 **자원수형자 생활**을 하면서 교도소 상태를 관찰한 것을 들 수 있다. 그는 후에 오번교도소의 소장으로 취임하여 자원수형자 생활에서 경험한 것을 토대로 '**수형자자치제**'를 고안하였다. ✦

2. 장·단점

① **장점**: 서덜랜드(E. H. Sutherland)가 '<u>자유로운 상태에 있는 범죄자의 연구</u>'라고 표현한 것처럼, 참여적 관찰은 체포되지 않은 범죄자들의 일상을 관찰할 수 있다(질적 연구). 23. 해경간부
② **단점**: 참여적 관찰에 대해서는 연구대상이 되는 범죄유형이 극히 제한적인 점, 조사가 <u>소규모로 진행되기 때문에 연구결과를 일반화할 수 없다는 점</u>, <u>조사방법의 성격상 많은 시간과 비용이 소요된다</u>는 점, 객관성을 유지하지 못한 채 조사대상자들에게 동화되거나 반대로 이들을 혐오하는 감정을 가질 수 있다는 점(주관적 편견의 개입), 연구 중 대상자가 실제로 범죄를 저지른 경우에 윤리적·법적 책임 문제가 발생할 수 있다는 점 등이 문제점으로 지적된다. 23. 경행 1차, 24. 간부(74)

07 사례 연구(개별조사, 직접관찰)

1. 의의

① 사례 연구란 <u>범죄자 개인(특정한 범죄자)</u>에 대하여 출생, 성장과정, 교우관계, 학교생활, 직장생활, 가족관계, 범죄경력 등 다양한 인격·환경 등의 측면을 종합적으로 분석하고 각 요소간의 상호관련을 밝힘으로써 범죄의 원인을 해명하고 이를 기초로 당해 범죄자의 치료·처우를 행하는 방법이다(임상범죄학). ✦✦
② 대상이 범죄자 개인, 즉 개별현상으로서 범죄이므로 통상 **개별 행위자의 범죄원인을 규명**하거나 그 처우방법을 모색하기 위하여 사용하는 경우가 많다(미시적 연구방법). 23. 경행 1차
③ 조사대상자에 대한 <u>개별적 사례조사나 과거사를 조사</u>하는 것도 이에 포함된다(생애사 연구, 종단적 연구방법). 예 서덜랜드(E. H. Sutherland)의 직업절도범 연구 ✦

2. 장·단점

① **장점**: 개별조사방법은 참여적 관찰과 마찬가지로 **조사대상자에 대해 가장 깊이 있는 이해**를 할 수 있으며, 이를 기초로 장래 대책(치료·처우)을 수립하는 것이 용이하다.
② **단점**: 조사자의 개인적 견해나 편견에 의해 결과가 왜곡될 우려가 있고, 연구대상이 소수이므로 **연구결과를 일반화하기 곤란**하며, 일정한 조건들이 범죄에 미치는 영향의 경중을 정확히 파악하기 어렵다. 24. 간부(74)

08 추행조사 연구 ✦

1. 의의

① 추행조사(추적조사, follow-up study)란 일정 수의 <u>범죄자(또는 비범죄자)들을 일 정기간 동안 직접 접촉</u>하면서 그들의 인격이나 사회적 조건의 변화를 기록·분석 하거나, 기록 등을 통하여 범죄경과를 추급하는 연구방법이다(수직적 비교방법).
  22. 경행, 24. 간부(74)
② 추행조사는 **중범죄자를 대상으로 초범시부터 재범시까지 범죄자의 범죄행태의 변화 를 연구**하기에 가장 적합한 방법으로 평가되고 있다.

2. 장·단점

① **장점**: 추행조사는 일정한 <u>시간적 연속성 속에서 연령·환경 등의 변동에 따라 조사 대상자의 변화를 관찰</u>할 수 있다. ✦
② **단점**: 조사방법상 사생활 침해의 우려가 있으며, 범죄자 자신이 조사대상임을 알게 된 경우에는 조사하기 어렵다.

09 기타 연구

1. **코호트 연구** 23. 간부(73)

① 코호트 연구(cohort research)는 <u>특정 지역에 거주하며 공통의 특성을 갖는 집단 을 대상으로 상당한 기간 동안 관찰하며 연구를 수행하는 것</u>을 말한다[예 울프강 (M. Wolfgang) 등의 필라델피아 코호트 연구]. 24. 간부(74)
② 다른 범죄학 연구방법의 대부분이 시계열적 분석이 미흡하고, 범죄경력의 진전이 나 범죄율의 증감에 대한 분석이 간과되기 쉽다는 단점이 있어서 이를 보완하기 위해 고안된 연구방법이다.
③ 주로 대상 범죄자나 그의 가족과의 면담을 통해 자료를 수집하고, 각종 기록(학교, 병원, 복지시설, 경찰, 법원, 교도소 등)을 통해 이를 검증하는 작업을 진행한다.
④ 코호트 연구에 대해서는 대상자를 시간의 흐름에 따라 추적하는 것이 쉽지 않은 경우에는 조사수행의 곤란도가 높고, 자료수집에 비용이 많이 들며 시간이 많이 소요된다는 단점이 지적된다.

2. **자료발굴 연구**

① 자료발굴(data mining) 연구란 인공지능과 컴퓨터공학을 활용하여 여러 정보원천 을 대상으로 대량으로 자료를 분석하는 방법이다. 23. 간부(73)
② 이는 전통적 연구방법에 의하여 파악이 어려운 범죄의 유형과 경향을 파악하기 위 한 것이다.
③ 범죄신고기록, 경찰에 대한 출동요청자료, 목격자진술, 피의자조사기록 등을 분석 하여 장래의 사건이나 범죄발생을 예측할 수 있게 되어 범죄유형에 따라 경찰력을 효과적으로 배치·운용할 수 있게 된다.

10 비교 - 형사정책학의 연구방법

(1) 규범학·정책학으로서의 형사정책학은 범죄방지대책의 개선방향이나 보완대책을 연구하므로, 사실학과는 다른 연구방법을 사용해야 한다.

(2) 형사정책학의 연구방법에서는 다음과 같은 원리를 고려해야 한다.

유용성	형사정책은 궁극적으로 범죄의 방지를 목적으로 하므로 일정한 방안이 그러한 목적에 적합한 것인가를 검토해야 한다.
실천가능성	범죄방지를 위해 선택된 방안은 경제적인 측면에서 국가의 다른 정책에 수반되는 비용이나 기존 범죄방지대책에 소요되는 비용과의 비용평가가 이루어져야 하며, 정신적인 측면에서도 당해 사회의 일반 국민의 법적 확신 내지 가치관과 유리된 것이 아니어야 한다.
인도성	아무리 유용하고 실현가능한 방안이라 하더라도 그것이 인간성에 부합되지 아니하고 인도주의적 견지에 반하는 것이라면 이미 형사정책학의 진정한 방안이 될 수 없다.

☑ **SUMMARY** | **[참고] 양적 연구방법과 질적 연구방법의 비교** 22. 간부(72), 24. 경행

구분	양적 연구방법	질적 연구방법
개념	경험적 자료를 수집하고 계량화하여 사회현상을 통계적으로 분석	연구자의 직관적 통찰로 사회현상의 의미를 해석하고 이해
목적	사회현상의 일반적 법칙을 발견·설명	사회현상에 대한 심층적 이해
특징	• 경험적, 통계적 연구 • 가설 검증 및 법칙 발견에 유리 • 객관적이고 정밀한 연구 가능	• 대화록, 관찰일지, 비공식문서 등 자료 활용(소규모 분석) • 대상자의 주관적 의식 및 행동에 대한 심층적 이해 • 인간 행위의 동기와 의미 중시 • 연구결과의 내적 타당성의 확보 유리
한계	• 계량화하기 어려운 영역의 연구에 부적합 • 인간의 의식과 행위에 대한 깊이 있는 접근이 어려움	• 연구자의 주관적 가치 개입 우려 • 객관적인 법칙을 발견하여 일반화하기 어려움(외적 타당성의 확보가 어려움)

단원별 지문 OX

01 서덜랜드(Sutherland)와 크레시(Cressey)에 따르면 범죄학은 범죄에 대한 모든 지식체계로서 범죄의 원인과 법 위반에 대해 대응하는 과정에 관한 연구를 포함한다. (　　)　　　　23. 경행 2차

02 범죄학은 법학, 심리학, 사회학 등 다양한 학문과 연계되는 학제적인 학문이다. (　　)　　　　23. 경행 2차

03 범죄학은 범죄와 범죄자, 범죄원인 및 이에 대한 통제방법 등을 연구하는 경험과학적인 성격이 강하다. (　　)　　　　24. 간부(74)

04 범죄학은 계몽주의와 고전학파, 과학적 탐구와 실증학파, 도시생태와 시카고학파, 신고전주의 범죄학, 비판주의 범죄학의 시간 순서로 발전하였다. (　　)　　　　23. 간부(73)

05 에이커스(Akers)와 셀러스(Sellers)는 ㉠ 검증 가능성, ㉡ 시대적 대응성, ㉢ 경험적 타당성, ㉣ 정책적 함의를 범죄학 이론 평가의 기준으로 제시하였다. (　　)　　　　22. 간부(72)

06 경험론적 범죄학 연구방법에는 표본집단조사, 설문조사연구, 통계자료 분석, 실험연구 및 관찰연구가 포함된다. (　　)　　　　23. 경행 2차

07 범죄학의 연구방법 중 설문조사를 통한 연구는 두 변수 사이의 관계를 넘어서는 다변량 관계를 살펴볼 수 있다는 장점이 있다. (　　)　　　　22. 간부(72)

08 범죄학의 연구방법 중 설문조사를 통한 연구는 부정확한 응답의 가능성에 대한 고려가 필요하다. (　　)　　　　22. 간부(72)

09 범죄율은 일정 기간(통상 1년) 동안 특정 지역에서 인구 1,000명당 발생한 범죄 건수를 나타낸다. (　　)　　　　23. 간부(73)

---

01 ○　서덜랜드(Sutherland)와 크레시(Cressey)는 "범죄학이란 범죄를 사회적인 현상으로 간주하는 지식체계이다. 범죄학의 연구범주에는 법 제정의 과정, 제정된 법의 위반과정, 법 위반행위에 대한 대응과정 등이 포함된다. 범죄학의 궁극적인 목적은 이러한 법, 범죄, 범죄에 대한 조치와 관련된 여러 가지 과정들에 대한 일반적이고 신뢰할 수 있는 원칙들을 확립하는 데 있다."라고 하였다.

02 ○　범죄학은 다양한 학문분야가 자신의 관점에서 독립적으로 관계하는 복수의 학제로, 때로는 이들 복수의 학제가 공동으로 관계하는 종합과학적 특성을 가지고 있다(종합과학성, 학제적 성격, 융합학문적 성격).

03 ○　1885년 가로팔로(Garofalo)가 범죄학이라는 용어를 처음 사용하였을 때부터, 범죄학은 범죄의 현상과 원인 등의 규명을 주된 내용으로 하는 사실학 내지 경험과학의 총체로 여겨졌다.

04 ×　범죄학의 발전과정은 계몽주의와 고전학파(18세기 중엽), 과학적 탐구와 실증학파(19세기), 도시생태와 시카고학파(1920년대), 비판주의 범죄학(1960년대), 신고전주의(현대적 고전주의) 범죄학(1980년대) 순서로 나열할 수 있다.

05 ×　에이커스(Akers)와 셀러스(Sellers)는 범죄학 이론 평가의 기준으로 경험적 타당성(㉢), 논리적 일관성·범위·간결성, 검증 가능성(㉠), 정책적 함의·유용성(㉣) 등을 제시하였다.

06 ○　이외에도 사례 연구, 추행조사 연구, 코호트 연구, 자료발굴 연구 등이 범죄학 연구방법에 포함된다.

07 ○　범죄통계 연구는 두 변수 사이의 관계를 연구함에 그친다는 한계가 있는 것과 달리, 설문조사 연구는 두 변수 사이의 관계를 넘어서는 다변량 관계를 연구할 수 있다고 평가된다.

08 ○　설문조사는 대상자들이 불성실 또는 부정직한 응답을 할 경우 조사결과의 신뢰성이 문제되므로 이에 대한 대응이 필요하다.

09 ×　범죄통계와 관련하여 일정 기간 동안 특정 지역에서 인구 '10만 명'당 범죄발생 건수를 계산한 것을 '범죄율'이라고 한다(범죄수/인구 × 100,000).

10 총 인구가 2022년 20만 명에서 2023년 15만 명으로 감소한 인구소멸 지역인 A시에서 동 기간 범죄 건수가 2,000건에서 1,000건으로 줄었다면 범죄율이 50% 감소한 것이다. (　　)
23. 간부(73)

11 공식범죄통계에서 범죄율은 일정 기간(보통 1년) 동안 인구 10만 명당 몇 건의 범죄가 발생했는지를 나타내며, 검거율은 경찰이 한 해 동안 범인을 검거한 사건에서 한 해 동안 인지한 사건 수를 나누어 백분율로 계산한다. (　　) 24. 간부(74)

12 범죄율과 범죄시계는 인구변화율을 반영하여 범죄의 심각성을 인식할 수 있게 한다. (　　)

13 우리나라의 공식 범죄통계 중 경찰청 「범죄통계」와 검찰청 「범죄분석」의 범죄발생 건수는 동일하다. (　　) 23. 간부(73)

14 우리나라 경찰의 검거율은 100%를 초과하여 달성되는 경우도 종종 발생한다. (　　) 23. 간부(73)

15 경찰의 「범죄통계」는 각 경찰관서에서 입력한 범죄발생 사항을 집계한 것으로 범죄발생 및 검거, 범죄발생 상황, 범죄자 및 피해자 특성에 대한 내용을 포함한다. (　　) 24. 간부(74)

16 실험연구는 일정한 기간을 정하고, 이 기간 동안 연구대상 집단에 대한 시계열 분석을 하는 방법이다. (　　) 24. 간부(74)

17 실험연구(표본집단조사연구를 결합)는 실험집단과 통제집단에 대한 사전검사와 사후검사를 통해 종속변수에 미치는 처치의 효과를 검증한다. (　　)

18 실험연구(표본집단조사연구를 결합)에서는 집단의 유사성을 확보하기 위해 무작위 할당방법이 주로 활용된다. (　　)

---

10 × A시의 2022년 범죄율은 1,000건[2,000(건)/200,000(명) × 100,000 = 1,000]이고, 2023년 범죄율은 666.6건[1,000(건)/150,000(명) × 100,000 = 666.6]이므로, 범죄율이 약 '33.3%' 감소한 것이다.

11 ○ 옳은 지문으로 처리되었으나, 검거율에 대한 정확한 표현이 되려면, '한 해 동안 범인을 검거한 사건을 한 해 동안 인지한 사건으로 나누어 백분율로 계산'한다라는 표현이 더 적합하다고 본다.

12 × '범죄율'이란 인구 10만 명당 범죄발생 건수를 계산한 것을 말하는데(범죄수/인구 × 100,000), 인구변동에 관계없이 인구대비 범죄발생 건수를 비교할 수 있다는 점에서 유용한 자료이지만, 중요범죄와 상대적으로 가벼운 범죄가 동등한 범죄로 취급되어 통계화되며 암수범죄를 포함하지 못한다는 비판이 있다. '범죄시계'란 매 시간마다 범죄발생 현황을 표시한 것으로서 범죄의 종류별 발생빈도를 시간단위로 분석하며 종류별 사건의 수를 시간으로 나눈 수치로 표시하는 것인데, 일반인들에게 범죄경보 기능을 한다는 장점이 있으나, 인구성장률을 반영하지 않고 있으며 시간을 고정적인 비교단위로 사용하는 문제점이 있어서 통계적 가치는 없다고 할 수 있다.

13 × 경찰청의 「범죄통계」는 일선 경찰서에서 파악한 범죄발생 사항을 집계한 것이고, 검찰청의 「범죄분석」은 위 「범죄통계」에 검찰의 인지 사건을 추가한 것이므로, 양자의 범죄발생 건수는 동일하지 않다.

14 ○ 검거율이란 인지된 범죄사건에 대한 검거된 사건의 비율을 말한다. 보통 경찰이 1년 동안 범인을 검거한 사건수를 1년 동안 발생한 사건수로 나눈 비율로 계산한다(1년 동안 범인을 검거한 사건수/1년 동안 발생한 사건수 × 100). 실제로 범인이 시간이 한참 지난 후에 검거되는 경우도 많으므로, 범죄율은 1년 동안 발생한 사건 중에서 범인이 검거된 비율을 나타내는 것은 아니며, 결과적으로 검거율이 100%가 넘는 경우도 있다.

15 ○ 경찰 범죄통계는 전국 각급 경찰관서에서 3종의 형사사건 범죄통계원표(발생·검거·피의자 통계원표)에 근거하여 작성 및 승인한 자료를 경찰청 국가수사본부 수사기획조정관실에서 집계·관리하여 분석한 것이다. 그 내용으로는 범죄 발생 검거 및 처리, 범죄발생상황 관련 특성, 범죄자 특성, 피해자 특성, 범죄자 유형 등이 있다.

16 × 실험연구는 설정된 가정(가설)을 검증하기 위하여 제한된 조건하에서 반복적으로 이루어지는 관찰을 의미한다. 지문의 내용은 '추행 조사 연구' 또는 '코호트 연구'에 대한 설명이다.

17 ○ 실험연구에 의한 표본집단조사는 범죄인군에 해당하는 실험집단과 이와 대비되는 정상인군에 해당하는 통제집단(대조집단)을 선정하여 비교(사전·사후조사)하는 방법을 사용한다.

18 ○ 무작위 할당은 실험적 연구에서 집단의 유사성(동질성)을 확보하고 인과관계를 명확하게 밝히기 위해서 사용된다. 일정한 조건에 해당하는 대상자들이 실험집단과 통제집단에 고르게 분포하도록 하여 결과에 영향을 미칠 수 있는 다른 요인들을 통제하는 것이다(우연한 사건의 영향을 예방).

19 실험연구(표본집단조사연구를 결합)는 외적 타당도에 영향을 미치는 요인들을 통제하는 데 가장 유리한 연구방법이다.
(   )

20 범죄학의 연구방법 중 실험연구는 연구자가 필요한 조건을 통제함으로써 내적 타당성을 확보하기에 용이하다. (   )

21 실험적 연구방법은 어떤 가설의 타당성을 검증하거나 새로운 사실을 관찰하는 데 유용하며, 인간을 대상으로 하는 연구를 쉽게 할 수 있다. (   )

22 개별적 사례조사방법이란 연구자가 직접 범죄자 집단에 들어가 함께 생활하면서 그들의 생활을 관찰하는 조사방법을 말한다.
(   )

23 사례연구는 과거중심적 연구방법으로 특정 범죄자의 성격, 성장과정, 범죄경력 등을 종합적으로 분석함으로써, 연구결과의 일반화가 가능하다는 장점이 있다. (   )

24 참여적 관찰법은 체포되지 않은 범죄자들의 일상을 관찰할 수 있게 한다. (   )

25 참여관찰은 연구자의 주관이 개입될 가능성이 낮다. (   )

26 참여관찰은 연구자가 스스로 범죄집단에 들어가 범죄자의 일상을 관찰할 수 있다는 장점이 있지만, 연구의 객관화가 어렵고, 윤리문제가 제기될 수 있다. (   )

27 사례연구는 특정한 범죄자의 생애를 연구하기에 유용하다. (   )

---

19 ✕ 실험연구에 의한 표본집단조사는 연구의 '내적 타당성'에 영향을 미치는 요인들을 통제하는 데 유리한 연구방법으로 평가된다.

20 ○ 실험연구는 연구에 필요한 조건(자극, 환경, 시간 등)을 통제할 수 있어 연구결과의 내적 타당성을 확보하기에 유리하다고 평가된다.

21 ✕ 실험적 방법은 설정된 가설을 검증하기 위하여 제한된 조건에서 반복적으로 이루어지는 관찰을 의미한다. 이에 대해서는 인간을 대상으로 하므로 실험조건 및 대상의 확보가 쉽지 않다는 단점이 지적된다.

22 ✕ 개별적 사례조사(개별조사, 직접관찰, 사례연구)는 범죄자 개인에 대하여 그 인격·환경 등의 측면을 종합적으로 분석하고 각 요소 간의 상호관련을 밝힘으로써 범죄의 원인을 해명하고 이를 기초로 당해 범죄자의 치료·처우를 행하는 방법이다. 연구자가 직접 범죄자 집단에 들어가 함께 생활하면서 그들의 생활을 관찰하는 조사방법은 '참여적 관찰'이다.

23 ✕ 사례연구란 범죄자 개인(특정한 범죄자)에 대하여 출생, 성장과정, 교우관계, 학교생활, 직장생활, 가족관계, 범죄경력 등 다양한 인격·환경 등의 측면을 종합적으로 분석하고 각 요소간의 상호관련을 밝힘으로써 범죄의 원인을 해명하고 이를 기초로 당해 범죄자의 치료·처우를 행하는 방법이다. 사례연구에 대해서는 조사자의 개인적 견해나 편견에 의해 결과가 왜곡될 우려가 있고, 연구대상이 소수이므로 '연구결과를 일반화하기 곤란'하며, 일정한 조건들이 범죄에 미치는 영향의 경중을 정확히 파악하기 어렵다는 점 등이 단점으로 지적된다.

24 ○ 서덜랜드가 '자유로운 상태에 있는 범죄자의 연구'라고 표현한 것처럼, 참여적 관찰법은 체포되지 않은 범죄자들의 일상을 관찰할 수 있다는 장점이 있다.

25 ✕ 참여관찰이란 연구자가 직접 범죄자 집단에 들어가 함께 생활하면서 그들의 생활을 관찰하는 조사방법을 말하는데, '연구자가 객관성을 유지하지 못한 채 조사대상자들에게 동화되거나 반대로 이들을 혐오하는 감정을 가질 수 있다'는 비판이 제기된다.

26 ○ 참여적 관찰이란 연구자가 직접 범죄자 집단에 들어가 함께 생활하면서 그들의 생활을 관찰하는 조사방법을 말한다. 참여적 관찰에 대해서는 연구대상이 되는 범죄유형이 극히 제한적인 점, 조사가 소규모로 진행되기 때문에 연구결과를 일반화할 수 없다는 점, 조사방법의 성격상 많은 시간과 비용이 소요된다는 점, 객관성을 유지하지 못한 채 조사대상자들에게 동화되거나 반대로 이들을 혐오하는 감정을 가질 수 있다는 점(주관적 편견의 개입), 연구 중 대상자가 실제로 범죄를 저지른 경우에 윤리적·법적 책임문제가 발생할 수 있다는 점 등이 문제점으로 지적된다.

27 ○ 사례 연구란 범죄자 개인에 대하여 출생, 성장과정, 교우관계, 학교생활, 직장생활, 가족관계, 범죄경력 등 다양한 인격·환경 등의 측면을 종합적으로 분석하고 각 요소간의 상호관련을 밝힘으로써 범죄의 원인을 해명하고 이를 기초로 당해 범죄자의 치료·처우를 행하는 방법으로, 특정범죄자에 대한 개별적 사례조사나 과거사를 조사하는 것도 이에 포함된다.

28 범죄학 연구방법 중 코호트 연구(Cohort Research)란 특정 지역에 거주하며 공통된 특성을 공유하고 있는 집단을 대상으로 상당 시간 동안 관찰하여 수행하는 것이다. (   )
23. 간부(73)

29 문헌연구는 연구자가 설문 및 사례 등을 계량적으로 분석하는 방법으로, 연구 결과의 신뢰성을 높일 수 있다는 장점이 있다. (   ) 24. 간부(74)

30 범죄학 연구방법 중 질적 연구는 사회현상에 대한 심층적 이해가 가능하다. (   )
24. 경행

31 질적 연구는 사회현상을 주관적으로 분석한다. (   )
24. 경행

32 범죄학의 연구방법 중 양적 연구는 질적 연구에 비해 연구결과의 외적 타당성을 확보하기 어렵다는 단점이 있다. (   )
22. 간부(72)

33 질적 연구는 사회현상의 인과관계를 밝혀 법칙을 발견하고 인간행동의 예측이 가능하다. (   )
24. 경행

34 질적 연구는 소규모 분석에 유리하고 자료분석에 시간이 많이 소요된다. (   )
24. 경행

---

28 ○ 코호트 연구(Cohort Research)는 특정 지역에 거주하며 공통의 특성을 갖는 집단을 대상으로 상당한 기간 동안 관찰하며 연구를 수행하는 것을 말한다[예 울프강(M. Wolfgang) 등의 필라델피아 코호트 연구]. 주로 범죄대상자나 그의 가족과의 면담을 통해 자료를 수집하고, 각종 기록(학교, 병원, 복지시설, 경찰, 법원, 교도소 등)을 통해 이를 검증하는 작업을 진행한다.

29 × 문헌연구는 문헌자료의 신뢰성에 문제가 있거나, 연구자의 주관의 개입으로 인한 연구 결과의 신뢰성 문제가 단점으로 지적된다.

30 ○ 질적 연구는 사회현상에 대한 심층적 이해를 목적으로 한다.

31 ○ 질적 연구는 연구자의 직관적 통찰로 사회현상의 의미를 해석하고 이해하는 것을 의미한다.

32 × 외적 타당성이란 연구의 결과를 유사한 다른 사례나 집단에 적용할 수 있는가의 문제이다(일반화의 가능성에 대한 문제). '질적 연구'는 양적 연구에 비해 외적 타당성을 확보하기 어렵다는 단점이 있다.

33 × '양적 연구'는 사회현상의 일반적 법칙을 발견·설명함을 목적으로 한다.

34 ○ 질적 연구는 대화록, 관찰일지, 비공식문서 등 자료를 활용하므로 양적 연구에 비하여 소규모 분석에 유리하고, 대상자의 주관적 의식 및 행동에 대한 심층적 이해를 도모하므로 자료분석에 시간이 많이 소요된다.

police.Hackers.com

제3장 / 범죄피해자론

제1절 피해자 연구의 의의

01 피해자의 의미

① 전통적 입장에서는 범죄에 대한 효과적 대책수립을 위한 범죄자 연구에 중점이 있었고 범죄피해자에 대해서는 무관심했으며, 부분적인 관심을 가진 경우에도 범죄 및 범죄인 연구를 위한 보조적인 의미로 이해되었다.
② 제2차 세계대전 이후에는 피해자에 대한 연구가 활발하게 진행되었고, 나아가 피해자에 대한 연구를 범죄학에 대응하는 독자적인 학문분야로 인정하는 경향까지 나타났다.
③ 피해자에 대한 논의는 크게 두 영역과 관련을 맺고 있다. 하나는 **범죄원인론에서 피해자가 범죄발생에 미친 영향**과 관련되는 문제이고, 다른 하나는 **피해자에 대한 적절한 보호대책**과 관련되는 문제이다.

02 피해자의 개념 분류

① 피해자의 개념은 일반적으로 다음과 같이 분류할 수 있다.

최협의설	형식적 범죄개념에 입각하여, 범죄행위에 의해 피해를 입은 사람만을 피해자로 본다.
협의설	실질적 범죄개념에 입각하여, 실정법상 처벌할 수 없는 행위에 의해 법익을 침해당한 사람까지도 피해자에 포함된다.
광의설	피해자를 범죄와 분리하여 독자성을 강조하며, 직접 피해자 외에 피해자의 가족 등의 간접 피해자까지 범위를 확장한다.
최광의설	피해를 범죄와 분리하여, 피해의 원인이 범죄가 아닌 경우까지 포함하여 모든 유해한 결과가 발생된 경우로 확장한다.

② 범죄발생의 원인을 밝히고 피해자에 대한 적절한 대책을 세우는 데에 피해자 연구의 의미가 있다고 보면, 피해자 개념을 지나치게 넓은 의미로 해석하는 것은 적합하지 않다. 피해자는 실질적 의미의 범죄로 인해 그 법익을 침해당한 사람으로 국한해야 한다.

03 피해자화

피해자화(Victimization)란 범죄나 위법행위 등에 의하여 피해자가 피해를 받는 일련의 과정을 의미한다.

1차 피해자화	범죄나 위법행위 등에 의하여 직접적인 피해를 받는 과정으로서, 범죄피해자 구조제도의 대상이 된다(직접 피해자화). 예 살인, 강도 등으로 인한 생명·신체·정신·재산의 피해
2차 피해자화	형사사법절차의 진행과정에서 피해자가 형사사법기관으로부터 심리적으로 피해를 받는 과정을 의미한다(간접 피해자화). 예 수사과정에서 담당자의 비난·책임추궁이나 가해자와 대면, 법정에서 증인신문시 가해자 측의 비난, 형사절차에 대한 정보제공 미흡
3차 피해자화	1차 피해자화 및 2차 피해자화로 고통을 겪는 피해자에게 적절한 보호대책이 없거나 부족하여 피해자가 반사회적·파멸적 행동을 하는 과정을 의미한다. 예 피해자의 자살, 가해자에 대한 보복

피해자 중립화

형법이 존재하기 전에는 타인이 자신이나 친족의 권리를 침해한 것에 대한 유일한 해결방법은 보복이었다. 그러나 형법에 의한 공형벌이 등장하면서 피해자는 중립적 지위를 가지게 되었고, 보복의 악순환도 차단되었다(피해자의 중립성을 강조). 최근에 피해자학이 주목을 받는다고 하여 피해자를 중립화한 형법의 근본취지가 왜곡되어서는 안 된다.

제2절 피해자학(범죄피해자이론)

01 피해자학의 시작과 범위

1. 의의

① 피해자학(Viktimologie)이란 범죄의 피해를 받거나 받을 위험이 있는 자에 대해 그 생물학적·사회학적 특성을 과학적으로 연구하고, 이를 기초로 범죄에 있어서 피해자의 역할이나 형사사법에서 피해자 보호 등을 연구대상으로 하는 학문분야를 말한다.

② 피해자학의 의미는 범죄피해자를 배제하고는 온전한 범죄대책이 수립될 수 없다는 인식에서 비롯된다. 범죄피해자에 대한 보상은 범죄자에 대한 처벌 이후의 대책의 핵심으로 자리 잡게 되었고, 범죄자의 법치국가적 권리 못지않게 피해자의 보호필요성 또한 중요한 의미를 갖는다.

③ 피해자학(Victimology)이라는 용어는 1956년 피해자학의 아버지라 불리는 멘델존(B. Mendelsohn)에 의하여 처음 사용되었다. 23. 해경간부

2. 역사

(1) 제2차 세계대전 이전

① 피해자에 대한 연구는 18세기 말 재판 사례에 관한 연구가 이루어지면서, 삐타발(Pitaval)과 포이어바흐(P. Feuerbach) 등이 범죄에서 피해자의 구체적 태도를 연구한 것으로부터 시작되었다.

② 20세기 전반에는 범죄피해자가 가해자의 공격을 유발하는 측면이 있다는 것을 주목하였고, 범죄학에서 범죄원인에 대한 분석과 관련하여 피해자의 종류나 피해상황을 지적하였다.

③ **제2차 세계대전 이후**에 비로소 멘델존(B. Mendelsohn), 헨티히(H. V. Hentig), 엘렌베르거(H. Ellenberger) 등에 의해 피해자에 대한 체계적 연구가 시작되었다고 한다.

멘델존의 피해자 개념
에너지에 의한 피해자, 산업재해에 의한 피해자, 자연적 현상으로 인한 피해자까지 모두 피해자에 포함시킨다. 그리하여 피해가 누구에 의하여 발생했는가는 중요하지 않으며, 심지어 스스로 자초한 피해까지도 포함된다고 한다.

(2) 멘델존(B. Mendelsohn)

① 강간범죄의 피해자를 연구하였으며, 피해자학이 범죄학과 인접해 있는 독자적인 학문분야라는 점을 강조하였다(**독립과학성 인정**).

② 피해자를 범죄피해자에 한정하지 않고 널리 사고나 자연피해의 피해자도 포함시키면서(**최광의의 피해자 개념**), 범죄자와 범죄피해자를 형사상의 대립자로 파악한다.

③ 피해자가 피해 상태에 무의식적으로 순응하는 개인적 능력인 피해수용성이란 개념을 도구로 하여, **범죄피해자가 범죄에 대해 책임이 있는 정도를 분류**하였다. ✡✡

(3) 헨티히(H. V. Hentig) ✡

① 피해자에 대한 연구를 범죄학에 대한 보조과학으로서의 성격을 가진다고 보고(**독립과학성 부정**), 피해자를 범죄의 발생원인 내지 환경요소로 파악하였다.

② 범죄피해자가 되기 쉬운 성격을 연구하였고, 죄를 범한 자와 그로 인해 고통을 받는 자라는 도식을 통하여 "피해자의 존재가 오히려 범죄자를 만들어낸다."라고 지적한다. 24. 간부(74)

③ **피해자를 일반적 유형과 심리적 유형으로 나누어 설명**하였고, "객관적으로는 보호법익을 침해받고, 주관적으로는 침해에 대해 불쾌와 고통을 느끼는 자가 피해자이다."라고 하여 **협의의 피해자 개념**을 주장한다.

(4) 기타 발전과정

① 엘렌베르거(H. Ellenberger)는 『범죄자와 그 피해자의 심리적 관계』라는 논문에서 '피해원인'의 개념을 제시하고, 피해자를 심리학적 기준에서 일반적 피해자와 잠재적 피해자로 분류하여, 범죄예방을 위해서는 피해원인이 범죄원인 못지않게 중요하다고 보았다. ✡

② 프라이 여사(M. Fry)는 『피해자를 위한 정의』라는 논문을 통하여 피해자의 공적 구제에 대한 관심을 촉구하였다. 23. 경행 2차

③ 1963년 뉴질랜드가 범죄피해자보상법을 처음 제정·실시한 후, 영연방국가들과 미국 그리고 다른 유럽 국가의 순서로 범죄피해자에 대한 공적 구제를 위한 입법이 이루어졌다.

④ 범죄피해자에 대한 국제적 논의로는 1973년 이스라엘에서 제1회 국제피해자학 심포지엄이 개최된 이래 3년마다 개최되었으며, 1979년 제3회 심포지엄에서는 슈나이더(H. Schneider)의 주도로 피해자학 연구와 국제적인 학문정보 교환을 위해 세계피해자학회가 설립되었다.

(5) 우리나라의 경우

① 우리나라에서는 1987년 「범죄피해자구조법」, 1990년 「특정강력범죄의 처벌에 관한 특례법」, 1993년 「성폭력범죄의 처벌 및 피해자 보호 등에 관한 법률」이 제정되어 피해자 보호에 관한 규정이 마련되었고, 1992년부터 피해자학회가 설립되어 『피해자학 연구』를 간행하고 있다.

② 「범죄피해자구조법」은 2010년에 「범죄피해자 보호법」으로 통합되었다. 또한 「성폭력범죄의 처벌 및 피해자 보호 등에 관한 법률」은 2010년에 「성폭력범죄의 처벌 등에 관한 특례법」, 「성폭력방지 및 피해자보호 등에 관한 법률」의 제정으로 연결된다.

3. 피해자학과 범죄학의 관계

① **독립과학 긍정설**: 가해자와 피해자는 행위의 동반자이므로 피해자학을 범죄학과 대응되는 하나의 독립된 학문으로 보는 견해이다(멘델존, 슈나이더 등).
② **독립과학 부정설**: 피해자학을 범죄학의 한 분과로 보는 견해이다. 문제는 피해자 문제에 대한 과학적·규범적 접근을 보다 활성화시키면서 인접 학문분야와의 밀접한 관련을 유지하여 나가는 것이라고 한다(헨티히, 나겔 등).

4. 피해자학의 대상(피해의 범위)

① **범죄적 피해**: 범죄로 인한 직접 피해(예 재산상 피해), 심적 피해(예 수치심, 자기비난, 자기고립 등), 가정·사회의 안전성에 대한 불안, 형사사법제도에 대한 실망·무관심
② **비범죄적 피해**: 언론의 가십성 기사로 인한 피해, 질투·시기·증오 등으로 인한 피해, 기업의 비윤리적 경영으로 인한 피해
③ **제도적 피해**: 피해발생의 장소적 특수성(예 학교에서 집단따돌림, 교도소에서 인권침해 등), 피해발생의 관계적 특수성(예 상하관계·고용관계에 기한 업무상 위력의 행사, 갑질, 차별, 인격모독, 학대 등)

5. 피해자학의 과제

① **범죄원인과 피해원인의 규명**: 피해자가 되기 쉬운 사람들을 연구하여 유형화하고, 피해자로 되기 쉬운 심리상태를 조사하며, 피해자를 만들어 내는 사회구조 및 사회현상을 연구해야 한다.
② **형사절차의 피해자 보호**: 현행 형사절차는 실체적 진실발견과 피고인 보호를 위한 적정절차라는 두 개의 축을 가지고 운영되고 있으나, 피해자의 권리보호라는 제3의 측면이 함께 고려되어야 한다(예 피해자의 진술권 보장, 배상명령제도, 변호인의 조력을 받을 권리, 증인의 보호, 원상회복 등). ✦
③ **피해자에 대한 공적 구조**: 범죄자에 의한 피해보상은 현실적으로 한계가 있으므로, 국가가 위험분담의 차원에서 공적 구제를 하는 수단을 보다 합리화·현실화시킬 필요가 있다. 우리나라에서는 1987년 「범죄피해자구조법」이 제정되었고, 2010년 「범죄피해자 보호법」으로 통합되었다. ✦

피해자학의 연구방법

1. 피해자 유형의 연구에는 범죄학의 경우와 마찬가지로 그것이 가지는 간(間)학문적 성격을 고려하여 인접과학의 연구 성과를 활용하는 데 관심을 기울여야 한다.
2. 피해현상에 대한 올바른 파악을 위해서는 공식통계에 머무르지 않고 피해자 조사 등이 활발히 이루어져야 한다.
3. 피해자의 보호나 공적 구제를 위한 제도와 관련해서는 실태의 올바른 파악을 토대로 규범 내용에 대한 정확한 분석 및 형법이론과의 조화 등의 규범적 접근이 중요하다.

02 피해자의 분류

1. 멘델존(B. Mendelsohn)

범죄발생에 있어서 **피해자의 유책성 정도를 기준**으로 분류하였다. 22. 간부(72), 23. 경행 2차, 23. 해경간부, 24. 간부(74)

책임이 없는 피해자	무자각의 피해자, <u>이상적 피해자</u> 예 미성년자약취유인죄의 미성년자, 영아살해죄의 영아	엄중 처벌 요구
책임이 조금 있는 피해자	<u>무지</u>에 의한 피해자 예 낙태로 사망한 임산부	형벌 경감 가능
가해자와 동등한 책임의 피해자	<u>자발적</u> 피해자 예 동반자살, 살인을 촉탁·승낙한 자	
가해자보다 더 유책한 피해자	<u>유발적</u> 피해자, 부주의에 의한 피해자 예 공격당한 패륜아	
가장 유책한 피해자	공격적 피해자, <u>기망</u>적 피해자, 환상적 피해자 예 정당방위의 상대방, 무고죄의 범인, 피해망상증 호소자 등	형벌 면제 가능

2. 헨티히(H. V. Hentig)

피해자의 특성을 기준으로 일반적 유형과 심리적 유형으로 분류하였다. 22. 간부(72), 23. 경행 2차, 24. 간부(74)

일반적 피해자	피해자의 <u>외적 특성</u>을 기준으로 한 구별이다. 예 여성·어린이·노인·심신장애자·이민·소수민족 등
심리학적 피해자	피해자의 <u>심리적 공통점</u>을 기준으로 한 구별이다. 예 의기소침자·무관심자·탐욕자·호색가·비탄자·학대자·파멸된 자 등

3. 기타 연구

(1) 엘렌베르거(H. Ellenburger)

피해자를 심리학적 기준에 따라 잠재적 피해자와 일반적 피해자로 분류하였다. 22. 간부(72), 23. 경행 2차

잠재적 피해자	피학대자, 자기도취자, 강박증 환자, 죄책감에 빠진 사람 등
일반적 피해자	위와 같은 특수한 원인을 갖고 있지 않은 그 외의 사람

(2) 레클리스(W. C. Reckless)

피해자의 도발 여부를 기준으로 순수한 피해자와 도발한 피해자로 분류하였다. 22. 간부(72), 23. 경행 2차

순수한 피해자	가해자 – 피해자 모델
도발한 피해자	피해자 – 가해자 – 피해자 모델

(3) 카멘(A. Karmen)

현대사회의 규범과 피해자의 책임을 연계하여 피해자를 분류하였다.

비행적 피해자	반사회적 행위로 인하여 범행표적이 된 경우
유인 피해자	피해자가 유인·유혹하여 가해자가 범행한 경우 예 일부 강간피해자
조심성 없는 피해자	피해자의 부주의로 인해 범죄자를 유인하게 되어 피해를 입은 경우
보호가치가 없는 피해자	부의 축적과정·방법이 비도덕적인 졸부가 약탈범죄의 대상이 된 경우(비판범죄학에서 제기)

(4) 쉐이퍼(Schafer)

범죄를 사회적 현상의 일종으로 평가해야 한다고 주장하면서, 기능적 책임성(functional responsibility)을 기준으로 범죄피해자의 유형을 ㉠ 무관한 피해자(unrelated victim), ㉡ 유발적 피해자(provocative victim), ㉢ 촉진적 피해자(precipitative victim), ㉣ 생물학적으로 연약한 피해자(biologically weak victim), ㉤ 사회적으로 연약한 피해자(socially weak victim), ㉥ 자기피해자화(self-victimizing), ㉦ 정치적 피해자(political victim)로 분류하였다. 23. 간부(73), 24. 경행

제3절 피해자화이론과 피해자책임론

01 피해자화이론(범죄피해원인론)

1. 의의

① 피해자화(victimization)란 범죄행위로 인하여 피해자가 피해를 입게 되는 일련의 과정을 말한다.
② 범죄가 발생하면 피해자는 일단 육체적·물질적 피해를 입게 되고 이에 더하여 심리적 피해도 수반된다.
③ 범죄자의 직접적 공격으로 '1차 피해자화'가 발생하고, 이에 대한 사회의 잘못된 반응으로 인해 '2차 피해자화'가 발생하는 경우도 있다.

2. 범죄피해원인의 주요개념

(1) 거시적 요소

범죄 근접성	① 범죄와 물리적으로 근접한 경우에는 피해자가 되기 쉽다. ② 범죄가 다발하는 장소의 문제뿐만 아니라, 범죄 가능성이 높은 경제적·대인적 환경을 포함한다.
범죄 노출성	① 범죄를 당할 위험성이 높은 상태에 노출되어 있는 경우는 범죄피해자가 될 확률이 높다. ② 범죄 노출은 주로 개인의 일상활동과 생활양식에 기인한다.

(2) 미시적 요소

표적의 매력성	범죄피해자(표적)는 가해자에게 상징적·경제적 가치가 있기 때문에 선택된다. 매력의 기준은 적극적 가치뿐만 아니라 소극적 가치(예 표적의 크기, 물리적 저항 정도)도 될 수 있다.
보호 능력	피해자가 범죄를 방지할 수 있는 능력을 의미하며, 보호능력이 적을수록 범죄의 피해자가 될 확률은 높아진다.

3. 최근의 범죄피해 원인론의 전제

① 현대 피해자학은 인간이 합리적 존재라는 점을 전제하고, 범죄는 정상인과 구별되는 범죄성을 가진 범죄자에 의해 발생하는 것이 아니라 누구나 우연히 저지를 수 있다는 점에서 범죄통제 여부가 범죄원인의 규명보다 중요하다고 본다.

② 현대 피해자학은 **고전주의·억제이론·합리적 선택이론 등에 기초**하여 범죄인의 교정·교화보다 범죄기회를 사전에 차단하는 것이 중요하다고 본다.

4. 생활양식이론(lifestyle theory)

① 하인드랑과 고트프레드슨(M. Hindelang & M. Gottfredson)은 개인의 노출과 방어능력이 범죄피해자화에 미치는 영향을 연구하여, 개인의 직업적 활동·여가활동 등 생활양식의 노출이 잠재적 범죄자들에 의한 범죄의 표적이 될 기회를 증가시킨다고 주장하였다. 즉, 개인의 생활양식과 범죄피해의 가능성 사이에 긴밀한 상관관계가 있다고 본다(생활양식노출이론). 22. 간부(72), 23. 간부(73), 24. 경행

② 인구학적·사회학적 계층·지역에 따른 범죄율의 차이는 피해자의 개인적 생활양식의 차이를 반영한다는 것으로, 피해자가 제공하는 범죄기회구조를 중시하는 입장이다. 23. 경행 1차

③ 하인드랑은 생활양식과 범죄피해의 관계를 8가지 명제를 통하여 설명하였다.
   ㉠ 공공장소에서 많은 시간을 보낼수록(특히 야간에) 범죄피해를 당할 가능성이 크다.
   ㉡ 특정생활양식에 따르는 개인은 공공장소에 더 자주 간다.
   ㉢ 다른 사람과 상호관계를 유지하는 사람은 그들과 생활양식을 공유하는 경향이 있다.
   ㉣ 가해자와 같은 인구학적 범주에 속할수록 범죄피해를 당할 가능성이 크다.
   ㉤ 가족구성원이 아닌 다른 사람들이 많은 장소에서 시간을 보내는 정도는 생활양식에 따라 다양하게 결정된다.
   ㉥ 범죄피해를 당할 개인의 기회는 가족구성원이 아닌 다른 사람과 함께 보내는 시간에 비례하여 증가한다.
   ㉦ 생활양식의 차이는 가해자와 자신을 구분하는 능력과 관련이 있다.
   ㉧ 생활양식의 다양성은 개인의 범죄피해 가능성에 영향을 미친다.

④ 젊은 사람, 남자, 미혼자, 저소득층, 저학력층이 늙은 사람, 여자, 기혼자, 고소득층, 고학력층에 비하여 폭력범죄의 피해자가 될 확률이 높다고 보았고, 이후 재산범죄의 피해위험도 설명하기에 이르렀다. 24. 경행

⑤ 또한 피해자화의 위험도는 ㉠ 피해자의 사회적 역할, ㉡ 피해자의 사회적 지위, ㉢ 피해자의 선택과 결정으로부터 영향을 받는다고 본다.

5. 일상활동이론(routine activities theory)

① 일상활동이론은 범죄자와 피해자의 일상활동이 특정 시간과 공간에 중첩되는 양식을 고려하여 범죄피해를 설명하는 입장이다. 23. 간부(73)

② 코헨과 펠슨(L. Cohen & M. Felson)에 의하면, 일상생활의 일정한 유형이 범죄를 유발하는 데 적합한 사람이 그렇지 않은 사람보다 범죄피해자가 되기 쉽다고 한다.

③ 이들은 범죄발생에 영향을 주는 요인으로 ㉠ 잠재적 범죄자의 존재, ㉡ 적당한 대상자나 목표물의 존재, ㉢ 방어능력의 부재(감시의 부재)를 제시하였다. 22. 간부(72)

④ 시대·사회를 막론하고 잠재적 범죄자의 수에는 변화가 거의 없으나, 과다한 가정 외적 활동 등으로 잠재적 범죄자에 대한 가시성과 접근성이 용이하고 범죄표적의 매력성이 있으며, 보호능력의 부재(무방비) 상태일수록 범죄피해의 위험성은 그만큼 높아지게 된다.

⑤ 감시의 부재에서 감시자(또는 보호인)는 경찰이나 경비원 등의 공식적 감시자가 아니라 그 존재나 근접성 자체로 범죄를 방지할 수 있는 사람들을 의미한다(예 친지, 친구, 모르는 타인에 의한 보호). 즉, 일상활동이론에서는 비공식적 통제체계에서 자연스러운 범죄예방과 억제를 중요시한다. 22. 간부(72)

⑥ 전통적 범죄이론은 ㉠의 요소를 중시하나, 일상활동이론은 ㉡과 ㉢의 요소를 중시한다.

⑦ 또한 일상활동이론은 거시적 차원에서 국가사회와 지역사회의 특징이 위 세 가지 요소의 결합에 의한 범죄발생을 더 용이하게 한다고 본다(예 제2차 대전 이후 미국에서 주거침입절도와 차량절도가 급증한 현상). 22. 간부(72)

☑ SUMMARY │ 생활양식노출이론과 일상활동이론(일상생활이론)의 비교		
구분	**생활양식노출이론**	**일상활동이론(일상생활이론)**
차이점	• 사회적 계층에 따른 범죄피해 위험성의 차이를 설명 • 범죄기회 구조의 내용으로 '범죄자와의 근접성'과 '범죄위험에의 노출'이라는 거시적 요소를 중시 24. 경행	• 시간의 흐름에 따른 범죄율의 변화를 설명 • 미시적·상황적 요소인 '대상의 매력성'과 '감시의 부재'를 강조
공통점	두 이론은 사회생활 중 일상활동이나 생활양식의 유형이 범죄를 위한 기회구조 형성에 어떻게 기여하는가를 분석하는 기회이론이라는 점에서 공통점이 있다.	
평가	이 이론들은 피해자의 측면에서 범죄현상을 파악하려 하였기 때문에, 범죄자가 구체적으로 범죄상황을 어떻게 해석하고 그 대상과 위험성을 어떻게 판단하는지에 대해서는 적절치 않다는 비판이 있다.	

6. 구조적 선택모형이론

① 미테와 메이어(T. Miethe & R. Meier)는 생활양식노출이론과 일상활동이론을 통합하여 범죄발생의 네 가지 요인을 범행기회와 대상선택이라는 두 가지 관점으로 압축하여 설명하였다. 23. 간부(73), 24. 간부(74)

② 범행기회는 '범죄자와의 근접성'과 '범죄위험에의 노출'로 이루어지는데 이를 범죄 기회의 구조적 특성으로 두고, 여기에 대상선택의 관점인 '대상의 매력성'과 '감시의 부재(보호가능성)'를 가변변수로 두는 방법으로 범죄발생을 설명한다. 23. 해경간부

③ 구조적 선택모형이론은 일상활동이론의 범죄기회 구조에 관한 거시적인 영향과 생활양식노출이론의 특정 범죄에 대한 선택이라는 미시적 관점을 모두 고려하는 **절충적 입장**이다.

7. 표적선택과정이론

① 표적선택과정이론은 **사고하는 범죄자의 범죄선택**이라는 측면에 초점을 두고, 범죄자가 범행을 결정하고 실제 범행을 저지르는 범행동기에 관심을 둔다.
② 범죄자도 범죄를 통해 최소한의 위험과 비용으로 최대의 효과를 얻을 수 있는 피해자를 선택한다고 보아 미시적 범죄발생 요소를 중시한다. 범행대상의 선택과정에 고려되는 요인으로는 피해자의 특성·환경·체포위험, 범행의 용이성·보상정도 등이 있다.

8. 일탈장소이론(deviant place theory)

① 일탈장소이론은 특정 지역 또는 장소가 범죄위험에 더 많이 노출되어 있으므로 그러한 지역 또는 장소에 있는 개인은 범죄발생에 아무런 원인제공이 없음에도 다른 지역 또는 장소에 있는 경우보다 범죄피해를 당할 가능성이 더 높다는 입장이다(탈선장소이론).
② 이는 생활양식이론이나 일상활동이론에 비하여 거시적·지리적 관점의 연구로서, 범죄피해에 대한 물리적 환경의 중요성을 강조하는 입장이다.
③ 피해자가 거주하는 지역이 사회해체가 진행된 지역으로서 범죄발생률이 높은 지역이라면 잠재적 범죄자와 접촉할 가능성이 높아 범죄피해의 위험성이 높다고 본다.

9. 피해자유발이론(victim precipitation theory)

① 울프강(M. Wolfgang)은 피해자가 범죄자의 범행동기를 유발하고 범죄실행에 영향을 미친다고 주장하였다(피해자촉발이론). 24. 간부(74)

능동적 유발	피해자가 가해자를 위협하거나 먼저 공격하여 자극하는 경우
수동적 유발	피해자가 성격적 특질로 인하여 가해자를 무의식적으로 자극하는 경우

② 이에 대해서는 범죄피해의 원인을 피해자에게 전가하고, 피해자의 책임을 이유로 가해자의 형사책임을 덜어줄 수 있다는 비판이 제기된다.

10. 통합이론(integrated theory)

① 통합이론은 다양한 요소들이 결합하여 범죄피해를 야기한다는 입장이다.
② 범죄피해에 영향을 주는 요소에는 ㉠ 기회, ㉡ 위험요인, ㉢ 동기화된 범죄자, ㉣ 노출, ㉤ 교제, ㉥ 위험한 시간과 장소, ㉦ 위험한 행동, ㉧ 고위험 활동, ㉨ 방어적·회피적 행동, ㉪ 구조적·문화적 경향 등이 있다.

휴(Hough)의 선정모형
나이·성별·사회적 계급 등의 인구학적 특성이 직업·소득·거주지역 등 사람의 생활양식의 구조적 특징을 결정하고, 나아가서 이것이 그 사람의 일상생활에도 영향을 미친다. 그리하여 동기부여된 범죄자에게 쉽게 노출되고(근접성), 범행대상으로서 잠재적 수확 가능성이 높으며(보상), 접근 또한 용이하여 범행대상으로 매력이 있을 뿐만 아니라 충분한 방어수단이 갖추어져 있지 않으면(보호성 부재) 범행대상으로 선정될 위험성이 높다고 본다.

02 피해자책임론

1. 피해자수용성(피해자성, 피해유발성)

멘델존(Mendelsohn)의 주장에 따르면 피해자에게는 피해자수용성, 즉 피해자가 되기 쉬운 특성이 있다고 한다.

2. 피해자 비난론과 옹호론

(1) 피해자 비난론

가해자와 피해자는 상호성을 갖는 관계이므로, 가해자가 범죄에 대하여 책임을 지고 처벌을 받는 것처럼 피해자도 범죄의 발생과정에서 자신의 행위에 대해 책임을 져야 한다는 입장이다.

(2) 피해자 옹호론

피해자는 일반인과 현저한 차이가 없으므로, 이해와 도움을 필요로 하는 존재이지 비난의 대상이 되어서는 안 된다는 입장이다.

(3) 검토

피해자 옹호론은 피해자에 대한 배려·보호의 측면에서 적용되어야 하고, 피해자 비난론은 범죄현상의 연구와 피해예방의 측면에서 활용되어야 한다.

제4절 피해자 보호

01 형사사법 패러다임과 피해자 권리 보장

어느 사회가 형사사법제도에서 범죄피해자에게 자신의 권리보호를 위한 형사절차에 참여할 수 있고 그에 따른 법적 지위를 인정하는지에 따라 형사사법체계를 ① 증인 패러다임, ② 손해 패러다임, ③ 손상 패러다임, ④ 권리 패러다임으로 나눌 수 있다.

구분	내용
증인 패러다임	• 형사사법제도를 국가와 범죄자의 관계로 설정하는 전통적 입장으로, 범죄피해자를 형사절차에서 단순한 정보제공자로 본다. • 형사사법에 대한 국가중심적 사고로서, 이에 의할 때 범죄피해자의 권리보장의 가능성은 매우 낮다고 한다.
손해 패러다임	전통적 형사사법제도의 입장과 피해자의 물질적 이익 추구를 조화하고자, 피해자의 물질적 손해의 배상을 위해 피해자에게 부가적으로 민사소송의 당사자의 지위를 인정하여 형사절차에 참여시키는 것을 인정한다.
손상 패러다임	• 범죄피해자를 범죄로 인한 고통 때문에 물질적·심리적 지원의 도움을 받아야 할 약자로 파악하는 입장이다. • 피해자를 약자로서 물질적·심리적 지원의 대상으로 보기에 피해자의 권리를 소홀히 하게 된다.

권리 패러다임	• 국가는 범죄피해자의 권리를 실질적으로 보장하기 위하여 노력해야 하고, 범죄피해자를 위하여 범죄사실을 확인하고 유죄를 입증하여 범죄자를 처벌하여야 한다는 입장이다. • 범죄피해자는 당사자로서 적극적으로 형사절차에 참여할 수 있게 되므로, 실질적으로 피해자의 권리를 보장할 수 있게 된다.
검토	범죄피해자의 권리를 보호하기 위해서는 형사사법체계가 권리 패러다임으로 발전되어야 한다.

02 피해자의 보호 및 형사절차 참여

1. 의의

범죄피해자에 대한 최근의 경향은 피해자를 보호하고, 피해자가 형사절차에 정당하게 참여하여 정보를 얻고 방어방법을 찾으며, 피해배상과 원상회복을 위한 활동을 할 수 있도록 요구한다.

2. 현행법상의 제도

형법

제58조【판결의 공시】① 피해자의 이익을 위하여 필요하다고 인정할 때에는 피해자의 청구가 있는 경우에 한하여 피고인의 부담으로 판결공시의 취지를 선고할 수 있다.

형사소송법

제35조【서류 · 증거물의 열람 · 복사】① 피고인과 변호인은 소송계속 중의 관계 서류 또는 증거물을 열람하거나 복사할 수 있다.
③ 재판장은 피해자, 증인 등 사건관계인의 생명 또는 신체의 안전을 현저히 해칠 우려가 있는 경우에는 제1항 및 제2항에 따른 열람 · 복사에 앞서 사건관계인의 성명 등 개인정보가 공개되지 아니하도록 보호조치를 할 수 있다.

제95조【필요적 보석】보석의 청구가 있는 때에는 다음(→ 필요적 보석의 제외 사유) 이외의 경우에는 보석을 허가하여야 한다.
6. 피고인이 피해자, 당해 사건의 재판에 필요한 사실을 알고 있다고 인정되는 자 또는 그 친족의 생명 · 신체나 재산에 해를 가하거나 가할 염려가 있다고 믿을 만한 충분한 이유가 있는 때

제102조【보석조건의 변경과 취소 등】② 법원은 피고인이 다음 각 호의 어느 하나에 해당하는 경우에는 직권 또는 검사의 청구에 따라 결정으로 보석 또는 구속의 집행정지를 취소할 수 있다. 다만, 제101조 제4항에 따른 구속영장의 집행정지는 그 회기 중 취소하지 못한다.
4. 피해자, 당해 사건의 재판에 필요한 사실을 알고 있다고 인정되는 자 또는 그 친족의 생명 · 신체 · 재산에 해를 가하거나 가할 염려가 있다고 믿을 만한 충분한 이유가 있는 때

제146조【증인의 자격】법원은 법률에 다른 규정이 없으면 누구든지 증인으로 신문할 수 있다.

제163조의2【신뢰관계에 있는 자의 동석】① 법원은 범죄로 인한 피해자를 증인으로 신문하는 경우 증인의 연령, 심신의 상태, 그 밖의 사정을 고려하여 증인이 현저하게 불안 또는 긴장을 느낄 우려가 있다고 인정하는 때에는 직권 또는 피해자·법정대리인·검사의 신청에 따라 피해자와 신뢰관계에 있는 자를 동석하게 할 수 있다.
② 법원은 범죄로 인한 피해자가 13세 미만이거나 신체적 또는 정신적 장애로 사물을 변별하거나 의사를 결정할 능력이 미약한 경우에 재판에 지장을 초래할 우려가 있는 등 부득이한 경우가 아닌 한 피해자와 신뢰관계에 있는 자를 동석하게 하여야 한다.

제165조의2【비디오 등 중계장치 등에 의한 증인신문】① 법원은 다음 각 호의 어느 하나에 해당하는 사람을 증인으로 신문하는 경우 상당하다고 인정할 때에는 검사와 피고인 또는 변호인의 의견을 들어 비디오 등 중계장치에 의한 중계시설을 통하여 신문하거나 가림 시설 등을 설치하고 신문할 수 있다.
1. 「아동복지법」 제71조 제1항 제1호·제1호의2·제2호·제3호에 해당하는 죄의 피해자
2. 「아동·청소년의 성보호에 관한 법률」 제7조, 제8조, 제11조부터 제15조까지 및 제17조 제1항의 규정에 해당하는 죄의 대상이 되는 아동·청소년 또는 피해자
3. 범죄의 성질, 증인의 나이, 심신의 상태, 피고인과의 관계, 그 밖의 사정으로 인하여 피고인 등과 대면하여 진술할 경우 심리적인 부담으로 정신의 평온을 현저하게 잃을 우려가 있다고 인정되는 사람

제214조의2【체포와 구속의 적부심사】⑤ 법원은 구속된 피의자(심사청구 후 공소제기된 사람을 포함한다)에 대하여 피의자의 출석을 보증할 만한 보증금의 납입을 조건으로 하여 결정으로 제4항의 석방을 명할 수 있다. 다만, 다음 각 호에 해당하는 경우에는 그러하지 아니하다.
1. 범죄의 증거를 인멸할 염려가 있다고 믿을 만한 충분한 이유가 있는 때
2. 피해자, 당해 사건의 재판에 필요한 사실을 알고 있다고 인정되는 사람 또는 그 친족의 생명·신체나 재산에 해를 가하거나 가할 염려가 있다고 믿을 만한 충분한 이유가 있는 때

제223조【고소권자】범죄로 인한 피해자는 고소할 수 있다.

제232조【고소의 취소】① 고소는 제1심 판결선고 전까지 취소할 수 있다.
② 고소를 취소한 자는 다시 고소할 수 없다.

제259조【고소인 등에의 공소불제기 이유고지】검사는 고소 또는 고발 있는 사건에 관하여 공소를 제기하지 아니하는 처분을 한 경우에 고소인 또는 고발인의 청구가 있는 때에는 7일 이내에 고소인 또는 고발인에게 그 이유를 서면으로 설명하여야 한다.

제259조의2【피해자 등에 대한 통지】검사는 범죄로 인한 피해자 또는 그 법정대리인(피해자가 사망한 경우에는 배우자·직계친족·형제자매를 포함)의 신청이 있는 때에는 당해 사건의 공소제기 여부, 공판의 일시·장소, 재판결과, 피의자·피고인의 구속·석방 등 구금에 관한 사실 등을 신속하게 통지하여야 한다.

제260조【재정신청】① 고소권자로서 고소를 한 자[「형법」 제123조부터 제126조까지의 죄(→ 직권남용죄, 불법체포·불법감금죄, 폭행·가혹행위죄, 피의사실공표죄)에 대하여는 고발을 한 자를 포함한다. 이하 이 조에서 같다]는 검사로부터 공소를 제기하지 아니한다는 통지를 받은 때에는 그 검사 소속의 지방검찰청 소재지를 관할하는 고등법원(이하 '관할 고등법원'이라 한다)에 그 당부에 관한 재정을 신청할 수 있다. 다만, 「형법」 제126조의 죄(→ 피의사실공표죄)에 대하여는 피공표자의 명시한 의사에 반하여 재정을 신청할 수 없다.

② 제1항에 따른 재정신청을 하려면 「검찰청법」 제10조에 따른 항고를 거쳐야 한다(→ 항고전치주의). 다만, 다음 각 호의 어느 하나에 해당하는 경우에는 그러하지 아니하다.

1. 항고 이후 재기수사가 이루어진 다음에 다시 공소를 제기하지 아니한다는 통지를 받은 경우
2. 항고 신청 후 항고에 대한 처분이 행하여지지 아니하고 3개월이 경과한 경우
3. 검사가 공소시효 만료일 30일 전까지 공소를 제기하지 아니하는 경우

제294조의2【피해자 등의 진술권】 ① 법원은 범죄로 인한 피해자 또는 그 법정대리인(피해자가 사망한 경우에는 배우자 · 직계친족 · 형제자매를 포함한다. 이하 이 조에서 '피해자 등'이라 한다)의 신청이 있는 때에는 그 피해자 등을 증인으로 신문하여야 한다. 다만, 다음 각 호의 어느 하나에 해당하는 경우에는 그러하지 아니하다. ✔✔

1. 삭제
2. 피해자 등 이미 당해 사건에 관하여 공판절차에서 충분히 진술하여 다시 진술할 필요가 없다고 인정되는 경우
3. 피해자 등의 진술로 인하여 공판절차가 현저하게 지연될 우려가 있는 경우

② 법원은 제1항에 따라 피해자 등을 신문하는 경우 피해의 정도 및 결과, 피고인의 처벌에 관한 의견, 그 밖에 당해 사건에 관한 의견을 진술할 기회를 주어야 한다.

제294조의3【피해자 진술의 비공개】 ① 법원은 범죄로 인한 피해자를 증인으로 신문하는 경우 당해 피해자 · 법정대리인 또는 검사의 신청에 따라 피해자의 사생활의 비밀이나 신변보호를 위하여 필요하다고 인정하는 때에는 결정으로 심리를 공개하지 아니할 수 있다.

제294조의4【피해자 등의 공판기록 열람 · 등사】 ① 소송계속 중인 사건의 피해자(피해자가 사망하거나 그 심신에 중대한 장애가 있는 경우에는 그 배우자 · 직계친족 및 형제자매를 포함한다), 피해자 본인의 법정대리인 또는 이들로부터 위임을 받은 피해자 본인의 배우자 · 직계친족 · 형제자매 · 변호사는 소송기록의 열람 또는 등사를 재판장에게 신청할 수 있다.

검찰청법

제10조【항고 및 재항고】 ① 검사의 불기소처분에 불복하는 고소인이나 고발인은 그 검사가 속한 지방검찰청 또는 지청을 거쳐 서면으로 관할 고등검찰청 검사장에게 항고할 수 있다. 이 경우 해당 지방검찰청 또는 지청의 검사는 항고가 이유 있다고 인정하면 그 처분을 경정하여야 한다.

③ 제1항에 따라 항고를 한 자(「형사소송법」 제260조에 따라 재정신청을 할 수 있는 자는 제외한다. 이하 이 조에서 같다)는 그 항고를 기각하는 처분에 불복하거나 항고를 한 날부터 항고에 대한 처분이 이루어지지 아니하고 3개월이 지났을 때에는 그 검사가 속한 고등검찰청을 거쳐 서면으로 검찰총장에게 재항고할 수 있다. 이 경우 해당 고등검찰청의 검사는 재항고가 이유 있다고 인정하면 그 처분을 경정하여야 한다.

소송촉진 등에 관한 특례법

제25조【배상명령】 ① 제1심 또는 제2심의 형사공판 절차에서 다음 각 호(생략)의 죄 중 어느 하나에 관하여 유죄판결을 선고할 경우, 법원은 직권에 의하여 또는 피해자나 그 상속인(이하 '피해자'라 한다)의 신청에 의하여 피고사건의 범죄행위로 인하여 발생한 직접적인 물적 피해, 치료비 손해 및 위자료의 배상을 명할 수 있다. ✔✔

② 법원은 제1항에 규정된 죄 및 그 외의 죄에 대한 피고사건에서 피고인과 피해자 사이에 합의된 손해배상액에 관하여도 제1항에 따라 배상을 명할 수 있다.

성폭력범죄의 처벌 등에 관한 특례법

제26조【성폭력범죄의 피해자에 대한 전담조사제】 ① 검찰총장은 각 지방검찰청 검사장으로 하여금 성폭력범죄 전담 검사를 지정하도록 하여 특별한 사정이 없으면 이들로 하여금 피해자를 조사하게 하여야 한다.

② 경찰청장은 각 경찰서장으로 하여금 성폭력범죄 전담 사법경찰관을 지정하도록 하여 특별한 사정이 없으면 이들로 하여금 피해자를 조사하게 하여야 한다.

④ 성폭력범죄를 전담하여 조사하는 제1항의 검사 및 제2항의 사법경찰관은 19세 미만인 피해자나 신체적인 또는 정신적인 장애로 사물을 변별하거나 의사를 결정할 능력이 미약한 피해자(이하 "19세미만피해자등"이라 한다)를 조사할 때에는 피해자의 나이, 인지적 발달 단계, 심리 상태, 장애 정도 등을 종합적으로 고려하여야 한다.

제27조【성폭력범죄 피해자에 대한 변호사 선임의 특례】 ① 성폭력범죄의 피해자 및 그 법정대리인(이하 "피해자등"이라 한다)은 형사절차상 입을 수 있는 피해를 방어하고 법률적 조력을 보장하기 위하여 변호사를 선임할 수 있다.

② 제1항에 따른 변호사는 검사 또는 사법경찰관의 피해자등에 대한 조사에 참여하여 의견을 진술할 수 있다. 다만, 조사 도중에는 검사 또는 사법경찰관의 승인을 받아 의견을 진술할 수 있다.

③ 제1항에 따른 변호사는 피의자에 대한 구속 전 피의자심문, 증거보전절차, 공판준비기일 및 공판절차에 출석하여 의견을 진술할 수 있다. 이 경우 필요한 절차에 관한 구체적 사항은 대법원규칙으로 정한다.

④ 제1항에 따른 변호사는 증거보전 후 관계 서류나 증거물, 소송계속 중의 관계 서류나 증거물을 열람하거나 등사할 수 있다.

⑤ 제1항에 따른 변호사는 형사절차에서 피해자등의 대리가 허용될 수 있는 모든 소송행위에 대한 포괄적인 대리권을 가진다.

⑥ 검사는 피해자에게 변호사가 없는 경우 국선변호사를 선정하여 형사절차에서 피해자의 권익을 보호할 수 있다. 다만, 19세미만피해자등에게 변호사가 없는 경우에는 국선변호사를 선정하여야 한다. <개정 2023.7.11.> ✔

제31조【심리의 비공개】 ① 성폭력범죄에 대한 심리는 그 피해자의 사생활을 보호하기 위하여 결정으로써 공개하지 아니할 수 있다.

② 증인으로 소환받은 성폭력범죄의 피해자와 그 가족은 사생활보호 등의 사유로 증인신문의 비공개를 신청할 수 있다.

제34조【신뢰관계에 있는 사람의 동석】 ① 법원은 다음 각 호의 어느 하나에 해당하는 피해자를 증인으로 신문하는 경우에 검사, 피해자 또는 법정대리인이 신청할 때에는 재판에 지장을 줄 우려가 있는 등 부득이한 경우가 아니면 피해자와 신뢰관계에 있는 사람을 동석하게 하여야 한다. <개정 2023.7.11.>

1. 제3조부터 제8조까지, 제10조, 제14조, 제14조의2, 제14조의3, 제15조(제9조의 미수범은 제외한다) 및 제15조의2에 따른 범죄의 피해자

2. 19세미만피해자등

② 제1항은 수사기관이 같은 항 각 호의 피해자를 조사하는 경우에 관하여 준용한다. <개정 2023.7.11.> ✔

중대범죄신상공개법의 제정

종래 성폭력범죄의 처벌 등에 관한 특례법(제25조) 및 특정강력범죄의 처벌에 관한 특례법(제8조의2)에서 규정하고 있던 피의자의 얼굴 등 공개 제도를 삭제하고, 「특정중대범죄 피의자 등 신상정보 공개에 관한 법률」을 제정하여 특정중대범죄 사건에 대하여 수사 및 재판 단계에서 피의자 또는 피고인의 신상정보 공개제도를 규정하였다.

특정범죄신고자 등 보호법

제6조【범죄신고자 등 보좌인】① 사법경찰관, 검사 또는 법원은 범죄신고자등이나 그 친족등이 보복을 당할 우려가 있는 경우에는 직권으로 또는 범죄신고자등, 그 법정대리인이나 친족등의 신청에 의하여 범죄신고자등 보좌인(이하 '보좌인'이라 한다)을 지정할 수 있다. ✔

② 보좌인은 범죄신고자등의 법정대리인, 친족 또는 대통령령으로 정하는 자 중에서 지정한다. 다만, 수사기관 종사자는 보좌인이 될 수 없다.

범죄피해자보호기금법

제3조【기금의 설치】정부는 범죄피해자 보호 · 지원에 필요한 자금을 확보 · 공급하기 위하여 범죄피해자보호기금(이하 "기금"이라 한다)을 설치한다.

제4조【기금의 조성】① 기금은 다음의 재원으로 조성한다.

1. 제2항에 따른 벌금 수납액
2.「범죄피해자 보호법」제21조 제2항에 따라 대위하여 취득한 구상금
3. 정부 외의 자가 출연 또는 기부하는 현금, 물품, 그 밖의 재산
4. 기금의 운용으로 인하여 생기는 수익금

② 정부는「형사소송법」제477조 제1항에 따라 집행된 벌금에 100분의 6 이상의 범위에서 대통령령으로 정한 비율(→ 100분의 8)을 곱한 금액을 기금에 납입하여야 한다. ✔

제5조【기금의 관리 · 운용】① 기금은 법무부장관이 관리 · 운용한다.

제6조【기금의 용도】기금은 다음 각 호의 어느 하나에 해당하는 용도에 사용한다.

1.「범죄피해자 보호법」제16조 제1항에 따른 범죄피해 구조금 지급
2.「범죄피해자 보호법」제34조 제1항에 따른 보조금의 교부
3.~5. 생략

3. 피해자 참여의 확대방안

(1) 사인소추

① **의의**: 사인소추란 피해자가 공소를 제기하는 제도를 말한다.

② **한계**: 도입 논의가 있으나 ㉠ 사인소추는 경미한 범죄에만 적용되는 한계가 있고, ㉡ 참가인은 민사소송에 필요한 증거수집에 치중할 수 있으며, ㉢ 소송 참가로 인해 피고인의 방어권이 줄어든다는 비판이 있다.

(2) 재정신청사건의 대상 확대

「형법」제123조 내지 제126조의 죄
공무원의 직무상 범죄로서 직권남용죄, 불법체포 · 감금죄, 폭행 · 가혹행위죄, 피의사실공표죄를 말한다.

① 개정된「형사소송법」은 재정신청의 대상을 모든 범죄로 확대하되, 고소사건으로 제한하고, 고발사건은 재정신청 대상에서 제외하였다. 단, 종전 법률에 의하여 고발인도 재정신청이 가능하였던「형법」제123조 내지 제126조의 죄의 경우에는 고발사건도 포함된다.

② 고발사건이 재정신청 대상에서 제외됨에 따라, 고발사건에 대한 불기소처분에 대하여서는 현재와 같이 대검찰청에 재항고를 함으로써 불복할 수 있게 하였다.

③ 재정신청을 위해서는 반드시 검찰항고를 거치게 함으로써(항고전치주의) 고소인은 재정신청 전 신속한 권리구제의 기회를 부여하고 검사에게 자체 시정 기회를 갖게 하되, 3월 이내에 결정이 없는 경우 바로 재정신청을 할 수 있게 하였다. 이를 통해 항고심사 지연으로 인한 고소인의 불이익을 방지하고, 나아가 재정신청을 할 수 있는 경우 재항고는 불허하여 피고소인 지위가 장기간 불안정해지는 것을 방지하였다.

④ 개정 「형사소송법」에 의하면 형사사건의 고소인은 재정신청에 대하여 법원의 재판을 받기 때문에 기각되더라도 헌법소원을 제기할 수 없게 된다.

(3) 피해자의 인격권 보호

피해자가 절차에 적극 참여해야 한다는 논의와는 별개로, 피해자의 사생활이 침해되지 않도록 하여야 한다. 이는 특히 국민의 알 권리와 대립하게 되는 경우가 많다.

(4) 피해자의 정보권

피해자의 절차에 대한 정보권을 보장해야 한다. 공판기일을 피해자에게 통지하고, 피해자의 기록열람권을 보장하며, 피해자가 증인신문을 받는 경우에 변호인 선임권을 보장해야 한다.

(5) 원상회복절차의 보완

현행 범죄피해자 보상제도는 제대로 활용되지 못하는 측면이 있으므로, 영미법과 같은 원상회복제도를 도입해야 한다는 의견이 있다.

03 피해자에 대한 보상

1. 의의

(1) 개념

① 범죄피해자 보상이란 범죄피해를 받은 사람에게 피해의 전부 또는 일부를 국가가 금전으로 보상하여 구제하는 제도이다.

② 범죄피해자는 가해자를 상대로 「민법」상 불법행위로 인한 손해배상(제750조)을 청구하거나, 「소송촉진 등에 관한 특례법」의 배상명령제도(제25조)를 통하여 피해를 배상받을 수 있다. 그러나 가해자가 체포되지 않아서 불명하거나 체포되더라도 무자력인 경우 등에는 이러한 수단은 아무런 실효성이 없다. 따라서 이러한 경우에 범죄피해자에 대해서 국가가 그 피해를 보상해주는 제도가 강구되어야 한다는 것이다.

(2) 배경

① 고대 함무라비 법전에서는 국가가 범죄인을 잡지 못한 경우 피해자의 손해를 배상하도록 규정하였다.

② 18세기 말부터 피해자 보상의 필요성이 이론적으로 주장되었다. 벤담은 행위자를 추가적으로 제재하기 위해 피해자를 위한 원상회복의 의무를 범죄자에게 부과하여야 한다고 주장하였고, 가로팔로(R. Garofalo)는 범죄자에 대한 사회방위와 범죄자의 재사회화를 위한 강력한 수단으로서 원상회복을 고려하였다.

범죄피해자 보상제도의 의미

1. 범죄예방에 대한 국가의 책임을 묻는 의미가 있다.
2. 범죄자의 처우를 위해서만 많은 예산을 사용하는 것은 재사회화 가능성을 볼 때 한계가 있는 범죄대책이므로, 피해자를 위한 금전적 보상이 필요하다.
3. 범죄자가 구속됨으로써 범죄자에게 직접 손해배상 청구를 하는 것이 어렵기 때문에 피해자의 최소한 생계보장을 위해서도 필요하다.

③ 1950년대에 들어서 **프라이 여사**(M. Fry)는 『**피해자를 위한 정의**』라는 논문을 통해 범죄피해자에 대한 공적 구제에 대한 관심을 촉구하였고, 그 영향으로 1963년 **뉴질랜드에서 범죄피해자 보상법이 제정**되었다. 우리나라는 1987년 제9차 헌법 개정에서 처음으로 이 제도를 도입하였다. ✄

2. 범죄피해자 보상의 법적 성격

국가책임설	국가는 국민을 범죄로부터 보호할 의무가 있는데 국가가 범죄예방을 다하지 못했기 때문에 책임을 져야 한다는 입장(손해배상형 입법)
사회복지설	국가가 범죄피해자를 정신적·물질적으로 도와주어 범죄피해로 인한 고통에서 해소시켜 주어야 한다는 견해(생활보호형 입법)
사회보험설	국가가 범죄로부터 국민을 완벽하게 보호할 수는 없으므로 국민의 세금에 의한 위험분산으로 해결해야 한다는 견해(재해보상형 입법)

3. 우리나라의 범죄피해자 보상제도

(1) 연혁

헌법 제30조 타인의 범죄행위로 인하여 생명·신체에 대한 피해를 받은 국민은 법률이 정하는 바에 의하여 국가로부터 구조를 받을 수 있다.

헌법 제30조는 범죄피해자 보상에 관한 규정을 두고 있으며, 1988년 「범죄피해자 구조법」과 2006년 「범죄피해자 보호법」이 시행되다가, 2010년에 통합하여 「범죄피해자 보호법」으로 전부개정되었다.

(2) 「범죄피해자 보호법」의 주요 내용

> **제1조 【목적】** 이 법은 범죄피해자 보호·지원의 기본 정책 등을 정하고 타인의 범죄행위로 인하여 생명·신체에 피해를 받은 사람을 구조함으로써 범죄피해자의 복지 증진에 기여함을 목적으로 한다.
>
> **제3조 【정의】** ① 이 법에서 사용하는 용어의 뜻은 다음과 같다.
> 1. '범죄피해자'란 타인의 범죄행위로 피해를 당한 사람과 그 배우자(사실상의 혼인관계를 포함한다), 직계친족 및 형제자매를 말한다. ✄✄
> 4. '구조대상 범죄피해'란 대한민국의 영역 안에서 또는 대한민국의 영역 밖에 있는 대한민국의 선박이나 항공기 안에서 행하여진 사람의 생명 또는 신체를 해치는 죄(→ 대인범죄)에 해당하는 행위[「형법」 제9조(→ 형사미성년자), 제10조 제1항(→ 심신상실자), 제12조(→ 강요된 행위), 제22조 제1항(→ 긴급피난)에 따라 처벌되지 아니하는 행위를 포함하며, 같은 법 제20조(→ 정당행위) 또는 제21조 제1항(→ 정당방위)에 따라 처벌되지 아니하는 행위 및 과실에 의한 행위는 제외한다]로 인하여 사망하거나 장해 또는 중상해를 입은 것을 말한다. 23. 해경간부
> ② 제1항 제1호에 해당하는 사람 외에 범죄피해 방지 및 범죄피해자 구조 활동으로 피해를 당한 사람도 범죄피해자로 본다. ✄
>
> **제8조 【형사절차 참여 보장 등】** ① 국가는 범죄피해자가 해당 사건과 관련하여 수사담당자와 상담하거나 재판절차에 참여하여 진술하는 등 형사절차상의 권리를 행사할 수 있도록 보장하여야 한다. ✄
> ② 국가는 범죄피해자가 요청하면 가해자에 대한 수사 결과, 공판기일, 재판 결과, 형 집행 및 보호관찰 집행 상황 등 형사절차 관련 정보를 대통령령으로 정하는 바에 따라 제공할 수 있다.

구조대상 범죄피해

형사미성년자·심신상실자·강요된 행위·긴급피난의 경우는 포함되나, 정당행위·정당방위·과실에 의한 행위는 제외된다.

제11조의2【범죄피해자 인권 주간】 범죄피해자에 대한 사회적 관심을 높이고 범죄피해자의 복지를 증진하기 위하여 대통령령으로 정하는 바에 따라 1년 중 1주간을 범죄피해자 인권 주간으로 한다. [본조신설 2024.9.20.]

제16조【구조금의 지급요건】 국가는 구조대상 범죄피해를 받은 사람(이하 '구조피해자'라 한다)이 다음 각 호의 어느 하나에 해당하면 구조피해자 또는 그 유족에게 범죄피해 구조금(이하 '구조금'이라 한다)을 지급한다. ✦✦

1. 구조피해자가 피해의 전부 또는 일부를 배상받지 못하는 경우
2. 자기 또는 타인의 형사사건의 수사 또는 재판에서 고소·고발 등 수사단서를 제공하거나 진술, 증언 또는 자료제출을 하다가 구조피해자가 된 경우 ✦✦

제17조【구조금의 종류 등】 ① 구조금은 유족구조금·장해구조금 및 중상해구조금으로 구분한다. <개정 2024.9.20.>

② 유족구조금은 구조피해자가 사망하였을 때 제18조에 따라 맨 앞의 순위인 유족에게 지급한다. 다만, 순위가 같은 유족이 2명 이상이면 똑같이 나누어 지급한다.

③ 장해구조금 및 중상해구조금은 해당 구조피해자에게 지급한다. 다만, 장해구조금 또는 중상해구조금의 지급을 신청한 구조피해자가 장해구조금 또는 중상해구조금을 지급받기 전에 사망(해당 구조대상 범죄피해의 원인이 된 범죄행위로 사망한 경우는 제외한다)한 경우에는 제18조에 따라 맨 앞의 순위인 유족에게 지급하되, 순위가 같은 유족이 2명 이상이면 똑같이 나누어 지급한다. <개정 2024.9.20.>

④ 구조금은 일시금으로 지급한다. 다만, 구조피해자 또는 그 유족이 연령, 장애, 질병이나 그 밖에 대통령령으로 정하는 사유로 구조금을 관리할 능력이 부족하다고 인정되는 경우로서 다음 각 호의 어느 하나에 해당하는 경우에는 대통령령으로 정하는 바에 따라 구조금을 분할하여 지급할 수 있다. [본조신설 2024.9.20.]
_{24. 간부(74)}

1. 구조피해자나 그 유족이 구조금의 분할 지급을 청구하여 제24조제1항에 따른 범죄피해구조심의회가 구조금의 분할 지급을 결정한 경우
2. 제24조제1항에 따른 범죄피해구조심의회가 직권으로 구조금의 분할 지급을 결정한 경우

제18조【유족의 범위 및 순위】 ① 유족구조금이나 제17조제3항 단서에 따라 유족에게 지급하는 장해구조금 또는 중상해구조금(이하 "유족구조금등"이라 한다)을 지급받을 수 있는 유족은 다음 각 호의 어느 하나에 해당하는 사람으로 한다.
<개정 2024.9.20.>

1. 배우자(사실상 혼인관계를 포함한다) 및 구조피해자의 사망 당시 구조피해자의 수입으로 생계를 유지하고 있는 구조피해자의 자녀
2. 구조피해자의 사망 당시 구조피해자의 수입으로 생계를 유지하고 있는 구조피해자의 부모, 손자·손녀, 조부모 및 형제자매
3. 제1호 및 제2호에 해당하지 아니하는 구조피해자의 자녀, 부모, 손자·손녀, 조부모 및 형제자매 ✦

② 제1항에 따른 유족의 범위에서 태아는 구조피해자가 사망할 때 이미 출생한 것으로 본다. _{24. 간부(74)}

③ 유족구조금등을 받을 유족의 순위는 제1항 각 호에 열거한 순서로 하고, 같은 항 제2호 및 제3호에 열거한 사람 사이에서는 해당 각 호에 열거한 순서로 하며, 부모의 경우에는 양부모를 선순위로 하고 친부모를 후순위로 한다. ✦

구조금 지급요건
구조금 지급요건으로 가해자의 불명 또는 무자력이나 피해자의 생계곤란을 요하지 아니한다(제16조).

④ 유족이 다음 각 호의 어느 하나에 해당하면 유족구조금등을 받을 수 있는 <u>유족</u>으로 보지 아니한다.
1. 구조피해자를 고의로 사망하게 한 경우
2. 구조피해자가 사망하기 전에 그가 사망하면 유족구조금등을 받을 수 있는 선순위 또는 같은 순위의 유족이 될 사람을 고의로 사망하게 한 경우
3. 구조피해자가 사망한 후 유족구조금등을 받을 수 있는 선순위 또는 같은 순위의 유족을 고의로 사망하게 한 경우

제19조【구조금을 지급하지 아니할 수 있는 경우】 ① 범죄행위 당시 구조피해자와 가해자 사이에 다음 각 호의 어느 하나에 해당하는 <u>친족관계</u>가 있는 경우에는 <u>구조금을 지급하지 아니한다.</u>
1. 부부(사실상의 혼인관계를 포함한다)　　2. 직계혈족
3. 4촌 이내의 친족　　　　　　　　　　　4. 동거친족
② 범죄행위 당시 구조피해자와 가해자 사이에 제1항 각 호의 어느 하나에 해당하지 아니하는 <u>친족관계</u>가 있는 경우에는 <u>구조금의 일부를 지급하지 아니한다.</u>
③ 구조피해자가 다음 각 호의 어느 하나에 해당하는 <u>행위</u>를 한 때에는 <u>구조금을 지급하지 아니한다.</u>
1. 해당 범죄행위를 교사 또는 방조하는 행위
2. 과도한 폭행·협박 또는 중대한 모욕 등 해당 범죄행위를 유발하는 행위
3. 해당 범죄행위와 관련하여 현저하게 부정한 행위
4. 해당 범죄행위를 용인하는 행위
5. 집단적 또는 상습적으로 불법행위를 행할 우려가 있는 조직에 속하는 행위(다만, 그 조직에 속하고 있는 것이 해당 범죄피해를 당한 것과 관련이 없다고 인정되는 경우는 제외한다)
6. 범죄행위에 대한 보복으로 가해자 또는 그 친족이나 그 밖에 가해자와 밀접한 관계가 있는 사람의 생명을 해치거나 신체를 중대하게 침해하는 행위
④ 구조피해자가 다음 각 호의 어느 하나에 해당하는 <u>행위</u>를 한 때에는 <u>구조금의 일부를 지급하지 아니한다.</u>
1. 폭행·협박 또는 모욕 등 해당 범죄행위를 유발하는 행위
2. 해당 범죄피해의 발생 또는 중대에 가공(加功)한 부주의한 행위 또는 부적절한 행위
⑤ 유족구조금등을 지급하지 아니할 수 있는 경우에 관하여는 제1항부터 제4항까지를 준용한다. 이 경우 "구조피해자"는 "구조피해자 또는 맨 앞의 순위인 유족"으로 본다. <개정 2024.9.20.>
⑥ 구조피해자 또는 그 유족과 가해자 사이의 관계, 그 밖의 사정을 고려하여 <u>구조금의 전부 또는 일부를 지급하는 것이 사회통념에 위배</u>된다고 인정될 때에는 구조금의 전부 또는 일부를 <u>지급하지 아니할 수 있다.</u>
⑦ 제1항부터 제6항까지의 규정에도 불구하고 <u>구조금의 실질적인 수혜자가 가해자로 귀착될 우려가 없는 경우 등 구조금을 지급하지 아니하는 것이 사회통념에 위배</u>된다고 인정할 만한 특별한 사정이 있는 경우에는 구조금의 전부 또는 일부를 <u>지급할 수 있다.</u>

제20조【다른 법령에 따른 급여 등과의 관계】 구조피해자나 유족이 해당 <u>구조대상 범죄피해를 원인으로 하여 「국가배상법」</u>이나 그 밖의 법령에 따른 급여 등을 받을 수 있는 경우에는 대통령령으로 정하는 바에 따라 <u>구조금을 지급하지 아니한다</u>(→ 보충성).

제21조【손해배상과의 관계】 ① 국가는 구조피해자나 유족이 해당 구조대상 범죄피해를 원인으로 하여 손해배상을 받았으면 그 범위에서 구조금을 지급하지 아니한다. ✔✔

② 국가는 지급한 구조금의 범위에서 해당 구조금을 받은 사람이 구조대상 범죄피해를 원인으로 하여 가지고 있는 손해배상청구권을 대위한다. ✔

③ 국가는 제2항에 따라 손해배상청구권을 대위할 때 대통령령으로 정하는 바에 따라 가해자인 수형자나 보호감호대상자의 작업장려금 또는 근로보상금에서 손해배상금을 받을 수 있다.

제23조【외국인에 대한 구조】 구조피해자 또는 그 유족이 외국인인 때에는 다음 각 호의 어느 하나에 해당하는 경우에만 이 법을 적용한다.

1. 해당 국가의 상호 보증이 있는 경우 24. 간부(74)
2. 해당 외국인이 구조대상 범죄피해 발생 당시 대한민국 국민의 배우자이거나 대한민국 국민과 혼인관계(사실상의 혼인관계를 포함한다)에서 출생한 자녀를 양육하고 있는 자로서 다음 각 목의 어느 하나에 해당하는 체류자격을 가지고 있는 경우
  가. 「출입국관리법」 제10조제2호의 영주자격
  나. 「출입국관리법」 제10조의2제1항제2호의 장기체류자격으로서 법무부령으로 정하는 체류자격

[전문개정 2024.9.20.]

제24조【범죄피해구조심의회 등】 ① 구조금 지급 및 제21조제2항에 따른 손해배상청구권 대위에 관한 사항을 심의·결정하기 위하여 각 지방검찰청에 범죄피해구조심의회(이하 '지구심의회'라 한다)를 두고 법무부에 범죄피해구조본부심의회(이하 '본부심의회'라 한다)를 둔다. <개정 2024.9.20.> ✔

② 지구심의회는 설치된 지방검찰청 관할 구역(지청이 있는 경우에는 지청의 관할 구역을 포함한다)의 구조금 지급 및 제21조제2항에 따른 손해배상청구권 대위에 관한 사항을 심의·결정한다. <개정 2024.9.20.>

③ 본부심의회는 다음 각 호의 사항을 심의·결정한다.

1. 제27조에 따른 재심신청사건
2. 그 밖에 법령에 따라 그 소관에 속하는 사항

④ 지구심의회 및 본부심의회는 법무부장관의 지휘·감독을 받는다.

제25조【구조금의 지급신청】 ① 구조금을 받으려는 사람은 법무부령으로 정하는 바에 따라 그 주소지, 거주지 또는 범죄 발생지를 관할하는 지구심의회에 신청하여야 한다. ✔

② 제1항에 따른 신청은 해당 구조대상 범죄피해의 발생을 안 날부터 3년이 지나거나 해당 구조대상 범죄피해가 발생한 날부터 10년이 지나면 할 수 없다. ✔

제27조【재심신청】 ① 지구심의회에서 구조금 지급신청을 기각(일부기각된 경우를 포함한다) 또는 각하하면 신청인은 결정의 정본이 송달된 날부터 2주일 이내에 그 지구심의회를 거쳐 본부심의회에 재심을 신청할 수 있다. ✔

제28조【긴급구조금의 지급 등】 ① 지구심의회는 제25조 제1항에 따른 신청을 받았을 때 구조피해자의 장해 또는 중상해 정도가 명확하지 아니하거나 그 밖의 사유로 인하여 신속하게 결정을 할 수 없는 사정이 있으면 신청 또는 직권으로 대통령령으로 정하는 금액의 범위에서 긴급구조금을 지급하는 결정을 할 수 있다.

제29조【결정을 위한 조사 등】① 지구심의회는 <u>구조금 지급</u> 및 제21조제2항에 따른 <u>손해배상청구권 대위</u>에 관한 사항을 <u>심의</u>하기 위하여 필요하면 <u>신청인이나 그 밖의 관계인을 조사</u>하거나 의사의 진단을 받게 할 수 있고 행정기관, 공공기관이나 그 밖의 단체에 조회하여 필요한 사항을 보고하게 할 수 있다. <개정 2024.9.20.>

② 지구심의회는 신청인이 정당한 이유 없이 제1항에 따른 조사에 따르지 아니하거나 의사의 진단을 거부하면 그 신청을 기각할 수 있다.

제29조의2【자료요청】① 지구심의회는 제21조제2항에 따른 <u>손해배상청구권 대위</u>에 관한 업무와 관련하여 가해자의 손해배상금 지급능력을 조사하기 위하여 필요한 경우에는 다음 각 호(생략)의 자료를 보유하고 있는 법원행정처 · 행정안전부 · 국토교통부 · 국세청 등 국가기관과 지방자치단체의 장 및 「국민건강보험법」에 따른 국민건강보험공단 등 관계 기관 · 단체의 장(이하 이 조에서 "관계 기관의 장"이라 한다)에게 다음 각 호의 자료의 제공 또는 관계 전산망의 이용을 요청할 수 있다.

[본조신설 2024.9.20.]

제29조의3【금융정보등의 제공 요청】① 지구심의회는 제21조제2항에 따른 <u>손해배상청구권 대위</u>에 관한 업무와 관련하여 가해자에 대한 다음 각 호(생략)의 자료 또는 정보(이하 "금융정보등"이라 한다)에 의하지 아니하고는 가해자의 손해배상금 지급능력이나 재산은닉 여부를 확인할 수 없다고 인정하는 경우에는 「금융실명거래 및 비밀보장에 관한 법률」 제4조에도 불구하고 같은 법 제2조제1호에 따른 금융회사등의 장이나 그 특정점포에 가해자에 대한 금융정보등의 제공을 요청할 수 있다. 이 경우 금융정보등의 제공 요청은 필요한 최소한의 범위에 그쳐야 한다.

② 지구심의회는 다음 각 호의 어느 하나에 해당하는 경우에만 제1항에 따른 금융정보등의 제공을 요청할 수 있다.

1. 구조대상 범죄피해를 원인으로 하여 <u>가해자에게 유죄판결이 선고되거나 약식명령이 확정</u>된 경우

2. 구조대상 범죄피해를 원인으로 하는 <u>수사 또는 재판 절차에서 가해자가 범죄사실 또는 공소사실을 자백</u>하는 경우

⑥ 제1항부터 제3항까지에 따라 제공된 금융정보등은 <u>가해자 또는 제3자에 대한 수사 또는 형사재판에서 증거로 할 수 없다</u>.

[본조신설 2024.9.20.]

제31조【소멸시효】구조금을 받을 권리는 그 <u>구조결정이 해당 신청인에게 송달된 날부터 2년간 행사</u>하지 아니하면 시효로 인하여 소멸된다.

제32조【구조금 수급권의 보호】구조금을 받을 권리는 <u>양도</u>하거나 <u>담보</u>로 제공하거나 <u>압류</u>할 수 <u>없다</u>. 24. 간부(74)

04 회복적 사법

1. 의의

① 회복적 사법(restortive justice)이란 범죄로 인한 피해자와 가해자, 그 밖의 관련자 및 지역사회가 함께 **범죄로 인한 피해를 치유**하고 해결하는 데에 적극적으로(자발적으로) 참여하여 **사회재통합을 추구**하는 절차를 의미한다(회복주의 정의 개념). 23. 경행 1차, 23. 경행 2차

② 회복적 사법과 유사한 개념으로 지역사회사법, 긍정적 사법, 재통합적 사법, 공동사법, 배상적 사법, 관계적 사법, 전환적 사법 등의 다양한 용어가 사용되고 있다. ✦

2. 연혁

① 회복적 사법의 이론적 근거로는 브레이스웨이트(Braithwaite)의 재통합적 수치이론을 들 수 있는데, 처벌을 통해 범죄자가 반성을 하면서 지역사회의 구성원으로 재통합하려는 노력을 병행하여 장래의 범죄 가능성을 줄이도록 하겠다는 입장이다. 22. 경행, 23. 경행 1차, 23. 간부(73)

② 연혁적으로 피해자 권리운동의 발전과 관련하여 1970년대 이후 미국과 유럽에서 시행되고 있는 다양한 형태의 배상명령제도 및 가해자 – 피해자 화해(중재와 화합) 프로그램 등이 기원이라고 하며, 미국에서 시행된 가장 대규모의 회복적 사법제도는 버몬트 주의 배상적 보호관찰 프로그램이라고 한다. 22. 간부(72), 23. 경행 2차

피해자 – 가해자 중재(화해) 모델	최초의 공식적인 회복적 사법 프로그램의 모델로서 1970년대 캐나다 온타리오에서 시작되었다. 22. 간부(72), 22. 경행, 23. 해경간부
양형 써클 모델	아메리칸 인디언과 캐나다 원주민들에 의해 사용되던 것으로 범죄상황을 정리하여 피해자와 가해자를 공동체 내로 재통합하려는 시도에서 유래하여, 가해자 처벌과 관련하여 형사사법기관에 적절한 양형을 권고하는 데 중점을 둔 제도이다. 22. 간부(72), 22. 경행, 23. 경행 1차, 23. 해경간부
가족집단 회합모델	뉴질랜드 마오리족의 전통에서 유래하는 모델로서, 중재자와 당사자 외에 그 가족 및 친구 등이 모두 참여할 수 있어 참여자의 범위가 매우 넓다는 특징이 있다. 22. 간부(72), 23. 해경간부

③ 국제연합(UN)은 회복적 사법의 개념을 다음의 세 가지로 분류하였다. 23. 경행 2차

대면 개념 (encounter conception)	범죄의 피해자와 가해자가 함께 만나 범죄에 대하여 이야기를 하고 이를 시정하기 위하여 어떠한 일을 하여야 하는가에 대해서 토론하는 것
회복(배상) 개념 (restorative conception)	범죄로부터 받은 피해를 회복하는 데에 중점을 두는 것 예 피해자의 공판절차 참여, 법원의 피해회복적 조치 등
변환 개념 (transformative conception)	가장 넓은 의미의 회복적 사법으로서 범죄원인의 구조적·개인적 불의를 시정하여 변화를 가져오는 것 예 빈곤문제나 차별적 교육제도의 개선 등

3. 목표

① 가해자의 처벌만이 능사가 아니라, 피해자의 피해회복을 통하여 사회적 화합을 성취하는 것이 중요하다(범죄예방 및 통제에서 비처벌적 방식을 주장). 23. 경행 1차, 23. 경행 2차
② 가해자에게 사회복귀의 기회와 가능성을 열어주고 재범을 방지하며, 낙인의 부정적 효과를 감소시킨다(구금 위주의 형벌정책의 대안 제시). ✦✦
③ 가해자와 피해자의 재활을 지원하여 범죄를 방지할 수 있는 지역사회를 건설한다. ✦
④ 형사사법체계의 운용 및 절차 지연으로 인한 사회적·경제적 비용을 절감한다.
⑤ 회복적 사법은 과거의 응징적·강제적·사후대응적 사법제도에 대한 반성에서 출발하여 범죄를 인간관계의 침해로 보아(범죄를 개인 간의 갈등으로 인식) 범죄자가 생산적이고 책임감 있는 시민이 되도록 능력개발이 이루어져야 한다는 목표를 지향한다. ✦

4. 유형 ✦

내부 프로그램	형사사법제도 안에서 행해지는 경우(명문규정 有) 예 피해자와 가해자의 조정제도
외부 프로그램	형사사법제도 밖에서 행해지는 경우(명문규정 無) 예 지역공동체와 가족그룹간의 협의, 원탁양형, 평화조성 서클, 회복적 보호관찰, 지역사회위원회 등

5. 현행법상 회복적 사법 관련 제도

(1) 형사조정제도

① 형사조정제도는 형사사건에 대해서 형사절차를 거치지 않고 분쟁을 해결한다는 점에서 대안적 분쟁해결 프로그램에 해당하며 광의의 회복적 사법으로 볼 수 있다.
② 현행 「범죄피해자 보호법」에서 형사조정에 관한 조문이 신설되었다(동법 제41조 이하).

범죄피해자 보호법

제41조【형사조정 회부】 ① 검사는 피의자와 범죄피해자(이하 '당사자'라 한다) 사이에 형사분쟁을 공정하고 원만하게 해결하여 범죄피해자가 입은 피해를 실질적으로 회복하는 데 필요하다고 인정하면 당사자의 신청 또는 직권으로 수사 중인 형사사건을 형사조정에 회부할 수 있다. ✔

② 형사조정에 회부할 수 있는 형사사건의 구체적인 범위는 대통령령으로 정한다. 다만, 다음 각 호의 어느 하나에 해당하는 경우에는 형사조정에 회부하여서는 아니 된다. ✔✔

1. 피의자가 도주하거나 증거를 인멸할 염려가 있는 경우
2. 공소시효의 완성이 임박한 경우
3. 불기소처분의 사유에 해당함이 명백한 경우(다만, 기소유예처분의 사유에 해당하는 경우는 제외한다)

제42조【형사조정위원회】 ① 제41조에 따른 형사조정을 담당하기 위하여 각급 지방검찰청 및 지청에 형사조정위원회를 둔다. ✔

② 형사조정위원회는 2명 이상의 형사조정위원으로 구성한다. ✔✔

③ 형사조정위원은 형사조정에 필요한 법적 지식 등 전문성과 덕망을 갖춘 사람 중에서 관할 지방검찰청 또는 지청의 장이 미리 위촉한다. ✔

제43조【형사조정의 절차】 ① 형사조정위원회는 당사자 사이의 공정하고 원만한 화해와 범죄피해자가 입은 피해의 실질적인 회복을 위하여 노력하여야 한다.

③ 형사조정위원회는 필요하다고 인정하면 형사조정의 결과에 이해관계가 있는 사람의 신청 또는 직권으로 이해관계인을 형사조정에 참여하게 할 수 있다. ✔

제45조【형사조정절차의 종료】 ④ 검사는 형사사건을 수사하고 처리할 때 형사조정 결과를 고려할 수 있다. 다만, 형사조정이 성립되지 아니하였다는 사정을 피의자에게 불리하게 고려하여서는 아니 된다.

범죄피해자 보호법 시행령

제46조【형사조정 대상 사건】 법 제41조 제2항에 따라 형사조정에 회부할 수 있는 형사사건은 다음 각 호와 같다.

1. 차용금, 공사대금, 투자금 등 개인 간 금전거래로 인하여 발생한 분쟁으로서 사기, 횡령, 배임 등으로 고소된 재산범죄 사건
2. 개인 간의 명예훼손·모욕, 경계 침범, 지식재산권 침해, 임금체불 등 사적 분쟁에 대한 고소사건
3. 제1호 및 제2호에서 규정한 사항 외에 형사조정에 회부하는 것이 분쟁 해결에 적합하다고 판단되는 고소사건
4. 고소사건 외에 일반 형사사건 중 제1호부터 제3호까지에 준하는 사건

제48조【형사조정위원회의 구성·운영 등】 ① 법 제42조에 따른 형사조정위원회("형사조정위원회")의 위원장은 대외적으로 형사조정위원회를 대표하고 형사조정위원회의 업무를 총괄하며, 법 제42조에 따른 형사조정위원("형사조정위원") 중에서 3명 이내의 형사조정위원을 지정하여 각 형사조정사건에 대한 형사조정위원회("개별 조정위원회")를 구성한다. ✔

③ 개별 조정위원회 조정장은 형사조정위원 중에서 호선(互選)한다.

제52조【형사조정절차의 개시】 ① 형사조정절차를 개시하기 위해서는 당사자의 동의가 있어야 한다. ✔

:두문자

형사조정 회부제한사유
주 / 인 / 공 / 불기소

(2) 화해권고제도

① 화해권고제도는 <u>소년보호사건</u>에서 활성화되어 있는 제도로, 법관이 전문적인 지식과 경험이 있는 사람을 화해권고위원으로 위촉하여 가해자에게 피해자의 피해를 배상하고 화해하도록 권고하는 대신 보호처분을 완화할 수 있도록 하고 있다.
② 현행 「소년법」에서 화해권고제도를 규정하고 있다(동법 제25조의3).

> **소년법**
>
> 제25조의3【화해권고】① <u>소년부 판사는 소년의 품행을 교정하고 피해자를 보호하기 위하여 필요하다고 인정하면 소년에게 피해 변상 등 피해자와의 화해를 권고할 수 있다.</u>
> ② 소년부 판사는 제1항의 화해를 위하여 필요하다고 인정하면 기일을 지정하여 소년, 보호자 또는 참고인을 소환할 수 있다.
> ③ 소년부 판사는 소년이 제1항의 <u>권고에 따라 피해자와 화해하였을 경우</u>에는 <u>보호처분을 결정할 때 이를 고려할 수 있다.</u>

(3) 회복적 경찰활동

① 경찰은 회복적 사법에 대한 이해를 바탕으로 2019년부터 범죄피해회복과 공동체의 평온을 위한 '회복적 경찰활동'을 시범 운영하였는데, 회복적 경찰활동이 학교폭력, 가정폭력, 층간소음으로 인한 범죄 등의 문제해결에 효과적이었고 당사자 및 경찰관 모두 그 제도에 긍정적 반응을 보여, 2021년부터 전국적으로 시행하고 있다.
② 이는 <u>지역사회에서 범죄·분쟁이 발생하였을 때 경찰이 범인을 검거·처벌함에 그치지 않고, 당사자의 동의를 전제로 가해자와 피해자간 회복적 대화모임을 제공하여 상호 대화를 통해 근본적 문제해결 방안을 모색할 수 있도록 지원하는 활동</u>이다.
③ 회복적 경찰활동은 지역경찰 또는 수사부서에서 피해회복·재발방지 등을 위해 상호 대화가 필요한 사건을 발굴하여 전담부서에 연계하면 전담부서와 전문기관에서 사안을 검토하여 회복적 대화모임 진행 여부를 결정한다. 이어 전문기관 주관으로 가해자·피해자 및 이해관계자 등이 참여하여 회복적 대화모임을 진행하고, 대화결과보고서를 작성하여 수사서류에 첨부한다. 이후 이를 참조하여 경미한 사안은 즉결심판을 청구하거나 훈방 처리 등을 하게 된다. 마지막으로 전담부서와 전문기관에서 약속 이행 여부 등의 모니터링과 필요시 사후 모임을 추진하는 과정을 거치고 있다.

> **경찰수사규칙**
>
> 제82조【회복적 대화】① 사법경찰관리는 피해자가 입은 피해의 실질적인 회복 등을 위하여 필요하다고 인정하면 <u>피해자 또는 가해자의 신청과 그 상대방의 동의</u>에 따라 서로 대화할 수 있는 기회를 제공할 수 있다.
> ② 제1항에 따라 대화 기회를 제공하는 경우 사법경찰관리는 피해자와 가해자간 대화가 원활하게 진행될 수 있도록 전문가에게 회복적 대화 진행을 의뢰할 수 있다.

(4) 배상명령제도와 형사소송 절차에서의 화해제도

① 회복적 사법과 관련한 현행법상 제도 중 공판 절차와 관련된 제도는 「소송촉진 등에 관한 특례법」('소송촉진법')상의 배상명령신청제도(동법 제25조 제2항)와 형사소송에서의 화해제도(동법 제36조)가 있다.

② 소송촉진법상 배상명령신청제도와 형사소송에서의 화해제도는 <u>형사사건에서 피고인과 피해자가 합의를 한 경우 합의 사실을 판결문 내지 조서에 기재하여 그 권리를 공적으로 인정해 주는 방식</u>을 취하고 있다. 이는 피해자가 별도의 민사소송을 하지 않더라도 형사사건에서 배상명령을 통해 보다 빠르고 손쉽게 손해배상을 받을 수 있도록 한다거나 피고인과 피해자가 합의한 내용을 조서에 기재하고 그 조서에 확정판결과 같은 효력을 부여하여 피해자의 권리를 보다 확실하게 보장한다는 점에서 피해자를 조금 더 보호하는 측면이 있다.

소송촉진 등에 관한 특례법

제25조【배상명령】 ① 제1심 또는 제2심의 형사공판 절차에서 다음 각 호(생략)의 죄 중 어느 하나에 관하여 유죄판결을 선고할 경우, 법원은 직권에 의하여 또는 피해자나 그 상속인(이하 "피해자"라 한다)의 신청에 의하여 피고사건의 범죄행위로 인하여 발생한 직접적인 물적(物的) 피해, 치료비 손해 및 위자료의 배상을 명할 수 있다.
② 법원은 제1항에 규정된 죄 및 그 외의 죄에 대한 피고사건에서 <u>피고인과 피해자 사이에 합의된 손해배상액</u>에 관하여도 제1항에 따라 <u>배상을 명할 수 있다.</u>

제36조【민사상 다툼에 관한 형사소송 절차에서의 화해】 ① 형사피고사건의 <u>피고인과 피해자 사이에 민사상 다툼(해당 피고사건과 관련된 피해에 관한 다툼을 포함하는 경우로 한정한다)에 관하여 합의한 경우</u>, 피고인과 피해자는 그 피고사건이 계속 중인 제1심 또는 제2심 법원에 <u>합의 사실을 공판조서에 기재하여 줄 것을 공동으로 신청할 수 있다.</u>
⑤ 합의가 기재된 공판조서의 효력 및 화해비용에 관하여는 「민사소송법」 제220조(→ <u>확정판결과 같은 효력</u>) 및 제389조를 준용한다.

☑ **SUMMARY** | 응보적 사법과 회복적 사법의 비교 ✔ 23. 간부(73)

구분	응징적 패러다임(응보적 사법)	회복주의 패러다임(회복적 사법)
초점	<u>법의 위반</u> (국가에 대한 침해행위)	<u>인간관계의 위반</u> (특정인 또는 지역사회에 대한 침해행위)
내용	<u>응징적(응보, 억제, 무능력화를 위한 유죄확정과 처벌)</u>	<u>복구적(피해자 회복, 가해자 교화개선, 조화의 회복)</u>
방식	강제적	협조적
주체	<u>정부, 범죄자</u>	<u>(정부), 지역사회, 가해자, 피해자, 가족</u> ✔
장소	시설 내	사회 내
시기	사후 대응적	사전 예방적
관심	적법절차의 준수	참여자의 만족을 극대화
역점	<u>공식적 절차를 통한 개인의 권리를 보호</u>	<u>비공식적 절차를 통한 범죄자의 책임감 강조와 집단적 갈등의 해결</u>
가해자 역할	비난 수용, 결과 감내	<u>책임 수용, 배상, 교화</u>
피해자 역할	고소인 및 증인에 한정, 형사사법절차의 주변인	<u>형사사법절차의 직접 참여자, 범죄해결과정의 중심인물</u>

단원별 지문 $\begin{matrix}O\\X\end{matrix}$

01 엘렌베르거(Ellenberger)는 '피해자를 위한 정의'라는 논문을 통하여 피해자의 공적 구제에 대한 관심을 촉구하였다.
(　　) 23. 경행 2차

02 멘델존(Mendelsohn)은 피해자의 유책성(귀책성)을 기준으로 범죄피해자 유형을 5가지로 분류하였다. (　　) 22. 간부(72)

03 멘델존(Mendelsohn)은 심리학적 기준으로 피해자 유형을 잠재적 피해자와 일반적 피해자로 분류하였다. (　　)
23. 경행 2차

04 헨티히(Hentig)는 피해자의 유책성을 기준으로 피해자 유형을 이상적인 피해자, 무지에 의한 피해자, 자발적 피해자, 유발적 피해자 및 기망적 피해자 5가지 유형으로 분류하였다. (　　)
23. 경행 2차

05 헨티히(Hentig)는 개인의 의지와 무관하게 피해 가능성을 높이는 취약한 피해자가 있음을 지적하면서, 일반적인 피해자 유형과 심리학적 피해자 유형으로 구분하였다. (　　)
24. 간부(74)

06 레클리스(Reckless)는 피해자의 도발을 기준으로 피해자 유형을 '가해자 – 피해자'모델과 '피해자 – 가해자 – 피해자'모델로 분류하였다. (　　)
23. 경행 2차

07 쉐이퍼(Schafer)는 범죄피해자 유형의 분류기준으로 기능적 책임성(Functional Responsibility)을 제시하였다. (　　)
23. 간부(73)

---

01 × '프라이 여사(M. Fry)'는 『피해자를 위한 정의』라는 논문을 통하여 피해자의 공적 구제에 대한 관심을 촉구하였다.

02 ○ 멘델존(Mendelsohn)은 범죄발생에 있어서 '피해자의 유책성 정도를 기준'으로 피해자를
　㉠ 책임이 없는 피해자[무자각의 피해자, 이상적 피해자(예 미성년자약취유인죄의 미성년자, 영아살해죄의 영아)]
　㉡ 책임이 조금 있는 피해자[무지에 의한 피해자(예 낙태로 사망한 임산부)]
　㉢ 가해자와 동등한 책임의 피해자[자발적 피해자(예 동반자살, 살인을 촉탁·승낙한 자)]
　㉣ 가해자보다 더 유책한 피해자[유발적 피해자, 부주의에 의한 피해자(예 공격당한 패륜아)]
　㉤ 가장 유책한 피해자[공격적 피해자, 기망적 피해자, 환상적 피해자(예 정당방위의 상대방, 무고죄의 범인, 피해망상증 호소자)]
　의 5가지 유형으로 분류하였다.

03 × '엘렌베르거(Ellenburger)'는 피해자를 심리학적 기준에 따라 잠재적 피해자와 일반적 피해자로 분류하였다.

04 × 헨티히(Hentig)는 '피해자의 특성'을 기준으로 '일반적 유형과 심리적 유형'으로 분류하였다. 피해자의 유책성을 기준으로 피해자를 5가지 유형으로 분류한 사람은 멘델존(Mendelsohn)이다.

05 ○ 헨티히는 범죄피해자가 되기 쉬운 성격을 연구하였고, 피해자의 존재가 오히려 범죄자를 만들어낸다고 지적하면서, 피해자의 특성을 기준으로 일반적 유형과 심리적 유형으로 분류하였다.

06 ○ 레클리스(Reckless)는 피해자의 도발 여부를 기준으로 순수한 피해자(가해자 – 피해자 모델)와 도발한 피해자(피해자 – 가해자 – 피해자 모델)로 분류하였다.

07 ○ 쉐이퍼(Schafer)는 '기능적 책임성(functional responsibility)을 기준'으로 범죄피해자의 유형을 ㉠ 무관한 피해자(unrelated victim), ㉡ 유발적 피해자(provocative victim), ㉢ 촉진적 피해자(precipitative victim), ㉣ 생물학적으로 연약한 피해자(biologically weak victim), ㉤ 사회적으로 연약한 피해자(socially weak victim), ㉥ 자기피해자화(self-victimizing), ㉦ 정치적 피해자(political victim)로 분류하였다.

08 쉐이퍼(Schafer)는 범죄를 단지 개인적 행동으로만 평가해서는 안 되고, 사회적 현상의 일종으로 평가되어야 한다고 주장하였다. (　　) 24. 경행

09 쉐이퍼는 피해자의 유형으로 범죄와 무관한(unrelated), 피해를 유발한(provocative), 피해를 촉진시키는(precipitative), 생물학적으로 취약한(biologically weak), 사회적으로 취약한(socially weak), 자신에게 피해를 야기한(self-victimizing), 윤리적(ethical) 피해자 등 7가지로 분류하였다. (　　) 24. 경행

10 범죄피해에 관한 이론 중 생활양식·노출이론(Lifestyle-Exposure Theory)은 인구통계학적, 사회구조적 요인이 개인별 생활양식의 차이를 야기하고 이러한 생활양식의 차이가 범죄피해 가능성의 차이로 이어진다고 본다. (　　) 22. 간부(72)

11 생활양식노출이론(Lifestyle-Exposure Theory)은 개인의 방어능력(guardianship)과 노출(exposure)이 개인의 범죄피해자화에 영향을 미친다고 설명하는 이론이다. (　　) 24. 경행

12 생활양식노출이론에서는 남성·기혼자·저소득층 및 저학력층은 범죄피해자가 될 확률이 보다 높다고 설명한다. (　　) 24. 경행

13 생활양식노출이론에서는 구조적 기대에 대한 순응과 같은 거시적인 요소보다 미시적 요소로 인해 개인의 위험 노출 정도가 결정된다고 설명한다. (　　) 24. 경행

14 생활양식노출이론 초기에는 사회계층별 대인범죄를 설명하고자 시도하였으나, 이후 재산범죄와 같은 대물범죄까지 확대되었다. (　　) 24. 경행

15 코헨(Cohen)과 펠슨(Felson)의 일상활동이론(Routine Activity Theory)은 동기가 부여된 범죄자, 적합한 표적(범행대상), 보호(감시)의 부재라는 세 가지 요소가 합치할 때 범죄피해가 발생한다고 본다. (　　) 22. 간부(72)

---

08 ○ 쉐이퍼는 범죄를 사회적 현상의 일종으로 평가해야 한다고 주장하면서, 기능적 책임성(functional responsibility)을 기준으로 범죄피해자의 유형을 분류하였다.

09 × 쉐이퍼는 범죄피해자의 유형을 ㉠ 무관한 피해자(unrelated victim), ㉡ 유발적 피해자(provocative victim), ㉢ 촉진적 피해자(precipitative victim), ㉣ 생물학적으로 연약한 피해자(biologically weak victim), ㉤ 사회적으로 연약한 피해자(socially weak victim), ㉥ 자기피해자화(self-victimizing), ㉦ '정치적 피해자'(political victim)로 분류하였다.

10 ○ 하인드랑과 고트프레드슨(Hindelang & Gottfredson)은 생활양식노출이론에서 개인의 노출과 방어능력이 범죄피해자화에 미치는 영향을 연구하여, 개인의 직업적 활동·여가활동 등 생활양식의 노출이 잠재적 범죄자들에 의한 범죄의 표적이 될 기회를 증가시킨다고 주장하였다. 즉, 개인의 생활양식과 범죄피해의 가능성 사이에 긴밀한 상관관계가 있다고 본다. 이는 인구학적·사회학적 계층·지역에 따른 범죄율의 차이는 피해자의 개인적 생활양식의 차이를 반영한다는 것으로, 피해자가 제공하는 범죄기회구조를 중시하는 입장이다.

11 ○ 힌델랑과 고트프레드슨은 개인의 노출과 방어능력이 범죄피해자화에 미치는 영향을 연구하여, 개인의 직업적 활동·여가활동 등 생활양식의 노출이 잠재적 범죄자들에 의한 범죄의 표적이 될 기회를 증가시킨다고 주장하였다.

12 × 힌델랑과 고트프레드슨은 젊은 사람, 남자, '미혼자', 저소득층, 저학력층이 늙은 사람, 여자, 기혼자, 고소득층, 고학력층에 비하여 폭력범죄의 피해자가 될 확률이 높다고 본다.

13 × 생활양식노출이론은 범죄기회 구조의 내용으로 '범죄자와의 근접성'과 '범죄위험에의 노출'이라는 거시적 요소를 중시한다.

14 ○ 생활양식노출이론은 처음에는 사회계층별 폭력범죄의 피해위험의 차이를 설명하기 위한 이론이었으나, 이후 재산범죄 등의 피해위험까지 설명하기에 이르렀다고 한다.

15 ○ 코헨(Cohen)과 펠슨(Felson)은 일상활동이론에서 일상생활이나 생활양식의 일정한 유형이 범죄를 유발하는 데 적합한 사람이 그렇지 않은 사람보다 범죄피해자가 되기 쉽다고 한다. 이들은 범죄발생에 영향을 주는 요인으로 ㉠ 잠재적 범죄자의 존재, ㉡ 적당한 대상자나 목표물의 존재, ㉢ 방어능력의 부재를 제시하였다. 이에 의하면 시대·사회를 막론하고 잠재적 범죄자의 수에는 변화가 거의 없으나, 과다한 가정외적 활동 등으로 잠재적 범죄자에 대한 가시성과 접근성이 용이하고 범죄표적의 매력성이 있으며, 보호능력의 부재(무방비) 상태일수록 범죄피해의 위험성은 그만큼 높아지게 된다.

16 코헨(Cohen)과 펠슨(Felson)의 일상활동이론(Routine Activity Theory)은 사람들의 일상활동에 영향을 미친 사회변화에 관한 거시적 차원의 고찰이 없다는 비판을 받는다. (　　) 22. 간부(72)

17 펠슨(Felson)은 경찰과 같은 공식적 감시자의 역할보다 가족, 이웃, 지역사회 등 비공식적 통제수단에 의한 범죄예방과 억제를 강조하였다. (　　) 22. 간부(72)

18 구조적 – 선택이론은 생활양식 · 노출이론과 집합효율성이론을 통합하여 기회이론의 의미를 심화시킨 이론이다. (　　) 23. 간부(73)

19 미쓰와 메이어(Miethe & Meier)는 생활양식 – 노출이론에서 피해자와 가해자의 상호작용을 통해 범죄피해의 과정을 설명하고자 하였다. (　　) 24. 간부(74)

20 울프강(Wolfgang)은 살인사건 기록을 분석하여, 피해자가 범죄유발 동기를 제공하는 경우도 있다는 것을 설명하였다. (　　) 24. 간부(74)

21 피해자는 공판절차에서 증인으로 신문을 받는 경우 자신과 신뢰관계에 있는 자의 동석을 신청할 수 있다. (　　)

22 「형사소송법」은 피의자 또는 피고인이 피해자 등에게 해를 가하거나 가할 염려가 있는 경우 보증금납입조건부 석방 내지 보석을 제한하여 범죄피해자를 보호하고 있다. (　　)

23 「소송촉진 등에 관한 특례법」 제25조 제1항에 따른 배상명령은 피고사건의 범죄행위로 발생한 직접적인 물적 피해, 치료비 손해와 위자료에 대하여 피고인에게 배상을 명함으로써 간편하고 신속하게 피해자의 피해회복을 도모하고자 하는 제도이다. (　　)

24 「성폭력범죄의 처벌 등에 관한 특례법」에 따르면 검사는 성폭력범죄 피해자에게 변호사가 없는 경우 국선변호사를 선정하여 형사절차에서 피해자의 권익을 보호할 수 있다. (　　)

---

16 ✕　일상활동이론은 거시적 차원에서 국가사회와 지역사회의 특징이 ㉠ 잠재적 범죄자의 존재, ㉡ 적당한 대상자나 목표물의 존재, ㉢ 방어능력의 부재라는 세 가지 요소의 결합에 의한 범죄발생을 더 용이하게 한다고 본다(예 제2차 대전 이후 미국에서 주거침입절도와 차량절도가 급증한 현상).

17 ○　일상활동이론에서는 보호자(또는 감시자)로서 경찰이나 경비원 등 공식적 감시자보다 일반 시민들(가족, 이웃, 지역사회 등)이 더 많은 역할을 한다고 본다(비공식적 통제수단의 강조).

18 ✕　구조적 – 선택이론(구조적 선택모형이론)은 '생활양식 · 노출이론과 일상활동이론을 통합'하여 범죄발생의 네 가지 요인을 범행기회와 대상선택이라는 두 가지 관점으로 압축하여 동태적으로 설명하였다.

19 ✕　미테와 메이어는 '구조적 선택모형이론'에서 생활양식노출이론과 일상활동이론을 통합하여 범죄발생의 네 가지 요인을 범행기회와 대상선택이라는 두 가지 관점으로 압축하여 설명하였다. 이에 의하면 범행기회는 범죄자와의 근접성과 범죄위험에의 노출로 이루어지는데 이를 범죄기회의 구조적 특성으로 두고, 여기에 대상선택의 관점인 대상의 매력성과 감시의 부재(보호가능성)를 가변변수로 두는 방법으로 범죄발생을 설명한다. 범행기회는 범죄자와의 근접성과 범죄위험에의 노출로 이루어지는데 이를 범죄기회의 구조적 특성으로 두고, 여기에 대상선택의 관점인 대상의 매력성과 감시의 부재(보호가능성)를 가변변수로 두는 방법으로 범죄발생을 설명한다.

20 ○　울프강은 피해자유발이론에서 피해자가 범죄자의 범행동기를 유발하고 범죄실행에 영향을 미친다고 주장하였다.

21 ○　법원이 피해자를 증인으로 신문하는 경우 피해자는 자신과 신뢰관계에 있는 사람의 동석을 신청할 수 있고, 법원은 부득이한 경우가 아니면 동석하게 하여야 한다(「형사소송법」 제163조의2 제1항 참조).

22 ○　「형사소송법」 제214조의2 제5항 제2호, 제95조 제6호

23 ○　「소송촉진 등에 관한 특례법」 제25조 제1항 참조

24 ○　「성폭력범죄의 처벌 등에 관한 특례법」 제27조 제6항 참조

25 「범죄피해자 보호법」상 범죄피해자의 개념에는 타인의 범죄행위로 피해를 당한 사람의 배우자는 포함되지 않는다. (   )

26 「범죄피해자 보호법」상 정당행위나 정당방위, 긴급피난에 의해 처벌되지 아니하는 행위로 인한 피해는 구조대상 범죄피해에서 제외한다. (   )

27 자기 또는 타인의 형사사건의 수사 또는 재판에서 고소·고발 등 수사단서를 제공하거나 진술, 증언 또는 자료제출을 하다가 구조피해자가 된 경우에도 구조금을 지급받을 수 있다. (   )

28 「범죄피해자 보호법」상 구조금은 유족구조금·장해구조금 및 중상해구조금으로 구분하며, 일시금으로 지급함이 원칙이나 분할하여 지급할 수 있는 예외가 있다. (   )　　　　　　　　　　　　　　　　24. 간부(74) 변형

29 「범죄피해자 보호법」상 구조피해자가 사망할 당시에 아직 출생하지 않은 태아는 구조금을 받을 수 있는 유족의 범위에 포함된다. (   )　　　　　　　　　　　　　　　　24. 간부(74)

30 「범죄피해자 보호법」상 국가는 구조피해자나 유족이 해당 구조대상 범죄피해를 원인으로 하여 손해배상을 받았으면 그 범위에서 구조금을 지급하지 아니한다. (   )

31 「범죄피해자 보호법」은 외국인이 구조피해자이거나 유족인 경우에는 해당 국가의 상호보증이 있는 경우에만 적용한다.
　　　　　　　　　　　　　　　　　　　　　　　　　　　　　　　　(   )　24. 간부(74)

32 「범죄피해자 보호법」상 구조금을 받을 권리는 양도하거나 담보로 제공하거나 압류할 수 없다. (   )　　24. 간부(74)

33 회복적 사법은 범죄피해자의 피해회복을 통하여 사회적 화합을 성취하고 이를 통하여 가해자에게도 사회복귀의 기회와 가능성을 높여주기 위한 프로그램이다. (   )

34 회복적 사법(Restorative Justice)은 피해자, 가해자 및 지역사회 등의 참여를 중시한다. (   )　　　　23. 경행 1차

---

25 ✕　타인의 범죄행위로 피해를 당한 사람의 배우자(사실상 혼인관계를 포함)도 범죄피해자에 포함된다(「범죄피해자 보호법」 제3조 제1항 제1호).

26 ✕　긴급피난(「형법」 제22조 제1항)에 따라 처벌되지 아니하는 행위로 인한 피해는 구조대상 범죄피해에 포함된다(「범죄피해자 보호법」 제3조 제1항 제4호).

27 ○　「범죄피해자 보호법」 제16조 제2호

28 ○　「범죄피해자 보호법」 제17조 제1항·제4항

29 ○　구조금을 받을 수 있는 유족의 범위와 관련하여 태아는 구조피해자가 사망할 때 이미 출생한 것으로 보므로(「범죄피해자 보호법」 제18조 제2항), 태아는 구조금을 받을 수 있는 유족의 범위에 포함된다.

30 ○　「범죄피해자 보호법」 제21조 제1항

31 ✕　해당 외국인이 구조대상 범죄피해 발생 당시 대한민국 국민의 배우자이거나 대한민국 국민과 혼인관계(사실상의 혼인관계를 포함한다)에서 출생한 자녀를 양육하고 있는 자로서 체류자격(영주자격, 장기체류자격)을 가지고 있는 경우에도 적용한다(「범죄피해자 보호법」 제23조 참조).

32 ○　「범죄피해자 보호법」 제32조

33 ○　회복적 사법은 피해자의 피해회복을 통하여 사회적 화합을 성취하는 것이 중요하다고 보며(범죄예방 및 통제에서 비처벌적 방식을 주장), 가해자에게 사회복귀의 기회와 가능성을 열어주고 재범을 방지하며, 낙인의 부정적 효과를 감소시키는 것을 지향한다.

34 ○　회복적 사법(restortive justice)이란 범죄로 인한 피해자와 가해자, 그 밖의 관련자 및 지역사회가 함께 범죄로 인한 피해를 치유하고 해결하는 데에 적극적으로 참여하여 사회재통합을 추구하는 절차를 의미한다(회복주의 정의 개념).

35 회복적 사법은 피해자에 대한 피해의 원상회복, 범죄에 대한 보상, 지역사회 내에서의 가해자와 피해자의 재통합을 추구하며, 궁극적으로는 범죄로 발생한 손상을 복구하고 나아가 범죄를 예방함으로써 미래의 손상을 감소시키고자 하는 전략을 의미한다. 이는 브레이스웨이트(Braithwaite)의 재통합적 수치이론(Reintegrative Shaming Theory)을 근거로 하고 있다.

(   ) 22. 경행

36 회복적 사법은 가해자에게는 엄격한 처벌을, 피해자에게는 회복을 중심으로 두고 있다. (   )   23. 경행 2차

37 회복적 사법은 공식적인 형사사법이 가해자에게 부여하는 오명효과를 줄이는 대안이 될 수 있다. (   )   15. 7급

38 회복적 사법의 이념에 따르면 화해 또는 피해회복을 통한 형사책임의 면제·완화는 인정되지 않는다. (   )

39 회복적 사법(Restorative Justice)은 중재나 협상 및 합의 등을 통해 피해자 회복과 가해자의 처벌에 그 목표를 둔다.

(   ) 23. 경행 1차

40 회복적 사법의 대표적 프로그램으로는 피해자 – 가해자 중재(victim-offender mediation) 모델, 양형서클(sentencing circles) 등이 있다. (   )   22. 경행

41 최초의 공식적인 회복적 사법 프로그램은 미국 오하이오 주에서 도입된 피해자-가해자 화해프로그램(victim-offender mediation)이다. (   )   22. 간부(72)

42 양형서클은 피해자와 가해자를 공동체 내로 재통합하려는 시도로써 회복적 사법에 해당한다. (   )   23. 경행 1차

43 유엔은 회복적 사법의 개념을 내용에 따라 대면개념(encounter conception), 배상개념(reparative conception), 변환개념(transformative conception)으로 분류하고 있다. (   )

---

35 ○   회복적 사법의 이론적 설명 중 하나로 브레이스웨이트의 재통합적 수치이론을 들 수 있는데, 이는 처벌을 통해 범죄자로 하여금 양심의 가책이나 반성을 느끼도록 하면서 지역사회의 구성원으로 재통합하는 노력을 병행하여 미래의 범죄 가능성을 줄이려는 시도를 말한다.

36 ×   회복적 사법에서는 가해자의 처벌만이 능사가 아니라, 피해자의 피해회복을 통하여 사회적 화합을 성취하는 것이 중요하다고 주장한다. 따라서 '가해자에게는 엄격한 처벌'을 중심으로 두고 있다는 표현이 옳지 않다.

37 ○   회복적 사법은 가해자에게 사회복귀의 기회와 가능성을 열어주고 재범을 방지하며, 낙인의 부정적 효과를 감소시킬 수 있다고 평가된다.

38 ×   가해자와 피해자의 합의에 의한 화해 또는 피해회복이 이루어진 경우에는 기소 및 형의 선고에 있어 고려될 수 있다고 할 것이어서, 형사책임의 면제 또는 완화도 인정될 여지가 있다. 이와 관련하여 독일 형법에서는 자율적 형벌대체수단으로서 원상회복제도가 규정되어 있다고 한다.

39 ×   회복적 사법에서는 '가해자의 처벌만이 능사가 아니라, 피해자의 피해회복을 통하여 사회적 화합을 성취하는 것이 중요'하다고 본다.

40 ○   회복적 사법의 주요 모델로는 피해자 – 가해자 중재 모델, 양형써클 모델, 가족집단 회합 모델 등이 있다.

41 ×   최초의 공식적인 회복적 사법 프로그램은 '캐나다 온타리오주 키치너시'에서 도입된 피해자 – 가해자 화해프로그램이다.

42 ○   회복적 사법의 대표적 예로서 양형서클은 아메리칸 인디언과 캐나다 원주민들에 의해 사용되던 것으로 범죄상황을 정리하여 피해자와 가해자를 공동체 내로 재통합하려는 시도에서 유래하여, 가해자 처벌과 관련하여 형사사법기관에 적절한 양형을 권고하는 데 중점을 둔 제도이다.

43 ○   유엔(UN)은 회복적 사법의 개념을 대면개념(범죄의 피해자와 가해자가 함께 만나 범죄에 대하여 이야기를 하고 이를 시정하기 위하여 어떠한 일을 하여야 하는가에 대해서 토론하는 것), 회복(배상)개념(범죄로부터 받은 피해를 회복하는 데에 중점을 두는 것), 변환개념(가장 넓은 의미의 회복적 사법으로서 범죄원인의 구조적·개인적 불의를 시정하여 변화를 가져오는 것)으로 분류한다.

44 「범죄피해자 보호법」상 검사는 피의자와 범죄피해자 사이에 범죄피해자가 입은 피해를 실질적으로 회복하는 데 필요하다고 인정되더라도 당사자의 신청이 없으면 수사 중인 형사사건을 형사조정에 회부할 수 없다. (　　)

45 「범죄피해자 보호법」상 공소시효의 완성이 임박한 형사사건이라도 형사조정에 회부할 수 있다. (　　)

46 범죄피해자 보호법령상 형사조정 대상 사건으로서 형사조정에 회부할 수 있는 경우로 ① 피의자가 도주할 염려가 있는 경우, ② 기소유예처분의 사유에 해당하는 경우, ③ 공소시효의 완성이 임박한 경우, ④ 피의자가 증거를 인멸할 염려가 있는 경우를 규정하고 있다. (　　)

47 응보적 사법에서 피해자는 사법절차의 직접 참여자, 범죄 해결 과정의 중심인물이다. (　　)　　　　23. 간부(73)

---

44 × '직권'으로 수사 중인 형사사건을 형사조정에 회부할 수 있다(「범죄피해자 보호법」 제41조 제1항 참조).

45 × 공소시효의 완성이 임박한 경우에는 형사조정에 회부하여서는 아니 된다(「범죄피해자 보호법」 제41조 제2항 제2호).

46 × 피의자가 도주할 염려가 있는 경우(①), 공소시효의 완성이 임박한 경우(③), 피의자가 증거를 인멸할 염려가 있는 경우(④)에는 형사조정에 회부하여서는 아니 되나, 기소유예처분의 사유에 해당하는 경우(②)는 형사조정에 회부할 수 있다(「범죄피해자 보호법」 제41조 제2항 참조).

47 × '회복적 사법'에서 피해자를 인식하는 관점에 대한 설명이다. 응보적 사법에서는 피해자를 고소인이나 기소를 위한 증인에 한정하는 것으로 인식한다.

제2편 범죄원인론

제1장 / 고전주의 학파의 범죄이론

제1절 고전주의 학파의 기초

01 중점사항

계몽사상과 사회계약론의 영향을 받은 18세기 중엽의 고전주의 학파는 실증주의 학파와 달리 범죄행위에 대한 설명(범죄원인)보다는 **형벌제도와 법제도의 개혁**에 중점적으로 관심을 두었다. 22. 간부(72), 22. 경행, 23. 간부(73), 23. 경행 1차, 23. 해경간부

02 전제와 기본 주장

1. 전제

① **쾌락주의**: 인간의 본성은 항상 기쁨을 극대화하고 고통을 최소화하려는 경향을 갖는다.
② **사회계약론**: 인간과 사회의 관계는 계약관계이다. 사회는 개인을 처벌할 권리가 있으며, 이는 형벌집행을 전담하는 국가기구에 위임될 수 있다.
③ **자유의지론**: 인간의 의지는 심리적으로 실재하는 것으로, 자유의지에 의해 사람들은 자기 스스로의 행동을 규율하고 통제할 수 있다. 22. 간부(72), 23. 해경간부
④ **억제이론**: 행위를 통제할 수 있는 근본적인 도구는 고통에 의한 공포감이며, 처벌은 인간의 의지가 행위를 통제함에 영향을 주기 때문에 필요하다. ✦
⑤ **죄형법정주의**: 형법전이나 금지행위에 대한 처벌체계가 구성되어야 한다. ✦✦

2. 기본 주장 23. 경간(73)

① 자유의지론을 기초로, **범죄인과 비범죄인은 본질적으로 다르지 않다**고 본다.
② 자백을 위한 고문을 금지하고, 증거와 진술에 의해 재판해야 한다.
③ 책임에 따른 형벌을 부과하여야 하므로, **정기형을 주장**하고 부정기형은 반대한다.
④ 형벌은 사회계약을 보전함에 정당성이 있고, **일반예방**에 그 목적이 있다. 24. 간부(74)
⑤ 모든 인간은 잠재적 범죄자이다(통제이론에 영향).
⑥ 과도하게 잔혹한 형벌과 사형에 반대한다.
⑦ 범죄란 자유의지를 가진 인간의 합리적 선택의 결과이다(**비결정론**). 23. 경행 2차, 23. 해경간부, 24. 경행
⑧ 법적 질서를 자유의사에 따른 합의의 산물로 보고 법에서 금지하는 행위를 하거나 의무를 태만히 하는 행위를 모두 범죄로 규정하며, 범죄의 원인에 따라 책임소재를 가리고 그에 상응하는 처벌을 부과해야 한다. 22. 간부(72), 24. 간부(74)

01 베카리아(C. Beccaria)

1. 최대다수의 최대행복

형법은 범죄방지를 위한 공리적 기능을 하는 데 중점을 두어야 한다[공리주의(功利主義), Utilitarianism].

2. 범죄와 형벌

사회계약론에 입각한 형법 원리와 범죄통제를 주장하면서, 비인간적인 형벌의 폐지, 사형의 폐지, 고문의 폐지, 형벌의 목적사상(일반예방사상), 죄형법정주의를 강조한다. 24. 간부(74)

3. 입법의 역할

입법자는 법관이 법률의 범위를 넘어 범죄자에게 형벌을 부과할 수 없도록 해야 한다(**법관의 법해석 재량권을 부정**). 또한 일반예방의 전제조건으로서 법조문은 누구나 알 수 있는 말로 작성되어야 한다. 24. 간부(74)

4. 형벌의 목적

① 형벌의 목적은 **일반예방을 통한 사회안전의 확보**, 즉 불법으로부터 범죄자를 격리하고 형벌집행을 통하여 범죄경향을 가진 다른 사람에 대하여 위협적(위하적) 효과를 거두는 것에 있다(범죄 억제). 22. 간부(72), 23. 경행 1차
② 범죄를 처벌하는 것보다 예방하는 것이 더욱 중요하며, 처벌은 범죄예방에 도움이 된다고 판단될 때에 정당화된다. 따라서 처벌은 공개적이어야 하고 신속하며 필요한 것이어야 한다. ✦✦
③ 범죄의 중대성은 사회에 미친 해악에 따라 판단되어야 하고 범죄자의 의도에 의해 결정되어서는 안 되며, 범죄와 형벌 사이에는 비례성이 있어야 한다(**죄형균형론**). 형벌의 목적을 달성하기 위해서는 형벌의 고통이 범죄의 이익을 약간 넘어서는 정도가 되어야 한다. 23. 경행 1차, 24. 간부(74)

5. 형벌의 확실성 강조

① 형벌집행의 3요소로서 형벌의 **확실성**(certainty), **엄중성**(severity), **신속성**(swiftness)을 주장한다. ✦✦
② 형벌의 **확실성**은 **범죄예방의 가장 확실한 수단**이다. 처벌의 정도는 가혹하지만 회피할 가능성이 있는 처벌보다, 비록 처벌의 정도가 그다지 강하지 않아도 회피할 가능성이 없는 처벌이 더욱 강력한 효과가 있기 때문이다. ✦✦

6. 사형제도와 사면제도 반대

① 사형제도는 일반예방에 필요한 한도를 넘어서는 불필요한 제도이며, 정당성이 없고 예방효과에서도 회의적이며, 오판의 경우에 회복이 불가능하다고 지적하면서 사형제도의 폐지를 주장하였다(종신형으로 대체). 24. 간부(74)

② 사면제도는 범죄자의 요행심을 불러일으킴으로써 법에 대한 존중심을 훼손하는 결과를 가져온다는 점에서 기본적으로 반대한다. ✷

7. 일반예방주의

범죄를 처벌하는 것보다는 예방하는 것이 더 중요한 방법이라고 보아, 이를 위한 교육의 중요성을 강조하였다. 또한 특별예방에 대해서도 독자적으로 주장하였다.

8. 배심원 제도

① 법이란 부자와 빈자 또는 귀족과 평민을 구별하지 말아야 하고, 범죄자는 배심원들에 의해 평결되어야 한다고 본다. 24. 간부(74)

② 범죄자와 피해자 사이에 계급적 차이가 있을 경우에는 배심원의 절반은 피해자 계급으로, 나머지 절반은 범죄자 계급으로 구성되어야 한다고 주장한다.

02 벤담(J. Bentham)

1. 범죄원인의 사회성

① 최대다수의 최대행복이라는 공리주의를 바탕으로, 범죄의 사회적 원인을 지적하였다. 24. 간부(74)

② 상상적 범죄와 실제적 범죄를 구별하면서, **상상적 범죄의 비범죄화**를 주장하였다. ✷✷

2. 공리주의적 형벌관

① 형벌은 필요악이므로 범죄예방을 목적으로 할 때에만 정당화된다고 주장한다. ✷

② 범죄예방을 위해 최소비용을 사용하여야 한다고 하며, 형벌의 계량화를 주장하였다. ✷

③ 형벌은 **일반예방**목적에 의해 정당화되며, 개선목적은 부차적 목적에 불과하다고 본다. 24. 간부(74)

④ 범죄와 형벌의 균형을 주장하면서(죄형균형론) 형벌이 관련당사자의 감정에 좌우되는 것은 불공정·불합리하며, 형벌의 강도는 범죄의 중대성에 의해서만 결정되어야 한다고 본다(채찍의 비유). 24. 간부(74)

3. 기타

① 최소비용으로 최대의 감시효과를 거둘 수 있는 새로운 감옥 형태로서 **파놉티콘형 교도소를 제안**하였으나, 실제로 건립되지는 않았다. ✷✷

② '국제형법'이라는 용어를 최초로 사용하였고, 범죄피해자 구조의 필요성을 강조하였다.

③ 고전학파의 기본입장과 달리, 공익을 위해 필요한 경우에는 예외적으로 고문을 인정할 수 있다고 한다.

03 포이어바흐(P. Feuerbach)

1. 심리강제설에 의한 일반예방

① 국가는 시민의 자유보장에 그 목적이 있으므로 법률위반에 대해 물리적 강제를 가해서는 안 되고, 범죄의 쾌락보다 형벌의 고통이 크다는 점을 알게 하는 심리강제로 위법행위와 고통을 결부하여 범죄를 방지해야 한다(위하, 일반예방). ✦

② 심리강제설은 인간이 자유의지를 가지고 있어서 자기결정능력과 책임을 질 수 있는 존재라는 것을 인정할 때에만 가능하다.

2. 형법의 보조수단으로서 형사정책

① 입법을 지도하는 국가의 예지(叡智)라는 의미에서 '형사정책'이라는 용어를 처음으로 사용하였다.

② 집행기관은 법을 형벌목적에 대한 정당성을 고려하여 인간적으로 집행하며, 형사정책은 이러한 목적을 유지하기 위한 형법의 보조수단으로서 의미가 있다.

04 감옥개량운동

1. 연혁

① 중세시대의 감옥은 무질서한 잡거구금이 행해지고, 위생상태도 극히 불량하여 비인간적 · 비합리적으로 운영되는 형태였다.

② 인도적 감옥에 관한 연구는 18세기 말에 시작되었으며, 하워드(J. Howard), 마코노키(A. Machonochie), 프랭클린(B. Franklin), 바그니츠(H. Wagnitz) 등이 대표적 연구자이다.

2. 하워드(J. Howard)의 감옥개혁안

감옥개량운동의 영향을 받은 시설
1790년에 미국의 윌리엄 펜(W. Penn)이 설립한 월넛 구치소(Walnut Street Jail), 1821년에 하빌랜드(J. Habiland)가 설계한 동부감옥(the Eastern State Penitentiary) 등이 있다.

① 하워드(J. Howard)는 감옥개량운동의 선구자로서, 1777년 『영국과 웨일즈의 감옥상태론』을 저술하여 당시 감옥의 폐해를 고발하고 인도적 감옥개혁을 주장하였다. ✦✦

② **형벌집행의 목적은 노동습관의 교육**이라고 보아 **독거구금과 독거방형무소의 건설, 복지차원의 감옥개량, 노동처우** 등을 주장하였다.

③ 구금시설은 안전하고 위생적인 시설이 되어야 하며, 수형자의 인권을 보장하고 건강을 유지시켜야 한다.

④ 감옥은 단순한 징벌장소가 아닌 개선장소가 되어야 하며, 이를 위해 과밀수용을 지양하고 연령과 성별에 따라 **분리수용**을 해야 한다. ✦

⑤ 죄수들에게 노역을 부과하는 것은 유익하나, 시설 내의 노동조건을 개선하여야 한다.

⑥ **수용자 관리를 위한 독립된 관청의 설치, 교도관의 공적 임명 및 충분한 보수 지급** 등이 필요하다.

⑦ 사형제도와 관련하여 하워드(J. Howard)가 사형폐지운동을 전개하였다는 입장이 일반적이나, 사형의 제한 · 폐지 등 형벌개혁에는 관심을 보이지 않았다는 견해도 있다.

05 범죄통계학파(범죄현상에 대한 통계적 연구)

① 케틀레(A. Quetelet)는 모든 사회현상을 '대수의 법칙'으로 파악하여, 범죄는 집단현상이며 사회적·경제적 상태와 함수관계에 있다고 봄으로써 범죄현상의 법칙성을 주장하여 범죄연구에 대한 과학적 접근을 가능하게 하였다(결정론적 입장). ✦
② "사회는 범죄를 예비하고 범죄자는 그것을 실행하는 수단(도구)에 불과하다."라고 하여 범죄원인의 사회성을 주장하였다. ✦✦
③ 범죄의 원인은 본질적으로 도덕적 결핍이며, 절대적 빈곤보다는 상대적 빈곤이 범죄원인으로 중요하다고 본다.
④ 암수범죄의 문제에 대해서는 공식적으로 인지된 범죄와 암수범죄 사이에는 변함없는 고정관계가 존재한다고 보아 공식통계에 나타난 범죄현상이 실제의 범죄현상을 징표할 수 있다고 하였다(정비례의 법칙). ✦
⑤ 인신범죄는 따뜻한 지방에서 발생하고, 재산범죄는 추운 지방에서 발생한다고 주장하였다(범죄의 기온법칙). ✦
⑥ 이후 사회현상으로서의 범죄에 관심을 기울이게 되어 통계적 연구방법으로 범죄와 관련이 있는 개인적·사회적 요인에 대한 연구가 시작되었고, 범죄와 자연적·사회적 환경과의 관련성에 대한 관심이 커지게 되어 집단현상으로서의 범죄에 관심을 갖게 하는 계기가 되었다.
⑦ 이와 같은 통계적 방법을 이용한 범죄현상의 해명은 실증주의 학파의 출현계기가 되었으며, 이후 범죄사회학 이론의 이론적 동기를 제공하였다고 한다.

06 고전주의 학파에 대한 평가

① 고전주의 학파는 18세기까지의 자의적·독선적 형사사법의 운영실태를 비판하고, 인본주의를 바탕으로 합목적적 형사사법제도의 토대를 마련하였다. 22. 간부(72), 24. 간부(74)
② 고전주의 학파가 범죄발생의 통제방안으로 제시한 것은 결국 형사사법제도의 개편이나 형벌제도의 개편이다.
③ 고전주의 학파는 범죄현상을 형벌 중심의 범죄원인론에 한정하여 사변적으로 고찰하였다(범죄원인에 대한 실증적 연구 결여). 그러므로 범죄는 자기 이익을 충족하기 위해 본인 스스로가 선택하는 것이라고 인식하였기 때문에 범죄를 저지를 수밖에 없는 외부적 영향(소질·환경)에 대한 고려가 부족하다는 비판을 받는다. ✦

01 의의

① 실증주의 범죄학 이론이 등장한 이후에 고전주의 범죄학 이론에 대한 관심이 새로이 제기된 것은 1960년대 후반부터이다. 이는 실증주의에 입각하여 재활이념과 부정기형으로 범죄예방을 도모했으나, 그 성과가 기대에 미치지 못하고 범죄문제가 점차 악화되면서 종래 고전주의가 추구하였던 범죄 억제에 관심을 갖게 되었기 때문이다. 22. 간부(72), 23. 간부(73), 23. 경행 1차
② 현대적 고전주의에서는 범죄의 동기를 가진 자 또는 잠재적 범죄인의 수는 크게 차이가 없으나, 범죄에 적합한 상황·기회에 차이가 있으므로 시대별·사회별로 범죄율의 차이가 난다고 본다. 22. 경행

02 억제이론

1. 의의

① 억제이론(제지이론, Deterrence Theory)은 인간의 공리주의적 합리성에 대한 고전학파의 주장을 전제로 하여 형벌이 확실하게 집행될수록(**확실성**), 형벌의 정도가 엄격할수록(**엄중성**), 형벌집행이 범죄 이후에 신속할수록(**신속성**) 사람들이 형벌에 대한 두려움을 느끼고 범죄를 자제한다고 보는 입장이다(**강력한 처벌을 통한 범죄의 억제**). 22. 경행
② 고전주의적 형사정책에는 경찰의 적극적인 경찰행정과 법집행이 포함된다고 보아, 경찰의 도보순찰 또는 차량순찰의 정례화, 법집행 의지의 강력한 천명 등이 범죄를 억제하는 수단으로 효과적이라고 보았다. 22. 간부(72)

형벌의 억제효과의 순서: 확실성 > 엄중성 > 신속성

일반억제	범죄자에 대한 처벌을 통해 일반시민이 범죄비용을 인식(본보기로 작용)하게 하여 일반시민의 범죄를 줄이는 것 22. 경행
특별억제	형벌의 고통을 통해 범죄자의 처벌에 대한 민감성을 자극하여 범죄자의 재범을 줄이는 것 22. 간부(72), 23. 해경간부

절대적 억제, 한계적 억제, 비공식적 억제

1. 절대적 억제란 범죄를 처벌하는 체제의 존재 자체만으로도 범죄가 억제되는 것을 말한다.
2. 한계적 억제란 법적 제재가 범죄를 완전히 차단하기보다는 처벌의 정도가 낮은 범죄를 선택하게 함으로써 더 중한 범죄가 억제되는 것을 말한다.
3. 비공식적 억제란 도덕적 가치(양심, 도덕적 의무, 비난가능성 등) 때문에 범죄를 저지르지 않는 것을 말한다.

2. 연구방법

집단비교 분석법	일정한 시점에 형벌의 운용형태가 다른 여러 지역을 대상으로 각 지역의 범죄발생률을 상호비교하여 특정한 형벌양태의 범죄억제효과를 밝히는 연구 예 깁스(J. Gibbs), 티틀(C. Tittle)의 연구
시계열 분석법	입법정책이나 형벌양태가 변화하기 이전과 이후로 나누어 범죄율의 증감을 서로 비교하는 연구 예 로스(H. L. Ross)의 연구
결론	형벌의 확실성이 범죄발생에 중요한 영향을 미치는 것으로 해석되었다.

03 범죄경제학

1. 의의

① 범죄경제학이란 사람들이 범죄행위를 생각할 때의 과정과 다른 행위를 생각할 때의 과정이 본질적으로 동일하다고 보아, 일상생활에서처럼 범죄행위도 이익과 손실을 계량한 후에 저지른다는 입장이다. ✤

② 범죄의 발생은 <u>개인의 자유로운 의사결정의 결과</u>이므로, 문화적 영향(환경)이나 생물학적 영향(소질) 등에 대한 논의는 불필요하다고 본다.

③ 범죄경제학은 범죄인의 치료·처우 효과에 대한 불신을 배경으로 대두되었으며, 형벌의 범죄억제력에 대한 연구를 하여 기본적으로 <u>형벌의 신속성·확실성·엄중성을 강화함으로써 범죄를 억제할 수 있다고 본다.</u>

④ 범죄경제학은 벡커(G. Becker)에 의해 정립되었으며, 합리적 선택이론, 일상생활이론, 생활양식노출이론 등도 범죄경제학의 범주에 속한다.

2. 일상생활이론(일상활동이론) 22. 간부(72)

① <u>코헨</u>(L. Cohen)과 <u>펠슨</u>(M. Felson)의 일상생활이론은 범죄자가 아니라 범행의 조건을 특정화하는 이론이다.

② 사회에서 발생하는 범죄는 ㉠ **범행 동기를 지닌 범죄자**, ㉡ **적절한 범행대상**, ㉢ **범행을 막을 수 있는 사람(감시자)의 부존재**라는 범죄발생의 3요소가 시공간적으로 수렴해야 발생한다(범죄기회이론). 22. 경행

③ 잠재적 범죄자에 대한 가시성과 접근성이 용이하고 범죄표적의 매력성이 있으며, 보호능력의 부재(무방비) 상태일수록 범죄피해의 위험성은 그만큼 높아지게 되어 동일한 시간과 공간에서 수렴되면 범죄발생의 가능성이 높아진다(<u>미시적 차원의 범죄율 설명</u>). 22. 경행

④ 전통적 범죄원인론은 대부분 ㉠ 요인의 규명에 중점을 두었으나, 일상생활이론에서는 범죄 동기나 범죄를 저지를 개연성이 있는 사람의 수는 일정하다고 가정하므로, ㉡·㉢ **요인(적절한 범행대상, 감시자의 부존재)에 의해 범죄발생 여부가 결정**된다고 보았다. ✤

⑤ 두 번째 요소인 <u>적절한 범행대상</u>의 특징을 <u>가치(Value), 이동의 용이성(Inertia), 가시성(Visibility), 접근성(Access)</u>으로 규정하였다(범죄피해의 위험 수준을 결정하는 요소로서 **VIVA 모델**). 23. 간부(73), 23. 해경간부

⑥ 세 번째 요소인 <u>감시자 또는 보호자</u>는 경찰이나 민간경비원 등의 공식 감시자를 의미하는 것이 아니라, 의도하지 않더라도 친지나 친구 또는 모르는 사람으로부터 보호받게 되는 측면을 의미한다(<u>비공식적 통제체계에서의 자연스러운 범죄예방과 억제를 중요시</u>).

⑦ 또한 사회의 특징이 범죄발생의 3요소의 결합을 통한 범죄발생을 용이하게 한다고 본다(<u>거시적 차원의 범죄율 설명</u>).

   예 제2차 세계대전 이후에 미국에서 주거침입절도와 자동차절도가 급증

⑧ 이후 펠슨은 <u>감시자 또는 보호자</u>의 개념을 ㉠ **통제인**[handler](잠재적 범죄인을 사적으로 통제할 수 있는 사람, 부모·교사·고용주·친구 등), ㉡ **관리인**[manager](장소·시설을 관리하는 사람, 경비원·경비업체 등), ㉢ <u>감시인(보호자)</u>[guardian](범행대상을 공적·사적으로 보호할 수 있는 사람, 경찰·경호원·이웃·행인 등) 등으로 보다 확대·구체화하였다. 23. 경행 1차

⑨ <u>에크</u>(Eck)는 일상활동이론의 3요소에 통제인(광의)을 추가하여 이를 기반으로 <u>범죄의 삼각형</u>(crime triangle)을 고안하였다.
　　㉠ 내부의 삼각형은 잠재적 범죄자(Offender), 범죄대상과 피해자(Target/Victim), 범행에 용이한 장소(Place)로 구성되어 있다.
　　㉡ 외부의 삼각형은 통제인(광의)으로 추가된 세 주체로서 통제인(협의)(handler), 관리인(manager), 감시인(guardian)을 나타낸다.

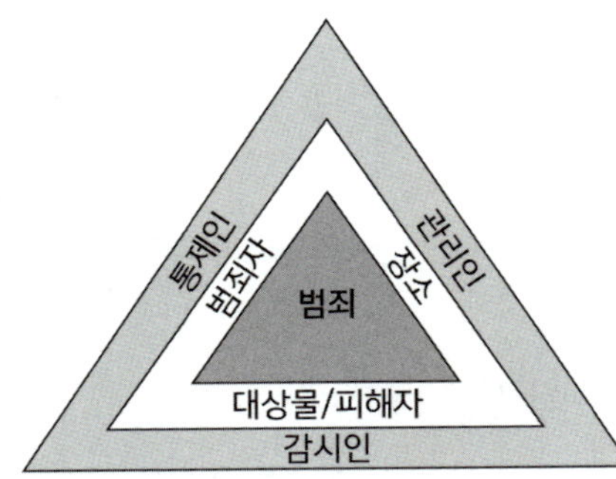

⑩ 일생생활이론 및 범죄의 삼각형은 <u>환경설계를 통한 범죄예방(CPTED) 및 상황적 범죄예방기법과 밀접한 관련</u>이 있다. 23. 경행 1차

3. 합리적 선택이론 22. 간부(72)

① <u>클라크</u>(R. Clarke)와 <u>코니쉬</u>(D. Cornish)의 합리적 선택이론은 <u>경제학에서의 기대효용 법칙에 기초</u>하고 있다.

② 인간은 <u>범죄로 인하여 얻게 될 효용과 손실의 크기를 비교하여 범행 여부를 결정</u>한다. 따라서 <u>범죄는 각 개인의 선택의 결과이고, 이러한 선택과정에서 고려하는 요인들에는 다양한 개인적 요인과 상황적 요인이 있다.</u>

③ 범죄자는 자신의 경험이나 학습한 지식을 기초로 범죄를 선택한다고 보아, 범죄선택의 단계를 구분하였다.

1단계	범죄행동의 선택	행위자는 ㉠ 범죄로 인한 이익, ㉡ 체포의 위험성, ㉢ 형벌의 부담을 비교하여 범죄실행의 여부를 결정한다.
2단계	범죄종류의 선택	행위자는 입수한 정보를 바탕으로 어떤 범죄를 행할 것인지 결정한다.
3단계	범죄대상의 선택	행위자는 무작위가 아닌 합리적인 계산에 의해 범죄대상을 결정한다.

④ 클라크와 코니쉬는 코헨과 펠슨의 <u>VIVA 개념을 확장</u>하여 물건의 종류나 특성에 따라 범죄피해의 대상이 되는 빈도에 차이가 있고, 이러한 차이를 물건의 특성으로 설명하고자 시도하였다(**CRAVED 모델**). 즉, 재산범죄 범죄자들이 선호하는 경향이 있는 물건, 피해대상의 속성(취약물품의 특성)을 은폐성(Concealable), 이동용이성(Removable), 사용성(Available), 수익성(Valuable), 오락성(Enjoyable), 처분용이성(Disposable)을 통해 설명하였다. 23. 간부(73), 23. 해경간부

합리적 선택이론의 핵심개념
㉠ 범죄행동에는 다양한 목적이 있다.
㉡ 범죄행동은 합리성에 근거한다.
㉢ 범행의사 결정은 범죄마다 서로 다른 방식으로 구체화된다.
㉣ 범죄 선택은 참여에 대한 결정과 사건에 대한 결정으로 구분된다.
㉤ 참여결정은 최초 참여, 계속 참여, 범죄 중단의 단계로 분리된다.
㉥ 범죄사건은 여러 단계와 결정들에 의한 절차에 따라 진행된다.

단원별 지문 O X

01 고전학파는 범죄의 원인보다 형벌제도의 개혁에 더 많은 관심을 기울였다. (　　) 22. 간부(72)

02 고전주의 범죄학은 범죄의 원인에 관심을 두기보다는 범죄자에 대한 처벌 방식의 개선에 더 많은 관심을 기울였다. (　　)
23. 경행 1차

03 고전주의 범죄학은 계몽주의 시대사조 속에서 중세 형사사법시스템을 비판하며 태동하였고, 근대 형사사법 개혁의 근간이 되는 이론적 토대를 제공하였다. (　　) 22. 간부(72)

04 고전주의 학파는 인간에 대한 과학적 분석을 통해 범죄원인을 규명하고자 하였다. (　　)

05 고전주의 범죄학파는 개인의 소질과 환경에 주목하여 범죄자의 행위에 대한 결정론을 주장하였다. (　　) 23. 경행 2차

06 고전주의 범죄학파는 범죄자의 자유의지와 합리성에 기반하여 범죄원인을 설명하였다. (　　) 23. 경행 2차

07 고전주의 범죄학에서는 인간은 합리적 의사결정에 따른 자유의지를 갖는 존재이므로 경미한 범죄에도 강력한 처벌이 필요하다고 본다. (　　) 24. 간부(74)

08 고전주의 범죄학은 범죄를 설명함에 있어 인간이 자유의지(free-will)에 입각한 합리적 존재라는 기본가정을 바탕으로 한다.
(　　) 22. 간부(72)

09 고전주의 학파의 주장에 의하면, 인간은 처벌에 대한 두려움 때문에 범죄를 선택하는 것이 억제된다. (　　)

10 고전주의 범죄학은 처벌이 아닌 개별적 처우를 통한 교화개선을 가장 효과적인 범죄예방대책으로 본다. (　　) 22. 간부(72)

11 고전주의 학파는 인간은 환경의 영향을 받는 존재라고 본다. (　　) 23. 간부(73)

---

01 ○ 고전주의 학파는 형이상학을 반대하고 합리적 이성을 지향하는 계몽주의를 토대로 하여 실증주의 학파와 달리 범죄행위에 대한 설명(범죄원인)보다는 형벌제도와 법제도의 개혁에 중점적으로 관심을 두었다.

02 ○ 고전주의 범죄학은 실증주의 범죄학과 달리 범죄행위에 대한 설명(범죄원인)보다는 형벌제도와 법제도의 개혁(범죄자 처벌 방식의 개선)에 중점적으로 관심을 두었다.

03 ○ 고전주의 학파는 형이상학을 반대하고 합리적 이성을 지향하는 계몽주의를 토대로 하여 실증주의 학파와 달리 범죄행위에 대한 설명(범죄원인)보다는 형벌제도와 법제도의 개혁에 중점적으로 관심을 두었다.

04 × '실증주의 학파'는 관찰과 검증 등의 과학적 방법을 동원하여 범죄원인을 규명하려고 하였다.

05 × 실증주의 범죄학파의 주장 내용이다.

06 ○ 고전주의는 범죄란 자유의지를 가진 인간의 합리적 선택의 결과라고 보았다(비결정론).

07 × 고전주의의 '죄형균형론'에 어긋나는 설명이다.

08 ○ 고전주의에서는 인간의 의지란 심리적으로 실재하는 것으로, 자유의지에 의해 사람들은 자기 스스로의 행동을 규율하고 통제할 수 있다고 본다(자유의지론).

09 ○ 고전주의 학파는 인간의 의지가 행위를 통제함에 영향을 주기 위해서는 처벌이 필요하다고 주장한다(억제이론).

10 × '실증주의 학파'의 주장이다. 실증주의 학파는 "범죄인은 비범죄인과 본질적으로 다르다."고 보아, 처벌이 아니라 처우(교화·개선)에 의하여 사회를 보호해야 한다고 주장한다.

11 × 실증주의 범죄학파의 견해에 해당한다(결정론).

12 고전주의 학파는 과학적 연구방법을 중시한다. (　　　)

13 고전주의 학파는 형벌은 개인의 특성에 따라 차별적으로 결정되어야 한다고 본다. (　　　)

14 베카리아(C. Beccaria)의 주장에 의하면, 처벌의 공정성과 확실성이 요구되며, 범죄행위와 처벌 간의 시간적 근접성은 중요하지 않다. (　　　)

15 베카리아(Beccaria)는 형벌 및 형 집행의 수단은 범죄와 형벌 간의 비례관계를 유지하면서 인간의 정신에 가장 효과적이고 지속적인 인상을 만들어 내는 동시에, 수형자의 신체에는 가장 적은 고통을 주는 것이라고 주장하였다. (　　　)

16 베카리아의 주장에 따르면 국가가 인간을 처벌할 수 있는 근거는 오직 사회계약에 있으며, 사회계약시 인간은 생명에 대한 권리까지 국가에 양도하지 않았기 때문에 사형은 폐지되어야 한다. (　　　)

17 베카리아의 주장에 따르면 개인의 정치적·사회적 신분 등에 따른 차별적 형벌의 적용은 폐지되어야 한다. (　　　)

18 베카리아의 주장에 따르면 입법부의 역할은 각각의 범죄에 대한 형벌을 규정하는 것이고, 판사의 역할은 재량권을 가지고 유죄의 여부 및 양형을 결정하는 것이다. (　　　)

19 베카리아의 주장에 따르면 범죄의 심각성은 그것이 사회에 끼친 해악의 정도로 결정되는 것이지, 범죄자의 개인적인 동기와는 무관하다. (　　　)

20 벤담(Bentham)은 최소비용으로 최대의 감시효과를 거둘 수 있는 파놉티콘(Panopticon)이라는 감옥 형태를 구상하였다. (　　　)

21 벤담(Bentham)은 처벌의 비례성과 형벌의 특별예방을 강조하였고 최대다수의 최대행복을 주장하였다. (　　　)

22 벤담(Bentham)은 범죄를 상상(관념)적 범죄와 실제적 범죄로 구별하려고 하였다. (　　　)

---

12 × 실증주의 범죄학파의 견해에 해당한다(과학적 연구).

13 × 실증주의 범죄학파의 견해에 해당한다(형벌의 개별화).

14 × 베카리아는 형벌집행의 3요소로서 형벌의 확실성, 엄중성, 신속성(범죄와 처벌 간의 시간적 근접성)을 주장한다.

15 ○ 지문의 내용은 고전주의 학파의 베카리아(Beccaria)가 형벌의 목적에 대하여 주장한 내용이다(일반예방을 통한 사회안전의 확보, 죄형균형론).

16 ○ 베카리아는 사회계약론에 입각한 형법 원리와 범죄통제를 주장하면서, 사형제도는 일반예방에 필요한 한도를 넘어서는 불필요한 제도이며, 정당성이 없고 예방효과에서도 회의적이며, 오판의 경우에 회복이 불가능하다고 지적하면서 사형제도의 폐지를 주장하였다.

17 ○ 베카리아는 법이란 부자와 빈자 또는 귀족과 평민을 구별하지 말아야 한다고 주장하면서, 배심원제도의 도입을 주장하였다.

18 × 베카리아에 의하면, 입법자는 법관이 법률의 범위를 넘어 범죄자에게 형벌을 부과할 수 없도록 해야 한다(법관의 법해석 재량권을 부정).

19 ○ 베카리아에 의하면, 범죄의 중대성은 사회에 미친 해악에 따라 판단되어야 하고 범죄자의 의도에 의해 결정되어서는 안 되며, 범죄와 형벌 사이에는 비례성이 있어야 한다(죄형균형론).

20 ○ 벤담은 최소비용으로 최대의 감시효과를 거둘 수 있는 새로운 감옥형태로서 파놉티콘형 교도소를 제안하였으나, 실제로 건립되지는 않았다.

21 × 벤담은 죄형균형론과 '일반예방'을 강조하였고, 최대다수의 최대행복(공리주의)을 주장하였다.

22 ○ 벤담은 상상적 범죄와 실제적 범죄를 구별하면서, 상상적 범죄의 비범죄화를 주장하였다.

23 케틀레(Quetelet)는 '사회는 범죄를 예비하고, 범죄자는 그것을 실천하는 도구에 불과하다'고 본다. (　　)

24 고전주의 범죄학은 규문주의 형사사법을 비판하고, 적법절차에 바탕을 둔 합리적 형사사법제도를 정립하는 데 공헌하였다.
（　　） 24. 간부(74)

25 순찰을 통해 경찰력을 주민들에게 자주 노출시키는 것은 억제이론(Deterrence Theory)을 근거로 한다. (　　)
22. 간부(72)

26 억제(deterrence)는 고전주의 범죄학파의 주요 개념 중 하나이다. (　　)　　　　22. 경행

27 효과적인 범죄억제를 위해서는 처벌이 확실하고 엄격하며 신속해야 한다. (　　)　　　　22. 경행

28 일반억제(general deterrence)는 전과자를 대상으로 한 재범방지에 중점을 둔다. (　　)　　　　22. 경행

29 억제이론(Deterrence theory)은 촉법소년의 연령 하향을 주장하는 학자들의 이론적 근거 중 하나이다. (　　) 22. 경행

30 고전주의 범죄학의 영향을 받은 현대 범죄이론에는 합리적 선택이론, 일상활동이론, 인지이론, 행동주의이론 등이 있다.
（　　） 24. 간부(74)

31 합리적 선택이론(Rational Choice Theory)은 사람들이 이윤을 극대화하고 손실을 최소화하기 위한 결정을 한다는 경제학의 기대효용원리에 기초하고 있다. (　　)
22. 간부(72)

32 합리적 선택이론에 따르면, 범죄자는 범행 여부에 대한 의사결정을 함에 있어 처벌의 가능성과 강도뿐 아니라 다양한 개인적, 상황적 요인을 포괄적으로 고려한다. (　　)
22. 간부(72)

---

23 ○　케틀레는 "사회는 범죄를 예비하고 범죄자는 그것을 실행하는 수단(도구)에 불과하다."라고 하여 범죄원인의 사회성을 주장하였다.

24 ○　고전주의 학파는 18세기까지의 자의적·독선적 형사사법의 운영실태를 비판하고, 인본주의를 바탕으로 합목적적 형사사법제도의 토대를 마련하였다.

25 ○　억제이론(제지이론, Deterrence Theory)은 인간의 공리주의적 합리성에 대한 고전학파의 주장을 전제로 하여 형벌이 확실하게 집행될수록(확실성), 형벌의 정도가 엄격할수록(엄중성), 형벌집행이 범죄 이후에 신속할수록(신속성) 사람들이 형벌에 대한 두려움을 느끼고 범죄를 자제한다고 보는 입장이다. 고전주의적 형사정책에는 경찰의 적극적인 경찰행정과 법집행이 포함된다고 보아, 경찰의 도보순찰 또는 차량순찰의 정례화, 법집행 의지의 강력한 천명 등이 범죄를 억제하는 수단으로 효과적이라고 보았다.

26 ○　고전주의 학파에서는 행위를 통제할 수 있는 근본적인 도구는 고통에 의한 공포감이며, 처벌은 인간의 의지가 행위를 통제함에 영향을 주기 때문에 필요하다고 본다.

27 ○　억제이론(Deterrence Theory)은 인간의 공리주의적 합리성에 대한 고전주의 학파의 주장을 전제로 하여 형벌이 확실하게 집행될수록(확실성), 형벌의 정도가 엄격할수록(엄중성), 형벌집행이 범죄 이후에 신속할수록(신속성) 사람들이 형벌에 대한 두려움을 느끼고 범죄를 자제한다고 본다.

28 ✕　'일반억제'는 범죄자에 대한 처벌을 통해 '일반시민'이 범죄비용을 인식하게 하여 일반시민의 범죄를 줄이는 것이며, '특별억제'는 형벌을 통해 범죄자의 처벌에 대한 민감성을 자극하여 '범죄자(전과자)'의 재범을 줄이는 것이다.

29 ○　바톨라스와 밀러(C. Bartollas & W. Miller)가 제시하는 소년교정모형 중 범죄통제모형은 기존의 비행소년에 대한 처우를 중시하는 모형의 실패를 비판하면서, 엄격한 훈육과 처벌만이 소년범죄를 억제하는 대안이라고 본다.

30 ✕　합리적 선택이론, 일상활동이론은 현대적 고전주의에 속하나, '인지이론', '행동주의이론'은 '심리학적 범죄원인론'에 속한다.

31 ○　클라크(R. Clarke)와 코니쉬(D. Cornish)의 합리적 선택이론은 경제학에서의 기대효용 법칙에 기초하여, 인간은 범죄로 인하여 얻게 될 효용과 손실의 크기를 비교하여 범행 여부를 결정한다고 주장한다.

32 ○　합리적 선택이론에 의하면 범죄는 각 개인의 선택의 결과이고, 이러한 선택과정에서 고려하는 요인들에는 개인적 요인과 상황적 요인이 있다.

33 일상활동이론(Routine Activity Theory)에 의하면, 범죄기회가 주어지면 누구든지 범죄를 저지를 수 있다고 본다. (　　)
22. 경행

34 일상활동이론(Routine Activity Theory)에서는 범죄를 저지르고자 하는 동기화된 범죄자(motivated offender), 적절한 범행대상(suitable target), 보호(감시)의 부재(absence of capable guardian)라는 세 가지 조건이 충족될 때 범죄가 발생한다고 가정한다. (　　)
22. 경행

35 일상활동이론(Routine Activity Theory)에서는 도시화, 여가활동 증대 등 가정 밖에서 일어나는 활동을 증가시킴으로써 피해자와 범죄자가 시·공간적으로 수렴할 가능성을 증대시킨다고 본다. (　　)
22. 경행

36 일상활동이론(Routine Activity Theory)은 범죄발생의 3요소 중 가해자의 범행 동기를 가장 중요한 요소로 제시한다.
(　　) 22. 간부(72)

37 에크(Eck)가 제시한 범죄의 삼각형에서 내부의 삼각형은 일상활동이론의 범죄발생 요소를 의미한다. (　　) 23. 간부(73)

38 범죄삼각형은 일상활동이론(Routine Activity Theory)의 3요소가 시·공간에서 수렴했을 때 범죄가 발생한다는 것을 도식화한 것이다. (　　)
23. 경행 1차

39 신고전주의 범죄학의 등장은 실증주의 범죄학 및 관련 정책의 효과에 대한 비판적 시각과 관련이 있다. (　　)
22. 간부(72)

40 클라크(Clarke)는 절도범죄의 취약물품(Hot Products)의 특성을 설명하기 위해 코헨과 펠슨(Cohen & Felson)의 VIVA 개념을 확장하여 CRAVED 개념을 제시하였다. (　　)
23. 간부(73)

---

33 ○ 일상활동이론은 범죄기회를 중시하는 이론으로서 기회가 주어지면 누구든지 범죄를 저지를 수 있다는 전제(동기화된 범죄자의 존재)에서 출발한다.

34 ○ 코헨(Cohen)과 펠슨(Felson)은 범죄발생에 영향을 주는 요인으로 ㉠ 잠재적 범죄자의 존재, ㉡ 적당한 대상자나 목표물의 존재, ㉢ 방어능력의 부재를 제시하였다.

35 ○ 코헨(Cohen)과 펠슨(Felson)은 과다한 가정외적 활동 등으로 잠재적 범죄자에 대한 가시성과 접근성이 용이하고 범죄표적의 매력성이 있으며, 보호능력의 부재(무방비) 상태일수록 범죄피해의 위험성은 그만큼 높아지게 된다고 주장한다.

36 × 코헨(L. Cohen)과 펠슨(M. Felson)의 일상생활이론은 범죄자가 아니라 범행의 조건을 특정화하는 이론이다. 이에 의하면 사회에서 발생하는 범죄는 ㉠ 범행 동기를 지닌 범죄자, ㉡ '적절한 범행대상', ㉢ '범행을 막을 수 있는 사람(감시자)의 부존재' 등에 의해 결정된다(범죄기회이론). 전통적 범죄원인론은 대부분 ㉠ 요인의 규명에 중점을 두었으나, 일상생활이론에서는 범죄 동기나 범죄를 저지를 개연성이 있는 사람의 수는 일정하다고 가정하므로, ㉡·㉢ 요인에 의해 범죄발생 여부가 결정된다고 보았다.

37 × 에크(Eck)의 범죄삼각형에서 내부의 삼각형은 잠재적인 범죄자, 범죄의 대상물과 피해자, 범행에 용이한 장소로 구성되어 있다. 반면에 일상활동이론의 범죄발생 3요소는 잠재적인 범죄자, 범행에 적합한 대상, 감시의 부재로 구성되어 있다.

38 ○ 일상활동이론은 동기화된 범죄자, 적절한 범행대상, 감시의 부재라는 요소로 구성된 범죄삼각형을 전제로 하며, 이러한 요소들이 동일한 시간과 공간에서 만나면 범죄발생이 가능성이 높아진다고 한다.

39 ○ 실증주의 범죄학 이론이 등장한 이후에 고전주의 범죄학 이론에 대한 관심이 새로이 제기된 것은 1960년대 후반부터이다(현대적 고전주의의 등장). 이는 실증주의에 입각하여 재활이념과 부정기형으로 범죄예방을 도모했으나, 그 성과가 기대에 미치지 못하고 범죄문제가 점차 악화되면서 종래 고전주의가 추구하였던 범죄 억제에 관심을 갖게 되었기 때문이다.

40 ○ 일상활동이론을 주장한 코헨과 펠슨(Cohen & Felson)은 범죄피해의 위험 수준을 결정하는 요소에 대한 VIVA 개념을 주장하였다. 이는 가치(Value), 이동의 용이성(Inertia), 가시성(Visibility), 접근성(Access)을 구성요소로 한다. 더 나아가 물건의 종류나 특성에 따라 범죄피해의 대상이 되는 빈도에 차이가 있고, 이러한 차이를 물건의 특성으로 설명하고자 한 시도가 코니쉬와 클라크(Cornish & Clarke)의 CRAVED 모델이다. 즉, 재산범죄 범죄자들이 선호하는 경향이 있는 물건, 피해대상의 속성을 CRAVED로 설명하는데, 은폐성(concealable), 이동용이성(removable), 사용성(available), 수익성(valuable), 오락성(enjoyable), 처분용이성(disposable)을 그 내용으로 한다.

제2장 / 실증주의 학파의 범죄이론

제1절 실증주의 학파의 기초

01 발생배경

19세기와 20세기 초의 실증주의 철학은 범죄연구에도 큰 영향을 미쳤다. 또한 자연과학이 발전(진화론, 인류학 등)함에 따라 인문분야에서도 과학적·객관적인 방법에 의해 실증적으로 문제를 해결해야 한다는 요구가 야기되었다. ☆☆

02 기본전제 23. 경간(73)

① 사람들의 행위는 본인들이 통제할 수 없는 어떤 영향(소질·환경)들에 의해 결정된다. 22. 간부(72), 23. 경행 2차
② 범죄행위를 유발하는 영향요인과 정상적인 행위의 인과요인은 서로 다르다. 따라서 범죄는 개인의 의지에 의한 규범침해(자유의사론, 비결정론)가 아니라, 과학적으로 분석가능한 개인적·사회적 원인 등에 의하여 발생(**결정론**)한다. 22. 경행, 23. 경행 1차, 23. 경행 2차
③ 인간의 사고나 판단은 이미 결정된 행위과정을 정당화하는 것에 불과하므로, 자신의 사고나 판단에 따라 자유롭게 행위를 선택할 수 없다. ☆
④ "범죄인은 비범죄인과 본질적으로 다르다."고 보아, 처벌이 아니라 **처우(치료, 교화·개선)**에 의하여 사회를 보호해야 한다. 22. 간부(72), 24. 경행
⑤ 범죄행위를 연구하는 데 있어서 경험적이고 과학적인 접근을 강조하여, 과학적 분석을 통해 범죄원인을 규명한다. 22. 경행, 23. 경행 2차
⑥ 고전주의는 범죄를 하는 이유가 아니라 범죄를 하지 않는 이유를 설명하지만, 실증주의는 반대로 범죄를 하게 만드는 원인을 설명한다.

제2절 이탈리아 학파의 연구

01 롬브로조(C. Lombroso)

1. 생래적 범죄인론

생물학적 퇴행성 혹은 격세유전적 특성
인간의 진화 과정에서 이미 없어진 고대 인간의 원시성·야만성과 관련된 특징을 일컫는 것이다.

① 롬브로조는 정신병원과 형무소에서 정신병과 범죄에 대한 생물학적 원인을 조사하여 수용자들의 두개골에 현저한 생물학적 퇴행성 혹은 격세유전적 특성이 있음을 발견하고, 이를 토대로 생래적 범죄인론을 주장하였다. 24. 간부(74)

② 생래적 범죄인은 태어나면서부터 범죄를 저지를 수밖에 없는 운명을 타고난 사람이라고 한다. 이들은 **범죄성향의 통제가 불가능**하고, 운명적으로 범죄에 빠질 수밖에 없다. 생래적 범죄인은 전체 범죄인 중 65~70%를 차지한다고 보았다. ✦

2. 범죄인 분류

범죄인류학적 입장에서 범죄인을 **생**래적 범죄인, **정**신병(또는 정신박약)에 의한 범죄인, **격**정 범죄인, **기**회 범죄인(가범죄인 · 준범죄인 · 상습범죄인 등), **잠**재적 범죄인으로 분류하였다. 24. 간부(74)

3. 처우의 개별화(형벌의 개별화)

① 생래적 범죄인은 예방이나 교정이 불가능하기 때문에 **초범이라도 무기형(영구격리)**을 부과해야 하고, **잔혹한 누범자에 대해서는 사형(도태처분)**도 인정한다. 24. 간부(74)
② 격정범에 대하여는 단기자유형을 반대하고 벌금을 과하는 것이 효과적이다.
③ 소년이나 노인에 대해서는 감옥이 아닌 형무농원이나 감화학교에 수용해야 한다.

4. 여성범죄론

① 여성범죄의 대부분은 기회범이지만, 매춘의 범죄성을 긍정(犯罪代償)하면서 매춘부 집단에서는 생래적 범죄성이 나타날 수 있다고 본다.
② 여성범죄의 양적 특징(여성범죄 < 남성범죄)을 부정하면서, 여성범죄에 매춘을 포함시키면 남성범죄를 훨씬 능가할 것이라고 주장한다.
③ 여성범죄인은 신체적 · 감정적으로 남성에 가까운 특성이 있다고 하며(남성성 가설), 여성범죄의 지역적 특성을 주장한다. 23. 해경간부

5. 평가

① 개인의 생물학적 · 신체적 특성이 범죄의 원인이라는 롬브로조(C. Lombroso)의 주장은 많은 비판을 받는다. 그럼에도 불구하고 그가 '범죄학의 아버지'라고 불리는 이유는 처음으로 관찰과 검증이라는 과학적 방법을 동원하여 범죄원인을 규명하려고 한 점에 있다.
② 롬브로조(C. Lombroso)도 제자인 페리(E. Ferri)의 영향으로 후기에는 사회적 요인도 범죄의 원인으로 고려해야 한다고 하였으나, 간접적 영향력만을 가질 뿐이라고 하였다.

02 페리(E. Ferri)

1. 범죄사회학

① 페리는 마르크스(K. Marx)의 유물사관, 스펜서(H. Spencer)의 발전사관, 다윈(C. Darwin)의 진화론 등의 영향을 받아 범죄원인으로 인류학적 요소, 물리적 요소, 사회적 요소의 세 가지를 열거하면서, 특히 **범죄의 사회적 원인을 중시**하였다. ✦✦

② 사회적 책임론과 결정론을 주장하며, 자유의사에 기한 규범의 선택가능성은 환상에 불과하다고 보고, 철저한 결정론을 취하여 도덕적 책임을 부정하고 이에 대신하는 사회적 책임을 제시하였다. ✦✦

2. 범죄포화의 법칙과 범죄의 과포화 현상

① 일정한 개인적·사회적 환경에서는 그에 따르는 일정량의 범죄가 있는 것이 원칙이고 그 수가 절대적으로 증감할 수 없다는 내용의 **범죄포화의 법칙**을 주장하였다. 이에 의하면 인간에게는 전혀 자유의사가 없으며, 인간의 행위라는 것은 내적·외적 원인에 의해 결정되는 것이다. 24. 간부(74)
② **범죄의 과포화 현상**이란 사회·물리적인 예외조건이 존재하면 범죄의 규칙성·항상성이 포화상태에 달하여 기본적·전형적인 범죄에 대해 반사적·부수적인 범죄가 병발하게 되는 현상을 말한다(**예** 공무집행방해죄가 발생하면 그에 부수하여 모욕죄·위증죄·손괴죄 등이 발생, 절도죄가 발생하면 그와 함께 장물죄 등이 발생).

형벌의 대용물(E. Ferri)
1. 실업자·빈곤자 – 이민의 자유를 인정
2. 사기범·위조범 – 과세부담을 경감
3. 정치범 – 사상의 자유를 확보
4. 생래적 범죄인 – 보안처분을 부과

3. 형벌대체물사상(형벌대용물사상) ✦

① 범죄는 인류학적·물리적·사회적 요소에 의해서 발생하므로, 범죄 방지를 위해서는 범죄자의 개인적 원인에 대한 조치를 취하는 동시에 범죄를 발생시킨 사회의 제 사정을 연구하여 그 근원을 제거해야 한다고 본다. ✦
② 특히 범죄의 사회적 근원을 강조하여 범죄를 사회제도 자체의 결함에 따른 전염병적·병리적 현상으로 보고, **형벌을 통한 직접적 대책보다는 범죄의 충동을 방지하는 간접적 대책으로 형벌에 대한 대용물이 필요하다고 주장한다.** 24. 간부(74)
③ 결국 범죄의 방지를 위해서는 **사회제도 및 법률제도의 근본적 개량**이 필요하다고 본다. 24. 경행

4. 이탈리아 형법초안

① 형벌을 대신하여 도덕적 색채를 띠지 않고 범죄자의 위험성에 상응하는 사회방위처분 내지 보안처분으로, 형사제재를 일원화하는 내용의 이탈리아 형법초안에 근거를 두었다.
② 범죄자의 도덕적 책임성을 부정했으며, 응보형과 같은 개인의 유책성에 근거하여 이를 상쇄하고자 하는 형벌제도의 운용을 거부하였다. 대신에 과학적인 지식과 전문능력을 활용하여 직업훈련소 등을 통한 범죄자의 재사회화 방안을 강조하였다.

5. 범죄인 분류

범죄인분류(E. Ferri)
생 / 정 / 격 / 기 / 관

① 범죄인을 **생**래적 범죄인, **정**신병 범죄인, **격**정 범죄인, **기**회(우발) 범죄인, **관**습(상습) 범죄인으로 분류하였다. ✦
② 롬브로조(C. Lombroso)와는 달리 생래적 범죄인에 대해서는 **사형을 부정하고 무기격리**할 것을 주장하고, 일반 범죄자에 대하여는 직업훈련소에 수용하여 재사회화를 도모하여야 한다고 본다. ✦
③ 범죄인류학적 입장에 기초하면서도 사회적 환경을 중시하여 **기회 범죄인을 가장 중시**하였다. ✦

03 가로팔로(R. Garofalo)

1. 범죄학

가로팔로는 범죄의 현상과 원인을 규명하는 사실학의 의미로서 '범죄학'이라는 용어를 최초로 사용하여 범죄원인론에 관한 연구를 하였다. 24. 간부(74)

2. 범죄의 심리적 원인

범죄원인으로서 인류학적 요소 중에서도 **심리학적 측면을 중시**하여, 정상인은 이타적인 정서(연민과 성실의 정)를 기본적으로 가지고 있으나 범죄자는 이러한 정서가 결핍되어 있다고 본다(심리적·도덕적 변종). 24. 경행, 24. 간부(74)

3. 자연범설

① 범죄의 법률적 정의는 시대·사회별로 다르므로 보편성이 결여되어 있다고 비판하면서, 범죄의 시간적·공간적 종속성을 인정하지 않는 자연범설을 주장하였다. ✔

② 가로팔로는 범죄인을 자연범·법정범·과실범으로 구분하였다. ✔

③ 모든 사회에서 범죄로 규정하고 형벌로 규제하는 행위가 자연범이다(**절대적 범죄개념**).

④ 자연범은 생래적인 것이므로 어떤 사회제도나 정책도 효과가 없다. 자연범에게는 애타적 심리의 결여 정도에 따라 적절한 처우방법을 사용해야 한다. **자연범에게는 사형이나 유형**, 법정범에 대해서는 정기형, 과실범에 대해서는 불처벌이 가장 합리적이다. ✔

4. 범죄대처수단

사회진화론을 전제로 형벌을 통해 문명사회에 적응하지 못하는 자들을 자연의 유기체와 마찬가지로 제거해야 한다고 보았다(적응의 법칙, 적자생존의 논리). 24. 경행

> **적응의 법칙(R. Garofalo)**
> 1. 범죄가 고질적인 심리적 비정상성에 기인하여 영원히 사회생활을 할 수 없을 만큼 심리적 변태상태에서 범행한 자에 대해서는 '사형'을 가해야 한다.
> 2. 유목민, 원시부족의 생활에 적합한 자들에게는 장기수용·무기형·강제이주 등 '부분제거'를 가해야 한다.
> 3. 이타심 부족으로 범행한 자로서 재범위험성이 없는 경우에는 '손해배상(보상)'을 가해야 한다.

제3절 프랑스 학파의 연구

01 서설

이탈리아 학파와 달리 프랑스 학파는 **범죄의 사회적 원인을 주목**하였다. 이는 케틀레가 통계적 방법으로 범죄를 대량관찰하여 사회병리학적 관점에서 접근한 것에서 비롯되어 사회적 환경에 범죄원인이 있다는 결론에 이르렀기 때문에 '환경학파'로 불리기도 한다.

02 뒤르켐(E. Durkheim)

1. 아노미(anomie)

① **의의**: 뒤르켐에 의하면 아노미란 사회구성원에 대한 도덕적 규제가 제대로 되지 않는 상태, 즉 사회의 도덕적 권위가 무너져 사회구성원들이 지향적인 삶의 기준을 상실한 **무규범 상태**로서 **사회통합의 결여**를 말한다. 22. 간부(72), 24. 간부(74)

② **아노미의 예**: 갑자기 경제적으로 어려워졌다거나 풍족해졌을 경우에 사람들은 삶의 기준을 상실함으로써 많은 반사회적 행위를 저지르게 된다.

③ 현대사회의 경우에도 사회통합력이 약화되어 구성원의 감정에 대한 억제력이 상실되고 무규범에 가까운 상태가 되며, 이런 상태(아노미)가 바로 범죄를 유발하는 원인이 된다는 것이다. ✦

2. 자살론

① 자살이 단지 개인적 문제(자살은 인간의 왜곡된 이성의 결과)라는 견해를 비판하고, **사회의 문화구조적 모순에서 비롯**된 것으로 본다(급격한 정치·경제·기술적 사회변동이 자살의 원인). 24. 간부(74)

② 자살 유형을 사회통합과 도덕적 규제를 기준으로 아노미적 자살(예 사회비관으로 인한 자살 등)과 이기적 자살(예 사업실패로 인한 자살 등), 이타적 자살(예 자살테러 등)과 운명적 자살(예 연예인의 자살 등)로 구분하였다. 24. 간부(74)

이기적 자살	집단의 가치나 목표에 대한 몰입이 약화되었을 때, 특히 자신만의 가치나 목표에 온전히 의지해야 할 때 발생하는 자살(사회통합의 약화)
이타적 자살	집단의 가치나 목표에 대한 몰입이 과도해졌을 때 발생하는 자살(사회통합의 과도한 강화)
아노미적 자살	급격한 사회변화로 인해 집단의 가치와 규범이 약화되었을 때 발생하는 자살(도덕적 규제의 약화)
운명적 자살	과도한 규범이나 규제에 의해 발생하는 자살(도덕적 규제의 과도한 강화)

3. 범죄의 원인

① 범죄의 주된 원인은 <u>사회적 상황</u>이며, 이는 사회적 통합의 수준과 도덕적 통합의 수준에서 파악될 수 있다. ✦

② 사람은 원래 이기적이며 삶에 대한 불안감을 가진 존재이기 때문에 외부통제로 규제하여야 하는데, 사회적 통합의 수준이 낮거나 사회의 도덕적 권위가 훼손되면(아노미) 이러한 규제활동을 할 수 없어 많은 범죄가 발생한다. 이는 후에 허쉬(T. Hirschi)의 사회유대이론에 영향을 주었다. 23. 간부(73)

4. 범죄의 순기능 인정

① 모든 사회와 시대에 공통적으로 적용될 수 있는 범죄개념은 존재하지 않으며, 특정 사회에서 형벌의 집행대상으로 정의된 행위가 범죄가 된다고 보았다(**절대적 범죄개념의 부정**). ✦

아노미적 자살

뒤르켐은 아노미적 자살의 예로서 불경기와 호경기 때 모두 급격한 경제침체 또는 성장으로 자살률이 높음을 들었는데, 이 시기에는 목표와 수단 간의 괴리를 더 많이 경험하게 되어 스트레스가 증가하게 되고, 높은 스트레스는 자살률로 나타나게 된다고 한다. ✦

사회적·도덕적 통합의 수준

1. **사회적 통합의 수준**
   사람들이 일상적 사회생활을 하는 중에 얼마나 상호간에 밀접히 연관되어 있는가에 관한 것
2. **도덕적 통합의 수준**
   자기가 속해 있는 사회적 단위와 일체감을 느끼고 그것의 권위를 얼마나 인정하는가에 관한 것

② 범죄는 모든 사회에 불가피하게 나타나는 현상으로, 병리적인 것이 아니라 정상적인 현상이다. 범죄가 없다는 것은 사회구성원에 대한 규제가 완벽하다는 의미이며, 이는 사회발전에 필요한 비판과 저항이 없기 때문에 사회는 발전하지 못하고 정체에 빠져드는 병리적 상태가 된다(**범죄정상설**). 23. 간부(73), 23. 해경간부, 24. 간부(74)

③ 범죄에 대한 제재와 비난을 통하여 사람들이 사회의 공동의식을 체험할 수 있도록 함으로써 사회의 유지존속에 있어 중요한 역할을 담당한다(사회의 변화와 새로운 규범의 창설을 가능하게 함). 결국 범죄는 건전한 사회의 통합적 구성요소가 된다(**범죄필요설, 범죄기능설**). 23. 간부(73), 23. 해경간부

④ <u>형벌은 개인의 피해에 대한 보복이 아니라 범죄예방이라는 목표를 지향하는 제도</u>라고 보면서, 범죄예방은 사회의 규범의식 또는 도덕성을 회복까지 목표로 하여야 한다고 보아 <u>적극적 일반예방을 주장</u>하였다. 23. 간부(73)

5. 평가

① 사회학적 일탈연구의 기초를 제시하여 미국의 범죄사회학에 큰 영향을 미쳤다. 24. 간부(74)

　　예 머튼(R. Merton)의 아노미이론, 코헨(A. Cohen)의 비행하위문화이론, 허쉬(T. Hirschi)의 사회유대이론 등

② 범죄정상설에 대하여는 범죄를 필요악으로 방임해야 하는지, 그 정도는 얼마인지에 대한 방안이 결여되어 있다는 비판도 제기된다.

03 타르드(G. Tarde)

1. 극단적 환경결정론

① 타르드는 롬브로조(C. Lombroso)의 생래적 범죄인설을 비판하고 마르크스주의적 세계관에 기초하여 범죄는 사회제도, 특히 자본주의적 경제질서의 제도적 모순에서 기인한다고 본다. ✔✔

② "죄는 범죄인을 제외한 모든 사람에게 있다."라고 하여, 범죄의 사회적 원인을 강조한다. ✔

③ 인간은 타인과 접촉하면서 관념을 학습하며, 행위는 자기가 학습한 관념으로부터 유래한다. 따라서 사람은 태어날 때는 정상이지만, 이후 범죄가 생활방식인 환경에서 양육됨으로써 범죄자가 된다. 24. 간부(74)

2. 모방의 법칙(범죄모방설)

개인과 사회의 접촉 과정을 연구하여 <u>모든 사회현상은 모방의 결과이며, 범죄행위도 모방에 의해 행해진다</u>고 보아 모방의 법칙을 주장하였다. 23. 경행 2차, 24. 간부(74)

거리의 법칙	사람들은 타인과 얼마나 밀접하게 접촉하는가에 비례하여 타인을 모방(학습)한다. 모방의 강도는 거리에 반비례하고 접촉의 긴밀도에 비례하므로, 모방은 도시와 같이 사람들과 접촉이 빈번한 지역에서 쉽게 발생하고 쉽게 변화한다. 23. 경행 2차
방향의 법칙	모방의 방향에 관한 것으로, 대체로 열등한 사람이 우월한 사람을 모방하는 방향으로 진행된다. 도시와 농촌의 범죄들을 보면 대도시에서 먼저 발생하고 이후에 농촌지역에서 모방된다. 또한 상류계층이 저지르는 범죄를 하류계층이 모방함으로써 범죄가 전파된다. 23. 경행 2차
삽입의 법칙	모방의 변화 과정에 관한 것으로서, 처음에는 단순한 모방이 다음 단계에서 유행이 되고, 유행이 관습으로 변화·발전되어 가면서 새로운 유행이 기존의 유행을 대체한다(무한진행의 법칙).

3. 평가

① 모방의 법칙은 미국의 범죄사회학의 출발점인 학습이론에 결정적 기초를 제공하여 '초기학습이론'이라 불리기도 한다. 23. 경행 2차
② 범죄인을 전문직업적인 형태로 인정하고, 도시범죄와 농촌범죄의 특징을 재산범죄와 인신범죄라고 보는 등 범죄학이 발전하는 데 중요한 공헌을 하였다.
③ 다만, ㉠ 경제적 영향과 같은 특별한 사회적 동기를 무시하였고, ㉡ 생물학의 업적인 유전법칙이나 사회적 도태이론 등을 무시하였다. 또한 ㉢ **새로운 사회현상·범죄현상에 대해서는 모방에 의해서 설명하기 곤란**하고, ㉣ 범죄자의 범죄학습 과정에 대하여 설명이 충분하지 않다는 비판을 받는다.

04 라까사뉴(A. Lacassagne)

1. 환경학파

① 라까사뉴는 롬브로조(C. Lombroso)의 생물학적 결정론을 반대하면서 범죄의 환경적 요인을 강조하였다.
② 사회환경 중 **경제상황**을 특히 중시하여 통계를 기초로 곡물가격과 재산범죄의 관계를 연구하였다(물가의 앙등과 실업의 증대 ➔ 범죄의 증가).

2. 사회적 원인의 범인성

"사회는 범죄의 배양기이고 범죄자는 그 미생물에 해당된다. 처벌해야 하는 것은 범죄자가 아니라 사회이다."라고 하여 범죄원인은 사회와 환경에 있다고 보았다. 23. 해경간부

3. 사형존치론

사형은 해당 국가의 인도적 문제와 감정·철학 등에 따라 허용될 수 있다고 주장한다.

제4절 독일 학파의 연구

01 리스트(F. V. Liszt)

1. 형법의 목적사상

① 리스트는 범죄원인에 대하여 **환경과 소질을 모두 고려**하면서도 **사회적 원인(환경)을 보다 중시**하였다(다원적 범죄원인론). ✦
② **'형벌의 부과 기준은 행위가 아니고 행위자'**라는 입장에서 반사회적 위험성을 기준으로 범죄자의 특성에 맞게 형벌을 개별화(특별예방)할 것을 강조한다(목적형주의, **주관주의 형법이론**). ✦
③ '마르부르크 강령'에서 범죄사회학·범죄인류학·범죄심리학·범죄통계학 등의 통합을 주장하여 이를 범죄학이라 칭하고, 범죄학과 형법학이 통합되어 **전형법학(총체적 형법학)**으로 발전되어야 한다고 주장한다.

2. 범죄자 분류

① 행위자의 반사회성을 기준으로 하여 범죄인을 8가지 유형으로 분류하였다.
② 반사회적 태도 또는 위험성을 중심으로 범죄인을 처우(**형벌의 개별화**)해야 한다고 보며, 다음의 조치가 필요하다고 주장한다. ✦
    ㉠ 개선이 가능하고 개선을 필요로 하는 범죄자에게는 **개선**
    ㉡ 개선을 필요로 하지 않는 범죄자에게는 **위하**
    ㉢ 개선이 불가능한 범죄자에게는 **무해화**

리스트(Liszt)의 범죄자 분류
리스트(Liszt)는 범죄자를 ① 법익침해 의식이 결여·희박한 범죄인, ② 타인에 대한 동정으로 인한 범죄인, ③ 긴급범죄인, ④ 성욕범죄인, ⑤ 격정범죄인, ⑥ 명예심·지배욕에 의한 범죄인, ⑦ 특정한 이념으로 인한 사상범죄인, ⑧ 이욕·쾌락욕 등에 의한 범죄인으로 분류하였다.

3. 주장 내용

① 범죄대책으로 <u>부정기형의 채택</u>, <u>단기자유형의 폐지</u>, 집행유예·벌금형·누진제도의 합리화, 강제노역의 필요, 소년범죄에 대한 특별한 처우 등을 주장한다. ✦
② 벨기에의 프린스(Prins), 네덜란드의 하멜(Hamel) 등과 함께 **국제형사학협회(I.K.V)**를 창설하였다.
③ "형법은 범죄인의 마그나 카르타이며, 형법은 형사정책의 넘을 수 없는 한계이다."라고 하여 사회방위와 인권보장을 동시에 강조하였다.
④ "최선의 사회정책이 최상의 형사정책이다."라고 하여 광의의 형사정책을 강조하였다.
⑤ 특별예방주의의 입장에서 범죄자의 위험성에 기초한 보안처분을 주장하였다.

02 아샤펜부르크(G. Aschaffenburg)

1. 범죄의 원인

아샤펜부르크는 범죄의 원인을 일반적 원인(사회적 원인)과 개인적 원인으로 구분하고, 범죄대책을 범죄예방책·재판대책·형벌대책·소년범과 정신질환자 등에 대한 개별대책으로 구분하였다.

2. 범죄인의 분류

범죄원인의 개인적 요소와 환경적 요소를 결합하여, 범죄인의 법적 위험성을 기준으로 **범죄인 7분법**을 제시한다(우발, 격정, 기회, 예모, 누범, 관습, 직업 범죄인).

03 기타 학자

1. 엑스너(F. Exner)

범죄생물학을 발전시켜 범죄의 생물학적 요인 이외에 사회적 원인에 대해서도 일정한 가치를 부여하고 통계적 연구방법을 사용하였다.

2. 크레취머(E. Kretschmer)

『신체구조와 성격』에서 범죄인과 일반인의 체격형을 비교·연구하였다.

제5절 기타 연구

01 그로쓰(H. Gross)

① 최초로 범죄학·범죄수사학 연구소를 설립하였으며, 주된 관심분야는 범죄수사학이었다.
② 동일한 범행수법을 반복하는 범죄경향에 착안하여 이를 범죄수사에 활용하는 수법수사를 창안하였다.

02 렌츠(A. Lenz)

① 범죄인류학과 범죄심리학을 통합하려는 시도로, 종래 범죄생물학 영역에 심리학·정신분석학 등의 연구성과를 도입하여 『범죄생물학원론』을 저술하고 범죄생물학회를 창립하였다(신롬브로조학파).
② 범죄는 환경의 영향하에서의 인격의 발로이며 선천적·후천적·정신적·신체적 잠재원인이 현실화된 것이라고 하였다.

03 젤리히(E. Seelig)

범죄대책을 진압에 의한 예방과 진압이 없는 예방으로 구분하였다.

구분	고전주의 학파	실증주의 학파
시기	18C~19C 초	19C 후반~20C 초
사상적 배경	자유주의적 법치국가 사상 (계몽주의, 합리주의, 개인주의, 자유주의, 자연주의)	사회적 법치국가 사상 (사회방위 사상, 실증주의, 과학주의)
인간관	• 비결정론(자유의사론) • 합리적 · 이성적 인간상	• 결정론 • 소질 · 환경에 지배되는 인간상
대상	범죄 · 법체계	범죄인
방법	사변적 · 관념적	체계적 · 과학적
죄형법정주의	강조	완화 내지 폐지
범죄론	객관주의, 행위주의	주관주의, 행위자주의
범죄예방	일반예방, 형벌의 엄격성	특별예방, 형벌의 개별화
형벌론	일반예방주의, 응보형주의	특별예방주의, 목적형 · 교육형주의
책임론	도의적 책임론(행위 책임)	사회적 책임론(행위자 책임)
형벌과 보안처분	이원론	일원론
부정기형	부정(정기형 강조)	긍정
처우모델	구금모델 · 정의모델 (처벌 중시)	의료모델 · 개선모델 · 재통합모델 (처우 중시)

단원별 지문 O X

01 실증주의 범죄학파는 인간을 자유로운 의사에 따라 합리적으로 결정하여 행동할 수 있는 이성적 존재로 인식한다. (　　)

22. 간부(72)

02 실증주의 범죄학은 인간의 자유의지를 강조한 고전학파를 비판하며, 범죄자는 여러 요인에 의해 형성된다는 비결정론적 시각으로 인간을 바라보았다. (　　)

23. 경행 1차

03 범죄원인의 결정론적 시각은 범죄자의 처벌보다는 치료를 강조한다. (　　)

24. 경행

04 범죄원인의 결정론적 시각은 인간의 자유의지를 중요시한다. (　　)

24. 경행

05 범죄원인의 결정론적 시각은 특별예방주의적 사고를 기초로 하고 있다. (　　)

24. 경행

06 범죄원인의 결정론적 시각은 사회적 책임론을 책임의 근거로 하고 있다. (　　)

24. 경행

07 실증주의 범죄학파는 생물학적, 심리학적, 사회학적 요인에 기반하여 범죄원인을 설명하였다. (　　)

23. 경행 2차

08 실증주의 범죄학파는 범죄원인의 규명과 해결을 위해서 과학적 연구방법의 중요성을 강조하였다. (　　)

23. 경행 2차

09 실증주의 범죄학파는 인간의 행동은 개인적 기질과 다양한 환경요인에 의하여 통제되고 결정된다고 본다. (　　)

22. 간부(72)

10 실증주의 학파에서는 범죄행위의 사회적 책임보다는 위법행위를 한 개인의 책임을 강조한다. (　　)

11 실증주의 범죄학파는 합의의 결과물인 실정법에 반하는 행위를 범죄로 규정하고, 범죄에 상응하는 제재(처벌)를 부과하여야 한다고 본다. (　　)

22. 간부(72)

12 실증주의 학파는 인본주의 철학사상을 배경으로 한다. (　　)

23. 간부(73)

---

01 ✕　고전주의 범죄학파의 기본입장에 대한 설명이다.

02 ✕　실증주의 범죄학은 범죄를 개인의 의지에 의한 규범침해(자유의사론, 비결정론)라고 보는 고전주의를 비판하면서, 과학적으로 분석 가능한 개인적·사회적 원인 등에 의하여 범죄가 발생(결정론)한다고 주장하였다.

03 ◯　실증주의의 결정론에서는 처벌이 아니라 처우(치료, 교화·개선)에 의하여 사회를 보호해야 한다고 주장한다.

04 ✕　고전주의의 '비결정론'에 관한 설명이다.

05 ◯　실증주의의 결정론에서는 범죄예방과 관련하여 특별예방을 중시한다.

06 ◯　도덕적 책임론(도의적 책임론)을 주장하는 고전주의의 비결정론과 달리, 실증주의의 결정론에서는 사회적 책임론을 주장한다.

07 ◯　실증주의는 범죄원인으로 소질(생물학적, 심리학적 요인)·환경(사회학적 요인)을 중시하였다.

08 ◯　실증주의는 범죄행위를 연구하는 데 있어서 경험적이고 과학적인 접근을 강조하여, 과학적 분석을 통해 범죄원인을 규명하고자 하였다.

09 ◯　실증주의 범죄학파는 범죄란 소질과 환경의 영향으로 발생하게 된다고 주장한다(결정론).

10 ✕　결정론을 취하여 범죄행위에 대한 개인의 도덕적 책임을 부정하고 이에 대신하는 사회적 책임을 제시한다.

11 ✕　고전주의 범죄학파의 기본입장에 대한 설명이다.

12 ✕　고전주의 범죄학파의 견해에 해당한다(인본주의).

13 실증주의 학파는 형벌의 본질은 응보이며, 형벌의 목적은 일반예방이라고 주장한다. (　　) 　　　　23. 간부(73)

14 실증주의 학파는 인간은 자유의지를 가진 합리적이고 이성적인 존재라고 본다. (　　) 　　　　23. 간부(73)

15 실증주의 범죄학파는 일반시민에 대한 형벌의 위하효과를 통해 범죄예방을 추구한다. (　　) 　　　　22. 간부(72)

16 실증주의 범죄학파는 범죄행위보다는 범죄자 개인에게 중점을 두어 범죄요인을 제거하는 것이 범죄통제에 효과적이라고 보았다. (　　) 　　　　22. 경행

17 실증주의 범죄학파는 야만적인 형사사법제도를 개편하여 효율적인 범죄예방을 위한 형벌제도 개혁에 힘썼다. (　　) 　　　　22. 경행

18 실증주의 범죄학파는 범죄의 원인 규명과 해결을 위해서 과학적 연구방법의 중요성을 강조하였다. (　　) 　　　　22. 경행

19 실증주의 범죄학파는 학문적 지식은 이상 또는 신념에 의해 습득되는 것이 아니라, 직접적인 관찰을 통해서 얻어진다고 보았다. (　　) 　　　　22. 경행

20 롬브로조(Lombroso)는 생물학적 퇴행성 때문에 범죄를 저지를 수밖에 없는 유형의 범죄자는 교정의 효과를 거의 기대할 수 없기 때문에 영구격리 또는 도태처분을 해야 한다고 하였다. (　　) 　　　　24. 간부(74)

21 롬브로조(Lombroso)는 범죄자를 생래적 범죄자, 정신병적 범죄자, 상습성 범죄자, 우발성 범죄자, 격정성 범죄자, 폭력성 범죄자 여섯 가지 유형으로 분류하였다. (　　) 　　　　24. 간부(74)

22 롬브로소(Lombroso)는 범죄인은 일반인에 비해 얼굴이나 두개골 등 신체 전반에 걸쳐 생물학적 열등성이 존재한다는 '생래적 범죄인(born criminals)'을 주장하였다. (　　) 　　　　23. 경행 1차

23 페리는 범죄자의 개인적(인류학적), 물리적 요인이 일정한 사회적 요인과 결합할 때 반드시 그에 상응한 일정량의 범죄가 발생한다고 하였다. (　　) 　　　　24. 간부(74)

---

13 × 고전주의 범죄학파의 견해에 해당한다(응보형주의와 일반예방주의).

14 × 고전주의 범죄학파의 견해에 해당한다(자유의사론).

15 × 고전주의 범죄학파의 기본입장에 대한 설명에 해당한다.

16 ○ 실증주의 학파는 범죄인을 연구대상으로 하여 범죄를 과학적으로 분석가능한 개인적·사회적 원인 등에 의하여 발생(결정론)하는 것으로 보고 이러한 범죄원인을 제거함으로써 범죄문제를 해결할 수 있다고 주장한다.

17 × '고전주의 학파'의 입장이다. 고전주의 학파는 실증주의 학파와 달리 '형벌제도와 법제도의 개혁'에 중점적으로 관심을 두었다.

18 ○ 실증주의 학파는 범죄행위를 연구하는 데 있어서 경험적이고 과학적인 접근을 강조하여, 과학적 분석을 통해 범죄원인을 규명한다.

19 ○ 실증주의 학파는 범죄연구에서도 과학적·객관적인 방법에 의해 실증적으로 문제를 해결해야 한다고 주장한다.

20 ○ 롬브로조는 정신병원과 형무소에서 정신병과 범죄에 대한 생물학적 원인을 조사하여 수용자들의 두개골에 현저한 생물학적 퇴행성 혹은 격세유전적 특성이 있음을 발견하고, 이를 토대로 생래적 범죄인론을 주장하였다. 이에 의하면 생래적 범죄인은 예방이나 교정이 불가능하기 때문에 초범이라도 무기형(영구격리)을 부과해야 하고, 잔혹한 누범자에 대해서는 사형(도태처분)도 인정한다.

21 × 롬브로조는 범죄인류학적 입장에서 범죄인을 생래적 범죄인, 정신병(또는 정신박약)에 의한 범죄인, 격정 범죄인, 기회 범죄인(가범죄인·준범죄인·상습범죄인 등), 잠재적 범죄인으로 분류하였다. 한편, 롬브로조가 범죄인을 생래적 범죄인, 정신병 범죄인, 격정 범죄인, 기회 범죄인, 잠재적 범죄인, 상습 범죄인으로 분류하였다고 보는 입장도 있고, 생래적 범죄인, 정신이상적 범죄인, 기회적(우발적) 범죄인, 격정적 범죄인으로 분류하였다고 보는 입장도 있어 주의를 요한다. 어느 입장에 의하든, '폭력성 범죄자'는 롬브로조의 범죄인 분류의 유형에 해당하지 않는다.

22 ○ 롬브로소(Lombroso)는 정신병원과 형무소에서 정신병과 범죄에 대한 생물학적 원인을 조사하여 수용자들의 두개골에 현저한 생물학적 퇴행성 혹은 격세유전적 특성이 있음을 발견하고, 이를 토대로 생래적 범죄인론을 주장하였다.

23 ○ 페리는 일정한 개인적·사회적 환경에서는 그에 따르는 일정량의 범죄가 있는 것이 원칙이고 그 수가 절대적으로 증감할 수 없다는 내용의 범죄포화의 법칙을 주장하였다.

24 생래적 범죄인에 대한 대책으로 롬브로조(Lombroso)는 사형을 찬성하였지만 페리(Ferri)는 사형을 반대하였다. (　　　)

25 페리는 과도한 개인주의에 국가가 개입함으로써 사회문제에 효과적 대처가 이루어질 수 있다고 믿었기 때문에, 독재적 전체주의 국가이념을 표방하는 파시즘(Fascism)에 동조하였다. (　　　)　　　　24. 간부(74)

26 페리는 범죄예방을 위해서는 형벌보다는 범죄의 충동을 간접적으로 방지할 수 있는 사회정책이 필요하다고 하였다. (　　　)　　　　24. 간부(74)

27 페리(Ferri)는 범죄방지를 위해서는 법률제도 및 사회제도의 근본적 개량이 필요하다고 주장하였다. (　　　)　　　24. 경행

28 가로팔로(Garofalo)는 사회진화론을 적용하여 범죄자는 도덕(양심)과 연민(공감능력)이 낮은 수준이라고 주장하였다.　　　　(　　　) 24. 경행

29 가로팔로(Garofalo)는 『범죄학』(Criminologia)이라는 저서를 통해 사실학적 의미의 '범죄학'이라는 용어를 최초로 사용하였다. (　　　)　　　　24. 간부(74)

30 가로팔로(Garofalo)는 정상적인 사람은 정직성, 동정심, 성실 등과 같은 이타적 정서를 기본적으로 지니고 있는데 반해 범죄자는 이러한 정서가 결핍되었다고 하였다. (　　　)　　　　24. 간부(74)

31 뒤르켐(Durkheim)에 의하면 근대 산업화과정에서 사회는 기계적(Mechanical) 사회에서 유기적(Organic) 사회로 급격하게 변동하였다. (　　　)　　　　24. 간부(74)

32 뒤르켐은 사회통합을 조절하는 기능이 약화되면, 사회구성원들이 자신의 행위를 통제하지 못하는 아노미(Anomie)라는 병리현상이 나타난다고 보았다. (　　　)　　　　24. 간부(74)

---

24 ○ 롬브로조(Lombroso)에 따르면, 생래적 범죄인은 예방이나 교정이 불가능하기 때문에 초범이라도 무기형(영구격리)을 과해야 하고, 잔혹한 누범자에 대해서는 사형(도태처분)도 인정한다. 페리(Ferri)는 롬브로조와는 달리 생래적 범죄인에 대해서는 사형을 부정하고 무기격리할 것을 주장한다.

25 ○ 페리는 파시즘과 이탈리아 무솔리니 정권을 지지하면서 국가의 권위를 재확인시키고자 범죄자에 대한 통제가 필요함을 역설하였다.

26 ○ 페리는 범죄의 사회적 근원을 강조하여 범죄를 사회제도 자체의 결함에 따른 전염병적·병리적 현상으로 보고, 형벌을 통한 직접적 대책보다는 범죄의 충동을 방지하는 간접적 대책으로 형벌에 대한 대용물이 필요하다고 주장한다.

27 ○ 페리의 형벌대용물사상에 관한 설명이다. 페리는 특히 범죄의 사회적 근원을 강조하여 범죄를 사회제도 자체의 결함에 따른 전염병적·병리적 현상으로 보고, 형벌을 통한 직접적 대책보다는 범죄의 충동을 방지하는 간접적 대책으로 형벌에 대한 대용물이 필요하다고 주장한다. 결국 범죄의 방지를 위해서는 사회제도 및 법률제도의 근본적 개량이 필요하다고 본다.

28 ○ 가로팔로는 범죄원인으로서 인류학적 요소 중에서도 심리학적 측면을 중시하여, 정상인은 이타적인 정서(연민과 성실의 정)를 기본적으로 가지고 있으나 범죄자는 이러한 정서가 결핍되어 있다고 본다. 또한 사회진화론을 전제로 형벌을 통해 문명사회에 적응하지 못하는 자들을 자연의 유기체와 마찬가지로 제거해야 한다고 보았다.

29 ○ 가로팔로는 범죄의 현상과 원인을 규명하는 사실학의 의미로서 범죄학이라는 용어를 최초로 사용하여 범죄원인론에 관한 연구를 하였다.

30 ○ 가로팔로는 범죄원인으로서 인류학적 요소 중에서도 심리학적 측면을 중시하여, 정상인은 이타적인 정서(연민과 성실의 정)를 기본적으로 가지고 있으나 범죄자는 이러한 정서가 결핍되어 있다고 본다(심리적·도덕적 변종).

31 ○ 뒤르켐은 사회진화론에서, 오랜 중세를 거쳐 형성된 기계적 연대는 근대의 산업발달과 자본주의의 성장을 거치면서 유기적 연대로 바뀌고 있다고 보았다. 기계적 연대는 개인 간의 유사성에 기초하여 전통적 가치와 규범이 인간관계와 사회통합의 기초로 작동하는 상태로서, 집단적 양심(공유된 가치와 믿음, 규범)이 강하여 개인의 자율보다 사회의 통합과 종교의 권위가 더 중시되는 특징이 있다고 보았다. 한편 유기적 연대는 분업의 가속화로 인하여 전문화된 개인들이 서로의 필요에 의하여 상호의존하며 결속된 상태로서, 집단적 양심이 약하여 사회의 통합이나 종교의 권위보다 개인의 자율과 존엄이 더 중시되는 특징이 있다고 보았다.

32 ○ 뒤르켐에 의하면 아노미란 사회구성원에 대한 도덕적 규제가 제대로 되지 않는 상태, 즉 사회의 도덕적 권위가 무너져 사회구성원들이 지향적인 삶의 기준을 상실한 무규범 상태로서 사회통합의 결여를 말한다.

33 뒤르껨(Durkheim)에 따르면 형벌은 개인의 피해에 대한 보복이 아니라 범죄예방이라는 목표를 지향하는 제도이다.

(　　) 23. 간부(73)

34 뒤르켐에 의하면 사회병리의 대표적인 현상은 자살인데, 이는 개인적 문제라기보다는 사회통합의 정도와 관련되어 있다.

(　　) 24. 간부(74)

35 뒤르켐에 의하면 자살은 아노미적 자살, 이기적 자살, 이타적 자살, 무동기 자살 네 가지 유형이 있는데, 이 가운데 아노미적 자살이 가장 큰 문제이다. (　　)

24. 간부(74)

36 뒤르켐에 의하면 어느 사회이든지 일정량의 범죄는 존재하는데, 이는 지극히 자연스러운 현상이다. (　　)　24. 간부(74)

37 뒤르켐의 이론은 20세기 범죄생태학, 긴장이론, 통제이론 등에 많은 영향을 미쳤다. (　　)　24. 간부(74)

38 뒤르켐(E. Durkheim)은 범죄는 정상(normal)이라고 주장하였고, 규범이 붕괴되어 사회통제 또는 조절기능이 상실된 상태를 아노미로 규정하여, 머튼(R. Merton)이 주창한 아노미이론의 토대를 제공하였다. (　　)

39 페리는 범죄행위란 생물학적·심리학적으로 비정상적인 사람이 저지르는 것이 아니라, 정상적으로 태어난 사람이 이후에 다른 사람의 범죄를 모방한 결과라고 하였다. (　　)

24. 간부(74)

40 타르드는 사회란 곧 모방이라고 할 정도로 모든 사회적 현상을 모방의 결과로 보았고, 범죄행위 역시 모방된다고 보았다.

(　　) 23. 경행 2차

41 타르드(Tarde)가 주장한 모방의 법칙 중 거리의 법칙에 따르면 모방의 강도는 사람 간의 거리에 비례하고 사람과 얼마나 밀접하게 접촉하고 있는가에 반비례한다. (　　)

23. 경행 2차

---

33 ○ '뒤르껨(Durkheim)'은 사람은 원래 이기적이며 삶에 대한 불안감을 가진 존재이기 때문에 외부통제로 규제하여야 하는데, 사회적 통합의 수준이 낮거나 사회의 도덕적 권위가 훼손되면(아노미) 이러한 규제활동을 할 수 없어 많은 범죄가 발생한다고 보았다. 또한 범죄는 모든 사회에 불가피하게 나타나는 현상으로, 병리적인 것이 아니라 정상적인 현상이며, 범죄에 대한 제재와 비난을 통하여 사람들이 사회의 공동의식을 체험할 수 있도록 함으로써 사회의 유지존속에 있어 중요한 역할을 담당한다(사회의 변화와 새로운 규범의 창설을 가능하게 함)고 보았다. 형벌과 관련하여 형벌의 목표인 범죄예방은 사회의 규범의식 또는 도덕성을 회복까지 목표로 하여야 한다고 보아 적극적 일반예방을 주장하였다.

34 ○ 뒤르켐은 자살론에서, 자살이 단지 개인적 문제(자살은 인간의 왜곡된 이성의 결과)라는 견해를 비판하고, 사회의 문화구조적 모순에서 비롯된 것으로 본다(급격한 정치·경제·기술적 사회변동이 자살의 원인).

35 × 뒤르켐은 자살 유형을 사회통합과 도덕적 규제를 기준으로 이기적 자살, 이타적 자살, 아노미적 자살, '운명적 자살'로 구분하였다.

36 ○ 뒤르켐에 의하면, 범죄는 모든 사회에 불가피하게 나타나는 현상으로, 병리적인 것이 아니라 정상적인 현상이다. 범죄가 없다는 것은 사회구성원에 대한 규제가 완벽하다는 의미이며, 이는 사회발전에 필요한 비판과 저항이 없기 때문에 사회는 발전하지 못하고 정체에 빠져드는 병리적 상태가 된다(범죄정상설).

37 ○ 뒤르켐의 사상은 사회학적 일탈연구의 기초를 제시하여 미국의 범죄사회학에 큰 영향을 미쳤다.

38 ○ 뒤르켐은, 범죄를 모든 사회에 불가피하게 나타나는 현상으로 병리적인 것이 아니라 정상적인 현상이라고 보았고(범죄정상설), 사회의 도덕적 권위가 무너져 사회구성원들이 지향적인 삶의 기준을 상실한 무규범 상태로서 사회통합의 결여를 아노미(Anomie)라고 규정지었다. 머튼(R. Merton)은 뒤르켐의 아노미 개념을 도입하여, 미국사회에서 사회적으로 수용 가능한 목표와 합법적인 수단간의 불일치를 의미하는 것으로 사용하였다(아노미이론).

39 × 프랑스학파의 '타르드'가 주장한 내용이다.

40 ○ 타르드는 개인과 사회의 접촉 과정을 연구하여 모든 사회현상은 모방의 결과이며, 범죄행위도 모방에 의해 행해진다고 보아 모방의 법칙을 주장하였다.

41 × 거리의 법칙에 따르면 사람들은 타인과 얼마나 밀접하게 접촉하는가에 비례하여 타인을 모방(학습)한다. 모방의 강도는 '거리에 반비례'하고 '접촉의 긴밀도에 비례'하므로, 모방은 도시와 같이 사람들과 접촉이 빈번한 지역에서 쉽게 발생하고 쉽게 변화한다.

42 타르드(Tarde)가 주장한 모방의 법칙 중 방향의 법칙에 따르면 대개 열등한 사람이 우월한 사람을 모방하는 방향으로 진행된다. (　　)

23. 경행 2차

43 타르드(Tarde)가 주장한 모방의 법칙은 학습이론(Learning Theory)에 영향을 미쳤다. (　　)

23. 경행 2차

44 라까사뉴(A. Lacassagne)는 '사회환경은 범죄의 배양기이며, 범죄자는 미생물에 불과하므로 범죄자가 아닌 사회를 벌해야 한다'고 주장한다. (　　)

45 리스트(Liszt)는 '범죄는 범죄자의 타고난 특성과 범행 당시 그를 둘러싼 사회적 환경의 산물이다'라고 주장한다. (　　)

46 리스트(Liszt)는 부정기형의 폐지, 단기자유형의 활용, 강제노역의 폐지 등을 주장하였다. (　　)

---

42 ○ 방향의 법칙이란 모방의 방향에 관한 것으로, 대체로 열등한 사람이 우월한 사람을 모방하는 방향으로 진행된다. 도시와 농촌의 범죄들을 보면 대도시에서 먼저 발생하고 이후에 농촌지역에서 모방된다. 또한 상류계층이 저지르는 범죄를 하류계층이 모방함으로써 범죄가 전파된다.

43 ○ 모방의 법칙은 미국의 범죄사회학의 출발점인 학습이론에 결정적 기초를 제공하여 '초기학습이론'이라 불리기도 한다.

44 ○ 범죄원인이 사회와 환경에 있다고 보는 라까사뉴의 주장이다(실증주의 학파 중 프랑스 학파).

45 ○ 범죄원인으로 환경과 소질을 모두 고려하는 리스트의 주장이다(실증주의 학파 중 독일 학파).

46 × 범죄대책으로 부정기형의 채택, 단기자유형의 폐지, 집행유예·벌금형·누진제도의 합리화, 강제노역의 필요, 소년범죄에 대한 특별한 처우 등을 주장한다.

police.Hackers.com

제3장 / 생물학적 범죄원인론

제1절 생물학적 범죄원인론(범죄인류학이론)

01 골상학과 범죄인류학

1. 골상학

18세기 말의 라바터(C. Lavater)가 발전시키고, 그 후 갈(J. Gall)이 확립한 골상학에 따르면, 대뇌의 발달은 뇌 기능과 밀접한 관련이 있고 두개골의 모습을 변화시킨다고 한다. 두개골의 외형을 분석하여 뇌의 발달상태를 알 수 있고, 두개골과 안면부의 모양은 개인의 성격·지능상태·범죄성 등과 상관관계를 갖는다고 본다.

2. 범죄인류학 – 롬브로조(C. Lombroso)

① 범죄원인의 해명에 있어서 생물학적 요소에 중점을 둔다.

② 범죄자는 진화론적으로 퇴행한 것으로서 격세유전을 통해 원시인류의 야만적 속성이 유전된 돌연변이적 존재라고 본다(**생래적 범죄인설**). 23. 경행 1차

3. 고링(C. Goring)

① 고링은 현대 통계학의 창시자 중 한명인 피어슨(K. Pearson)과 함께 영국의 재소자 3,000명 이상을 검사하여, 롬브로조의 생래적 범죄인설과 같은 범죄인 분류는 현실적으로 불가능하다고 비판한다. 24. 경행

② 롬브로조(C. Lombroso)의 연구를 방법론에 있어 비과학적인 것으로 간주하였으며, 범죄행위란 신체적 변이형태와 관계된 것이 아니라, 유전학적 열등성에 의한 것이라고 주장하였다. 23. 경행 2차

③ 통계를 통하여 유전적 소질과 환경의 영향을 동시에 고려하고 객관적으로 상호비교하였다. 연구결과, 부모와 자녀의 범죄성은 상관성이 매우 큰 것으로 나타났고, **범죄성은 유전에 의해 전수**되는 것이라고 주장하였다. 22. 경행

4. 후튼(A. Hooton)

고링(C. Goring)의 주장은 후튼(A. Hooton)에 의해 다시 반박된다. 약 17,000명을 대상으로 107개의 신체부위의 특징을 조사한 결과, **범죄의 원인은 생물학적(신체적) 열등성**에 있고, 열등성의 근본적인 원인은 유전이라고 봄으로써 범죄인 가계를 인정하였다.

02 체형이론

1. 의의

체형이론은 일정한 체격형은 그와 병행하는 성격과 기질을 나타내며, 다시 거기에 상응하는 정신병질 및 정신병이 존재한다고 하여 범죄와 관련을 가진다고 하는 입장이다.

2. 크레취머(E. Kretshmer)

① 『신체구조와 성격』에서 범죄통계 분석에 기초하여 인간의 체형을 나누고 각 체형의 특징을 세 가지로 구분하였다. 23. 경행 1차

체형	특징 및 성격	기질 및 정신병질	정신병
비만형	키가 작고 뚱뚱한 체형, 상쾌와 비애 사이를 동요, 자극에 동요가 많으며 사교적이고 정이 많음, <u>범죄의 확률이 적음</u>, 범죄를 저지른다면 주로 사기범이 많고 폭력범도 종종 있음	순환성 순환병질	조울증
운동형 (투사형)	근육이 잘 발달된 체형으로 둔중하고 무미건조한 성격, 귀찮고 끈덕지며 때로는 촉발적으로 불만 발산, <u>범죄의 가능성이 높음</u>, 주로 <u>폭력범죄</u>를 행하며 <u>조발상습범</u> 중에서 가장 많은 유형임	점착성 간질병질	간질
세장형 (쇠약형)	키가 크고 마른 체형으로 비사교적인 성격, 민감과 둔감 사이를 동요, 자극에의 반응 약함, 비사교적이고 변덕스러움, <u>사기범·절도범</u>이 많고 <u>누범율이 높음</u>	분열성 분열병질	정신 분열증

② 혼합형(발육부전형)의 체형을 가진 사람들은 주로 풍속범이나 질서위반범죄를 저지르고 때때로 폭력범죄를 저지른다고 한다.

3. 셸던(W. Sheldon) 23. 경간(73)

① 비행소년과 체형의 관계를 연구하였다.
② 인간은 내배엽(endoderm), 중배엽(mesoderm), 외배엽(ectoderm)으로 이루어진 튜브 상태의 태아로서 삶을 시작하며, 이후 어느 부분이 더 발달하느냐에 따라 각자의 체격과 기질이 형성된다.
③ 체형 분류에 따라 비행소년들의 신체적 특징을 조사하였는데, 비행소년의 평균체형은 **중배엽형**이 많은 반면, 일반소년의 경우에는 외배엽형이 상대적으로 많이 나타났다. 22. 경행

배엽형에 따른 신체유형 발달
내배엽은 이후 성장하여 소화기관이 되고, 중배엽은 뼈·근육이 되며, 외배엽은 신경체계의 연결세포나 피부 등으로 분화·발전되므로, 태아 형성시에 배엽 구성의 형태에 따라 각자의 신체유형을 알 수 있다고 보았다.

체형	특징	성격	긴장부분
내배엽형	소화기관이 발달, 살이 찐 편, 전신이 부드럽고 둥근 편, 짧은 사지와 골격	편안한 사람, 가벼운 사치품을 좋아함, 온순하지만 본질적으로 외향적	내장 긴장형

중배엽형	근육·골격이 발달, 큰 몸통, 손목과 손이 큼, 각진 체형 또는 우람한 체형	활동적이고 역동적, 단호한 제스처, 공격적으로 행동	신체 긴장형
외배엽형	피부와 신경계통이 발달, 여위고 섬세한 체형, 작은 얼굴, 높은 코, 몸집은 작지만 상대적으로 큰 체표면	내향적, 항상 신체불편을 호소 (알레르기·피부병·만성피로·불면증 등), 소음·외부자극에 민감, 비사교성	두뇌 긴장형

4. 기타 연구

① 글룩 부부(S. Glueck & E. Glueck)는 범죄소년 500명과 일반소년 500명을 비교하여 신체 특징이 <u>중배엽형</u>(운동형, 신체긴장형)일수록 범죄성향이 높다(간접적으로 비행을 유발)고 하였다. 23. 경간(73)

② 꼬르떼(J. Cortes)도 비행소년과 잠재적 범죄인은 신체적으로 중배엽형이 더 많다고 한다. ✔

5. 평가

① 일반적으로 운동형(투사형)이 조발상습범 등의 범죄자에서 큰 비율을 차지하는 것은 신체적 특징으로 인하여 체력을 요하는 범죄에 적합하다는 점이 작용한 결과라고 평가된다.

② 성격의 결정요인을 체형이라는 부분에 한정하여 이를 기초로 범죄의 원인을 추구한 것으로서 지나치게 단편적이라는 비판을 받는다.

☑ SUMMARY | 크레취머(E. Kreshmer)와 셸던(W. Sheldon)의 체형 비교

크레취머	셸던	기질	긴장	정신병질	정신병	범죄형태
비만형	내배엽형	순환성	내장 긴장	순환병질	조울증	범죄 적음
운동형	중배엽형	점착성	신체 긴장	간질병질	간질	범죄 많음(폭력)
세장형	외배엽형	분열성	두뇌 긴장	분열병질	정신분열증	사기, 절도, 누범
혼합형	–	–	–	–	–	비폭력 풍속범

제2절 생물사회학적 범죄이론

01 의의

① 생물사회학적 범죄이론은 종래의 생물학적 범죄원인론과 달리, 범죄란 소질과 환경의 공동작용이라고 본다.

② 소질이 직접적으로 범죄적 행위를 낳는 것이 아니라 특이행동에의 일정한 경향을 형성하고, 그것이 일정한 환경의 영향 아래에 있을 때 범죄로 변화할 수 있다는 것이다.

02 범죄인 가계 연구

1. 의의

① 범죄인 가계란 범죄인의 계보를 연구한 결과 특정한 가계 내에 범죄인·정신병자·정신병질자 등의 이상성격자·부랑자 등이 많이 배출된 가계를 말한다.
② 특정 개인의 자손 가운데 범죄인·정신이상자 등을 조사하거나 교도소·정신병원에 수용되어 있는 범죄자의 가계를 소급하여 연구함으로써, 범죄성의 유전 여부를 분석한다.

2. 주요 연구내용 22. 간부(72), 22. 경행

① 덕데일(R. Dugdale)의 쥬크가(家) 연구, 고다드(H. Goddard)의 칼리카크가(家) 연구, 고링(C. Goring)의 통계적 연구 등에서는 부모와 자식의 범죄성은 상관관계가 매우 높다고 주장한다(**범죄성의 유전을 긍정**). 23. 경행 1차, 24. 간부(74), 24. 경행
② 서덜랜드(E. H. Sutherland)의 에드워드가(家) 연구에서는 선조의 살인성향이 후대에 이어지지 않았다는 점을 들어 **범죄성의 유전을 부정**하였다. 24. 경행

3. 평가

① 범죄인 가계 연구는 통계방법상의 잘못이 지적된다. 표본이 부족한 조사였고, 범죄생물학적·정신병리적 연구가 병행되지 않았으며, 환경의 영향을 해명하지 못하였다.
② 이러한 문제점으로 인하여 유전과 범죄의 관계를 연구하기 위한 다른 방법으로, 쌍생아 연구와 입양아 연구가 시도되었다. 24. 간부(74)

03 쌍생아 연구(쌍둥이 연구)

1. 의의

① 쌍둥이 연구의 단서를 연 사람은 갤튼(F. Galton)이며, 쌍생아 연구란 일란성 쌍생아와 이란성 쌍생아의 범죄일치율을 비교함으로써 유전이 범죄소질에 미치는 영향을 알 수 있다는 연구이다(표본조사방법에 기한 대표적 연구). ✦
② 유전인자를 공통으로 가지고 있는 일란성 쌍생아가 그렇지 않은 이란성 쌍생아보다 범죄일치율이 높게 나타나면 범죄성향이 유전된다는 가설이 입증된다는 것이다.

2. 주요 연구내용

(1) 랑에(J. Lange) 23. 경간(73), 24. 간부(74)

① 범죄란 개인이 타고난 유전적 소질에 의해 저질러지는 것이라고 주장하면서, 30쌍의 쌍둥이를 대상으로 연구를 하였다. 그 연구결과에 따르면 일란성의 경우 13쌍 중에서 10쌍이 범죄를 저질렀으며, 이란성의 경우는 17쌍 중에 2쌍만이 범죄를 저지른 것으로 나타났다고 한다(일란성 쌍생아들이 이란성 쌍생아들보다 범죄일치율이 현저히 높다). ✦✦
② 기회범죄(예 교통범죄 등)와 소질범죄(예 성범죄 등)를 같은 일치율의 개념으로 포섭하였다는 점에서 비판을 받는다.

(2) 슈툼플(F. Stumpfl)

① 일란성 쌍생아가 유전적 동일성에도 불구하고 왜 범죄율이 완전히 일치하지 않는가에 대해 연구를 하였다. 종래의 연구들은 소질적인 요소가 많은 개선 불가능한 누범이나 단순한 기회적인 교통사범을 모두 일치로 취급한 점을 비판하면서 **일치개념을 구체화**하였다.

② 일치의 태양을 5단계(㉠ 쌍생아가 모두 처벌되는 경우 ➡ ㉡ 범죄의 비중이 일치하는 경우 ➡ ㉢ 범죄의 실행방법이 일치하는 경우 ➡ ㉣ 일상의 사회적 태도가 일치하는 경우 ➡ ㉤ 성격구조까지 일치하는 경우)로 나누어, 일란성 쌍생아의 경우는 조발성의 누범인 경우에 거의 일치한다고 본다.

(3) 크리스챤센(K. O. Christiansen) ✄

① 가장 광범위한 표본을 대상으로 연구를 시행하고, 연구성과의 정확성을 기하기 위하여 **쌍생아 계수를 사용**하였다.

② 쌍생아의 범죄일치율은 범죄의 종류 · 출생지역 · 사회계층 · 범죄에 대한 집단저항의 강도에 따라 차이가 난다. 따라서 유전소질이 범죄에 미치는 영향은 여러 환경요인들에 의해 제약되어 범죄일치율이 종래 연구들보다 낮아진다. 결국 범죄원인은 유전적 요인이 중요하지만 사회적 변수에 따라 많은 영향을 받는다고 본다. 24. 간부(74)

(4) 달가드와 크링글렌(Dalgard & Kringlen) ✄

① 쌍생아 연구에서 **유전적 요인 이외에 환경적 요인을 함께 고려**하여 연구하였다.

② 일란성 쌍생아들이 다소 높은 범죄일치율을 보인 것을 유전적 요인이 아닌 양육과정상의 유사성에 기인한다. 실제 양육과정별로 분석을 하였을 때에는 일란성 쌍생아의 일치율은 이란성 쌍생아의 일치율과 큰 차이가 없었다.

③ 결국 범죄발생에서 유전적 요소의 중요성이란 존재하지 않는다고 주장한다.

3. 평가

① 쌍생아 연구는 범죄에서 유전소질의 영향이 적지 않음을 보여준 대표적 연구이다. 그러나 일란성과 이란성의 분류방법, 표본의 대표성, 공식 범죄기록에 의한 일치율의 조사, 환경의 영향을 무시, 불일치 현상의 문제 등의 비판을 받는다. ✄

② 결국 범죄발생이 유전에 의하여 결정적 영향을 받는다고 보기는 어렵다고 한다.

04 입양아 연구(양자 연구)

1. 의의

① 입양아 연구는 범죄자 중에 입양아를 조사하여 그 생부의 범죄성을 대비해 보는 연구이다. 생부가 범죄성이 있었던 경우에 양자가 범죄인으로 되는 확률이 양부가 범죄자였던 경우보다 높게 나타나면 범죄에 유전성이 있는 것을 입증하는 증거가 된다는 것이다.

② 최초로 입양아 연구를 시도한 슐징어(F. Schulsinger)는 정신질환과 관련된 양자들을 연구하여 정신적 결함이 혈연관계를 통해 전수된다고 주장하였다.

③ 크로우(R. Crowe)는 어머니가 범죄자였던 입양아와 그렇지 않은 입양아를 비교하여 조사하였다.

2. 허칭스와 메드닉(B. Hutchings & S. Mednick)의 주장 23. 경간(73), 23. 경행 1차

① 생부와 양부 그리고 입양아 본인의 범죄기록을 모두 조사한 결과 생부와 양부 둘 중 한 쪽만 범죄를 저질렀을 때에는 양쪽 모두 범죄자인 경우보다 입양아에 대한 영향력이 약하며, <u>양부의 범죄성은 생부의 범죄성보다 영향력이 약하다고 본다.</u> 24. 간부(74)
② 범죄유발에 **유전적 요인뿐만 아니라 환경적 요인 역시 중요한 역할**을 한다고 본다. 가정적 결함이라는 환경적 요인이 범죄에 상당한 영향을 미친다는 점을 보여준다는 것이다.

3. 평가

① 입양아 연구는 유전이 어느 정도 중요한 범죄원인이 되고 성장환경 또한 무시할 수 없는 원인이 된다는 점을 증명하였다.
② 반면, 입양아 연구에 대해서는 입양기관이 연결하는 입양가정은 대개 중산층 이상인 경우가 많기 때문에 연구의 표본이 모집단에 실재하는 다양한 환경을 대표하지 못하는 경우가 있어 환경의 영향을 일반화하기 어렵다고 평가된다.

제3절 유전학적 이론

01 의의

롬브로조(C. Lombroso) 등은 범죄성이 유전된다고 보았으나, 이후 많은 실증적 연구를 통해 필연적으로 범죄인으로 될 수밖에 없는 유전소질이 존재한다는 주장은 부정되었다. 다만, 유전소질이 범죄에 어떠한 영향을 미치는가 하는 점에 대해 많은 연구가 행해졌다.

02 유전적 비정상(유전적 결함)과 범죄

1. 의의

유전학적 이론은 유전적 결함을 물려받은 자와 범죄성의 상관관계를 연구하는 입장이다. 유전적 결함이란 혈연관계 가운데 내인성 정신병(예 정신분열증·조울증·간질 등), 정신병질, 정신박약, 음주벽, 범죄성 등이 존재하는 경우를 말한다(유전부인).

2. 연구내용

① 슈툼플(Stumpfl)에 의하면 부모에게 내인성 정신병이 있는 경우의 범죄자는 누범·조발범·중대한 풍속범 등이 될 확률이 그렇지 않은 범죄자보다 높게 나타난다고 한다.
② 리들(Riedl)은 어머니보다 아버지의 유전적 결함이 그러한 범죄에 영향을 크게 미친다고 한다.

3. 평가

범죄와 유전적 비정상이 직접적으로 관계가 있다고 단언하기는 어렵다. 유전적 결함 자체가 곧 범죄성향이 되는 것이 아니라 정신병질 등이 있는 부모를 둔 가정환경이 자녀를 범죄성향을 가진 자로 만든다고 볼 수 있기 때문이다.

03 성염색체 연구

1. 의의

① 성염색체 연구란 성염색체의 이상과 범죄성과의 상관관계를 연구하는 것이다.
② 성염색체 연구도 범죄발생에 있어서 유전적 특성의 역할을 강조하나, 유전적 특성이 가계로 전승되는 것이 아니라 **수태 전후의 변이**에 의해 형성된다고 봄으로써 유전적 결함에 관한 연구와 차이가 있다.
③ 1959년 제이콥스와 스트롱(P. Jacobs & J. A. Strong)은 성염색체의 형태·구성·개수 등의 이상이 성격적 결함을 초래하고 나아가 범죄성향과 연관된다는 연구를 하였다. 22. 간부(72)

2. 연구내용

X염색체의 증가 (XXX형·XXY형) 클라인펠터 증후군	① 특히 문제가 되는 <u>여성형 남성(XXY형)</u>의 경우는 대개 고환이 작고, 무정자증이 있으며, 여성형의 유방을 갖거나, 장신이 되는 등의 신체적 특징을 보인다. 또한 지능이 낮고, 반사회적이며, 미숙하고, 자신감이 결여되어 있다. ② <u>범죄학적으로 크게 위험이 있지는 않다</u>고 하나, 경우에 따라 동성애의 경향을 보이며 성범죄·조포범·절도 등을 저지를 가능성이 높다.
Y염색체의 증가 (XYY형) 초남성형 22. 경행	① 클라인펠터 증후군보다 더욱 범죄성향을 띠기 쉬운 염색체 이상이다. 신장이 크고, 지능이 낮으며, 성적으로 조숙하여 <u>조발성 범죄자</u>(평균 초범연령이 13~14세)가 많다. <u>공격성이 강해서</u> 성범죄, 방화죄, 살인 등의 <u>강력범죄를 저지를 확률이 높다</u>고 한다. 다만, 유전보다는 돌연변이에 의한 것으로 보아 <u>비유전성</u>이 특징이다. ② 정신병자들 중 XYY형으로 파악된 사람의 비율이 일반인의 경우에 비해 매우 높았다. 또한 XYY형은 일반인에 비해 <u>수용시설에 구금되는 정도가 높다</u>는 특징이 있다.

3. 평가

① 연구방법론상 문제점 등이 아직 해소되지 않았고 XYY형이라고 하여 반드시 범죄자가 되는 것도 아니므로, XYY형 범죄자가 존재한다는 점이 범죄가 소질에 기인하는 것이라는 주장의 논거로 되기는 어렵다.
② 비판범죄학의 테일러(I. Taylor) 등은 XYY형을 가진 사람은 신체적 특징 때문에 범죄인지율이 높고, 범죄혐의를 받은 후에 체포나 유죄판결을 피할 확률이 거의 없다는 점을 들어 이러한 연구결과를 비판한다.

제4절 생화학적 이론

01 생화학적 기능 장애

1. 의의

인간의 몸 안에서 일어나는 화학적 변화와 에너지 변화로 인하여 생화학적 기능에 장애가 있는 경우, 이것이 반사회적 행동을 유발하는 원인이 될 수 있다.

2. 연구내용

① **폴링(Pauling)**: 영양결핍으로 인한 지각장애, 영양부족·저혈당증에 수반되는 과활동반응의 두 가지로 범죄원인을 나누었다. ✔

② **스미스(Smith)**: 범죄는 호르몬의 불균형에 의해 야기되는 감정의 혼란 때문에 발생한다고 주장한다.

③ **버만(Burman)**: 범죄자들이 정상인들에 비해 2~3배 정도 많이 내분비선의 기능 장애나 생화학물의 불균형 문제가 있다고 주장한다.

④ **몰리취와 폴리아코프(Molitch & Poliakoff)**: 정상적 내분비선을 가진 소년들과 내분비선의 장애를 가진 소년들의 비행행위는 별다른 차이가 없다고 한다.

⑤ 여성의 경우에 월경 전후의 호르몬 수치의 변화로 인한 생화학적 불균형이 범죄와 어느 정도 관련이 있는 것으로 연구되었다. 그러나 호르몬 수치의 변화 자체가 범죄유발원인이라고 보지는 않으며, 단지 이러한 상태가 다른 요인들과 결합하여 범죄가능성을 증진시키는 요인의 하나로 설명된다.

⑥ 남성호르몬인 테스토스테론(testosterone)이 반사회적·공격적 행동과 공격성과도 관련이 있는 것으로 논의되고 있다. 실제로 여러 연구에서 테스토스테론의 수치가 높은 사람일수록 폭력적이라는 사실이 밝혀졌다.

⑦ 세로토닌(serotonin)은 뇌 속의 호르몬으로 충동이나 욕구를 조절·억제하는 역할을 담당하는데, 세로토닌의 양이 적은 사람이 공격적 행동을 하는 것으로 알려져 있다. 22. 간부(72), 23. 해경간부

⑧ 도파민(dopamine)은 신경전달물질의 하나로서 뇌에서 동기, 보상, 쾌락 등을 위한 시스템에 관여하여 쾌감·즐거움 등에 관련한 신호를 전달해 인간에게 행복감을 느끼게 한다. 22. 간부(72), 23. 해경간부

⑨ 모노아민 산화요소(monoamine oxidase, MAO)는 도파민, 세로토닌 등의 분해를 담당하는 효소로 이 효소의 합성과 활동이 비정상적인 경우에는 신경전달물질이 적절히 제거되지 않으므로 여러 반사회적 행동 및 정신병리 증상으로 이어지게 된다. 23. 해경간부

⑩ 노르에피네프린(norepinephrine)은 교감신경계의 신경전달물질로서 집중력 증가, 혈류량 증가, 대사활동 증가 등의 효과를 나타내어 충동성, 공격성 등과 관련이 있는데, 노르에피네프린의 수치가 높은 경우뿐만 아니라 낮은 경우에도 공격성을 보인다고 한다.

기타 기능 장애

1. 중추신경조직의 기능 장애

① 범죄자와 비정상적인 뇌파 유형이 어떤 관계에 있는지에 대한 연구가 시도되었는데, 일반적으로 범죄자들의 비정상적 뇌파 유형의 비율이 일반인의 그것에 비해 높다고 한다.

② 메드닉(S. Mednick)에 의하면 뇌파의 활동성이 낮았던 사람들 중에서 범죄를 저지른 비율이 높았으며, 뇌파의 활동성이 높거나 정상범위인 사람들 중에서는 비교적 낮은 것으로 나타났다고 한다.

2. 학습무능력증

① 학습무능력증은 대뇌의 기능 장애 중에서 일상적인 교육환경에서 학습능력이 없는 경우를 의미한다.

② 비행소년의 대부분이 학교에서 심각한 학습문제가 있기 때문에 학습무능력증이 소년비행의 중요한 원인이라는 주장이 있으나, 경험적 증거를 찾기 어렵다는 비판이 있다.

3. 평가

생화학적 연구는 모든 범죄에 일반화되기는 어려우나, 소년비행에 대하여는 현실적 의미가 있는 것으로 나타난다.

02 자율신경조직의 기능 장애

1. 의의

자율신경조직은 의식적으로 자각되지는 않지만 신체 기능을 관장하는 별도의 신경조직으로, 갈등·공포상태에서 특히 활발하게 작동된다. 이러한 자율신경조직의 작용을 이용한 대표적인 예가 바로 거짓말탐지기이다.

2. 성격이론(인성이론, Personality Theory) ✔

아이젠크(H. Eysenck)는 자율신경계의 특징에 따라 내성적인 사람과 외향적인 사람을 분류한다.
① **내성적인 사람**: 자율신경계에서 불안 반응의 유발 기능은 발달되었고 해제하는 기능은 낮은 수준이며, 처벌로 인한 불안감을 크게 느끼고 회피하는 성향이 강하기 때문에 규범에 어긋난 행동을 하는 정도가 약하다.
② **외향적인 사람**: 불안 반응의 유발 기능이 저조하고 해제 능력은 발달되어 처벌에 대한 불안감을 대체로 덜 느끼고(낙관적) 또한 기본적으로 새로운 자극을 항상 추구하기 때문에(충동적) 그만큼 반사회적 행위를 저지를 가능성이 크다.

03 뇌의 기능 장애

① 선천적 유전 조건에 의해 뇌세포에 손상을 입거나, 후천적 충격·외상에 의해 기능이 저하된 경우에는 성격장애 또는 이상행동을 일으키기 쉽다고 한다.
② 뇌기능 장애는 필연적으로 사회에 적응할 수 있는 능력을 저하시키는 요인이 되고 그로 인한 성격 이상이 범죄의 원인으로 될 수 있다고 할 것이나, 아직 명확히 해명된 상태가 아니기 때문에 뇌기능 장애와 범죄의 상관관계를 단정하기는 어렵다.
③ 뇌의 전두엽은 욕구, 충동, 감정 관련 신경정보를 억제하거나 사회적 맥락에 맞게 조절, 제어, 표출하게 하는 집행기능을 수행하는데, 전두엽이 손상될 경우 유년기에는 부도덕적 일탈적 행동을 반복하게 되며, 성인기에는 폭력과 공격적 행동을 보이게 된다고 한다. 22. 간부(72)
④ 뇌의 변연계는 주로 본능적 욕구, 충동, 감정과 관련이 있고, 그중 편도체는 공포, 분노, 사회적 상호작용과 관련되어 있는데, 편도체에 이상이 있는 경우에는 범죄와 관련성이 높다는 연구도 있다. 22. 간부(72)
⑤ 대부분의 폭력범죄자들의 뇌는 비정상적 충동과 욕구를 생성하는 과활성화된 변연계와 그러한 충동과 욕구에 대한 조절기능이 저활성화된 전두엽으로 구성된다고 한다.

제5절 기타 이론

01 여성범죄(성별과 범죄)

1. 의의

남성과 여성은 신체적으로 다른 특징을 가지고 있고 정신적으로도 차이를 보이며, 사회생활에서의 역할·지위도 차이가 나타난다. 이로 인하여 남성과 여성은 범죄에 있어서도 상당한 차별성을 보여주고 있다.

2. 양적 특성

(1) 의의

① 전체 범죄 중 여성의 범죄가 차지하는 비율은 남성에 비하여 현저하게 낮은 것이 세계 각국의 공통된 특징이다.

② 매춘이나 피해자 없는 범죄를 제외한 거의 모든 범죄에서 남성은 여성보다 높은 범죄율을 보인다(일반적으로 여성범죄율은 남성의 10~20% 정도).

③ 여성범죄율은 여성의 사회적 지위, 지역의 규모, 시대적 상황, 가정의 결합도, 죄종, 법률·재판제도의 차이로 인하여 국가마다 상이하다.

(2) 양적 특성의 부정

① 여성범죄의 상당수가 공식적으로 인지되지 않거나 인지되더라도 남성에 비해 상대적으로 적게 처벌되기 때문에 공식범죄통계상 여성범죄가 적게 나타난다는 입장이 있다.

롬브로조 (Lombroso)	여성범죄는 선천적·잠재적 소질이 기초로 되며 여성범죄가 적은 것은 단지 표면적일 것이고, 실제로 여성의 매춘을 고려한다면(犯罪代償) 남성범죄를 훨씬 능가한다고 한다.
폴락 (Pollak)	여성범죄는 대개 사적인 영역에서 발생하며 잘 들키지 않는다는 은폐성을 특징으로 하므로, 여성범죄가 남성보다 비율이 낮은 것은 은폐성으로 인하여 통계상에 잘 나타나지 않을 뿐이고 범죄적 성향은 남성에 못지않다고 한다(암수범죄의 문제). 또한 형사사법이 여성에게 기사도적이고 관대한 처분을 내리는 측면도 있다고 본다(기사도가설). 22. 경행, 23. 간부(73), 23. 해경간부, 24. 간부(74)
아들러 (Adler)	여성해방운동 등으로 여성의 사회적 역할이 변하고 생활 형태가 남성의 생활상과 유사해지면서 여성의 범죄활동도 남성과 동일화되어 간다고 주장한다(신여성범죄론). 22. 경행, 23. 해경간부

② 반면에 체스니-린드(Chesney-Lind)는 소년사법체계에서 소녀가 소년보다 더 가혹하게 취급되며, 이는 사법체계가 소녀가 전통적 성역할 기대를 저버린 것으로 보아 그 처리절차에서 성차별을 하기 때문이라고 주장한다. 22. 경행, 24. 간부(74)

(3) 평가

① 여성범죄는 여성의 선천적 특징인 임신과 출산이라는 생물학적 원인을 배경으로 하면서 여성의 사회적 지위 및 역할의 특수성이라는 점에서 양적 특성을 설명하는 것이 타당하다.

② 다만, 근래에 여성의 사회적 진출이 많아지고 역할이 증가함에 따라 여성범죄가 양적으로도 상당히 증가하고 그 증가율도 높아지고 있는 것이 각국의 추세이다.

3. 질적 특성

① 여성범죄는 질적인 면에서 남성의 경우와는 큰 차이를 나타내고 있고, 특정한 종류의 범죄에 있어서는 오히려 남성의 범죄율을 상회하기도 한다.

② 일반적으로 여성범죄의 질적 특성은 **수동성**에 있다(피해자적 특성). 이는 여성의 성역할과 본성이 범인성을 적게 하고 범행기회를 제한하기 때문이라고 보는 입장이다.

③ 일반적으로 여성범죄의 배후에는 많은 경우에 남성이 있고, 그 남성이 진정한 원인 제공자이고 여성은 어쩔 수 없이 범죄에 내몰린 경우가 적지 않으며(공범으로 가담), 죄질에 있어서도 공격적인 범죄가 적은 편이다.

④ 여성범죄는 대개 잘 아는 사람을 대상으로 하는 경우가 많고, 범행수법도 비신체적인 경우가 많으며, 경미한 범행을 반복하는 경우가 많다. 23. 해경간부

⑤ 다만, 근래에 여성에 의한 폭행·공갈 등이 증가하는 현상은 수동성만으로는 해명되기 어렵다고 한다.

4. 여성의 심리적 특성과 범죄

① 프로이드(S. Freud)는 여성이 심리적 형성 과정에 있어서 남성에 대한 열등감·시기심 등의 경향을 가지게 되며, 이러한 경향이 심화되면 극단적인 경우에는 매우 공격적인 성향을 띄게 되어 범죄로 나아가게 된다고 주장한다.

② 이는 여성범죄인을 병약자처럼 취급하는 것으로, 대부분의 여성범죄인 교정의 기초가 되고 있다고 한다.

5. 여성의 생리적 현상과 범죄

① 여성 특유의 생리적 현상으로서 월경·임신·출산·산욕·수유·폐경 등이 있으며, 이 시기에는 내분비선의 평형 장애 및 정동 부조화로 인해 범죄의 위험이 비교적 크다고 한다.

② 월경은 비행·범죄의 원인으로서 단일한 근본문제는 아니지만, 그것이 병적 정신상태와 결합하는 경우에는 범죄를 결정짓는 하나의 요인이 될 수 있다고 본다.

③ 분만시의 흥분상태나 병적 정신상태 등의 특수한 생리적·심리적 현상으로 영아살해죄 등을 저지르는 경우가 많다는 주장도 있다.

④ 폐경기에는 정서불안·불면증·불안감 등이 나타난다고 한다. 우리나라의 경우 여성범죄자 중 41~50세의 연령층이 가장 많은 것은 폐경기의 심리상태가 직·간접적으로 작용한 결과라고 하는 주장도 있다.

02 연령과 범죄

1. 연령단계와 범죄

① 연령단계를 청소년기(사춘기)·성년기·장년기·갱년기·노년기로 구분하는 것이 일반적이다. 서덜랜드와 크래시(Sutherland & Cressey)는 청소년기를 '범죄성 최고의 시기'라고 하였다.
② 그린버그(Greenberg): 연령과 범죄발생의 관계를 규명하면서, 정점은 10대 후반이며 시대적으로 점차 저연령화되며 범죄유형별로 다르게 나타난다고 본다. 10대 후반의 범죄 증가는 긴장이론으로, 20대 이후의 범죄 감소는 통제이론으로 설명한다.
③ 허쉬(Hirschi): 범죄는 범행을 할 수 있는 생물학적 능력이 있는 특정 연령대에 집중되고 이후에는 범죄능력이 감소하게 되므로, 대부분의 사회에서 연령이 많아지면 이와 반비례하여 범죄율은 낮아진다고 한다.

2. 연령별 특징

① 범죄가 가장 많이 나타나는 연령층은 청장년기이다. **외국**의 통계에 의하면 대체로 20세~25세의 연령층이 가장 높은 범죄율을 보이고 있다.
② **우리나라**의 경우는 31세~35세까지가 가장 높고, **여성**의 경우는 41세~50세까지가 가장 높은 비율을 차지한다고 한다.
③ 연령층별로 특징을 보면, 청장년기에는 폭력적인 유형의 범죄가 많고 갱년기·노년기에는 지능적인 범죄(사기·횡령·배임·위조 등)가 많다고 한다.

3. 연령과 범죄에 관한 이론

성숙 이론	25~30세까지는 범죄를 반복하나, 30세 이후에는 범죄를 중단하게 된다(글룩 부부, S. Glueck & E. Glueck).
성장효과 이론	직장과 가족에 대한 책임감 및 기대 충족의 동기로 인해 범죄가 감소한다(맛차, Matza).
노쇠화 이론	수형기간 중에는 범행의 기회가 차단되며, 석방 후에도 연령 증가에 따라 범죄가 감소된다(지겔, Siegel).
정착과정 이론	교정에 의해 재사회화된 결과로 고연령층의 범죄율이 낮다(레클리스, Reckless).

4. 청소년비행

① 청소년비행이란 청소년이 행하는 일탈적 행위로 지위비행(status delinquency)이라고 할 수 있다.
　예 흡연, 가출, 성인영화관람 등

청소년기	14세부터 23세까지의 연령대로서 심리상태가 불안정하고 동요가 심하다. 자극·모험을 추구하고 부모·권위에 대하여 반항적이며, 성적 유희, 스피드에의 도전, 약물남용 등에 빠지기 쉽다.
갱년기	40대 중반부터 50대까지의 연령대로서 특히 생리적 변화(폐경 등)를 수반하는 여성의 경우에 문제가 되며, 정신병질에 가까운 심리적·생리적 변화(쇠약감·불안·자신감 상실·우울증·성욕 감퇴 등)가 일어난다.
노년기	60세 이상의 연령대로서 정신적·신체적 능력의 현저한 감퇴가 발생하며, 외부적 환경에 의한 영향이 적고, 대부분 내적 사정에 의해 범죄를 하는 사례가 많다.

범죄생활곡선

범죄생활곡선이란 사람들이 범죄성을 발현하기 시작한 때로부터 그것이 소멸되기까지의 일련의 과정을 연령에 따라 추급하였을 때 나타나는 곡선을 말한다.

일반적 범죄 생활곡선	범죄자 일반 또는 범죄자 집단의 범죄성에 대한 연구로서, 슈밥(G. Schwab)이 다수 누범자의 범죄초발연령과 체격형의 관계를 연구하였다.
개인적 범죄 생활곡선	범죄자 개인의 범죄성에 대한 연구로서, 요시마쓰(吉益)가 누범자에 대하여 추행조사한 것이 대표적이다.

② 청소년비행의 원인으로 다음과 같은 요인을 들 수 있다.

가정적 요인	가정에 결함 내지 장애가 있는 경우 또는 가정 그 자체가 없는 경우에는 가정이 갖는 긍정적 기능을 기대할 수 없을 뿐만 아니라 청소년의 인격형성에 불리한 영향을 미치고, 나아가 범죄행위로 나아갈 위험성이 크게 된다. 예 결손가정, 빈곤가정, 부도덕가정, 갈등가정, 시설가정 등
학교기능의 저하	학교는 교육을 통하여 사회의 관습적인 태도와 행위를 내면화시키고 있으나, 청소년이 학교생활에서 경험하는 좌절감이나 학교에 대하여 갖는 반항심은 청소년을 비행으로 유도하는 요인이 되기도 한다. 예 코헨의 비행하위문화이론
사회환경의 변화	전통적 윤리관이 무너지고 물질적 성공을 중시하는 가치관의 변화와 아노미한 사회상황은 청소년에게도 큰 영향을 미치고 청소년비행의 중요한 요인이 되고 있다.

03 알콜과 범죄(음주와 범죄)

1. 알콜의 범죄원인성

음주는 일반적으로 주의력의 산만, 천박한 사고, 자제력의 상실, 흥분, 지나친 행동력 등을 가져오므로 격정범죄 및 충동범죄의 원인이 된다. 또한 알콜에 의존성을 가지고 중독현상으로 이르는 경우에는 범죄발생의 중요한 인자가 된다.

(1) 알콜의 직접적 범죄촉진작용(명정범죄)

① 행위자가 과음을 하여 지적·의지적인 측면에서 이상상태에 빠져서 범죄를 하는 경우이다. 죄종별로 보면 명정범죄 가운데 가장 많은 것은 상해·폭행이며, 그 다음으로는 강간·강도·방화·협박 등이 있다.

② 엑스너(F. Exner)는 유럽의 여러 도시의 폭력범죄는 일주일 중 토, 일, 월요일에 압도적으로 많다고 하면서, 음주가 폭력범죄의 중요한 원인이라고 한다(**범죄의 토·일·월 곡선**).

(2) 알콜의 간접적 범죄촉진작용

① 알콜의 간접적 범죄촉진작용과 관련하여 특히 문제되는 것은 음주자와 그 가족의 사회적 곤궁이며, 특히 습관적 음주자(만성 알콜중독자)의 경우가 문제이다. 가장의 알콜중독은 불화를 일으켜 가정을 파괴하고, 가족들을 범죄·비행에 빠지게 하는 결과를 가져오기도 한다.

② 비행소년의 경우 부친이 알콜중독인 경우가 상당히 많고, 성인에 대한 저항, 남성다움의 과시, 호기심 등으로 인해 음주를 하는 경우가 있으므로, 알콜은 소년범죄에 대한 대책이라는 면에서도 중요한 문제이다.

(3) 알콜의 생리적 훼손작용

① 알콜의 습관적 음용이 자손에게 미치는 생리학적 작용의 문제로서 양친의 음주벽이 자손에게 음주벽, 정신적 열등성, 정신병 등의 영향을 미친다는 주장이 있다.

② 하르트만(Hartmann)은 명정 중의 성행위가 자손의 배종 손상의 원인이라고 한다(명정의 자 이론). 그러나 알콜중독자의 자손이 범죄인으로 되는 경우에도 생물학적 원인에 기한 것인지, 가정환경으로 인한 것인지 판별하기 곤란하다는 비판을 받는다.

③ 결국 알콜의 음용은 그 자체의 **생리적 훼손작용보다는 간접적 범죄촉진작용이 더욱 중요**한 의미를 갖는다.

2. 대책

① 규범적 대책으로는 **명정상태에서의 범죄에 대한 엄중한 처벌**과 **알콜중독자에 대한 치료감호처분**을 내용으로 하는 형사입법을 들 수 있다.

> 예 「형법」상 원인에 있어서 자유로운 행위에 대한 규정, 「도로교통법」상의 주취 중 운전금지와 벌칙규정, 「교통사고처리 특례법」상의 주취운전으로 인한 과실 범죄자에 대한 공소특례의 불인정, 「치료감호 등에 관한 법률」상의 치료감호처분, 기타 「경범죄 처벌법」상의 규정 등

② 최근 각국의 입법경향을 보면, 알콜중독 자체를 범죄시하여 형벌을 과하기보다는 오히려 치료처분을 과함으로써 일종의 **비형벌화**(depenalization)하는 추세에 있다.

> 예 미국의 중독제거원(Detoxication Center)

단원별 지문 ^O_X

01 고링(Goring)은 수형자와 일반사회인에 대한 비교 연구를 통해 유전보다는 환경의 역할이 결정적이라고 주장하였다.
(　　) 22. 경행

02 고링(Goring)은 통계학자인 피어슨(Pearson)과 협업하여 생래적 범죄인설을 비판하였다. (　　)　　24. 경행

03 후튼(Hooton)은 범죄자 집단과 비범죄자 집단을 비교·분석한 결과, 범죄의 원인이 신체적 차이에 있는 것이 아니라 유전학적 열등성에 있다고 주장하면서 롬브로조(Lombroso)의 연구를 비판하였다. (　　)　　23. 경행 2차

04 크레취머(Kretschmer)는 인간의 체형을 크게 세장형(asthenic), 근육형(athletic), 비만형(pyknic) 등으로 분류한 후 각각의 신체특징별 성격과 범죄유형을 연구하였다. (　　)　　23. 경행 1차

05 셀던(Sheldon)은 소년교정시설에 수용된 청소년과 일반 청소년의 신체적 특징을 비교 조사하여 범죄자는 독특한 체형을 지니며, 이러한 체형이 반사회적 행동의 원인이라고 주장하였다. (　　)　　23. 간부(73)

06 셀던(Sheldon)은 인간의 체형을 중배엽형(mesomorph), 내배엽형(endomorph), 외배엽형(ectomorph)으로 구분하고, 이 중 외배엽형은 활동적이고, 공격적이며, 폭력적 면모를 가진다고 주장하였다. (　　)　　22. 경행

07 글룩(Glueck) 부부는 체형이 행위에 영향을 주어 간접적으로 비행을 유발하는 다양한 요인 중 하나라고 하였다. (　　)
23. 간부(73)

08 덕데일(Dugdale)은 범죄에 대한 유전성을 밝히기 위해 쥬크(Juke) 가문에 대한 가계도 연구를 실시하였다. (　　)
23. 경행 1차

---

01 ✕　고링(Goring)은 롬브로조(Lombroso)의 연구(생래적 범죄인론)를 방법론에 있어 비과학적인 것으로 간주하였으며, 범죄행위란 신체적 변이형태와 관계된 것이 아니라, 유전학적 열등성에 의한 것이라고 주장하였다. 고링(Goring)은 롬통계를 통하여 유전적 소질과 환경의 영향을 동시에 고려하고 객관적으로 상호비교하였고, '범죄성은 유전에 의해 전수'되는 것이라고 주장하였다.

02 ◯　고링은 현대 통계학의 창시자 중 한 명인 피어슨(K. Pearson)과 함께 영국의 재소자 3,000명 이상을 검사하여, 롬브로조의 생래적 범죄인설과 같은 범죄인 분류는 현실적으로 불가능하다고 비판하였다. 고링은 롬브로조의 연구를 방법론에 있어 비과학적인 것으로 간주하였으며, 범죄행위란 신체적 변이형태와 관계된 것이 아니라, 유전학적 열등성에 의한 것이라고 주장하였다.

03 ✕　'고링(Goring)'은 롬브로조(Lombroso)의 연구를 방법론에 있어 비과학적인 것으로 간주하였으며, 범죄행위란 신체적 변이형태와 관계된 것이 아니라, 유전학적 열등성에 의한 것이라고 비판하였다.

04 ◯　크레취머(Kretschmer)의 체형이론에 대한 설명이다.

05 ◯　셀던(Sheldon)은 비행소년과 체형의 관계를 연구하여, 비행소년의 평균체형은 중배엽형이 많다고 주장하였다.

06 ✕　셀던(Sheldon)은 '중배엽형'이 활동적이고, 공격적이며, 폭력적 면모를 가진다고 주장한다.

07 ◯　글룩(Glueck) 부부는 범죄소년 500명과 일반소년 500명을 비교하여 신체 특징이 중배엽형(운동형, 신체긴장형)일수록 범죄성향이 높다고 하였다. 다만, 이러한 체형이 비행의 직접적 원인이라기보다는 비행의 많은 원인 중 하나에 불과하다고 보았다.

08 ◯　덕데일(Dugdale)은 쥬크가(家) 연구를 통해 범죄성의 유전을 긍정하는 연구를 하였다(범죄인 가계 연구).

09 범죄성 유전에 대한 가계도 연구는 쥬크(Juke)가(家)와 칼리카크(Kallikak)가(家)에 대한 연구가 대표적이다. (　　)
22. 경행

10 범죄인의 가계연구 중 고다드(Goddard)의 칼리카크가(Kallikak 家) 연구는 범죄성향과 유전의 관계를 부정한 연구에 해당한다. (　　)
24. 경행

11 랑게(Lange)는 가계 연구에서 밝히기 어려운 범죄성에 대한 유전과 환경의 관계를 밝히기 위해 쌍생아 연구를 하였다. (　　) 24. 간부(74)

12 랑게(Lange)는 이란성 쌍생아보다 일란성 쌍생아가 범죄적 일치성이 높아 범죄는 개인의 타고난 유전적 소질에 의한 것이라고 주장하였다. (　　)
23. 간부(73)

13 달가드(Dalgard)와 크링글렌(Kringlen)은 쌍생아 연구에서 환경적 요인이 고려될 때도 유전적 요인의 중요성은 변함없다고 하였다. (　　)

14 크리스티안센(Christiansen)은 일란성 쌍생아의 경우 성별을 불문하고 이란성 쌍생아보다 한 쪽이 범죄자인 경우에 다른 쪽도 범죄자인 비율이 높은 것을 확인하였고, 범죄성의 환경적 요인에 따른 영향력은 없다고 하였다. (　　) 24. 간부(74)

15 허칭스(Hutchings)와 메드닉(Mednick)은 환경적 요인을 통제하지 못한 가계도 연구의 한계를 보완하기 위하여 쌍생아를 대상으로 범죄와 유전과의 관계를 연구하였다. (　　)
23. 경행 1차

16 허칭스와 메드닉(Hutchings & Mednick)은 입양아 연구결과 양아버지의 영향이 생물학적 아버지의 영향보다 크다고 하였다. (　　)
23. 간부(73)

---

09 ○ 범죄인 가계 연구로 덕데일(R. Dugdale)의 쥬크家 연구, 고다드(H. Goddard)의 칼리카크家 연구 등에서는 부모와 자식의 범죄성은 상관관계가 매우 높다고 주장한다(범죄성의 유전을 긍정).

10 × 덕데일(R. Dugdale)의 쥬크가(家) 연구, 고다드(H. Goddard)의 칼리카크가(家) 연구, 고링(C. Goring)의 통계적 연구 등에서는 부모와 자식의 범죄성은 상관관계가 매우 높다고 주장한다(범죄성의 유전을 긍정). 반면에 서덜랜드(E. H. Sutherland)의 에드워드가(家) 연구에서는 선조의 살인성향이 후대에 이어지지 않았다는 점을 들어 범죄성의 유전을 부정하였다.

11 ○ 범죄인 가계 연구의 한계로 인하여 유전과 범죄의 관계를 연구하기 위한 다른 방법으로 쌍생아 연구 등이 시도되었다. 랑게(랑에)는 범죄란 개인이 타고난 유전적 소질에 의해 저질러지는 것이라고 주장하면서 30쌍의 쌍둥이를 대상으로 연구를 하였고, 일란성 쌍생아들이 이란성 쌍생아들보다 범죄일치율이 현저히 높다고 주장하였다.

12 ○ 랑게(Lange)는 일란성 쌍생아들이 이란성 쌍생아들보다 범죄일치율이 현저히 높다는 연구결과를 바탕으로, 범죄란 개인이 타고난 유전적 소질에 의해 저질러지는 것이라고 주장하였다.

13 × 달가드와 크링글렌은 쌍생아 연구에서 유전적 요인 이외에 환경적 요인을 함께 고려하여 연구하였는데, 일란성 쌍생아들이 다소 높은 범죄일치율을 보인 것을 유전적 요인이 아닌 양육과정상의 유사성에 기인하며, 실제 양육과정별로 분석을 하였을 때에는 일란성 쌍생아의 일치율은 이란성 쌍생아의 일치율과 큰 차이가 없었다고 하면서, 결국 범죄발생에서 유전적 요소의 중요성이란 존재하지 않는다고 주장하였다.

14 × 크리스티안센은 가장 광범위한 표본을 대상으로 연구를 시행하고, 연구성과의 정확성을 기하기 위하여 쌍생아 계수를 사용하였는데, 범죄원인은 유전적 요인이 중요하지만 '사회적 변수에 따라 많은 영향을 받는다'고 본다.

15 × 허칭스(Hutchings)와 메드닉(Mednick)은 '입양아 연구(양자 연구)'를 통해 범죄원인으로 유전적 요인뿐만 아니라 환경적 요인도 중요한 역할을 한다고 주장하였다.

16 × 허칭스와 메드닉(Hutchings & Mednick)은 생부와 양부 그리고 입양아 본인의 범죄기록을 모두 조사한 결과 생부와 양부 둘 중 한 쪽만 범죄를 저질렀을 때에는 양쪽 모두 범죄자인 경우보다 입양아에 대한 영향력이 약하며, '양부의 범죄성은 생부의 범죄성보다 영향력이 약하다'고 주장하였다.

17 초남성(supermale)으로 불리는 XXY 성염색체를 가진 남성은 보통 남성보다 공격성이 더 강한 것으로 알려져 있다.

(　　　) 22. 경행

18 세로토닌 수치가 너무 높을 경우 충동, 욕구, 분노 등이 제대로 통제되지 않을 수 있다. (　　　) 22. 간부(72)

19 도파민 시스템은 보상 및 쾌락과 관련되어 있다. (　　　) 22. 간부(72)

20 아이젠크(Eysenck)는 내성적인 사람의 경우 대뇌에 가해지는 자극이 낮기 때문에 충동적, 낙관적, 사교적, 공격적이 된다고 보았다. (　　　)

21 뇌의 변연계에 존재하는 편도체는 공포 및 분노와 관련되어 있다. (　　　) 22. 간부(72)

22 뇌의 전두엽은 욕구, 충동, 감정 관련 신경정보를 억제하거나 사회적 맥락에 맞게 조절, 제어, 표출하게 하는 집행기능을 수행한다. (　　　) 22. 간부(72)

23 폴락(Pollak)은 여성이 남성에 비해 범죄행위를 덜 할 뿐만 아니라, 은폐되는 경향이 있기 때문에 통계상 적게 나타난다고 하였다. (　　　) 24. 간부(74)

24 폴락(Pollak)의 기사도가설(chivalry hypothesis)에 따르면 형사사법기관 종사자들이 남성범죄자보다 여성범죄자를 더 관대하게 대하는 태도를 가졌다고 본다. (　　　) 22. 경행

25 아들러(Adler)는 여성해방운동이 여성범죄를 증가시켰다고 주장하였다. (　　　) 22. 경행

---

17 ✕ 초남성(supermale)은 성염색체 이상 중 'Y염색체가 증가한 경우(XYY형)'로서 신장이 크고, 지능이 낮으며, 성적으로 조숙하여 조발성 범죄자(평균 초범연령이 13~14세)가 많고, 공격성이 강하여 성범죄, 방화죄, 살인 등의 강력범죄를 저지를 확률이 높다고 한다.

18 ✕ 세로토닌(serotonin)은 뇌 속의 호르몬으로 인간의 행동을 통제하는 역할을 한다고 알려져 있는데, '세로토닌의 양이 적은 사람'이 공격적 행동을 하는 것으로 알려져 있다.

19 ○ 도파민(dopamine)은 신경전달물질의 하나로서 뇌에서 동기, 보상, 쾌락 등을 위한 시스템에 관여하여 쾌감 · 즐거움 등에 관련한 신호를 전달해 인간에게 행복감을 느끼게 한다.

20 ✕ 아이젠크(Eysenck)는 자율신경계의 특징에 따라 내성적인 사람과 외향적인 사람을 분류한다. '내성적인 사람'은 자율신경계에서 불안반응의 유발기능은 발달되었고 해제하는 기능은 낮은 수준이며, 처벌로 인한 불안감을 크게 느끼고 회피하는 성향이 강하기 때문에 규범에 어긋난 행동을 하는 정도가 약하다. 반면에 '외향적인 사람'은 불안반응의 유발기능이 저조하고 해제능력은 발달되어, 처벌에 대한 불안감을 대체로 덜 느끼고(낙관적) 또한 기본적으로 새로운 자극을 항상 추구하기 때문에(충동적) 그만큼 반사회적 행위를 저지를 가능성이 크다.

21 ○ 뇌의 편도체는 공포, 침략 및 사회적 상호작용과 관련되어 있다.

22 ○ 뇌의 전두엽은 사고력, 성격, 감정표현 조절과 같은 정신 및 행동기능에 관여한다.

23 ✕ 폴락은 여성범죄는 대개 사적인 영역에서 발생하며 잘 들키지 않는다는 은폐성을 특징으로 하므로, 여성범죄가 남성보다 비율이 낮은 것은 은폐성으로 인하여 통계상에 잘 나타나지 않을 뿐이고 '범죄적 성향은 남성에 못지않다'고 한다(암수범죄의 문제). 따라서 폴락은 여성이 남성에 비해 범죄행위를 덜 한다고 본 것이 아니다.

24 ○ 폴락(Pollak)은 "현존하는 남녀 범죄 간에 보이는 불평등을 야기하는 현저한 원인의 하나는 기사도 정신에 의한 것이고, 그것은 남성의 여성에 대한 일반적인 태도이다. 경찰은 여성을 체포하기를 꺼려하고, 검찰은 기소하기를 꺼려하며, 재판관이나 배심원은 유죄로 하기를 꺼려한다."라고 지적하였다(기사도가설).

25 ○ 아들러(Adler)는 여성해방운동 등으로 여성의 사회적 역할이 변하고 생활 형태가 남성의 생활상과 유사해지면서 여성의 범죄활동도 남성과 동일화되어 간다고 주장한다(신여성범죄론, 남성다움가설).

26 체스니 – 린드(Chesney-Lind)는 형사사법체계에서 소년범들의 성별에 따른 차별적 대우가 존재한다고 보았다. (　　)

22. 경행

27 데일리(Daly)와 체스니 – 린드(Chesney-Lind)는 여성이 남성보다 일관되게 가벼운 처벌을 받는 것은 아니며, 전통적인 여성성을 위반했다고 인정되는 경우에는 오히려 더 엄중한 처벌을 받는다고 하였다. (　　)

24. 간부(74)

28 폴락(Pollak)은 자신의 저서 『여성의 범죄성』(The Criminality of Women)에서 여성의 범죄는 대개 사적인 영역에서 발생하며 잘 들키지 않는다고 주장하였다. (　　)

23. 간부(73)

---

26 ○ 체스니 – 린드(Chesney-Lind)는 소년사법체계에서 소녀가 소년보다 더 가혹하게 취급되며, 이는 사법체계가 소녀가 전통적 성역할 기대를 저버린 것으로 보아 그 처리절차에서 성차별을 하기 때문이라고 주장한다.

27 ○ 체스니 – 린드(Chesney-Lind)는 소년사법체계에서 소녀가 소년보다 더 가혹하게 취급되며, 이는 사법체계가 소녀가 전통적 성역할 기대를 저버린 것으로 보아 그 처리절차에서 성차별을 하기 때문이라고 주장한다.

28 ○ 폴락(Pollak)은 여성범죄의 특성으로 '은폐성'을 주장하였다.

제4장 / 심리학적 범죄원인론

서론

① 심리학적 범죄원인론(범죄심리학이론)이란 범죄의 원인을 범죄자의 이상심리에서 구하려는 입장, 즉 개인의 정신작용의 특이성 때문에 범죄가 발생하는 것으로 보는 견해이다.
② 이 연구가 활발한 이유는 범죄의 심리학적 분석이 범죄자 개인을 대상으로 하므로 **치료·교정의 개별처우 이념에 부합**하기 때문이다. 최근의 범죄대책이 범죄자에 대한 처벌 위주에서 치료로 전환되고 있는 것도 상당부분 심리학적 범죄원인론의 영향이다.
③ 심리학적 범죄원인론에는 범죄자의 정신을 중심으로 범죄의 원인을 규명하려는 '정신분석이론', 범죄자의 행위가 과거의 학습경험을 통해 발달한다고 파악하는 '행동이론', 범죄자의 개인적 추론 과정이 행동에 미치는 영향을 바탕으로 범죄원인을 밝히고자 하는 '인지이론', 각 개인의 성격적 결함에서 비행성을 찾으려는 '인성(성격)이론' 등이 있다. 22. 간부(72)

제2절 정신분석학적 범죄이론

01 프로이드(S. Freud)의 정신분석학

1. 의의
정신분석학적 범죄이론에서는 **콤플렉스**에 기한 잠재적인 죄악감과 망상을 극복할 수 없는 경우에 범죄로 나아간다고 설명한다. ✯

2. 성격구조(인성구조)의 기본적 토대
① 성격구조의 기본 토대에서 <u>의식의 개념은 에고(ego)로</u>, <u>무의식의 개념은 이드(id)와 슈퍼에고(superego)로</u> 나누어 설명한다. 24. 경행
② 이드(id)는 쾌락을 요구하고(쾌락원칙), 슈퍼에고(superego)는 욕구에 대한 죄의식을 느끼게 하며(도덕원칙), 에고(ego)는 협상을 시도하여 욕구 충족을 위한 활동에 참여할 수 있게 한다(현실원칙). 23. 간부(73)

이드 (id)	생물학적·심리학적 충동의 커다란 축적체로서, 모든 행동의 밑바탕에 놓여 있는 <u>충동</u>을 의미하며, 그 핵심요소에는 성(性)적 에너지인 리비도(libido)가 있다. 이는 무의식의 세계에 자리 잡고 있으면서, 쾌락 추구 원칙에 따라 행동한다. 22. 경행, 24. 경행
슈퍼에고 (superego)	자아비판과 <u>양심</u>의 힘으로서, 개인의 특수한 문화적 환경에서의 사회적 경험으로부터 유래하는 요구를 반영한다. 이는 유년기에 부모에게 받는 애정으로부터 생겨난다.
에고 (ego)	의식할 수 있는 성격 내지 인격으로서, 현실원리에 따라 생활하며 본능적 충동에 따른 이드(id)의 요구와 사회적 의무감을 반영하는 슈퍼에고(superego)의 방해 사이에서 <u>중재</u>를 시도하며 살아가는 현실세계를 지향한다.

3. 성심리(性心理)의 발달단계

① 프로이드는 성심리의 단계적 발달이 인성형성에 중요한 역할을 한다고 보면서, 각 단계별로 필요한 욕구가 충족되지 못하면 긴장이 야기되고 이러한 긴장이 사회적으로 수용되지 못할 때 범죄적 적응이 유발될 수 있다고 주장하였다.

② 프로이트의 방어기제의 하나인 승화(sublimation)는 에고(ego)의 갈등 해결 유형 중 하나이며 반사회적 충동을 사회가 허용하는 방향으로 나타내는 것이다. 24. 경행

③ 인간의 성심리의 발달단계를 성적 쾌감을 느끼는 신체부위의 변화에 따라 구순기(Oral Stage), 항문기(Anal Stage), 남근기(Phallic Stage), 잠복기(Latent Stage), 생식기(Genital Stage) 순으로 제시하였다. 23. 간부(73)

구순기 (oral stage)	0세~1세 정도의 시기로서 입과 입술을 통한 빨기나 물기를 통해 쾌감을 경험하는 시기이다.
항문기 (anal stage)	2세~3세 정도의 시기로서 배변의 억제 또는 배설을 하며 쾌감을 느끼는 시기이다.
남근기 (phallic stage)	3세~6세 정도의 시기로서 자신의 성기에 관심을 갖고 남녀의 구별과 이성 부모에 대한 성적 감정 및 동성 부모에 대한 적대감을 느끼는 시기이다[오이디푸스 콤플렉스(남자아이), 엘렉트라 콤플렉스(여자아이)]. 23. 간부(73)
잠복기 (latency stage)	7세~12세 정도의 시기로서 성적 충동이 억제되는 시기이다.
생식기 (genital stage)	12세 이후의 시기로서 이성에 대한 성적 만족을 추구하는 시기이다.

4. 콤플렉스와 범죄

유아기의 어린아이들이 부모와의 관계를 성공적으로 형성하지 못하면, 특히 슈퍼에고(superego)가 강한 경우에 콤플렉스를 갖게 되며(예 오이디푸스 콤플렉스, 엘렉트라 콤플렉스), 이로 인해 무의식적인 죄의식을 갖게 된다. 이러한 죄의식을 에고(ego)가 적절히 조절하지 못하면 각자의 성격에 중요한 영향을 미쳐 향후 행동에 심각한 영향을 미친다. ✔

방어기제

자아(ego)를 보호하고 불안감을 해소하기 위해 사용되는 심리적 메커니즘을 의미한다.

오이디푸스 콤플렉스 24. 경행

아들이 동성인 아버지에게는 적대적이지만 이성인 어머니에게는 호의적이며 무의식적으로 성(性)적 애착을 가지는 복합감정이다.

엘렉트라 콤플렉스

여자아이가 아버지에 대해 강한 애정을 가지고 어머니에게 경쟁의식을 느끼는 것을 말한다.

02 범죄에 대한 설명

1. 프로이드(S. Freud) 23. 간부(73), 24. 간부(74)

어떤 사람들은 **과도하게 발달한 슈퍼에고(superego)**로 인하여 항상 죄책감과 불안을 느끼기 때문에 범죄에 따른 처벌을 통하여 죄의식을 해소하고 심리적인 균형감을 얻고자 하는 시도로 범죄를 저지를 수 있다고 본다.

2. 아이히호른(A. Aichhorn)

슈퍼에고(superego)의 미발달을 범죄의 원인이라고 하여, 비행소년의 경우를 슈퍼에고(superego)가 제대로 형성되지 않아 이드(id)가 제대로 통제되지 못한 경우로 이해한다. ✔

3. 아들러(A. Adler) 23. 간부(73), 24. 간부(74)

인간의 무의식에는 **열등감 콤플렉스**가 내재해 있고, 이를 극복하여 우월감을 획득하고자 하는 무의식의 동기(우월의 욕구)가 있다고 한다. 비행은 열등감을 갖는 자가 이를 과도하게 보상하기 위해 타인의 주의를 끌고자 하는 행동이라고 본다.

4. 기타

① 보울비(Bowlby)는 어렸을 때 어머니가 없는 경우에는 자녀가 기초적인 애정관계를 형성하지 못하여 불균형적인 인성구조를 형성하고 이후 범죄와 같은 반사회적 행위에 빠져든다고 본다(모성의 영향을 중시, 애착이론). 23. 간부(73), 24. 간부(74)

② 레들과 와인맨(Redl & Wineman)은 비행소년들이 적절한 슈퍼에고(superego)를 형성하지 못하고 에고(ego) 또한 이드(id)의 충동을 무조건 옹호하는 방향으로 구성되었다고 본다. 이처럼 에고(ego)가 슈퍼에고(superego)의 규제 없이 이드(id)의 욕구대로 형성된 경우를 '비행적 자아'라고 한다. 24. 간부(74)

03 평가

정신분석학이론에 대해서는 주요 개념을 측정하거나 기본가설을 검증하는 것이 어렵다는 것과 초기 아동기의 경험과 성적 욕구를 지나치게 강조한다는 것에 대한 비판이 제기된다. 23. 경행 1차

제3절 성격과 범죄

01 인성이론(인격심리학적 이론)

① 인성이론에서는 범죄인은 정상인과 달리 도덕적 인성을 형성시키지 못해 제재의 위험성이 있는데도 순간적인 자기통제력이 결핍되어 범죄를 저지른다고 본다.

② **아이젠크**(H. Eysenck)는 신경계적 특징과 범죄행동 및 성격 특성간의 관련성을 <u>정신병적 경향성</u>(psychoticism), <u>외향성</u>(extraversion), <u>신경증</u>(neuroticism) 등의 세 가지 차원에서 설명한다.

③ 범죄인의 대부분이 외향적이고 동시에 신경증적 성격을 가지며 이들은 자기통찰력이 부족하고 충동적이며 정서적으로 불안정하여 이성적 판단이 어렵다고 주장한다. 즉, <u>외향적 사람은 내성적 사람에 비해 규범합치적 행동성향이 불안정하므로, 잘못된 방향으로 행동한다</u>는 것이다. 22. 간부(72)

④ 이에 대해서는 외향적 사람이 내성적 사람보다 범죄율이 더 높다는 사실이 경험적으로 입증되지 않고 있다는 점과 극단적 범행의 원인을 파악함에 유용하나, 그렇지 않은 범행의 원인을 파악하는 것은 어렵다는 점에 대한 비판이 제기된다. 23. 경행 1차

02 인지발달이론

① 인지발달이론은 <u>인간의 인지발달에 따라 도덕적 판단능력이 내재화되는 과정을 통해 범죄원인을 연구하는 입장</u>이다(피아제, 콜버그 등). 내재화란 사회의 규범이나 가치체계를 자기의 행동기준으로 받아들이는 작업을 말한다. 23. 간부(73)

② 콜버그(Kohlberg)는 <u>도덕성의 발달단계</u>를 ㉠ 관습적 수준 이전 단계(1단계: 타율적 도덕성 준수, 2단계: 이익형평성 고려), ㉡ 관습적 수준 단계(3단계: 타인의 기대 부응, 4단계: 사회 시스템 고려), ㉢ 관습적 수준 이상 단계(5단계: 개인의 권리 및 사회계약 인식, 6단계: 보편적 윤리원칙 고려)로 구분하였다. 그는 <u>대부분의 성인들은 3·4단계 정도의 도덕적 수준이 발달하기 때문에 사회의 규범을 준수하고 범죄를 하지 않지만, 1·2단계의 도덕적 수준을 가진 사람들은 일탈과 범죄를 행한다</u>고 주장한다(도덕발달이론). 22. 경행, 23. 경행 2차

③ 범죄자는 법이나 규율에 대한 자신의 사고를 사회가치에 부합하도록 조직화하는 것, 즉 도덕적 추론이나 법적 추론을 통해 사회규범을 내재화하는 일에 실패한 사람들이다.

④ 처벌을 피하기 위해 또는 자기이익을 위해 법을 지키는 사람은 법이 다른 사람의 이익을 위해 존재하는 것으로 보는 사람에 비해 범죄인이 될 가능성이 높다고 하면서, **성장과정의 도덕심 배양**을 중요시한다.

⑤ 위와 같은 콜버그(Kohlberg)의 이론에 대해서는 ㉠ 연구방법의 문제(도덕성 발달 단계의 구분이 주관적), ㉡ 문화적 보편성의 문제(미국 중산층의 도덕적 판단을 기준으로 하여 다른 계층, 인종, 지역의 사람들에게 일반화하기 곤란), ㉢ 도덕성 발달 단계의 불변성에 대한 비판(정해진 순서대로 발달하지 않기도 하며 오히려 후퇴하는 경우도 있음), ㉣ 여성들의 도덕 판단 수준에 대한 과소평가, ㉤ <u>도덕적 판단과 도덕적 행위가 일치하는가의 문제</u>(도덕 판단 수준의 상승 이동이 그대로 도덕적 행위로 반영되지는 않는다는 한계) 등이 한계로 지적된다. 23. 경행 1차

피아제(Piajet)의 인지발달 단계
1. **감각운동기**
   0~2세 정도로 사고능력 결여로 규칙을 거의 이해 못함(도덕 이전 단계)
2. **전조작기**
   2~7세 정도로 성인이 만든 규칙에 순종(타율적 도덕성 단계)
3. **구체적 조작기**
   7~12세 정도로 논리적 사고를 할 수 있고 타인에 대한 협력과 존중에서 규칙을 적용(자율적 도덕성 단계)
4. **형식적 조작기**
   12~16세 정도로 논리적 사고 및 추상적 사고가 가능

1. 의의

① 행동·학습이론이란 인간의 행위를 경험을 통하여 학습된 내용의 표현으로 이해하는 입장이다.
② 인간은 자기의 행동에 대한 다른 사람의 반응을 본 후 그 반응에 따라 자신의 행동을 변경한다.
③ 사람들이 학습한 내용을 전부 행동으로 옮기는 것은 아니고, 실행에 대한 자극이나 동기가 별도로 필요하다.
④ 행동의 동기요인은 주로 재강화와 보상으로 설명된다. 23. 간부(73)
⑤ 행동·학습이론은 범죄자의 행동수정요법에 원용되고 있다.

2. 관련 실험연구 23. 간부(73)

① **파블로프(Pavolv)의 고전적 조건형성 실험**: 조건자극(종소리)이 무조건 자극(먹이) 없이도 개의 행동반응(침 흘림)을 유발할 수 있음을 증명하여 자극과 반응을 통한 학습의 원리를 처음으로 제시하였다. 이러한 실험을 통하여 왜 사람들이 특정 상황에서 공포를 느끼고 성적 흥분을 느끼며 불쾌해 하는지 등의 다양한 반응의 원인을 설명할 수 있다고 한다. 24. 간부(74)
② **스키너(Skinner)의 조작적 조건형성 실험**: 피실험체(생쥐)가 우연한 기회(지렛대 누르기)에 긍정적인 보상(먹이)이 주어지는 것을 경험하고 지렛대 누르기를 반복하게 되는 것을 통해 행동의 강화를 증명하였다.
③ **반두라(Bandura)의 보보인형 실험**: 성인 모델이 인형을 대상으로 하는 폭력적·비폭력적 행동을 아동이 화면으로 시청한 후에 성인 모델의 행동방식을 그대로 모방하는 경향을 관찰하였다.

3. 스키너(B. F. Skinner)의 연구

① 스키너는 아동이 성장기에 한 행동에 대하여 칭찬·보상이 주어지면 그 행동이 강화되지만, 처벌·제재를 받으면 그러한 행동을 억제하게 된다고 주장한다(조작적 조건화 이론). 22. 경행
② 위와 같은 스키너의 이론은 '인간의 행동이 내적 요인보다 외적 자극(칭찬·보상과 처벌·제재 등)에 의하여 영향을 받는다'는 점을 전제로 한다. 23. 경행 1차

4. 반두라(A. Bandura)의 연구

① 반두라는 "사람들은 폭력행위를 할 수 있는 능력을 가지고 태어나는 것이 아니라 그들의 삶의 경험을 통해서 공격적 행동을 하는 것을 배우게 되는 것이다."라고 하여 학습행동이 범죄와 깊은 관련이 있음을 주장한다(사회학습이론). 23. 간부(73)
② 또한 반두라는 아무런 보상과 처벌이 없어도, 아무런 자극이나 반응이 없어도 다른 사람의 행동을 단순하게 관찰하는 것만으로도 중요한 학습은 발생한다고 본다(보보인형 실험).

04 기타 이론

1. 본능이론

로렌츠(K. Lorenz)는 인간의 공격적 행동특징은 학습되는 것이 아니라 본능에 의존하는 것이라고 설명한다.

2. 좌절·공격이론

달라드 (Dollard)	공격성이 외부조건에 의해 유발된 동기로 생긴다는 입장으로, 욕구의 좌절이 크면 그에 따라 거의 자동적으로 타인에 대한 공격성도 증가한다.
버코위츠 (Berkowitz)	좌절 이외에 모욕, 불안, 불쾌한 환경 등의 내부적·외부적 요인도 공격성을 유발할 수 있다(수정된 좌절·공격이론).
질만 (Zillmann)	어떤 상황으로 인한 물리적 각성(분노 등으로 인한 심리적 상태)이 이후 다른 상황에서 자극이 가해지면 공격성의 증가로 이어진다는 주장을 하였다(자극전달이론, 고조된 각성이론).

1971년 8월 심리학자 필립 짐바르도(P. Zimbardo)는 반사회적 행동 연구의 일환으로 모의 교도소 실험을 계획하였다. 수행된 실험은 그 충격적 결과와 윤리적 문제로 인해 많은 논란을 불러일으켰고, 이후 많은 연구에서 인간 심리에 관한 대표적 심리 실험으로 인용되었다. 이후 짐바르도는 인간의 본성이 기질적이거나 상황적이라는 이분법적 시각을 버리고, 평범하고 선량한 사람이 악한 행동을 저지르도록 전환시키는 상황과 시스템의 영향력인 루시퍼 효과(Lucifer Effect)를 경계해야 한다고 주장하였다. 24. 간부(74)

제4절 정신적 결함과 범죄

01 개요

정신적 결함이라 함은 정신심리상태에 이상이 있는 것을 말한다. 정신적 결함 가운데 어떤 유형이 가장 범죄와 상관관계가 높은가에 대해서도 아직 확립된 견해는 없지만, 일반적으로 정신병 중 정신분열증과 정신병질이 범죄와 관계가 높은 것으로 알려져 있다.

02 정신병과 범죄

1. 의의와 유형

① **의의**: 정신병(psychosis)이란 정신 기능의 이상으로 정상적 사회생활이 어려운 경우를 말한다.
② **유형**: 정신신경증(노이로제), 정서정신병(퇴행기 우울증·조울정신병), 정신분열증(조현병), 편집증, 산후정신병 등이 있다.

2. 검토

① **정신분열증**이 있는 사람의 경우 망상, 환각 등의 증세로 인해 살인, 방화 등을 저지르는 사례가 있으며, 조울증이나 뇌전증(간질)환자의 경우에는 두려움이 없어짐으로써 몽환적 상태에서 범죄를 저지르는 경우가 있다고 한다.

뇌전증(간질)과 범죄
1. **의의**
   뇌전증(간질, Epilepsy)이란 뇌의 기질적 장애로 인해 지속적·반복적으로 발작 현상을 일으키는 것을 말한다.
2. **평가**
   군(Gunn)의 연구에 의하면, 교도소 수용자의 간질비율(1000명당 7~8명)이 일반인의 비율(1000명당 4~5명)보다 다소 높다고 하나, 간질로 인한 자동증 상태와 범죄의 상관관계에 대해서는 확실한 증거가 없다고 결론지었다.

② 통계를 고려하면 정신병 환자의 위험성이 일반인보다 월등하게 높다고 보기는 어렵다. 정신병 환자에 대한 사회적 편견이 더욱 큰 영향이 있는 것으로 판단할 수도 있다. 따라서 정신병을 범죄의 단일한 원인이라고 보기는 어렵고, 오히려 정신병으로 인해 범죄를 저지르거나 저지를 위험성이 큰 자에 대한 대책이 중요한 문제가 된다.

③ 범죄위험성이 있는 정신질환자를 분류하여 위험성이 없다고 인정되는 경우에는 재활의 기회를 주고, 위험성이 있는 경우에는 치료감호처분 등의 보안처분제도를 활용하는 대책이 제시된다.

03 정신병질과 범죄

1. 의의

① 정신병질(psychopathy)은 계속적인 성격 이상 내지 병적 성격으로 외부 자극에 부자연스러운 반응을 보이고 신체 기능이 협동적으로 이루어지지 않음으로써 사회적으로 적응하기 힘든 상태를 말한다.

② 정신병질은 성격 이상이므로 질적으로는 일반인과 큰 차이가 나타나지 않는다고 하며, 정신병질이 가장 나타나기 쉬운 시기는 20대라고 한다.

2. 관련 연구

① 글룩 부부는 비행소년 및 일반소년 각 500명을 대상으로 로르샤흐 검사(Rorschach test)를 실시하여, 비행소년은 외향적 · 충동적이고 자제력이 약하며 화를 잘 내고 도전적이며 의심이 많고 폭력성을 보이는 특징이 있다고 주장하였다.

② 왈도와 디니츠(Waldo & Dinitz)는 다면적 인성검사(MMPI)를 통해 범죄자의 성격 프로파일을 연구하여, 10가지 척도 중 범죄자들은 정신병리적 일탈(제4척도, 반사회성) 경향이 강한 특징이 있다고 주장하였다.

3. 유형 - 슈나이더(H. Schneider)의 10분법 22. 간부(72), 22. 경행

정신병질 분류 - 크래펠린(E. Kraepelin)

정신병질자를 흥분인, 의지부정인, 욕동인, 기교인, 허언기만인, 반사회인, 호쟁인 등으로 분류하였다.

① 정신병질의 가장 보편적 분류는 슈나이더(H. Schneider)의 10분법이다.

② 이러한 유형 모두가 범죄와 관계있는 것은 아니고, 각 유형들은 순수한 형태로 나타나는 것이 아니라 여러 가지 유형이 결합하여 그 비중을 달리하면서 나타나는 것이 일반적이다.

③ 일반 범죄자에 비해 정신병질자는 상습범 · 누범 · 중범자의 경우에 비율이 상당히 높다고 하는 연구가 있으나, 반대로 정신병질이 범죄성향과 무관하다는 연구도 있다.

구분	성격의 특징	관련되는 범죄유형
발양성	낙천적 태도, 경솔 및 불안정, 비판 · 감정제어 능력의 결여	상습범 · 누범 중에 많음, 무전취식 등의 가벼운 절도 · 모욕 · 사기죄와 관련
우울성	염세적 · 회의적 · 비관적 인생관, 자책성, 불평이 심함	범죄와 관련 적음, 자살 유혹이 강함, 강박관념에 의한 살상 · 성범죄 가능

의지박약성	<u>저항력(인내심) 상실</u>, 저지능	<u>청소년 비행과 관련, 누범의 60%</u>, 각종 중독자, 무계획적 소규모 절도 · 사기
무정성 (배덕광)	인간의 고등감정 결여, 이기적 · 잔인한 행위 23. 해경간부	흉악범(살인 · 강도 · 강간 등), 범죄 단체조직, 누범
폭발성	자극에 민감, 병적 흥분, 음주시 무정성 · 의지박약성과 결합되면 매우 위험	살상 · 폭행 · 모욕 · 손괴 등 충동범죄의 대부분과 관련, 충동적인 자살
기분이변성	<u>기분 동요가 많아 예측 곤란, 정신병질자의 50%로 가장 많음</u>, 폭발성과 유사하나 정도가 낮음, 크래펠린의 욕동인에 해당	방화, 도벽, 음주광, <u>격정범으로 상해</u> · 모욕 · 규율위반 가능
과장성 (자기현시성)	자기중심적, 자신에의 주목 · 관심 유발, <u>기망적 허언 남발</u>, 욕구좌절시 히스테리 반응	기망적 성격에 따른 고등사기, 금고 수형자 중 꾀병 앓는 자가 많음
자신결핍성	내적 열등감, 불확실성, 강박관념, 주변에 대한 인식으로 도덕성 강함	<u>범죄와 관련 적음</u>, 강박관념으로 인한 범죄 가능
광신성 (열광성)	개인적 · 이념적 사상에 열중, 타인에 대한 불신	양심범 · 확신범, 소송을 좋아함, 개선이 어려워 재범을 저지르는 경우가 많음
무력성	<u>심신부조화 상태</u>, <u>타인의 관심 호소</u>, 신경증	<u>범죄와 관련 적음</u>

4. 사이코패스

① 사이코패스(psychopath)란 일반적으로 반사회적 인격장애를 지닌 사람을 말한다. 23. 해경간부

② 사이코패스는 ㉠ 현실파악의 의지와 능력이 결여되어 있고, ㉡ 폭발적이며 특정사안에 광적으로 집착하나 일상적으로는 무기력하며, ㉢ 타인의 고통에 대한 공감능력이 결여되어 있고, ㉣ 죄책감이 결여되어 있으며, ㉤ 교활하며 상습적 거짓말로 자신을 합리화하는 특징이 있다고 한다.

③ 사이코패스의 특성은 생물학적 요인과 사회적 요인의 상호작용을 통해 형성되는데, 생물학적 요인이 더 강하다고 한다. 23. 해경간부

④ 헤어(R. Hare)는 사이코패스의 진단방법으로 <u>PCL-R</u>을 개발하였다. 22. 간부(72), 23. 해경간부

5. 검토

① 정신병질이 범죄의 주된 원인인가의 문제보다는 오히려 정신병질에 기한 범죄로 드러난 경우에 그에 대한 대책이 중요한 문제가 된다.

② <u>정신병질자는 정신병 환자와 근본적으로 다르므로, 정신치료보다는 성격교정에 중심을 두어야 한다.</u> 이 점에서 치료감호의 교정 프로그램을 다양하게 구성할 필요가 있다. 22. 간부(72)

PCL-R의 20개 항목

1. 언변에 능하고 피상적 매력
2. 과도한 자존감
3. 자극 욕구와 쉽게 싫증냄
4. 병적으로 잦은 거짓말
5. 사기를 잘 치고 속임수를 잘 씀
6. 양심의 가책이나 죄책감 결여
7. 얕은 감정
8. 냉담 및 공감능력 결여
9. 기생적인 생활방식
10. 행동 조절 못함
11. 난잡한 성(性)생활
12. 어린 시절의 부적절한 행실
13. 현실적, 장기적 목표 부재
14. 충동성
15. 무책임
16. 자신의 행동에 책임지지 못함
17. 다수의 짧은 혼인 관계
18. 청소년기의 비행
19. 조건부 석방 혹은 집행유예의 파기
20. 다양한 범죄경력

04 정신박약과 범죄(지능이론)

1. 의의

정신박약은 지능발달에 결함이 있거나 지능발달이 일반인에 비해 현저하게 늦은 것을 의미한다(정신지체, 지적 장애).

2. 연구내용

① 고다드(H. Goddard)는 범죄·비행의 원인 가운데 가장 중요(약 50% 정도)한 것이 정신박약이라고 하면서, 정신박약자는 특별한 억제조건이 주어지지 않는 한 범죄자가 된다고 본다. 또한 정신박약자의 범죄를 예방하기 위해서는 단종·격리 등의 방법이 필요하다고 주장한다.

② 정신박약이 정신병질과 결합하여 나타나는 경우에는 사회적 위험성이 커지고 범죄학상 중요한 의미를 갖게 되는데, 특히 정신박약자들은 판단력·통찰력이 약하여 충동적으로 행동하고 범죄성이 커져 일반적으로 성범죄·방화죄 등에서 높은 비율을 보인다고 한다.

3. 검토

최근에는 지능과 범죄는 큰 상관관계가 없다는 것이 일반적이다. 정신박약자에 대해서는 일반적인 치료가 큰 효과를 거두지 못하는 것으로 알려져 있다. 따라서 필요한 보호와 함께 그 능력에 따른 직업훈련을 행하여 자립을 촉진시킬 필요가 있다.

단원별 지문 OX

01 심리학적 범죄이론에는 범죄자의 정신을 중심으로 범죄의 원인을 규명하려는 '정신분석이론', 범죄자의 행위가 과거의 학습 경험을 통해 발달한다고 파악하는 '행동이론', 범죄자의 개인적 추론 과정이 행동에 미치는 영향을 바탕으로 범죄원인을 밝히고자 하는 '인지이론', 각 개인의 성격적 결함에서 비행성을 찾으려는 '인성(성격)이론' 등이 있다. ( )　　22. 간부(72)

02 프로이드의 이론에서 의식의 영역에는 에고(ego)와 이드(id)가 있고, 무의식의 영역에는 슈퍼에고(superego)가 있다.
( )　　24. 경행

03 프로이드(S. Freud)의 인성구조 중 이드(Id)는 모든 행동의 기초를 이루는 생물학적·심리학적 욕구와 충동 자극 등을 대표하는 것으로서 즉각적인 만족을 요구하는 쾌락원리(pleasure principle)를 따른다. ( )　　22. 경행

04 프로이트에 따르면 인성 구조에서 이드(Id)는 쾌락원칙, 에고(Ego)는 도덕원칙을 따른다. ( )　　23. 간부(73)

05 프로이드(Freud)의 이론에서 이드(id)를 구성하는 핵심요소에는 성(性)적 에너지인 리비도(libido)가 있다. ( )
24. 경행

06 프로이트에 따르면 슈퍼에고(Superego)는 양심과 이상 같은 긍정적 요소이므로 미발달한 경우는 문제이지만 과다하게 발달하는 경우는 문제가 되지 않는다. ( )　　23. 간부(73)

07 프로이트는 인간 발달의 성심리적 단계를 구순기(Oral Stage), 항문기(Anal Stage), 남근기(Phallic Stage), 잠복기(Latent Stage), 생식기(Genital Stage) 순으로 제시하였다. ( )　　23. 간부(73)

---

01 ○　심리학적 범죄이론은 범죄인의 행동 및 정신적 과정에 대한 과학적 연구로서 지문과 같은 이론들이 이 분야에 해당한다.

02 ×　프로이드는 성격구조의 기본 토대에서 '의식'의 개념은 '에고(ego)'로, '무의식'의 개념은 '이드(id)'와 '슈퍼에고(superego)'로 나누어 설명한다.

03 ○　프로이드(S. Freud)의 정신분석학에서는 인간의 인성구조(성격구조)를 에고(ego), 이드(id), 슈퍼에고(superego)로 나누어 설명하는데, 이드(id)는 생물학적·심리학적 충동의 커다란 축적체로서, 모든 행동의 밑바탕에 놓여 있는 충동을 의미하며, 이는 무의식의 세계에 자리 잡고 있으면서 쾌락추구 원칙에 따라 행동한다고 본다.

04 ×　프로이트에 의하면, 이드(id)는 쾌락을 요구하고(쾌락원칙), 슈퍼에고(superego)는 욕구에 대한 죄의식을 느끼게 하며(도덕원칙), 에고(ego)는 협상을 시도하여 욕구 충족을 위한 활동에 참여할 수 있게 한다(현실원칙).

05 ○　프로이드(Freud)가 설명하는 인간의 성격구조 중 이드(id)는 생물학적·심리학적 충동의 커다란 축적체로서, 모든 행동의 밑바탕에 놓여 있는 충동을 의미하고, 그 핵심요소인 리비도(libido)는 성(性) 충동을 일으키는 에너지를 의미한다.

06 ×　프로이트에 의하면, 어떤 사람들은 '과도하게 발달한 슈퍼에고(superego)'로 인하여 항상 죄책감과 불안을 느끼기 때문에 범죄에 따른 처벌을 통하여 죄의식을 해소하고 심리적인 균형감을 얻고자 하는 시도로 범죄를 저지를 수 있다고 본다.

07 ○　프로이트는 성심리의 단계적 발달이 인성형성에 중요한 역할을 한다고 보면서, 각 단계별로 필요한 욕구가 충족되지 못하면 긴장이 야기되고 이러한 긴장이 사회적으로 수용되지 못할 때 범죄적 적응이 유발될 수 있다고 주장하였고, 인간의 성심리의 발달단계를 성적 쾌감을 느끼는 신체부위의 변화에 따라 구순기(Oral Stage), 항문기(Anal Stage), 남근기(Phallic Stage), 잠복기(Latent Stage), 생식기(Genital Stage) 순으로 제시하였다.

08 프로이트에 따르면 남근기에 여자아이는 아버지에게 성적 감정을 가지게 되는데 이를 오이디푸스 콤플렉스라고 한다.

(   ) 23. 간부(73)

09 프로이드의 이론에서 오이디푸스 콤플렉스는 남자아이가 어머니에게 성(性)적 욕망을 느끼고 아버지에게서는 거세의 공포를 느끼는 것이다. (   )

24. 경행

10 프로이드의 이론에서 승화(sublimation)는 에고(ego)의 갈등 해결 유형 중 하나이며 반사회적 충동을 사회가 허용하는 방향으로 나타내는 것이다. (   )

24. 경행

11 프로이드(Freud)는 특정한 사람들은 슈퍼에고(Superego)가 과잉발달되어 죄책감과 불안을 느끼게 되어 죄의식 해소와 심리적 균형감을 얻고자 범죄를 저지르게 된다고 하였다. (   )

24. 간부(74)

12 아들러(Adler)는 인간의 무의식에는 열등감 콤플렉스가 내재해 있는데, 일부는 이러한 열등감을 과도하게 보상받기 위해 비행이나 범죄를 저지르게 된다고 하였다. (   )

24. 간부(74)

13 보울비(Bowlby)는 아동이 한 행동에 대하여 칭찬이나 보상을 하면 그 행동이 강화되지만 처벌이나 제재를 하면 그러한 행동이 억제된다고 하였다. (   )

23. 간부(73)

14 에릭슨(Erikson)은 모성의 영향을 중시했는데, 어렸을 때 엄마가 없는 경우에는 기초적인 애정관계를 형성하지 못해 불균형적 인성구조를 형성하게 되어 범죄와 같은 반사회적 행동에 빠져든다고 하였다. (   )

24. 간부(74)

15 레들과 와인맨(Redl & Wineman)은 비행소년들이 적절한 슈퍼에고(Superego)를 형성하지 못하고 에고(Ego) 또한 이드(Id)의 충동을 무조건 수용하는 방향으로 형성되어, 에고(Ego)가 슈퍼에고(Superego)의 억제 없이 이드(Id)의 욕구대로 형성된 경우를 '비행적 자아'라고 지칭하였다. (   )

24. 간부(74)

16 프로이트(Freud)의 정신분석이론은 범죄자의 현재 상황보다 초기 아동기의 경험을 지나치게 강조한다는 비판을 받는다.

(   ) 23. 경행 1차

---

08 ✕   남근기(Phallic Stage)는 3~6세 정도의 시기로서 자신의 성기에 관심을 갖고 남녀의 구별과 이성 부모에 대한 성적 감정 및 동성 부모에 대한 적대감을 느끼는 시기이다(오이디푸스 콤플렉스, 엘렉트라 콤플렉스). 여자아이가 아버지에게 성적 감정을 가지게 되는 것은 '엘렉트라 콤플렉스'이고, 반대로 남자아이가 어머니에게 성적 감정을 가지게 되는 것을 오이디푸스 콤플렉스라고 한다.

09 ○   오이디푸스 콤플렉스(Oedipus complex)는 아들이 동성인 아버지에게는 적대적이지만 이성인 어머니에게는 호의적이며 무의식적으로 성(性)적 애착을 가지는 복합감정이다. 반면에 엘렉트라 콤플렉스(Electra complex)는 여자아이가 아버지에 대해 강한 애정을 가지고 어머니에게 경쟁의식을 느끼는 것을 말한다.

10 ○   프로이트의 방어기제(자아를 보호하고 불안감을 해소하기 위해 사용되는 심리적 메커니즘) 중의 하나인 승화(sublimation)는 억압된 욕구를 사회적으로 인정받는 방식으로 표출하는 것을 의미한다(성적이거나 공격적인 욕구와 같은 원시적인 충동을 사회적으로 수용 가능한 형태로 변형).

11 ○   프로이드에 의하면, 어떤 사람들은 과도하게 발달한 슈퍼에고(superego)로 인하여 항상 죄책감과 불안을 느끼기 때문에 범죄에 따른 처벌을 통하여 죄의식을 해소하고 심리적인 균형감을 얻고자 하는 시도로 범죄를 저지를 수 있다고 본다.

12 ○   아들러에 의하면, 인간의 무의식에는 열등감 콤플렉스가 내재해 있고, 이를 극복하여 우월감을 획득하고자 하는 무의식의 동기(우월의 욕구)가 있는데, 비행은 열등감을 갖는 자가 이를 과도하게 보상하기 위해 타인의 주의를 끌고자 하는 행동이라고 본다.

13 ✕   보울비(Bowlby)는 어렸을 때 어머니가 없는 경우에는 자녀가 기초적인 애정관계를 형성하지 못하여 불균형적인 인성구조를 형성하고 이후 범죄와 같은 반사회적 행위에 빠져든다고 보았다(모성의 영향을 중시).

14 ✕   '보울비(Bowlby)'의 애착이론의 내용이다.

15 ○   레들과 와인맨(Redl & Wineman)은 비행소년들이 적절한 슈퍼에고(superego)를 형성하지 못하고 에고(ego) 또한 이드(id)의 충동을 무조건 옹호하는 방향으로 구성되었다고 본다. 이처럼 에고(ego)가 슈퍼에고(superego)의 규제 없이 이드(id)의 욕구대로 형성된 경우를 '비행적 자아'라고 한다.

16 ○   프로이트(Freud)의 정신분석학이론에 대해서는 주요 개념을 측정하거나 기본가설을 검증하는 것이 어렵다는 것과 초기 아동기의 경험과 성적 욕구를 지나치게 강조한다는 것에 대한 비판이 제기된다.

17 아이젠크(Eysenck)는 신경계적 특징과 범죄행동 및 성격 특성간의 관련성을 정신병적 경향성(Psychoticism), 외향성 (Extroversion), 신경증(Neuroticism) 등 성격의 3가지 차원에서 설명하였다. (   )　　　22. 간부(72)

18 아이젠크(H. Eysenck)는 외향적 사람과 내성적 사람을 구분하면서, 내성적인 사람은 외향적인 사람에 비해 규범합치적 행 동성향이 불안정하므로 잘못 조건지어진 방향으로 행동한다고 본다. (   )

19 아이젠크(Eysenck)의 성격이론은 극단적인 범행동기를 파악하는 데 유용하지만, 그렇지 않은 범죄자의 범행원인 파악은 어려운 것으로 평가된다. (   )　　　23. 경행 1차

20 인지이론은 연령에 따른 지적 능력 발달과 범죄 중단 과정의 관련성을 설명한다. (   )　　　23. 간부(73)

21 인지이론에 따르면 범죄행동은 보상에 의해 강화되고 처벌에 의해 소멸된다고 본다. (   )　　　23. 간부(73)

22 인지이론은 미디어가 어떻게 범죄와 폭력에 영향을 미치는지 보여준다. (   )　　　23. 간부(73)

23 인지이론은 초기 아동기의 무의식적 성격 발달이 일생 동안의 행동에 영향을 미친다고 본다. (   )　　　23. 간부(73)

24 피아제(Piaget)는 도덕적 발달단계를 범죄에 적용하였으며, 도덕적 발달 단계를 3가지 수준인 전관습적, 관습적, 후관습적 수준으로 나누고 각 수준마다 2단계씩 총 6단계로 나누었다. (   )　　　23. 경행 2차

25 콜버그(Kohlberg)의 도덕발달이론에 관한 경험적 연구결과에 따르면 대부분의 범죄자는 도덕발달 6단계 중 중간 단계인 3~4단계에 속하는 것으로 보았다. (   )　　　22. 경행

---

17 ○ 아이젠크(H. Eysenck)는 범죄행동과 성격 특성간의 관련성을 정신병적 경향성(psychoticism), 외향성(extraversion), 신경증 (neuroticism) 등의 세 가지 차원에서 설명하면서, 범죄인 대부분이 외향적 성격을 갖는 것으로 주장한다. 즉, 외향적 사람은 내성 적 사람에 비해 규범합치적 행동성향이 불안정하므로, 잘못된 방향으로 행동한다는 것이다.

18 × 아이젠크(H. Eysenck)는 자율신경계의 특징에 따라 성격이 내성적인 사람과 외향적인 사람의 두 가지로 분류하였다. 내성적인 사 람은 자율신경계에서 불안반응을 유발하는 기능은 발달되었고 이를 제거하는 기능은 낮은 수준이므로, 처벌로 인한 불안감을 크게 느끼고 이를 회피하는 성향이 강하기 때문에 규범에 어긋난 행동을 하는 정도가 약하다고 보았다.

19 ○ 아이젠크(Eysenck)는 ⓐ 외향성, ⓑ 신경증, ⓒ 정신병적 성향이 반사회적 인성(성격)과 관련된다고 보고, 특히 외향적이고 동시 에 신경증적인 사람은 자기통찰력이 부족하고 충동적이며 정서적으로 불안정해서 이성적 판단이 어려우므로 범죄와 연결되기 쉽다 고 보았다. 따라서 아이젠크의 이론은 극단적 범행의 원인을 파악함에 유용하나, 그렇지 않은 범행의 원인을 파악하는 것은 어렵다 고 평가된다.

20 ○ 인지발달이론(인지이론)은 인간의 인지발달에 따라 도덕적 판단능력이 내재화되는 과정을 통해 범죄원인을 연구하는 입장이다.

21 × 행동·학습이론(사회학습이론 및 행동주의이론)에 대한 설명이다.

22 × 매스컴과 범죄의 관계에 대한 설명이다.

23 × 프로이드의 정신분석이론에 대한 설명이다.

24 × '콜버그(Kohlberg)'는 도덕성의 발달단계를 ㉠ 관습적 수준 이전 단계(1단계: 타율적 도덕성 준수, 2단계: 이익형평성 고려), ㉡ 관습적 수준 단계(3단계: 타인의 기대 부응, 4단계: 사회 시스템 고려), ㉢ 관습적 수준 이상 단계(5단계: 개인의 권리 및 사회계약 인식, 6단계: 보편적 윤리원칙 고려)로 구분하였다. 그는 대부분의 성인들은 3·4단계 정도의 도덕적 수준이 발달하기 때문에 사회 의 규범을 준수하고 범죄를 하지 않지만, 1·2단계의 도덕적 수준을 가진 사람들은 일탈과 범죄를 행한다고 주장한다.

25 × 콜버그(Kohlberg)는 도덕성의 발달단계를 ㉠ 관습적 수준 이전 단계(1단계: 타율적 도덕성 준수, 2단계: 이익형평성 고려), ㉡ 관 습적 수준 단계(3단계: 타인의 기대 부응, 4단계: 사회 시스템 고려), ㉢ 관습적 수준 이상 단계(5단계: 개인의 권리 및 사회계약 인식, 6단계: 보편적 윤리원칙 고려)로 구분하였다. 그는 대부분의 성인들은 3·4단계 정도의 도덕적 수준이 발달하기 때문에 사회 의 규범을 준수하고 범죄를 하지 않지만, '1·2단계의 도덕적 수준을 가진 사람들은 일탈과 범죄를 행한다'고 주장한다.

26 콜버그(Kohlberg)의 도덕발달이론은 도덕적 판단과 도덕적 행위 간의 불일치가 문제점으로 지적되고 있다. ( )

23. 경행 1차

27 파블로프(Pavolv)는 조건자극(종소리)이 무조건 자극(먹이) 없이도 개의 행동반응(침 흘림)을 유발할 수 있음을 증명하여 자극과 반응을 통한 학습의 원리를 처음으로 제시하였다. ( )

23. 간부(73)

28 스키너(Skinner)는 피실험체(생쥐)가 우연한 기회(지렛대 누르기)에 긍정적인 보상(먹이)이 주어지는 것을 경험하고 지렛대 누르기를 반복하게 되는 것을 통해 행동의 강화를 증명하였다. ( )

23. 간부(73)

29 반두라(Bandura)는 성인 모델이 인형을 대상으로 하는 폭력적·비폭력적 행동을 아동이 화면으로 시청한 후에 성인 모델의 행동방식을 그대로 모방하는 경향을 관찰하였다. ( )

23. 간부(73)

30 스키너(Skinner)는 실험상자(Skinner box) 지렛대 실험에서 쥐의 행동이 보상과 처벌에 따라 변화하는 것을 확인하였고, 이를 통해 인간의 행위 역시 조절할 수 있다고 보았다. ( )

22. 경행

31 스키너(Skinner)의 행동이론은 외적 자극의 영향보다는 인지·심리 등 내적 요인을 지나치게 강조하였다는 비판을 받는다.

( ) 23. 경행 1차

32 헤어(Hare)는 사이코패스에 대한 표준화된 진단표(PCL-R)를 개발하였으며, 오늘날 사이코패스 검사 도구로 광범위하게 사용되고 있다. ( )

22. 간부(72)

33 슈나이더(Schneider)의 정신병질 분류 중 의지박약성은 모든 환경에 저항을 상실하여 우왕좌왕하고, 지능이 낮은 성격적 특징을 가지고 있으며, 인내심과 저항력이 빈약하다. 상습범, 누범에서 이러한 정신병질이 많이 발견된다. ( )

22. 간부(72)

34 슈나이더(Schneider)의 정신병질 분류 중 기분이변성은 기분 동요가 많아서 예측이 곤란하고, 폭발성과 유사하나 정도가 낮은 특징을 가지고 있다. 방화범, 상해범에서 이러한 정신병질이 많이 발견된다. ( )

22. 간부(72)

---

26 ○ 콜버그(Kohlberg)의 이론에 대해서는 ㉠ 연구방법의 문제(도덕성 발달 단계의 구분이 주관적), ㉡ 문화적 보편성의 문제(미국 중산층의 도덕적 판단을 기준으로 하여 다른 계층, 인종, 지역의 사람들에게 일반화하기 곤란), ㉢ 도덕성 발달 단계의 불변성에 대한 비판(정해진 순서대로 발달하지 않기도 하며 오히려 후퇴하는 경우도 있음), ㉣ 여성들의 도덕 판단 수준에 대한 과소평가, ㉤ 도덕적 판단과 도덕적 행위가 일치하는가의 문제(도덕 판단 수준의 상승 이동이 그대로 도덕적 행위로 반영되지는 않는다는 한계) 등이 한계로 지적된다.

27 ○ 파블로프(Pavolv)의 고전적 조건형성 실험에 대한 설명이다.

28 ○ 스키너(Skinner)의 조작적 조건형성 실험에 대한 설명이다.

29 ○ 반두라(Bandura)의 보보인형 실험에 대한 설명이다.

30 ○ 스키너(Skinner)는 조작적 조건형성 실험을 통해 능동적 행동에 따른 보상의 경험으로 행동의 강화가 이루어지고 학습이 행해진다고 주장한다.

31 × 스키너(Skinner)의 이론은 '인간의 행동이 내적 요인보다 외적 자극(칭찬·보상과 처벌·제재 등)에 의하여 영향을 받는다'는 점을 전제로 한다.

32 ○ 사이코패스(psychopath)란 일반적으로 반사회적 인격장애를 지닌 사람을 말하는데, 헤어(R. Hare)는 사이코패스의 진단방법으로 PCL-R을 개발하였다.

33 ○ 의지박약성은 저항력(인내심) 상실, 저지능을 성격의 특징으로 하며, 청소년비행과 관련이 있고 누범의 60% 정도를 차지한다.

34 ○ 기분이변성은 기분 동요가 많아 예측 곤란함을 특징으로 하며, 방화, 도벽, 음주광, 격정범으로 상해·모욕·규율위반을 할 수 있고, 정신병질자의 50%로 가장 많다.

35 슈나이더(Schneider)의 정신병질에 대한 10가지 분류 중 무정성 정신병질자는 동정심이나 수치심 등 인간의 고등감정이 결여되었으며, 토막살인범이나 범죄단체조직원 등에서 많이 나타나는 유형이다. (　　　) 22. 경행

36 슈나이더(Schneider)의 정신병질 분류 중 무력성은 심신의 부조화 상태를 호소하여 타인의 동정을 바라고 신경질적인 특징을 보이나, 범죄와의 관련성은 적다. (　　　) 22. 간부(72)

37 슈나이더(Schneider)의 정신병질 분류 중 발양성은 자신의 운명과 능력에 대해 과도하게 비관적이며, 경솔하고 불안정한 특징을 보인다. 현실가능성이 없는 약속을 남발하기도 한다. 상습사기범과 무전취식자 등에서 이러한 정신병질이 많이 발견된다. (　　　) 22. 간부(72)

38 슈나이더(Schneider)는 대부분의 범죄자가 정신병질자이므로 정신치료에 초점을 맞추어야 한다고 주장하였다. (　　　) 22. 간부(72)

---

35 ○ 슈나이더(Schneider)에 의하면 무정성 정신병질은 인간의 고등감정이 결여되어 있고 이기적 · 잔인한 행위를 하는 특징이 있고, 흉악범(살인 · 강도 · 강간 등), 범죄단체조직, 누범 등과 관련이 있다고 한다.

36 ○ 무력성은 심신부조화 상태, 타인의 관심 호소, 신경증 등을 그 특성으로 하며, 범죄와 관련은 적다.

37 × 발양성은 낙천적 태도, 경솔 및 불안정, 비판 · 감정제어 능력의 결여 등을 특징으로 하며, 상습범 · 누범 중에 많고 무전취식 등의 가벼운 절도 · 모욕 · 사기죄와 관련이 있다. 자신의 운명과 능력에 대해 과도하게 비관적'이라는 특징은 '우울성'에 대한 것이고, '현실가능성이 없는 약속을 남발'한다는 특징은 '과장성(자기현시성)'에 대한 것이다.

38 × 정신병질자는 정신병 환자와 근본적으로 다르므로, 정신치료보다는 '성격교정'에 중심을 두어야 한다고 본다.

제5장 / 환경적 범죄원인론

제1절 가정환경과 범죄

01 가정환경 문제

1. 결손가정

① 결손가정의 유형은 다음과 같이 나눌 수 있다.

형태적 결손가정	㉠ 양친 모두 또는 어느 한 사람이 없는 가정(일반적 의미) ㉡ 사별·이혼·별거·유기·실종·수형·장기부재 등이 원인
기능적 결손가정	㉠ 양친이 모두 있더라도 가정의 본질적인 기능인 생활의 상호보장과 자녀에 대한 심리적·신체적 양육이 결여되어 있는 가정 ㉡ 양친의 불화·갈등·방임 및 가족의 부도덕 등이 원인

② 결손가정이 아동의 인격 형성에 미치는 영향에 대해 학령기 전에는 모친결손이 심리적으로 큰 영향을 미치고, 취학 후에는 부친결손이 더 큰 영향을 미친다는 것이 일반적이다.

③ 미국의 연구에 의하면 결손가정은 소년범죄의 중요한 원인이 된다는 것이 일반적이다(Sutherland, Healy 등).

④ <u>우리나라에서는 결손가정과 비행의 직접적 연관성이 통계적으로는 입증되지 않고 있다.</u> 다만, 우리나라에서는 부모의 유무에 따른 형태적 결손가정보다 부모가 있음에도 부모 또는 가정이 그 필요한 역할을 다하지 못하는 기능적 결손가정이 더 심각한 문제로 보인다.

2. 빈곤가정

① 빈곤가정이란 사회의 평균치에 밑도는 낮은 소득수준으로 인하여 경제적으로 어려운 가정을 말한다. 경제적 사정은 인격형성에 중대한 영향을 미치므로, 가정의 빈곤은 여러 의미에서 비행과 범죄를 유발하는 동기가 된다.

② 비행소년과 가정환경의 상관성에 대해서는 ㉠ 가정의 빈곤이 범죄에 큰 영향을 미친다는 글룩 부부(S. Glueck & E. Glueck)의 견해와, ㉡ 경제상태는 범죄에 매우 적은 영향을 미친다는 힐리(Healy)의 견해가 대립한다.

③ 빈곤가정 자체가 범죄에 직접 영향을 미친다기보다는 가정의 빈곤이 가져오는 간접적 작용(예 주택난, 열악한 근친관계, 부모가 절도·걸식 등을 교사, 부의 무능·무자력·알콜중독·무절제, 규율유지불능 등)에 관심을 두어야 할 것이다.

④ <u>우리나라의 경우에 소년범죄에서 빈곤가정 출신 청소년의 비율은 점차 감소하고 있기는 하지만 여전히 높게 나타나고 있고,</u> 이는 아직도 소년의 비행·범죄에 가정의 빈곤이 매우 중요한 범죄원인이 되고 있음을 의미한다. 다만, <u>최근에는 중류층 가정의 소년범죄가 증가하고 있는 추세이다.</u>

02 가정폭력 문제

1. 가정폭력의 개념

일반적으로 가정폭력은 가정구성원 사이의 신체적·정신적·재산상의 피해를 수반하는 행위라고 본다.

2. 가정폭력의 유형 22. 간부(72)

신체적 폭력	가해자가 피해자의 신체에 대하여 직접 폭행을 하거나 도구로 물리적 공격을 하여 상해 등을 입히는 행위
정신적 폭력	가해자가 피해자에게 심리적 압박감 또는 공포심리를 조장하여 정신적으로 피해를 가하는 행위
성적 폭력	가해자가 피해자에게 성적으로 고통을 주는 행위
방임	경제적 자립능력이 부족하고 일상생활에 도움이 필요한 아동이나 노인 등을 책임지지 않거나 유기하는 행위

3. 가정폭력의 중요성

① 형법은 사회통제체계 안에서 보충성을 가지므로 가정문제에 대한 개입을 자제한다.
② 가정폭력 자체의 심각성도 문제가 되지만, 폭력의 세습화도 무시할 수 없는 악영향 중 하나이다(**소년범죄의 원인**).
③ 문제가 되는 가정폭력은 대부분 상습적으로 은밀하게 자행된다(**암수범죄**).

4. 가정폭력의 원인

① 가정폭력의 주된 원인으로는 가족구성원 간의 인격적 존중의 결여, 사회 전반에 만연된 폭력문화의 영향 등을 들 수 있다.
② 상습적으로 발생하는 가정폭력은 대부분 병적 원인에 기인하는 것으로 보아야 한다. 그렇지 않고서 가해자나 피해자 모두 일상생활에서 흔히 있을 수 있는 가벼운 일로 치부하는 것은 문제를 은폐시킴으로써 해결을 어렵게 만든다.

5. 「가정폭력범죄의 처벌 등에 관한 특례법」의 주요 내용

제1조 【목적】 이 법은 가정폭력범죄의 형사처벌 절차에 관한 특례를 정하고 가정폭력범죄를 범한 사람에 대하여 환경의 조정과 성행의 교정을 위한 보호처분을 함으로써 가정폭력범죄로 파괴된 가정의 평화와 안정을 회복하고 건강한 가정을 가꾸며 피해자와 가족구성원의 인권을 보호함을 목적으로 한다.

제2조 【정의】 이 법에서 사용하는 용어의 뜻은 다음과 같다.
  1. '가정폭력'이란 가정구성원 사이의 신체적·정신적 또는 재산상 피해를 수반하는 행위를 말한다.
  2. '가정구성원'이란 다음 각 목의 어느 하나에 해당하는 사람을 말한다. 22. 간부(72) 경찰학
    가. 배우자(사실상 혼인관계에 있는 사람을 포함한다. 이하 같다) 또는 배우자였던 사람

청소년의 가출 문제

1. **가출의 정의**
   가출이란 정신적 갈등의 해결, 생활 목표의 달성 등을 위해 가족을 떠나 안주의 장소를 구하려는 일종의 도피행위라고 할 수 있다.
2. **가출의 동기**
   가출의 동기는 크게 개인적 요인(심리적 불안, 가치관의 혼동)과 사회적 요인(가정불화, 학교 부적응, 불량한 교우관계)으로 구분할 수 있고, 근래에는 사회적 요인을 강조하는 추세이다.
3. **평가**
   청소년이 집을 뛰쳐나와 거리를 방황한다는 사실 자체가 이미 직접적으로 각종 비행과 관련을 맺을 수밖에 없다는 점에서 매우 중요한 사회문제이다.

나. 자기 또는 배우자와 직계존비속 관계(사실상의 양친자 관계를 포함한다. 이하 같다)에 있거나 있었던 사람

다. 계부모와 자녀의 관계 또는 적모(嫡母)와 서자(庶子)의 관계에 있거나 있었던 사람

라. 동거하는 친족

3. '가정폭력범죄'란 가정폭력으로서 다음 각 목(생략)의 어느 하나에 해당하는 죄를 말한다.

5. '피해자'란 가정폭력범죄로 인하여 직접적으로 피해를 입은 사람을 말한다.

제3조【다른 법률과의 관계】 가정폭력범죄에 대하여는 이 법을 우선 적용한다. 다만, 아동학대범죄(→ 보호자에 의한 아동학대)에 대하여는 「아동학대범죄의 처벌 등에 관한 특례법」을 우선 적용한다.

제5조【가정폭력범죄에 대한 응급조치】 진행 중인 가정폭력범죄에 대하여 신고를 받은 사법경찰관리는 즉시 현장에 나가서 다음 각 호의 조치를 하여야 한다.

1. 폭력행위의 제지, 가정폭력행위자 · 피해자의 분리
1의2. 「형사소송법」 제212조에 따른 현행범인의 체포 등 범죄수사
2. 피해자를 가정폭력 관련 상담소 또는 보호시설로 인도(피해자가 동의한 경우만 해당한다)
3. 긴급치료가 필요한 피해자를 의료기관으로 인도
4. 폭력행위 재발시 제8조에 따라 임시조치를 신청할 수 있음을 통보
5. 제55조의2에 따른 피해자보호명령 또는 신변안전조치를 청구할 수 있음을 고지

제29조【임시조치】 ① 판사는 가정보호사건의 원활한 조사 · 심리 또는 피해자 보호를 위하여 필요하다고 인정하는 경우에는 결정으로 가정폭력행위자에게 다음 각 호의 어느 하나에 해당하는 임시조치를 할 수 있다.

1. 피해자 또는 가정구성원의 주거 또는 점유하는 방실(房室)로부터의 퇴거 등 격리
2. 피해자 또는 가정구성원이나 그 주거 · 직장 등에서 100미터 이내의 접근 금지
3. 피해자 또는 가정구성원에 대한 「전기통신기본법」 제2조 제1호의 전기통신을 이용한 접근 금지
4. 의료기관이나 그 밖의 요양소에의 위탁
5. 국가경찰관서의 유치장 또는 구치소에의 유치
6. 상담소등에의 상담위탁

제40조【보호처분의 결정 등】 ① 판사는 심리의 결과 보호처분이 필요하다고 인정하는 경우에는 결정으로 다음 각 호의 어느 하나에 해당하는 처분을 할 수 있다.

1. 가정폭력행위자가 피해자 또는 가정구성원에게 접근하는 행위의 제한
2. 가정폭력행위자가 피해자 또는 가정구성원에게 「전기통신기본법」 제2조제1호의 전기통신을 이용하여 접근하는 행위의 제한
3. 가정폭력행위자가 친권자인 경우 피해자에 대한 친권 행사의 제한
4. 「보호관찰 등에 관한 법률」에 따른 사회봉사 · 수강명령
5. 「보호관찰 등에 관한 법률」에 따른 보호관찰
6. 법무부장관 소속으로 설치한 감호위탁시설 또는 법무부장관이 정하는 보호시설에의 감호위탁
7. 의료기관에의 치료위탁
8. 상담소등에의 상담위탁

제41조【보호처분의 기간】 제40조 제1항 제1호부터 제3호까지 및 제5호부터 제8호까지의 보호처분의 기간은 6개월을 초과할 수 없으며, 같은 항 제4호의 사회봉사 · 수강명령의 시간은 200시간을 각각 초과할 수 없다.

제55조의2【피해자보호명령 등】① 판사는 피해자의 보호를 위하여 필요하다고 인정하는 때에는 피해자, 그 법정대리인 또는 검사의 청구에 따라 결정으로 가정폭력행위자에게 다음 각 호의 어느 하나에 해당하는 피해자보호명령을 할 수 있다.
1. 피해자 또는 가정구성원의 주거 또는 점유하는 방실로부터의 퇴거 등 격리
2. 피해자 또는 가정구성원이나 그 주거, 직장 등에서 100미터 이내의 접근금지
3. 피해자 또는 가정구성원에 대한 「전기통신사업법」 제2조제1호의 전기통신을 이용한 접근금지
4. 친권자인 가정폭력행위자의 피해자에 대한 친권행사의 제한
5. 가정폭력행위자의 피해자에 대한 면접교섭권행사의 제한

제57조【배상명령】① 법원은 제1심의 가정보호사건 심리 절차에서 보호처분을 선고할 경우 직권으로 또는 피해자의 신청에 의하여 다음 각 호의 금전 지급이나 배상(이하 '배상'이라 한다)을 명할 수 있다.
1. 피해자 또는 가정구성원의 부양에 필요한 금전의 지급
2. 가정보호사건으로 인하여 발생한 직접적인 물적 피해 및 치료비 손해의 배상
② 법원은 가정보호사건에서 가정폭력행위자와 피해자 사이에 합의된 배상액에 관하여도 제1항에 따라 배상을 명할 수 있다.

☑ SUMMARY | 배상명령제도의 비교

구분	「소송촉진 등에 관한 특례법」	「가정폭력범죄의 처벌 등에 관한 특례법」
대상	• 제1심·제2심의 형사공판 절차에서 유죄판결을 선고할 경우 • 법원의 직권 또는 피해자의 신청	• 제1심의 가정보호사건 심리 절차에서 보호처분을 선고할 경우 • 법원의 직권 또는 피해자의 신청
범위	직접적인 물적 피해, 치료비 손해, 위자료	부양에 필요한 금전의 지급, 직접적인 물적 피해, 치료비 손해

03 아동학대

① 아동학대(child abuse)란 보호자를 포함한 성인이 아동의 건강·복지를 해치거나 정상적 발달을 저해할 수 있는 신체적·정신적·성적 폭력이나 가혹행위를 하는 것과 아동의 보호자가 아동을 유기하거나 방임하는 것을 말한다(「아동복지법」 제3조 제7호). 아동은 18세 미만인 사람을 말한다(동법 제3조 제1호).

② 아동학대의 유형으로는 신체적 학대, 정서적 학대, 성적 학대, 방임 등이 있고, 피해유형이 중복되는 경우(중복 학대)가 많다.

③ 피해아동의 연령은 만 13~15세, 만 10~12세 순으로 많고, 학대행위자가 부모인 경우가 가장 많다.

④ 「아동학대범죄의 처벌 등에 관한 특례법」은 아동학대범죄의 처벌 및 그 절차에 관한 특례와 피해아동에 대한 보호절차 및 아동학대행위자에 대한 보호처분을 규정함으로써 아동을 보호하여 아동이 건강한 사회구성원으로 성장하도록 함을 목적으로 한다(제1조). 동법의 주요 내용은 아래와 같다.

제2조【정의】이 법에서 사용하는 용어의 뜻은 다음과 같다.

　4. "아동학대범죄"란 보호자에 의한 아동학대로서 다음 각 목(생략)의 어느 하나에 해당하는 죄(→ 상해, 폭행, 유기, 학대, 체포, 감금, 협박, 약취, 유인, 인신매매, 강간, 추행, 명예훼손, 주거·신체 수색, 강요, 공갈, 손괴, 아동학대살인·치사·중상해 등)를 말한다.

제3조【다른 법률과의 관계】아동학대범죄에 대하여는 이 법을 우선 적용한다. 다만,「성폭력범죄의 처벌 등에 관한 특례법」,「아동·청소년의 성보호에 관한 법률」에서 가중처벌되는 경우에는 그 법에서 정한 바에 따른다.

제7조【아동복지시설의 종사자 등에 대한 가중처벌】제10조제2항 각 호에 따른 아동학대 신고의무자가 보호하는 아동에 대하여 아동학대범죄를 범한 때에는 그 죄에 정한 형의 2분의 1까지 가중한다.

제8조【형벌과 수강명령 등의 병과】① 법원은 아동학대행위자에 대하여 <u>유죄판결(선고유예는 제외한다)을 선고하면서 200시간의 범위에서 재범예방에 필요한 수강명령</u>(「보호관찰 등에 관한 법률」에 따른 수강명령을 말한다. 이하 같다) 또는 아동학대 치료프로그램의 이수명령(이하 "이수명령"이라 한다)을 병과할 수 있다. 23. 간부(73) 경찰학

제9조【친권상실청구 등】① 아동학대행위자가 제5조 또는 제6조의 범죄를 저지른 때에는 검사는 그 사건의 아동학대행위자가 피해아동의 친권자나 후견인인 경우에 법원에 「민법」 제924조의 친권상실의 선고 또는 같은 법 제940조의 후견인의 변경 심판을 청구하여야 한다. 다만, 친권상실의 선고 또는 후견인의 변경 심판을 하여서는 아니 될 특별한 사정이 있는 경우에는 그러하지 아니하다.

제10조의4【고소에 대한 특례】① 피해아동 또는 그 법정대리인은 아동학대행위자를 고소할 수 있다. 피해아동의 법정대리인이 아동학대행위자인 경우 또는 아동학대행위자와 공동으로 아동학대범죄를 범한 경우에는 피해아동의 친족이 고소할 수 있다.

② 피해아동은 「형사소송법」 제224조에도 불구하고 아동학대행위자가 자기 또는 배우자의 직계존속인 경우에도 고소할 수 있다. 법정대리인이 고소하는 경우에도 또한 같다.

③ 피해아동에게 <u>고소할 법정대리인이나 친족이 없는 경우</u>에 이해관계인이 신청하면 <u>검사는 10일 이내에 고소할 수 있는 사람을 지정하여야 한다.</u> 23. 간부(73) 경찰학

제11조【현장출동】① 아동학대범죄 신고를 접수한 사법경찰관리나 「아동복지법」 제22조 제4항에 따른 아동학대전담공무원(이하 "아동학대전담공무원"이라 한다)은 지체 없이 아동학대범죄의 현장에 출동하여야 한다. 이 경우 수사기관의 장이나 시·도지사 또는 시장·군수·구청장은 서로 동행하여 줄 것을 요청할 수 있으며, 그 요청을 받은 수사기관의 장이나 시·도지사 또는 시장·군수·구청장은 정당한 사유가 없으면 사법경찰관리나 아동학대전담공무원이 아동학대범죄 현장에 동행하도록 조치하여야 한다.

② 아동학대범죄 신고를 접수한 사법경찰관리나 아동학대전담공무원은 아동학대범죄가 행하여지고 있는 것으로 신고된 현장 또는 피해아동을 보호하기 위하여 필요한 장소에 출입하여 아동 또는 아동학대행위자 등 관계인에 대하여 조사를 하거나 질문을 할 수 있다. 다만, 아동학대전담공무원은 다음 각 호를 위한 범위에서만 아동학대행위자 등 관계인에 대하여 조사 또는 질문을 할 수 있다. 23. 간부(73) 경찰학

1. 피해아동의 보호
2. 「아동복지법」 제22조의4의 사례관리계획에 따른 사례관리(이하 "사례관리"라
   한다)

제12조【피해아동 등에 대한 응급조치】 ① 제11조 제1항에 따라 현장에 출동하거나
아동학대범죄 현장을 발견한 경우 또는 학대현장 이외의 장소에서 학대피해가
확인되고 재학대의 위험이 급박·현저한 경우, 사법경찰관리 또는 아동학대전담
공무원은 피해아동, 피해아동의 형제자매인 아동 및 피해아동과 동거하는 아동
(이하 "피해아동등"이라 한다)의 보호를 위하여 즉시 다음 각 호의 조치(이하
"응급조치"라 한다)를 하여야 한다. 이 경우 제3호의 조치를 하는 때에는 피해아
동등의 이익을 최우선으로 고려하여야 하며, 피해아동등을 보호하여야 할 필요
가 있는 등 특별한 사정이 있는 경우를 제외하고는 피해아동등의 의사를 존중하
여야 한다.
1. 아동학대범죄 행위의 제지
2. 아동학대행위자를 피해아동등으로부터 격리
3. 피해아동등을 아동학대 관련 보호시설로 인도
4. 긴급치료가 필요한 피해아동을 의료기관으로 인도

제13조【아동학대행위자에 대한 긴급임시조치】 ① 사법경찰관은 제12조 제1항에 따른
응급조치에도 불구하고 아동학대범죄가 재발될 우려가 있고, 긴급을 요하여 제
19조 제1항에 따른 법원의 임시조치 결정을 받을 수 없을 때에는 직권이나 피해
아동등, 그 법정대리인(아동학대행위자를 제외한다. 이하 같다), 변호사(제16조에
따른 변호사를 말한다. 제48조 및 제49조를 제외하고는 이하 같다), 시·도지사,
시장·군수·구청장 또는 아동보호전문기관의 장의 신청에 따라 제19조 제1항
제1호부터 제3호까지(→ 임시조치 중 피해아동등 또는 가정구성원의 주거로부터
퇴거 등 격리, 피해아동등 또는 가정구성원의 주거, 학교 또는 보호시설 등에서
100미터 이내의 접근 금지, 피해아동등 또는 가정구성원에 대한 전기통신을 이
용한 접근 금지)의 어느 하나에 해당하는 조치를 할 수 있다. 23. 경행 2차 경찰학
② 사법경찰관은 제1항에 따른 조치(이하 "긴급임시조치"라 한다)를 한 경우에는
즉시 긴급임시조치결정서를 작성하여야 하고, 그 내용을 시·도지사 또는 시
장·군수·구청장에게 지체 없이 통지하여야 한다. 23. 간부(73) 경찰학

제16조【피해아동에 대한 변호사 선임의 특례】 ① 아동학대범죄의 피해아동 및 그
법정대리인은 형사 및 아동보호 절차상 입을 수 있는 피해를 방지하고 법률적
조력을 보장하기 위하여 변호사를 선임할 수 있다.

제19조【아동학대행위자에 대한 임시조치】 ① 판사는 아동학대범죄의 원활한 조사·
심리 또는 피해아동등의 보호를 위하여 필요하다고 인정하는 경우에는 결정으
로 아동학대행위자에게 다음 각 호의 어느 하나에 해당하는 조치(이하 "임시조
치"라 한다)를 할 수 있다.
1. 피해아동등 또는 가정구성원(「가정폭력범죄의 처벌 등에 관한 특례법」 제2조
   제2호에 따른 가정구성원을 말한다. 이하 같다)의 주거로부터 퇴거 등 격리
2. 피해아동등 또는 가정구성원의 주거, 학교 또는 보호시설 등에서 100미터 이
   내의 접근 금지
3. 피해아동등 또는 가정구성원에 대한 「전기통신기본법」 제2조제1호의 전기통
   신을 이용한 접근 금지
4. 친권 또는 후견인 권한 행사의 제한 또는 정지
5. 아동보호전문기관 등에의 상담 및 교육 위탁

6. 의료기관이나 그 밖의 요양시설에의 위탁
7. 경찰관서의 유치장 또는 구치소에의 유치

제36조【보호처분의 결정 등】 ① 판사는 심리의 결과 보호처분이 필요하다고 인정하는 경우에는 결정으로 다음 각 호의 어느 하나에 해당하는 보호처분을 할 수 있다.
1. 아동학대행위자가 피해아동 또는 가정구성원에게 접근하는 행위의 제한
2. 아동학대행위자가 피해아동 또는 가정구성원에게 「전기통신기본법」 제2조제1호의 전기통신을 이용하여 접근하는 행위의 제한
3. 피해아동에 대한 친권 또는 후견인 권한 행사의 제한 또는 정지
4. 「보호관찰 등에 관한 법률」에 따른 사회봉사 · 수강명령
5. 「보호관찰 등에 관한 법률」에 따른 보호관찰
6. 법무부장관 소속으로 설치한 감호위탁시설 또는 법무부장관이 정하는 보호시설에의 감호위탁
7. 의료기관에의 치료위탁
8. 아동보호전문기관, 상담소 등에의 상담위탁

제47조【가정법원의 피해아동에 대한 보호명령】 ① 판사는 직권 또는 피해아동, 그 법정대리인, 변호사, 시 · 도지사 또는 시장 · 군수 · 구청장의 청구에 따라 결정으로 피해아동의 보호를 위하여 다음 각 호의 피해아동보호명령을 할 수 있다.
1. 아동학대행위자를 피해아동의 주거지 또는 점유하는 방실(房室)로부터의 퇴거 등 격리
2. 아동학대행위자가 피해아동 또는 가정구성원에게 접근하는 행위의 제한
3. 아동학대행위자가 피해아동 또는 가정구성원에게 「전기통신기본법」 제2조 제1호의 전기통신을 이용하여 접근하는 행위의 제한
4. 피해아동을 아동복지시설 또는 장애인복지시설로의 보호위탁
5. 피해아동을 의료기관으로의 치료위탁
5의2. 피해아동을 아동보호전문기관, 상담소 등으로의 상담 · 치료위탁
6. 피해아동을 연고자 등에게 가정위탁
7. 친권자인 아동학대행위자의 피해아동에 대한 친권 행사의 제한 또는 정지
8. 후견인인 아동학대행위자의 피해아동에 대한 후견인 권한의 제한 또는 정지
9. 친권자 또는 후견인의 의사표시를 갈음하는 결정

제49조【국선보조인】 ① 다음 각 호의 어느 하나에 해당하는 경우 법원은 직권에 의하거나 피해아동 또는 피해아동의 법정대리인 · 직계친족 · 형제자매, 아동학대전담공무원, 아동보호전문기관의 상담원과 그 기관장의 신청에 따라 변호사를 피해아동의 보조인으로 선정하여야 한다.
1. 피해아동에게 신체적 · 정신적 장애가 의심되는 경우
2. 빈곤이나 그 밖의 사유로 보조인을 선임할 수 없는 경우
3. 그 밖에 판사가 보조인이 필요하다고 인정하는 경우

01 학교교육제도와 범죄

1. 범죄억제설
학교교육은 개인에게 사회구성원으로서 정상적인 행위를 할 수 있도록 가르치며 반사회적 행동을 억제한다는 입장이다.

2. 범죄조장설
학교교육이 입시교육에만 치우친 나머지 사회교육·인성교육이 제대로 이루어지지 않기 때문에 학교의 범죄억제 기능을 부정하는 입장이다.

3. 검토
① 일반국민에 비하여 범죄자의 학력이 낮은 것은 세계 각국의 공통된 현상이라고 할 수 있으나, 저학력자의 범죄율이 높은 것은 사회가 저학력자의 적응에 적합하지 않은 환경을 만들기 때문이라고 보는 것이 옳다.
② 범죄 종류에 따라서는 학업에 대한 관련성도 차이가 난다고 한다. 예컨대 화이트칼라 범죄의 경우는 교육 정도에 비례한다.

02 개인환경으로서의 학교교육

학교에의 적응 여부는 비행과 관계되는 것이고, 성적불량과 학업태만은 범죄·비행의 원인이 된다는 주장이 있다. 이와 관련하여 힐리와 브론너(Healy & Bronner)는 "학업태만은 범죄의 유치원이다."라고 한다.

03 학생범죄

① 우리나라의 학생범죄는 계속 증가하는 추세에 있다. 이를 죄종별로 보면 학생범죄 가운데 폭행·상해·협박 등의 폭력범이 가장 많은 비율을 보이고 있다.
② 이와 같이 학생범죄가 양적으로 증가하고 질적으로도 지성적인 특징을 보이지 않고, **조포화*(粗暴化)**하는 경향을 보이는 것은 세계 각국의 공통된 경향이라고 할 수 있다.

* 조포화(粗暴化): 행동이 몹시 거칠고 사나운 모양, 난폭함을 의미한다.

04 학교폭력 문제

① 학교폭력이란 학교 내외에서 학생을 대상으로 발생한 상해, 폭행, 감금, 협박, 약취·유인, 명예훼손·모욕, 공갈, 강요·강제적인 심부름 및 성폭력, 따돌림, 사이버따돌림, 정보통신망을 이용한 음란·폭력 정보 등에 의하여 신체·정신 또는 재산상의 피해를 수반하는 행위를 말한다(「학교폭력예방 및 대책에 관한 법률」 제2조 제1호).

② 학교폭력은 ㉠ 장기간에 걸친 집단따돌림 현상, ㉡ 여학생에 의한 학교폭력 비율 증가, ㉢ 가해자 및 피해자의 저연령화, ㉣ 가해자의 죄책감 결여, ㉤ 가해자와 피해자의 구별이 불분명(피해자가 가해자로 전환), ㉥ 정서적 폭력(언어 폭력)의 증가, ㉦ 집단화 현상 등을 특징으로 한다.

③ 「학교폭력예방 및 대책에 관한 법률」은 학교폭력의 예방과 대책에 필요한 사항을 규정함으로써 피해학생의 보호, 가해학생의 선도·교육 및 피해학생과 가해학생 간의 분쟁조정을 통하여 학생의 인권을 보호하고 학생을 건전한 사회구성원으로 육성함을 목적으로 한다.

제17조【가해학생에 대한 조치】 ① 심의위원회(→ 학교폭력대책심의위원회)는 피해학생의 보호와 가해학생의 선도·교육을 위하여 가해학생에 대하여 다음 각 호의 어느 하나에 해당하는 조치(수 개의 조치를 동시에 부과하는 경우를 포함한다)를 할 것을 교육장에게 요청하여야 하며, 각 조치별 적용 기준은 대통령령으로 정한다. 다만, 퇴학처분은 의무교육과정에 있는 가해학생에 대하여는 적용하지 아니한다.
1. 피해학생에 대한 서면사과
2. 피해학생 및 신고·고발 학생에 대한 접촉, 협박 및 보복행위의 금지
3. 학교에서의 봉사
4. 사회봉사
5. 학내외 전문가, 교육감이 정한 기관에 의한 특별 교육이수 또는 심리치료
6. 출석정지
7. 학급교체
8. 전학
9. 퇴학처분

제3절 직업과 범죄

01 의의

1. 영향

직업의 유무는 범죄에 큰 영향을 미친다. 무직자는 경제적 이유로 재산범죄를 저지르는 경우가 많고, 장기 실업자는 정신적 이유로 범죄유혹에 빠지기 쉽기 때문이다.

2. 직업별 범죄율

전통적으로 공무원·전문자유업자·농림업자·가사사용인의 범죄율이 낮은 편이고, 일정한 직업이 없는 자유노동자·상공업자·교통업 종사자 등의 범죄율이 비교적 높은 편이라고 한다.

3. 실업의 영향

계절적·경기적 실업은 단기적인 것으로서 자연적·경제적 조건 및 자본주의 경제의 조절기능에 의하여 어느 정도 해소될 수 있으므로 큰 문제가 없다고 본다. 반면에 **만성적 실업**은 장기적으로 생활곤란을 초래하고, 장기화되는 경우에는 인격형성에 큰 영향을 미치게 된다. 이는 가정환경이 어려워짐에 따라 소년비행의 증가를 가져오게 된다.

02 화이트칼라 범죄

1. 의의

① 서덜랜드(Sutherland)는 화이트칼라 범죄(white collar crime)를 '사회·경제적 **지위**가 높은 사람들이 그 **직업**상 저지르는 범죄'라고 최초로 정의하였다. 22. 간부(72), 23. 경행 1차, 24. 간부(74)

② 근래에 들어 화이트칼라 범죄의 개념은 더욱 **확대**되고 있다. 그리하여 '하류계층보다 사회적 지위가 높고 비교적 존경받는 사람들이 자신의 직업수행 과정에서 행하는 직업적 범죄'라고 정의하는 것이 보통이다.

③ 개인에 의한 경우뿐만 아니라 집단에 의한 경우도 포함한다(예 기업범죄 등).

2. 원인에 대한 설명

① **심리적 소질론**: 화이트칼라 범죄자는 비범죄자와 다른 심리학적 기질(예 기회만 주어진다면 남을 속이려는 타고난 소질, 법을 위반할 의향, 유혹에 대한 저항이 낮은 인성 등)을 가지고 있다.

② **차별적 접촉이론**: 화이트칼라 범죄자는 화이트칼라 범죄를 부정적으로 규정하는 정직한 기업인들보다 그것을 긍정적으로 규정하는 다른 화이트칼라 범죄자와 더 많은 접촉을 가졌기 때문에 그 범죄행위를 학습하게 된다.

③ **중화기술이론**: 일상적 사회생활에서 사람들이 자신의 행동을 합리화하는 것처럼, 화이트칼라 범죄자들도 자신의 범행에 대해 책임의 부정·가해의 부정·피해자의 부정 등을 통해 합리화한다.

3. 특징

① 화이트칼라 범죄는 직업적 전문지식을 활용하여 계획적이고 매우 은밀한 방법으로 이루어지는 특징을 가지고 있다(전문직업범의 성격). 따라서 전통적인 범죄에 비하여 범죄피해가 크고 그 결과로서 범죄로 인한 이익도 크기 때문에 그만큼 행위자의 입장에서 범죄유혹을 받기 쉽다(범행의 합리성).

② 업무활동에 섞여서 일어나기 때문에 적발이 용이하지 않을 뿐만 아니라 **피해자의 피해의식도 약하며** 증거수집도 어려운 점이 있다. 그러므로 **암수범죄의 비율이 높고 선별적 형사소추가 가장 문제되는 범죄 유형**이기도 하다(피해자의 무의식적 협조, 사회의 무관심). 24. 간부(74)

③ 인·허가 내지 세금징수와 관련한 공무원범죄, 정경유착 관계에서 드러나는 매우 지능적인 뇌물수수와 돈세탁 행위, 금융사고에서 나타나는 교묘한 사기·위조·횡령범죄, 기업범죄 등이 전형적인 화이트칼라 범죄에 속한다.

④ 형벌과 관련하여 보면 화이트칼라 범죄는 규범의식이 없는 경우가 많기 때문에 (예 자기가 처벌받는 것은 운이 없기 때문이라고 보는 경향 등, 범죄자의 비범죄적 자기인상) 위법한계를 명확히 하여 금지착오에 의한 범죄를 예방하는 것도 중요한 과제의 하나이다.

⑤ 화이트칼라 범죄는 그 위법성 및 사회해악성의 정도가 다른 범죄보다 심각하다. 서덜랜드는 화이트칼라 범죄가 사회윤리를 파괴하여 사회해체를 가져온다고 주장한다(**사회적 신뢰의 위반**). ✦

4. 유형

(1) 조직체적 범죄 24. 간부(74)

조직(민간부문, 정부부문)의 목적을 달성하기 위한 의도로 조직의 공식적 지원하에 이루어지는 경우

사기기만형 범죄	허위광고, 사기, 탈세 등의 범죄
시장지배적 범죄	시장지배적 지위의 남용, 전문가 집단의 공모 등에 의한 불공정거래행위 또는 가격담합행위, 내부자거래 등의 범죄
뇌물매수형 범죄	행정조치나 묵인의 대가로 재산상 이익 또는 향응을 제공, 불법정치자금의 제공 등의 범죄
기본권침해형 범죄	인권유린, 부정선거 등 권력을 이용하여 인간의 기본권을 침해하는 범죄

(2) 직업적 범죄

기업부문의 범죄	• 소비자 상대 범죄(기준 이하 상품의 제조판매, 부당한 가격담합 등) • 근로자 상대 범죄(산업재해 예방조치 미준수, 불량한 작업환경, 임금이나 세금의 포탈 등) • 지역사회 상대 범죄(환경파괴, 환경오염 등)
정부부문의 범죄	공무원의 뇌물수수 · 횡령 등
전문가부문의 범죄	전문가의 직무상 전문성을 이용한 사기, 금품수수 등

5. 블루칼라 범죄와 화이트칼라 범죄의 비교 – 마에다(前田)

블루칼라 범죄	프롤레타리아적	서민적	무력적	폭력적	약탈적	직접적	절망적	곤궁적
	상습적	단독적	충동적	발각적	저격적	원시적	유희적	가중적
화이트칼라 범죄	부르주아적	관료적	권력적	지능적	착취적	간접적	욕망적	이욕적
	직업적	조직적	계획적	은폐적	신분적	근대적	무죄적	감경적

6. 대책

① 먼저 사회적 인식과 문화적 풍토의 개선을 통해 화이트칼라 범죄가 가지는 폐해의 심각성을 인식할 수 있도록 해야 한다.

② 대표적 화이트칼라 범죄인 기업범죄 등에 대해 처벌을 강화해야 한다. 현행 행정형법상 양벌규정의 미비를 보완하여 최고위층까지 처벌할 수 있도록 해야 하며, 보호관찰제도나 악덕기업공표제도 등도 고려해 볼 수 있을 것이다.

③ 화이트칼라 범죄는 청소년이나 하위계층의 모방이라는 부정적 영향을 미치므로 양형의 강화를 통해 일반인의 법 감정을 충족시키고 일반예방 효과를 도모시켜야 한다. ✄

④ 화이트칼라 범죄에 대한 통제방안으로는 ㉠ 법규 준수에 대한 보상을 부여하여 법질서에 순응하게 하는 준수전략(compliance strategy), ㉡ 법규 위반자를 처벌하여 위법행위를 억제하고 법질서에 복종하게 하는 억제전략(deterrence strategy) 등이 있다.

제4절 자연환경과 범죄

01 시간과 범죄

① 우리나라의 경우에 가장 높은 범죄발생율을 보인 시간은 **야간**(20:00~03:59)이며, 그 다음은 오후(12:00~17:59), 오전(09:00~11:59) 순으로 나타난다.

② 죄종별로 시간별 범죄발생량에 차이는 있으나 상당량의 범죄가 오후부터 새벽에 걸쳐 발생한다고 할 수 있고, 이는 당해 시간에 사람들의 활동량이 가장 많다는 것과 밤의 은폐성에 기인하는 것이라고 볼 수 있다.

02 계절과 범죄

① 일반적으로 재산범은 여름에 가장 적고 겨울에 가장 많으나, 반대로 생명·신체에 대한 폭력범은 겨울에 적고 여름에 많다.

② 성범죄는 저온에서 고온으로 이행하는 시기인 봄부터 증가하여 여름에 가장 많고, 겨울에 들어서면서 다시 낮아진다. ✄

03 기후와 범죄

① 재산범은 추운 지방에서, 폭력범은 더운 지방에서 많이 발생한다는 주장이 있다[범죄의 기온법칙, 케틀레(Quetelet)].

② 각 지역의 풍속이 범죄에 미치는 영향이 크기 때문에 기후가 범죄 종류와 직접적 관계가 있다고 보기는 어렵다는 견해도 있다.

04 요일과 범죄

① 유흥이 많은 주말에는 폭력범죄·풍속범죄(간통죄)·교통범죄가 많고, 휴일이 지난 월·화요일에는 주의력의 결여로 과실범죄가 상대적으로 많은 것으로 알려져 있다.
② 요일과 범죄의 관계는 상관성이 인정된다고 하더라도, 요일 자체의 특징이 아니라 당해 요일의 경제·사회·문화적 환경의 영향력에 기인하는 것이라고 보아야 한다.

제5절 경제환경과 범죄

01 의의

경제환경과 범죄의 관계를 연구한 대표적 학자로는 프랑스 학파의 라까사뉴(A. Lacassagne)와 유물론적 사고를 토대로 한 네덜란드의 반 칸(Van Kan), 봉거(W. Bonger) 등이 있다. 이들은 범죄를 경제적 불황의 산물이라고 하거나, 자본주의 사회를 범죄의 온상이라고 주장한다.

02 소득·물가와 범죄

1. 물가변동과 범죄

① 마이어(G. V. Mayer)는 최초로 곡물가격과 절도의 상관관계(정비례 관계)를 증명하였다. ✦
② 곡물가격곡선과 절도곡선의 상관관계는 일정한 경제발전단계를 지나면 깨어진다고 한다(F. Exner). 즉, 자본주의 경제가 확립되고 소득상태가 개선·향상되면서 곡물가격의 변동이 필연적으로 빈곤과 절도를 수반하지는 않는다는 것이다.

2. 소득변동과 범죄

① 종래의 연구에서는 임금(소득)과 재산범죄는 반비례 관계라고 보았다.
② 실질임금에 대한 범죄의 의존성을 처음으로 지적한 학자는 렝거(E. Renger)이며, 실질임금이 일정수준을 넘어서면 범죄율은 다소의 임금변동에는 큰 영향을 받지 않는다고 주장한다. ✦

03 경기변동과 범죄

① 경기변동이 범죄생성에 미치는 영향력에 대해 다음과 같은 견해의 대립이 있다.

침체론	범죄는 호경기일 때에 감소하고 침체기일 때에 증가한다.
팽창론	범죄는 팽창기일 때에 증가하고 침체기일 때에 감소한다.
침체·팽창론	범죄는 경제안정기에만 감소할 수 있을 뿐이고, 경기변동이 있으면 호황이든 불황이든 증가한다.

② 불황기에는 실업자가 증가하면서 생활이 불안정하게 되고, 재산범(특히 절도)의 증가를 가져오게 되며, 인격적으로도 환경의 영향을 받아 도덕적 타락이 생기기 쉽다. 특히 청소년의 경우에 양친의 실직은 가정의 훈육적 기능에 장애요인이 된다고 한다. ✔

③ 불황기에는 고액봉급자가 많아 상대적으로 실업위험성이 높은 남성이 여성보다 범죄증가율이 높고, 직접적 생계압력을 받는 기혼자가 미혼자보다 절도의 증가율이 높다고 한다.

④ 호황기에는 종업원과 젊은 층의 사기·횡령·배임이 증가하는 데 반하여, 불황기에는 기업주 또는 고연령층의 이러한 범죄가 증가한다고 한다.

04 화폐가치 변동과 범죄

① 화폐가치의 급격한 변동기에는 재산범죄, 특히 장물취득·절도 등이 현저하게 증가하고, 풍속범죄·대인범죄 등은 저하한다고 한다.

② 일반적으로 **인플레이션**(inflation)의 경우에는 **물건 자체에 대한 범죄**가 증가하고(생계형 범죄의 증가), **디플레이션**(deflation)의 경우에는 **금전에 대한 범죄**가 증가하는 경향이 있다.

> **인플레이션(inflation)**
> 통화량의 증가로 화폐가치가 하락하고, 모든 상품의 물가가 전반적으로 꾸준히 오르는 현상이다.
>
> **디플레이션(deflation)**
> 경제 전반적으로 상품과 서비스의 가격이 지속적으로 하락하는 현상이다.

05 빈곤과 범죄

1. 빈곤이 범죄원인임을 설명하는 관점

구조적 관점	경제적 빈곤으로 인한 교육기회의 부족과 그에 따른 기회와 수단의 부족이라는 사회의 구조적 모순이 범죄적 기회와 수단을 선택하게 한다.
빈곤문화적 관점	게으름이나 장기쾌락의 추구 등 범죄적 부문화에 가까운 빈곤계층만의 독특한 빈곤문화가 그들의 범죄를 조장한다.
상대적 박탈감의 관점	절대적 빈곤 외에도 상대적 빈곤과 상대적 박탈감이 범죄의 충동을 느끼게 할 수 있다.

2. 절대적 빈곤과 범죄(곤궁범죄)

① 버어트(Burt)·봉거(W. Bonger)·글룩 부부(S. Glueck & E. Glueck) 등은 절대적 빈곤과 범죄가 비례한다고 주장하나, 힐리와 브론너(Healy & Bronner)는 절대적 빈곤과 범죄의 상관성을 부정한다. ✔

② 빈곤이 범죄의 결정적 원인은 아니라도 범죄발생을 촉진하는 것은 부정할 수 없다. 그러나 절대적 경제생활 수준이 낮다는 의미의 빈곤은 범죄의 결정적 요인이라기보다는 빈곤에 수반되는 현상, 즉 열등감·좌절감·소외, 목표와 수단의 단절, 가정의 기능적 결함 등이 매개가 되어 범죄를 유발하는 경우가 많다는 것이 일반적인 견해이다.

> **빈민의 유형과 범죄의 관계 – 밀러(W. Miller)**
>
> | | |
> |---|---|
> | 안정된 빈민 | 가족관계와 경제면의 양 측면에서 안정됨 |
> | 긴장된 빈민 | 경제면에서는 다소 안정되나 가족관계에 문제가 있어 불안정적임 |
> | 노력하는 빈민 | 경제면에서 다소 불안정하나 가족관계가 건전하여 문제가 없음 |
> | 불안정한 빈민 | 가족관계 및 경제면에 모두 불안정하여 가장 문제시됨, 소년비행이나 성인범죄의 발생가능성이 있음 |

3. 상대적 빈곤과 범죄(복지범죄)

① 풍요로운 사회의 빈곤계층의 범죄발생률이 그렇지 못한 사회의 빈곤계층의 그것보다 높다는 것은 절대적 빈곤을 통해서는 제대로 설명할 수 없는 새로운 현상이다.
② 토비(J. Toby)의 상대적 빈곤 연구에 의하면 개인의 절대적 경제생활 수준이 중요한 것이 아니라 자신이 속한 사회에서 느끼고 경험하는 상대적 결핍감이 범죄원인이 된다고 한다. 따라서 범죄발생에 있어서 빈곤의 영향은 단지 하류계층에 국한된 현상이 아니라, 어떤 계층이든지 느낄 수 있는 것이므로 광범위한 사회계층에 작용하는 문제라고 지적한다. ✔

4. 검토

① 빈곤은 그 자체가 문제된다기보다는 사회계층 전체에 내재하는 구조적 문제의 하나로서 의미를 가지며, 범죄원인으로서 빈곤이 가지는 의미는 점차 상실되어 간다고 한다.
② **우리나라**에서는 아직까지 경제적 빈곤계층과 결부되어 범죄가 많이 발생하며 중·상류계층의 상대적으로 낮은 범죄율을 고려해 볼 때, **절대적 빈곤이 범죄발생의 중요한 요인**으로 작용한다.

케틀레(A. Quetelet)의 주장
절대적 빈곤보다는 '상대적 빈곤'이 범죄원인으로 중요하다고 본다.

06 전쟁과 범죄

1. 범죄유발 기능

전쟁으로 인해 경제생활은 불안정해지고 가족과 같은 사회의 기본단위가 흔들리게 된다. 또한 개인은 극도의 이기심을 갖게 되고 구성원 각자에 대한 사회적 통제 기능이 마비되는 경우가 많기 때문에 범죄는 증가하게 된다.

2. 범죄억제 기능

범죄발생률이 높은 청년층이 전쟁에 참가하게 되고, 적국을 향한 공격성으로 사회 안에 있는 갈등요인이 희석된다. 한편, 애국심과 협동심 등으로 범죄적 충동이 억제되고, 경제통제가 증대됨으로써 반사회적 충돌이 줄어들게 된다.

> **⊕ PLUS** 엑스너(F. Exner)의 전쟁단계구분(전쟁과 범죄의 관련성) ✔
>
> | 감격기 | 전쟁발발 단계에는 국민적 통합 분위기에 의해 범죄발생이 감소 |
> |---|---|
> | 의무이행기 | 전쟁의 진행으로 물자가 곤궁하게 되나 범죄율의 특별한 변화는 없지만, 통제가 약화된 틈을 타서 소년범죄가 다소 증가 |
> | 피폐기 (피로이완기) | 전쟁이 장기화되면 범죄는 증가세를 보이며, 특히 향락에 치우치는 청소년범죄와 생활에 대한 불안감에 빠진 여성범죄가 증가 |
> | 붕괴기 | 정치·경제의 파탄으로 도덕심이 극도로 약화되어 범죄가 급속히 증가 |
> | 전후기 | 정치·사회적 혼란, 악성 인플레이션 등으로 패전국의 범죄가 급증 |

제6절 범죄지리학

01 서론

특정한 지역사회에는 그 지역의 공통된 의식이 형성되어 있고 그 의식은 사회구성원의 행동양식을 규율하는 측면이 있다. 그러므로 지역적 특성이 범죄에 미치는 영향을 살펴보는 것은 범죄와 환경의 관계를 밝히는 방법이 될 수 있다.

02 지역별 범죄성에 관한 연구

1. 도시와 농촌의 범죄

(1) 범죄율의 비교

① 도시는 거의 모든 범죄에 대해 부정적으로 작용하여 사회해체가 많이 나타나고 범죄·비행의 원인으로 작용하며, 도시의 범죄율도 압도적으로 높다. 반면에 농촌은 인구이동이 적고 사회적 경쟁도 적으며, 대인관계도 견고하고 가족·이웃 등에 의한 사회통제가 강력하여 사회해체가 잘 일어나지 않는다.

② 최근에는 매스컴·교통발달 등으로 도농 간의 지역차가 해소되고, 이에 따라 범죄성의 차이도 점차 희박해지고 있다.

(2) 범죄 종류의 비교

① 일반적으로 재산범죄·풍속범죄는 도시의 범죄라고 하며, 각종 위조·사기·횡령·배임 등 지능적·기술적 범죄, 공갈·장물 등 직업적 범죄가 많다. 반면에 농촌에서는 본능적이고 충동적 행위가 비교적 많기 때문에 폭력범죄는 농촌의 범죄라고 보는 것이 일반적이다.

② 이러한 죄종별 차이도 지역 차의 해소에 따라 그 의미가 약해지고 있다.

2. 도시화와 범죄

(1) 의의

① 도시화는 도시가 지역적으로 확대되어 주변지역을 그 권내로 흡수해 나가는 과정을 의미하는 '지역의 도시화'와 도시·농촌 어디에 거주하든 생활 자체가 도시화되는 것을 말하는 '개인의 도시화'로 구분할 수 있다.

② 도시화의 과정은 소위 범죄의 도시화라는 현상을 가져와 도시화된 지역의 범죄가 양적·질적 변화를 보이게 된다. 개인의 도시화는 개인의 범죄수행 양식에 있어서 도시범죄의 특성을 띠게 되는 결과를 가져온다.

(2) 도시화와 범죄의 관계

도시의 유리한 범죄조건	① 도시화의 범죄원인은 인구과밀로 인한 정적 통제의 해체, 생활불안정으로 인한 가치관의 혼란 그리고 이에 따른 규범의식의 저하에 있다. ② 도시 특유의 비인격성과 익명성은 범죄자를 은폐시켜 주고 피해발각을 어렵게 하기 때문에 범죄가 매우 용이한 측면이 있다.

범죄의 도시화 법칙 – 마에다(前田)

도시 집중의 법칙	범죄의 도시집중은 인구의 사회증가에 따르며 인구의 도시집중률보다 높고, 범죄의 증감은 산업예비군의 증감에 정비례한다.
도시 방사의 법칙	범죄의 도시화는 도시에서 범죄과포화 현상에 이르고, 도시지역 밖으로 향하여 그 발생률을 증대시킨다.
지역 교류의 법칙	범죄는 도시집중과 지역적 정착을 할 뿐만 아니라 경제적·인구적 교류에 따라 도시·농촌 양 지역의 피해율을 높인다.

도시화 단계에 따른 범죄의 발생경향 – 클리나드(Clinard)

부족문화 단계	거의 완벽하게 통합된 부족집단에 의하여 소속구성원들이 통제됨으로써 범죄는 낮은 수준을 유지한다.
근대화 단계	빠른 도시화가 가족의 유대를 약화시키고, 사람들이 도시로 집중하여 전통적 관습의 통제력이 약화되어 범죄가 현저하게 증가한다.
교육, 경제, 사회 서비스의 개선 단계	새로운 공동체의 가치와 규범이 형성되고 주민들은 이러한 가치규범에 동조함으로써 범죄가 감소한다.
미래 복지사회 단계	구성원들의 높은 욕구, 극단적 개인주의, 한정된 인간관계·의사소통 등으로 인해 사회적으로 소외된 일탈집단이 형성될 가능성이 있다.

<table><tr><td>범죄인의
도시 유입</td><td>① 도시라는 지역성 그 자체가 아니라 도시의 <u>우범시설에 모이는 사람들</u>이 만들어 내는 환경이 범죄의 원인이 된다.
② 범죄자는 범행 발각을 우려해 대부분 자신이 살고 있는 지역에서는 범행대상을 물색하지 않는다는 것도 도시의 높은 범죄율과 관련이 있다.</td></tr></table>

(3) 도시사회가 갖는 범죄유발요인 – 커즌즈와 네그폴(Cousins & Nagpaul)

① 도시사회는 개인주의적 성향에 기초하는데 이로 인해 개인의 선택범위가 확대되고, 개인의 자율성이 증가하여 그만큼 범죄행위가 증가한다.

② 도시의 문화적 이질성과 갈등은 범죄기회를 제공하고 반사회적 행위를 하려는 욕구를 자극함으로써 높은 범죄발생을 유발할 수 있다.

③ 도시의 자유로운 인간 결합은 범죄행위의 확산을 돕거나 정당한 사회규범을 집단적으로 거부할 가능성을 낳을 수 있다.

④ 인구이동과 사회변동은 도시사회의 도덕적·제도적 변화를 당연한 사실로 받아들이게 하여 도덕률의 불확실성, 사회통제의 약화를 가져와 범죄를 유발한다.

⑤ 도시의 풍요와 부, 향락 문화는 인간의 물질적 탐욕을 자극함으로써 범죄를 유발한다.

⑥ 도시의 형사사법기관은 많은 경험과 지식의 축적으로 고도의 범죄적발능력을 유지함으로써 범죄발생의 정도가 높게 나타난다.

(4) 검토

도시화는 익명성, 상대방에 대한 몰인격적 판단, 소비 중심의 생활패턴 등을 가져오고 그러한 요인들이 범죄의 억제작용을 하는 지역사회의 조직화, 즉 지역사회 자체가 가지는 범죄통제 기능을 저해하여 범죄와 비행을 증가시킨다.

03 비행지역과 범죄

① 도시와 범죄의 관계를 고찰하는 데에는 범죄발생 장소도 중요하지만, 범죄자의 거주지의 생활환경·인격환경의 특수성에 주목할 필요가 있다. 이에 대한 연구로 가장 유명한 것은 쇼우와 맥케이(C. Shaw & H. D. Mckay)의 '시카고 범죄지도 연구'이다.

② 이들은 1920년대에 미국 시카고 지역을 대상으로 범죄다발 지역의 장소적 특징을 파악하고자 하였다. 이에 의하면 시의 중심부일수록 범죄율이 높고, 중심에서 멀어질수록 범죄율은 감소하였다. 또한 범죄다발 지역은 대체로 주위환경·생활상태가 열악한 장소들이었다.

04 범죄지리학의 범죄대책적 유용성

① 범죄를 장소적·시간적·인적으로 제한할 수 있다는 것은 범죄예방을 위한 통제대상을 분명하게 하는 장점이 있고, 그만큼 통제의 효율성을 높여줄 수 있다.

② 신도시를 건설할 때에도 <u>범죄지리학의 연구성과를 도시계획에 포함시키는 것</u>이 바람직하다. 우범시설로 분류되는 것은 한 곳에 집중하여 경찰통제가 쉽도록 하며, 비공식적 사회통제가 약화될 여지가 있음을 고려하여 대책을 수립해야 할 것이다(**환경범죄학**).

01 문화갈등과 범죄

1. 의의

① 문화갈등이란 한 사회의 가치관이나 규범 등이 개인에게 영향을 미치지 못하거나 또는 영향을 미치는 데 차질을 빚게 하는 사회적 조건을 말한다.

② 문화갈등은 문화발전의 특징으로서 사회의 분화 과정에서 부산물로 나타나는 경우도 있고, 한 지역에서 다른 지역으로 행위규범이 옮겨가는 과정에서 생기는 수도 있다. 미국에서는 보통 소수민족 및 이민과 범죄의 문제라는 형태를 중시하였다.

2. 문화갈등이론 – 셀린(T. Sellin)

일차적 문화갈등	일정한 문화지역에 속하는 규범이 다른 지역에 이입됨으로써 행위규범간의 충돌이 생기는 경우이다(문화적 관습의 갈등으로서의 문화갈등). 예 국가 병합시에 원주민 · 이주민의 갈등, 고유문화 · 외래문화의 갈등
이차적 문화갈등	단일한 동질적인 문화를 가진 사회 내에서 문화의 진전에 따른 사회분화의 과정에서 발생하는 규범의 갈등이다(사회적 분화의 부산물로서의 문화갈등). 예 신 · 구세대간의 갈등, 도시인과 농촌인의 갈등

02 인종편견과 범죄

1. 소수민족과 범죄

① 미국에서 흑인의 범죄율이 높은 것을 그 인종에 내재하는 소질에서 구하는 것은 타당하지 않으며, 오히려 그들의 사회적 · 경제적 생활조건 및 백인과의 차별이라는 점에서 설명하여야 할 것이다.

② 우리나라의 외국인 범죄는 「출입국관리법」에 위반하여 불법으로 입국 · 체류하는 경우(출입국사범)와 국내에 체류하는 외국인이 다른 형벌법규에 위반하는 경우(좁은 의미의 외국인 범죄)로 구분할 수 있다.

③ 외국인 범죄의 특징은 폭력사범의 증가, 불법취업을 위한 조직범죄, 마약사범의 증가 등이다. 이에 대한 대책으로서는 외국 수사기관과의 형사사법공조체제의 확대, 출입국관리기구와 수사기구의 밀접한 공조체제 유지, 외국인 범죄 전담기구의 설치, 외국인 범죄에 대한 예방활동의 강화, 불법체류의 예방을 위한 출입국관리업무의 강화 등이 요청된다.

2. 이민과 범죄

① 통계상 전체 이민자의 범죄율이 높다고 할 수는 없고, 이민 민족에 따라 차이가 있다고 한다. 이는 민족간의 범죄성에 대한 차이 때문이 아니라, 고국에서 동화된 전통의 견고성과 지속성 정도의 차이, 고국의 이민 실시방법 등과 관계가 있다.

윤리관과 범죄

1. 범죄는 본질적으로 반윤리적 행위이므로, 국민의 윤리관 · 도덕심이 낮아지게 되면 범죄로 나아가는 경우가 생길 수 있음은 쉽게 예상할 수 있다.

2. 윤리관의 변화는 급격한 사회변동에 수반되는 경우가 많은데, 전통적인 윤리관에 동요가 생긴 때에는 새로운 가치관이 확립될 때까지 범죄가 격증하는 경향을 볼 수 있다.

종교와 범죄

1. 일반적으로 참다운 신앙은 범죄억제요소가 되는 것으로 알려져 있다. 그러나 종교인의 전체적인 증가에도 불구하고 사회 전반의 범죄 정도는 변화가 없고, 종교를 가진 사람의 범죄 또한 늘어나는 점은 종교의 범죄억제 기능에 대한 회의를 가져오게 한다.

2. 종교와 범죄의 문제는 예외적인 경우를 제외한다면 범죄의 원인이라는 측면보다는 범죄방지의 유효한 방안이라는 측면에서 검토할 필요가 있다. 우리나라에서는 1983년부터 종교위원제도를 운영하여 교정시설에서 종파별 종교상담 · 교리지도 · 자매결연 · 교화도서기증 등을 통하여 교화활동을 시행하고 있다.

② 한편 이민의 범죄율이 이민국의 국민의 범죄율에 못 미치는 경우에도 고국의 범죄
   율보다는 일반적으로 높다는 점과 이민 2세대의 범죄율이 이민 1세대보다 높다는
   점은 이민의 범죄원인적 성격을 나타내는 것이며, 주로 **문화갈등**에 그 원인이 있다
   고 할 수 있다.

03 매스컴(매스미디어)과 범죄

1. 매스컴과 범죄발생의 상관성을 긍정 – 범죄유발 기능

(1) 자극성 가설

① 캇츠(E. Katz) · 버코위츠(L. Berkowitz) · 윌슨(B. Wilson) 등이 주장한 것으로,
   매스컴이 범죄학습효과를 가짐으로써 직접 범죄를 유발하는 원인이 된다는 견
   해이다(**단기효과이론 · 직접효과설**). ✦

② 매스컴은 폭력을 위장하여 묘사 · 표출함으로써 시청자의 모방충동을 야기하고
   범죄의 수법 · 과정 등을 시사해 주며, 폭력을 우상화 · 영웅화하여 미화시킴으
   로써 직접 범죄를 상상하게 하는 요인이 된다. 또한 부유층의 생활을 보여줌으
   로써 소외계층의 상대적 박탈감을 자극하고, 성적 표현이 자주 등장함으로써
   성범죄를 유발하기도 한다(**모방효과**).

(2) 습관성 가설

① 쉬람(Shramm) · 쿤칙(Kunczik) 등이 대표적 주장자로서, 매스컴의 폭력장면에
   끊임없이 노출되다 보면 자기도 모르게 폭력에 길들여질 개연성이 높다는 이
   론이다(**장기효과이론 · 간접효과설**). ✦✦

② 매스컴과 범죄의 관계를 태도 · 성향 내지 감수성의 문제로 보아 매스컴은 취
   미생활의 변화를 조장하고 건전한 정신발달을 저해하며 취미를 편협하게 만들
   어 일반적으로 폭력 · 범죄 · 오락에 탐닉하게 한다. 또한 범죄를 미화하여 범죄
   를 동경하도록 가치관을 변화시키거나 범죄에 대한 무비판적 · 무감각적 성향
   으로 변모시키고 심지어는 범죄의 과잉묘사로 엽기적 취향마저 유인할 수 있
   다고 한다(**둔감화 작용**). ✦✦

③ 한편 매스컴, 특히 TV의 누적적 효과를 강조하는 입장에서는 폭력 등 묘사에
   대한 인상이 누적적으로 쌓임에 따라 이에 대한 배출구를 필요로 하게 된다고
   하여 잠재적 폭력으로서 매스컴의 성격을 강조한다.

2. 매스컴과 범죄발생의 상관성을 부정 – 범죄억제 기능

① 클래퍼(Klapper) · 레윈(Lewin) · 힘멜바이트(Himmelweit) · 트래셔(Thrasher) 등이
   주장한 것으로, 매스컴에서 등장하는 범죄 또는 그 범죄자에 대한 처벌은 일반인
   들에게 카타르시스의 역할을 하여 오히려 범죄를 억제하는 기능을 한다는 이론이
   다(**카타르시스가설**). ✦✦

② 매스컴은 사회환경의 일부에 불과하므로 범죄의 증가와 무관하며, 범죄는 개개인
   의 인격 · 가정 · 집단관계 등 복합적 요소에 의하여 좌우된다고 하고, 매스컴과 폭
   력의 관계도 미디어와 접촉자와의 상호선택 과정에서 이루어지는 것으로서 전체
   적으로는 미디어가 오히려 범죄의 감소에 커다란 기여를 하고 있다는 것이다.

③ 매스컴은 대량의 정보와 지식을 전달하는 중요한 기능을 수행하고 계층을 통합시키는 기능을 한다(**문화계발이론**). 매스컴을 통해 범죄에 대한 적개심을 불러일으킬 수 있고, 범죄의 충격적 장면은 잠재적 범죄충동을 억제·해소하는 기회가 될 수 있다(**억제가설**). 그리고 반사회적 범죄를 자행한 자의 명단과 범죄내용을 공개함으로써 일반국민들에게 경각심을 불러일으키고 유사 범죄의 재발방지 기능을 할 수 있다(**민감화 작용**).

3. 검토

① **매스컴의 부정적 기능**: 매스컴이 생활의 일부로 자리 잡으면서 대화가 단절되고 가정의 교육적 기능이 축소되는 상황에서는 매스컴의 범죄에 대한 부정적 기능은 무시할 수 없다. 매스컴은 그 시대의 도덕적 판단 기준을 제공함으로써 장기적으로 개인의 가치관 형성에 직접적 영향을 미친다. 자기통제력이 약하고 매우 충동적이며 감수성이 예민한 청소년의 경우에는 매스컴의 영향이 매우 크다고 할 수 있다.

② **매스컴의 적극적 활용**: 범죄예방을 위해 그 역기능은 최소화하면서 순기능을 극대화하는 방안을 강구할 필요가 있다. 대중매체는 단기적·장기적으로 범죄원인이 될 수 있는 나쁜 영향을 미칠 수도 있지만, 내용에 따라서는 같은 방식으로 사회를 통합시킬 수 있는 범죄예방적인 영향도 얼마든지 가능하다.

매스컴과 범죄의 상관성

범죄유발 기능	자극성 가설, 단기효과이론, 직접효과설, 모방효과
	습관성 가설, 장기효과이론, 간접효과설, 둔감화 작용
범죄억제 기능	카타르시스가설, 문화계발이론, 억제가설, 민감화 작용

단원별 지문 O/X

01 가정폭력범죄는 외부에 잘 알려지지 않는다는 특징이 있다. (　　)

02 일상생활에 도움이 필요한 아동과 노인을 적절히 돌보지 않는 행위도 가정폭력의 범주에 포함될 수 있다. (　　)
22. 간부(72)

03 진행 중인 가정폭력범죄에 대하여 신고를 받은 사법경찰관리는 즉시 현장에 나가서 현행범인의 체포 등 범죄수사, 피해자 보호명령 또는 신변안전조치를 청구할 수 있음을 고지 등의 조치를 하여야 한다. (　　)

04 「가정폭력범죄의 처벌 등에 관한 특례법」의 가정폭력행위자 중 보호처분이 필요하다고 인정되는 자는 사회봉사명령의 대상이 될 수 있다. (　　)

05 최근 우리나라 통계를 보면 범죄에서 학생이 차지하는 비율이 점차 감소하고 있다. (　　)

06 화이트칼라 범죄(white-collar crime)라는 용어는 서덜랜드(Sutherland)가 최초로 사용하였다. (　　)　　22. 간부(72)

07 화이트칼라 범죄(white-collar crimes)란 사회적 지위가 높은 사람이 주로 직업 및 업무 수행의 과정에서 범하는 범죄를 의미한다. (　　)
23. 경행 1차

08 어떠한 범죄가 화이트칼라 범죄인지 여부는 범죄자의 사회적 지위만으로 판단할 수 있는 것이 아니다. (　　) 22. 간부(72)

09 화이트칼라 범죄는 피해규모가 크기 때문에 암수범죄가 될 가능성이 상대적으로 낮다. (　　)

10 화이트칼라 범죄는 범죄행위의 적발이 용이하지 않고 증거수집에 어려움이 있다. (　　)

---

01 ○　가정폭력은 대부분 상습적으로 은밀하게 자행된다(암수범죄).

02 ○　가정폭력은 신체적 폭력, 정신적 폭력, 성적 폭력, 방임 등으로 구분할 수 있다. 여기서 '방임'이란 경제적 자립능력이 부족하여 일상생활에 도움이 필요한 아동과 노인을 책임지지 않고 방치 또는 유기하는 것을 말한다.

03 ○　「가정폭력범죄의 처벌 등에 관한 특례법」 제5조

04 ○　「가정폭력범죄의 처벌 등에 관한 특례법」 제40조 제1항 제4호 참조

05 ✕　교육의 기회가 증대되고 학생 수의 증가에 따라 범죄자 중 학생이 차지하는 비율이 점차 높아지고 있다.

06 ○　서덜랜드는 화이트칼라 범죄라는 용어를 최초로 사용하면서 이를 사회·경제적 '지위'가 높은 사람들이 그 '직업'상 저지르는 범죄라고 정의하였다.

07 ○　서덜랜드(Sutherland)는 화이트칼라 범죄를 '사회·경제적 지위가 높은 사람들이 그 직업상 저지르는 범죄'라고 최초로 정의하였다. 근래에 들어 화이트칼라 범죄의 개념은 더욱 확대되어, '하류계층보다 사회적 지위가 높고 비교적 존경받는 사람들이 자신의 직업수행 과정에서 행하는 직업적 범죄'라고 정의하는 것이 보통이다.

08 ○　사회적 지위가 높은 사람이 저지른 범죄라도 그 '직업'과 관련이 없는 경우에는 화이트칼라 범죄라고 볼 수 없다.

09 ✕　화이트칼라 범죄는 업무활동에 섞여서 발생하므로 적발이 용이하지 않으며, 피해자의 피해의식도 약하고, 증거수집도 어려우므로 암수범죄의 비율이 높다는 특징을 가지고 있다.

10 ○　화이트칼라 범죄는 업무활동에 섞여서 일어나기 때문에 적발이 용이하지 않을 뿐만 아니라 증거수집도 어려운 점이 있다고 한다.

11 화이트칼라 범죄는 사회적 지위가 높은 사람이 주로 직업 및 업무수행 과정에서 범하는 범죄를 의미하고, 피해가 직접적이고 암수범죄의 비율이 낮으며 선별적 형사소추가 문제 된다. (   )

24. 간부(74)

12 화이트칼라 범죄는 범행동기에 따라 조직적 범죄와 직업적 범죄로 나눌 수 있는데, 직업적 범죄는 사기기만형, 시장통제형, 뇌물매수형, 기본권 침해형으로 구분된다. (   )

24. 간부(74)

13 계절과 범죄의 관계에 대한 연구에 의하면 성범죄와 폭력범죄는 추울 때보다 더울 때에 더 많이 발생한다고 알려져 있다. (   )

14 급격한 화폐가치의 하락은 범죄와는 무관하다. (   )

15 범죄인자 접촉빈도와 범죄발생과의 관계에 대한 이론인 습관성 가설은 마약범죄발생의 원인규명에 주로 활용되었다. (   )

16 카타르시스가설에 의하면 일반인들이 매스컴의 범죄장면을 보고 스스로 카타르시스를 얻기 위해 범죄행위에 나설 수 있기 때문에 매스컴이 범죄를 유발한다고 한다. (   )

17 급격한 도시화는 인구의 이동이나 집중으로 인해 그 지역의 사회관계의 혼란을 초래하고, 지역사회의 연대를 어렵게 하여 범죄의 증가를 초래할 수 있다고 한다. (   )

---

11 × 화이트칼라 범죄는 그 '피해가 간접적인 경우'가 많고, '암수범죄의 비율이 높다'는 특징이 있다.

12 × 사기기형, 시장통제형, 뇌물매수형, 기본권 침해형은 화이트칼라 범죄의 유형 중 '조직적(조직체적) 범죄'에 해당한다.

13 ○ 생명·신체에 대한 폭력범은 겨울에 적고 여름에 많으며, 성범죄는 저온에서 고온으로 이행하는 시기인 봄부터 증가하여 여름에 가장 많고, 겨울에 들어서면서 다시 낮아진다고 한다.

14 × 화폐가치가 지나치게 빨리 변화해서 국민의 저축의욕이 떨어지고 인플레이션과 디플레이션이 지속적으로 계속되며 물가가 급격하게 변동할 때에는 국민경제의 흐름이 왜곡되어 범죄증가원인이 되기도 한다.

15 × 습관성 가설은 '매스컴과 범죄'의 상관성과 관련하여, 매스컴의 폭력장면에 끊임없이 노출되다 보면 자기도 모르게 폭력에 길들여질 개연성이 높다는 이론이다(장기효과이론·간접효과설).

16 × 카타르시스가설이란 매스컴에서 등장하는 범죄 또는 그 범죄자에 대한 처벌은 일반인들에게 카타르시스의 역할을 하여 오히려 범죄를 억제하는 기능을 한다는 이론이다.

17 ○ 도시화는 익명성, 타자지향성, 상대방에 대한 몰인격적 판단, 소비중심의 생활패턴 등을 가져오고, 그러한 요인들이 범죄의 억제작용을 하는 지역사회의 조직화, 즉 지역사회 자체가 가지는 범죄통제기능을 저해하여 결국 범죄와 비행을 증가시킨다고 할 수 있다.

제6장 / 범죄사회학이론

제1절 범죄사회학이론 개관

① 미국의 범죄사회학이론은 1915년경부터 사회학의 한 분야인 일탈이론의 일부로 범죄학을 다루었고, 1950년대 이후에는 범죄의 일반이론으로 성장하였다.

② 종래 사변적·관념론적 연구방법이 급변하는 다원적 사회구조의 해명에 한계를 보이며, 실증연구를 통한 다원적인 미국사회에 맞는 실용주의이론을 전개한다.

③ 범죄사회학에서는 범죄인 분류보다는 범죄유형론이 발달하고, 행형·교정절차의 연구가 활발하다.

④ 1980년대 이후에는 고전주의에 입각하여 일반예방, 선별적 구금, 형벌에 의한 무력화 등의 복고적 경향이 등장하기도 하였다(**현대적 고전주의**).

⊕ PLUS 사회구조이론과 사회과정이론의 분류

사회구조 이론	범죄의 유형과 정도의 다양성을 설명하기 위해 하위문화를 포함한 문화 및 사회제도의 속성을 중시하는 입장 22. 간부(72), 23. 경행 1차 **예** 사회해체이론, 갈등이론, 아노미이론(긴장이론), 하위문화이론 등
사회과정 이론	집단과 개인의 상호작용의 결과와 유형에 초점을 두는 입장 22. 간부(72), 23. 경행 1차 **예** 학습이론, 통제이론, 낙인이론

제2절 범죄생태학과 사회해체이론

01 서론

범죄생태학과 사회해체이론은 범죄의 발생을 전통적 사회조직의 붕괴로 인한 규범의식의 변화, 사회통제력의 약화 및 반사회적 행위의 보편화에서 기인하는 것으로 본다.

02 범죄생태학

1. 동심원이론 – 버제스(E. W. Burgess) ✔

① 파크(R. Park)의 사회생태학(인간생태학)을 도시라는 특수한 사회의 연구에 적용시켰다. 24. 간부(74)

② 도시는 특정활동이 특정지대에 몰리면서 각 지대가 중심부로부터 변두리로 퍼져 나가는 동심원의 유형을 나타내며, 이러한 지대유형은 지가(地價)와 관련을 맺고 있다. 24. 간부(74)

제1지대	중심지대	상업·공업 등의 중심 업무지역
제2지대	변이지대 (퇴화과도 지역)	상·공업에 잠식되는 과정에 있으나, 빈민지대로 빈곤자·이주자·이민자 등의 거주지역(전이지역, 범죄의 자연지역)
제3지대	노동자 주거지대	2~3세대용 주택이 대부분인 지역
제4지대	중류층 주거지대	단일가구주택으로 구성된 중류층 거주지역
제5지대	통근자 주거지대	교외지역

③ 각 지역의 범죄를 비교한 결과, 제2지대인 변이지역(퇴화과도 지역)에 범죄가 집중적으로 발생하였다. 변이지역은 전통적 사회통제를 약화시키는 생태학적 조건이 두드러진 지역으로서 사회통제가 범죄를 억제하는 데에 역부족인 공간이다. 22. 경행

2. 범죄지대연구 – 쇼우와 맥케이(C. Shaw & H. D. Mckay) 22. 간부(72)

① 버제스(E. W. Burgess)의 연구결과 중 변이지역에서 범죄율이 가장 높은 현상에 주목하여 그 이유를 분석하였다. 23. 경행 2차, 24. 간부(74)

    ㉠ 변이지대는 유럽 이민들과 흑인 이주자들이 혼재되어 문화적 이질성이 매우 높으며 그 결과 사회해체가 촉진된다.

    ㉡ 변이지대에서는 빠른 속도의 사회변화가 발생하며 이것 역시 사회해체를 초래하는 요인으로 작용한다.

    ㉢ 사회해체는 결국 개인해체를 가져오고, 나아가 범죄 및 비행으로 연결된다.

② 변이지역의 열악한 사회구조적 여건(빈곤, 주거 불안정, 인종적 이질성 등)은 심각한 사회해체의 원인이 되고, 이는 다시 높은 범죄율로 이어진다.

③ 변이지역 내에서 구성원의 인종·국적이 바뀌었음에도 불구하고 계속적으로 높은 범죄율을 보인다는 사실을 통해, 지역의 특성과 범죄발생과는 중요한 연관이 있음을 주장한다. 22. 경행, 23. 경행 2차, 24. 경행

④ 범죄·비행의 발생은 지역과 관련이 있는 것이며, 행위자의 개인적 특성 또는 사회 전체의 경제수준 등의 산물이 아니라고 본다.

3. 검토

범죄의 발생은 이성에 의한 합리적 선택이나 개인의 특성의 문제가 아니라 지역주민들 사이에 적정한 이웃관계를 유지하고 발전시킬 수 있는 요인이 없거나 부족하기 때문이라고 본다. 이는 범죄의 발생이 환경적 조건과 밀접하게 관련되어 있음을 의미하는 것이다.

03 사회해체이론

1. 틈새지역과 사회해체

① 틈새지역이란 인구이동이 많은 지역에서 흔히 볼 수 있듯이 과거의 지배적인 사회관계는 와해되었지만, 아직까지 새로운 관계가 형성되어 있지 않은 지역을 말한다.

사회해체

쇼우와 맥케이는 공동체의 가치와 규범이 전해지는 조직이 붕괴되어 사회통합이 안되고 청소년에 대한 감시와 통제가 소홀한 상태, 즉 공동체의 가치를 실현하고 공동의 문제를 해결하는 능력이 부재한 상태를 사회해체라고 보았다.

② 사회해체란 틈새지역의 사회적 환경(사회변동·이민증대·계층간의 갈등, 윤리의식의 저하 등)으로 인해 종래의 사회구조가 붕괴됨에 따라, 규범이 개인에게 미치는 영향력이 감소하여 사람들의 반사회적 태도가 증가하는 상태를 말한다(내적·외적 사회통제의 약화로 지역사회가 공동체의 문제해결을 하는 능력이 상실된 상태). 23. 간부(73)

2. 범죄의 발생

① 범죄는 사회해체의 진행 과정에서 반사회적 행위가 일반화되어 나타난다는 것이다.
② **쇼우와 맥케이(Shaw & Mckay)**: 전통적 사회통제가 규제력을 상실하면 반사회적 가치를 옹호하는 범죄하위문화가 형성되고 계속적으로 주민들 간에 계승됨으로써, 해당 지역에는 높은 범죄율이 유지된다고 한다(문화전달이론). 22. 간부(72)
③ **콘하우저(Kornhauser)**: 지역사회의 사회통제가 작동하지 않는 사회해체가 먼저 진행되고, 그로 인해 비행이 발생하며 비행하위문화는 이러한 비행행위에 대한 사회적 지지를 제공하기 위해 형성되는 것이라고 주장한다[사회해체 ➡ 비행(범죄) 발생 ➡ 비행하위문화 형성]. 24. 경행
④ **쿨리(Cooley)**: 사회가 분열되고 해체되면 여러 사회문제가 발생한다고 본다.
⑤ **버식과 웹(Bursik & Webb)**: 일단 높은 범죄율을 보였던 지역에서는 구성원의 변화에도 불구하고 그러한 경향이 지속된다. 반면에 해당 지역이 안정된 후에는 구성원의 변화가 진행되더라도 전 단계와 별반 차이 없는 범죄율을 보인다. 즉, 개별적으로 거주자가 누구인가에 관계없이 지역적 특성과 범죄발생에 연관성이 있다고 할 것이어서 결국 사회의 해체 여부는 특별한 사정이 없는 한 계속 승계된다고 본다(거주지 계승). ✦
⑥ **버식(Bursik)**: 쇼우와 맥케이(Shaw & Mckay)의 이론이 사회해체와 범죄와의 관계를 명확히 설명하지 못하는 한계를 비판하면서, 사회해체의 원인으로 주민의 이동성과 이질성에 의한 비공식적 감시 기능의 약화, 행동지배율의 결핍, 직접 통제의 부재 등을 주장한다. ✦✦

3. 집합효율성이론

① 지역사회의 구성원들이 상호신뢰 또는 연대하여 무질서나 사회문제를 해결하기 위하여 적극적으로 개입·참여하는 것을 집합효율성이라고 한다(비공식적 사회통제의 결합).
② 샘슨(Sampson)은 지역사회의 범죄율의 차이는 지역사회의 구성원들이 범죄문제를 공공의 적으로 인식하고 이를 해결하기 위해 적극적으로 참여하는 것에 기인하며, 집합효율성이 높은 지역은 범죄가 감소하나, 비공식적 사회통제가 제대로 되지 않고 지역사회의 응집력이 약해지면 범죄는 증가한다고 주장한다. 22. 경행, 23. 경행 2차, 24. 경행, 24. 간부(74)
③ 집합효율성이론은 기존의 경찰중심 범죄예방 전략의 한계를 극복할 수 있는 방안을 제시하고 있다(지역사회 범죄예방에 대한 시민참여의 필요성을 설명).

04 평가

1. 공헌

① 범죄생태학과 사회해체이론은 범죄대책으로서 **개별 범죄자에 대한 처우보다 도시의 지역사회를 재조직화하여 사회통제력을 증가**시킬 것을 주장한다. 22. 간부(72)
② 이에 따라 고안된 '시카고 지역계획(Chicago Area Project)'에 의해 시카고시에 22개의 지역센터를 설립하여 주민들의 공동체 의식을 함양시키기 위한 여러 활동을 수행하였다.
③ 사회해체이론은 사회통제이론, 아노미이론, 차별적 접촉이론 그리고 문화적 갈등이론 등에 기초를 제공하였다고 평가된다.

2. 비판

① **보편화의 한계**: 사회해체이론은 도시화·산업화가 급진전하던 시대에 타당할 수는 있었을지 모르나, 산업사회를 넘어서 정보사회로 치닫고 있는 현시점에서의 타당성은 별개의 문제이다.
② **단순화의 오류**: 비행지역 안에 있으면서 비행에 가담하지 않는 경우에 대한 설명이 어렵고, 비행지역 밖의 범죄에 대해서도 설명할 수 없다. 비행지역이 정말로 범죄자를 만들어내는 것인지, 단지 범죄성향이 있는 자들이 그곳에 모이는 것인지는 구별할 필요가 있다.
③ **암수범죄의 문제**: 주로 형사사법기관의 **공식통계에 의존**한 연구라는 점에서 연구결과의 정확성을 신뢰할 수 있는가가 문제된다.
④ **생태학적 오류의 문제점**: 로빈슨(Robinson)은 개인적 상관관계와 생태학적 상관관계를 구분하면서 사회해체이론에 대하여 생태학적 오류(ecological fallacy)의 문제점을 지적하였다. 그는 쇼와 멕케이 등의 학자들이 개인의 특성을 파악하고자 연구하면서 생태학적 상관관계에 근거하여 주장을 펼친다고 비판하였다. 즉, <u>지역이나 집단을 대상으로 연구를 진행하여 그 추론의 내용을 개인 단위에 적용시킬 경우에 문제가 발생한다</u>는 것이다. 22. 경행
⑤ 또한 초기 사회해체이론에 대해서는 사회해체의 개념이 사회해체의 결과인 범죄 및 비행의 증가와 뚜렷이 구분되지 않는다는 것과 사회해체를 범죄와 연결하는 사회통제의 부재를 실증적으로 측정하기 어렵다는 것이 문제점으로 지적되었다. 23. 간부(73)

제3절 학습이론

01 서론

① 학습이론(Learning Theory)이란 <u>범죄를 정상적인 사람들의 정상적인 학습행위의 산물로 파악</u>하는 관점이다. 22. 경행
② 이는 범죄를 비정상성의 결과로 파악하는 생물학적·심리학적 범죄이론을 거부하면서 준법적인 의식이나 행동들과 마찬가지로 범죄도 사회생활상 습득된 행위패턴이라고 주장한다.

02 모방이론(초기학습이론) - 타르드(G. Tarde)

1. 의의

① 인간은 태어날 때는 모두 정상이지만, 이후 범죄가 생활방식의 하나인 분위기에서 양육되어 범죄자가 된다. 결국 범죄행위는 모방의 결과이다. ✦
② 롬브로조(C. Lombroso)의 생물학적 범죄원인론을 부정하고 사회심리학적 방법을 기초로 개인의 특성과 사회의 접촉 과정을 중시하는 전제에서, 인간은 타인과 접촉하면서 관념을 학습하고 행위는 학습한 관념으로부터 유래하는 것이라고 주장한다. ✦

2. 내용

거리의 법칙	모방은 사람 사이의 거리에 반비례하여 이루어진다는 것으로서, 사람들 사이의 거리가 가까울수록 모방이 강하게 일어난다.
방향의 법칙	모방은 사회적 지위가 우월한 사람을 중심으로 이루어진다. 즉, 범죄는 상층계급으로부터 하층계급으로, 도시에서 농촌으로 모방이 이루어진다. ✦
삽입의 법칙	모방은 유행이 되고, 유행은 관습이 된다(모방 ➜ 유행 ➜ 관습, 무한진행의 법칙).

03 차별적 접촉이론 - 서덜랜드(E. H. Sutherland)

1. 이론의 출발

① 범죄란 개인이 타인과 접촉하는 과정에서 서로 다르게 타인을 접촉하면서 상대방의 행동을 학습하는 결과로서 생기게 된다고 파악한다(차별적 교제이론, 분화적 접촉이론). 22. 간부(72), 23. 경행 2차
② 범죄 행위의 학습은 비범죄 행위의 학습과 비교하여 '좋다 또는 나쁘다'의 평가를 할 수 있는 것이 아니라, 단지 다른 학습으로 파악된다.
③ '왜 사람의 집단에 따라 범죄율이 서로 다른가'에 대해서는 차별적 사회조직화·차별적 집단조직화의 개념으로 설명하고, '왜 대부분의 사람들은 범죄자가 되지 않는데 일부는 범죄자가 되는가'에 대해서는 개인의 차별적 접촉으로 설명한다.
④ 서덜랜드는 인종, 성별, 사회경제적 지위 등 다양한 특성에 기인한 범죄원인 연구는 일반화가 어렵고 과학적인 범죄원인 연구에 적합하지 않다고 보아, 범죄와 비행을 설명할 수 있는 일반이론으로서 차별적 접촉이론을 제시하였다. 22. 경행

2. 범죄학습이 이루어지는 과정(9가지 명제) 22. 간부(72), 22. 경행, 23. 해경간부

① 범죄행동은 학습된다.
② 범죄행동은 타인과의 상호작용 속에서 의사소통과정을 통해 학습된다. ✦✦
③ 범죄학습의 주요 부분은 **친밀한 관계를 맺고 있는 개인집단** 안에서 일어난다. ✦✦
④ 범죄학습 내용은 범죄기술 외에 범죄동기·충동·합리화 방법·태도 등을 포함한다. ✦

⑤ 범죄동기·충동의 구체적 방향은 법규범에 대한 긍정적·부정적 정의로부터 정해진다. ✬

⑥ 어떤 사람이 범죄자가 되는 것은 **법률 위반에 대한 긍정적 정의가 부정적 정의를 압도**하기 때문이다(차별적 접촉). ✬✬

⑦ 차별접촉은 **빈도·기간·순위(우선성)·강도**에 따라 달라진다. ✬

⑧ 범죄자와 접촉을 통해 범죄를 배우는 과정은 다른 모든 행위의 학습과정과 같다. ✬✬

⑨ 범죄행동은 사회의 일반적 욕구와 가치관의 표현이지만 그것만으로 범죄를 설명하는 것은 한계가 있다. ✬

3. 범죄대책

① 범죄의 감소를 위해서는 비범죄적인 정의에 대한 접촉을 늘려야 하므로(또래집단 예방 및 개입 프로그램), 범죄행위를 학습한 사람은 이를 치료할 수 있는 정신과의사·심리학자·사회사업가 등의 도움을 받아야 한다. 23. 간부(73)

② **집단관계에 기한 요법**(집단관계 치료요법), 즉 범죄성향을 가진 사람들을 재사회화 기관에서 집단으로 치료할 수 있도록 도와주는 방법이 유용하다(예 수형자자치제도 등). ✬

4. 평가

공헌	① 집단현상으로서 범죄의 설명에 유용하다. ② 청소년 비행의 설명에 설득력이 있다.
비판	① 학습 측면을 지나치게 강조하고 인간 본성의 차이를 무시한다(생물학적 범죄원인의 무시). ② 같은 원인에 의해서도 어떤 사람은 범죄자가 되고 다른 사람은 그렇지 않다는 점을 간과한다(이질적 반응을 간과). ③ 범죄학습이 매스미디어와 같은 비개인적 접촉 수단에 의해 영향을 받음을 간과한다. ✬ ④ 과실범·격정범 등 학습 없이 행해지는 충동범죄, 개인의 지적 능력에 의한 화이트칼라 범죄 등을 설명할 수 없다. ⑤ 범죄를 학습의 결과로 보게 되면 최초의 범죄(범죄의 시작)를 설명하지 못한다. ⑥ 비행 친구와 비행의 관계가 일방향이 아니라 쌍방향일 수 있다. ⑦ 차별적 접촉 등 주요 개념이 모호하여 경험적 검증에 의한 입증이 어렵다. 24. 경행

04 차별적 접촉이론의 수정·보완

1. 차별적 동일시이론

(1) 의의

① 글래저(D. Glaser)는 '사람은 누구나 자신을 누군가와 동일시하려는 경향이 있으며 자신의 범행 행동을 수용할 수 있다고 생각되는 실재의 인간이나 관념상의 인간에게 자신을 동일시하는 경우 범죄를 저지른다'고 본다(분화적 동일화이론). ✬✬

② 범죄는 행위자가 단순히 범죄적인 가치에 '접촉'됨으로써 발생되는 것이 아니라, 스스로 그것을 자기 것으로 '동일시'하는 단계로까지 나아가야 발생된다(주관적 애착에 의한 동일시를 중요시). 23. 간부(73), 23. 해경간부, 24. 경행

(2) 내용

① 동일시라는 개념을 사용하여 문화전달의 주체를 직접 접촉하는 사람뿐만 아니라 멀리 떨어져 있는 준거집단·준거인까지 확장함으로써 문화전달의 범위를 보다 탄력적이고 광범위하게 보았다(매스미디어의 중요성을 강조, 간접적 접촉의 문제 해결). 23. 경행 1차

② 동일시라는 단계에 주목하여야 범죄적 문화에 접촉하면서도 범죄를 행하지 않는 사람들의 행동도 설명할 수 있다(차별적 반응의 문제 해결).

(3) 차별적 기대이론

① 글래저(D. Glaser)는 차별적 접촉이론, 차별적 기회구조이론, 사회통제이론을 기초로 차별적 접촉이론이 무시한 기회구조의 문제에 대응하고 사회통제이론의 요소를 가미하려는 시도로서 차별적 동일시이론을 '차별적 기대이론'으로 재구성하였다.

② 개인적 범죄성은 그러한 행위의 결과에 대한 기대감의 산물이다. 인간은 인식된 또는 기대되는 최선의 대안을 선택할 때 실제로 최선의 대안을 중요시하는 것이 아니라, 오히려 최선의 대안에 대한 자신의 기대감을 중요시하게 된다.

③ 결국 사람은 범죄로부터 얻어지는 만족에 대한 기대감이 부정적 기대감을 상회할 경우에 범죄를 저지른다. 23. 해경간부

2. 차별적 강화이론과 사회학습이론

(1) 의의

① 차별적 강화이론과 사회학습이론은 차별적 접촉이론과 심리학의 학습이론을 결합한 이론이다. 23. 간부(73)

② 범죄행위는 그것을 강화하고 두드러지게 하는 사회 외적 분위기 또는 사람들과의 사회적 상호작용을 통해 학습된다고 본다. ✔

(2) 차별적 강화이론

① 버제스와 에이커스(E. W. Burgess & L. Akers)는 차별적 접촉이론을 수정·보완하면서 스키너(Skinner)의 조작적 조건 형성 개념을 결합한 차별적 강화이론을 주장하였다.

② 조작적 조건 형성이란 어떤 행동은 그에 따른 결과에 따라 강화되거나 억제되며, 그 과정에서 행동의 학습이 이루어진다는 것이다(조작적 조건화의 논리로 범죄의 과정 설명). ✔

③ 행위에 대해 기대되는 결과가 다를 수 있다는 차별적 재강화의 개념, 즉 자기의 범죄행위에 대한 보답(보상)이나 처벌에 대한 생각의 차이가 범죄학습에서 나름의 의미를 지닌다. 23. 간부(73)

④ 어떤 행동이 보상을 가져오면 그 행동을 지속하게 되고(긍정적 강화, positive reinforcement), 반대로 처벌을 받게 되면 그 행동을 중단하게 된다(부정적 강화, negative reinforcement).

⑤ 자신의 직접적인 경험이 아니라도 다른 사람들이 하는 행동을 관찰하여 모방(모델링)하는 것도 학습의 내용이 된다.

⑥ 사회적 상호작용과 함께 비사회적 사항(예 굶주림·성욕의 해소 등)에 의해서도 범죄행위가 학습될 수 있다.

(3) 사회학습이론

① 이후 에이커스(L. Akers)는 차별적 강화이론을 개선하면서 반두라(Bandura)의 사회학습이론 중 모방 개념을 결합한 사회학습이론을 주장하였다.

② 에이커스의 사회학습이론은 다음의 4가지 개념으로 구성된다. 24. 경행, 24. 간부(74)

차별접촉	㉠ 개인이 범죄에 대해 우호적 정의 또는 비우호적 정의를 가진 사람 중 어느 성향의 사람과 많이 상호작용을 하는가의 문제이다. ㉡ 차별접촉의 내용으로 직접적 접촉뿐만 아니라, 간접적 접촉과 준거집단에 대한 동일시를 포함한다.
정의	㉠ 특정 행위에 대하여 사람들이 부여하는 의미와 태도를 말한다. ㉡ 부정적 정의(어떤 행위를 거부하는 도덕적·관습적 태도), 긍정적 정의(어떤 행위가 도덕적으로 허용될 수 있다는 태도), 중화적 정의(어떤 행위가 바람직하지는 않지만 특정 상황에서는 옳다고 정당화하거나 변명하는 태도)로 구분된다. ㉢ 범죄에 대해 우호적인 사람과의 상호작용을 통하여 범죄적 가치관이 형성되고, 이에 따라 행동하게 된다[범죄에 우호적인 정의(긍정적 정의, 중화적 정의)의 내면화].
차별강화	㉠ 어떤 행위의 학습은 그 행위의 결과로 얻게 되는 보상과 처벌에 의해 영향받는다. ㉡ 차별강화의 유형을 4가지로 제시한다(긍정적 강화, 부정적 강화, 긍정적 처벌, 부정적 처벌).
모방	㉠ 다른 사람의 행동을 관찰하여 따라하는 것으로, 모방은 차별강화와 무관하게 발생할 수 있다. ㉡ 모방은 주로 새로운 행위의 시도나 범행수법의 도입에 더 큰 영향을 미치지만 행위의 지속에도 영향을 미친다.

③ 범죄의 시작은 차별적 접촉으로 내면화한 정의 또는 단순한 모방에 의하여 가능하다.

④ 범죄의 지속은 범죄를 보상하는 차별적 강화가 계속 존재할 경우 가능하다.

⑤ 차별적 강화의 유형은 다음과 같다. 23. 간부(73)

유형	보상	처벌	결과
긍정적 강화	○		행위 지속·증가
부정적 강화		×	행위 지속·증가
긍정적 처벌		○	행위 중단·감소
부정적 처벌	×		행위 중단·감소

⑥ 사회학습이론은 학습을 통한 변화의 가능성을 인정하여 광범위하게 범죄예방 및 범죄자 처우 프로그램 개발의 이론적 근거로 사용되고 있다.

01 서론

① 통제이론(Control Theory)은 기존의 범죄이론의 입장과 달리, 범죄연구의 초점을 '개인이 왜 범죄를 행하게 되는가'의 측면이 아니라 '**개인이 왜 범죄로 나아가지 않게 되는가**'의 측면에 맞추는 이론이다(관점의 전환). 24. 간부(74)

② 범죄행위의 동기는 인간본성의 일부여서 사회 속의 개인은 모두 잠재적 범죄인이기 때문에 범죄이론은 그러한 개인이 '왜 범죄행위에 실패하게 되는가'를 설명해야 한다. ✦✦

③ 인간의 행동에 대한 통제를 수반하는 적절한 사회화가 선행되지 않으면 인간은 이미 내재되어 있는 기질의 영향으로 범죄를 저지르게 되어 있다고 본다.

④ 통제이론에서 그 원인으로 주목하는 내용은 **개인과 사회의 통제력·억제력**이다.

⑤ 토비(Toby)는 범죄를 통제하는 기제로서 개인적 통제와 사회적 통제를 함께 고려해야 한다고 주장하였다. 22. 간부(72)

02 개인 및 사회통제이론

1. 라이스(A. Reiss)의 연구 22. 간부(72)

범죄와 개인의 자기통제력의 관계를 처음으로 지적하여, 소년비행의 원인을 개인통제력의 미비와 사회통제력의 부족에서 파악하였다. ✦

① **개인통제력의 미비**: 사회의 규범이나 규칙들과 마찰을 일으키지 않고 자기가 하고 싶은 일을 할 수 있는 능력을 갖추지 못함으로써 비행에 빠진다.

② **사회통제력의 부족**: 학교와 같이 교육을 담당하는 사회화 기관들이 소년들을 제대로 수용·순응시키지 못함으로써 비행 성향이 분출하는 것을 통제하지 못한다.

2. 나이(J. Nye)의 연구 22. 간부(72)

라이스의 견해를 발전시켜 가정이 사회통제의 가장 중요한 근본이라고 주장하면서, 청소년의 비행을 예방하는 사회통제의 유형을 분류하였고, 사회통제의 유형 중 가장 효율적인 방법은 **비공식적 간접 통제**의 방법이라고 보았다. 23. 경행 1차

① **직접 통제**: 잘못을 했을 때 즉시 억압적 수단을 사용하여 이후의 비행을 예방하는 것으로서, 국가기관에 의한 '공식 통제'와 가정이나 학교에서 이루어지는 '비공식 통제'의 방법이 있다.

② **간접 통제**: 소년들이 주위의 기대 등을 의식해서 비행을 자제하는 것을 말한다.

③ **내부 통제**: 스스로 양심이나 죄의식 때문에 비행을 하지 않도록 하는 것을 말한다.

03 봉쇄이론(견제이론) - 레클리스(W. C. Reckless)

1. 의의

① 레클리스는 이전까지의 이론을 종합하여 내부적·외부적 통제 개념에 기초한 봉쇄이론(Containment Theory)을 발표하였다.

② 모든 사람들에게는 범죄로 이끄는 **범죄유발요인**과 범죄를 억제하는 **범죄억제요인**이 부여되어 있지만, 범죄억제요인이 더 강할 경우 범죄로 나아가지 않는다고 한다. ✦✦

2. 범죄유발요인과 범죄억제요인

(1) 범죄유발요인 22. 간부(72), 23. 해경간부

① **압력(pressures)**: 사람들을 불만에 빠지게 하는 요소로서 가난, 가족간의 갈등, 실업, 열등한 지위, 성공기회의 박탈 등이 있다.

② **유인(pulls)**: 정상적인 생활로부터 이탈하도록 유인하는 요인으로 나쁜 친구, 비행적 대체문화, 범죄조직, 불건전한 대중매체 등이 있다.

③ **배출(강요, pushes)**: 범죄를 저지르도록 하는 개인의 생물학적·심리적 요소로서 불안, 불만, 내적 긴장, 증오, 공격성, 즉흥성 등이 있다.

(2) 범죄억제요인 23. 간부(73)

① **외부적 억제요인(외적 봉쇄)**: 가족이나 주위 사람과 같이 외부적으로 범죄를 차단하는 요인들(사회적 연대와 끈)로서 일관된 도덕교육, 교육기관의 관심, 합리적 규범과 기대체계, 효율적인 감독과 훈육, 소속감과 일체감의 배양 등이 있다.

② **내부적 억제요인(내적 봉쇄)**: 건강한 개인이 사회의 규범·도덕을 내면화함으로써 내부적으로 형성한 범죄 차단에 관한 요인들로서 자기통제력, 강한 자아의식, 인내심, 책임감, 성취지향력, 대안발견능력 등이 있다.

③ 범죄억제요인 가운데 어느 하나라도 제대로 작용하면 범죄를 예방할 수 있다고 하며, 특히 내부적 억제요인을 강조하였다. 고도로 개인화된 사회에서 범죄대책은 각 개인의 내부적 억제요인을 강화하는 것에 맞추어질 수밖에 없다는 것이다. ✦

> **내부적 억제요인의 형성 여부**
> 내부적 억제요인이 적절히 형성되는지 여부는 자기관념에 달려있고, 자아관념은 가정에서 담당하는 교육의 영향을 받아 12세 이전에 대체로 형성된다.

3. 자기관념이론(자아관념이론)

① 자기관념(자아관념, self-concept)이란 소년이 자기 자신에 대해서 갖는 인식을 말하며, **좋은 자기관념은 비행에 대한 절연체**이다. ✦✦

② 소년들로 하여금 비행을 멀리하게 하는 중요한 절연체의 요소는 가족관계에 있으며 이를 바탕으로 형성된 긍정적 자기관념의 획득·유지가 범죄에서 멀어지게 하는 요인이 된다. 23. 경행 1차

③ **이는 차별적 접촉이론에서 이질적 반응의 문제에 대한 보완방법 중의 하나에 해당한다.** 23. 해경간부

④ 다만, 긍정적 자기관념의 생성에 대한 설명이 부족하며, 자기관념의 변화 과정에 대해 설명하지 못한다는 비판을 받는다. ✦

표류(Drift)

사회통제가 약화되었을 때에 소년들이 합법적인 규범·가치에 전념하지 못하고 위법적인 행위양식에도 몰입하지 않는 합법과 위법의 중간에 있는 상태를 말한다.

1. 표류이론

① 표류이론(Drift Theory)이란 비행소년은 항상 하위문화에 지배되어 끊임없이 반사회적 행위를 하는 것이 아니라 비행과 무비행의 생활양식 사이에 떠다니고 있는 존재라고 보는 입장이다. ✯✯

② 대부분의 비행소년들은 사회통제가 느슨한 상태에서 합법과 위법의 사이를 표류하는 표류자일 뿐이다. 중요한 것은 소년들을 표류하게 하는 여건, 즉 사회통제가 느슨하게 되는 조건이 무엇인지를 밝히는 것이다. ✯

③ 맛차(D. Matza)는 기존의 범죄이론이 범죄원인에 대한 설명에서 강제와 차별화를 지나치게 강조한다고 비판한다. 즉, 비행소년은 일반소년들과 근본적인 차이가 있으며, 그 차이로 인하여 비행소년들은 어쩔 수 없이 비행에 빠져들 수밖에 없다는 점을 기본적인 접근방법으로 하고 있다는 것이다.

④ 범죄자는 비범죄적 행동양식에 차별적으로 접촉하여 범죄행위로 나아가는 것이 아니며[서덜랜드(E. H. Sutherland)의 차별적 접촉이론을 비판], 지배적인 문화와 구별되는 비행하위문화가 독자적으로 존재하는 것도 아니다[코헨(L. Cohen)의 비행하위문화이론을 비판].

⑤ 비행소년도 대부분의 경우에는 규범에 순응하지만 특별한 경우에 한하여 위법행위에 빠져들게 되며, 성년이 되면 대부분 정상적인 생활을 하게 된다(성장효과이론). ✯

2. 중화기술이론

(1) 표류원인으로서의 중화기술

① 비행소년들은 내면화되어 있는 규범의식·가치관이 중화(neutralization), 즉 마비되면서 비행에 나아가게 된다.

② 비행소년들도 전통적 가치·문화를 인정하지만, 그들이 범죄자와의 차별적 접촉에서 배우는 것은 규범을 중화(비행을 정당화)시키는 기술·방법이다. 중화기술을 습득한 자들은 사회 속에서 표류하여 범죄·일탈행위의 영역으로 들어가게 된다. 23. 경행 1차

: 두문자

중화기술의 유형

비 / 피 / 충 / 가 / 책

(2) 중화기술의 유형 22. 간부(72), 22. 경행, 23. 해경간부, 24. 간부(74)

비난자에 대한 비난	사회통제기관들은 부패한 자들로 자기를 심판할 자격이 없다고 하면서 그들의 위선을 비난하는 것이다. ✯✯ 예 경찰·법관은 부패하였고, 선생은 촌지의 노예이며, 부모는 자기의 무능을 자식에게 분풀이하는 사람이라고 하여 죄책감·수치심을 억누르는 것 등
피해자의 부정	피해자는 응당 당해야 마땅할 일을 당했을 뿐이라고 자신의 비행을 정당화하는 것이다. ✯✯ 예 선생을 구타하면서 학생들에게 불공평하기 때문에 당연하다고 하는 것, 상점에서 절도를 하면서 주인이 정직하지 못하다고 하는 것 등

보다 높은 충성심에의 호소	자신의 비행을 인정하면서도 의리·조직을 위해 어쩔 수 없었다고 하여 형법의 요구보다는 자신이 속한 집단의 연대성이 더 중요하다는 것이다(고도의 상위가치에의 호소). ✰✰ 예 차량 절도를 하면서 규범에 어긋나지만 친구간의 의리상 어쩔 수 없다고 하는 것, 시위 현장에서 폭력의 사용은 위법하지만 자유·평등을 위한 것이라고 하는 것 등
가해의 부정	자신의 범행에 의한 손해를 사회통제기관과 달리 평가하여 매우 가볍게 여기는 것이다. ✰✰ 예 절도는 물건을 잠시 빌리는 것이고, 마약복용은 타인에게 피해를 주지 않는다고 하며, 방화시 보험회사가 피해보상을 해줄 것이라고 하는 것 등
책임의 부정	범죄·비행에 대한 자신의 책임을 인정하지 않고 오히려 자신을 사회상황의 피해자로 여기는 것이다. ✰✰ 예 비행의 책임을 열악한 가정환경·빈약한 부모훈육·빈곤 등의 외부적 요인으로 전가하여 합리화하는 것 등

05 사회통제이론(사회유대이론) – 허쉬(T. Hirschi) ✰

1. 비행원인론

① "우리는 모두 동물이고 따라서 범죄성을 본질적으로 지니고 있기 때문에 비행의 원인이 무엇인지 설명하는 것은 필요 없다."라고 보아, '왜 범죄를 저지르는가'가 아니라 '왜 범죄를 저지르지 않는가'에 관심을 두었다(성악설). 22. 간부(72), 23. 간부(73)

② 개인적 통제보다 사회적 통제를 강조하여 **사회유대의 약화**를 비행의 원인으로 본다. 가족·학교·동료 등과 같은 사회집단에 밀접하게 연대(연결)되어 있는 사람은 여간해서 비행행위를 하지 않는다는 것이다(비공식적 통제를 강조). 22. 간부(72), 23. 경행 2차, 24. 간부(74)

2. 사회유대의 요소

① 개인의 생래적인 범죄성향을 통제하는 수단을 개인이 일상적으로 가족·학교·동료 등 사회와 맺고 있는 유대(연대)라고 보아, 개인이 사회와 유대관계를 맺는 방법을 다음과 같이 제시하였다. 23. 경행 1차, 23. 간부(73), 23. 해경간부, 24. 간부(74)

애착	㉠ 애정과 정서적 관심을 통해 개인이 사회와 맺고 있는 유대관계로, 특히 부모·교사·친구 등에 대한 애착이 큰 영향을 미친다. ✰✰ ㉡ 애착에 의한 사회유대가 가장 중요한 요소이다. 예 자식이 비행을 저지르다가도 부모가 실망할 것을 우려해서 중지하는 것
전념 (수행, 관여)	㉠ 규범 준수에 따른 사회적 보상에 얼마나 관심을 갖는가에 관한 것이다. ㉡ 규범적인 생활에 많은 관심을 두었던 사람은 그렇지 않은 사람에 비해 잃을 것이 많기 때문에 비행이나 범죄를 저지를 가능성이 낮다. ✰ 예 소년들이 미래를 생각해서 공부에 전념하는 것은 비행에 빠지면 자신에게 큰 손실이 있으리라고 판단하기 때문

:두문자

사회유대의 요소
애 / 전 / 참 / 신

참여	㉠ 행위적 측면에서 개인이 사회와 맺고 있는 유대의 형태이다.
	㉡ 일상적 행위에 참여가 높을수록 비행의 가능성이 적고, '게으른 자에게 악이 번창하듯이' 참여가 낮으면 일탈의 기회가 증가되어 비행의 가능성이 높다. ✦✦
	예 학교 수업을 태만하고 거리를 배회하는 소년들에서 비행의 정도가 높은 것
신념 (믿음)	㉠ 관습적인 규범의 내면화를 통하여 개인이 사회와 맺고 있는 유대의 형태로서, 내적 통제의 다른 표현이다. ✦
	㉡ 법과 사회규범의 타당성에 대한 믿음이 강하면 비행에 빠지지 않는다.
	예 음주운전은 안된다는 믿음을 가진 사람이 그렇지 않은 사람보다 음주운전을 자제하는 것

② 일반적으로 비행청소년들은 사회의 다른 구성원들과 결속이 약하고, 전념의 정도가 낮으며, 일상적 행위에 참여도 약하고, 관습적 규범에 대한 신념이 없다고 본다.

3. 범죄일반이론(자기통제이론) – 고트프레드슨과 허쉬(M. Gottfredson & T. Hirschi) ✦

① 모든 유형의 범죄행위와 범죄유사행위를 설명할 수 있는 범죄의 일반적 원인을 범죄발생의 기회와 낮은 자기통제력이라고 보며(자기통제력이 작용할 수 있는 전제로서 범죄발생의 기회를 제시), 어렸을 때 부정적으로 형성된 자기통제력이라는 내적 성향 요소가 이후 청소년기나 성인기의 문제행동의 원인이 된다고 주장한다.
22. 간부(72), 23. 간부(73), 23. 경행 1차, 23. 경행 2차
② 낮은 자기통제의 형성에 가장 많은 영향을 끼치는 것은 부모의 잘못된 자녀양육이며, 그에 대한 대책은 아이들의 행동을 항상 관찰하고 비행을 저질렀을 때, 즉시 확인하여 벌을 주는 것 등의 외적 통제인 것이다(가정에서 부모의 역할을 강조).
22. 간부(72), 23. 경행 2차
③ 이에 대해서는 범죄의 설명에 있어 청소년기에 경험하는 다양한 환경적 요인의 영향을 충분히 고려하지 않는다는 비판이 제기된다. 22. 간부(72)

06 평가

① 통제이론은 이론 검증을 위해 자기보고 조사라는 새로운 조사방법을 사용하였다.
② 평범한 소년들의 사소한 범죄를 대상으로 하기 때문에 대표성이 낮다. 따라서 강력범죄 등 중대범죄에는 설득력이 떨어진다는 한계가 있다. ✦
③ 비행의 발생에 대해서 거시적·외부적 압력을 변수로 고려하지 않은 점도 한계이다.

01 사회과정이론(Social Process Theory)에 의하면, 법 위반에 대한 우호적 정의를 학습할수록 범죄를 저지를 가능성이 커진다. (　　) 22. 간부(72)

02 사회과정이론(Social Process Theory)에 의하면, 아동기에 형성된 자기통제력이 낮을수록 범죄를 저지를 가능성이 커진다. (　　) 22. 간부(72)

03 사회과정이론(Social Process Theory)에 의하면, 낮은 사회적 지위 때문에 목표달성에 실패할수록 범죄를 저지를 가능성이 커진다. (　　) 22. 간부(72)

04 사회과정이론(Social Process Theory)에 의하면, 부모와의 정서적 유대관계가 약할수록 범죄를 저지를 가능성이 커진다. (　　) 22. 간부(72)

05 뒤르켐(Durkheim)의 아노미이론(Anomie Theory), 서덜랜드(Sutherland)의 차별접촉이론(Differential Association Theory), 애그뉴(Agnew)의 일반긴장이론(General Strain Theory), 메스너와 로젠펠드(Messner & Rosenfeld)의 제도적 아노미이론(Institutional Anomie Theory)은 범죄원인에 대한 미시적 관점에 해당하는 이론이다. (　　) 23. 경행 1차

06 파크(Park)는 도시에 사는 사람들이 동·식물집단과 마찬가지로 유기적 통일성을 가지고 살아가고 있는 모습을 연구하고, 이를 인간생태학이라고 하였다. (　　) 24. 간부(74)

07 버제스(Burgess)는 특정 도시의 성장은 도시 주변부에서 중심부로 동심원을 그리며 진행되는데, 그러한 과정에서 침입·지배·계승이 이루어진다고 하였다. (　　) 24. 간부(74)

08 사회해체이론에 의하면 지역 거주민의 인종과 민족의 변화가 해당 지역의 범죄율을 좌우하는 핵심요인으로 나타났다. (　　) 23. 경행 2차

---

01 ○ 사회과정이론이란 집단과 개인의 상호작용의 결과와 유형에 초점을 두는 입장으로, 여기에는 학습이론, 통제이론, 낙인이론 등이 속한다. 지문은 사회과정이론 중 학습이론에 해당하는 차별적 접촉이론(서덜랜드)의 주장내용이다.

02 ○ 사회과정이론 중 통제이론에 해당하는 범죄일반이론(고트프레드슨과 허쉬)의 주장내용이다.

03 × '사회구조이론'에 대한 설명이다. 사회구조이론이란 범죄의 유형과 정도의 다양성을 설명하기 위해 하위문화를 포함한 문화 및 사회제도의 속성을 중시하는 입장으로, 여기에는 사회해체이론, 갈등이론, 아노미이론(긴장이론), 하위문화이론 등이 속한다.

04 ○ 사회과정이론 중 통제이론에 해당하는 사회유대이론(허쉬)의 주장내용이다.

05 × 서덜랜드(Sutherland)의 차별접촉이론(Differential Association Theory)과 애그뉴(Agnew)의 일반긴장이론(General Strain Theory)은 미시적 관점의 이론에 해당한다. 반면에 뒤르켐(Durkheim)의 아노미이론(Anomie Theory), 메스너와 로젠펠드(Messner & Rosenfeld)의 제도적 아노미이론(Institutional Anomie Theory)은 거시적 관점의 이론에 해당한다.

06 ○ 파크(R. Park)의 사회생태학(인간생태학)을 도시라는 특수한 사회의 연구에 적용시켰다.

07 × 버제스는 도시는 특정활동이 특정지대에 몰리면서 각 지대가 '중심부로부터 변두리(주변부)로 퍼져 나가는 동심원의 유형'을 나타내며, 이러한 지대유형은 지가(地價)와 관련을 맺고 있다고 주장한다.

08 × 쇼(Shaw)와 맥케이(McKay)는 변이지역 내에서 '구성원의 인종·국적이 바뀌었음에도 불구하고 계속적으로 높은 범죄율을 보인다'는 사실을 통해, '지역의 특성과 범죄발생과는 중요한 연관이 있음'을 주장한다.

09 쇼(Shaw)와 맥케이(McKay)는 지역사회의 특성과 청소년비행간의 관계를 검증하였다. (　　) 22. 경행

10 사회해체이론(Social Disorganization Theory)은 지역사회의 생태학적 변화를 범죄발생의 주요 원인으로 본다. (　　)
22. 경행

11 쇼(Shaw)와 맥케이(McKay)의 연구에 의하면, 지역 거주민의 인종과 민족이 바뀌었을 때 해당 지역의 범죄율도 함께 변했다. (　　) 22. 간부(72)

12 쇼(Shaw)와 맥케이(McKay)의 연구에 의하면, 시카고 시(市)의 전이지대(transition zone)에서 범죄율이 가장 높게 나타났다. (　　) 22. 간부(72)

13 쇼와 맥케이(Shaw & McKay)는 동심원을 형성한 도시 가운데 급격한 인구유입이 이루어진 전이지대에서 청소년비행 등 많은 문제를 발견하고, 이를 사회해체라고 하였다. (　　) 24. 간부(74)

14 쇼(Shaw)와 맥케이(McKay)의 연구에 의하면, 새로운 이민자가 지속적으로 유입되면서 지역사회의 사회해체 상태가 초래되었다. (　　) 22. 간부(72)

15 쇼(Shaw)와 맥케이(McKay)의 연구에 의하면, 범죄지역에서는 전통적 규범과 가치가 주민들의 행동을 제대로 통제하지 못했다. (　　) 22. 간부(72)

16 콘하우저(Kornhauser)는 사회해체가 진행된 지역에 비행하위문화가 형성되어야만 무질서 및 범죄가 발생된다고 주장하였다.
(　　) 24. 경행

---

09 ○ 쇼(Shaw)와 맥케이(McKay)는 지역사회의 특성과 청소년비행율 사이에 강한 생태학적 상관관계가 있음을 경험적으로 검증하였다. 이들은 경제적 박탈 또는 불이익, 다양한 이민자집단의 존재, 인구전환 또는 이주 등의 지역적 특성이 청소년비행율과 상관관계가 있다고 주장한다.

10 ○ 사회해체이론에 의하면 도시의 각 지역 중 제2지대인 변이지역(퇴화과도 지역)에 범죄가 집중적으로 발생하였고, 이러한 변이지역은 전통적 사회통제를 약화시키는 생태학적 조건이 두드러진 지역으로서 사회통제가 범죄를 억제하는 데에 역부족인 공간이라고 본다.

11 × 쇼(Shaw)와 맥케이(McKay)는 변이지역 내에서 구성원의 인종·국적이 바뀌었음에도 불구하고 '계속적으로 높은 범죄율'을 보인다는 사실을 통해, 지역의 특성과 범죄발생과는 중요한 연관이 있음을 주장하였다.

12 ○ 쇼(Shaw)와 맥케이(McKay)는 시카고 시(市)의 변이지역(제2지대)에서 범죄율이 가장 높은 현상에 주목하여 그 이유를 분석하였다.

13 ○ 쇼와 맥케이는 변이지역에서 범죄율이 가장 높은 현상에 주목하여 그 이유를 다음과 같이 분석하였다. ㉠ 변이지대는 유럽 이민들과 흑인 이주자들이 혼재되어 문화적 이질성이 매우 높으며 그 결과 사회해체가 촉진된다. ㉡ 변이지대에서는 빠른 속도의 사회변화가 발생하며 이것 역시 사회해체를 초래하는 요인으로 작용한다. ㉢ 사회해체는 결국 개인해체를 가져오고, 나아가 범죄 및 비행으로 연결된다.

14 ○ 쇼(Shaw)와 맥케이(McKay)에 의하면, 변이지대는 유럽 이민들과 흑인 이주자들이 혼재되어 문화적 이질성이 매우 높고, 빠른 속도의 사회변화가 발생하며 이러한 점이 사회해체를 초래하는 요인으로 작용한다.

15 ○ 쇼(Shaw)와 맥케이(McKay)에 의하면, 변이지대에서 전통적 사회통제기관들이 규제력을 상실하면 반사회적 가치를 옹호하는 범죄하위문화가 형성되고 계속적으로 주민들간에 계승됨으로써, 해당 지역에는 높은 범죄율이 유지된다고 한다.

16 × 콘하우저(Kornhauser)는 지역사회의 사회통제가 작동하지 않는 '사회해체가 먼저 진행되고, 그로 인해 비행이 발생'하며 '비행하위문화는 이러한 비행행위에 대한 사회적 지지를 제공하기 위해 형성'되는 것이라고 주장한다[사회해체 → 비행(범죄) 발생 → 비행하위문화 형성]. 콘하우저는 쇼와 맥케이의 주장이 사회해체적 관점(청소년비행이 사회해체라는 지역사회의 특성을 반영한다)과 하위문화적 관점(전통적 사회통제가 규제력을 상실하면 반사회적 가치를 옹호하는 범죄하위문화가 형성되고 계속적으로 주민들간에 계승된다)으로 구성되어 있다고 보면서, 쇼와 멕케이는 하위문화적 관점(문화전달이론)을 더 중요시한다고 평가하면서 위와 같이 주장하였다.

17 집합효율성(collective efficacy)이란 공통의 선을 유지하기 위한 지역주민들 사이의 사회적 응집력을 의미하며, 상호신뢰와 유대 및 사회통제에 대한 공통된 기대를 포함하는 개념이다. ( ) 22. 경행

18 샘슨(Sampson)은 사회해체된 지역의 문제를 해결하기 위하여, 구성원 상호간의 응집력이 강한 공동체를 만들어야 한다는 집합효율성이론을 제시하였다. ( ) 24. 간부(74)

19 지역주민들을 범죄예방활동에 참여하도록 유도하는 것은 사회해체이론(Social Disorganization Theory)을 근거로 한다.
( ) 22. 간부(72)

20 초기 시카고 학파의 학자들은 지역사회수준의 연구결과를 개인의 행동에 적용하는 생태학적 오류(ecological fallacy) 문제를 해결하였다는 평가를 받는다. ( ) 22. 경행

21 초기 사회해체이론은 사회해체의 개념을 명확히 측정하고 다수의 실증연구를 제시했다. ( ) 23. 간부(73)

22 차별접촉이론(Differential Association Theory)은 기존 생물학적 범죄이론에서 강조한 개인의 범인성을 부정한다.
( ) 22. 경행

23 서덜랜드(Sutherland)의 차별접촉이론에 의하면, 범죄행위의 학습과정은 일반적 학습과정의 기제와 다르다. ( )
22. 간부(72)

24 차별접촉이론은 갓프레드슨(Gottfredson)과 허쉬(Hirschi)의 자기통제이론과 달리 하류계층의 반사회적 행동을 설명하는 데 국한된다. ( ) 22. 경행

25 서덜랜드(Sutherland)의 차별접촉이론에 의하면, 범죄행위는 타인과의 의사소통에서 이루어지는 상호작용으로 학습된다.
( ) 22. 간부(72)

---

17 ○ 샘슨(R. Sampson)은 지역사회의 구성원들이 무질서나 사회문제를 해결하기 위해 적극적으로 개입·참여하는 것을 집합효율성이라고 하면서, 이러한 집합효율성이 높은 지역은 범죄가 감소하나, 비공식적 사회통제가 제대로 되지 않고 지역사회의 응집력이 약해지면 범죄는 증가한다고 주장한다(집합효율성이론).

18 ○ 지역사회의 구성원들이 상호신뢰 또는 연대하여 무질서나 사회문제를 해결하기 위하여 적극적으로 개입·참여하는 것을 집합효율성이라고 하는데, 샘슨(Sampson)은 지역사회의 범죄율의 차이는 지역사회의 구성원들이 범죄문제를 공공의 적으로 인식하고 이를 해결하기 위해 적극적으로 참여하는 것에 기인하며, 집합효율성이 높은 지역은 범죄가 감소하나, 비공식적 사회통제가 제대로 되지 않고 지역사회의 응집력이 약해지면 범죄는 증가한다고 주장한다.

19 ○ 사회해체이론은 범죄대책으로서 개별 범죄자에 대한 처우보다 도시의 지역사회를 재조직화하여 사회통제력을 증가시킬 것을 주장한다.

20 × 로빈슨(Robinson)은 개인적 상관관계와 생태학적 상관관계를 구분하면서 사회해체이론에 대하여 '생태학적 오류의 문제점'을 지적하였다. 그는 쇼와 멕케이 등의 학자들이 '개인의 특성을 파악하고자 연구하면서 생태학적 상관관계에 근거하여 주장을 펼친다고 비판'하였다.

21 × 초기 사회해체이론에 대해서는 사회해체의 개념이 사회해체의 결과인 범죄 및 비행의 증가와 뚜렷이 구분되지 않는다는 것과 사회해체를 범죄와 연결하는 사회통제의 부재를 실증적으로 측정하기 어렵다는 것이 문제점으로 지적되었다.

22 ○ 차별적 접촉이론 등의 학습이론에서는 범죄를 정상적인 사람들의 정상적인 학습행위의 산물로 파악하면서, 범죄를 비정상성의 결과로 파악하는 생물학적·심리학적 범죄이론을 거부하면서 준법적인 의식이나 행동들과 마찬가지로 범죄도 사회생활상 습득된 행위패턴이라고 주장한다.

23 × 서덜랜드(Sutherland)는 '범죄자와 접촉을 통해 범죄를 배우는 과정은 다른 모든 행위의 학습과정과 같다.'라고 주장한다.

24 × 서덜랜드는 인종, 성별, 사회경제적 지위 등 다양한 특성에 기인한 범죄원인 연구는 일반화가 어렵고 과학적인 범죄원인 연구에 적합하지 않다고 보아, 범죄와 비행을 설명할 수 있는 '일반이론'으로서 차별적 접촉이론을 제시하였다.

25 ○ 서덜랜드(Sutherland)는 '범죄행동은 타인과의 상호작용 속에서 의사소통과정을 통해 학습된다.'라고 주장한다.

26 차별접촉이론에 의하면 범죄행위의 학습은 타인과의 의사소통과정에서 이루어지는 상호작용의 산물이다. (   ) 22. 경행

27 차별접촉이론에 의하면 범죄행위를 학습할 때 학습은 범죄기술, 구체적 동기나 욕구, 합리화, 태도 등을 포함한다. (   )
22. 경행

28 서덜랜드(Sutherland)의 차별접촉이론에 의하면, 차별적 접촉은 교제의 빈도, 기간, 우선성, 강도에 있어 다양할 수 있다.
(   ) 22. 간부(72)

29 서덜랜드(Sutherland)의 차별접촉이론에 의하면, 범죄행위는 일반적인 욕구와 가치관으로 설명될 수 없다. (   )
22. 간부(72)

30 "사람이 악하게 태어나는 것이 아니라 주변 환경의 영향 때문에 악해지는 것입니다. 따라서 아동이 범죄자로 성장하지 않도록 하기 위해서는 범죄행동을 부추기는 사람들과의 접촉을 차단하는 것이 더 중요합니다."라는 설명은 서덜랜드(Sutherland)의 주장내용과 연결된다. (   ) 22. 간부(72)

31 차별적 접촉이론은 주요 개념이 명확하여 결과적인 이론검증이 신속하게 이루어진다는 특징이 있다. (   ) 24. 경행

32 글래저(Glaser)의 차별적 동일시이론에 따르면 범죄자와의 직접적인 접촉이 없이도 범죄행위의 학습이 가능하다. (   )

33 글레저(Glaser)의 주장에 의하면 범죄의 학습에 있어서는 직접적인 대면접촉보다 자신의 범죄적 행동을 지지해 줄 것 같은 실존 또는 가상의 인물과 자신을 동일시하는가가 더욱 중요하게 작용한다. (   )

34 글레이저(Glaser)의 차별적 동일시이론은 차별적 접촉이론의 "범죄행동 학습의 중요한 부분은 친밀한 집단 내에서 일어난다."라는 명제를 수정한 것이다. (   ) 24. 경행

35 초등학생 甲은 조직폭력배 역할인 범죄영화 주인공에 심취하여 그 주인공의 일탈행동을 흉내 내고 결국 강력범죄를 저질렀는데, 甲의 범죄화 과정은 권력갈등이론에 부합한다. (   ) 24. 경행

---

26 ○ 서덜랜드가 제시하는 범죄학습 과정에 대한 9가지 명제의 내용이다.

27 ○ 서덜랜드가 제시하는 범죄학습 과정에 대한 9가지 명제의 내용이다.

28 ○ 서덜랜드(Sutherland)는 '차별접촉은 빈도·기간·순위·강도에 따라 달라진다.'라고 주장한다.

29 ○ 서덜랜드(Sutherland)는 '범죄행동은 사회의 일반적 욕구와 가치관의 표현이지만 그것만으로 범죄를 설명하는 것은 한계가 있다.'라고 주장한다.

30 ○ 범죄란 개인이 타인과 접촉하는 과정에서 서로 다르게 타인을 접촉하면서 상대방의 행동을 학습하는 결과로서 생기게 된다고 파악하는 서덜랜드(Sutherland)의 차별적 접촉이론에 관한 내용이다.

31 ✕ 차별적 접촉이론에 대해서는 '차별적 접촉 등 주요 개념이 모호하여 경험적 검증에 의한 입증이 어렵다는 비판'이 제기된다.

32 ○ 글래저(Glaser)의 차별적 동일시이론은 동일시라는 개념을 사용하여 문화 전달의 주체를 직접 접촉하는 사람뿐만 아니라 멀리 떨어져 있는 준거집단·준거인까지 확장함으로써 문화 전달의 범위를 보다 탄력적이고 광범위하게 보았다(매스미디어의 중요성을 강조, 간접적 접촉의 문제 해결).

33 ○ 글레저의 '차별적 동일시이론'에 대한 내용이다.

34 ○ 글레이저의 차별적 동일시이론은 서덜랜드의 차별적 접촉이론을 수정·보완한 이론이다. 글레이저에 의하면, 범죄는 행위자가 단순히 범죄적인 가치에 '접촉'됨으로써 발생되는 것이 아니라, 스스로 그것을 자기 것으로 '동일시'하는 단계로까지 나아가야 발생된다(주관적 애착에 의한 동일시를 중요시).

35 ✕ 甲의 범죄화 과정은 사회과정이론 중 '차별적 동일시이론'에 부합한다.

36 버제스와 에이커스(Burgess & Akers)의 차별강화이론에 따르면 범죄행위에 대해 처벌이 이루어지지 않아 범죄행위가 지속·강화된다면 이것은 부정적 처벌이다. ( )
23. 간부(73)

37 에이커스(Akers)가 주장하는 사회학습이론의 핵심 개념은 차별적 접촉, 차별적 강화, 차별적 동일시, 정의 및 모방이다.
( ) 24. 경행

38 에이커스(Akers)의 사회학습이론에서 차별적 접촉이란 개인이 법 준수나 법 위반에 대한 우호적 또는 비우호적 정의에 노출되어있는 과정을 의미하는데, 직접 접촉은 물론 영상 등을 통한 간접 접촉도 포함된다. ( )
24. 간부(74)

39 에이커스의 사회학습이론에서 정의란 개인이 특정 행위에 부여하는 의미 또는 태도를 말하며, 여기에는 범죄에 대한 긍정적 정의와 부정적 정의는 포함되나 중화적 정의는 포함되지 않는다. ( )
24. 간부(74)

40 에이커스의 사회학습이론에서 차별적 강화는 행위로부터 얻게 되거나 예상되는 보상과 처벌의 균형을 의미하고, 주변으로부터의 인정이나 금전적 보상 등이 빈번하고 강할수록 차별적 강화는 약하게 나타난다. ( )
24. 간부(74)

41 에이커스의 사회학습이론에서 모방은 다른 사람의 행동을 관찰함으로써 행위를 따라 하는 것으로, 새로운 행위의 시도나 범죄 수법에 영향을 미치지만 행위의 지속에는 영향을 미치지 않는다. ( )
24. 간부(74)

42 리스(Reiss)는 개인이 스스로 욕구를 참아내는 능력인 개인적 통제력의 개념을 제시하였다. ( )
22. 간부(72)

43 나이(Nye)는 직접 통제가 공식적 제재를 통해 행사될 수 있음을 인정하면서도, 가정에서의 비공식적 간접 통제를 강조하였다.
( ) 23. 경행 1차

44 나이(Nye)는 가정을 사회통제의 가장 중요한 근본이라고 주장하였다. ( )
22. 간부(72)

---

36 ✕ 어떤 행동에 대해 처벌이 이루어지지 않아 그 행동을 지속할 가능성이 높아지는 것을 '부정적 강화'라고 한다. 부정적 처벌이란 어떤 행동을 했음에도 불구하고 보상이 주어지지 않는다면 향후 그 행동을 지속할 가능성이 낮아진다는 것이다.

37 ✕ 에이커스는 차별적 강화이론을 개선하면서 반두라의 사회학습이론 중 모방 개념을 결합한 사회학습이론을 주장하였다. 사회학습이론은 '차별적 접촉, 정의, 차별적 강화, 모방'의 4가지 개념으로 구성된다. 차별적 동일시는 글레이저의 이론(차별적 동일시이론)의 요소이다.

38 ○ 차별적 접촉이란 개인이 범죄에 대해 우호적 정의 또는 비우호적 정의를 가진 사람 중 어느 성향의 사람과 많이 상호작용을 하는가의 문제이다. 차별접촉의 내용으로 직접적 접촉뿐만 아니라, 간접적 접촉과 준거집단에 대한 동일시를 포함한다.

39 ✕ 에이커스에 의하면, 정의란 특정 행위에 대하여 사람들이 부여하는 의미와 태도를 말한다. 이는 다시 부정적 정의(어떤 행위를 거부하는 도덕적·관습적 태도), 긍정적 정의(어떤 행위가 도덕적으로 허용될 수 있다는 태도), '중화적 정의'(어떤 행위가 바람직하지는 않지만 특정 상황에서는 옳다고 정당화하거나 변명하는 태도)로 구분된다.

40 ✕ 차별적 강화란 어떤 행위의 학습은 그 행위의 결과로 얻게 되는 보상과 처벌에 의해 영향받는다는 것을 말한다. 주변으로부터의 인정이나 금전적 보상 등이 빈번하고 강할수록 차별적 강화는 '강하게' 나타난다.

41 ✕ 에이커스에 의하면, 모방은 주로 새로운 행위의 시도나 범행수법의 도입에 더 큰 영향을 미치지만 '행위의 지속에도 영향을 미친다'고 한다.

42 ○ 리스(A. Reiss)는 범죄와 개인의 자기통제력의 관계를 처음으로 지적하여, 소년비행의 원인을 개인통제력의 미비와 사회통제력의 부족에서 파악하였다.

43 ○ 나이(Nye)는 잘못을 했을 때 즉시 억압적 수단을 사용하여 이후의 비행을 예방하는 직접 통제에는 국가기관에 의한 공식 통제와 가정이나 학교에서 이루어지는 비공식 통제가 있다고 하면서, 사회통제의 유형 중 가장 효율적인 방법은 비공식적 간접 통제의 방법이라고 보았다.

44 ○ 나이(Nye)는 가정이나 학교에서 행해지는 비공식적 간접 통제가 사회통제의 유형 중 가장 효율적이라고 주장하였다.

45 레클리스(Reckless)의 봉쇄이론(Containment Theory)은 청소년비행의 요인으로 내적 배출요인과 외적 유인요인이 있다고 하였다. (　　)　　　　　　22. 간부(72)

46 레클리스(Reckless)는 긍정적 자아관념이 청소년을 범죄환경의 압력과 유인으로부터 보호한다고 주장하였다. (　　)　　　　　　23. 경행 1차

47 토비(Toby)의 통제이론은 범죄를 통제하는 기제로서 자아의 역할을 특히 강조하였다. (　　)　　　　　　22. 간부(72)

48 마차(Matza)는 비행청소년들이 비행가치를 받아들여 비행이 나쁘지 않다고 생각하기 때문에 비행을 저지른다고 보았다. (　　)　　　　　　23. 경행 1차

49 범죄자 甲은 이 세상은 타락했고 경찰도 부패했다며 '왜 나만 갖고 그래!'라고 소리쳤다. 이 경우는 중화기술의 유형 중 비난자에 대한 비난(Condemnation of condemners)에 해당한다. (　　)　　　　　　22. 경행

50 중화기술 중 가해(손상)의 부인이란 타인의 재물을 횡령하면서 사후에 대가를 지불하면 아무런 문제가 없다고 주장하는 경우를 의미한다. (　　)　　　　　　24. 간부(74)

51 중화기술 중 충성심(상위가치)에 대한 호소란 특수절도를 하는 과정에서 공범인 A, B와의 친분관계 때문에 의리상 어쩔 수 없었다고 주장하는 경우를 의미한다. (　　)　　　　　　24. 간부(74)

52 중화기술 중 피해자의 부인이란 성범죄를 저지르면서 피해자가 야간에 혼자 외출하였기 때문에 발생한 것이라고 주장하는 경우를 의미한다. (　　)　　　　　　24. 간부(74)

53 중화기술 중 비난자에 대한 비난이란 폭력을 행사하면서 어린 시절 부모로부터 학대를 당해 그럴 수밖에 없었다고 주장하는 경우를 의미한다. (　　)　　　　　　24. 간부(74)

---

45 ○　레클리스(W. C. Reckless)는 모든 사람들에게는 범죄로 이끄는 범죄유발요인과 범죄를 억제하는 범죄억제요인이 부여되어 있다고 하면서, 범죄유발요인으로는 압력(pressures: 사람들을 불만에 빠지게 하는 요소로서 가난, 가족간의 갈등, 실업, 열등한 지위, 성공기회의 박탈 등), 유인(pulls: 정상적인 생활로부터 이탈하도록 유인하는 요인으로 나쁜 친구, 비행적 대체문화, 범죄조직, 불건전한 대중매체 등), 배출(강요, pushes: 범죄를 저지르도록 하는 개인의 생물학적·심리적 요소로서 불안, 불만, 내적 긴장, 증오, 공격성, 즉흥성 등)이 있다고 주장하였다. 여기서 '유인'은 외부요인이고 '배출'은 내부요인에 해당한다.

46 ○　레클리스(Reckless)는 범죄로 이끄는 범죄유발요인(압력, 유인, 배출)과 범죄를 억제하는 범죄억제요인(외부적, 내부적)을 분류하고, 범죄억제요인 중 내부적 억제요인을 강조하면서, 긍정적 자아관념의 획득·유지가 범죄에서 멀어지게 하는 요인이 된다고 주장한다(봉쇄이론, 자기관념이론).

47 ×　토비(Toby)의 통제이론은 '개인적 통제와 사회적 통제를 함께 고려'해야 한다는 입장이다. 지문에서 '범죄를 통제하는 기제로서 자아의 역할을 특히 강조하였다'는 표현은 개인적 통제를 강조하였다는 의미이다.

48 ×　마차(Matza)는 비행소년이 '항상 하위문화에 지배되어 끊임없이 반사회적 행위를 하는 것이 아니라' 비행과 무비행의 생활양식 사이에 떠다니고 있는 존재라고 보면서, 비행소년도 '대부분의 경우에는 규범에 순응하지만' 특별한 경우에 한하여 위법행위에 빠져들게 되며, 성년이 되면 대부분 정상적인 생활을 하게 된다고 주장한다(표류이론).

49 ○　사회통제기관들은 부패한 자들로 자기를 심판할 자격이 없다고 하면서 그들의 위선을 비난하는 것을 '비난자에 대한 비난'이라고 한다.

50 ○　가해의 부정이란 자신의 범행에 의한 손해를 사회통제기관과 달리 평가하여 매우 가볍게 여기는 것이다.

51 ○　보다 높은 충성심에의 호소란 자신의 비행을 인정하면서도 의리·조직을 위해 어쩔 수 없었다고 하여 형법의 요구보다는 자신이 속한 집단의 연대성이 더 중요하다는 것이다(고도의 상위가치에의 호소).

52 ○　피해자의 부정이란 피해자는 응당 당해야 마땅할 일을 당했을 뿐이라고 자신의 비행을 정당화하는 것이다.

53 ×　비난자에 대한 비난이란 사회통제기관들은 부패한 자들로 자기를 심판할 자격이 없다고 하면서 그들의 위선을 비난하는 것이다. 지문의 내용은 범죄·비행에 대한 자신의 책임을 인정하지 않고 오히려 자신을 사회상황의 피해자로 여기는 '책임의 부정'에 관한 예시에 해당한다.

54 범죄자 乙은 자신에게 폭행당한 사람에게 '네가 힘없는 부녀자를 때렸기 때문에 넌 맞아도 돼!'라고 말했다. 이 경우는 중화기술의 유형 중 피해자의 부정(Denial of Victim)에 해당한다. ( )
22. 경행

55 허쉬(Hirschi)의 사회유대이론에 따르면 모든 사람이 범죄성을 지니고 있는 것은 아니지만 사회적 유대가 약해질 때 범죄를 저지르게 된다. ( )
23. 간부(73)

56 "인간의 본성은 악하기 때문에 그냥 두면 범죄를 저지를 위험성이 높습니다. 그래서 어릴 때부터 부모나 주변 사람들과의 정서적 유대를 강화하여 행동을 통제해야 합니다."라는 설명은 에이커스(Akers)의 주장내용과 연결된다. ( )
22. 간부(72)

57 허쉬는 누구나 범죄를 저지를 가능성이 있지만, 그것을 통제하는 요인은 개인이 사회와 맺고 있는 일상적인 유대이며, 그 유대가 약화되거나 단절되었을 때 범죄를 저지르게 된다고 하였다. ( )
24. 간부(74)

58 허쉬가 주장하는 사회유대의 요소에는 애착(Attachment), 전념(Commitment), 참여(Involvement), 신념(Belief)이 있다.
( ) 24. 간부(74)

59 허쉬의 사회유대이론은 형사사법기관에 의한 공식적 통제를 강조하였다. ( )
24. 간부(74)

60 사회유대이론과 억제이론은 통제력을 강조한다는 공통점이 있다. ( )
24. 간부(74)

61 갓프레드슨(Gottfredson)과 허쉬(Hirschi)는 낮은 수준의 자기통제력이 범죄행동의 주요 원인이라고 보았다. ( )
23. 경행 1차

62 갓프레드슨과 허쉬는 성인기 사회유대의 정도가 한 개인의 자기통제능력을 변화시킬 수 있다고 주장한다. ( )
22. 간부(72)

---

54 ○ 피해자는 응당 당해야 마땅할 일을 당했을 뿐이라고 자신의 비행을 정당화하는 것을 '피해자의 부정'이라고 한다.

55 × 허쉬(Hirschi)는 "우리는 모두 동물이고 따라서 범죄성을 본질적으로 지니고 있기 때문에 비행의 원인이 무엇인지 설명하는 것은 필요 없다."라고 보아, '왜 범죄를 저지르는가'가 아니라 '왜 범죄를 저지르지 않는가'에 관심을 두었다.

56 × 인간을 잠재적 범죄자로 보는 관점(성악설)에서 인간행동에 대한 통제를 범죄대책으로 중시하여 사회유대(사회적 통제) 중 애착을 가장 중요한 요소라고 보는 허쉬(Hirschi)의 사회유대이론에 관한 내용이다.

57 ○ 허쉬는 개인의 생래적인 범죄성향을 통제하는 수단을 개인이 일상적으로 가족·학교·동료 등 사회와 맺고 있는 유대(연대)라고 본다.

58 ○ 허쉬는 개인이 사회와 유대관계를 맺는 방법(사회유대의 요소)으로 애착, 전념, 참여, 신념을 제시하였다.

59 × 허쉬는 사회유대의 약화를 비행의 원인으로 본다. 가족·학교·동료 등과 같은 사회집단에 밀접하게 연대(연결)되어 있는 사람은 여간해서 비행행위를 하지 않는다는 것이다. 따라서 형사사법기관에 의한 공식적 통제보다는 가족·학교·동료 등에 의한 '비공식적 통제를 강조'한다.

60 ○ 사회유대이론은 사회적 통제를 강조하여 사회유대의 약화를 범죄원인으로 보는 입장으로 비공식적 통제를 강조한다. 한편 억제이론은 인간의 공리주의적 합리성에 대한 고전학파의 주장을 전제로 하여 형벌이 확실하게 집행될수록(확실성), 형벌의 정도가 엄격할수록(엄중성), 형벌집행이 범죄 이후에 신속할수록(신속성) 사람들이 형벌에 대한 두려움을 느끼고 범죄를 자제한다고 보는 입장으로 공식적 통제를 강조한다. 따라서 위 두 이론은 통제력을 강조한다는 공통점이 있다.

61 ○ 갓프레드슨(Gottfredson)과 허쉬(Hirschi)는 범죄의 일반적 원인을 범죄발생의 기회와 낮은 자기통제력이라고 보며(자기통제력이 작용할 수 있는 전제로서 범죄발생의 기회를 제시), 어렸을 때 부정적으로 형성된 자기통제력이라는 내적 성향 요소가 이후 청소년기나 성인기의 문제행동의 원인이 된다고 주장한다.

62 × 갓프레드슨(Gottfredson)과 허쉬(Hirschi)는 범죄일반이론(낮은 자기통제이론)에서 어렸을 때 부정적으로 형성된 자기통제력이라는 내적 성향 요소가 이후 청소년기나 성인기의 문제행동의 원인이 된다고 주장한다.

63 갓프레드슨과 허쉬의 이론에 의하면 낮은 자기통제력의 주요 원인은 청소년기 동안 경험한 비행친구와의 교제이다. (　　)

23. 경행 2차

64 갓프레드슨과 허쉬의 이론에 의하면 청소년은 사회통제로부터 벗어나 합법과 위법의 사이를 표류하여 비행을 저지른다.

(　　) 23. 경행 2차

65 갓프레드슨과 허쉬는 자기통제능력의 상대적 수준이 부모의 양육방법으로부터 큰 영향을 받는다고 주장한다. (　　)

22. 간부(72)

66 갓프레드슨과 허쉬는 어린 시절 형성된 자기통제능력의 결핍이 모든 범죄의 원인이라고 주장한다. (　　)　　22. 간부(72)

67 갓프레드슨과 허쉬의 이론에 의하면 유년기에 형성된 자기통제력은 개인의 상황과 생애과정의 경험에 따라 변화한다.

(　　) 23. 경행 2차

68 갓프레드슨과 허쉬는 자기통제이론이 모든 인구사회학적 집단에 의해 발생하는 모든 유형의 범죄행위와 범죄유사행위를 설명할 수 있다고 주장하였다. (　　)

23. 경행 2차

69 갓프레드슨(Gottfredson)과 허쉬(Hirschi)의 자기통제이론에 대해서는 범죄를 설명함에 있어 청소년기에 경험하는 다양한 환경적 영향요인을 충분히 고려하지 않는다는 비판이 제기되어 왔다. (　　)　　22. 간부(72)

---

63 ✕　갓프레드슨(Gottfredson)과 허쉬(Hirschi)는 낮은 자기통제의 형성에 가장 많은 영향을 끼치는 것은 부모의 잘못된 자녀양육이라고 보았다.

64 ✕　맛차(Matza)의 표류이론의 내용이다.

65 ○　갓프레드슨(Gottfredson)과 허쉬(Hirschi)는 낮은 자기통제의 형성에 가장 많은 영향을 끼치는 것은 부모의 잘못된 자녀양육이라고 주장한다.

66 ○　갓프레드슨(Gottfredson)과 허쉬(Hirschi)는 모든 범죄행위의 원인을 낮은 자기통제력에 있다고 주장한다.

67 ✕　갓프레드슨(Gottfredson)과 허쉬(Hirschi)는 어렸을 때 부정적으로 형성된 자기통제력이라는 내적 성향 요소가 이후 청소년기나 성인기의 문제행동의 원인이 된다고 주장한다. 이에 의하면 자기통제력은 개인의 상황과 생애과정의 경험에 따라 변화하는 것이 아니다.

68 ○　갓프레드슨(Gottfredson)과 허쉬(Hirschi)는 모든 유형의 범죄행위와 범죄유사행위를 설명할 수 있는 범죄의 일반적 원인을 범죄발생의 기회와 낮은 자기통제력이라고 본다.

69 ○　갓프레드슨(Gottfredson)과 허쉬(Hirschi)는 어린 시절에 형성된 자기통제력이 이후 환경이나 제도의 영향을 받지 않고 일생동안 유지된다고 주장하였는데, 이에 대해서는 성장기에 경험하는 다양한 환경의 영향을 고려하지 않았다는 비판이 제기된다.

police.Hackers.com

제7장 / 사회구조이론

제1절 사회구조이론 서설

01 사회구조이론의 기본입장

사회구조이론(social structure theory)에서는 범죄의 원인이 개인의 생물학적·심리학적 특성에 있는 것이 아니라 <u>공동체의 불평등한 사회적 구조와 문화적 차이</u>에 있다고 본다. 이 입장은 범죄원인으로서 개인적 차원의 차별성보다는 집단적 차원의 차별성에 관심을 둔다.

02 구조기능주의 학파

범죄학에서 구조기능주의*는 개인보다 사회체계·사회제도를 중심으로 범죄와 규범의 의미를 파악하는 범죄이론이다. 구조기능주의의 입장에서 보면, 범죄도 사회를 구성하는 요소로서 사회의 유지·발전에 기여하는 측면이 있다고 한다.

> *** 구조기능주의:** 생물의 해부학적 구조와 생리적 기능을 연구하는 방법을 적용시켜 사회 조직을 기능적 분석 단위에 기초하여 연구하고자 하는 사회학 접근법이다.

03 범죄정상설 – 뒤르켐(E. Durkheim)

① 모든 사회가 예외 없이 범죄와 직·간접의 관련을 맺고 있다고 주장한다. 범죄는 피할 수 없는 정상적 현상이며, 모든 건강한 사회의 통합적 구성요소가 된다는 것이다.

② 범죄는 공동사회의 규범을 강화시켜 주는 기능을 하며, 범죄는 사회의 변화와 새로운 규범의 창설을 가능하게 해주는 전제가 된다.

③ 범죄는 인간의 영원한 징표이다. 개인이 범죄자로 태어나는 것이 아니라 인간의 속성이 범죄성을 갖는 것이며, 범죄는 인간의 개선불가능한 악의성에 기인하는 것이다(성악설).

제2절 아노미이론(사회적 긴장이론)

01 이론의 기초

> *** 아노미(anomie):** 사회의 존속을 가능하게 하는 사회규범이 붕괴된 상태를 말한다. 즉, 사회적 혼란으로 인해 규범이 사라지고 가치관이 붕괴되면서 나타나는 사회적·개인적 불안정 상태를 말하는데, 규범이 더 이상 행동을 규제하는 데 효과적이지 않은 사회의 상태 또는 조건을 의미한다.

① 머튼(R. Merton)은 뒤르켐(E. Durkheim)의 아노미(anomie)* 개념(➡ 무규범 상태, 사회통합의 결여)을 도입하여, 미국사회에서 **사회적으로 수용 가능한 목표와 합법적인 수단간의 불일치**를 의미하는 것으로 사용한다. 23. 해경간부

② 사람들의 욕구(목표)는 생래적이거나 이기적 동기에 의한 것이 아니라, 사회의 관습이나 문화적 전통과 같은 사회환경에 의해 형성된다(공통가치설, 가치공유설). 미국과 같은 자본주의사회에서는 부의 성취가 구성원들의 공통적 목표(문화적 목표)이다. ✦

③ 사람들이 추구하는 목표가 문화적으로 형성될 뿐만 아니라, 이를 달성할 수 있는 수단 역시 문화적으로 규정되어 있다.

④ 문제는 <u>문화적 목표를 달성하기 위한 수단의 확보기회가 차별적</u>이라는 점이다. 여기에서 <u>사회적 긴장*관계가 형성</u>된다. ✦✦

⑤ 사회적 긴장은 특정 사회에서 문화적 목표에 대해서는 지나치게 강조하는 반면에, 사회구조적 특성에 의해 제도화된 수단으로 문화적 목표를 성취할 수 있는 기회가 제한되었을 때에 발생한다(아노미 상황의 발생). 22. 간부(72)

⑥ 이념적으로 성공이라는 목표를 달성할 수 있는 기회는 누구에게나 공평하게 주어진다고 얘기하지만(평등주의적 이념), 실제로는 그 기회가 계층에 따라 차별적이기 때문에 아노미 상황이 발생하게 된다. 22. 간부(72)

⑦ 문화적 목표를 정당한 수단으로 달성할 수 있는 가능성이 없고, 목표달성을 위한 정당한 수단이 별로 강조되지 않는 경우에 일탈행위(범죄)가 발생한다. 23. 해경간부

* 긴장(strain): 심리학에서 흔히 사용하는 용어인 스트레스(stress)와 유사한 개념으로, 사회학과 범죄학에서 자주 사용하는 용어이다.

02 반응양식(적응유형)

1. 의의

① 머튼(R. Merton)은 대부분의 전통적 범죄가 하류계층에 의해 실행됨을 설명하고자 하며, 개인의 반응양식의 차이는 개인의 속성이 아니라 사회의 문화구조에 의한 것이라고 보았다.

② 개인의 사회적 긴장에 대한 반응양식은 문화적 목표와 제도화된 수단에 따라 각각 수용과 거부의 조합을 기준으로, 5가지의 형태로 나타난다. ✦

③ 개인의 반응양식(적응양식) 중 '동조'만이 정상적인 사람들의 반응양식이며, <u>그 외에는 모두 반사회적 적응양식</u>이라고 본다. ✦

2. 반응양식(적응유형)의 형태 23. 간부(73), 24. 간부(74)

① 동조형(순응형, conformity): 정상적인 기회구조에 접근할 수는 없지만, <u>문화적 목표도 승인하고 제도화된 수단도 승인</u>하는 경우이다. ✦

　　예 금전적 성공이 문화적 목표로 강조되고 근면·검약·교육 등이 제도화된 수단으로 인정되는 경우, 비록 본인은 충분한 교육기회가 없더라도 주어진 조건 내에서 돈을 벌고자 하는 태도 등

② 혁신형(개혁형, innovation): <u>문화적 목표는 승인하지만 제도화된 수단은 부정</u>하는 경우로서, 범죄자들의 전형적인 반응양식이다. 대부분의 범죄가 비합법적인 수단을 통하여 자신들이 원하는 목표를 달성하려고 한다는 점에서 이러한 반응양식에 해당하며, 머튼(Merton)이 가장 관심 깊게 다룬 유형이다. ✦

　　예 횡령, 탈세, 매춘, 강도 등

:두문자

반응양식의 형태
동 / 혁 / 의례 / 은둔 / 반항

③ <u>의례형(의식주의, ritualism)</u>: <u>문화적 목표를 부인하고 제도화된 수단은 승인</u>하는 것으로서, 수단이 자신의 목표가 되는 경우이다.
  예 자기가 하는 일의 목표는 안중에 없고 무사안일하게 절차적 규범·규칙만을 준수하는 하위직 공무원 등
④ <u>은둔형(도피형, retreatism)</u>: <u>문화적 목표와 사회적으로 승인된 수단 모두를 부정</u>하여 사회활동을 거부하는 경우이다. ✦✦
  예 정신병자, 빈민층, 부랑자, 방랑자, 폭력배, 만성적 알콜중독자 및 마약상습자 등이 있다.
⑤ <u>반항형(혁명형, rebellion)</u>: 문화적 목표와 사회적으로 승인된 수단 모두를 부정하는 동시에 기존 사회질서를 다른 사회질서로 대체할 것을 요구하는 경우이다. ✦✦
  예 욕구불만의 원인을 현재의 사회구조에서 규명하고 사회주의 국가의 건설을 목표로 설정하고 이를 위한 수단으로 폭력혁명을 주장하는 경우 등

머튼(Merton)의 반응양식 ✦

반응양식	문화적 목표	제도화된 수단	행위 유형
동조(순응)	+	+	대부분의 정상인
혁신(개혁)	+	−	<u>전통적 재산범죄자</u>
의례(의식주의)	−	+	하층관료, 샐러리맨
은둔(도피, 퇴행)	−	−	약물중독자, <u>부랑자</u>
반항(혁명)	±	±	반역자, <u>혁명가</u>

3. 검토

현대사회가 사회구성원들에게 공통의 목표(예 부의 획득, 좋은 학교에 입학 등)를 강조하면서도 이를 달성하기 위한 합법적인 수단에 접근할 수 있는 가능성은 개인의 능력이나 사회적 계층에 따라 각기 다른 상태에 두고 있고, 수단에 접근할 기회가 제한된 사람들은 목표의 달성을 위하여 수단의 합법성 여부를 무시한 행동(범죄)으로 나아간다고 본다. ✦

03 평가

1. 구체적 실증의 부재에 대한 비판

① 목표와 수단간의 괴리 상황에서 반응양식의 차이에 대한 구체적 실증이 명확하지 않다.
② 어느 사회에서나 문화적 목표에 대해서 기본적인 합의가 있다는 공통가치설을 지나치게 강조하고 있다(다양성의 무시). 24. 간부(74)

2. 보편성의 결여에 대한 비판

① 과실범·격정범·근친상간·동성애·상류계층의 경미한 재산범죄 등을 설명할 수 없다.
② 범죄가 사회구조적 문제로 인해 발생함을 강조하면서도 그에 대응하는 구체적 사회정책을 제시하지 못하고 있다.

아노미의 피드백 효과
아노미이론이 중산층·상류층의 범죄를 설명하지 못한다는 비판에 대해, 머튼(R. Merton)은 아노미의 피드백 효과(feedback effect)라는 가설로 반박한다. 즉, 문화적 목표는 만족할수록 그 정도가 높아져서 더욱 많은 것을 추구하게 된다는 것이다. 개인의 욕망은 완전한 만족이 존재하지 않는 가변적인 것이기 때문에 물질적 욕구에서 생긴 문화적 목표를 달성한 다음에도 점차 높아지는 목표를 충족하기 위해 다시 불법적인 수단을 사용하게 된다.

③ 최근 증가하는 **중산층이나 상류층의 범죄를 설명하는 데는 한계를** 나타냄으로써 범죄원인의 일반이론으로 보기는 힘들다. ✦✦

④ 재산범죄 등 경제적 동기의 비행이나 범죄에 대한 설명에 한정된다는 비판도 제기되었다. 그러나 머튼은 자신의 이론이 합리적 계산에 의한 실리주의적 일탈행동에 한정되는 것은 아니라고 반박하였다. 머튼의 이론은 경제적 동기로 범하는 범죄뿐만 아니라, 긴장과 좌절로 인한 각종 일탈과 폭력범죄 등도 설명할 수 있는 이론이라고 보아야 한다는 입장도 있다. 24. 간부(74)

04 아노미이론의 발전

1. 제도적 아노미이론 ✦

① 메스너와 로젠펠드(S. Messner & R. Rosenfeld)는 <u>머튼(R. Merton)의 이론에 동의하여 거시적 관점을 계승</u>하면서 범죄·비행을 미국 사회의 문화적·제도적 영향의 결과로 본다. 22. 간부(72), 23. 경행 1차, 24. 경행

② 미국 사회의 경제적 성공을 강조하는 소위 **아메리칸 드림**은 그 저변에 <u>성취지향, 개인주의, 보편주의, 물신주의(물질만능주의)</u>를 전제하고 있다. 22. 간부(72), 24. 경행

③ 문화와 제도에 있어서 아메리칸 드림이라는 경제적 욕망의 지배는 <u>경제제도와 다른 사회제도 사이에 힘의 불균형 상태를 초래</u>하여, 가족·교회·학교 등에서 시행하는 <u>비공식적 사회통제를 약화</u>시키고 이는 미국 사회의 <u>높은 범죄율로 연결된다</u>는 것이다. 22. 간부(72), 24. 경행

④ 범죄방지대책으로는 시민들이 경제적 안전망(예 복지·연금 등)을 제공받게 된다면(탈상품화, decommodification) 경제적 박탈감의 영향을 극복할 수 있게 되며 범죄율은 감소한다고 본다. 23. 경행 2차, 24. 경행

2. 일반긴장이론 23. 해경간부

① 애그뉴(R. Agnew)는 <u>머튼의 이론을 수정하고 미시적으로 계승</u>하여 사회에서 스트레스와 긴장을 경험하는 개인이 범죄를 저지르기 쉬운 이유를 설명하고자 하였다(긴장의 개인적 영향, 미시적 범죄이론). 22. 경행, 23. 경행 1차, 24. 간부(74)

② ㉠ <u>목표달성의 실패</u>(또는 기대와 성취 사이의 괴리), ㉡ <u>긍정적 자극의 소멸</u>, ㉢ <u>부정적 자극의 발생</u>을 긴장의 원인으로 보아 범죄원인으로 제시하고, 경험한 긴장의 강도가 강하고 횟수가 거듭될수록 개인은 부정적 감정의 충격을 많이 받으며 범죄에 빠질 가능성이 높다고 본다(긴장 ➡ 부정적 감정 ➡ 비행). 23. 간부(73), 23. 경행 2차, 24. 간부(74)

③ 일반긴장이론은 <u>머튼의 긴장 개념을 확장하여 다양한 상황이나 사건들이 긴장 상태를 유발할 수 있다고 보는 입장</u>으로서, 머튼(R. Merton)의 이론과 같이 하층계급의 범죄에 국한한 것이 아니라, <u>사회의 모든 계층의 범죄에 대한 일반론적인 설명을 제공</u>하고자 한다. 22. 간부(72), 22. 경행

④ 이를 통해 개인 차원의 일탈을 예측할 수 있고, 나아가 공동체의 범죄율의 차이를 설명하기도 한다. 22. 경행

⑤ 긴장 상태에 있더라도 긍정적인 정서를 가진 사람은 자신의 능력을 신뢰하여 범죄로 나아가지 않는다고 보므로, 같은 수준의 긴장에 처한 경우에 모든 사람이 동일한 정도로 범죄를 저지르는 것은 아니라고 한다. ✦

아메리칸 드림

메스너와 로젠펠드는 아메리칸 드림을 "개인들의 열린 경쟁이라는 조건하에서 사회의 모든 이들이 추구해야 할 물질적 성공이라는 목표에 대한 헌신을 낳는 문화사조"라고 정의한다.

탈상품화

탈상품화란 근로자가 자신의 노동력을 상품으로 내다 팔지 않고도 살 수 있는 정도 즉, 근로자가 노동 시장에서 일을 할 수 없게 되었을 때 국가가 제공해주는 급여의 정도를 의미한다.

긍정적 자극의 소멸과 부정적 자극의 발생

일반긴장이론에서는 친한 친구나 가족의 사망 등을 '긍정적 자극의 소멸'의 예로 보고, 부모와의 충돌, 선생님의 꾸중 등을 '부정적 자극의 발생'의 예로 본다. 22. 경행

01 범죄에 대한 두 가지 관점

범죄에 대한 관점은 법의 기원과 범죄의 특성, 형사제재에서 국가의 역할 등을 어떻게 보느냐에 따라 두 가지 상반된 관점으로 나누어진다.

갈등이론이 제기하는 의문

아래와 같은 질문을 통해 갈등이론은 범죄와 범죄자가 만들어지는 사회적·정치적 과정, 즉 범죄의 정치학을 연구한다.
1. 왜 특정 집단·계층의 규범은 법으로 전이되는 반면, 다른 집단·계층의 규범은 법제화되지 않아서 특정 집단·계층과 갈등관계에 있는 집단·계층에서 범죄자를 만들게 되는가?
2. 왜 특정 법률은 집행되는 반면, 일부 다른 법률은 집행되지 않아서 특정 법률을 위반한 사람만 범죄자로 만드는가?
3. 왜 법률이 특정 집단이나 계층에 대해서만 집행되고 일부 다른 집단이나 계층에 대해서는 집행되지 않아서 일부 특정 법률의 위반만 범죄자로 만드는가?

합의론	합의론(consensus view)적 관점은 사회합의론과 기능론을 이론적 전제로 하며 범죄에 대한 대책에서는 현상유지적·수정적 경향을 지닌다. 즉, 한 사회의 법률은 사회구성원들에 의해 일반적으로 합의된 행위규범을 반영하는 것으로 그 사회의 가치·신념의 주류를 대변하는 것이고, 범죄는 이러한 법률의 위반으로 사회 전체의 일반적 합의에 모순된 행위로 규정된다.
갈등론	갈등론(conflict view)적 관점은 이익갈등론과 강제론을 전제로 하며 범죄에 대한 대책에서도 개혁적·변혁적 경향을 띠고 있다. 갈등론자들은 법을 사회구성원의 합의의 산물로 보는 전통적 관점을 배척하고 법의 기원을 선별적인 과정으로 본다. 즉, 사회의 다양한 집단들 중에서 자신들의 정치적·경제적 힘을 주장할 수 있는 집단이 자신들의 이익과 기득권을 보호하기 위한 수단으로 만들어 낸 것이 법률이라는 것이다. 24. 간부(74)

02 분류

갈등이론은 갈등집단의 속성을 어떻게 파악하는가에 따라 보수적 갈등이론과 급진적 갈등이론으로 구분할 수 있다. 편의상 보수적 갈등이론을 먼저 보고, 급진적 갈등이론은 비판범죄학 부분에서 보기로 한다.

보수적 갈등이론	사회를 구성하는 다수의 다양한 집단이 그들의 이익을 추구하기 위해 경쟁하고 있다는 견해이다.
급진적 갈등이론	마르크스의 계급갈등론을 바탕으로 사회에는 두 가지 계급이 존재하며 양자가 서로 사회를 지배하고자 경쟁하고 있다는 견해로서, 비판범죄학이라고도 한다(비판적 갈등이론).

03 보수적 갈등이론

1. 베버(M. Weber)의 범죄분석

범죄는 사회 내 여러 집단들이 자기의 생활기회를 증진시키기 위해 하는 정치적 투쟁, 즉 권력투쟁의 산물이라고 한다. 따라서 범죄는 사회체제 여하를 떠나서 권력체계, 즉 정치체계가 조직되어 있는 모든 사회에 존재한다고 본다.

2. 볼드(G. Vold)의 집단갈등이론 ✨

① **집단형성의 동기**: 집단갈등이론은 사람이란 원래 집단지향적인 존재이며, 이들의 생활은 대부분 집단에 참여함으로써 가능하다는 전제에서 출발한다. 자신의 독자적인 노력보다는 비슷한 이해관계와 요구를 가진 사람들이 집단행동을 통해 자신들의 요구를 보다 잘 실현할 수 있기 때문에 집단이 형성된다는 것이다.

② **집단갈등의 원인**
   ㉠ 집단간에 갈등이 발생하는 이유는 여러 집단들이 추구하는 이익과 목적이 중첩되고, 서로 잠식하며 경쟁적이 되기 때문이다.
   ㉡ 법의 제정, 위반, 집행의 모든 측면을 정치적 이익갈등의 차원에서 조명한다. 특히 **집단간의 이익갈등이 가장 첨예**한 상태로 대립하는 영역으로 **입법정책 부문**을 지적하였다. ✨
   ㉢ **범죄행위**란 집단갈등의 과정에서 **자신들의 이익과 목적을 제대로 방어하지 못한 집단의 행위**로 인식한다. 즉, 범죄는 법제정 과정에 참여하여 자기의 이익을 반영시키지 못한 집단의 구성원이 일상생활 속에서 법을 위반하여 자기의 이익을 추구하는 행위이고, 그에 대한 형사제재 역시 법의 내용을 장악한 집단이 자기들의 이익을 보호하고 공고히 하는 정치적 행위라는 것이다. 22. 경행, 23. 간부(73), 23. 해경간부

③ **평가**
   ㉠ **긍정**: 집단갈등이론은 전통적 범죄이론이 도외시하였던 특정 범죄(예 인종갈등·노사분쟁·확신범죄 등)의 설명에 적합하며, 이후 갈등론적 범죄이론의 발전에 많은 기여를 하였다는 평가를 받는다. 23. 경행 1차, 24. 간부(74)
   ㉡ **부정**: 이익집단들의 갈등과 연계되지 않는 충동적이고 비합리적인 범죄행위(비이성적·격정적 범죄)에 대해서는 적용할 수 없다는 근본적인 한계에 대해 비판을 받는다.

3. 터크(A. Turk)의 권력갈등이론(범죄화론) 23. 해경간부

① **사회질서의 기초**: 집단간에 발생하는 갈등의 원인은 사회를 통제할 수 있는 권위를 추구하는 데에 있다고 본다. 그리고 사회의 권위 구조를 집단의 문화규범·행동양식을 타인에게 강제할 수 있는 권위를 가진 **지배집단**과 그렇지 못한 **피지배집단**으로 구분하였다.

② **범죄화의 유발요인**
   ㉠ 법제도 자체보다는 <u>법이 집행되는 과정에서 특정 집단의 구성원이 범죄자로 규정되는 과정을 중시</u>하였다. 그리하여 어떤 조건하에서 집단간에 갈등이 발생하고, 어떤 사람들이 범죄자로 규정되는지 그 과정과 관련하여 세 가지 조건을 주장하였다. 22. 경행, 23. 경행 1차
   ⓐ **법률의 지배집단에 대한 의미**: 현실의 법이 지배집단의 문화규범 및 행동규범과 일치할수록 그러한 법이 우선적으로 집행될 가능성이 크다. ✨
   ⓑ **법 집행자와 저항자 사이의 상대적 권력관계**: 통상적으로 법은 법 집행에 도전할 수 있는 힘을 가진 지배집단보다는 이와 같은 힘을 갖지 못한 피지배집단에 더욱 집요하게 집행된다. ✨
   ⓒ **갈등 진행의 현실성**: 집단간 갈등의 산물인 법규 위반이 실현가능성이 낮은 목표를 주장·관철하려는 경우일수록 법 집행이 강화된다.

집단갈등의 긍정적·부정적 측면
집단간의 갈등은 분쟁의 유발이라는 부정적 측면이 있지만 구성원들의 집단에 대한 애착심을 강화시키는 긍정적 측면도 있다.

사회질서의 기초
사회질서는 권위를 확보한 지배집단들에 의해 유지되는 합의와 강제 사이의 균형 상태에 기초한다. 지배집단은 이러한 균형이 깨어져 과도하게 강압적인 지배관계나 과도하게 합의지향적인 평등관계로 이해하는 것을 방지함으로써 사람들이 지배집단과 피지배집단이라는 사회적 역할에 의문을 제기하지 않고 그렇게 조건지어진 삶을 영위하도록 한다.

ⓛ 지배집단이 하층계급의 사람들에게 그들의 실제 행동과는 관계없이 범죄자라는 신분을 부여할 수 있다는 측면에서 피지배집단의 범죄현상을 이해한다. 결국 **지배집단의 힘이 강하고 갈등이 그들의 행동규범이나 문화규범에 중요한 경우에 피지배집단의 구성원들이 범죄자로 규정되고 처벌될 가능성이 크다고 본다.**

4. 셀린(T. Sellin)의 문화갈등이론

① **범죄원인**: 『문화갈등과 범죄』에서 전체 문화가 아닌 개별집단의 상이한 문화를 범죄원인에 대한 설명의 거점으로 삼고 있다. **'개별집단의 문화적 행동규범과 사회 전체의 지배적 가치체계 사이에 발생하는 문화적 갈등관계가 범죄원인이 된다'**는 것이다. 23. 간부(73), 23. 경행 2차

② **문화갈등**

　㉠ 다원적이고 복잡한 사회일수록 고유한 문화전통과 규범의식을 가진 다양한 부분사회를 내포한다. 전체 사회의 규범과 개별 집단의 규범 사이에는 갈등이 존재하기 쉽고, 개인에게도 이러한 문화갈등이 내면화되어 인격해체가 이루어지고 범죄원인으로 작용한다. 범죄학적으로 의미가 있는 문화갈등은 합법적 행위규범과 비합법적 행위규범이 다른 경우이다. 23. 해경간부

　㉡ 문화갈등은 두 개의 인접문화가 만나는 경계지역에서 한 규범체계가 다른 문화의 규범체계로 확대 적용될 경우 또는 한 문화의 구성원이 다른 문화권으로 이주할 경우에 발생한다.

　㉢ **일차적 문화갈등과 이차적 문화갈등 모두가 범죄의 원인**이 된다고 지적한다.

일차적 문화갈등 (횡적 문화갈등)	이질적 문화의 충돌에 의한 문화갈등의 경우 23. 해경간부 예 국가병합, 이민의 경우 등
이차적 문화갈등 (종적 문화갈등)	동일문화 안에서 사회변화에 의한 문화갈등의 경우 23. 해경간부 예 세대간 갈등, 빈부간 갈등, 지역간 갈등 등

③ **평가**

　㉠ 문화갈등이론은 이민사회의 다양한 민족을 전제로 한 이론이기 때문에 범죄이론으로 보편화함에 한계가 있다.

　㉡ 문화갈등이론에 의하면 문화갈등이 없는 집단의 범죄율은 그렇지 않은 집단보다 상대적으로 낮게 나타나야 하나, 이와 같은 사실은 통계적으로 입증되지 않고 있다.

5. 챔블리스(W. Chambliss)의 이론 22. 간부(72), 23. 간부(73)

① 급진적 마르크스주의의 입장에서 자본주의가 발달할수록 부와 권력을 가진 지배계층이 늘어나고, 지배계층은 자신들의 부와 권력을 유지하기 위한 사회적 규범을 더 많이 제정하게 되며, 이를 위반한 것이 범죄라고 보았다.

② 법이란 기존 세력집단의 이익을 대변하여 운용되는 것이며, 법을 집행하는 관료들은 법의 집행이 조직의 이익에 부합될 때 적극적으로 집행한다(법현실주의).

③ 형사사법기관은 사회의 하위계층의 범죄에 대하여 엄격하게 법을 집행하나, 상위계층의 범죄에 대해서는 관대하게 법을 집행한다. 하위계층은 저항이 적으므로 법집행이 비교적 쉽지만 상위계층에 대한 법집행은 부담이 따르기 때문이다.

6. 블랙(Black)의 법행동이론 22. 간부(72)

블랙(Black)에 의하면, 법은 사회통제의 일종이며 사회적 계층이나 문화 등의 차이에 의해 법을 동원하는 양(量)이 결정된다고 본다. 따라서 사회계층이 높은 사람들이 낮은 사람들에 비해서 법을 이용할 확률이 높아지고 법은 많아진다(법은 사회계층에 정비례하여 변화한다).

04 평가

① 갈등이라는 개념이 명확하지 못하다.
② 범죄통제에 대한 지나친 관심으로 정작 범죄원인은 제대로 규명하지 못한다.
③ 갈등이 사회문제의 근원이라고 할 수도 있지만, 사회구성원들의 동기를 자극하여 사회발전에 기여하는 부분도 있다는 점을 무시하였다.
④ 갈등은 범죄의 원인이므로 갈등을 제거함으로써 범죄를 줄일 수 있다는 가정은 단순하다. 즉, 갈등을 줄이려는 노력은 결국 사회적 약자인 피지배자의 희생을 강요할 수밖에 없어 그러한 노력이 오히려 갈등의 골을 더욱 심화시킬 수도 있다.
⑤ 갈등 없는 사회로서의 이상적 사회주의 국가를 지향한다면, 사회주의 국가에서도 자본주의 국가와 유사한 범죄양태가 존재한다는 현실을 설명할 수 없다.

05 갈등이론에 대한 대안이론

1. 좌파현실주의

① 레아(J. Lea)와 영(J. Young)은 법과 질서유지를 강조하는 우파의 보수주의적 태도에 반대함과 동시에 지배계급의 권력남용에 초점을 맞추는 극좌파의 태도에도 반대하면서, 지배계급과 하위계급 내부의 범죄집단에 의해 이중으로 고통받는 빈곤계층의 현실을 직시해야 한다고 주장한다.
② 상대적 박탈감으로 인한 불만족의 문제를 정치적 해법으로 해결하지 못하면 범죄로 발전하게 된다고 본다.
③ 사회주의의 실현이 범죄문제를 해결할 수도 있겠으나, 현존하는 자본주의 제도에서도 범죄통제를 위한 조치가 취해져야 하며, 이를 위해 공동체적 노력에 기반한 범죄통제정책이 필요하다고 본다.

2. 페미니스트 범죄이론(여성주의 범죄학)

① 의의
  ㉠ 과거 여성범죄에 대한 인식은 잘못된 고정관념(예 기사도, 가족주의, 가부장제도)에 기초한 것이어서, 사회 내의 갈등이 성(gender)의 불평등성에서 발생한 것이므로 성평등이 실현되면 남성과 여성의 범죄성은 비슷해질 것이라는 주장이다.
  ㉡ 성적 차별에 의해 여성은 가정과 사회에서 이중의 착취를 당하고 있다는 인식이 페미니즘 출현의 동기라고 본다.

© 달리(K. Daly)와 린드(M. Chesney-Lind)는 기존 범죄학의 연구는 남성중심주의적이라고 비판하면서, 범죄는 남성 고유의 문제가 아니므로 성(gender)의 차이를 인정해야 한다고 주장하고, 범죄를 남성과 여성 모두에게 있어 정상적으로 나타나는 현상으로 이해해야 한다고 주장한다. 22. 간부(72)

© 여성의 범죄행동에 대한 연구들이 축적되어 가고 있으나, 여성주의 범죄학이 범죄학의 주류에 포함되고 있는가에 대해서는 부정적으로 보는 것이 일반적이다. 23. 간부(73)

② **유형** 22. 간부(72), 23. 간부(73)

자유주의적 페미니즘	성의 사회화가 범죄의 원인으로 작용하여 여성보다 남성이 더 많은 범죄를 저지르는 것은 성에 대한 역할기대에 부합하기 때문이며, 성 불평등의 원인은 법적·제도적 기회의 불평등으로 인한 것이라고 보아, 사회의 정책적 노력(동등한 기회 부여, 선택의 자유 허용)에 의해 성 불평등이 제거될 수 있다고 주장한다.
급진주의적 페미니즘	남성은 공격적 성향을 타고났기 때문에 여성을 통제나 지배의 대상으로 인식(남성우월주의)하고, 이는 가부장제도를 통해 남성의 여성에 대한 지배가 사회 전반으로 확장되었다고 주장한다.
마르크스주의적 페미니즘	남성의 재산소유와 생산수단에 대한 통제(사유재산제도)가 남성지배 및 여성억압의 근원이므로(계급불평등) 자본주의 - 가부장제를 위협하는 여성의 행동은 범죄로 규정된다고 보아, 자본주의에 대한 투쟁을 통해 여성억압과 불평등을 해결할 수 있다고 주장한다. 24. 간부(74)
사회주의적 페미니즘	마르크스주의와 급진주의를 통합하여, 성 불평등은 사회의 구조(가부장제)와 자본주의에 따른 계급불평등의 결과라고 보는 입장에서 여성의 임신·출산·육아는 여성이 생존을 위해 남성에게 의존하도록 만들었고, 이는 노동의 성 분업과 남성의 여성에 대한 지배·통제를 초래하여 남성에게 더 많은 범죄기회가 주어졌다고 주장한다.

3. 권력통제이론 22. 간부(72), 22. 경행, 23. 경행 2차, 23. 해경간부, 24. 간부(74)

① 권력통제이론(Power Control Theory)이란 범죄에서 나타나는 성별 차이를 설명하기 위해 급진적인 여성주의 시각을 도입하여, 범죄율이 계급적 권력과 가족 내 권력에 의해 결정된다고 보는 이론이다. 헤이건(J. Hagan)은 범죄나 비행의 발생률이 사회적 지위와 가정 기능이라는 두 가지 요소에 의해 결정된다고 주장한다.

② 부모의 직장에서의 권력적 지위가 가족구성원 간의 권력관계에 반영되고, 가정 내에서 권력이 젠더구조화된 정도는 부모가 자녀를 양육하는 방식에 영향을 미친다고 본다.

③ 가정 기능은 다시 가부장적 기능과 평등주의적 기능으로 나뉜다. 먼저 가부장적 가정에서는 아버지가 생계 유지를 위한 경제활동을 하고, 어머니는 가사와 육아의 활동을 하는데 딸에 대해서는 통제가 강하나 아들에 대해서는 통제가 느슨하다. 따라서 아들의 비행가능성이 높다고 한다.

④ 반면에 평등주의적 가정에서는 아버지와 어머니가 동등한 권력과 지위를 향유하므로 딸에 대한 통제가 약하며 그로 인하여 아들과 딸의 비행가능성에 차이가 없다고 본다. 부모가 비슷한 권력을 소유하고 있는 가정에서 딸은 남자 형제와 비슷하게 직업적 성공에 대한 기대감을 갖고 있으며 그 결과 성별에 관계없이 위험추구적 행동이나 비행을 저지르도록 사회화된다는 것이다.

4. 포스트모던 범죄이론

① 포스트모던 범죄이론은 범죄원인의 설명에서 기존의 주장들은 여러 이론 중 하나일 뿐이라고 본다.

② 범죄란 특정 사회에서 규정하고 있는 인간행동의 한 범주이며, 인식의 오류나 지각성의 부족을 범죄의 원인이라고 본다. 즉, 사회와 연결되지 못하고 자기의 생각과 방식대로 행동하며 사회와 타인을 거부하는 행동이 범죄라고 본다.

③ 포스트모던 범죄이론은 기존의 전통적 범죄이론을 거부하여 인종적·계급적 차별을 타파하고자 함에 특징이 있다. 다만, 범죄의 개념이 부정확·모호하며 실질적 대책의 제시가 없다는 비판을 받는다.

제4절 범죄적 하위문화이론(문화적 비행이론)

01 서론

① 범죄적 하위문화이론(비행적 하위문화이론, Cultural Deviance Theory)은 <u>사회해체이론과 아노미이론을 결합</u>하여, 해체되고 타락한 지역의 거주자들(하위계층)이 사회적 소외와 경제적 박탈에 대해 어떻게 반응하는지를 설명하는 이론이다. 22. 간부(72)

② 사회의 여러 하위문화 중에서 규범의 준수를 경시하거나 반사회적 행동양식을 옹호하는 범죄적 하위문화가 존재하며, 이러한 환경에서 생활하는 사람들은 범죄적 하위문화의 영향으로 인하여 범죄행위에 빠져든다고 본다. ✦✦

02 하위계층문화이론(하층계급문화이론) – 밀러(W. Miller)

1. 하위계층의 문화

① 밀러는 경제적 하층계급인 갱단의 비행에 설명의 초점을 맞추어, 셀린(T. Sellin)이 지적한 이차적 갈등에 의한 범죄발생의 이론을 발전시켰다.

② <u>하위계층에는 중류계층의 문화와는 구별되는 독자적인 문화규범이 존재하고, 이에</u> 따른 행동이 중류계층문화의 법규범에 위반됨으로써 범죄가 발생한다. 23. 경행 2차

③ 하위계층의 대체문화는 사회의 주류문화에 대하여 다른 가치를 가지는 문화로 파악된다. 하층계급의 범죄 및 일탈은 병리적인 행위가 아니고 **중류계층의 규범에 대항하는 것도 아니며, 단지 자기가 소속된 해당 문화에 충실한 행위일 뿐**이다. 이는 악의적인 저항이 아니라는 점에서 <u>코헨(A. Cohen)의 비행하위문화이론과 구별</u>된다. ✦✦

④ 하층계급에 독특한 문화규범이 생기는 이유는 그들의 관심의 초점(중심가치, forcal concerns)이 일반인(중류계층)과 다르기 때문이다.

2. 관심의 초점(중심가치) 22. 경행, 23. 경행 1차, 23. 해경간부, 24. 경행

말썽(사고치기) [Trouble]	하층계급은 유난히 <u>사고를 유발하고, 이를 원활히 처리하는 데에 많은</u> 관심을 갖고 있다. 사고를 저지르고 경찰에 체포되거나 피해자에게 배상하는 것은 어리석은 것이며, 이를 교묘히 피해가는 것이 주위의 주목을 끌고 높은 평가를 받게 된다. ✄
자율성(독자성) [Autonomy]	경찰, 선생, 부모 등의 <u>권위로부터 벗어나려 하고, 간섭을 받는 것을 혐</u>오한다. 따라서 사회의 권위 있는 기구들에 대한 경멸적 태도를 취하게 된다.
숙명(운명주의) [Fatalism]	<u>미래가 자기의 노력보다는 통제할 수 없는 운명에 달려있다는 믿음이</u>다. 범죄를 저지르고 체포된 경우, 반성하기보다는 운이 없었다고 판단하기도 한다.
흥분(자극) [Excitement]	<u>스릴과 위험한 일을 추구하여 권태감을 해소하는 것이다.</u> 하층계급의 거주지역에서는 도박·싸움·음주·성적 일탈이 많이 발생한다. ✄
교활(기만) [Smartness]	지적인 총명함이 아니라, <u>도박·사기·탈법 등과 같이 기만적인 방법으로 다른 사람을 속일 수 있는 능력</u>을 말한다.
강인(억셈) [Toughness]	<u>감성적이며 부드러운 것을 거부하고, 육체적인 힘이나 싸움능력을 중시하며 두려움을 나타내지 않는다.</u> 이는 여성가장기구에 대한 반작용으로 볼 수 있다.

3. 범죄의 발생

하층계급에서는 중심가치(관심의 초점)를 높이 평가하고 깊은 관심을 가짐으로써 일정한 지위를 차지하고 갱단에 속하게 된다. 따라서 이러한 문화적 분위기에 순응하는 과정에서 범죄를 저지르게 된다.

4. 평가

① 하층계급의 독자적 하위문화가 실제로 존재하는지는 아직 증명되지 않고 있다.
② 하층계급의 문화의 다양성을 고려하지 않기 때문에 모든 경우에 적용할 수 있는 것은 아니다.
③ 관심의 초점(중심가치)이라는 것이 하위문화의 일부 요소일 수는 있으나 유일한 것일 수는 없고, 중류계층의 가치와 문화가 영향을 미칠 수도 있음을 무시하고 있다.

03 비행하위문화이론 - 코헨(A. Cohen)

1. 의의

① 코헨은 밀러(W. Miller)의 이론이 하층문화가 생성되는 과정에 대해서는 관심을 두지 않았다고 비판하면서, <u>하류계층 청소년들 사이에서 반사회적 가치나 태도를 옹호하는 비행문화가 형성되는 과정</u>을 집중적으로 다루었다. ✄
② 미국과 같이 중류계층의 가치체계에 의해 지배되는 사회에서는 중산층의 가치나 규범을 중심으로 형성된 사회의 중심문화와 빈곤계층 소년들의 익숙한 생활 사이에서 긴장이나 갈등이 발생하며, 이러한 긴장관계를 해소하려는 시도에서 비행적 대체문화가 형성된다. 22. 간부(72)

③ 중산층 문화에 적응하지 못한 하류계층의 소년들이 좌절감을 해소하고 삶에 의미를 부여하기 위해서 다른 하류계층 소년들과 함께 주류문화와 전혀 다른 문화(비행하위문화)를 구성하여 중류계층의 거부에 대한 해결책을 찾는다(**문화적 혁신**). 22. 간부(72), 23. 해경간부
④ 결국 비행하위문화는 **중류계층의 가치와 규범에 대한 반동(저항)적 성격**을 지닌다고 본다. 23. 경행 2차, 23. 해경간부

2. 적응의 문제(지위 문제)와 비행집단의 형성

① 하류계층의 비행집단(갱)은 계층사회 내에서 하류계층의 소년들이 학교에 제대로 적응하지 못함으로 인해 발생한다. 학교제도 자체가 중류계층의 척도에 의해 지배되므로 그들과 다른 배경을 가진 하류계층 소년들에게는 적응의 문제가 발생한다(학교에서의 실패를 경험, **지위좌절**). 22. 경행, 24. 간부(74)
② 하류계층 소년들의 반응에는 대학소년 반응, 길모퉁이소년 반응, 비행소년 반응 등이 있다. 비행소년들에게 하위문화는 중류계층의 거부에 의한 좌절감을 표출하는 매개물이다. 이러한 비행소년들이 어울려서 집단적으로 반항하면서 비행집단이 형성된다.

3. 비행하위문화의 특성 22. 간부(72), 22. 경행

① **다면성(변덕)**: 하류계층 소년들은 여러 방면의 재주·잡기·융통성을 중요시한다.
② **단기적 쾌락주의**: 미래의 성공을 위해 현재의 욕구를 억제하지 못하고 당장의 쾌락을 추구하는 경향을 띤다(예 폭주족 등).
③ **반항성(부정성)**: 하류계층의 소년들은 사회의 지배적 가치체계를 무조건 거부하고, 사회의 중심문화와 반대방향으로 하위문화의 가치·규범을 형성한다.
④ **집단자율성**: 하류계층 소년들은 기존 사회에서 인정받지 못하는 것에 대한 반작용으로, 내적으로 강한 단결력과 외적으로 적대감을 나타낸다.
⑤ **비공리성(비합리성, 비실리성)**: 합리적 계산을 통한 범죄의 이익보다는 타인에게 피해를 입히고 동료로부터 얻는 명예·지위 때문에 범죄행위를 한다.
⑥ **악의성**: 타인에게 불편을 주고 금기를 파괴하는 행위를 강조한다.

4. 평가

① 중산층·상류층 소년들이 저지르는 비행이나 범죄는 설명하지 못한다. 23. 간부(73)
② 하위계층 소년들 중에서도 비행을 저지르지 않는 소년이 많다는 사실을 간과하였다. 23. 간부(73)
③ 하위계층 소년들의 비행 중에서 가장 많은 것이 절도 등의 이욕범죄인데, 이를 비합리성·악의성·부정성 등 비행하위문화의 특성의 영향으로 보기는 힘들다. 23. 간부(73)
④ 실제 체포된 비행소년들의 대부분은 자신의 행동을 후회하고 뉘우치므로, 이들의 행위를 비행하위문화의 영향을 받은 것으로 보기 어렵다. ✔
⑤ 소년비행은 대부분 비행하위문화와 무관한 개인적 사유로 발생한다.

04 차별적 기회구조이론 – 클로워드와 오린(R. Cloward & L. Ohlin)

1. 의의

① 코헨(A. Cohen)의 비행하위문화이론에 동의하면서, 더 나아가 비행자가 왜 그러한 비행하위문화에 빠져들게 되는지를 설명하고자 하였다. ✤

② **아노미이론**(R. Merton)과 **차별적 접촉이론**(E. H. Sutherland)을 **통합**하여, 성공을 위한 목표로의 수단에는 합법적 · 비합법적 기회구조가 있음을 전제로 하여 차별적 기회이론을 제시한다. 23. 경행 2차

③ 비행하위문화를 촉발시키는 요인으로 합법적인 수단을 사용할 수 있는 기회의 불평등한 분포를 든다. 아노미이론과 같이 사회에는 문화적 목표와 이를 합법적인 수단으로 달성할 수 있는 가능성간에 현격한 차이가 있고, 이로 인해 비행하위문화가 형성된다. ✤

④ 성공하기 위하여 합법적인 수단을 사용할 수 없는 사람들은 비합법적 수단을 사용한다는 머튼의 주장에 대해서는 반대한다. 머튼(R. Merton)의 이론은 비합법적인 수단에 대한 접근가능성을 간과하였으며, 실제 비행하위문화의 성격은 비합법적인 기회가 어떻게 분포되었는가에 따라 다르며 연관된 비행행위의 종류도 다르다고 비판한다(합법적 수단과 비합법적 수단 모두에 대한 차별적 기회의 고려). 24. 경행

2. 비행하위문화의 기본형태

① 개인이 성공을 위한 목표를 달성하려고 할 때 합법적 수단과 비합법적 수단 중 어느 수단을 취하는가는 사회구조와의 관계에서 어느 수단을 취할 수 있는 지위에 있는가에 달려있다. 22. 경행

② 목표달성을 위한 불법적 수단에 대한 차별적 접근의 개념을 제시하면서, 합법적 수단뿐만 아니라 불법적 수단에 대해서도 기회의 차별을 고려해야 한다고 주장한다. 22. 경행

범죄적 하위문화	㉠ 비합법적 기회구조가 많은 지역에서 형성되는 하위문화로서, 범죄적 가치와 지식이 체계적으로 전승된다. ㉡ 소년들은 범죄로 성공한 성인범죄자를 자신의 미래상으로 인식하고 범죄조직에 관련된 잡일을 하면서 범죄적 가치나 지식을 습득한다. ㉢ 절도 등의 재산범죄가 일상화되어 범죄가 가장 많이 발생한다.
갈등적 하위문화	㉠ 성인들의 범죄가 조직화되지 않아 소년들이 비합법적인 수단에 접근할 수 없는 지역에서 형성되는 하위문화이다. ㉡ 비합법적인 수단을 가르쳐 주는 성공적인 범죄집단은 없지만, 범죄가 없는 것도 아니다. ㉢ 최소한의 통제도 이루어지지 않는 사회해체 속에서 대체로 개인적 · 비조직적 · 경미한 범죄(예 과시적 폭력범죄)만 발생하므로, 범죄적 하위문화는 형성되지 못한다.
도피적 하위문화	㉠ 문화적 목표를 추구하는 데 필요한 합법적 수단을 이용하기 어렵고 불법적인 기회도 없는 상황에서 형성되는 하위문화이다. ㉡ 대표적 예로는 약물중독자 · 정신장애자 · 알콜중독자 등이 자포자기하여 퇴행적 생활로 도피하는 것을 든다. 23. 경행 2차

③ 클로워드와 오린(R. Cloward & L. Ohlin)은 머튼(R. Merton)의 반응양식을 수정하여 다음과 같이 설명한다. 24. 경행

구분	목표	합법적 수단	비합법적 수단	폭력수용	머튼
일반인	+	+			동조
범죄적 하위문화	+	−	+		혁신
갈등적 하위문화	+	−	−	+	
도피적 하위문화	−	−	−	−	은둔

④ 합법적 기회와 비합법적 기회가 모두 결여된 경우를 '이중실패자'라고 하는데, 이들 중의 일부는 좌절을 폭력으로 표출하게 되고(갈등적 하위문화), 다른 일부는 내면화된 규범의식 또는 신체적 능력의 결여 때문에 폭력을 사용하지 못하고 좌절하게 된다(도피적 하위문화). 다만, 일반적으로 이중실패자는 <u>도피적 하위문화</u>에 적응하여 반사회적인 행위를 하는 사람들을 지칭한다. 24. 경행

3. 평가

① 특정 지역에서 발생하는 일탈 유형을 그 지역의 하위문화의 특성과 관련하여 설명하고, 하위문화의 형성 과정을 합법적 기회구조와 비합법적 기회구조를 통하여 설명함으로써 이후 사회정책의 개발에도 많은 기여를 하였다. 실제 1960년대 미국에서 시행된 지역사회교정이나 비행예방 프로그램들은 차별적 기회이론의 관점에 기초를 두었다.
② 수형자에 대한 교정교육은 합법적 기회구조에 접근할 수 있는 기회를 부여할 수 있으므로 범죄예방에 도움이 된다고 본다. ✦
③ 중·상류계층의 비행 발생에 대해서는 적용하기 어렵고, 동일한 기회구조에 속해 있음에도 동일한 반응이 나타나지 않는 경우를 설명할 수 없으며, 하위문화의 분류 자체가 불명확하여 특정 유형의 비행이 어떤 하위문화에 의해 유발된 것인지를 분명히 구별할 수 없다는 등의 비판을 받는다. 24. 경행

05 폭력적 하위문화이론

1. 의의

① 밀러(W. Miller)가 중시한 문화적 영향은 이후 여러 연구에 계승되었다. 그중 울프강과 페라쿠티(M. Wolfgang & F. Feracuti)는 지배적인 문화와는 별도로 <u>특정 지역을 중심으로 폭력사용을 용인하고 권장하는 폭력하위문화가 존재한다</u>고 보았다. 23. 경행 2차
② 폭력적 하위문화에서 폭력은 구성원들이 부정적·문제적 환경에 적응하는 효과적 생활양식으로서 오랜 경험에서 학습된 결과라고 본다. 즉, 다른 것보다 폭력을 사용했을 때 문제가 효과적으로 해결된다는 점을 경험적으로 인식하고 있다는 것이다.
③ 특정 지역의 사람들은 일반인들에 비해서 자신의 명예, 집안의 명예, 남자의 명예 등을 지나치게 강조하고 인간의 생명을 가볍게 보는 경향이 있다. 이러한 문화적 특성은 이들의 생활양식, 사회화 과정, 대인관계 면에서 폭력 사용이 정상적인 행위양식의 하나로 정립되어 있다는 것이다. 미국 필라델피아 지역이 다른 지역에 비해 살인사건이 많은 것은 바로 폭력하위문화의 영향을 보여주는 것이라고 하였다.

2. 폭력적 하위문화에 대한 명제 23. 해경간부

① 하위문화는 사회의 주류문화와 완전히 갈등적이거나 분리될 수 없다.

② 폭력적 하위문화라도 모든 상황에서 폭력을 사용하지는 않는다.

③ 폭력적 하위문화의 개인은 다양한 문제의 해결을 위해 폭력에 잠재적 또는 적극적으로 의지하는 경향을 뚜렷하게 보인다.

④ 폭력적 하위문화에서 폭력성향은 모든 연령대에서 나타나지만, 특히 청소년기 후반부터 중년기까지 연령대에서 가장 확실하게 나타난다.

⑤ 폭력적 하위문화에서 반대규범은 비폭력적이다.

⑥ 폭력적 하위문화에서 폭력 및 폭력사용에 대한 태도는 차별적 접촉, 학습, 동일시 등을 통하여 개발·발전된다.

⑦ 폭력적 하위문화에서 폭력의 사용은 불법적 행동으로 간주되지 않으며, 행위자 역시 자신의 행동에 죄의식을 갖지 않는다.

06 범죄적 하위문화이론에 대한 평가

① 비행청소년 등의 행위의 다양성이 실제로 하위문화의 존재를 증명하는가, 즉 소년들의 비행이 대부분 하위문화에서 비롯된다는 것에 대한 경험적 증거를 제시할 수는 없다.

② 하위문화와 주류문화의 구별이 분명치 않다는 것도 문제로 지적된다.

③ 하위문화에 속하지 않는 사람들의 범죄나 비행에 대한 논의가 없다. 즉, 중·상류계층에서도 비행에 빠지는 소년들이 많은데도 불구하고 이들에 대해서는 아무런 설명이 없다.

01 머튼은 미국사회의 구조가 문화적 목표와 이에 도달하기 위한 제도적·규범적 수단의 두 요소로 이루어진다고 가정하였다.
( ) 24. 간부(74)

02 머튼은 재산범죄 등 경제적 동기의 범죄에만 적용할 수 있다고 하였다. ( )
24. 간부(74)

03 머튼은 목표와 수단에 대한 5가지 적응유형으로 동조형(Conformity), 혁신형(Innovation), 의례형(Ritualism), 회피형(Retreatism), 반역형(Rebellion)을 제시하였다. ( )
24. 간부(74)

04 머튼(Merton)이 주장한 아노미의 발생원인에는 ㉠ 물질적 성공만을 과도하게 강조하는 문화, ㉡ 성공을 위한 제도화된 기회의 부족, ㉢ 급격한 사회변동과 위기, ㉣ 공평한 성공기회에 대한 평등주의적 이념 등이 있다. ( )
22. 간부(72)

05 전과자 甲은 마약범죄 총책으로 해외에 본거지를 두고 조직을 운영하면서 범죄수익으로 해외 부동산 개발투자를 하고 있다. 甲은 머튼(Merton)의 아노미이론에서 개인의 반응양식 중 순응형(Conformity)에 해당한다. ( )
23. 간부(73)

06 대학생 乙은 주식투자 실패로 대출금을 갚기 위해 고수익 아르바이트를 찾던 중 마약배송을 하게 되었다. 乙은 머튼(Merton)의 아노미이론에서 개인의 반응양식 중 혁신형(Innovation)에 해당한다. ( )
23. 간부(73)

07 공무원 丙은 경제적 문제로 배우자와 이혼을 한 이후 틈틈이 불법약물로 스트레스를 풀고 있다. 丙은 머튼(Merton)의 아노미이론에서 개인의 반응양식 중 의례형(Ritualism)에 해당한다. ( )
23. 간부(73)

08 가정주부 丁은 한때 마약중독에 빠졌으나, 현재는 재활치료에 전념하면서 사회복귀를 위해 준비하고 있다. 丁은 머튼(Merton)의 아노미이론에서 개인의 반응양식 중 은둔형(Retreatism)에 해당한다. ( )
23. 간부(73)

---

01 ○ 머튼은 인간의 행위와 관련하여 중요한 문화와 사회구조의 구체적인 측면은 문화적 목표와 그 목표를 달성하기 위한 제도적 수단이라고 보았다.

02 × 아노미이론(긴장이론)이 재산범죄 등 경제적 동기의 비행이나 범죄에 대한 설명에 한정된다는 비판도 제기되었다. 그러나 머튼은 자신의 이론이 합리적 계산에 의한 실리주의적 일탈행동에 한정되는 것은 아니라고 반박하였다. 머튼의 이론은 경제적 동기로 범하는 범죄뿐만 아니라, 긴장과 좌절로 인한 각종 일탈과 폭력범죄 등도 설명할 수 있는 이론이라고 보아야 한다는 입장도 있다.

03 ○ 머튼이 제시하는 개인의 사회적 긴장에 대한 반응양식은 문화적 목표와 제도화된 수단에 따라 각각 수용과 거부의 조합을 기준으로 동조형(순응형), 혁신형(개혁형), 의례형(의식주의), 은둔형(도피형), 반항형(혁명형)의 5가지 형태로 나타난다.

04 × 머튼(Merton)은 아노미(사회적 긴장)란 특정 사회에서 문화적 목표(예를 들면 물질적 성공)에 대해서는 지나치게 강조하는 반면에, 사회구조적 특성에 의해 제도화된 수단으로 문화적 목표를 성취할 수 있는 기회가 제한되었을 때에 발생한다고 주장한다. 이념적으로 성공이라는 목표를 달성할 수 있는 기회는 누구에게나 공평하게 주어진다고 얘기하지만(평등주의적 이념), 실제로는 그 기회가 계층에 따라 차별적이기 때문에 아노미 상황이 발생하게 된다는 것이다. 그러나 급격한 사회변동과 위기(㉢)는 머튼이 주장하는 아노미의 발생원인에 해당하지 않는다. 이는 아노미(Anomie) 개념을 처음 주장하였던 뒤르켐(Durkheim)이 그 원인으로 예시한 것이다.

05 × 甲은 머튼(Merton)의 아노미이론에서 개인의 반응양식 중 '혁신형(개혁형)'에 해당한다.

06 ○ 乙은 머튼(Merton)의 아노미이론에서 개인의 반응양식 중 '혁신형(개혁형)'에 해당한다.

07 × 丙은 머튼(Merton)의 아노미이론에서 개인의 반응양식 중 '은둔형(도피형)'에 해당한다.

08 × 丁은 머튼(Merton)의 아노미이론에서 개인의 반응양식 중 '동조형(순응형)'에 해당한다.

09 머튼(R. Merton)의 아노미이론은 기회구조가 차단된 하류계층의 범죄를 설명하는 데에는 유용하지만 최근 증가하는 중산층 범죄나 상류층의 범죄를 설명하는 데에는 한계가 있다. (　　)

10 머튼(Merton)의 긴장이론에 대해서는 사회의 모든 구성원이 물질적 성공을 문화적 목표로 하고 있다고 보기 어렵다는 비판이 있다. (　　)
24. 간부(74)

11 제도적 아노미이론(Institutional Anomie Theory)에 의하면, 아메리칸 드림이라는 문화사조는 경제제도와 다른 사회제도 간 '힘의 불균형' 상태를 초래했다고 주장한다. (　　)
22. 간부(72)

12 제도적 아노미이론은 머튼의 긴장이론이 갖고 있던 거시적 관점을 계승하여 발전시켰다. (　　)
22. 간부(72)

13 제도적 아노미이론(Institutional Anomie Theory)에 의하면, 아메리칸 드림이라는 문화 사조의 저변에는 성취지향, 개인주의, 보편주의, 물신주의(fetishism of money)의 네 가지 주요 가치가 전제되어 있다고 분석한다. (　　) 22. 간부(72)

14 제도적 아노미이론은 머튼의 긴장개념을 확장하여 다양한 상황이나 사건들이 긴장 상태를 유발할 수 있다고 하였다.
(　　) 22. 간부(72)

15 제도적 아노미이론(Institutional Anomie Theory)에서는 탈상품화(decommodification)가 치열한 경쟁을 줄이고 궁극적으로 범죄를 감소시킬 것이라고 설명한다. (　　)
24. 경행

16 메스너(Messner)와 로젠펠드(Rosenfeld)의 제도적 아노미이론은 애그뉴(Agnew)의 일반긴장이론을 구조적 차원에서 재해석하고 확장한 이론으로 평가된다. (　　)
24. 경행

17 제도적 아노미이론에서는 성취 지향(achievement), 개인주의(individualism), 보편주의(universalism), 행위규범(conduct norms) 및 물질만능주의(money fetish)의 다섯 가지 하위 가치관이 범죄행위를 유도한다고 주장한다. (　　)
24. 경행

---

09 ○ 머튼(R. Merton)의 아노미이론은 사회구조적 문제로 인하여 하위계층이 범죄를 많이 저지르게 됨을 설명하는 이론으로, 중산층 또는 상류층의 범죄를 설명하는 데에는 한계를 나타낸다는 비판을 받는다.

10 ○ 어느 사회에서나 문화적 목표에 대해서 기본적인 합의가 있다는 공통가치설을 지나치게 강조하고 있다는 비판이 제기된다(다양성의 무시).

11 ○ 메스너(Messner)와 로젠펠드(Rosenfeld)는 이른바 아메리칸 드림이 다른 제도와 가치의 몰락 및 규범적 통제의 붕괴(아노미)를 촉진한다고 주장한다.

12 ○ 메스너(Messner)와 로젠펠드(Rosenfeld)는 경제제도의 측면을 중시한 머튼의 아노미이론을 발전시켜 거시적 관점에서 여러 문화 및 사회제도와 미국사회의 높은 범죄율 사이의 상호관계를 설명하고자 하였다.

13 ○ 메스너(Messner)와 로젠펠드(Rosenfeld)는 부의 추구를 중시하는 미국사회의 문화는 성취지향, 개인주의, 보편주의, 물신주의를 바탕으로 하고 있다고 분석하였다.

14 × '애그뉴(R. Agnew)'는 '일반긴장이론'에서 하층계급뿐만 아니라 다른 계급에 속한 개인이 다양한 원인에 의하여 긴장을 느낄 수 있고, 이러한 긴장은 분노, 좌절, 두려움 등의 부정적 감정을 야기하게 되어 반사회적 행동으로 이어질 수 있다고 주장한다.

15 ○ 탈상품화(decommodification)란 근로자가 자신의 노동력을 상품으로 내다 팔지 않고도 살 수 있는 정도, 즉 근로자가 노동 시장에서 일을 할 수 없게 되었을 때 국가가 제공해 주는 급여의 정도를 의미한다. 메스너와 로젠펠트는 시민들이 경제적 안전망(복지·연금 등)을 제공받게 된다면 경제적 박탈감의 영향을 극복할 수 있게 되며 범죄율은 감소한다고 주장하였다.

16 × 제도적 아노미이론은 '머튼(R. Merton)의 이론에 동의하여 거시적 관점을 계승'한 이론으로 평가된다.

17 × 제도적 아노미이론에서는 미국 사회의 경제적 성공을 강조하는 소위 아메리칸 드림은 그 저변에 '성취지향', '개인주의', '보편주의', '물신주의(물질만능주의)'를 전제하고 있다고 주장한다.

18 제도적 아노미이론에서는 다른 사회제도가 경제에 종속되어 있어 비경제적 기능과 역할이 평가절하되는 사회제도의 불균형과 개인의 관심적 초점(focal concerns)이 미국의 높은 범죄율의 원인이라고 설명한다. (　　) 　24. 경행

19 에그뉴(Agnew)의 일반긴장이론(General Strain Theory)은 모든 사회인구학적 집단의 범죄행위와 비행행위를 설명하는 일반이론 중 하나이다. (　　) 　22. 경행

20 일반긴장이론(General Strain Theory)에 의하면 개인적인 스트레스와 긴장이 범죄의 유발요인이므로 미시적 수준의 범죄이론으로 볼 수 있다. (　　) 　22. 경행

21 애그뉴(Agnew)의 일반긴장이론은 거시적 수준에서 하류층뿐만 아니라 다양한 계층의 긴장원인을 설명하고자 하였다. (　　) 24. 간부(74)

22 애그뉴의 일반긴장이론에 의하면 인간은 부·명예와 같은 목표의 달성에 실패하였을 때, 긴장하게 된다. (　　) 　24. 간부(74)

23 애그뉴의 일반긴장이론에 의하면 인간은 이혼, 해고, 친구의 죽음 등 긍정적인 자극이 제거되었을 때, 긴장하게 된다. (　　) 24. 간부(74)

24 애그뉴의 일반긴장이론에 의하면 인간은 직장 내 갑질, 가정폭력, 선생님의 꾸중 등 부정적인 자극을 받았을 때, 긴장하게 된다. (　　) 　24. 간부(74)

25 일반긴장이론(General Strain Theory)에서 부정적 자극의 발생(presentation of negative stimuli)은 일상생활에서 자신이 통제할 수 없는 부정적 사건의 발생을 의미하며, 부모의 사망, 이혼 등이 대표적 사례이다. (　　) 　22. 경행

26 애그뉴의 일반긴장이론에 의하면 특히 청소년들은 긴장상태가 지속되면 부정적인 감정에 의해 비행에 빠지기 쉽다. (　　) 24. 간부(74)

---

18 × 제도적 아노미이론에서는 아메리칸 드림이라는 경제적 욕망의 지배는 경제제도와 다른 사회제도 사이에 힘의 불균형 상태를 초래하여, 가족·교회·학교 등에서 시행하는 비공식적 사회통제를 약화시키고 이는 미국 사회의 높은 범죄율로 연결된다고 본다. 관심적 초점(focal concerns)은 '밀러의 하위계층문화이론'에서 하위계층이 중요시하는 가치를 의미한다(말썽, 자율성, 숙명, 흥분, 교활, 강인).

19 ○ 에그뉴(Agnew)의 일반긴장이론(General Strain Theory)은 머튼(R. Merton)의 아노미이론과 같이 하층계급의 범죄에 국한한 것이 아니라, 사회의 모든 계층의 범죄에 대한 일반론적인 설명을 제공하고자 한다. 이를 통해 개인 차원의 일탈을 예측할 수 있고, 나아가 공동체의 범죄율의 차이를 설명할 수도 있다고 주장한다.

20 ○ 에그뉴(Agnew)는 일반긴장이론에서 사회에서 스트레스와 긴장을 경험하는 개인이 범죄를 저지르기 쉬운 이유를 설명하고자 하였다(긴장의 개인적 영향). 따라서 일반긴장이론은 머튼의 아노미이론(긴장이론)을 수정하고 미시적으로 계승한 이론으로 평가된다.

21 × 애그뉴는 머튼의 이론을 수정하고 '미시적'으로 계승하여 사회에서 스트레스와 긴장을 경험하는 개인이 범죄를 저지르기 쉬운 이유를 설명하고자 하였다(긴장의 개인적 영향, 미시적 범죄이론).

22 ○ 긴장의 원인 중 목표달성의 실패에 대한 설명이다.

23 ○ 긴장의 원인 중 긍정적 자극의 소멸에 대한 설명이다.

24 ○ 긴장의 원인 중 부정적 자극의 발생에 대한 설명이다.

25 × 부모의 사망, 이혼 등은 '긍정적 자극의 상실(소멸)'에 해당한다.

26 ○ 경험한 긴장의 강도가 강하고 횟수가 거듭될수록 개인은 부정적 감정의 충격을 많이 받으며 범죄에 빠질 가능성이 높다고 본다(긴장 → 부정적 감정 → 비행).

27 애그뉴는 일반긴장이론에서 하류계층 청소년들이 중류사회의 성공목표를 합법적으로 성취할 수 없는 긴장상태에 놓였을 때, 경험하는 죄책감, 불안감, 증오심을 지위좌절(Status Frustration)이라고 하였다. (　　) 　　24. 간부(74)

28 일반긴장이론(General Strain Theory)은 긴장 원인의 복잡성과 부정적 감정의 상황들을 밝혀내어 결국 아노미이론을 축소시켰다. (　　) 　　22. 경행

29 갈등이론에 의하면 범죄는 자본주의 사회의 본질적인 불평등과 밀접한 관련이 있다고 본다. (　　) 　　22. 경행

30 갈등론적 관점에 의하면 법의 제정과 집행은 사회 일반의 이익을 보호하기 위해서가 아니라, 국가운영을 통제하는 지배계층의 이익을 보호하기 위해 존재한다. (　　) 　　24. 간부(74)

31 갈등론적 관점은 범죄원인을 밝히기보다는 '대부분의 사람은 왜 범죄를 저지르지 않고, 사회규범에 동조하는가'라는 의문에서 출발하고 있다. (　　) 　　24. 간부(74)

32 갈등론적 관점에서 살인, 강도, 절도, 도박 등 일반범죄의 원인을 설명하는 것은 한계가 있다. (　　) 　　24. 간부(74)

33 볼드(Vold)의 집단갈등이론은 인종분쟁, 노사분쟁과 같은 이익집단 간의 갈등에서 비롯된 범죄현상을 설명하는 데 유용하다. (　　) 24. 간부(74)

34 터크(Turk)는 자본가들의 지배에 대항하는 범죄형태를 저항범죄(crime of resistance)라고 정의하였다. (　　) 22. 경행

35 터크(Turk)는 법이 집행되는 과정에서 특정한 집단의 구성원이 범죄자로 규정되는 과정에 주목하였고, 이를 '비범죄화(decriminalization)'라고 규정하였다. (　　) 　　23. 경행 1차

36 볼드(Vold)는 범죄를 개인적 법률위반이 아니라 집단 간 투쟁의 결과로 보았다. (　　) 　　22. 경행

---

27 ✕ '코헨(Cohen)'은 비행하위문화이론에서, 하류계층의 비행집단은 계층사회 내에서 하류계층의 소년들이 학교에 제대로 적응하지 못함으로 인해 발생한다고 보면서, 학교제도 자체가 중류계층의 척도에 의해 지배되므로 그들과 다른 배경을 가진 하류계층 소년들에게는 적응의 문제가 발생한다고 하며(학교에서의 실패를 경험), 이를 지위좌절이라고 하였다.

28 ✕ 에그뉴(Agnew)는 긴장 원인의 복잡성과 부정적 감정의 상황의 관련성에 주목하여 아노미이론(긴장이론)을 수정·확장하였다.

29 ○ 급진적 갈등이론에 속하는 비판범죄학에서는 자본주의 사회의 모순에 관심을 가지고, 일탈(범죄)의 문제도 자본주의 사회의 모순에 대한 총체적 해명 가운데 이해한다.

30 ○ 갈등론의 관점에서는, 사회의 다양한 집단들 중에서 자신들의 정치적·경제적 힘을 주장할 수 있는 집단이 자신들의 이익과 기득권을 보호하기 위한 수단으로 만들어 낸 것이 법률이라고 본다.

31 ✕ '통제이론'에 대한 설명이다. 통제이론(Control Theory)은 기존의 범죄이론의 입장과 달리, 범죄연구의 초점을 '개인이 왜 범죄를 행하게 되는가'의 측면이 아니라 '개인이 왜 범죄로 나아가지 않게 되는가'의 측면에 맞추는 이론이다(관점의 전환).

32 ○ 살인, 강도, 절도, 도박 등 일반범죄를 계급 또는 집단 간 갈등의 산물로 보기는 어렵다는 비판이 제기된다.

33 ○ 볼드의 집단갈등이론은 집단갈등이론은 전통적 범죄이론이 도외시하였던 특정 범죄(인종갈등·노사분쟁·확신범죄 등)의 설명에 적합하다는 평가를 받는다.

34 ✕ '퀴니(Quinney)'는 자본주의 사회의 범죄의 유형을 자본가계급의 범죄인 '지배와 억압의 범죄'와 노동자계급의 범죄인 '적응과 저항의 범죄'로 구분하면서, 노동자계급의 범죄 중 '적응의 범죄'는 생존의 필요에 의한 약탈범죄(절도, 강도, 마약거래 등), 기본모순의 심화 속에서 야기된 난폭성의 표현인 대인범죄(살인, 폭행, 강간 등) 등을 의미하고, '저항의 범죄'는 노동자 집단이 기본모순에 저항하고 극복하려는 과정에서 행하는 행위들을 국가가 범죄로 규정한 것이라고 주장한다.

35 ✕ 터크(Turk)는 법제도 자체보다는 법이 집행되는 과정에서 특정 집단의 구성원이 범죄자로 규정되는 과정을 중시하였다. '비범죄화(decriminalization)'란 형법의 보충성과 공식적 사회통제 기능의 부담가중을 고려하여 일정한 범죄 유형을 형벌에 의한 통제로부터 제외시키는 경향을 말하며, 이는 '낙인이론'에서 주장되는 것이다.

36 ○ 볼드(Vold)는 범죄행위란 집단갈등의 과정에서 자신들의 이익과 목적을 제대로 방어하지 못한 집단의 행위로 인식한다.

37 볼드(Vold)의 집단갈등이론(Group Conflict Theory)은 범죄를 집단 간 투쟁의 결과로 보았으며, 강도 · 강간 · 사기와 같은 개인 차원의 전통적 범죄를 설명하는 데 유용한 것으로 평가된다. (　　　)
23. 경행 1차

38 퀴니(Quinney)는 법이 집행되는 과정에서 특정한 집단의 구성원이 범죄자로 규정되는 과정에 주목하였다. (　　　)
22. 경행

39 셀린(Sellin)은 동일한 문화 안에서 사회변화에 의하여 갈등이 생기는 경우를 일차적 문화갈등이라 보고, 상이한 문화 안에서 갈등이 생기는 경우를 이차적 문화갈등으로 보았다. (　　　)

40 급진적 페미니즘은 임신, 출산, 육아에 있어 여성의 생물학적 특성에서 비롯된 역할로 인해 노동의 성 분업이 이루어졌고, 남성에 대한 여성의 의존도가 높아졌으며, 남성에게 더 많은 범죄기회가 주어졌다고 주장한다. (　　　)
22. 간부(72)

41 급진적 페미니즘은 가부장제에서 비롯된 남성우월주의에 대한 믿음과 남성지배-여성종속의 위계구조가 사회 전반으로 확대되면서 여성에 대한 남성의 폭력이 정당화되었다고 주장한다. (　　　)
22. 간부(72)

42 급진적 페미니즘은 자본주의 체제로 인해 남성이 경제권을 장악하고 여성은 가사노동으로 내몰리면서 남성의 경제적 지배를 위협하는 여성의 행동은 범죄로 규정되었다고 주장한다. (　　　)
22. 간부(72)

43 급진적 페미니즘은 사회적 · 문화적으로 요구되는 전통적 성 역할의 차이로 인해 여성보다 남성이 더 많은 범죄를 저지른다고 주장한다. (　　　)
22. 간부(72)

44 페미니즘 범죄이론은 1970년대에 다양한 실증적 연구가 이루어져 1980년대부터 주류 범죄학 이론 중 하나로 완전히 자리매김하였다. (　　　)
23. 간부(73)

45 챔블리스(Chambliss)는 범죄를 지배적 범죄와 저항적 범죄로 구분하고, 자본가들의 지배에 대항하는 범죄형태를 저항적 범죄라고 하였다. (　　　)
23. 간부(73)

---

37 × 볼드(Vold)는 집단갈등이론에서 범죄행위란 집단갈등의 과정에서 자신들의 이익과 목적을 제대로 방어하지 못한 집단의 행위로 인식한다. 이 이론은 '전통적 범죄이론이 도외시하였던 특정 범죄(인종갈등 · 노사분쟁 · 확신범죄 등)의 설명에 적합'하다는 평가를 받는다.

38 × '터크(Turk)'는 법제도 자체보다는 법이 집행되는 과정에서 특정 집단의 구성원이 범죄자로 규정되는 과정을 중시하였다.

39 × 셀린(Sellin)은 이질적 문화의 충돌에 의한 문화갈등을 일차적 문화갈등으로, 동일문화 안에서 사회변화에 의해 문화갈등이 생기는 경우는 이차적 문화갈등으로 보았다.

40 × 여성의 임신 · 출산 · 육아는 여성이 생존을 위해 남성에게 의존하도록 만들었고, 이는 노동의 성 분업과 남성의 여성에 대한 지배 · 통제를 초래하여 남성에게 더 많은 범죄기회가 주어졌다고 보는 '사회주의적 페미니즘'의 입장이다.

41 ○ 범죄는 통제를 원하는 남성욕구의 표현 중 하나이고 가부장제를 통하여 남성의 여성에 대한 지배가 사회의 모든 제도 · 조직으로 확대된다고 보는 '급진적 페미니즘'의 입장이다.

42 × 남성의 재산소유와 생산수단에 대한 통제가 남성지배의 근원이므로 자본주의-가부장제를 위협하는 여성의 행동은 범죄로 규정된다는 '마르크스주의 페미니즘'의 입장이다.

43 × 성의 사회화가 범죄의 원인으로 작용하여 여성보다 남성이 더 많은 범죄를 저지르는 것은 성에 대한 역할기대에 부합하기 때문이라고 보는 '자유주의적 페미니즘'의 입장이다.

44 × 페미니즘 범죄이론이 주류 범죄학 이론 중 하나로 완전히 자리매김하였는지에 대해서는 부정적으로 보는 것이 일반적 입장이다.

45 × '퀴니(Quinney)'는 자본주의 사회의 범죄유형을 자본가 계급의 범죄인 지배와 억압의 범죄, 노동자계급의 범죄인 적응과 저항의 범죄로 구분하였다. 챔블리스(Chambliss)는 급진적 마르크스주의의 입장에서 자본주의가 발달할수록 부와 권력을 가진 지배계층이 늘어나고, 지배계층은 자신들의 부와 권력을 유지하기 위한 사회적 규범을 더 많이 제정하게 되며, 이를 위반한 것이 범죄라고 보았다.

46 헤이건(Hagan)과 그의 동료들은 테스토스테론(testosterone)이 남성을 여성보다 폭력적으로 만든다고 주장하였다.

( ) 22. 경행

47 헤이건(Hagen)은 권력-통제이론에서 계급, 성별 불평등과 청소년의 성별 범죄율 차이를 분석하였다. ( ) 24. 간부(74)

48 헤이건(Hagan)의 권력통제이론(Power Control Theory)에 따르면 부모가 아들보다 딸을 더 많이 통제하기 때문에 결과적으로 소녀가 소년보다 더 위험한 행동을 한다. ( ) 23. 경행 2차

49 권력통제이론에 따르면 부모의 직장에서의 권력적 지위가 부부 간의 권력관계에 반영되고, 이는 자녀에 대한 감독·통제 수준과 연계된다. ( ) 23. 경행 2차

50 권력통제이론에 따르면 부모의 권력이 평등한 가정의 자녀들은 성별에 따른 범죄 정도의 차이가 뚜렷하지만, 가부장적 가정의 자녀들은 성별에 따른 범죄 정도의 차이가 상대적으로 뚜렷하지 않다. ( ) 23. 경행 2차

51 밀러(Miller)는 하류계층에 중류계층의 문화와는 구별되는 독자적인 문화가 있다고 설명하였다. ( ) 23. 경행 2차

52 밀러(Miller)는 신체적 강건함, 싸움능력 등을 중시하는 강인함(toughness)이 하류계층의 주된 관심 중 하나라고 주장한다.

( ) 22. 경행

53 밀러(Miller)가 주장한 하위계층문화이론(Lower Class Culture Theory)의 '관심의 초점(focal concerns)' 중 말썽부리기(trouble)는 싸움이나 폭주 등 문제행동을 유발할수록 또래들로부터 인정받기 때문에 말썽을 일으키는 것이다. ( )

23. 경행 1차

46 × 헤이건(J. Hagan)은 '권력통제이론'에서 범죄나 비행의 발생률이 사회적 지위와 가정 기능이라는 두 가지 요소에 의해 결정된다고 주장한다. 가정 기능은 다시 가부장적 기능과 평등주의적 기능으로 나뉘는데, ⓐ 가부장적 가정에서는 아버지가 생계 유지를 위한 경제활동을 하고, 어머니는 가사와 육아의 활동을 하는데 딸에 대해서는 통제가 강하나 아들에 대해서는 통제가 느슨하므로 아들의 비행가능성이 높다고 보는 반면, ⓑ 평등주의적 가정에서는 아버지와 어머니가 동등한 권력과 지위를 향유하므로 딸에 대한 통제가 약하며 그로 인하여 아들과 딸의 비행가능성에 차이가 없다고 본다.

47 ○ 헤이건의 권력통제이론은 범죄에서 나타나는 성별 차이를 설명하기 위해 급진적인 여성주의 시각을 도입하여, 범죄율이 계급적 권력과 가족 내 권력에 의해 결정된다고 보는 이론이다. 이에 의하면 부모의 직장에서의 권력적 지위가 가족구성원 간의 권력관계에 반영되고, 가정 내에서 권력이 젠더구조화된 정도는 부모가 자녀를 양육하는 방식에 영향을 미친다. 먼저 가부장적 가정에서는 아버지가 생계 유지를 위한 경제활동을 하고, 어머니는 가사와 육아의 활동을 하는데 딸에 대해서는 통제가 강하나 아들에 대해서는 통제가 느슨하다. 따라서 아들의 비행가능성이 높다. 반면에 평등주의적 가정에서는 아버지와 어머니가 동등한 권력과 지위를 향유하므로 딸에 대한 통제가 약하며 그로 인하여 아들과 딸의 비행가능성에 차이가 없다.

48 × 가부장적 가정에서는 딸에 대해서 통제가 강하나 아들에 대해서는 통제가 느슨하므로, 아들의 비행가능성이 높다.

49 ○ 헤이건(Hagan)은 권력통제이론에서 직장에서의 권력적 지위가 가족구성원 간의 권력관계에 반영되고, 가정 내에서 권력이 젠더구조화된 정도는 부모가 자녀를 양육하는 방식에 영향을 미친다고 본다.

50 × 평등주의적 가정에서는 아들과 딸의 성별에 따른 비행가능성에 차이가 없다고 보지만, 가부장적 가정에서는 아들의 비행가능성이 높다고 본다.

51 ○ 밀러는 하위계층에는 독자적인 문화규범이 존재하고, 이에 따른 행동이 중류계층문화의 법규범에 위반됨으로써 범죄가 발생한다고 주장한다.

52 ○ 밀러(Miller)는 하위계층문화이론에서 하위계층에는 독자적인 문화규범이 존재하고, 이에 따른 행동이 중류계층문화의 법규범에 위반됨으로써 범죄가 발생한다고 주장하면서, 하층계급에 독특한 문화규범이 생기는 이유는 그들의 관심의 초점(중심가치)이 일반인(중류계층)과 다르기 때문이라고 주장한다. 그가 하위계층의 관심의 초점(중심가치)으로 제시하는 것으로는 말썽, 자율성, 숙명, 흥분, 교활, 강인 등이 있다.

53 ○ 관심의 초점 중 말썽부리기(사고치기)란 하층계급은 유난히 사고를 유발하고, 이를 원활히 처리하는 데에 많은 관심을 갖고 있으며, 사고를 저지르고 경찰에 체포되거나 피해자에게 배상하는 것은 어리석은 것이므로, 이를 교묘히 피해가는 것이 주위의 주목을 끌고 높은 평가를 받게 된다는 것이다.

54 '관심의 초점(focal concerns)' 중 강인함(toughness)은 감성적으로 정에 이끌리는 태도보다는 힘의 과시나 남자다움을 중시하는 것이다. (   )

23. 경행 1차

55 '관심의 초점(focal concerns)' 중 영악함(smartness)은 사기나 도박 등과 같이 남을 속임으로써 영리함을 인정받는 것이다. (   )

23. 경행 1차

56 '관심의 초점(focal concerns)' 중 운명주의(fatalism)는 자기 마음대로 자신의 일을 처리하는 것으로, 경찰이나 부모 등 어느 누구로부터의 통제나 간섭을 기피하는 것이다. (   )

23. 경행 1차

57 코헨(Cohen)의 비행하위문화이론은 주로 사회학습이론의 틀을 빌어 비행하위문화의 형성과정 및 유래를 제시한다.

(   ) 22. 간부(72)

58 코헨(Cohen)의 비행하위문화이론은 중간계급의 문화에 잘 적응하지 못하는 하층 청소년들이 하위문화 형성을 통해 문제를 해결하고자 하는 과정을 문화적 혁신이라고 하였다. (   )

22. 간부(72)

59 코헨(Cohen)은 하류계층의 비행이 중류계층의 가치와 규범에 대한 저항이라고 설명하였다. (   )

23. 경행 2차

60 코헨(Cohen)에 의하면 하류계층의 청소년들은 중류사회의 성공목표를 합법적으로 성취할 수 없기 때문에 지위좌절(status frustration)이라고 하는 문화갈등을 경험하게 된다. (   )

22. 경행

61 코헨(Cohen)에 의하면 하류계층 비행청소년들의 비행하위문화는 비실리적(nonutilitarian), 악의적(malicious), 부정적(negativistic)이라는 특성을 보인다. (   )

22. 경행

62 코헨(Cohen)의 비행하위문화이론은 하층 비행청소년들의 비행하위문화가 비실리적이고, 악의적이며, 부정적인 특성을 갖는다고 하였다. (   )

22. 간부(72)

---

54 ○ 관심의 초점 중 강인함(억셈)이란 감성적이며 부드러운 것을 거부하고, 육체적인 힘이나 싸움능력을 중시하며 두려움을 나타내지 않는 것을 말한다.

55 ○ 관심의 초점 중 영악함(교활)이란 지적인 총명함이 아니라, 도박·사기·탈법 등과 같이 기만적인 방법으로 다른 사람을 속일 수 있는 능력을 말한다.

56 × 관심의 초점 중 운명주의(숙명)란 미래가 자기의 노력보다는 통제할 수 없는 운명에 달려있다는 믿음을 말한다. 지문의 내용은 관심의 초점 중 '자율성(독자성)'에 대한 설명이다.

57 × 코헨(A. Cohen)의 비행하위문화이론을 비롯한 범죄적 하위문화이론들은 '사회해체이론과 아노미이론'을 결합하여, 해체되고 타락한 지역의 거주자들(하위계층)이 사회적 소외와 경제적 박탈에 대해 어떻게 반응하는지를 설명하고자 한다.

58 ○ 코헨(A. Cohen)은 중산층 문화에 적응하지 못한 하류계층의 소년들이 좌절감을 해소하고 삶에 의미를 부여하기 위해서 다른 하류계층 소년들과 함께 주류문화와 전혀 다른 문화(비행하위문화)를 구성하여 중류계층의 거부에 대한 해결책을 찾는다고 주장한다.

59 ○ 코헨에 의하면, 비행하위문화는 중류계층의 가치와 규범에 대한 반동(저항)적 성격을 지닌다.

60 ○ 코헨(Cohen)은 비행하위문화이론에서 중산층의 가치나 규범을 중심으로 형성된 사회의 중심문화와 빈곤계층 소년들의 익숙한 생활 사이에서 긴장이나 갈등이 발생한다고 주장한다(지위좌절).

61 ○ 코헨(Cohen)은 비행하위문화의 특성으로 다면성, 단기쾌락주의, 반항성(부정성), 집단자율성, 비공리성(비합리성, 비실리성), 악의성 등을 제시한다.

62 ○ 코헨(A. Cohen)은 비행하위문화의 특성으로 다면성, 단기적 쾌락주의, 반항성(부정성), 집단자율성, 비공리성(비합리성, 비실리성), 악의성을 제시한다.

63 코헨(Cohen)의 비행하위문화이론은 경제적 목표와 수단 사이의 괴리가 긴장을 유발하는 것이 아니라 중간계급의 문화적 가치에 대한 부적응이 긴장을 유발한다고 하였다. (　　)
22. 간부(72)

64 코헨(Cohen)의 비행하위문화이론에 대해서는 청소년비행의 원인을 자본주의 체제에 책임을 전가함으로써 사회구성원 간의 상호작용 과정에서 주로 발생하는 대부분의 비행행위를 객관적으로 설명하지 못한다는 비판이 제기된다. (　　)
23. 간부(73)

65 클로워드(Cloward)와 올린(Ohlin)은 머튼(Merton)의 아노미이론(Anomie Theory)과 사이크스(Sykes)와 맛차(Matza)의 중화이론(Neutralization Theory)을 확장하여 범죄원인을 설명하였다. (　　)
23. 경행 2차

66 클라워드(Cloward)와 올린(Ohlin)은 비행과 기회(Delinquency and Opportunity) 라는 저서를 통해 불법적인 기회에 대한 접근이 불평등하게 분포되어 있다고 주장하였다. (　　)
22. 경행

67 클라워드(Cloward)와 올린(Ohlin)에 의하면, 하류계층의 비행은 범죄적(criminal), 갈등적(conflict), 은둔(도피)적(retreatist) 유형으로 구분된다. (　　)
22. 경행

68 클로워드와 올린의 차별적 기회이론은 격정범 및 하위계층 청소년의 하위문화 형성을 밝히는 데 많은 기여를 하였다.
(　　) 24. 경행

69 울프강(Wolfgang)과 페라쿠티(Ferracuti)는 폭력사용이 사회적으로 용인되는 폭력하위문화가 존재한다고 설명하였다.
(　　) 23. 경행 2차

---

63 ○ 코헨(A. Cohen)의 비행하위문화이론에 의하면 중류계층에 가치체계의 의해 지배되는 사회에서는 중산층의 가치나 규범을 중심으로 형성된 사회의 중심문화와 빈곤계층 소년들의 익숙한 생활 사이에서 긴장이나 갈등이 발생한다고 본다. 경제적 목표와 수단 사이의 괴리가 긴장을 유발한다고 보는 것은 머튼의 아노미이론의 입장이다.

64 × 자본주의 체제에 범죄·비행의 원인이 있다는 입장은 비판범죄학의 입장이다. 지문은 '비판범죄학에 대한 비판'이다.

65 × 클로워드(Cloward)와 올린(Ohlin)은 머튼의 아노미이론과 '서덜랜드의 차별적 접촉이론'을 통합하여, 성공을 위한 목표로의 수단에는 합법적·비합법적 기회구조가 있음을 전제로 하여 차별적 기회이론을 제시한다.

66 ○ 클라워드(Cloward)와 올린(Ohlin)은 목표 달성을 위한 '불법적 수단에 대한 차별적 접근'의 개념을 제시하면서, 합법적 수단뿐만 아니라 불법적 수단에 대해서도 기회의 차별을 고려해야 한다고 주장한다.

67 ○ 클라워드(Cloward)와 올린(Ohlin)은 차별적 기회구조이론에서 개인이 성공을 위한 목표를 달성하려고 할 때 합법적 수단과 비합법적 수단 중 어느 수단을 취하는가는 사회구조와의 관계에서 어느 수단을 취할 수 있는 지위에 있는가에 달려있다고 주장하면서, 비행하위문화의 기본형태를 범죄적 하위문화, 갈등적 하위문화, 도피(은둔)적 하위문화로 구분한다.

68 × 클로워드와 올린의 주장에 대해서는 하위문화의 특성과 관련이 없는 범죄유형(격정범 등)의 설명에는 부족하고, 하위문화의 분류 자체가 불명확하여 특정 유형의 비행이 어떤 하위문화에 의해 유발된 것인지를 분명히 구별할 수 없다는 등의 비판이 제기된다.

69 ○ 울프강과 페라쿠티(M. Wolfgang & F. Ferracuti)는 지배적인 문화와는 별도로 특정 지역을 중심으로 폭력사용을 용인하고 권장하는 폭력하위문화가 존재한다고 보았다(폭력적 하위문화이론).

police.Hackers.com

제1절 낙인이론

01 의의

낙인이론의 이론적 배경

1. 낙인이론의 토대는 구체적 사안에 대한 규범 적용은 원칙적으로 자의적이라는 규범회의주의이다.
2. 법관·경찰·검찰 등의 사법기관은 범죄라는 낙인을 법률로부터 이끌어내는 것이 아니라 범죄와 비범죄 사이의 한계를 자신의 표상에 따라서 인위적으로 결정한다.

① 낙인이론(Labeling Theory)에서는 범죄란 일정한 행위속성의 결과가 아니고, **통제기관에 의해 범죄로 규정**된다고 본다(패러다임의 전환). 즉, 범죄는 일정한 원인에 의해 발생하는 것이 아니라 사법기관의 낙인에 의해 선별적으로 만들어진다고 본다(귀속과 낙인의 산물). ✲✲

② 낙인이론은 일탈행위와 사회적 낙인화의 관계를 사회적 상호작용이라는 관점에서 파악한다(사회적 반작용이론, <u>사회적 반응이론</u>). 23. 경행 1차

③ 낙인이론이 관심을 두는 것은 범죄행위가 아니라 <u>범죄행위에 대한 통제기관의 반작용</u>이다. 범죄는 어느 곳에나 골고루 편재되어 있음에도 일부만 처벌되는 것은 결국 사법기관이 범죄자를 선별하여 범죄자로 낙인을 찍기 때문이라는 것이다(형사사법기관의 역할에 대해 회의적 입장). 이러한 공식적 낙인은 <u>사회적 약자에게 차별적으로 부여될 가능성이 높다</u>고 본다. 22. 간부(72)

*** 상징적 상호작용론**: 인간의 사고능력은 사회적 상호작용에 의해 형성되며, 사회적 상호작용을 통하여 인간은 인간 고유의 사고능력을 행사하도록 해주는 의미와 상징을 습득한다. 이런 의미와 상징은 인간으로서 독특한 행위와 상호작용을 수행하도록 해주며 행위와 상호작용이 뒤얽혀 여러 유형의 집단과 사회를 구성한다고 본다.

④ 일탈자로 낙인찍힌 자와 이러한 낙인을 찍는 자의 상호작용을 중시하고 일탈행위가 형성되는 사회적 메커니즘에 관심을 가진다(상징적 상호작용론*). ✲✲

⑤ 낙인이론은 형사사법제도의 불공정성과 처벌의 부정적 효과를 지적하는데, 패터노스터(Paternoster)와 이오반니(Iovanni)는 낙인이론의 근원은 갈등이론과 상징적 상호작용이론에 있다고 주장한다. 22. 간부(72)

⑥ 낙인이론은 공식적 처벌이 가지는 긍정적 효과보다는 부정적 효과에 주목한다. 24. 간부(74)

02 낙인이론의 기원

① <u>갈등이론</u>의 영향을 받아 낙인이론에서는 지배계층이 그들의 우월적 지위를 공고하게 하기 위해 사회적 약자계층의 일상적이고 평범한 행위에 대하여 비행의 낙인을 부여하여 탄압하며, 비행은 사회계층간 갈등·경쟁의 산물이라고 본다.

② 상징적 상호작용이론은 개인의 정체성이나 자아관념은 타인과의 상호작용을 통해 형성된다고 보며, 이에 영향을 받은 낙인이론에서는 사회적 상호작용의 한 유형으로 낙인과 이에 따라 형성되는 비행자아의 정체성에 관심을 둔다.

03 특징

① 범죄행위 자체에 중점을 두었던 전통적 · 심리학적 · 다원적 범죄원인론을 배척한다.
② 전통적 범죄학이 등한시했던 **법 집행기관의 역할을 중요시**하여 연구대상으로 삼는다. ✿
③ 일탈규정을 독립변수(원인)로 보지 않고 종속변수(결과)로 보아 그러한 규정의 형성 과정이나 적용메커니즘을 연구대상으로 한다.
④ **공식범죄통계의 허점(암수범죄의 문제)을 지적**하고, 자기보고 조사나 참여적 관찰에 의한 보충을 요구한다.

04 이론의 전개

1. 탄넨바움(F. Tannenbaum)

사회에서 범죄자로 규정되는 과정이 일탈 강화의 악순환으로 작용하여 오히려 범죄로 비난받는 특성을 자극하여 강화시켜 준다고 주장하며, 이를 '악의 극화(dramatization of evil)'라고 하고, 악의 극화를 만들지 않는 것이 청소년비행을 줄이는 방안이라고 주장하였다. 22. 간부(72), 23. 간부(73), 23. 해경간부, 24. 간부(74)

2. 레머트(E. Lemert)

(1) 일탈의 유형

① 레머트는 일탈의 유형을 개인의 심리구조나 사회적 역할수행에 거의 영향을 주지 않는 **일차적 일탈**과 사회가 규범위반으로 규정하는 **이차적 일탈**로 구별하고, 특히 **이차적 일탈을 중시**하였다. 22. 간부(72), 23. 경행 1차, 23. 간부(73), 23. 경행 2차, 23. 해경간부

일차적 일탈	우연적 · 일시적 일탈로서 그 원인은 다양하며, 개인의 자아정체감이 훼손되지 않은 상태에서 발생하는 행위이다. 예 학생들이 재미로 물건을 훔치는 상점 절도 등
이차적 일탈	일차적 일탈에 대해 제재가 가해지면서 일탈자라는 공식적 낙인을 받게 되고, 그것이 사회적 지위로 작용하여 상응하는 규범위반행위를 하게 되는 것이다. 이는 행위자의 정체성이나 사회적 역할의 수행에 중요한 영향을 미친다. ✿✿ 예 상점 절도를 저지른 학생들이 경찰에 체포된 후에 억울하다는 마음으로 다시 상점 절도를 한 경우

② 이차적 일탈은 일차적 일탈에 대한 제재를 공격 · 방어하기 위한 동기에서 발생하거나, 일탈자라는 사회적 낙인이 스스로를 일탈자로 자아규정하게 함으로써 발생하기도 한다. ✿

(2) 공식반응에 의한 낙인효과

① 일탈에 대한 사회적 반응을 사회구성원의 비공식반응과 사법기관의 공식반응으로 나누고, **사법기관의 공식반응**이 가장 영향력이 크다고 본다. ✿
② 일차적 일탈자를 이차적 일탈자로 악화시킴에 따른 공식반응이 미치는 낙인효과를 지적한다. ✿

낙인이론의 인과과정

공식적 낙인
↓
- 차별적 기회구조의 초래
- 차별적 접촉의 초래
- 부정적 자기관념의 초래

↓
이차적 일탈

오명 씌우기	사법기관의 공식반응으로 일차적 일탈자에게는 도덕적 열등아라는 오명이 씌워진다(대중매체의 보도, 전과기록 등).
불공정에 대한 자각	일차적 일탈자는 법 집행의 불공정성을 경험하고, 사법제도의 공정성에 대한 신뢰 및 사회정의에 대한 신뢰를 상실한다.
제도적 강제의 수용	공식처벌을 받게 되면 일탈자는 사법기관의 판단을 받아들일 수밖에 없다.
비행하위문화에 의한 사회화	공식처벌을 집행하는 시설 특유의 비행하위문화를 접하면서 범죄를 옹호하는 가치나 새로운 범죄기술을 습득한다.
부정적 정체성의 긍정적 측면	사법기관이 부여한 부정적 정체성을 수용하면서 얻는 이익(죄책감으로부터 도피 등) 때문에 부정적 평가를 거부하지 않게 된다. ✦

구분	복종행위	규율위반행위
일탈로 인식 ○	잘못된 비난	순수한 일탈
일탈로 인식 ×	동조행위	비밀 일탈

단계적 모델과 동시적 모델

1. 단계적 모델
최초의 일탈에 따른 사회적 낙인이 다른 일탈을 촉진하는 새로운 환경을 낳고, 이것이 다음 단계의 일탈을 낳는 원인이 된다는 입장이다.

2. 동시적 모델
최초의 일탈 원인이 일탈행위의 전 과정에 작용한다고 보는 입장이다.

3. 벡커(H. Becker)

(1) 규율위반과 일탈행위의 구분

일탈행위로 낙인받는 과정은 누가 낙인을 부여하고, 누가 낙인을 받는가에 따라 달라진다. 따라서 단순한 규율위반과 낙인을 받은 일탈행위는 구분되어야 한다.

(2) 단계적 모델

① 범죄자로 낙인을 찍히는 것이 사회적 지위와 같은 효과를 낳게 하여 사회생활에 가장 직접적이고 중요한 '**주지위**(master status)'의 작용을 한다. 23. 간부(73), 23. 해경간부

② 사회집단이 일탈을 규정하는 규칙을 정하고 특정인에게 적용하여 국외자(이방인, outsider)로 낙인찍음으로써 일탈을 조장한다. ✦

③ 즉, 사회의 주도적 집단(도덕적 기획가, 도덕적 십자군)으로 대변되는 기득권층이 그들의 가치와 신념을 반영하여 만든 법을 지위가 낮은 사람이 위반하면 일탈자라 낙인찍고(아웃사이더), 이는 그의 주지위가 되어 이후 교육과 직업 등에 방해받으며 결과적으로 일탈을 계속하게 만든다.

④ 범죄자라는 사회적 낙인은 일반인들에게 어떤 보조지위도 무력화시킬 만큼 영향력을 가지고 있고, 온갖 편견·질시·냉대의 원인이 된다. 결국 당사자는 자포자기 상태에 이르게 되고 사회가 규정한 대로 행동하게 되는 결과를 가져온다(**단계적 모델**).

⑤ 일탈의 경력을 차례차례 쌓아감으로써 단순한 규범위반자가 상습적 일탈행위자로 변화되는 과정을 설명한다(경력적 일탈).

4. 슈어(E. M. Schur)

① 이차적 일탈은 일탈적 자아관념이나 동일시의 표현이다.

② 낙인을 받았더라도 바로 이차적 일탈로 이어지는 것은 아니며, 어떤 범죄자는 낙인을 수용하지 않고 성공적 변호와 협상(낙인에 대한 개인적 적응)으로 그 낙인을 벗어날 수도 있다(낙인 과정의 협상적 측면). 24. 간부(74)

③ 범죄자가 스스로 내면화된 사회적 기대에 따라 이차적 일탈에 이르는 경우도 있다(**자아낙인**). ✦✦

④ 범죄대책과 관련하여서는 '눈덩이 효과 가설'을 바탕으로 **급진적 불개입주의**에 의해 **피해자 없는 범죄에 대한 비범죄화**를 주장한다.

05 평가

1. 공헌

① 낙인이론은 범죄자에 대한 사회제재에는 양면성이 있음을 지적하였다(위하·개선과 낙인으로 인한 악화). 다만, 낙인이론에서도 중한 범죄에 대해서는 형벌의 위하적·개선적 효과를 무시하지는 않는다.
② 기존의 범죄원인론을 비판하고, 비판범죄학과 더불어 인도적 형사정책을 옹호하였다. ✷
③ 소년범죄자·경미범죄자·과실범죄자의 경우 재범방지(이차적 일탈의 방지)에 대한 대책의 수립에 영향을 주었다(4D 정책). ✷
④ 단기자유형을 낙인의 부작용으로 인해 상습범으로 되는 요인이라고 보아 **단기자유형을 반대**한다.
⑤ 시설 내 처우에 따른 악풍 감염의 방지 및 사회 내 처우의 필요성을 주장하였다. ✷✷

> **☑ SUMMARY ｜ 4D 정책(4D 원칙) – 낙인이론의 목적(목표)**
> 1. 낙인이론의 목적은 비범죄화(decriminalization), 비형벌화(depenalization), 전환(diversion), 비시설처우(탈시설화, deinstitutionalization)이다. 여기에 법의 적정절차(due process of law)를 덧붙여 5D 원칙이라고도 한다. ✷✷
> 2. 다른 견해에 따르면 비범죄화, 전환, 탈시설수용화, 탈낙인화(destigmatization, 이미 행해진 사회통제적 낙인은 재사회화가 성과 있게 이루어진 후에는 피낙인자에게 그의 사회적 지위를 되돌려 주어야 한다)가 낙인이론의 결론으로 주장되기도 한다. ✷

2. 비판

① 일탈자와 사회간의 상호작용을 지나치게 과장하고 있고, 특히 **초범(일차적 일탈)의 경우에는 설명이 부족**하며, 범죄의 피해자에 대한 관심이 적다. 22. 간부(72), 23. 간부(73)
② 낙인이 없으면 일탈도 없다고 보므로 일탈자의 주체적 특성을 무시한다.
③ **하층계급의 일탈에 논의를 한정**하여 화이트칼라 범죄 등 지배계층의 범죄를 간과한다.
④ 일탈의 원인을 사회반작용에 두어 일탈자에 대한 반교정주의로 나아갈 위험성이 있다.
⑤ 범죄행위 자체는 사라져 버리고 남은 것은 행위자에 대한 사회통제기관의 작용뿐이다.
⑥ 미시적 이론으로서 **범죄의 사회구조적 원인을 간과**하여 비판범죄학의 형성계기가 되었다.

01 의의

① 비판범죄학은 <u>마르크스주의를 이론적 기초로</u> 하여, 범죄를 개인의 반사회성에 기인하는 것으로 보고 재사회화를 형벌 목적으로 삼는 종래의 이론(실증주의)을 강하게 비판한다. ⚡

② 비판범죄학은 낙인이론의 기본관점을 차용하나, 낙인이론의 가치중립성과 추상성을 비판하면서 **범죄자로 만드는 주체의 정당성을 문제로 삼는다는 점에서 낙인이론과 본질적 차이**가 있다(범죄발생의 이면에 작용하는 구조적 요인을 거시적으로 분석). ⚡⚡

③ 자본주의 사회의 모순에 관심을 가지고 일탈의 문제도 자본주의 사회의 모순에 대한 총체적 해명 가운데 이해한다. 22. 경행

④ 일탈 및 범죄문제의 해결에 대해서도 현상유지와 개혁주의적 해결을 거부하고 전반적인 체계변동과 억압에 대한 투쟁에의 정치적 참여를 주장한다.

자본주의 사회의 모순

1. 자본주의 사회는 생산수단을 소유·통제하는 자본가 계급과 그로부터 배제되는 노동자 계급으로 나누어지며, 자본가는 자본축적을 위해서 노동자의 노동력을 착취하여 잉여가치를 확보하지 않을 수 없는데, 여기에서 양 계급 간의 기본모순이 발생한다.
2. 기본모순은 자본주의의 유지·발전을 위해 필연적으로 야기되는 모순이면서도 그것으로 인해 양 계급간의 갈등이 점차 심화되고, 결국 자본주의의 변혁을 일으키는 조건이 된다.

02 유물론적 비판범죄학(신범죄학)

테일러(I. Taylor), 왈튼(P. Walton), 영(J. Young) 등은 범죄의 정치경제성과 사회심리성을 중시하여, 권력층의 범죄를 폭로하고 형사사법체계의 불평등을 주장한다. ⚡

03 급진적 갈등이론(계급주의 범죄학)

1. 의의

① 급진적 갈등이론에서는 마르크스의 계급갈등론을 바탕으로 **범죄를 자본주의 사회의 경제모순에서 야기되는 산물로 파악**한다.

② 형법은 지배계급이 사회지배를 위해 사용하는 도구이며, 형벌은 경제적 지배계급(부르주아)이 피지배계급(프롤레타리아트)을 억압·착취하기 위해 사용하는 물리력이라고 본다. 23. 경행 1차

③ 자본주의 사회의 범죄통제는 법 이외에도 일정한 이념(지배계급의 이해)을 기초로 하는 제도·기관을 통하여 수행되며, 피지배계급은 계속 억압된다.

④ 자본주의의 모순은 법체계의 억압성으로 은폐되므로, 자본주의 사회의 붕괴와 사회주의에 의한 새로운 사회 건설을 통해서만 범죄문제는 해결될 수 있다.

2. 범죄분석 – 마르크스(K. Marx)

① 범죄발생의 원인을 계급갈등과 경제적 불평등으로 설명한다. 자본주의 사회에서는 자본가 계급은 노동자 계급보다 지배적인 위치를 차지하고, 상호간의 대립된 경제적 이해관계로 인하여 이들 간의 계급갈등은 필연적이라고 보았다. ⚡

② 마르크스(K. Marx)가 제시하는 근본적인 범죄대책은 사회변혁을 통하여 범죄를 야기하는 계급갈등을 없애는 것이다.

3. 경제결정론 – 봉거(W. Bonger) ✦

(1) 범죄원인

① 『범죄성과 경제적 조건』에서 범죄의 원인이 경제적 이유에 있다고 주장한다. ✦

② 자본주의 사회는 경제영역에서 소수가 다수를 지배하는 체계로서, 이러한 억압적 체계는 인간이 본질적으로 지니는 사회적 본성을 질식시켜 모든 사람들을 탐욕스럽고 이기적으로 만들며, 오로지 자신의 이익을 추구하도록 조장한다.

③ 사법체계는 가진 자에게는 그들의 욕망을 달성할 수 있는 합법적 수단을 허용하는 반면, 가난한 자에게는 이러한 기회를 허용하지 않기 때문에 범죄는 하위계급에 집중된다. ✦

④ 범죄에 영향을 미치는 것은 <u>부의 불평등한 분배</u>의 문제이다. **하류계층의 범죄는 그들의 경제적 종속과 빈곤의 산물**로서 설명할 수 있으며, **지배계층의 범죄는 자본주의 사회의 비도덕화로서 설명**할 수 있다. 23. 간부(73)

(2) 범죄대책

① 자본주의 사회에서는 범죄를 예방할 방법이 없기 때문에 범죄문제가 항상 심각할 것이라고 예측하였다.

② 범죄문제에 대한 정책으로 사회주의 사회의 달성을 제시하였다. 만약 사회주의 사회에서 범죄가 있다고 하여도 이는 정신질환에 의한 것밖에 없을 것이며, 이러한 범죄도 법에 의해 처벌받는 것이 아니라 의학적으로 치료될 것이라고 보았다. ✦

4. 경제계급론 – 퀴니(R. Quinney) ✦

(1) 범죄원인

퀴니는 초기 연구에서 다양한 집단들의 갈등 현상을 다루었으나, 후기 연구에서는 보다 마르크스주의적 관점을 취하였다. 그리하여 범죄란 자본주의의 물질적 상황에 의해 어쩔 수 없이 유발되는 반응양태라고 보았다. ✦

(2) 자본주의 사회의 범죄의 유형 22. 경행, 23. 간부(73)

① **지배와 억압의 범죄**: <u>자본가 계급의 범죄</u>는 그들이 자본주의의 기본모순을 안고 체제유지를 해 나가는 과정에서 자신의 이익을 보호하기 위해 불가피하게 자신이 만든 법을 스스로 위반하는 경우에 발생한다.

경제범죄	기업범죄, 가격담합, 부당내부거래, 환경오염, 화이트칼라 범죄 등
정부범죄	공무원의 독직범죄, 부정부패 및 정치적 테러와 전쟁범죄 등
통제범죄	형사사법기관이 시민의 인권을 탄압하는 행위

② **적응과 저항의 범죄**: <u>노동자 계급의 범죄</u>로서 생산수단을 소유·통제하지 못하는 노동자 계급이 개별적으로 자본주의의 기본모순에 반응하는 형태를 지칭한다. 23. 경행 1차

적응의 범죄 (화해의 범죄)	생존의 필요에 의한 약탈범죄(예 절도, 강도, 마약거래 등), 기본모순의 심화 속에서 야기된 난폭성의 표현인 대인범죄(예 살인, 폭행, 강간 등)로 구성
저항의 범죄 (대항의 범죄)	노동자 집단이 기본모순에 저항하고 극복하려는 과정에서 행하는 행위들을 국가가 범죄로 규정

(3) 범죄통제와 범죄대책

범죄통제 역시 지배집단의 체제유지라는 맥락에서 이해되어야 한다고 주장하면서, 범죄문제의 궁극적인 해결은 자본주의가 몰락하고 사회주의가 도래하여야 가능하다고 본다.

(4) 기타

① 퀴니(R. Quinney)는 법의 제정, 자본주의 사회에서의 사회통제, 후기 산업사회의 범죄문제 등에 대하여 급진론적 관점을 대표하였다.
② 법이란 기존의 사회·경제질서를 유지하고 영속시키기 위한 국가와 자본가 계급의 도구라고 규정한다. 주로 사회적으로 열악한 사람들이 범죄자가 되는 이유는 자본가 계급이 법을 만드는 힘과 법을 집행할 수 있는 권력을 갖고 있기 때문이다. ✄

5. 후기 자본주의 갈등이론 – 스피처(S. Spitzer)

(1) 후기 자본주의의 문제

① 후기 자본주의 시대의 경제활동이나 계급 갈등을 중심으로 범죄발생이나 사회통제에 관심을 두었다.
② 후기 자본주의에서 가장 중요한 사회문제의 하나로 그가 지적한 것은 **문제인구의 생산**이었다. 후기 자본주의 사회에서는 기술이 발달하여 전문적인 숙련노동자들을 필요로 하게 되어 비숙련노동자들은 점차 생산활동에서 소외되어 문제인구를 양산하게 된다. 이들이 부유층의 재물탈취, 태업에 동참, 정치적 혁명의 도모 등을 함으로써 범죄행위를 비롯한 많은 일탈적 행위가 야기될 것이라고 한다. ✄

(2) 사회통제 방법의 전환

문제인구가 늘어남에 따라 전통적인 사회통제 방법으로는 급증하는 범죄문제를 대처할 수 없게 되고, 이에 따라 사회통제의 방법 자체를 변화시킬 수밖에 없게 되었다.

범죄의 정상화	범죄자를 교도소나 교정시설에 수용하지 않고 바로 지역사회에 방치하여 범죄자에 대한 국가관리를 포기하는 것이다.
전환	범죄를 저지를 개연성이 높은 사람이나 재활을 끝낸 범죄자를 보호관찰 보조자, 교도소의 상담인과 같이 국가사법기관의 활동을 보좌하는 보조자로 전환하는 것이다.
억류	문제가 될 수 있는 인구들을 특정 지역에 집중시키고 지역 외부로 나오지 않는 한 이들의 범죄행위를 묵인하는 것이다.
범죄적 사업의 묵인	문제인구들이 나름대로 수입과 직업을 창출하도록 하여 국가가 이들에 대한 관리비용을 절감하는 방법이다.

04 휴머니즘 비판범죄학 ✹

① 슈벤딩어 부부(H. Schwendinger & J. Schwendinger)는 기존의 법적 범죄개념을 비판하고 범죄개념 정의에서 가치판단을 배제하여, 역사적으로 확대되어온 인권개념에 입각해서 **인권을 침해**하는 행위를 범죄로 보아야 한다고 주장한다.
② 노동력 착취, 인종차별, 성차별 등과 같이 인권을 침해하는 사회제도가 범죄적이라고 평가하게 된다.

05 평가

1. 공헌

① 종래의 범죄이론과 달리 범죄원인을 사회구조에서 찾는 거시적 관점에서 파악하였다.
② 규범의 정당성에 의문을 제기하였고, 권력형 범죄의 분석에 유용하다.
③ 공식범죄통계의 신뢰성에 의문을 제기하고, 암수범죄의 인식이 중요함을 지적하였다.

2. 비판

① 지나치게 이데올로기적 기반이 강하다.
② 범죄통제에만 관심을 두어 범죄원인의 측면에는 소홀하다.
③ 범죄통제정책이 빈약하고, 중류계층·상류계층의 범죄를 설명함에는 부족하다.
④ 형사사법체계의 개선 및 범죄방지를 위한 구체적 대안을 제시하지 못한다. ✹

제3절 낙인이론과 비판범죄학에 대한 종합평가

01 공헌

범죄자도 법률상 일정한 보호를 받는 권리 주체라는 새로운 인식을 제시하였고, 사법통제기관의 정치적 목적을 분석·비판의 대상으로 삼았다.

02 비판

① 형법의 통제가 특정 계급의 이익을 대변하는 것에 불과하다는 것은 다른 통제수단이 범죄를 더욱 잘 규제할 수 있다는 결론이 가능할 때 설득력이 있다.
② 형법에 대한 맹목적 불신은 범죄인의 보장 기능을 수행하는 형법의 법치국가적 순기능을 무시한다는 문제가 있다.

단원별 지문 OX

01 패터노스터(Paternoster)와 이오반니(Iovanni)에 의하면 낙인이론의 뿌리는 갈등주의와 상징적 상호작용이론으로 볼 수 있다. (　　)
22. 간부(72)

02 낙인이론은 공식적 형사처벌의 긍정적 효과보다는 부정적 효과에 주목하였다. (　　)
24. 간부(74)

03 낙인이론에 따르면 범죄자의 인구통계학적 특성에 따라 낙인 가능성 및 정도가 달라질 수 있다. (　　)　　22. 간부(72)

04 낙인이론은 범죄행위에 대하여 행해지는 부정적인 사회적 반응이 범죄의 원인이라고 보며 이를 통해 일차적 일탈과 이차적 일탈의 근본원인을 설명한다. (　　)

05 탄넨바움(Tannenbaum)은 『범죄와 지역공동체』(Crime and the Community, 1938)라는 저서에서 소년들이 지역사회로부터 범죄자로 낙인되는 과정을 묘사하였다. (　　)
22. 간부(72)

06 탄넨바움(Tannenbaum)은 일차적 일탈에 대한 부정적인 주변의 반응이 이차적 일탈을 유발한다고 하였다. (　　)
23. 간부(73)

07 탄넨바움(Tannenbaum)은 악의 극화(Dramatization of Evil)라는 개념을 사용하여 범죄행위의 원인은 사회적으로 부여된 낙인의 결과라고 하였다. (　　)
24. 간부(74)

08 레머트(Lemert)는 사회로부터 부정적인 반응을 받은 소년이 스스로 이를 동일시하고 부정적 역할을 수행하게 되는 악의 극화(Dramatization of Evil)에 빠지게 된다고 하였다. (　　)
23. 간부(73)

---

01 ○　낙인이론은 형사사법제도의 불공정성과 처벌의 부정적 효과를 지적하는데, 패터노스터(Paternoster)와 이오반니(Iovanni)에 의하면 그 근원은 갈등이론과 상징적 상호작용이론에 있다고 볼 수 있다.

02 ○　낙인이론은 형사사법제도의 불공정성과 처벌의 부정적 효과를 지적하면서, 공식적 처벌이 가지는 긍정적 효과보다는 부정적 효과에 주목한다.

03 ○　낙인이론에서는 범죄자의 연령, 사회경제적 지위, 인종 등의 특성에 따라 형사사법기관의 결정(낙인 여부)이 차별적으로 작용한다고 본다.

04 ×　낙인이론은 초범(일차적 일탈)의 경우에는 설명이 부족하다는 비판을 받는다.

05 ○　탄넨바움(Tannenbaum)은 사회에서 범죄자로 규정되는 과정이 일탈 강화의 악순환으로 작용하여 오히려 범죄로 비난받는 특성을 자극하여 강화시켜 준다고 주장하며, 이를 '악의 극화(Dramatization of Evil)'라고 하고, 악의 극화를 만들지 않는 것이 청소년비행을 줄이는 방안이라고 주장하였다.

06 ×　'레머트(Lemert)'의 일차적 일탈과 이차적 일탈에 대한 설명이다.

07 ○　탄넨바움은 사회에서 범죄자로 규정되는 과정이 일탈 강화의 악순환으로 작용하여 오히려 범죄로 비난받는 특성을 자극하여 강화시켜 준다고 주장하며, 이를 '악의 극화(dramatization of evil)'라고 하고, 악의 극화를 만들지 않는 것이 청소년비행을 줄이는 방안이라고 주장하였다.

08 ×　'탄넨바움(Tannenbaum)'의 악의 극화(Dramatization of Evil)에 대한 설명이다.

09 레머트(E. Lemert)는 일차적 일탈에 대하여 부여된 사회적 낙인으로 인해 일탈적 자아개념이 형성되고, 이 자아개념이 직접 범죄를 유발하는 요인으로 작용하여 이차적 일탈이 발생된다고 하였다. (   )

10 레머트(Lemert)는 조직적이고 일관성 있게 일어나는 일차적 일탈을 막기 위해서는 지역사회의 관심과 역할이 중요하다고 주장하였다. (   )

11 레머트(E. Lemert)의 낙인이론은 일차적 일탈자가 이차적 일탈자로 발전하는 데에 일상생활에서 행해지는 비공식적 반응이 공식적 반응보다 더욱 심각한 낙인효과를 끼친다고 주장한다. (   )

12 벡커(H. Becker)는 금지된 행동에 대한 사회적 반응이 이차적 일탈을 부추길 뿐 아니라 사회집단이 만든 규율을 특정인이 위반한 경우 '이방인(outsider)'으로 낙인찍음으로써 일탈을 창조한다고 하였다. (   )

13 슈어(E. Schur)는 사람에게 범죄적 낙인이 일단 적용되면, 그 낙인이 다른 사회적 지위나 신분을 압도하게 되므로 일탈자로서의 신분이 그 사람의 '주지위(master status)'로 인식된다고 하였다. (   )

14 슈어(Schur)는 이차적 일탈로의 발전이 정형적인 것은 아니며, 사회적 반응에 대한 개인의 적응노력에 따라 달라질 수 있다고 주장하였다. (   )

15 베커(Becker)는 일탈자는 공식적인 일탈자라는 주지위를 얻게 되어 교육과 직업 등에 방해를 받게 되며 이로 인해 일탈을 반복하게 된다고 하였다. (   )

16 낙인이론(Labeling Theory)은 다이버전(Diversion)에 대해서는 사회적 통제망의 확대를 이유로 반대하였다. (   )

---

09 ○ 레머트(E. Lemert)는 일차적 일탈과 이차적 일탈을 구별하면서, 이차적 일탈은 일차적 일탈에 대한 제재를 공격·방어하기 위한 동기에서 발생하거나, 일탈자라는 사회적 낙인이 스스로를 일탈자로 자아규정하게 함으로써 발생한다고 주장한다.

10 × 레머트(Lemert)는 일탈을 개인의 심리구조나 사회적 역할수행에 거의 영향을 주지 않는 일차적 일탈과 사회가 규범위반으로 규정하는 이차적 일탈로 구별하고, 특히 이차적 일탈을 중시하였다. 여기서 일차적 일탈은 '우연적·일시적 일탈'인데, 일차적 일탈의 구체적 원인이나 이에 대한 방지대책에 관하여는 관심이 없다.

11 × 레머트의 낙인이론은 일차적 일탈에 대한 사회적 반응을 사회구성원의 반응(비공식적 반응)과 사법기관의 반응(공식적 반응)으로 나누면서, 사법기관의 '공식적 반응'이 가장 영향력이 크다(낙인효과가 크다)고 주장한다.

12 ○ 벡커(H. Becker)는 사회집단이 일탈을 규정하는 규칙을 정하고 특정인에게 적용하여 국외자(이방인, outsider)로 낙인찍음으로써 일탈을 조장한다고 주장한다.

13 × '벡커(H. Becker)'는 범죄자로 낙인을 찍히는 것이 사회적 지위와 같은 효과를 낳게 하여 사회생활에 가장 직접적이고 중요한 '주지위(master status)'의 작용을 한다고 주장한다. 슈어(E. Schur)는 자아낙인을 주장하였다.

14 ○ 슈어는 낙인을 받았더라도 바로 이차적 일탈로 이어지는 것은 아니며, 어떤 범죄자는 낙인을 수용하지 않고 성공적 변호와 협상(낙인에 대한 개인적 적응)으로 그 낙인을 벗어날 수도 있다(낙인 과정의 협상적 측면).

15 ○ 베커(Becker)는 범죄자로 낙인을 찍히는 것이 사회적 지위와 같은 효과를 낳게 하여 사회생활에 가장 직접적이고 중요한 주지위(master status)의 작용을 하며, 범죄자라는 사회적 낙인은 일반인들에게 어떤 보조지위도 무력화시킬 만큼 영향력을 가지고 있고, 온갖 편견·질시·냉대의 원인이 된다. 결국 당사자는 자포자기 상태에 이르게 되고 사회가 규정한 대로 행동하게 되는 결과를 가져온다고 주장한다.

16 × 낙인이론에서는 비범죄화, 비형벌화, 다이버전(전환), 비시설처우를 목표(범죄대책)로 주장한다(4D 원칙).

17 전환처우(다이버전)를 통해 형사처벌의 부작용을 줄이는 것은 자기통제이론(Self-Control Theory)에 근거를 두고 있다.
(   ) 22. 간부(72)

18 낙인이론에 대해서는 최초 일탈의 발생원인과 가해자에 대한 관심이 적다는 비판이 있다. (   )　　23. 간부(73)

19 낙인이론에 관한 경험적 연구들은 개인이 독립적인 주체로서 낙인을 내면화하는 과정을 명확하게 실증하고 있다. (   )
24. 간부(74)

20 비판범죄학자들은 범죄를 하류층의 권력과 지위를 보호하기 위해 고안된 정치적 개념으로 본다. (   )　　23. 경행 1차

21 봉거(W. Bonger)는 사법체계가 가진 자에게는 그들의 욕망을 달성할 수 있는 합법적인 수단을 허용하는 반면, 가난한 자에게는 이러한 기회를 허용하지 않기 때문에 범죄는 하위계급에 집중된다고 주장했다. (   )

22 퀴니(Quinney)는 노동자 계급의 범죄를 자본주의 체계에 대한 적응범죄와 저항범죄로 구분하였다. (   )　　23. 경행 1차

---

17 ✕　전환처우(다이버전)는 일반적으로 공식적 형사절차로부터의 이탈과 동시에 사회 내 처우 프로그램에 위탁하는 것을 그 내용으로 한다. 이는 기존의 형사사법체계가 낙인효과로 인하여 범죄문제를 오히려 악화시킨다는 전제에서 출발하여 형사제재의 최소화를 도모하므로, 형사사법의 탈제도화라는 의미에서 '낙인이론'의 산물이라고 할 수 있다.

18 ✕　낙인이론은 일차적 일탈의 발생원인에 대한 설명이 부족하며, '범죄의 피해자에 대한 관심이 적다'는 비판을 받는다.

19 ✕　비행행위자로 낙인찍힌 사람들 모두가 순순히 타인의 평가를 내면화하여 비행자아관념을 갖게 되는 것은 아니며, 때로는 타인들의 평가를 부인하거나 거부할 수도 있다고 보아서, 낙인의 비행자아관념에 대한 효과가 과장되었다는 비판이 있다.

20 ✕　비판범죄학(특히 급진적 갈등이론)에서는 '범죄를 자본주의 사회의 경제모순에서 야기되는 산물로 파악'하고, '형법은 지배계급이 사회지배를 위해 사용하는 도구'이며, '형벌은 경제적 지배계급(부르주아)이 피지배계급(프롤레타리아트)을 억압·착취하기 위해 사용하는 물리력'이라고 본다.

21 ○　봉거(W. Bonger)는 "범죄성과 경제적 조건"에서 범죄의 원인이 경제적 이유에 있다고 주장한다.

22 ○　퀴니(Quinney)는 자본주의 사회의 범죄 유형을 자본가 계급의 범죄(지배와 억압의 범죄)와 노동자 계급의 범죄(적응과 저항의 범죄)로 나누고, 노동자 계급의 범죄 중 적응의 범죄는 생존의 필요에 의한 약탈범죄(절도, 강도, 마약거래 등), 기본모순의 심화 속에서 야기된 난폭성의 표현인 대인범죄(살인, 폭행, 강간 등)로 구성되며, 저항의 범죄는 노동자 집단이 기본모순에 저항하고 극복하려는 과정에서 행하는 행위들을 국가가 범죄로 규정한 것이라고 주장하였다.

police.Hackers.com

제9장 / 범죄이론의 발전

제1절 발달 범죄이론

01 발달 범죄이론 서론

① 발달 범죄이론(Development Theory)은 비행청소년의 어린 시절 경험도 중요하지만 어린 아이가 청소년으로 성장하면서 경험하는 다양한 변화 또한 범죄의 원인으로 설명하는 이론이다(발전범죄학). 즉, 범죄경력의 시작과 지속이 전 생애과정을 통해 발전적으로 변화한다고 본다(범죄경력 연구). 24. 간부(74)

② 글룩 부부(S. Glueck & E. Glueck)는 1930년대에 비행청소년 500명과 정상청소년 500명을 대상으로 비행원인을 밝히는 연구를 진행하였다. 이에 따라 가정생활(가족관계)의 변화가 범죄에 상당한 영향을 주었고, 특히 아동기에 부적응이 클수록 성인기에 적응의 장애를 겪었으며, 아동기의 범죄경력이 성인기의 범죄경력으로 이어지는 경향이 강하다는 결과를 얻었다. ✎

③ 발달 범죄이론은 샘슨과 라웁(R. J. Sampson & J. H. Laub)이 위와 같은 글룩 부부의 연구결과를 심층면접조사와 생애사 내러티브 분석 등의 질적 연구를 통해 재분석하면서 시작되었다고 한다. 24. 간부(74)

④ 개인의 발달과정은 개인과 사회적 환경간의 상호작용을 통하여 영향을 받으며, 개인의 발달은 동시에 다양한 영역(심리적, 신체적, 가정적, 대인관계적, 문화적, 사회적, 사회생태학적 측면)에서 진행된다고 본다(사회적 발달이론).

⑤ 이 이론에서는 범죄자가 가지는 범죄성향이 평생 동안 지속되면서 변하지 않는 것이 아니라 결혼, 취업 등과 같은 인생의 전환점에서 거의 대부분의 사람들은 범죄를 그만두게 된다고 본다. 24. 간부(74)

⑥ 이 이론에서는 범죄와 비행을 연구하는 데 종단적 연구방법을 주로 사용하며, 생애주기에 따른 개인의 행동양식의 변화에 관심을 둔다.

02 생애과정이론

① 샘슨과 라웁(R. J. Sampson & J. H. Laub)은 사회적 학습이론과 사회적 통제이론(사회유대이론)에 바탕을 둔 생애과정이론(life course theory, 인생항로이론, 생애주기이론, 평생지속이론)에서, 범죄경력은 개인의 생애발달에서 다양한 범죄적 영향(개인적 특성, 사회적 경험, 경제적 상황 등의 영향)의 결과에 따라 발생한다고 주장한다. 22. 간부(72), 23. 간부(73)

② 범죄경력을 가진 사람과 그렇지 않은 사람간에 **생애의 발달과정의 차이**가 있다는 것으로, 범죄적 행동은 생애주기를 통하여 뚜렷한 패턴을 보인다는 점을 중시한다. 이에 의하면 범죄성은 청소년기에 나타나는 특징적인 현상으로 청소년기 후기 및 성인기 초기에 가장 현저하게 나타났다가 점차 감소된다.

③ 인생 전반에서 직업, 결혼, 부모, 범죄 등을 변화요인으로 정하여 행동패턴의 변화를 연구하였는데, 특정인에게 아동기 또는 청소년기, 성인기의 행동은 '연속성'이 있다는 것을 확인하였다. 또한 인생 전반에서 관계를 유지하는 친척과 친구, 직장 동료 등과의 상호관계의 범위 역시 매우 중요한 영향을 주는 것으로 보았다.

④ 샘슨과 라웁은 비행을 사회적 통제가 약하거나 깨졌을 때 발생하는 것으로 보지만(허쉬의 사회통제이론을 전제), 범죄경력에 **전환점**이 있다는 사실을 파악하여, 성인 위반자한테서 범죄를 중단하게끔 하는 삶의 사건을 찾아내었다(행위자를 둘러싼 상황적 · 구조적 변화). 즉, <u>결혼, 취업 및 군입대를 통해 사회자본(social capital)을 형성하는 것이 범죄를 중단하게 하는 요소(전환점)가 될 수 있다고 본다</u>(연령성숙이론, 연령등급이론). 22. 간부(72), 23. 경행 1차, 23. 경행 2차, 24. 간부(74)

⑤ 사회자본이란 한 개인이 그 안에 참여함으로써 특정한 행동을 하거나 목적을 달성하는 것을 가능하게 해주는 사회구조 혹은 사회적 관계의 한 측면이라고 할 수 있다. 즉, 사회자본은 인간관계에서 비롯되는 지원 또는 네트워크의 한 측면으로서, 구성원 상호간에 애착과 유대가 강한 경우는 사회자본이 높고 그렇지 않은 경우는 낮다고 할 수 있다.

⑥ 이들은 청소년기에 비행을 저지른 아이들도 사회유대(또는 사회자본)의 약화 혹은 강화에 따라 비행청소년으로 발전하기도 하고, 비행을 중단하여 정상인으로 되돌아가기도 한다고 주장한다(<u>범죄의 지속성과 가변성</u>). 22. 간부(72), 23. 경행 2차

⑦ 이 이론에 따르면 비행은 비공식적 사회통제 혹은 유대의 결과이며, 어려서 문제행동을 보였던 아이는 이미 사회와의 유대가 약화되어 지속적으로 혹은 더 심각한 비행을 저지르게 되지만, 사회와의 유대가 회복되거나 강화될 경우에는 비행을 중단하게 된다고 한다.

⑧ 특히 결혼이나 취업과 같은 성인기의 변화는 새로운 사회유대를 형성(사회자본을 형성)하고, 이러한 사회유대(사회자본)가 가하는 비공식적 통제로 인하여 범죄행동의 가능성은 줄어들 수 있다고 본다. 22. 경행

⑨ 샘슨과 라웁은 아동기나 청소년기의 비행 경력에도 불구하고 그 후 발생한 사건, 애착, 사회적 자본 등이 탈비행을 가능하게 한다는 점을 강조하면서, <u>범죄를 줄이는 방법으로 비행 원인을 제거하는 정책보다는 지금 상황에서 비공식적 통제가능성을 높일 수 있는 탈비행화 정책들을 추천한다.</u>

03 상호작용이론

① 숀베리(T. Thornberry)의 상호작용이론(Interaction Theory)에 따르면 범죄와 비행의 원인은 양방향(상호작용)이다. 즉, 범죄행위는 행위자와 환경이 상호작용하는 발전적 과정에 의하여 발생한다고 본다. 23. 경행 2차

② 약한 사회유대는 청소년들에게 비행을 저지른 친구와의 관계를 발전시키고[<u>사회유대(통제)이론</u>], 결국 비행에 참여하도록 유도하며(<u>학습이론</u>), 빈번한 비행 참여는 다른 친구들과의 유대를 약화시키고 결국 관습적 유대관계를 재정립하기가 어려워진다는 것이다. 23. 경간(73), 23. 경행 2차

③ 구체적으로 청소년기를 초기(11~13세), 중기(15~16세), 후기(18~20세)로 구분하였는데, 초기에는 상대적으로 가정에서 부모와의 유대가 비행에 매우 중요한 요인으로 작용하지만, 중기를 거쳐 후기에 이를수록 부모의 영향력은 감소하고 대신 친구의 영향력은 증대된다고 본다.

04 상호작용이론 발전모형

① 패터슨(G. Patterson)은 반사회적 행동의 발전과정을 초기진입자(조기 개시형)와 후기진입자(만기 개시형)로 나누었다(범죄경력의 진입연령 분류). 23. 경행 1차, 23. 경간(73)
② 초기진입자(early starters): 아동기의 부적절한 양육(역기능적 가정)에 기인하며, 후에 학업의 실패와 친구집단의 거부를 경험하여(이중적 실패) 비행집단에 참가할 가능성이 높다고 보며, 만성적 비행자가 될 가능성이 높다고 한다.
③ 후기진입자(late starters): 청소년기 중기에 부모의 감시와 감독이 느슨하여 비행친구들과 접촉하게 되나, 이중적 실패를 경험하지 않으며 보다 쉽게 범죄경력에서 이탈할 수 있다고 한다. ✍

05 이원적 경로이론 22. 경행

① 모피트(T. Moffitt)는 어린 시절 가정환경과 문제성향을 청소년비행의 원인으로 파악하지만 그것과 청소년시기의 비행과의 관계 사이에 매개변인으로 작용하는 사회요인을 강조하면서, 비행청소년을 크게 생애지속형과 청소년기 한정형이라는 두 부류로 나누어 설명하였다(발달 분류 모형). 23. 간부(73), 23. 해경간부
② 모피트는 생래적인 신경심리적 결함 또는 언어·인지능력의 낮음 등으로 인하여 어려서부터 문제성향과 문제행동을 보인 아이들은 친사회적 유대관계를 형성하지 못하여 생애지속형(life-course-persistent) 범죄자가 될 가능성이 높고, 폭력 등 심각한 비행을 저지를 가능성이 높다고 보았는데 이들은 비행청소년 중 소수를 차지한다고 보았다. 23. 경행 1차, 24. 간부(74)
③ 반면에 대부분의 비행청소년이 포함되는 부류로서 어려서 문제성향을 보이지 않은 아이들은 어느 정도 친사회적인 유대관계를 형성하였으나 청소년기에 성숙의 차이 또는 부모의 감독 미비, 비행친구에게 노출됨으로써 사회적 모방 등을 통해 비행을 저지르는 한시적인 비행청소년, 즉 청소년기 한정형(adolescence-limited) 비행자로 파악했다(청소년지위비행자). 23. 경행 1차, 23. 경행 2차, 23. 해경간부, 24. 간부(74)
④ 모피트에 의하면 청소년지위비행자는 모두 탈(脫)비행에 성공하지만, 생애지속범죄자는 특별한 예외적 상황이 없는 한 탈비행에 성공하기 어렵다고 한다. 23. 경행 2차
⑤ 그러나 이러한 모피트의 주장은 어린 시절부터 심각한 비행을 일삼은 생애지속범죄자 중에서도 청소년기나 성인기에 전환점이 되는 사건을 계기로 탈비행에 성공하는 다수의 경우를 설명하지 못한다는 단점이 지적된다.

06 기타 이론

1. 비행적 발달이론

① 훼링톤과 웨스트(D. P. Farrington & D. J. West)는 사람의 비행이 초기 아동기부터 연령대에 따라 고유의 증세를 보인다고 하면서, 생애에 있어서 범죄행동의 지속이 아닌 단념하는 시기에 대한 종단적 연구를 하였다(delinquent development theory).

② 일반적으로 17~18세 정도에 범죄성이 가장 정점에 이르렀다가 서서히 감소하여 35세 정도에는 대부분의 범죄자들이 정상적인 생활에 적응한다는 결과를 제시하였다.

2. 진화론적 생태이론

① 울프강(M. Wolfgang) 등이 주장한 진화론적 생태이론(evolutionary ecology theory)은 개인의 생애에서 경험, 가정, 사회, 교육적 환경 등이 범죄성을 발전시킨다는 입장이다.

② 이에 의하면 동시대에 환경이 다른 지역에서 태어나 성장하는 또래집단의 생애는 서로 다른 발달과정을 보인다고 한다. 즉, 아동기에 직면하는 환경에 따라 아동은 서로 다른 생애행로를 보인다고 한다.

07 평가

① 발달 범죄이론은 청소년기의 발달단계가 비행과 밀접한 관련이 있다는 여러 연구결과를 발표하여 청소년 범죄예방 및 비행청소년에 대한 교정정책의 방향을 제시하였다는 평가를 받는다.

② 다만, 개념정의와 관련하여 생애경로, 전환점, 위험요소, 지속, 단념, 범죄경력 등의 의미가 명확하지 않다는 비판을 받는다.

제2절 통합적 범죄이론

01 통합적 범죄이론의 등장

통합적 범죄이론이란 기존 이론들이 범죄원인의 설명에 한계를 보인다는 점을 지적하면서 사회학적, 심리학적, 경제적 요인 등을 통합하여 보다 복합적 관점에서 범죄의 원인을 규명하는 입장이다. 23. 경행 1차

02 긴장 – 통제 통합이론

① 엘리엇(Elliott)은 비행이나 범죄를 저지르게 되는 경로는 다양하다고 전제하여 아동기에 강한 사회유대가 형성되었는지를 중요하게 고려하여 범죄에 이르는 경로를 사회유대이론, 긴장이론, 학습이론 등을 결합하여 설명하고자 하였다. 24. 경행

② 그는 아동기의 사회유대 유형을 통합과 전념으로 구분하였다.

통합	가족, 학교, 친구와 같은 일상적 사회집단과 제도에 관여하여 연결된 정도로서, 개인은 사회적 역할을 담당하면 그에 대한 기대와 관련된 제재를 통해 통제된다(허쉬의 '전념', '참여' 개념과 유사).
전념	일상적 사회집단과 제도 및 사회적 역할에 대한 개인의 애착 정도로서, 사회규범에 대하여 도덕적인 구속감을 느끼는 것을 말한다(허쉬의 '애착', '신념' 개념과 유사).

③ 아동기에 <u>강한 사회유대</u>를 형성하고 이를 유지할 경우, 청소년기에 비행 가능성이 낮다. 반면에 아동기에 <u>약한 사회유대</u>는 이후 청소년기에 비행집단에 참여할 가능성이 높아지고 지속적 범죄행위로 연결될 수 있다.

④ <u>강한 사회유대가 형성</u>되었더라도 일부 청소년은 범죄로 나아가는 경우가 있는데, 이는 <u>청소년기에 성공기회의 제약으로 지나치게 긴장을 경험</u>한 것이 <u>사회유대를 약화시키게 되고 비행집단에 참여하게 되어 지속적 범죄행위가 유발</u>된다. 22. 간부 (72), 23. 경행 1차

03 재통합적 수치이론

① 형사처벌의 효과에 대하여, 낙인이론은 형사처벌(공식적 낙인)로 또 다른 범죄나 비행이 유발된다고 보지만(이차적 일탈), 전통적 이론들은 형사처벌이 향후 범죄를 억제한다고 주장한다(억제이론).

② 재통합적 수치이론은 위와 같이 형사처벌의 효과에 대하여 엇갈리는 연구의 결과들을 통합하려는 시도의 일환이라고 할 수 있다. 22. 간부(72)

③ 브레이스웨이트(Braithwaite)는 사람들이 범죄를 저지르지 않는 이유는 처벌의 두려움 때문이 아니라 범죄 자체가 수치스러운 것이기 때문이라고 주장한다.

④ 수치(shaming)는 낙인과 유사한 개념으로 사회적 불승인으로서 당사자에게 양심의 가책을 느끼게 하는 것으로, 반사회적 행위를 저지르면 주위의 비난과 훈계를 경험하게 되는 것을 말한다. 22. 간부(72)

⑤ 낙인이론에서 일탈적 정체성을 갖는 조건의 구체화와 관련하여 범죄자에 대해 지역사회가 어떤 식으로 반응하는지에 따라 재범율이 달라진다.

⑥ 그는 수치를 재통합적 수치와 해체적 수치로 구분하면서, 강한 사회유대를 형성한 사람은 재통합적 수치를 경험할 가능성이 높다고 본다.

재통합적 수치	범죄자에게 사회와 결속을 위한 고도의 확신을 주는 것으로, 낙인으로부터 벗어나도록 하기 위한 의식, 용서의 말과 몸짓도 포함되며, 이 경우에는 <u>범죄율이 감소</u>하게 된다. 22. 간부(72)
해체적 수치	범죄자에게 공동체의 구성원으로 받아들이지 않겠다는 낙인을 찍는 것으로, 이 경우에는 <u>범죄율이 증가</u>하게 된다(거부적 수치, 오명).

⑦ 범죄자에게 지역사회가 완전히 관계를 끊고 해체적인 수치를 준다면 그는 자신을 더욱 범죄자로 생각하고 재범을 할 가능성이 높을 것이지만, 반대로 지역사회와 범죄자와의 관계를 범죄가 발생하기 전의 상태와 같이 유지하면서 재통합적으로 수치를 줄 때 범죄자는 사회로 복귀할 가능성이 높다고 보았다.

⑧ 상호의존적이고 공동체 지향적인 사회일수록 재통합적 수치의 효과가 더 크다고
보며, 재통합적으로 수치를 부여하는 사회는 해체적으로 수치를 부여하는 사회에
비해 재범율이 낮다고 주장한다. 22. 간부(72)
⑨ 브레이스웨이트는 형사사법기관의 공식적 개입을 지양하며 가족, 사회지도자, 피해
자, 피해자 가족 등 지역사회의 공동체 강화를 중시하는 '회복적 사법(restorative
justice)'에 영향을 주었다. ✵

04 통제균형이론

① 티틀(C. Tittle)은 개인에 대한 통제의 정도와 그 개인이 행사할 수 있는 통제력의
정도(통제비율, control ratio)가 일탈행위의 발생가능성을 결정한다고 주장한다.
23. 해경간부, 24. 경행
② 개인의 타인에 대한 통제력과 타인으로부터 통제당하는 정도를 비교하여, 양자가
균형이면 순응하지만 불균형이면 범죄를 저지른다. 23. 간부(73), 23. 해경간부
③ 일탈행위의 유형을 굴종(항복), 저항(반항), 강탈, 착취, 약탈(수탈), 부패(퇴폐, 타
락) 등으로 구분한다.
④ 개인의 통제력보다 통제당하는 정도가 더 크면(통제결핍, 억압) 통제당하는 것을
피하기 위해 약탈적·반항적 일탈행동을 하게 되고, 반대로 통제당하는 정도보다
개인의 통제력이 더 크면(통제과잉, 자율성) 타인에 대해 더 강한 통제를 하려는
경향을 보여 착취적·퇴폐적 일탈행동을 하게 된다. 24. 경행

← 통제 당하는 정도 (억압, 통제결핍)			통제 균형	통제하는 정도 → (자율성, 통제과잉)		
굴종	저항	강탈	순응	착취	약탈	부패

05 마르크스주의 통합이론

① 콜빈(Colvin)과 폴리(Poly)는 마르크스주의 범죄이론과 사회통제이론을 결합한 이
론을 주장하였다.
② 자본가계급은 노동자계급을 효과적으로 통제하기 위해 미숙련 저임금 노동자에게
는 강압적 통제방식으로, 노동조합에 가입한 산업체 노동자에게는 물질적 보상으
로, 고숙련 노동자나 고임금 전문가에게는 업무자율성과 의사결정권한의 부여 또
는 높은 지위의 제공으로 각각 다른 유형의 통제방식을 적용하여 순응하도록 만든다.
③ 노동자의 지위에 따른 차별적 통제방식은 가정에서 부모의 양육방식과 연관되어
있는데, 특히 미숙련 저임금 노동자의 경우에는 직장에서 강압적 통제방식에 익숙
하므로 가정에서 자녀들에게 강압적이고 과도하며 일관성이 결여된 양육방식을
적용하며, 이로 인해 부모와 자녀 사이의 유대관계가 형성되지 못하여 자녀들이
비행이나 범죄로 이어지게 된다고 본다. 22. 간부(72)
④ 콜빈은 이후에도 강압적 통제의 문제를 연구하여, 청소년비행의 설명과 관련하여
강제적이고 비일관적인 방식으로 통제가 가해지면 강한 범죄성향이 만들어져서
만성적 범죄인이 될 수 있고, 반대로 비강제적이고 일관적인 방식으로 통제가 가
해지면 건전성향의 청소년이 된다고 주장하였다(차별강제이론). 24. 경행

단원별 지문 OX

01 발달범죄이론은 범죄자 삶의 궤적을 통해 범행의 지속 및 중단 요인을 밝히는 데 관심을 둔다. (　) 24. 간부(74)

02 샘슨과 라웁(Sampson & Laub)의 생애과정이론은 사회유대이론과 사회학습이론을 결합한 합성이론이다. (　)
23. 간부(73)

03 샘슨과 라웁(Sampson & Laub)은 글룩(Glueck)부부의 연구를 재분석하여 생애과정이론을 제시하였다. (　)
24. 간부(74)

04 샘슨(Sampson)과 라웁(Laub)은 연령에 따른 범죄행위의 지속성과 가변성이 인생의 중요한 전환기에 발생하는 사건들과 그 결과에 의해 영향을 받는다고 주장하였다. (　) 23. 경행 1차

05 샘슨(Sampson)과 라웁(Laub)은 아동기, 청소년기를 거쳐 성인기까지의 생애과정에 걸친 범죄의 지속성과 가변성을 설명하였다. (　) 23. 경행 2차

06 범죄경력을 중단하는 계기가 되는 중요한 사건으로는 결혼과 취업이 있다. (　) 24. 간부(74)

07 샘슨과 라웁은 행위자를 둘러싼 상황적·구조적 변화로 인해 범죄가 중단된다고 주장하였다. (　) 23. 경행 2차

08 쏜베리(Thornberry)의 상호작용이론은 사회유대의 약화를 비행이 시작되는 출발점으로 보았다. (　) 23. 간부(73)

---

01 ○ 발달범죄이론은 범죄경력의 시작과 지속이 전 생애과정을 통해 발전적으로 변화한다고 보면서, 범죄자가 가지는 범죄성향이 평생 동안 지속되면서 변하지 않는 것이 아니라 결혼, 취업 등과 같은 인생의 전환점에서 거의 대부분의 사람들은 범죄를 그만두게 된다고 본다.

02 × 샘슨과 라웁(Sampson & Laub)의 생애과정이론은 사회유대이론(사회적 통제이론)과 사회학습이론(사회적 학습이론)에 바탕을 둔 이론이지만, '합성이론(통합이론)'이 아니라 발전범죄학(발달범죄이론)'에 해당한다.

03 ○ 글룩 부부는 1930년대에 비행청소년 500명과 정상청소년 500명을 대상으로 비행원인을 밝히는 연구를 진행하였다. 샘슨과 라웁은 위와 같은 글룩 부부의 연구결과를 심층면접조사와 생애사 내러티브 분석 등의 질적 연구를 통해 재분석하였고, 이를 토대로 생애과정이론을 주장하였다.

04 ○ 샘슨(Sampson)과 라웁(Laub)은 범죄경력이 개인의 생애발달에서 다양한 범죄적 영향(개인적 특성, 사회적 경험, 경제적 상황 등의 영향)의 결과에 따라 발생한다고 주장한다. 이들은 범죄경력에 전환점이 있다는 사실을 파악하여, 성인 위반자한테서 범죄를 중단하게끔 하는 삶의 사건을 찾아내었다. 즉, 결혼, 취업 및 군입대를 통해 사회자본(social capital)을 형성하는 것이 범죄를 중단하게 하는 요소(전환점)가 될 수 있다고 보았다(생애과정이론, 인생항로이론).

05 ○ 샘슨(Sampson)과 라웁(Laub)의 생애과정이론(life course theory)의 내용이다.

06 ○ 샘슨과 라웁은 결혼, 취업 및 군입대를 통해 사회자본(social capital)을 형성하는 것이 범죄를 중단하게 하는 요소(전환점)가 될 수 있다고 본다.

07 ○ 샘슨과 라웁은 결혼, 취업 및 군입대를 통해 사회자본(social capital)을 형성하는 것이 범죄를 중단하게 하는 요소(전환점)가 될 수 있다고 본다.

08 ○ 쏜베리(Thornberry)의 상호작용이론(Interaction Theory)에 따르면, 약한 사회유대는 청소년들에게 비행을 저지른 친구와의 관계를 발전시키고[사회유대(통제)이론], 결국 비행에 참여하도록 유도하며(학습이론), 빈번한 비행 참여는 다른 친구들과의 유대를 약화시키고 결국 관습적 유대관계를 재정립하기가 어려워진다고 한다.

09 손베리(Thornberry)는 사회통제이론(Social Control Theory)과 사회학습이론(Social Learning Theory)을 통합하여 범죄행위는 행위자와 환경이 상호작용하는 발전적 과정에 의하여 발생한다고 주장하였다. (　　) 　　23. 경행 2차

10 패터슨(Patterson)은 비행청소년이 되어가는 경로를 조기 개시형(early starters)과 만기 개시형(late starters)으로 구분하였다. (　　) 　　23. 경행 1차

11 모핏(Moffitt)은 범죄자를 청소년기 한정형(adolescence-limited) 범죄자와 생애지속형(life-course-persistent) 범죄자로 분류하였다. 청소년기 한정형은 사춘기에 집중적으로 일탈행동을 저지르다가 성인이 되면 일탈행동을 멈추는 유형이고, 생애지속형은 유아기부터 문제행동이 시작되어 평생동안 범죄행동을 지속하는 유형이다. (　　) 　　22. 경행

12 모피트(Moffitt)에 따르면 청소년기 한정형(Adolescence-limited)은 신경심리학적 결함으로 각종 문제행동을 일으키는 경우가 많다고 하였다. (　　) 　　24. 간부(74)

13 샘슨과 라웁(Sampson & Laub)은 범죄의 시작, 유지, 중단의 연령에 따른 변화는 생애과정에서의 비공식적 통제와 사회유대를 반영하고, 인생의 중요한 전환기에 발생하는 사건들과 그 결과에 영향을 받는다고 보았다. (　　) 　　22. 경행

14 생애과정이론(연령-단계이론)의 주장에 의하면, 타고난 기질과 어린 시절의 경험이 범죄행위의 지속과 중단에 가장 큰 영향을 미친다. (　　) 　　22. 간부(72)

15 생애과정이론(연령 - 단계이론)의 주장에 의하면, 생애과정을 통해 사회유대와 범죄행위가 서로 영향을 미친다. (　　) 　　22. 간부(72)

16 생애과정이론(연령 - 단계이론)의 주장에 의하면, 결혼, 취업, 군입대는 범죄궤적을 올바른 방향으로 바꾸는 인생의 변곡점이다. (　　) 　　22. 간부(72)

---

09 ○　손베리(Thornberry)의 상호작용이론(Interaction Theory)의 내용이다. 이 이론에 따르면 범죄와 비행의 원인은 양방향(상호작용)이다. 약한 사회유대는 청소년들에게 비행을 저지른 친구와의 관계를 발전시키고(사회유대이론), 결국 비행에 참여하도록 유도하며(학습이론), 빈번한 비행 참여는 다른 친구들과의 유대를 약화시키고 결국 관습적 유대관계를 재정립하기가 어려워진다는 것이다.

10 ○　패터슨(Patterson)과 그의 동료들은 비행시작연령에 따라 초기진입자(early starters, 조기 개시형)와 후기진입자(late starters)로 구분하여 연구하였다.

11 ○　'모핏(Moffitt)'은 '이원적 경로이론'에서 ⓐ 어려서부터 문제성향과 문제행동을 보인 소위 초기진입자(early-starters)는 친사회적 유대관계를 형성하지 못하여 생애지속범죄자가 될 가능성이 높고, 폭력 등 심각한 비행을 저지를 가능성이 높다고 보았는데 이들은 비행청소년 중 소수를 차지한다고 보았으나, ⓑ 대부분의 비행청소년이 포함되는 부류로서 어려서 문제성향을 보이지 않은 후기진입자(late-starters)는 어느 정도 친사회적인 유대관계를 형성하였으나 청소년기에 부모의 감독 미비나 비행친구에 노출됨으로써 모방 등을 통해 비행을 저지르는 한시적인 비행청소년, 즉 청소년지위비행자로 파악했다(청소년기 한정 비행자).

12 ×　모피트에 따르면 청소년기 한정형은 청소년기에 '성숙의 차이 또는 부모의 감독 미비, 비행친구에게 노출됨으로써 사회적 모방' 등을 통해 비행을 저지르는 경우가 많다고 하고, 생애지속형은 '생래적인 신경심리적 결함 또는 언어·인지능력의 낮음'으로 인하여 어려서부터 문제성향과 문제행동을 보인다고 하였다.

13 ○　'샘슨과 라웁(Sampson & Laub)'은 '생애과정이론'에서 범죄경력은 개인의 생애발달에서 다양한 범죄적 영향(개인적 특성, 사회적 경험, 경제적 상황 등의 영향)의 결과에 따라 발생한다고 주장하면서, 결혼, 취업 및 군입대를 통해 사회자본(social capital)을 형성하는 것이 범죄를 중단하게 하는 요소(전환점)가 될 수 있다고 본다.

14 ×　샘슨(Sampson)과 라웁(Laub)은 생애과정이론에서 범죄경력은 '개인의 생애발달에서 다양한 범죄적 영향(개인적 특성, 사회적 경험, 경제적 상황 등의 영향)의 결과'에 따라 발생한다고 주장한다.

15 ○　샘슨(Sampson)과 라웁(Laub)은 청소년기에 비행을 저지른 아이들도 사회유대(또는 사회자본)의 약화 혹은 강화에 따라 비행청소년으로 발전하기도 하고, 비행을 중단하여 정상인으로 되돌아가기도 한다고 주장한다.

16 ○　샘슨(Sampson)과 라웁(Laub)은 범죄경력에 전환점이 있다는 사실을 파악하여, 결혼, 취업 및 군입대를 통해 사회자본(social capital)을 형성하는 것이 범죄를 중단하게 하는 요소(전환점)가 될 수 있다고 본다.

17 손베리(Thornberry)는 비행청소년을 청소년기 한정형(adolescence-limited)과 생애지속형(life-course-persistent)으로 분류하였다. ( )

23. 경행 1차

18 모핏(Moffitt)의 비행청소년 분류에서 청소년기 한정형(adolescent-limited) 집단이 저지르는 범죄와 반사회적 행위는 전 생애에 걸쳐 안정성이 두드러지며 가변성을 특징으로 하지 않는다. ( )

23. 경행 2차

19 최근 범죄학 연구에서는 여러 이론을 통합하여 종합적으로 설명하는 새로운 경향이 등장하였다. ( )

23. 경행 1차

20 엘리엇(Elliott)과 동료들의 통합이론(Integrated Theory)은 사회유대가 강한 청소년일수록 성공기회가 제약되면 긴장을 느끼고 불법적 수단으로 목표를 달성하려 할 가능성이 크다고 주장한다. ( )

22. 간부(72)

21 재통합적 수치이론(Reintegrative Shaming Theory)에서 수치란 일종의 불승인 표시로서 당사자에게 양심의 가책을 느끼게 하는 것을 의미한다. ( )

22. 간부(72)

22 브레이스웨이트는 상호의존적이고 공동체 지향적인 사회일수록 재통합적 수치의 효과가 더 크다고 주장하였다. ( )

22. 간부(72)

23 재통합적 수치이론은 형사처벌의 효과에 대하여 엇갈리는 연구결과들을 통합하려는 시도의 일환이라고 할 수 있다. ( )

22. 간부(72)

24 브레이스웨이트는 낙인으로부터 벗어나도록 하기 위한 의식, 용서의 말과 몸짓만으로는 재통합적 수치가 이루어지기 어렵다고 주장하였다. ( )

22. 간부(72)

---

17 ✕ '모피트(Moffitt)'의 주장 내용이다.

18 ✕ 모핏(Moffitt)은 청소년기 한정형(adolescence-limited) 비행자는 어려서 문제성향을 보이지 않고 어느 정도 친사회적인 유대관계를 형성하였으나 청소년기에 부모의 감독 미비나 비행친구에 노출됨으로써 모방 등을 통해 비행을 저지르는 한시적인 비행청소년이라고 하면서, 이러한 청소년기 한정형 비행자는 이후 탈(脫)비행에 성공한다고 보았다. 지문에서 범죄와 반사회적 행위가 전 생애에 걸쳐 안정성이 두드러지며 가변성을 특징으로 하지 않는다는 표현은 '생애지속형' 범죄자에 대한 표현이다.

19 ○ 기존 이론들이 범죄원인의 설명에 한계를 보인다는 점을 지적하면서 사회학적, 심리학적, 경제적 요인 등을 통합하여 보다 복합적 관점에서 범죄의 원인을 규명하고자 하는 입장을 통합적 범죄이론이라고 한다.

20 ○ 엘리엇(Elliott) 등의 학자들은 아동기에 강한 사회유대를 형성하고 이를 유지할 경우 청소년기에 비행 가능성이 낮지만, 반대로 아동기에 약한 사회유대는 이후 청소년기에 비행집단에 참여할 가능성이 높아지고 지속적 범죄행위로 연결될 수 있다고 주장한다. 다만, 강한 사회유대가 형성되었더라도 일부 청소년은 범죄로 나아가는 경우가 있는데, 이는 청소년기에 지나치게 긴장을 경험한 것이 사회유대를 약화시키게 되고 비행집단에 참여하게 되어 지속적 범죄행위가 유발된다고 본다.

21 ○ 수치(shaming)는 낙인과 유사한 개념으로 사회적 불승인으로서 당사자에게 양심의 가책을 느끼게 하는 것으로, 반사회적 행위를 저지르면 주위의 비난과 훈계를 경험하게 되는 것을 말한다.

22 ○ 브레이스웨이트(Braithwaite)는 상호의존적이고 공동체 지향적인 사회일수록 재통합적 수치의 효과가 더 크다고 보며, 재통합적으로 수치를 부여하는 사회는 해체적으로 수치를 부여하는 사회에 비해 재범율이 낮다고 주장한다.

23 ○ 형사처벌의 효과에 대하여, 낙인이론은 형사처벌(공식적 낙인)로 또 다른 범죄나 비행이 유발된다고 보지만(이차적 일탈), 전통적 이론들은 형사처벌이 향후 범죄를 억제한다고 주장한다(억제이론 등). 재통합적 수치이론은 위와 같이 형사처벌의 효과에 대하여 엇갈리는 연구의 결과들을 통합하려는 시도의 일환이라고 할 수 있다.

24 ✕ 브레이스웨이트(Braithwaite)에 의하면 재통합적 수치는 범죄자에게 사회와 결속을 위한 고도의 확신을 주는 것으로, 낙인으로부터 벗어나도록 하기 위한 의식, 용서의 말과 몸짓도 포함되며, 이 경우에는 범죄율이 감소하게 된다.

25 티틀(Tittle)의 통제균형이론은 타인으로부터 받는 통제와 자신이 행사하는 통제의 양이 균형을 이룰 때 순응이 발생하고 통제의 불균형이 비행과 범죄행위를 발생시킨다고 설명한다. (　　) 23. 간부(73)

26 티틀(Tittle)의 통제균형이론(Control-Balance Theory)은 개인이 받는 통제의 양과 개인이 행사할 수 있는 통제의 양이 일탈의 확률을 결정한다는 '통제 비율(control ratio)'을 제시하였다. (　　) 24. 경행

27 티틀(Tittle)은 통제균형이론에서 통제 결손(control deficit)이 발생할 경우 약탈적이거나 반항적 행동을 저지를 가능성이 더 높다고 주장하였다. (　　) 24. 경행

28 티틀(Tittle)은 통제균형이론에서 극단적인 억압은 굴종형(submission)과 가장 관련성이 높다고 주장하였다. (　　) 24. 경행

29 티틀(Tittle)은 통제균형이론에서 강제적이고 비일관적인 통제가 가장 심각한 범죄를 유발한다고 주장하였다. (　　) 24. 경행

---

25 ○ 티틀(C. Tittle)은 개인에 대한 통제의 정도와 그 개인이 행사할 수 있는 통제력의 정도가 일탈행위의 발생가능성을 결정한다고 보아, 개인의 타인에 대한 통제력과 타인으로부터 통제당하는 정도를 비교하여, 양자가 균형이면 순응하지만 불균형이면 범죄를 저지른다고 주장한다. 이에 의하면 개인의 통제력보다 통제당하는 정도가 더 크면(통제결핍) 통제당하는 것을 피하기 위해 약탈적·반항적 일탈행동을 하게 되고, 반대로 통제당하는 정도보다 개인의 통제력이 더 크면(통제과잉) 타인에 대해 더 강한 통제를 하려는 경향을 보여 착취적·퇴폐적 일탈행동을 하게 된다.

26 ○ 티틀(Tittle)은 개인에 대한 통제의 정도와 그 개인이 행사할 수 있는 통제력의 정도가 일탈행위의 발생가능성을 결정한다(통제비율)고 주장한다.

27 ○ 개인의 통제력보다 통제당하는 정도가 더 크면(통제결핍) 통제당하는 것을 피하기 위해 약탈적·반항적 일탈행동을 하게 되고, 반대로 통제당하는 정도보다 개인의 통제력이 더 크면(통제과잉) 타인에 대해 더 강한 통제를 하려는 경향을 보여 착취적·퇴폐적 일탈행동을 하게 된다.

28 ○ 개인의 통제력보다 통제당하는 정도가 더 크면(통제결핍, 억압) 통제당하는 것을 피하기 위해 약탈적·반항적 일탈행동을 하게 되는데, 극단적 억압은 굴종, 중간 정도의 억압은 저항, 약한 정도의 억압은 강탈로 각각 이어진다고 본다.

29 × '콜빈(Colvin)의 차별강제이론'의 내용이다. 콜빈은 청소년비행의 설명과 관련하여 강제적이고 비일관적인 방식으로 통제가 가해지면 강한 범죄성향이 만들어져서 만성적 범죄인이 될 수 있고, 반대로 비강제적이고 일관적인 방식으로 통제가 가해지면 건전성향의 청소년이 된다고 주장하였다.

제3편 범죄유형론

제1장 / 범죄유형론 서설

01 범죄유형화의 필요성

① 범죄의 일반이론(거대이론)을 주장하는 입장에서는 범죄학 연구는 모든 형태의 범죄행위에 적용이 가능한 명제를 만들고 이를 검증하기 위해 노력해야 하며 개개의 범죄유형을 고려할 필요는 없다고 주장한다.
② 반면에 범죄유형에 따라 다양한 범행동기와 범죄행위가 존재하므로 범죄자도 사회경제적 배경에 따라 구분할 필요가 있다는 주장이 있다. 범죄를 유형화하면 각 유형에 맞는 이론을 연구하기 쉽고 더욱 효과적인 범죄대책을 수립하는 데 유리하다는 것이다.

02 범죄유형화의 기준

1. 법률적 유형화

① 법률적 유형화(Legalistic Typologies)는 범죄유형화의 가장 일반적 방법으로 법률적 의미(법적 정의 및 특성)를 기준으로 구분하는 방법이다. 23. 간부(73)

법정형에 따른 구분	중범죄, 경범죄
보호법익에 따른 구분	개인적 법익에 대한 범죄, 사회적 법익에 대한 범죄, 국가적 법익에 대한 범죄
위반법규에 따른 구분	형법범죄, 특별법범죄

② 경찰의 '범죄통계', 검찰의 '범죄분석' 등의 공식범죄통계는 이러한 법률적 유형화에 기초한 것이다.
③ 법률적 유형화에 대해서는 유형의 구분에 일관성이 부족하거나 구분의 기준 자체가 상대적이라는 것과 범죄행위와 법위반행위를 동일시하게 되는 문제에 대하여 비판이 제기된다.

2. 개인적 유형화

① 개인적 유형화(Individualistic Typologies)는 범죄자나 피해자 개인의 특징을 기준으로 범죄를 유형화하는 방식이다. 23. 간부(73)

가해자 중심 유형화	롬브로조, 페리, 가로팔로
피해자 중심 유형화	멘델존

② 개인적 유형화에 대해서는 개인의 특성만을 고려하여 범죄유형을 너무 단순화한다는 것과 개인적 특성을 기준으로 하는 것이 종종 범죄행위의 특성에서 비롯된 경우가 있어서 혼란을 일으킨다는 것에 대하여 비판이 제기된다.

3. 사회적 유형화

① 사회적 유형화(Social Typologies)는 범죄자와 범죄행위를 범죄현상의 다양한 사회적 맥락에 따라 유형화하는 방식이다. 23. 간부(73)

② **매이휴(H. Mayhew)의 범죄자 유형화**: 범죄가 빈곤과 열악한 양육방식에서 비롯된다는 관점에서 범죄자를 전문적 범죄자(범죄가 생계 수단인 경우)와 우연적 범죄자로 구분하였다.

③ **린드스미스(A. R. Lindesmith)와 던햄(W. Dunham)의 범죄자 유형화**: 범죄행위가 집단이라는 맥락 속에서 동기화되는 정도에 따라 범죄자를 구분하여, 순수하게 개인적 이유로 저지르는 범죄부터 개인이 속한 집단의 문화와 규범적 틀 안에서 저질러지는 범죄까지 범죄유형 연속체를 제시하였다.

개인적 범죄자	개인적·상황적 이유로 범죄를 저지르는 경우
사회적 범죄자	범죄행위를 규범적·문화적으로 지지하며 범죄를 통해 지위가 상승되는 집단에 속해 있어서 범죄를 저지르는 경우

④ **레클리스(W. C. Reckless)의 범죄유형화**: 범죄경력의 차원에서 범죄를 일반적 범죄와 전문적 범죄로 구분하면서, 이러한 두 유형의 범죄를 저지르는 경력범죄자의 특징(공통점과 차이점)을 주장하였다.

공통점	• 금전적 이익을 위한 재산범죄를 주로 저지른다. • 특정 범죄행위에 특화되는 경향이 있다. • 평생에 걸쳐 오랜 기간 동안 지속해서 범죄를 저지른다. • 범죄의 실행과정에 있어 다양한 기술과 경험이 필요하다.
차이점	• 일반적 범죄를 저지르는 경력범죄자는 특별한 기술을 요하지 않는 전통적 범죄(강도, 절도 등)를 주로 저지른다. • 전문적 범죄를 저지르는 경력범죄자는 고도의 기술과 전문적 지식을 갖추고, 막대한 규모의 금전적 이익을 추구하며, 잘 적발되지 않는다.

⑤ **퀴니(R. Quinney)의 범죄유형화**: 마르크스주의 범죄학의 관점(자본주의의 경제적 착취구조가 범죄의 원인)에서 자본주의 체제에서 범죄를 지배계층의 범죄와 피지배계층의 범죄로 구분하였다.

4. 다차원적 유형화

① 다차원적 유형화(Multi-Dimensional Typologies)는 다양한 차원을 복합적으로 고려하여 범죄를 유형화하는 방식이다. 23. 간부(73)

② 서덜랜드(E. Sutherland)는 범죄의 종류에 따라 동기와 행동양식이 다양함을 반영하여 범죄유형을 구분하기 위해 범죄행동체계(구체적인 범죄 현상을 묘사하고 비교하기 위해 만들어진 서로 관련성 있는 일련의 특징들)를 고안하였다.

③ 클리나드(M. B. Clinard)는 아래에 제시된 범죄행동의 5가지 이론적 차원을 바탕으로 ㉠ 개인폭력 범죄(살인, 폭행, 강간 등), ㉡ 비상습적 재산범죄(위조, 상점절도, 차량절도, 공공기물파손 등), ㉢ 공공질서 범죄(성매매, 음주, 약물 등), ㉣ 전통적 범죄(주거침입절도, 절도, 강도 등), ㉤ 정치범죄(불법 공모, 정치적 시위 등), ㉥ 직업범죄(횡령, 배임, 뇌물, 장물거래 등), ㉦ 기업범죄(불법광고, 환경오염 등), ㉧ 조직범죄(마약밀매, 사설도박, 자금세탁 등), ㉨ 전문범죄(위조, 사기, 소매치기 등)의 9가지 범죄유형을 제시하였다.

㉠ **특정 범죄행위의 법률적 측면**: 형법은 주로 사회의 지배계층에게 위협이 된다고 여겨지는 행동들을 범죄로 규정한다.
㉡ **범죄자의 범죄경력**: 범죄경력에는 행위자의 사회적 역할, 자아 관념, 범죄행위의 발전과정, 범죄와의 일체감 등의 의미가 포함되어 있다.
㉢ **범죄 행동에 대한 집단지지**: 위법행위에 대한 태도는 범죄자가 속한 사회나 집단 내에서 학습된 규범에 크게 영향을 받는다.
㉣ **범죄 행동과 합법적 행동 간의 부합 정도**: 어떤 행동을 범죄로 규정할 것인지에 대해서 사회적 동의의 수준은 다양하다.
㉤ **사회적 반응과 법적 절차**: 범죄로 정의된 행동에 대한 사회적 반응의 강도는 도의적 비난에서 엄중한 형사처벌까지 다양하며, 형사사법에서 처리과정도 범죄유형에 따라 차이가 있다.
④ 트레비노(A. Javier Trevino)는 위 범죄행동의 5가지 이론적 차원을 고려하여 다음과 같이 범죄유형을 정리하였다.

개인적 폭력 범죄	거의 모든 사회에서 폭력행위에 대한 처벌 규정이 존재한다. 특정 상황하에 개인적 차원에서 저질러진다. 폭력행위에 대한 일부 우호적인 하위문화가 있기도 하나 사회적 지지를 받지 못한다. 강력한 사회적 반응을 일으키고 중대범죄로 취급된다.
기회적 재산 범죄	개인의 재산을 보호하기 위해 법률로 금지하고 있다. 이러한 범죄를 저지른 사람들은 자신의 행위를 정당화하려는 경향이 크다. 사회적·집단적으로 지지를 받는 경우는 거의 없다. 초범의 경우에는 사회적 반응이 심각하지 않고 관대한 처벌이 내려진다.
공공질서 범죄	사회관습, 공중도덕에 반하는 행위로서 사회적 법익을 침해하는 범죄로 규정되어 있다. 대다수 범죄자들은 자신의 행위를 범죄로 여기지 않는 경향이 있다. 이러한 행동을 지지하는 하위문화가 있고, 일반인 중에 이러한 행동에 대한 욕구가 발견되기도 한다. 사회적 반응은 사람과 집단에 따라 차이가 있으며, 전체 범죄 중 일부만 적발된다.
직업 범죄	범죄자들은 자신의 행위를 업무의 일부라고 합리화한다. 범죄행위가 집단적으로 용인되거나 지지되기도 한다. 이에 대한 사회적 반응은 온건하거나 관용적이며, 공식적 처벌 또한 관대하다.
기업 범죄	주로 특별법에 범죄로 규정되어 있다. 범죄행위가 기업 운영에 필수 불가결하다는 식으로 정당화하는 경향이 있다. 대기업의 기업 범죄에 대해서 국가 경제의 발전이라는 명분으로 그 심각성이 희석되었다. 공식적 처벌도 제한적이었다.
조직 범죄	범죄를 목적으로 하는 단체의 조직 및 활동에 대한 처벌 규정이 있다. 범죄단체 구성원 중 하급자는 자신을 범죄자로 인식하지만, 최상급자는 자신이 범죄자라는 인식이 약하다. 기업의 외형과 사업의 형식을 갖추어 합법적 활동과 일정 부분 부합되는 것으로 보이기도 한다.
정치 범죄	정부에 대한 범죄에서 범죄자들은 자신을 범죄자로 여기지 않고 애국자나 민주투사로 생각한다. 정부에 의한 범죄란 정부 정책에 반대하는 시민들을 부당하게 억압하고 그 권리를 침해하는 경우이다(국가범죄).

01 가로팔로(Garofalo)의 범죄자유형, 페리(Ferri)의 범죄자유형 등은 범죄유형 분류 중 개인적 유형화(Individualistic Typologies)에 따른 분류이다. ( )
23. 간부(73)

02 린드스미스와 던햄(Lindesmith & Dunham)의 범죄유형은 범죄유형 분류 중 사회적 유형화(Social Typologies)에 따른 분류이다. ( )
23. 간부(73)

03 클리나드(Clinard)의 범죄유형, 트레비노(Trevino)의 범죄유형 등은 범죄유형 분류 중 다차원적 유형화(Multi-Dimensional Typologies)에 따른 분류이다. ( )
23. 간부(73)

01 ○ 개인적 유형화(Individualistic Typologies)는 범죄자나 피해자 개인의 특징을 기준으로 범죄를 유형화하는 방식이다. 이는 다시 가해자 중심 유형화(롬브로즈, 페리), 가로팔로 등의 분류)와 피해자 중심 유형화(멘델존 등)로 구분할 수 있다.

02 ○ 사회적 유형화(Social Typologies)는 범죄자와 범죄행위를 범죄현상의 다양한 사회적 맥락에 따라 유형화하는 방식이다. 특히 린드스미스와 던햄(Lindesmith & Dunham)은 범죄행위가 집단이라는 맥락 속에서 동기화되는 정도에 따라 범죄자를 구분하여, 순수하게 개인적 이유로 저지르는 범죄부터 개인이 속한 집단의 문화와 규범적 틀 안에서 저질러지는 범죄까지 범죄유형 연속체를 제시함으로써 범죄자를 유형화하였다.

03 ○ 다차원적 유형화(Multi-Dimensional Typologies)는 다양한 차원을 복합적으로 고려하여 범죄를 유형화하는 방식이다. 클리나드(Clinard)는 범죄행동의 5가지 이론적 차원(㉠ 특정 범죄행위의 법률적 측면, ㉡ 범죄자의 범죄경력, ㉢ 범죄 행동에 대한 집단지지, ㉣ 범죄 행동과 합법적 행동 간의 부합 정도, ㉤ 사회적 반응과 법적 절차)을 제시하였고, 트레비노(Trevino)는 위 범죄행동의 5가지 이론적 차원을 고려하여 범죄유형을 7가지(개인적 폭력범죄, 기회적 재산 범죄, 공공질서 범죄, 직업 범죄, 기업범죄, 조직 범죄, 정치 범죄)로 정리하였다.

제2장 / 전통적 범죄유형

제1절 살인범죄

01 살인범죄의 특성

① 대부분의 범죄와 달리 살인은 낯선 사람에 의한 경우가 적으며, 많은 경우 면식 있는 사람에 의하여 행해지고 있다(살인범죄의 70~80%).
② 대부분의 살인피해자들은 자신보다 강하고 공격적인 가해자에 의해 살해되는 것으로 생각되나, 살인사건의 25% 정도는 피해자가 먼저 가해자를 공격한 결과로 발생한다고 보는 입장도 있다(Wolfgang의 피해자 유발 살인). 24. 간부(74)
③ 살인은 매우 극단적이고 심각한 행위이나, 살인의 동기는 의외로 매우 사사로운 것에 지나지 않는 경우가 많다.
④ 살인범죄의 대부분은 폭발적인 감정의 압박에 의하여 행해지는 열정의 범죄이다(사형제도의 존재에도 불구하고 살인범죄는 억제되지 않는 현상).

02 살인범죄의 유형 구분

1. 동기에 따른 구분

도구적 살인	살해하는 행위 자체가 목적이 아니라 범죄자 개인의 금전적 이익이나 성적 욕구 등을 충족하기 위한 수단으로 살인을 저지른 경우
표출적 살인	모욕, 신체적 공격, 실패, 좌절과 같이 분노를 유발하는 상황에서 주로 우발적으로 발생하는 살인
무동기 살인	범행동기가 명확하지 않고 불특정 다수가 희생자가 되는 살인(묻지마 살인, 불특정 동기 살인)

무동기 살인

1. 레빈(Levin)과 매드피스(Madfis)는 무동기 살인의 진행과정을 만성긴장, 억제불능긴장, 급성긴장, 범행계획, 실행의 5단계로 구분하였다.
2. 한편 무동기 살인은 범행계획에 따른 계획적 범행 외에 상황적 촉진요인에 의한 우발적 범행을 통해서도 발생할 수 있다.

2. 양형위원회의 구분

참작 동기 살인	피해자에게 귀책사유가 있는 살인
보통 동기 살인	원한관계에 기인한 살인, 가정불화로 인한 살인, 채권·채무관계에서 비롯된 불만으로 인한 살인 등
비난 동기 살인	보복살인, 금전, 불륜, 조직의 이익을 목적으로 한 살인 등
중대범죄 결합 살인	강간(강제추행)살인, 인질살해, 약취·유인 미성년자 살해, 강도살인 등
극단적 인명경시 살인	불특정 다수를 향한 무차별 살인

03 살인범죄의 원인

1. 생물학적 설명

인종학적 이론	인간은 본능적으로 공격적인 동물이며, 살인은 가장 강력한 형태의 공격성 표출이다.
유전학적 이론	XYY 염색체 구조를 가진 남성들은 매우 폭력적이며, 살인과 같은 극단적 폭력행위를 저지른다.

2. 심리학적 설명

심리분석학적 이론	초자아(superego)가 지나치게 본능(id)을 억제하고 자아(ego)가 이를 적절히 조절하지 못하는 경우 욕구불만으로 공격성을 갖게 되고, 이러한 공격성이 발달하여 살인의 원인이 된다.
좌절·공격성이론	인간의 좌절은 공격적 충동을 유발하여 살인이라는 극단적 공격행동으로 이어진다.

3. 사회학적 설명

외적 제재이론	약한 외적 제재(사회적 통제)를 경험한 사람은 자기지향적 공격성(자살)을 선택하고, 강한 외적 제재를 경험한 사람은 타인지향적 공격성(살인)을 선택한다.
폭력하위문화이론	폭력이 문제해결과 질서유지의 중요한 수단으로 여겨지는 폭력하위문화에서 살인범죄가 많이 발생한다.

04 연쇄살인

1. 연쇄살인의 개념

① 연쇄살인(serial murder)이란 살인범이 유사한 특징을 가진 피해자들을 최소한 3~4명 이상 유사한 수법으로 **심리적 냉각기**를 가지면서 살해하는 것을 말한다. 23. 경행 1차

  예 이춘재 사건, 유영철 사건, 정남규 사건, 강호순 사건 등

② 비교개념으로 집단살인(mass murder)은 같은 시간에 같은 장소에서 여러 명을 살해하는 것을 말한다(<u>대량살인</u>). 23. 경행 1차

  예 우범곤 순경 사건, 조승희 사건 등

③ 또한 연속살인은 연쇄살인과 달리 여러 장소를 이동하면서 여러 사람을 살해하는 것을 말한다(심리적 냉각기를 갖지 않음). 23. 경행 1차, 24. 간부(74)

2. 연쇄살인의 특징

① 범행의 반복
② 주로 단독범의 소행
③ 살인범과 피해자는 모르는 사이
④ 의도적 살인
⑤ 동기의 불확실
⑥ 심리적 냉각기

3. 홈즈와 드버거(Holmes & DeBurger)의 연쇄살인범의 유형 23. 간부(73), 24. 간부(74)

망상형	정신적 장애를 앓고 있으며, 누군가를 살해해야 한다는 환청 또는 환각으로 살인을 하는 유형이다.
사명형	특정 대상자들(예 동성애자, 성매매 여성, 특정 종교인 등)을 이 세상에서 제거해야 한다는 신념으로 살인을 하는 유형이다.
쾌락형	성욕, 스릴, 재물 등의 추구를 위하여 살인을 하는 유형이다.
권력형	피해자에 대한 완전한 지배에서 만족감을 얻기 위해 살인을 하는 유형이다.

4. 폭스와 레빈(Fox & Levin)의 대량살인범의 유형 23. 해경간부

복수형	개인이나 사회에 대한 증오와 그에 대한 응징 및 복수로 살인하는 유형
사랑형	가족 등을 사랑하는 마음에서 살인하는 유형
이익추구형	범죄 은폐를 위한 목격자 제거 및 범죄 실행 등으로 살인하는 유형
테러형	상대방 경고 목적의 갱집단살인, 종말 임박을 알릴 목적으로 종교숭배 집단살인 등의 유형

제2절 성범죄

01 개념

① 성폭력범죄란 성적 만족을 얻기 위하여 상대방에 대하여 폭력이나 협박 등을 행사하여 이루어지는 일체의 성적 행위 및 원치 않는 성적 언어와 행위, 그리고 상대방의 성적 자기의사결정에 반하는 일체의 행위를 말한다.
② 이에 비해 성풍속범죄는 폭력이 수반되지 않으며 선량한 성풍속을 해하는 행위를 말한다(예 공연음란, 성매매, 음란물 제작·판매, 음행매개 등).
③ 이러한 성폭력범죄와 성풍속범죄를 모두 포괄하여 성범죄라고 할 수 있다.

02 강간범죄

1. 강간범의 유형

(1) 그로스와 홉슨(Groth & Hobson)의 분류 23. 해경간부

분노형 강간	강간범의 증오와 분노에 의해 촉발되는 우발적이며 폭력적인 강간 유형이다.
권력형 강간	강간범이 대상을 통제·지배할 수 있음을 과시하고자 하는 강간 유형이다(지배 강간). 23. 경행 2차
가학형 강간	분노와 권력욕구가 성적으로 변형되어 가학적 행위 자체에서 성적 흥분을 얻는 정신병리적 형태의 강간 유형이다.

(2) 글래저(Glaser)의 분류

어설픈 망상형	연애경험이 없어 여성과의 관계에 미숙한 남성이 여성의 성적 자극에 대한 비현실적 관념을 가지고 있는 유형이다.
진지한 착각형	데이트 상대인 여성의 친절이나 호감의 표시를 성관계를 원하는 것으로 착각하는 유형으로, 가장 전형적인 강간범의 유형이다.
성 약탈형	여성을 단지 성적 대상으로만 바라보고 자신의 성적 쾌락을 위한 도구로 여기는 유형이다.
집단 순응형	강간을 통해 남성성을 확인한다는 왜곡된 집단의식에 따라 집단강간에 참여하는 유형이다.

2. 강간의 원인

성적 부적절성	어린 시절의 부정적 경험으로 성적 부적절성이라는 인성결함이 생겨서 여성과 적절하게 관계를 맺지 못하는 원인이 되어 성적 환상에 따라 강간을 하는 것이다.
폭력하위문화	하류계층의 문화에서 공격적 행동이나 성적 착취에 의한 쾌감추구를 중시하며 강간을 행하는 것을 남성스러움이라고 여기고, 조기성경험을 통해 동료집단에서 지위를 인정받게 된다.
상대적 좌절감	성적으로 개방되고 그 기회가 많은 사회에서 성적 기회를 갖지 못하는 사람은 성적으로 폐쇄되고 그 기회가 적은 사회의 경우보다 상대적 좌절감을 느끼게 되어 강간범죄가 많이 발생한다.
차별적 통제	여성에게 성적 활동의 제한이 강하고 남성에게는 성적으로 개방된 사회에서는 강간범죄가 많이 발생한다.
남녀성비의 불균형	성별 비율이 여자보다 남자가 훨씬 많은 경우 성적 상대를 구함에 있어서 사회적 긴장이 발생하여 강간범죄가 성행한다.
세력이론	상류계층은 공식적으로 인지되지 않는 강간을 범하기가 쉽고 사회적 통제를 적게 받는 경우가 많으나, 하류계층은 공식적으로 인지되는 강간을 범하여 집중적으로 법집행의 대상이 된다.

3. 현행법상 성폭력범죄의 예방 및 대책 관련 제도

(1) 신상정보 공개제도(「특정중대범죄 피의자 등 신상정보 공개에 관한 법률」)

> 제4조【피의자의 신상정보 공개】① <u>검사와 사법경찰관</u>은 다음 각 호의 요건을 모두 갖춘 특정중대범죄(→ 「성폭력범죄의 처벌 등에 관한 특례법」 제2조의 성폭력 범죄 포함)사건의 피의자의 얼굴, 성명 및 나이(이하 "신상정보"라 한다)를 공개할 수 있다. 다만, <u>피의자가 미성년자인 경우에는 공개하지 아니한다.</u>
> 1. <u>범행수단이 잔인하고 중대한 피해가 발생하였을 것</u>(제2조 제3호부터 제6호까지의 죄에 한정한다)
> 2. <u>피의자가 그 죄를 범하였다고 믿을 만한 충분한 증거가 있을 것</u>
> 3. <u>국민의 알권리 보장, 피의자의 재범 방지 및 범죄예방 등 오로지 공공의 이익을 위하여 필요할 것</u>
>
> 제5조【피고인의 신상정보 공개】① 검사는 <u>공소제기 시까지 특정중대범죄사건이 아니었으나 재판 과정에서 특정중대범죄사건으로 공소사실이 변경된 사건의 피고인</u>으로서 제4조 제1항 각 호의 요건을 모두 갖춘 피고인에 대하여 피고인의 현재지 또는 최후 거주지를 관할하는 <u>법원에 신상정보의 공개를 청구</u>할 수 있다. 다만, <u>피고인이 미성년자인 경우는 제외한다.</u>

(2) 신상정보 등록제도(「성폭력범죄의 처벌 등에 관한 특례법」)

> 제42조【신상정보 등록대상자】① 제2조제1항 제3호·제4호, 같은 조 제2항(제1항제3호·제4호에 한정한다), 제3조부터 제15조까지의 범죄 및 「아동·청소년의 성보호에 관한 법률」 제2조제2호가목·라목의 범죄(이하 "등록대상 성범죄"라 한다)로 유죄판결이나 약식명령이 확정된 자 또는 같은 법 제49조제1항제4호에 따라 공개명령이 확정된 자는 신상정보 등록대상자(이하 "등록대상자"라 한다)가 된다. 다만, 제12조·제13조의 범죄 및 「아동·청소년의 성보호에 관한 법률」 제11조제3항 및 제5항의 범죄로 벌금형을 선고받은 자는 제외한다.

(3) 등록정보 공개·고지제도(「성폭력범죄의 처벌 등에 관한 특례법」)

> 제47조【등록정보의 공개】① 등록정보의 공개에 관하여는 「아동·청소년의 성보호에 관한 법률」 제49조, 제50조, 제52조, 제54조, 제55조 및 제65조를 적용한다.
> ② 등록정보의 공개는 여성가족부장관이 집행한다.
>
> 제49조【등록정보의 고지】① 등록정보의 고지에 관하여는 「아동·청소년의 성보호에 관한 법률」 제50조 및 제51조를 적용한다.
> ② 등록정보의 고지는 여성가족부장관이 집행한다.

(4) 취업제한제도(「아동 · 청소년의 성보호에 관한 법률」)

> 제56조【아동 · 청소년 관련기관등에의 취업제한 등】① 법원은 아동 · 청소년대상 성범죄 또는 성인대상 성범죄(이하 "성범죄"라 한다)로 형 또는 치료감호를 선고하는 경우에는 판결(약식명령을 포함한다. 이하 같다)로 그 형 또는 치료감호의 전부 또는 일부의 집행을 종료하거나 집행이 유예 · 면제된 날(벌금형을 선고받은 경우에는 그 형이 확정된 날)부터 일정기간(이하 "취업제한 기간"이라 한다) 동안 다음 각 호(생략)에 따른 시설 · 기관 또는 사업장(이하 "아동 · 청소년 관련기관등"이라 한다)을 운영하거나 아동 · 청소년 관련기관등에 취업 또는 사실상 노무를 제공할 수 없도록 하는 명령(이하 "취업제한 명령"이라 한다)을 성범죄 사건의 판결과 동시에 선고(약식명령의 경우에는 고지)하여야 한다. 다만, 재범의 위험성이 현저히 낮은 경우, 그 밖에 취업을 제한하여서는 아니 되는 특별한 사정이 있다고 판단하는 경우에는 그러하지 아니한다.

(5) 치료감호제도(「치료감호 등에 관한 법률」)

> 제2조【치료감호대상자】① 이 법에서 "치료감호대상자"란 다음 각 호의 어느 하나에 해당하는 자로서 치료감호시설에서 치료를 받을 필요가 있고 재범의 위험성이 있는 자를 말한다.
> 1. 「형법」 제10조제1항에 따라 벌하지 아니하거나 같은 조 제2항에 따라 형을 감경할 수 있는 심신장애인으로서 금고 이상의 형에 해당하는 죄를 지은 자
> 2. 마약 · 향정신성의약품 · 대마, 그 밖에 남용되거나 해독(害毒)을 끼칠 우려가 있는 물질이나 알코올을 식음(食飲) · 섭취 · 흡입 · 흡연 또는 주입받는 습벽이 있거나 그에 중독된 자로서 금고 이상의 형에 해당하는 죄를 지은 자
> 3. 소아성기호증(小兒性嗜好症), 성적가학증(性的加虐症) 등 성적 성벽(性癖)이 있는 정신성적 장애인으로서 금고 이상의 형에 해당하는 성폭력범죄를 지은 자

(6) 전자장치부착제도(「전자장치 부착 등에 관한 법률」)

> 제5조【전자장치 부착명령의 청구】① 검사는 다음 각 호의 어느 하나에 해당하고, 성폭력범죄를 다시 범할 위험성이 있다고 인정되는 사람에 대하여 전자장치를 부착하도록 하는 명령(이하 "부착명령"이라 한다)을 법원에 청구할 수 있다.
> 1. 성폭력범죄로 징역형의 실형을 선고받은 사람이 그 집행을 종료한 후 또는 집행이 면제된 후 10년 이내에 성폭력범죄를 저지른 때
> 2. 성폭력범죄로 이 법에 따른 전자장치를 부착받은 전력이 있는 사람이 다시 성폭력범죄를 저지른 때
> 3. 성폭력범죄를 2회 이상 범하여(유죄의 확정판결을 받은 경우를 포함한다) 그 습벽이 인정된 때
> 4. 19세 미만의 사람에 대하여 성폭력범죄를 저지른 때
> 5. 신체적 또는 정신적 장애가 있는 사람에 대하여 성폭력범죄를 저지른 때

(7) 약물치료제도(「성폭력범죄자의 성충동 약물치료에 관한 법률」)

> 제4조【치료명령의 청구】① 검사는 사람에 대하여 성폭력범죄를 저지른 성도착증
> 환자로서 성폭력범죄를 다시 범할 위험성이 있다고 인정되는 19세 이상의 사람
> 에 대하여 약물치료명령(이하 "치료명령"이라고 한다)을 법원에 청구할 수 있다.
>
> 제22조【성폭력 수형자에 대한 치료명령 청구】① 검사는 사람에 대하여 성폭력범죄
> 를 저질러 징역형 이상의 형이 확정되었으나 제8조제1항에 따른 치료명령이 선
> 고되지 아니한 수형자(이하 "성폭력 수형자"라 한다) 중 성도착증 환자로서 성
> 폭력범죄를 다시 범할 위험성이 있다고 인정되고 약물치료를 받는 것을 동의하
> 는 사람에 대하여 그의 주거지 또는 현재지를 관할하는 지방법원에 치료명령을
> 청구할 수 있다.

03 성매매

1. 성매매의 개념

성매매란 불특정인을 상대로 금품이나 그 밖의 재산상의 이익을 수수하거나 수수하기
로 약속하고 성교행위나 유사 성교행위를 하거나 그 상대방이 되는 것을 말한다.

2. 성매매에 대한 규제

금지주의	성매매행위를 불법으로 규정하고 이를 처벌하는 입장이다. 이에는 성구매행위만 금지하는 경우, 성판매행위만 금지하는 경우, 성구매 및 판매행위를 모두 금지하는 경우(우리나라)로 나눌 수 있다.
합법화주의	일정한 형태의 성매매를 법적으로 인정하고 이에 대한 세금을 징수하며, 등록증·의료감시체계를 의무화하거나 성매매거래지역을 통제하는 입장이다.
비범죄화주의	법적으로 성매매 자체를 규제하거나 금지하지 않는 입장이다. 사적인 성매매는 용인되지만, 공공장소 등의 특정지역·특정시간·특정유형의 성매매는 불법으로 간주된다.

3. 「성매매알선 등 행위의 처벌에 관한 법률」의 주요 내용

> 제1조【목적】이 법은 성매매, 성매매알선 등 행위 및 성매매 목적의 인신매매를 근절
> 하고, 성매매피해자의 인권을 보호함을 목적으로 한다.
>
> 제2조【정의】① 이 법에서 사용하는 용어의 뜻은 다음과 같다.
>   4. "성매매피해자"란 다음 각 목의 어느 하나에 해당하는 사람을 말한다.
>   가. 위계, 위력, 그 밖에 이에 준하는 방법으로 성매매를 강요당한 사람
>   나. 업무관계, 고용관계, 그 밖의 관계로 인하여 보호 또는 감독하는 사람에 의하
>   여 「마약류관리에 관한 법률」 제2조에 따른 마약·향정신성의약품 또는 대마
>   (이하 "마약등"이라 한다)에 중독되어 성매매를 한 사람

다. 청소년, 사물을 변별하거나 의사를 결정할 능력이 없거나 미약한 사람 또는 대통령령으로 정하는 중대한 장애가 있는 사람으로서 성매매를 하도록 알선·유인된 사람

라. 성매매 목적의 인신매매를 당한 사람

제6조【성매매피해자에 대한 처벌특례와 보호】 ① 성매매피해자의 성매매는 처벌하지 아니한다.

제10조【불법원인으로 인한 채권무효】 ① 다음 각 호(생략)의 어느 하나에 해당하는 사람이 그 행위와 관련하여 성을 파는 행위를 하였거나 할 사람에게 가지는 채권은 그 계약의 형식이나 명목에 관계없이 무효로 한다. 그 채권을 양도하거나 그 채무를 인수한 경우에도 또한 같다.

제14조【보호처분의 결정 등】 ① 판사는 심리 결과 보호처분이 필요하다고 인정할 때에는 결정으로 다음 각 호의 어느 하나에 해당하는 처분을 할 수 있다.

1. 성매매가 이루어질 우려가 있다고 인정되는 장소나 지역에의 출입금지
2. 「보호관찰 등에 관한 법률」에 따른 보호관찰
3. 「보호관찰 등에 관한 법률」에 따른 사회봉사·수강명령
4. 「성매매방지 및 피해자보호 등에 관한 법률」 제10조에 따른 성매매피해상담소에의 상담위탁
5. 「성폭력방지 및 피해자보호 등에 관한 법률」 제27조제1항에 따른 전담의료기관에의 치료위탁

04 음란물 관련 범죄

1. 음란물의 개념

① 음란물(pornography)이란 인간의 육체 혹은 성행위를 노골적으로 묘사하거나 서술한 것으로서 성적인 자극과 만족을 위해 이용되는 성표현물을 말한다.

② 음란물의 판단기준과 관련하여, 대법원 판례는 "음란이란 사회통념상 일반 보통인의 성욕을 자극하여 성적 흥분을 유발하고 정상적인 성적 수치심을 해하여 성적 도의관념에 반하는 것을 말한다."라는 입장이다.

2. 음란물에 대한 규제 여부 논의

보수주의적 입장	성적 윤리 또는 성도덕을 실정법상에서 규제하고, 음란물의 제재와 허용 정도를 구체적으로 입법화해야 한다는 입장이다.
자유주의적 입장	음란물은 기본적으로 인간의 성에 대한 표현의 한 유형일 뿐이고 공적 권력이나 법으로 제재할 수 있는 대상이 아니라고 보는 입장이다.
페미니즘적 입장 (남녀평등주의적 입장)	가부장적 문화에서 음란물은 여성의 지위를 저하시키고, 남성이 여성의 성을 객체화하고 착취하는 도구로 활용된다고 보아 금지시켜야 한다는 입장이다.

01 강도의 개념과 특성

① 강도(robbery)는 피해자에 대하여 폭력과 위협을 가하는 동시에 재물을 빼앗거나 재산상의 이익을 취하는 범죄를 말한다.
② 강도는 **재산범죄의 특성**(재산권을 침해)과 **폭력범죄의 특성**(폭행·협박을 수단)을 동시에 갖는다.
③ 강도행위의 주요 목적은 금품취득에 있으며, 강도의 대상이나 목표물은 일반적으로 강취가능한 금품의 규모, 체포의 위험성, 범행의 용이성 등을 고려하여 합리적으로 결정되며, 우발적인 강도범죄라고 하여도 범행 실행에 있어서 최소한의 합리적 의사결정과정이 존재하기 때문에 강도는 합리적 의사결정자로 간주된다.

02 강도의 유형

1. 동기에 따른 구분

① **강취적 강도**: 경제적 동기(생활비, 유흥비 마련 등)에 의한 강도로서 가장 많이 발생하는 유형
② **만용적 강도**: 행위 자체를 즐기려는 동기에서 행하는 강도(예 청소년들이 또래 집단에서 우월감 또는 지위를 얻기 위해 무모한 강도행위를 하는 경우)
③ **통제력 결핍에 의한 강도**: 이성적 자제력을 잃거나 알코올·약물에 취해 판단력을 잃은 상태에서 행하는 강도
④ **도전적 강도**: 부모 또는 사회에 대한 반발심이 강도행위의 주된 동기인 경우

2. 피해대상에 따른 구분

① 일상적으로 거래되는 현금 또는 금품을 노리는 강도
② 행인이 소지한 귀금속 등을 대상으로 하는 노상강도
③ 사적 영역에 보관된 금품을 노리는 강도
④ 우연히 접촉한 상대의 금품을 노리는 강도
⑤ 평소 친밀한 관계에 있거나 알고 지내는 사람의 금품에 대한 강도

3. 범행수법에 따른 구분

강도는 범행수법에 따라 침입강도, 노상강도, 인질강도, 준강도 등으로 구분될 수 있다(대검찰청 '범죄분석').

03 강도의 원인

1. 상대적 박탈감(relative deprivation)

경쟁적 자본주의 사회에서 상대적으로 빈곤한 사람들이 경제적으로 풍요를 누리는 사람들에 대하여 박탈감을 느끼고 이에 대한 반발로 범죄를 저지른다는 입장이다. 즉, 빈곤계층은 지위상승에 대한 기대가 증가됨에도 이를 실현할 기회가 제한·차단되어 범죄를 통하여 기대감을 성취한다고 본다.

2. 경제적 풍요

경제적 풍요로움이 재산범죄의 발생에 더 큰 영향을 미친다는 입장이다. 불황기에는 재산범죄가 비교적 낮은 수준을 유지하나, 호황기에는 상대적 박탈감 및 범행대상의 증가와 범행의 용이성 때문에 재산범죄의 발생률이 증가한다고 본다.

단원별 지문 OX

01 유전학적 이론에서는 인간이 본능적으로 공격적인 동물이고, 살인은 가장 강력한 공격성의 표출이라고 살인범죄의 원인을 설명한다. (   )

02 피해자 수에 따라 살인은 일반살인과 다중살인으로 구분되며 다중살인은 다시 한 사건과 다음 사건 사이에 심리적 냉각기의 존재 여부에 따라 연속살인과 대량살인으로 구분된다. (   )
24. 간부(74)

03 연쇄살인과 집단살인(대량살인)은 심리적 냉각기의 유무로도 구별할 수 있다. (   )

04 홈즈와 드버거(Holmes & DeBurger)의 연쇄살인범 유형 중 권력형(Power/Control Serial Killers)은 정치적·경제적 권력을 쟁취하기 위하여 자신에게 방해되는 사람들을 무자비하게 살해하는 폭군이나 독재자 같은 포식자 유형이다. (   )
23. 간부(73)

05 강간범의 유형 중 대상을 통제·지배할 수 있음을 과시하고자 하는 강간 유형을 분노형 강간이라고 한다. (   )

06 그로스(Groth)의 강간 유형 중 권력형 강간이란 피해자를 자신의 통제하에 놓고 싶어하는 강간으로, 여성을 성적으로 지배하기 위한 목적으로 행하는 강간의 유형이다. (   )
23. 경행 2차

07 검사와 사법경찰관은 성폭력범죄의 피의자가 죄를 범하였다고 믿을 만한 충분한 증거가 있고, 국민의 알 권리 보장 등 오로지 공공의 이익을 위하여 필요할 때에는 얼굴, 성명 및 나이 등 피의자의 신상에 관한 정보를 공개할 수 있다. (   )

08 성적 성벽이 있는 정신성적 장애인으로서 금고 이상의 형에 해당하는 성폭력범죄를 지은 자로서 치료감호시설에서 치료를 받을 필요가 있는 자는 치료감호대상자가 될 수 있다. (   )

---

01 ✕   지문은 살인범죄의 원인에 대한 인종학적 이론의 설명내용이다. 유전학적 이론에서는 XYY 염색체를 가진 남성들(초남성형)이 매우 폭력적이며 살인과 같은 극단적 폭력을 저지른다고 설명한다.

02 ✕   다중살인은 대량살인(집단살인), 연속살인, 연쇄살인으로 구분할 수 있는데, 심리적 냉각기의 존재 유무에 따라 '연쇄살인과 연속살인으로 구분'한다.

03 ○   연쇄살인은 심리적 냉각기를 특징으로 하나, 집단살인(대량살인)은 같은 시간에 같은 장소에서 여러 사람을 살해하는 것으로 심리적 냉각기를 필요로 하지 않는다.

04 ✕   권력형 연쇄살인범은 '피해자에 대한 완전한 지배에서 만족감을 얻기 위해 살인을 하는 유형'이다.

05 ✕   지문은 권력형 강간에 대한 설명이다. 분노형 강간이란 증오와 분노에 의해 촉발되는 우발적이며 폭력적인 강간 유형을 말한다.

06 ○   그로스(Groth)는 강간범의 유형을 ㉠ 분노형(강간범의 증오와 분노에 의해 촉발되는 우발적이며 폭력적인 강간 유형), ㉡ 권력형(강간범이 대상을 통제·지배할 수 있음을 과시하고자 하는 강간 유형), ㉢ 가학형(분노와 권력욕구가 성적으로 변형되어 가학적 행위 자체에서 성적 흥분을 얻는 정신병리적 형태의 강간 유형) 강간으로 구분하였다. 제시된 지문은 권력형 강간(지배 강간)에 해당한다.

07 ○   성폭력범죄의 처벌 등에 관한 특례법 제25조 제1항 본문

08 ✕   지문의 요건을 갖추고 '재범의 위험성'이 있는 자를 치료감호대상자라고 한다(「치료감호 등에 관한 법률」 제2조 제1항 제3호 참조).

09 성매매에 대한 규제의 형태로는 금지주의, 합법화주의 및 비범죄화주의가 있는데, 우리나라는 성매매에 대하여 비범죄화주의를 취하고 있다. (　　)

10 강도범죄는 재산범죄이면서 동시에 폭력범죄에 해당한다. (　　)

11 강도의 유형 구분 중 만용적 강도는 부모나 사회에 대한 반발심이 강도행위의 주된 동기인 경우를 말한다. (　　)

제3장 / 특수한 범죄유형

제1절 조직범죄

01 조직범죄의 개념

① 조직범죄(organized crime)란 최소한 3명 이상이 경제적 이익을 얻기 위하여 일정한 계층과 규율을 정하여 구성한 조직에 의하여 행해지는 범죄를 말한다.
> 예 무기류·마약류 밀거래, 도박, 성매매알선, 인신매매, 불법이민(밀입국)알선, 자금세탁, 신용카드범죄, 테러범죄 등

② 조직범죄의 활동은 불법적인 서비스를 제공하는 것만으로 제한되지 않고 합법적 비즈니스를 통한 불법 돈세탁 등의 활동도 병행하는 특성이 있다.

02 조직범죄의 유형

1. 조직범죄의 기본형태(Albini)

① **사회적 유형**: 테러나 과격한 사회운동과 같은 정치적 범죄활동
② **약탈적 유형**: 금전추구를 위주로 하는 갱과 같은 집단범죄
③ **집단내부지향적 유형**: 심리적 만족을 주된 목적으로 하는 폭주족 집단
④ **전통적(일반적) 유형**: 무력이나 위협을 통하여 불법활동에 참여하는 지속적 집단(신디케이트범죄)

2. 조직범죄가 합법적 사업이나 기업에 침투하는 방법(Morash)

① 전초기지를 제공하는 등 불법적 경제활동을 지원하는 기업활동
② 보호비용을 요구하는 등 약탈적 착취
③ 경쟁을 제한하기 위해 전매나 카르텔을 형성
④ 공무원을 매수하거나 노조를 이용하여 불공정한 이점을 확보
⑤ 주식 등의 합법적 장치에 대한 불법적 이용

03 조직범죄의 특성(H. Abadinsky)

① 조직적 위계질서의 지속(계층적 성격, 수직적 권력구조가 존재)
② 임무와 역할의 전문화·분업화
③ 무력사용이나 위협 등 폭력 행사 및 면책유지를 위한 공무원 매수(뇌물)
④ 구성원이 따라야 할 규칙의 존재 및 위반시 상응하는 응징
⑤ 용역에 대한 대중적 수요(특정 지역이나 사업을 독점)

⑥ 비이념성(정치적 목적이나 이해관계가 개입되지 않고 경제적 이익 추구를 목적)
⑦ 구성원의 제한(배타성)
⑧ 활동·참여의 영속성

제2절 표적범죄

01 증오범죄

① 증오범죄(hate crime)란 범죄자가 피해자의 인종, 출신국가, 민족, 종교, 장애, 성적 지향 등에 대한 편견으로 피해자를 신체적, 정서적 또는 재산적으로 공격하는 행위라고 할 수 있다(편견범죄, 제노포비아 범죄). 23. 경행 1차, 24. 경행
② 미국 FBI는 증오범죄를 '범죄자가 인종, 종교, 장애, 성적 성향 또는 민족, 출신국가에 대한 전체적 또는 부분적 편견이나 제노포비아(이방인에 대한 두려움, 적대적 태도)에 의해 동기화되어 사람 또는 재산에 대해 불법적인 행위를 하는 것'이라고 정의한다. 22. 간부(72)
③ 증오범죄는 특정 대상에 대한 편견과 이에 의해 동기부여된 폭력적 범죄를 핵심요소로 한다고 볼 수 있다.
④ 영 브루엘(E. Young-Bruehl)은 증오의 유형을 반유대주의, 인종차별주의, 성차별주의, 동성애차별주의로 분류한다.
⑤ 레빈과 맥드빗(Levin & McDevitt)은 증오범죄의 유형을 다음과 같이 분류한다.

스릴추구형	소수집단에 대한 편견으로 그들을 괴롭히거나 그들의 재산을 파괴함으로써 소수자들에게 고통을 주며 가학적 스릴을 느끼는 유형이다. 24. 경행
방어형	외부인들을 공동체에 위협이 되는 자들이라고 인식하여 그들로부터 공동체를 보호하기 위하여 방어적 차원에서 공격한다고 합리화하는 유형이다.
사명형	피해자에 대한 공격을 악의 제거를 위한 사명감에 따른 것이라거나 종교적 믿음의 구현이라고 인식하는 유형이다. 24. 경행
보복형	자신들의 이익 또는 가치를 훼손하는 집단에 대한 보복으로 피해자를 공격하는 유형이다.

02 스토킹범죄

1. 스토킹의 개념

스토킹(stalking)이란 다른 사람이 원치 않음에도 불구하고 앞에 나타나거나 문자·편지를 보내거나 방문하거나 물건을 전달하거나 협박하는 등의 행동을 반복하여 행함으로써 상대방에게 공포감을 주는 일체의 행위를 말한다.

(1) 뮬렌(Mullen)의 분류

거부형	이별, 이혼 등으로 자신을 거부하는 옛애인이나 옛친구, 전배우자 등에게 집착하며 관계를 유지할 것을 요구하는 유형이다(거절형).
분개형	상대방에게 원한을 품고 복수하려는 유형으로서, 정신분열증적 망상장애를 보이며 오랜 기간 지속되고 결국에는 폭력을 사용한다(증오형).
강간형	상대방을 성적 욕구를 충족할 목적으로 스토킹하는 유형이다(약탈형).
연인갈구형	연애망상에 지배되어 상대방과 연인관계를 계속 유지하길 원하여 상대방의 거절을 인정하지 못하고 집착하며 다양한 구애행위를 하는 유형이다(친밀희구형).
무능형	상대방의 기분에 무관심·무신경하고 자신은 마음에 드는 상대와 사귈 권리가 있다고 믿는 유형이다(무자격형).

(2) 미국의 전국범죄피해자센터(NCVC)가 제시한 스토킹의 유형 23. 간부(73)

단순 집착형	이 유형은 흔히 피해자와 가해자가 이전에 서로 알고 있는 관계에서 발생되며, 가장 흔한 유형이면서도 가장 위험하고 치명적인 사건들도 이러한 유형에서 나타난다. 비록 단순집착형이 늘 친밀한 관계에서 발생하는 것은 아니지만 상당수의 사례가 전남편 혹은 전처, 옛애인과의 관계에서 일어난다.
애정 집착형	이 유형의 피해자-가해자 관계 속성의 주요 특징은 이전에 특별한 교류가 없다는 점이다. 이러한 유형의 주된 피해자들은 대중매체 등에 노출된 사회저명인사나 공인, 스타들이다. 대부분 단순집착형보다는 위험도가 낮은 편이다.
연애 망상형	이 유형은 자신이 피해자에 의해 사랑을 받고 있다는 환상을 가지고 있다는 점에서 애정집착형과 구별된다. 이 유형은 타인의 성적인 매력보다는 타인과 자신 사이에 낭만적 사랑과 영적 결합이 있다고 망상하는 데서 주로 발생한다. 이런 유형의 스토커들은 피해자와 관계맺기 위해서 매우 폭력적 성향을 띠지만, 실제 신체적 위해를 가하는 경우는 적은 편이다.
허위피해 망상형	이 유형은 실제 스토커가 존재하지 않음에도 불구하고, 피해자 스스로 자신이 스토킹 피해를 당하고 있다는 허위상황을 설정하여 발전시키는 것이다.

3. 「스토킹범죄의 처벌 등에 관한 법률」의 주요 내용

스토킹처벌법 제정 이전의 스토킹범죄에 대한 처벌규정

「정보통신망 이용촉진 및 정보보호 등에 관한 법률」에 의하여 공포심이나 불안감을 유발하는 부호·문언·음향·화상 또는 영상을 반복적으로 상대방에게 도달한 행위로 처벌, 「경범죄처벌법」에 의하여 불안감조성, 장난전화 등, 지속적 괴롭힘 행위로 처벌, 「형법」에 의하여 협박죄로 처벌하는 등으로 대처하였다.

① 최근 스토킹으로 인하여 정상적인 일상생활이 어려울 만큼 정신적·신체적 피해를 입는 사례가 증가하고, 범행 초기에 가해자 처벌 및 피해자에 대한 보호조치가 이루어지지 아니하여 스토킹이 폭행, 살인 등 신체 또는 생명을 위협하는 강력범죄로 이어져 사회문제가 되고 있다.

② 이에 따라 스토킹이 범죄임을 명확히 규정하고 가해자 처벌 및 그 절차에 관한 특례와 스토킹범죄 피해자에 대한 각종 보호절차를 마련하여 범죄발생 초기 단계에서부터 피해자를 보호하고, 스토킹이 더욱 심각한 범죄로 이어지는 것을 방지하여 건강한 사회질서의 확립에 이바지하기 위하여 「스토킹범죄의 처벌 등에 관한 법률」이 제정되었다(시행 2021.10.21.).

제1조【목적】 이 법은 스토킹범죄의 처벌 및 그 절차에 관한 특례와 스토킹범죄 피해자에 대한 보호절차를 규정함으로써 피해자를 보호하고 건강한 사회질서의 확립에 이바지함을 목적으로 한다.

제2조【정의】 이 법에서 사용하는 용어의 뜻은 다음과 같다. <개정 2023.7.11.>

1. "스토킹행위"란 상대방의 의사에 반(反)하여 정당한 이유 없이 상대방 또는 그의 동거인, 가족에 대하여 다음 각 목의 어느 하나에 해당하는 행위를 하여 상대방에게 불안감 또는 공포심을 일으키는 것을 말한다.

   가. 상대방 또는 그의 동거인, 가족(이하 "상대방등"이라 한다)에게 접근하거나 따라다니거나 진로를 막아서는 행위

   나. 상대방등의 주거, 직장, 학교, 그 밖에 일상적으로 생활하는 장소(이하 "주거등"이라 한다) 또는 그 부근에서 기다리거나 지켜보는 행위

   다. 상대방등에게 우편·전화·팩스 또는 「정보통신망 이용촉진 및 정보보호 등에 관한 법률」 제2조 제1항 제1호의 정보통신망(이하 "정보통신망"이라 한다)을 이용하여 물건이나 글·말·부호·음향·그림·영상·화상(이하 "물건등"이라 한다)을 도달하게 하거나 정보통신망을 이용하는 프로그램 또는 전화의 기능에 의하여 글·말·부호·음향·그림·영상·화상이 상대방등에게 나타나게 하는 행위

   라. 상대방등에게 직접 또는 제3자를 통하여 물건등을 도달하게 하거나 주거등 또는 그 부근에 물건등을 두는 행위

   마. 상대방등의 주거등 또는 그 부근에 놓여져 있는 물건등을 훼손하는 행위

   바. 다음의 어느 하나에 해당하는 상대방등의 정보를 정보통신망을 이용하여 제3자에게 제공하거나 배포 또는 게시하는 행위

   　　1) 「개인정보 보호법」 제2조 제1호의 개인정보

   　　2) 「위치정보의 보호 및 이용 등에 관한 법률」 제2조 제2호의 개인위치정보

   　　3) 1) 또는 2)의 정보를 편집·합성 또는 가공한 정보(해당 정보주체를 식별할 수 있는 경우로 한정한다)

   사. 정보통신망을 통하여 상대방등의 이름, 명칭, 사진, 영상 또는 신분에 관한 정보를 이용하여 자신이 상대방등인 것처럼 가장하는 행위

2. "스토킹범죄"란 지속적 또는 반복적으로 스토킹행위를 하는 것을 말한다.
3. "피해자"란 스토킹범죄로 직접적인 피해를 입은 사람을 말한다.
4. "피해자등"이란 피해자 및 스토킹행위의 상대방을 말한다.

제3조【스토킹행위 신고 등에 대한 응급조치】 사법경찰관리는 진행 중인 스토킹행위에 대하여 신고를 받은 경우 즉시 현장에 나가 다음 각 호의 조치를 하여야 한다.

23. 간부(73) 경찰학

1. 스토킹행위의 제지, 향후 스토킹행위의 중단 통보 및 스토킹행위를 지속적 또는 반복적으로 할 경우 처벌 서면경고
2. 스토킹행위자와 피해자등의 분리 및 범죄수사
3. 피해자등에 대한 긴급응급조치 및 잠정조치 요청의 절차 등 안내
4. 스토킹 피해 관련 상담소 또는 보호시설로의 피해자등 인도(피해자등이 동의한 경우만 해당한다)

제4조【긴급응급조치】① 사법경찰관은 스토킹행위 신고와 관련하여 스토킹행위가 지속적 또는 반복적으로 행하여질 우려가 있고 스토킹범죄의 예방을 위하여 긴급을 요하는 경우 스토킹행위자에게 직권으로 또는 스토킹행위의 상대방이나 그 법정대리인 또는 스토킹행위를 신고한 사람의 요청에 의하여 다음 각 호에 따른 조치를 할 수 있다.

1. 스토킹행위의 상대방등이나 그 주거등으로부터 100미터 이내의 접근 금지
2. 스토킹행위의 상대방등에 대한 「전기통신기본법」 제2조 제1호의 전기통신을 이용한 접근 금지

제9조【스토킹행위자에 대한 잠정조치】① 법원은 스토킹범죄의 원활한 조사·심리 또는 피해자 보호를 위하여 필요하다고 인정하는 경우에는 결정으로 스토킹행위자에게 다음 각 호의 어느 하나에 해당하는 조치(이하 "잠정조치"라 한다)를 할 수 있다. 23. 간부(73)

1. 피해자에 대한 스토킹범죄 중단에 관한 서면 경고
2. 피해자 또는 그의 동거인, 가족이나 그 주거등으로부터 100미터 이내의 접근 금지
3. 피해자 또는 그의 동거인, 가족에 대한 「전기통신기본법」 제2조제1호의 전기통신을 이용한 접근 금지
3의2. 「전자장치 부착 등에 관한 법률」 제2조 제4호의 위치추적 전자장치(이하 "전자장치"라 한다)의 부착
4. 국가경찰관서의 유치장 또는 구치소에의 유치
② 제1항 각 호의 잠정조치는 병과(併科)할 수 있다.

제17조【스토킹범죄의 피해자에 대한 전담조사제】① 검찰총장은 각 지방검찰청 검사장에게 스토킹범죄 전담 검사를 지정하도록 하여 특별한 사정이 없으면 스토킹범죄 전담 검사가 피해자를 조사하게 하여야 한다.
② 경찰관서의 장(국가수사본부장, 시·도경찰청장 및 경찰서장을 의미한다. 이하 같다)은 스토킹범죄 전담 사법경찰관을 지정하여 특별한 사정이 없으면 스토킹범죄 전담 사법경찰관이 피해자를 조사하게 하여야 한다.

제17조의2【피해자 등에 대한 신변안전조치】 법원 또는 수사기관이 피해자등 또는 스토킹범죄를 신고(고소·고발을 포함한다. 이하 이 조에서 같다)한 사람을 증인으로 신문하거나 조사하는 경우의 신변안전조치에 관하여는 「특정범죄신고자 등 보호법」 제13조 및 제13조의2를 준용한다. 이 경우 "범죄신고자등"은 "피해자 등 또는 스토킹범죄를 신고한 사람"으로 본다.
[본조신설 2023.7.11.]

제17조의4【피해자에 대한 변호사 선임의 특례】① 피해자 및 그 법정대리인은 형사절차상 입을 수 있는 피해를 방어하고 법률적 조력을 보장받기 위하여 변호사를 선임할 수 있다.
⑥ 검사는 피해자에게 변호사가 없는 경우 국선변호사를 선정하여 형사절차에서 피해자의 권익을 보호할 수 있다.
[본조신설 2023.7.11.]

제18조【스토킹범죄】① 스토킹범죄를 저지른 사람은 3년 이하의 징역 또는 3천만원 이하의 벌금에 처한다.

② 흉기 또는 그 밖의 위험한 물건을 휴대하거나 이용하여 스토킹범죄를 저지른 사람은 5년 이하의 징역 또는 5천만원 이하의 벌금에 처한다.

③ 삭제(← 제1항의 죄는 피해자가 구체적으로 밝힌 의사에 반하여 공소를 제기할 수 없다.) <2023.7.11.>

제19조【형벌과 수강명령 등의 병과】① 법원은 스토킹범죄를 저지른 사람에 대하여 유죄판결(선고유예는 제외한다)을 선고하거나 약식명령을 고지하는 경우에는 200시간의 범위에서 다음 각 호의 구분에 따라 재범 예방에 필요한 수강명령(「보호관찰 등에 관한 법률」에 따른 수강명령을 말한다. 이하 같다) 또는 스토킹 치료프로그램의 이수명령(이하 "이수명령"이라 한다)을 병과할 수 있다.

1. 수강명령: 형의 집행을 유예할 경우에 그 집행유예기간 내에서 병과
2. 이수명령: 벌금형 또는 징역형의 실형을 선고하거나 약식명령을 고지할 경우에 병과

② 법원은 스토킹범죄를 저지른 사람에 대하여 형의 집행을 유예하는 경우에는 제1항에 따른 수강명령 외에 그 집행유예기간 내에서 보호관찰 또는 사회봉사 중 하나 이상의 처분을 병과할 수 있다.

03 테러범죄

1. 테러범죄의 개념

테러범죄란 정치적·종교적 이념 등으로 개인, 공중, 국가, 단체, 시설물 등을 위협, 협박, 살해, 폭파하는 등의 폭력을 행사하여 자신의 목적을 달성하려는 일체의 행위를 말한다.

2. 테러범죄의 동기

(1) 불만 – 공격 가설

기대 및 욕구충족 간의 차이가 테러범죄의 원인이라는 입장으로, 현실의 빈곤이나 열악한 기회, 차별 등에서 야기되는 불만으로 테러에 이르게 된다고 본다.

(2) 부정적 정체성 가설

다문화사회에서 소수인종·민족 출신인 행위자가 사회에 대한 부정적 정체성을 갖게 되어 테러를 행하게 된다고 본다.

(3) 자기도취적 공격 가설

과장된 자아의식을 가진 행위자는 사회병리적이며 타인과 잘 어울리지 못하고 자신의 힘을 과시하기 위하여 테러를 행하게 된다고 본다.

제3절 약물범죄

01 약물범죄의 개념

① 세계보건기구(WHO)는 마약을 '약물사용의 욕구가 강제에 이를 정도로 강하고(의존성), 사용약물의 양이 증가하는 경향이 있으며(내성), 사용 중지 시 온몸에 견디기 어려운 증상이 나타나며(금단증상), 개인에 한정되지 아니하고 사회에도 해를 끼치는 약물'이라고 정의하고 있다(대검찰청 '마약류 범죄백서'). 23. 경행 2차
② 약물범죄(drug crime)는 약물의 불법적 사용행위와 약물의 불법적 제조·배포·판매 등을 포함하는 약물공급행위로 나눌 수 있다. 24. 간부(74)
③ 약물범죄는 은밀히 행해지므로 발각이 쉽지 않고, 중독성 등으로 재범의 위험성이 크며 환각상태에서 다른 범죄로 이어질 가능성이 높으므로 사회적 폐해가 매우 크다고 본다.
④ 약물중독(약물남용)은 중독에 따른 증상이 훨씬 위험하며, 약물이 조제·유통·거래되는 과정에서 야기되는 문제들 때문에 알콜(음주)의 경우보다 더 중요한 사회문제로 제기된다.
⑤ 오늘날 마약류는 예전처럼 특정 직업 및 계층에 국한되는 것이 아니라, 다양한 연령과 직업 및 계층에서 남용되고 있다고 한다. 23. 경행 2차

02 약물의 종류

마약의 생산지역 23. 간부(73)

1. 세계 아편 생산량의 대부분은 <u>황금의 삼각지대</u>(Golden Triangle. 미얀마, 태국, 라오스의 접경지역)와 <u>황금의 초승달지대</u>(Golden Cre-scent. 이란, 파키스탄, 아프가니스탄의 접경지역)에서 생산된다. 24. 간부(74)
2. 반면에 코카인은 대부분 코카나무 자생지인 <u>코카인 트라이앵글</u>(Cocain Traingle. 콜롬비아, 페루, 볼리비아 등 남미 안데스 산맥의 3개국의 접경지역)에서 생산되고 있다.
3. 참고로 필로폰의 생산·중개·수입에 관련된 중국, 한국, 일본을 <u>화이트 트라이앵글</u>이라고 표현하기도 한다.

(1) 약물의 생산방식에 따른 분류 23. 간부(73)

천연약물	아편 계통(아편, 헤로인 등), 코카 계통(코카인, 크랙 등), 대마 계통(대마초, 해시시 등)
합성약물	메스암페타민(히로뽕), 엑스터시(도리도리), LSD, 바르비튜레이트, GHB(물뽕)
대용약물	유기용제류(본드, 가스 등), 알약(각성제, 진정제, 진통제 등)

(2) 약물의 신경증적 특성과 영향에 따른 분류 24. 간부(74)

각성제	니코틴, 카페인, 코카인, 메스암페타민 등
진정제	아편, 몰핀, 헤로인, 합성제제 등
환각제	LSD, 대마초 등

03 약물범죄의 유형

투약범죄	가해자이면서 동시에 피해자, 범행의 반복성·상습성, 계층의 다양, 동기의 다양, 복합범죄(폭력·재산·풍속범죄를 동반)
공급범죄	전형적 조직범죄, 전문가의 교묘한 수법, 점조직, 과학적 범죄(첨단장비의 사용), 광역범죄(국제성), 반복성, 공무원의 부패와 연결

04 약물범죄의 원인

(1) 심리학적 관점

① 가족관계의 문제, 적절치 못한 재강화, 건전한 역할모형의 부재 등으로 형성될 수 있는 중독성 인성(addictive personality)을 가지고 있기 때문에 약물남용을 하게 된다.

② 성장단계에 따라 충족되거나 통제되어야 할 욕구가 그렇지 못하게 되면 성인기에 약물을 남용하게 된다(정신분석학이론).

③ 약물남용은 약물의 사용으로 인한 여러 형태의 자극이나 쾌감 등(재강화)을 얻기 위한 행위이다(행태주의이론).

(2) 범죄사회학적 관점

① 범죄행위의 학습과 마찬가지로 약물의 사용도 주변에서 일상적으로 행해지는 것을 경험하거나 주변의 권유에 의해 자연스럽게 학습하게 된다(차별적 접촉이론).

② 문화적 목표와 제도화된 수단의 괴리에 대한 반응양식 중 은둔(도피, 패배)의 반응을 보이는 것이다(아노미이론). 23. 경행 2차

③ 개인의 목표를 달성할 수 있는 기회에 접근할 수 없을 때 비행하위문화 중 도피적(패배적) 하위문화에 동조하여 약물중독에 빠지게 된다(차별적 기회구조이론). 23. 경행 2차

05 약물범죄의 대책

① 일반적 대책으로서 약물의 유통 과정을 철저히 감시·차단하는 것이 중요하다.

② 청소년의 경우에 약물·환각성 물질의 복용이 늘어나고 있는 현상(저연령화)에 대해서는 처벌강화라는 단기적인 대응보다 건전한 놀이문화를 개발하고 건전한 생활관·인생관을 가질 수 있도록 교육을 실시하는 것이 중요하다.

③ 약물중독자 및 그로 인해 범죄를 저지른 자에 대하여는 형벌보다 치료가 우선되어야 한다.

　예 마산 마약중독자치료센터, 치료감호처분, 미국의 Synanon House 등

06 약물범죄의 규제

① 현재 마약류를 규율하는 법률로는 「형법」, 「마약류 관리에 관한 법률」이 있고, 본드·부탄가스 등의 유해화학물질의 남용을 규율하기 위해 「화학물질 관리법」이 있다.

약물남용에 대한 치료프로그램

1. 감독억제모델
약물을 사용하고 위법행위를 한 경우 엄격한 법집행

2. 의학모델
① 유지프로그램: 합법적이고 위험성이 낮은 대체약물을 사용
② 해독프로그램: 금단증상을 최소화하기 위해 점차 약물의 사용량을 조절
③ 길항제프로그램: 약물의 효과를 상쇄시키는 길항제를 투여

3. 비약물모델
① 치료공동체: 약물을 의존하는 심리적 원인을 치료하여 중독자의 인성변화를 시도하는 엄격한 공동생활
② 자조회: 약물남용 경험자들의 자원으로 중독자와 그 가족에 대한 지원

마약류 관리에 관한 법률

제1조【목적】 이 법은 마약·향정신성의약품(向精神性醫藥品)·대마(大麻) 및 원료물질의 취급·관리를 적정하게 함으로써 그 오용 또는 남용으로 인한 보건상의 위해(危害)를 방지하여 국민보건 향상에 이바지함을 목적으로 한다.

제2조【정의】 이 법에서 사용하는 용어의 뜻은 다음과 같다.
1. "마약류"란 마약·향정신성의약품 및 대마를 말한다. 23. 경행 2차

제4조【마약류취급자가 아닌 자의 마약류 취급 금지】 ① 마약류취급자가 아니면 다음 각 호의 어느 하나에 해당하는 행위를 하여서는 아니 된다.
1. 마약 또는 향정신성의약품을 소지, 소유, 사용, 운반, 관리, 수입, 수출, 제조, 조제, 투약, 수수, 매매, 매매의 알선 또는 제공하는 행위
2. 대마를 재배·소지·소유·수수·운반·보관 또는 사용하는 행위
3. 마약 또는 향정신성의약품을 기재한 처방전을 발급하는 행위
4. 한외마약을 제조하는 행위

제40조【마약류 중독자의 치료보호】 ① 보건복지부장관 또는 시·도지사는 마약류 사용자의 마약류 중독 여부를 판별하거나 마약류 중독자로 판명된 사람을 치료보호하기 위하여 치료보호기관을 설치·운영하거나 지정할 수 있다.
② 보건복지부장관 또는 시·도지사는 마약류 사용자에 대하여 제1항에 따른 치료보호기관에서 마약류 중독 여부의 판별검사를 받게 하거나 마약류 중독자로 판명된 사람에 대하여 치료보호를 받게 할 수 있다. 이 경우 판별검사 기간은 1개월 이내로 하고, 치료보호 기간은 12개월 이내로 한다.
③ 보건복지부장관 또는 시·도지사는 제2항에 따른 판별검사 또는 치료보호를 하려면 치료보호심사위원회의 심의를 거쳐야 한다.

② 마약을 매개로 한 조직범죄의 경제적 기반을 와해시키기 위해 돈세탁의 범죄화와 마약범죄와 직접 관련된 수익은 물론 간접적으로 취득한 부정수익까지 몰수할 수 있는 제도가 「마약류 불법거래 방지에 관한 특례법」의 제정에 의해 마련되어 있다 (동법 제13조~제17조).

07 마약류 합법화·비범죄화 논의

(1) 마약류 합법화 논의

① 마약류 합법화는 마약의 사용이나 소지를 정상적인 행동으로 보아 이에 대한 모든 법적 비난을 없애자는 주장을 말한다.
② 이는 합법적 마약은 추적과 통제가 용이하고, 합법적 마약 판매에 대한 세금부과가 가능하며, 마약거래자들은 형사제재에 별로 개의치 않고, 마약사용은 개인의 선택의 문제라는 점을 논거로 한다.

(2) 마약류 비범죄화 논의

① 마약류 비범죄화는 마약사용과 관련된 행위는 부도덕하나 이에 대한 형벌을 완화하자는 주장이다.
② 이는 마약사용으로 타인에 대한 피해가 없음에도 불구하고 처벌을 하는 것은 개인의 자유를 침해한다는 점을 논거로 한다.

제4절 기타 범죄

01 사이버범죄

1. 사이버범죄의 개념
사이버범죄(cyber crime)는 컴퓨터나 그 구성요소를 활용하여 사이버공간상의 건전한 질서유지를 방해하는 행위를 말한다. 22. 경행

2. 사이버범죄의 유형 22. 간부(72), 22. 경행

(1) 정보통신망 침해 범죄
정보통신망 침해 범죄란 정당한 접근권한 없이 또는 허용된 접근 권한을 넘어 컴퓨터 또는 정보통신망(컴퓨터 시스템)에 침입하거나 시스템, 데이터 프로그램을 훼손, 멸실, 변경한 경우 및 정보통신망에 장애(성능저하, 사용불능)를 발생하게 한 경우를 말한다.

예 해킹(계정도용, 단순침입, 자료유출, 자료훼손), 서비스거부공격, 악성프로그램, 기타 정보통신망 침해형 범죄

(2) 정보통신망 이용 범죄
정보통신망 이용 범죄란 정보통신망을 범죄의 본질적 구성요건에 해당하는 행위를 행하는 주요 수단으로 이용하는 경우를 말한다.

예 사이버 사기, 사이버 금융범죄[피싱(Phishing), 파밍(Pharming), 스미싱(Smishing), 메모리해킹, 몸캠피싱, 기타 전기통신금융사기], 개인·위치정보 침해, 사이버 저작권 침해, 사이버 스팸메일, 기타 정보통신망 이용형 범죄

피싱 (Phishing)	개인정보(Private data)와 낚시(Fishing)의 합성어로서, 금융기관을 가장한 이메일을 발송하고 이메일에서 안내하는 인터넷주소를 클릭하여 가짜 은행사이트로 접속을 유도한 후 보안카드번호를 전부 입력할 것을 요구하는 등의 방법으로 금융정보를 탈취하여 피해자 계좌에서 범행계좌로 이체하는 수법이다.
파밍 (Pharming)	악성코드에 감염된 피해자 PC를 조작하여 금융정보를 탈취하는 경우로서, 피해자 PC를 악성코드에 감염시켜 정상 홈페이지에 접속하여도 피싱(가짜) 사이트로 유도되도록 하고 보안카드번호를 전부 입력할 것을 요구하는 등의 방법으로 금융정보를 탈취하여 피해자 계좌에서 범행계좌로 이체하는 수법이다.
스미싱 (Smishing)	문자메시지(SMS)와 피싱(Phishing)의 합성어로서, 무료쿠폰 제공 등의 문자메시지 내 인터넷주소를 클릭하면 악성코드가 스마트폰에 설치되어 피해자가 모르는 사이에 소액결제 피해가 발생하거나 개인정보 및 금융정보를 탈취하는 수법이다. 24. 간부(74)
메모리해킹	피해자 PC 메모리에 상주한 악성코드로 인하여 정상 은행사이트에서 거래오류를 반복하여 발생시키고 금융거래정보를 입력하게 한 후 피해자 계좌에서 범행계좌로 부당하게 인출하는 수법이다.

몸캠피싱	음란화상채팅(몸캠) 후에 영상을 유포하겠다고 협박하여 금전을 갈취하는 행위로서, 타인의 사진을 도용하여 여성으로 가장한 범죄자가 랜덤 채팅 어플 또는 모바일 메신저를 통해 접근하여 미리 준비해둔 여성의 동영상을 보여주며, 상대방에게 얼굴이 나오도록 하고 음란행위를 유도하고, 화상채팅에 필요한 어플이라거나 상대방의 목소리가 들리지 않는다는 등의 핑계로 특정파일 설치를 요구한 후 다양한 명칭의 apk 파일로 스마트폰의 주소록이 범죄자에게 유출되게 하고 지인의 명단을 보이며 상대방의 얼굴이 나오는 동영상을 유포한다며 금전을 요구하는 수법이다.

(3) 불법 콘텐츠 범죄

불법 콘텐츠 범죄란 정보통신망을 통하여, 법률에서 금지하는 재화, 서비스 또는 정보를 배포, 판매, 임대, 전시하는 경우를 말한다.

예 사이버 성폭력, 사이버 도박, 사이버 명예훼손·모욕, 사이버스토킹, 기타 불법 콘텐츠 범죄

3. 사이버범죄의 특징 22. 경행, 23. 경행 1차

① 발각과 원인규명이 곤란
② 피해의 국제성과 광역성(광범위성)
③ 증거인멸의 가능성이 높음
④ 범죄자의 범죄의식이 희박
⑤ 진행의 자동성과 반복성, 연속성
⑥ 전문가 또는 내부자의 범행이 많음
⑦ 수사의 어려움(증거인멸의 용이)
⑧ 암수범죄의 비율이 높음
⑨ 범죄자의 익명성과 비대면성

02 환경범죄

1. 개념

환경범죄란 사람의 건강에 위해를 주거나 환경을 저해하는 환경오염행위 또는 이와 관련된 행위로서 법에 의하여 처벌되는 행위를 말한다.

2. 환경범죄의 특징

① 기업범죄(기업의 이익 추구를 위한 환경파괴의 자행)
② 양벌규정(행위자와 사업주를 함께 처벌)
③ 원인행위와 발생한 결과 사이의 인과관계의 입증이 곤란
④ 범죄피해의 확산 및 국제화
⑤ 피해자 없는 범죄의 가능성

3. 환경범죄에 대한 규제

억제전략	환경보호 관련법령에 금지행위를 규정하고, 위반행위를 집중적으로 단속하는 방안이다.
준수전략	환경보호의 중요성을 강조하고 기업이나 사회구성원에게 환경보호를 유도하고 이에 동참하게 하는 방안이다.

03 방화범죄

1. 개념

방화죄는 고의로 불을 놓아 건조물 등을 소훼하는 것을 내용으로 하는 범죄를 말한다.

2. 방화범죄의 동기

파괴 목적	악의를 가진 장난목적의 방화(반달리즘의 유형)
흥분 목적	스릴·주목·성적 만족 등을 얻기 위한 방화
복수 목적	앙심·질투 등 개인적 복수로 인한 방화와 제도적 보복·위협(부정의한 사회에 대한 보복)으로 인한 방화
이익 목적	직접·간접의 물질적 이익을 목적으로 하는 방화(보험금을 노린 방화 등)
범죄은폐 목적	살인·횡령·절도 등 범죄의 증거를 은폐할 목적으로 하는 방화
극단주의자 목적	테러·폭동 등에 의한 방화

01 증오범죄(hate crimes)란 인종, 종교, 장애, 성별 등에 대한 범죄자의 편견이 범행의 전체 또는 일부 동기가 되어 발생하는 범죄를 의미한다. (　　)
23. 경행 1차

02 미국 FBI의 정의에 따르면, 증오범죄란 피해자에 대한 개인적 원한 또는 복수심이 원인이 되어 발생하는 범죄를 말한다.
(　　) 22. 간부(72)

03 증오범죄의 유형 중 방어형은 공동체 보호를 위해 외부인을 공격한다고 합리화하는 유형이다. (　　)

04 증오범죄는 특정 대상에 대한 편견을 바탕으로 범행을 실행하므로 표적범죄(target crime)의 한 유형으로 볼 수 있다.
(　　) 24. 경행

05 증오범죄의 유형 중 스릴추구형은 특정 대상에게 고통을 주는 행위를 통한 가학성 스릴을 즐기는 경향이 있다. (　　)
24. 경행

06 증오범죄의 유형 중 사명형은 특정 대상을 괴롭히는 것이 세상의 악을 없애기 위해 자신에게 부여된 신성한 사명이라고 여긴다. (　　)
24. 경행

07 증오범죄는 피해자에 대한 개인적 원한이나 복수심에 의하여 주로 발생되며, 증오범죄자는 자신의 행동이 옳다고 믿는다.
(　　) 24. 경행

08 미국의 전국범죄피해자센터(The National Center for Victims of Crime)에서 제시한 스토킹의 4가지 유형은 ㉠ 단순집착형, ㉡ 애정집착형, ㉢ 증오망상형, ㉣ 허위피해망상형으로 구분된다. (　　)
23. 간부(73)

---

01 ○ 증오범죄란 범죄자가 피해자의 인종, 출신국가, 민족, 종교, 장애, 성적 지향 등에 대한 편견으로 피해자를 신체적, 정서적 또는 재산적으로 공격하는 행위라고 할 수 있다(편견범죄, 제노포비아 범죄).

02 × 미국 FBI는 증오범죄를 '범죄자가 인종, 종교, 장애, 성적 성향 또는 민족, 출신국가에 대한 전체적 또는 부분적 편견이나 제노포비아(이방인에 대한 두려움, 적대적 태도)에 의해 동기화되어 사람 또는 재산에 대해 불법적인 행위를 하는 것'이라고 정의한다. 따라서 '피해자에 대한 개인적 원한 또는 복수심'과 증오범죄는 관련이 없다.

03 ○ 방어형 증오범죄는 외부인을 공동체에 위협이 된다고 인식하여 공동체 보호를 위해 방어적 차원에서 공격하는 것을 말한다.

04 ○ 표적범죄로는 증오범죄, 스토킹범죄, 테러범죄 등을 들 수 있고, 증오범죄는 범죄자가 피해자의 인종, 출신국가, 민족, 종교, 장애, 성적 지향 등에 대한 편견으로 피해자를 신체적, 정서적 또는 재산적으로 공격하는 행위라고 할 수 있다.

05 ○ 레빈과 맥드빗(Levin & McDevitt)은 증오범죄의 유형을 스릴추구형, 방어형, 사명형, 보복형으로 분류하였는데, 그중 스릴추구형은 소수집단에 대한 편견으로 그들을 괴롭히거나 그들의 재산을 파괴함으로써 소수자들에게 고통을 주며 가학적 스릴을 느끼는 유형이다.

06 ○ 증오범죄의 유형 중 사명형은 피해자에 대한 공격을 악의 제거를 위한 사명감에 따른 것이라거나 종교적 믿음의 구현이라고 인식하는 유형이다.

07 × 증오범죄는 피해자에 대한 '편견'에 의하여 주로 발생된다.

08 × 미국의 전국범죄피해자센터에서 사용하는 스토킹의 유형은 ㉠ 단순집착형, ㉡ 애정집착형, ㉢ 연애망상형, ㉣ 허위피해망상형으로 구분된다.

09 테러범죄의 동기에 대한 부정적 정체성 가설은 다문화사회의 소수자가 사회에 대한 부정적 정체성을 갖게 되어 테러로 이어지게 된다고 설명한다. (　　)

10 약물범죄는 대표적인 피해자 없는 범죄로 불법약물의 사용, 제조, 판매, 유통하는 행위를 통칭한다. (　　)　　24. 간부(74)

11 약물범죄의 약물은 아편·코카인·히로뽕 등의 천연약물, 대마·엑스터시 등의 합성약물, 각성제·진정제 등의 대용약물로 분류할 수 있다. (　　)

12 작용에 따른 약물의 종류 중 각성제는 중앙신경계통 자극제로 아편, 몰핀, 헤로인, 합성제제 등이 있다. (　　)
24. 간부(74)

13 작용에 따른 약물의 종류 중 환각제는 환각을 일으키는 물질로 LSD, 마리화나 등이 있다. (　　)　　24. 간부(74)

14 약물범죄의 원인에 대한 설명 중 개인의 목표를 달성할 수 있는 기회에 접근할 수 없을 때 도피적 하위문화에 동조하여 약물중독에 빠지게 된다고 설명하는 것은 아노미이론의 관점이다. (　　)

15 「마약류 관리에 관한 법률」에 따르면 마약류란 마약·향정신성의약품 및 대마를 말한다. (　　)　　23. 경행 2차

16 클로워드(Cloward)와 올린(Ohlin)의 차별기회이론(Differential Opportunity Theory)과 머튼(Merton)의 아노미이론(Anomie Theory) 등으로 약물범죄의 원인을 설명할 수 있다. (　　)　　23. 경행 2차

17 세계보건기구(WHO)는 마약을 '사용하기 시작하면 사용하고 싶은 충동을 느끼고(의존성), 사용할 때마다 양을 증가시키지 않으면 효과가 없으며(내성), 사용을 중지하면 온몸에 견디기 힘든 이상을 일으키며(금단증상), 개인에게 한정되지 않고 사회에도 해를 끼치는 물질'로 정의하고 있다. (　　)　　23. 경행 2차

18 마약류는 특정 직업 및 계층에 국한되어 남용되고 있다. (　　)　　23. 경행 2차

19 마약의 주생산지 중 황금의 삼각지대와 황금의 초생달지역에서 세계 아편과 코카인의 대부분을 생산하고 있다. (　　)
23. 간부(73)

---

09 ○ 테러범죄의 동기에 대한 설명으로는 불만 – 공격 가설, 부정적 정체성 가설, 자기도취적 공격 가설 등이 있는데, 지문은 부정적 정체성 가설에 대한 옳은 내용이다.

10 ○ 약물범죄는 피해자와 가해자가 동일인인 범죄로서 대표적인 피해자 없는 범죄에 해당하며, 약물의 불법적 사용행위와 약물의 불법적 제조·배포·판매 등을 포함하는 약물공급행위로 나눌 수 있다.

11 × 히로뽕(메스암페타민)은 합성약물로 분류되며, 대마는 천연약물로 분류된다.

12 × 작용에 따른 약물의 종류는 각성제, 진정제, 환각제로 나눌 수 있는데, 아편, 몰핀, 헤로인, 합성제제 등은 '진정제'에 속한다.

13 ○ 작용에 따른 약물의 종류는 각성제, 진정제, 환각제로 나눌 수 있는데, LSD, 마리화나(대마초) 등은 환각제에 속한다.

14 × 지문은 차별적 기회구조이론의 관점에 따른 설명이다.

15 ○ 「마약류 관리에 관한 법률」 제2조 제1호 참조

16 ○ 차별기회이론에서 하위문화의 유형 중 도피적 하위문화, 아노미이론에서 개인의 반응양식 중 은둔형(도피형, 퇴행형)에서 약물범죄의 원인을 설명할 수 있다.

17 ○ 세계보건기구(WHO)는 마약을 '약물사용의 욕구가 강제에 이를 정도로 강하고(의존성), 사용약물의 양이 증가하는 경향이 있으며(내성), 사용 중지 시 온몸에 견디기 어려운 증상이 나타나며(금단증상), 개인에 한정되지 아니하고 사회에도 해를 끼치는 약물'이라고 정의하고 있다(대검찰청 '마약류 범죄백서' 참조).

18 × 오늘날 마약류는 예전처럼 특정 직업 및 계층에 국한되는 것이 아니라, 다양한 연령과 직업 및 계층에서 남용되고 있다고 한다.

19 × 세계 아편 생산량의 대부분은 황금의 삼각지대(Golden Triangle. 미얀마, 태국, 라오스의 접경지역)와 황금의 초승달지대(Golden Crescent. 이란, 파키스탄, 아프가니스탄의 접경지역)에서 생산된다. 반면에 '코카인'은 대부분 코카나무 자생지인 코카인 트라이앵글(Cocain Traingle. 콜롬비아, 페루, 볼리비아 등 남미 안데스 산맥의 3개국의 접경지역)에서 생산되고 있다.

20 세계적인 헤로인 생산지에는 미얀마, 태국, 라오스 3국의 접경지역에 있는 황금의 삼각지대와 아프가니스탄, 파키스탄, 이란 3국의 접경지역에 있는 황금의 초승달 지역이 있다. (　　) 24. 간부(74)

21 사이버범죄란 일반적으로 사이버공간을 범행의 수단, 대상, 발생장소로 하는 범죄행위를 의미한다. (　　) 22. 경행

22 사이버범죄(cyber crimes)란 사이버공간을 범행의 수단·대상·발생장소로 하는 범죄행위로 비대면성, 익명성, 피해의 광범위성 등의 특성이 있는 범죄를 의미한다. (　　) 23. 경행 1차

23 사이버범죄 중 '정보통신망 침해범죄'에는 ㉠ 해킹, ㉡ 사이버 도박, ㉢ 서비스 거부 공격(DDos 등), ㉣ 악성 프로그램 전달 및 유포 등이 포함된다. (　　) 22. 간부(72)

24 경찰청 사이버범죄 분류(2021년 기준)에 따르면 몸캠피싱은 불법컨텐츠범죄 중 사이버 성폭력에 속한다. (　　) 22. 경행

25 경찰청 사이버범죄 분류(2021년 기준)에 따르면 메모리해킹은 정보통신망 이용 범죄 중 사이버 금융범죄에 속한다. (　　) 22. 경행

26 사이버범죄는 발각과 원인규명이 곤란하지만, 범죄자의 범죄의식은 명백하다는 특징이 있다. (　　)

27 전통적 범죄와 달리 사이버범죄는 비대면성, 익명성, 피해의 광범위성 등의 특성이 있다. (　　) 22. 경행

28 환경범죄에 대한 규제 중 환경보호의 중요성을 강조하여 이에 동참하게 하는 방안을 억제전략이라고 한다. (　　)

---

20 ○ 헤로인은 아편을 정제한 몰핀을 반합성해 만드는 마약으로, 세계 아편 생산량의 대부분은 황금의 삼각지대(Golden Triangle. 미얀마, 태국, 라오스의 접경지역)와 황금의 초승달지대(Golden Cre-scent. 이란, 파키스탄, 아프가니스탄의 접경지역)에서 생산된다.

21 ○ 사이버범죄란 일반적으로 사이버공간에서 행해지는 모든 범죄행위를 포괄적으로 지칭하며, 현행법상으로는 정보통신망에서 일어나는 범죄로 정의된다.

22 ○ 컴퓨터나 그 구성요소를 활용하여 사이버공간상의 건전한 질서유지를 방해하는 행위인 사이버범죄는 ⓐ 발각과 원인규명이 곤란, ⓑ 피해의 국제성과 광역성(광범위성), ⓒ 증거인멸의 가능성이 높음, ⓓ 범죄자의 범죄의식이 희박, ⓔ 진행의 자동성과 반복성, 연속성, ⓕ 전문가 또는 내부자의 범행이 많음, ⓖ 수사의 어려움(증거인멸의 용이), ⓗ 암수범죄의 비율이 높음, ⓘ 범죄자의 익명성과 비대면성 등을 그 특징으로 한다.

23 × 사이버범죄는 ㉠ 정보통신망 침해 범죄(정당한 접근 권한 없이 또는 허용된 접근 권한을 넘어 컴퓨터 또는 정보통신망(컴퓨터 시스템)에 침입하거나 시스템, 데이터 프로그램을 훼손, 멸실, 변경한 경우 및 정보통신망에 장애(성능저하, 사용불능)를 발생하게 한 경우), ㉡ 정보통신망 이용 범죄(정보통신망을 범죄의 본질적 구성요건에 해당하는 행위를 행하는 주요 수단으로 이용하는 경우), ㉢ 불법컨텐츠범죄(정보통신망을 통하여, 법률에서 금지하는 재화, 서비스 또는 정보를 배포, 판매, 임대, 전시하는 경우로 구분된다. 사이버 도박(온라인 도박)은 '불법컨텐츠범죄'에 해당한다.

24 × 몸캠피싱은 '정보통신망 이용 범죄' 중 '사이버 금융범죄'에 속한다.

25 ○ 정보통신망 이용 범죄는 정보통신망을 범죄의 본질적 구성요건에 해당하는 행위를 행하는 주요 수단으로 이용하는 경우로서 메모리해킹은 피싱, 파밍, 스미싱, 몸캠피싱 등과 함께 사이버 금융범죄에 속한다.

26 × 사이버범죄는 이를 저지른 범죄자의 범죄의식이 희박하다는 특징이 있다.

27 ○ 사이버범죄의 특성으로는 발각과 원인규명이 곤란, 피해의 국제성과 광역성, 증거인멸의 가능성이 높음, 범죄자의 범죄의식이 희박, 진행의 자동성과 반복성, 연속성, 전문가 또는 내부자의 범행이 많음, 수사의 어려움(증거인멸의 용이), 암수범죄의 비율이 높음, 범죄자의 익명성과 비대면성 등을 들 수 있다.

28 × 지문은 '준수전략'에 대한 설명이다. 억제전략은 환경법령에 금지행위를 규정하여 위반행위를 집중단속하는 방안을 말한다.

police.Hackers.com

제4편 범죄대책론

제1장 / 범죄예측

제1절 범죄예측 서론

01 의의

① 범죄예측이란 범죄의 가능성이 있는 사람을 조사하거나 사회의 환경변화를 연구하여 장래의 범죄행위에 대한 발생가능성·빈도·정도 등을 미리 내다보는 것을 말한다. 범죄예측에는 사회적 차원에서 장래의 범죄행위를 예측하는 것과 특정한 개인·집단의 범행가능성을 예측하는 것이 있다.
② 범죄원인을 올바르게 파악하고 이를 기초로 적절한 범죄방지대책을 수립하기 위해서는 범죄행동에 대한 정확한 예측이 선행되어야 하고, 범죄행동을 예측할 수 있는 범위 내에서 범죄를 예방할 수 있다.
③ 범죄예측은 **예방·수사·재판·교정의 형사사법절차 각 단계에서 매우 유용**하다. 이의 적정 여부는 범죄자 관리·처우활동의 성패를 좌우하며, 결과적으로 범죄대책 전반의 성패와 밀접한 관계를 갖는다. 24. 간부(74)
④ 범죄예측은 크게 범죄사건예측, 범죄자예측, 범죄자신원(동일성)예측, 피해자예측 등 4가지 영역으로 구분된다. 23. 간부(73)

02 전제조건 24. 경행

객관성	누가 예측을 하더라도 동일한 결과가 나오도록 신뢰성이 담보되어야 한다.
타당성	예측의 목적에 따라서 예측이 합목적적인 방법으로 수행되어야 한다.
단순성	예측 방법과 결과가 쉽게 이해되도록 단순하게 구성되어야 한다.
경제성	예측에 소요되는 비용과 시간이 절약되고 효율적이어야 한다.

03 연혁

1. 미국의 연구

① 미국에서는 사회학자들에 의해 **가석방의 대상·시기의 결정**과 관련하여 실천적 필요에 의해 발달하였다.
② 1923년 워너(S. Warner)가 가석방 대상을 가려내기 위해 재범가능성을 점수화하는 범죄예측을 최초로 시행하였다.
③ 1928년 버제스(E. W. Burgess)는 **경험표(가석방예측표)**를 작성하여 재범예측에 사용하였다. 23. 경행 2차

④ 1940년대 글룩 부부(S. Glueck & E. Glueck)는 아버지의 훈육, 어머니의 감독, 아버지의 애정, 어머니의 애정, 가족의 결집력 등 5가지 요인을 기준으로 하는 <u>가중실점방식에 의한 조기예측법</u>을 소개하였다. 23. 경행 2차

2. 독일의 연구

① 독일에서는 정신의학자들을 중심으로 **범죄원인론**의 일환으로 발달하였다.
② 1935년 엑스너(F. Exner)는 버제스의 예측법을 도입하여 예측의 필요성을 강조하였다.
③ 1936년 쉬트(R. Schiedt)는 재범예측표를 작성하였다.

3. 최근의 연구

① 하더웨이와 맥킨리(S. Hathaway & J. Mckinly)가 고안한 **미네소타식 다면성 인성검사법(MMPI)**이 가장 표준화된 범죄자 인성조사방법으로 쓰이고 있다. 이는 정신이상 정도를 측정하기 위한 것으로서 사람의 성격진단과 상담치료를 하는 데에 현재 가장 많이 이용되는 방법이다.
② 위트와 쉬미트(Witte & Schimitt) 등은 재범의 확률뿐만 아니라 그 시점까지도 예측하는 연구를 하였다.
③ 우리나라에서 범죄예측은 청소년의 재범을 예측하기 위해서 시작되었다. 23. 경행 2차

제2절 범죄예측방법

01 예측방법에 따른 분류

1. 직관적 예측방법

① 의의
  ㉠ 실무 경험(직업적 경험, 임상적 경험)이 많은 판사 · 검사 · 교도관 등이 실무에서 애용하는 방법이다. 23. 해경간부
  ㉡ 예측하는 사람의 직관적 예측능력을 토대로 대상자의 인격 전체를 분석 · 종합하는 예측방법이다(**전체적 관찰법**). 22. 간부(72), 23. 해경간부
② 단점: 전적으로 판단자의 주관적 입장 · 지식 · 경험 등에 의존한다는 점에서, **주관적 자의의 한계와 합리적 판단기준의 결여를 극복하기 어렵다는 비판**이 있다.

2. 통계적 예측방법

① 의의
  ㉠ 범죄자의 특징을 계량화하여 그 점수의 많고 적음에 따라 장래의 범죄행동을 예측하는 방법이다(**점수법**). 22. 간부(72), 23. 해경간부
  ㉡ 기존 자료에 대한 분석을 통하여 예측요인 중에서 빈도가 높거나 범죄요인으로 간주되는 요인을 통계적으로 점수화하여 판정척도를 작성하고 그 기준에 따라 범죄 또는 비행 여부를 예측하는 것이다(범죄예측표). 23. 해경간부

② 장·단점
　　㉠ **장점**: 비전문가도 주어진 평가 기준에 대입하여 예측을 할 수 있어 널리 이용되며, 범죄예측을 객관적 기준에 의함으로써 실효성이 높고 비교적 공평하며 비용도 절감되는 장점이 있다. ✦
　　㉡ **단점**: 숫자의 많고 적음에 따라 발생개연성을 판단하는 통계적 예측결과밖에 제시하지 못한다는 한계가 있다. 그리고 **개별 범죄자마다 고유한 범죄의 특성 내지 개인의 편차가 예측에 제대로 반영되지 않을 가능성**이 있다는 비판을 받는다. ✦✦

3. 임상적 예측방법 22. 간부(72)

① **의의**
　　㉠ 정신과 의사나 범죄 심리학자가 전문지식을 이용하여 행위자의 성격분석을 토대로 내리는 예측방법이다(**경험적 개별예측**). ✦✦
　　㉡ 주로 사용하는 방법은 조사와 관찰이고 임상실험의 도움을 받기도 한다.
② **단점**: 판단자의 주관적 평가가 개입될 가능성이 있어 **객관적 기준을 확보하기 곤란**할 뿐만 아니라 판단자의 경험·전문성의 부족으로 **자료를 잘못 해석할 위험성**이 있다. 또한 **시간과 비용이 많이 드는 방법**이기 때문에 쉽게 사용할 수 없다는 단점도 있다. ✦✦

4. 통합적 예측방법 ✦

① **의의**: 직관적 예측방법과 통계적 예측방법 및 임상적 예측방법을 일정한 방향으로 조합(절충)함으로써 각각의 예측방법의 단점을 보완하고자 하는 예측방법이다(구조예측의 방법). 22. 간부(72)
② **단점**: 각각의 예측방법의 결함은 어느 정도 보완할 수 있을지 모르지만, 완전히 제거하는 것은 불가능하다. 또한 많은 시간이 소요된다는 점에서 실용성에 문제가 있을 수 있다.

02 예측시점에 따른 분류

1. 조기 예측

① **의의**
　　㉠ 특정인에 대해 범행 이전에 미리 그 위험성을 예측하는 것으로, 주로 소년범죄 예측에 많이 사용되는 예측방법이다.
　　㉡ 이는 주로 초범예측, 즉 범죄의 사전예방을 주된 목적으로 하며 사법예측이 아니라는 점에 특징이 있다. ✦
② **사례**: 조기 예측으로는 글룩 부부(S. Glueck & E. Glueck)의 '소년비행의 해명'이 가장 유명하며, 우리나라의 경우에는 소년분류심사원에서 행하는 일반소년에 대한 외래분류심사가 조기 예측에 해당된다(「보호소년 등의 처우에 관한 법률」 제26조). ✦
③ **단점**: 조기 예측의 결과에 의해 교육기관·사회복지기관을 통해 필요한 교육을 할 경우에도 자칫 잘못하면 **미래의 비행자로 낙인을 찍음으로써 오히려 예측이 스스로 실현되는 위험성**이 있을 수 있다. 조기 예측이 진압적 범죄대책과 연결되면 일반인의 자유가 지나치게 제한되는 경우도 발생할 수 있다.

글룩 부부(S. Glueck & E. Glueck)의 조기 예측 연구

'아버지의 훈육, 어머니의 감독, 아버지의 애정, 어머니의 애정, 가족의 결집력'이라는 5가지 요인에 의한 가중실점 방식의 조기예측법을 연구·소개하였다.

2. 수사단계 예측

경찰·검찰이 비행자·범죄자에 대한 <u>수사를 종결하면서 내릴 처분 내용을 결정할 때</u> <u>사용</u>하는 예측방법이다. 예를 들어, 수사단계 예측은 조건부 기소유예와 같은 처분의 결정시 소년에 대한 잠재적 비행성을 판단하는 데 유용하다. ✻✻

3. 재판단계 예측

① **의의**: 재판단계 예측이란 법원에서 유·무죄의 판단 및 형벌의 종류를 결정하는 과정에서 범죄자의 개별처우를 위하여 장래의 위험성을 예측하는 것을 말한다. ✻✻

② **공헌**

    ㉠ 재판단계 예측은 특히 **양형책임을 결정하는 중요한 수단**으로 작용한다. 피고인에게 어느 정도의 형을 부과하여야 수형기간 동안 교정·교화에 유리한가를 예측하는 것은 재사회화 이념에 비추어 가장 중요한 양형 기준이라고 할 수 있다.

    ㉡ 양형단계에서 법정형의 폭에 따라 법관에게 상당한 재량의 여지가 주어져 있으므로 예측판단에 의한 개별화의 가능성은 매우 넓다.

③ **비판**

    ㉠ 재판단계에서 피고인의 재범가능성에 대한 예측은 법관에게 예단을 갖게 할 수도 있다.

    ㉡ 현행 재판제도에서는 제한된 자료를 가지고 짧은 기간 내에 피고인의 다양한 상황을 조사해야 하므로 정확한 예측에는 한계가 있으며, 판결 전 조사제도 등으로 보완해야 한다.

4. 석방단계 예측(교정단계 예측)

① 석방단계 예측은 주로 <u>가석방 결정에 필요한 예측</u>을 말한다. 범죄예측이 시작된 것은 바로 석방단계 예측부터라고 할 수 있다. 범죄예측은 '**석방단계 예측 ➡ 재판단계 예측 ➡ 조기 예측**'의 순서로 발전되었다. 23. 경행 2차

② 석방단계 예측에서는 <u>수용될 때까지의 생활력·행형성적·복귀할 환경 등을 고려</u>하고 통계를 통해 성적과 인자의 관계를 확인하여 전체적 평가법이나 점수법을 통해 예측을 하는 방법을 사용한다. ✻

③ 현행 「형법」 제72조는 가석방의 요건 가운데 하나로서 수형자의 '행상이 양호하여 뉘우침이 뚜렷한 때'임을 요하고 있는데, 이는 결국 가석방 후에 재범의 우려가 없다는 예측이 가능해야 한다는 의미이다.

④ 석방단계 예측은 가석방에 유리한 조건을 이미 학습하고 있는 영악한 범죄자에게 더 유리한 결과를 가져올 우려가 있다는 비판을 받는다.

03 예측적 경찰활동

① 문제지향적 경찰활동을 토대로 데이터 분석을 강조한 정보기반 경찰활동, 데이터기반 경찰활동, 증거기반 경찰활동 등에 빅데이터 기술이 접목되어 등장한 것이 바로 예측적 경찰활동이다.

가석방에 사용되는 구체적 예측방법

1. 양점법 – 버제스(Burgess)

추행조사의 방법을 범죄예측에 도입하였으며, 수형자가 가석방 전의 생활에서 보여준 인자 가운데서 가석방 예측에 긍정적으로 사용할 수 있는 것을 추려내어 각 인자에 평점을 부여하였다.

2. 난점법

① 글룩 부부(S. Glueck & E. Glueck)

난점법으로 예측표를 만들고 그 결과 범죄예측에 필요한 인자를 선정하여 다시 소종류로 분류한 다음 가석방 후의 생활과 비교하였다.

② 쉬트(Schiedt)

상태범이나 기회범에 관련된 인자, 행형 중의 상태변화와 관련된 인자, 장래생활관계와 관련된 인자를 선정하여 개인적 인자로 난점법을 이용하였다.

② 미국 법무부 산하 국립사법연구소(NII)는 예측적 경찰활동이란 "다양한 분석기법을 활용하여 경찰개입이 필요한 목표물을 통계적으로 예측함으로써 범죄를 예방하거나 해결하는 제반활동"이라고 정의하였다. 23. 간부(73)

③ 범죄를 예측하고 경찰활동에 체계적으로 적용한 미국 내 최초의 사례는 엘에이 경찰국(LAPD)과 산타크루즈 경찰서(SCPD)에서 시행한 프레드폴(PredPol, Predictive Policing)이라고 한다. 23. 간부(73)

④ 뉴욕 경찰국(NYPD)과 마이크로소프트사의 협력으로 DAS(Domain Awareness System, 공간지각시스템)를 구축하였는데, 이는 사람, 사물, 장소 간의 연관성을 밝혀낼 수 있는 정보를 실시간으로 제공하여 범죄예측과 함께 실시간 감시와 대응을 강조하는 특징이 있다.

⑤ 우리나라 경찰청은 2021년부터 Pre-CAS(Predictive Crime Risk Analysis System, 범죄위험도 예측분석 시스템)를 시행하고 있는데, 이는 치안과 공공데이터를 통합한 빅데이터를 최신 알고리즘에 적용한 AI로 분석하여 지역별 범죄위험도와 범죄발생 건수를 예측하고 효과적인 순찰경로를 안내하는 시스템이다. 23. 간부(73)

제3절 범죄예측의 문제점과 발전가능성

01 문제점

1. 법률적 문제점

범죄예측의 적용이 **죄형법정주의**나 **책임형법의 원칙**과 조화를 이룰 수 있는가의 문제가 있다. 아직 행해지지 않은 미래의 행위에 의하여 범죄자 또는 잠재적 범죄자에게 차별적 대우를 한다면 이는 행위 중심의 죄형법정주의를 위배하게 될 것이다. 24. 간부(74)

2. 기술적 문제점

① 범죄대책에 관한 결정의 합리성은 오로지 **예측의 정확성**에 달려 있다. 미래의 범죄위험성에 대한 정확한 예측을 근거로 할 때 사회통제체계의 최후수단인 형법의 투입은 비로소 정당화될 수 있기 때문이다.

② 그러나 기술적 측면에서 100%의 정확도를 가진 범죄예측은 현실적으로 가능하지 않다. 따라서 예측에는 잘못된 결과(잘못된 긍정, 잘못된 부정)가 나타날 가능성이 존재한다. 24. 간부(74)

구분	내용	피해발생
잘못된 긍정 (false positive)	차후 범죄가 있을 것이라고 예측하였지만 실제로는 그렇지 않은 경우(오류 긍정)	개인의 인권 침해
잘못된 부정 (false negative)	차후 범죄가 없을 것이라고 예측하였지만 실제로 범죄를 저지른 경우(오류 부정)	사회와 구성원의 피해

3. 윤리적 문제점

범죄예측의 항목이 사회적 가치에 반할 수 있다. 범죄발생과 연관이 밀접한 항목으로 는 흔히 성별이나 소득수준을 드는데, 이는 결국 자신의 신분적 지위 때문에 차별대우 를 받게 하는 것으로 공평한 사법처리와는 거리가 멀다. 24. 간부(74)

02 발전가능성

① 효과적 범죄예방을 위해 사법실무에서 필요한 범죄예측은 정밀하고 신속하게 이 루어져야 하는 것으로서 엄격한 과학적 방법의 도움이 필요하다. 어떤 경우에도 예측을 명분으로 피의자나 수형자를 자의적으로 탄압하는 일이 있어서는 안 된다.
② 범죄예측의 실무적용은 앞으로 오류 긍정이나 오류 부정을 줄일 수 있는 신뢰성 있고 정확한 예측기법을 개발하고, 죄형법정주의를 유지하는 상태에서 범죄자의 자유의지를 고려하고 사회의 기본가치에 반하지 않는 방향에서 운영하는 신중함 이 필요하다.

단원별 지문 OX

01 범죄예측은 형사사법 절차 중 예방 및 재판 단계에서는 유용하나, 수사 및 교정 단계에서는 유용하지 않다. (   )

24. 간부(74)

02 범죄예측의 요소 중 경제성이란 예측이 과학적으로 이루어져서 예측자가 누가 되더라도 결과가 동일해야 한다는 것이다. (   ) 24. 경행

03 범죄예측의 요소 중 객관성이란 예측방법과 결과가 쉽게 이해될 수 있어야 한다는 것이다. (   ) 24. 경행

04 범죄예측의 요소 중 단순성이란 예측에 소요되는 비용과 시간이 과다하지 않아야 한다는 것이다. (   ) 24. 경행

05 범죄예측의 요소 중 타당성이란 예측의 목적에 따라서 예측이 합목적적 방법으로 수행되는 것을 의미한다. (   )

24. 경행

06 버제스(Burgess)는 가중실점방식이라는 조기예측법을 소개하였다. (   ) 23. 경행 2차

07 전체적 평가법은 통계적 예측법에서 범하기 쉬운 객관성 문제를 개선하기 위해 개발된 방법이다. (   )

08 통계적 예측법은 범죄자의 소질과 인격에 대한 상황을 분석하여 범죄자의 범죄성향을 임상적 경험에 의하여 예측하는 방법이다. (   )

09 범죄예측의 방법 중 '임상적 예측법(경험적 예측법)'은 대상자의 범죄성향을 임상전문가가 종합분석하여 대상자의 범죄가능성을 판단하는 것이므로 대상자의 특성을 집중관찰할 수 있는 장점이 있다. (   )

10 글룩 부부는 아버지의 훈육, 어머니의 감독, 아버지의 애정, 어머니의 애정, 가족의 결집력 등 다섯 가지 요인으로 구분하여 범죄예측표를 작성하였다. (   )

---

01 ✕ 범죄예측은 '예방 · 수사 · 재판 · 교정의 형사사법절차 각 단계에서 매우 유용'하다. 이의 적정 여부는 범죄자 관리 · 처우활동의 성패를 좌우하며, 결과적으로 범죄대책 전반의 성패와 밀접한 관계를 갖는다.

02 ✕ 범죄예측의 전제조건 중 '객관성'에 대한 설명이다.

03 ✕ 범죄예측의 전제조건 중 '단순성'에 대한 설명이다.

04 ✕ 범죄예측의 전제조건 중 '경제성'에 대한 설명이다.

05 ○ 범죄예측의 전제조건 중 타당성에 대한 옳은 설명이다.

06 ✕ '글룩 부부(S. Glueck & E. Glueck)'는 아버지의 훈육, 어머니의 감독, 아버지의 애정, 어머니의 애정, 가족의 결집력 등 5가지 요인을 기준으로 하는 가중실점방식에 의한 조기예측법을 소개하였다. 버제스(Burgess)는 경험표(가석방예측표)를 작성하여 재범예측에 사용하였다.

07 ✕ '통계적 예측법'(점수법)은 범죄예측을 객관적 기준에 의함으로써, 전체적 평가법(직관적 예측법)의 문제점(주관적 자의의 한계와 합리적 판단기준의 결여를 극복하기 어렵다라는 객관성의 문제)을 개선할 수 있다고 한다.

08 ✕ '직관적 예측법(전체적 관찰법)'에 대한 설명이다. 이는 실무 경험(직업적 경험, 임상적 경험)이 많은 판사 · 검사 · 교도관 등이 실무에서 애용하는 방법으로, 예측하는 사람의 직관적 예측능력을 토대로 대상자의 인격 전체를 분석 · 종합하는 예측방법이다.

09 ○ 임상적 예측법은 정신과 의사나 범죄학의 교육을 받은 심리학자가 전문지식을 이용하여 행위자의 성격분석을 토대로 내리는 예측방법이다(경험적 개별예측).

10 ○ 글룩 부부(S. Glueck & E. Glueck)는 가중실점방식에 의한 조기예측법을 소개하였다.

11 예방단계의 예측은 주로 소년범죄 예측에 사용되는데 잠재적인 비행소년을 식별함으로써 비행을 미연에 방지하고자 하는 방법이다. (　　)

12 수사단계에서의 범죄예측은 수사를 종결하면서 범죄자에 대한 처분을 내리는 데에 중요한 역할을 할 수 있다. (　　)

13 가석방시의 예측은 교도소에서 가석방을 결정할 때 수용생활 중의 성적만을 고려하여 결정한다. (　　)

14 범죄예측은 재판단계 및 교정단계에서도 행해지지만 교정시설의 과밀화 현상을 해소하는 데는 기여할 수 없다. (　　)

15 현재 우리나라 경찰청에서는 CCTV를 활용한 AI인식시스템으로 프리카스(Pre-CAS)를 활용하고 있다. (　　)

23. 간부(73)

16 범죄를 예측하고 경찰활동에 체계적으로 적용한 미국 내 최초의 사례는 뉴욕경찰국(NYPD)의 공간지각시스템(DAS)이다.
(　　) 23. 간부(73)

17 범죄예측과 관련하여 아직 발생하지 않은 미래에 대한 예측을 근거로 불이익한 처우를 하는 것은 죄형법정주의나 책임원칙에 반할 수 있다. (　　)

24. 간부(74)

18 기술적인 측면에서 100%의 정확도를 가진 범죄예측은 현실적으로 불가능하므로, 오류 긍정(False Positive)과 오류 부정(False Negative)의 잘못된 결과가 나타날 가능성이 있다. (　　)

24. 간부(74)

19 범죄예측 항목에 성별, 직업, 소득수준 같은 개인의 사회·경제적 지위와 관련된 내용이 포함되는 경우에, 이로 인해 차별대우 등 공평한 사법처리에 반하는 윤리적 문제가 발생할 수 있다. (　　)

24. 간부(74)

---

11 ○ 특정인에 대해 범행 이전에 미리 그 위험성을 예측하는 것으로, 주로 소년범죄 예측에 많이 사용되는 예측방법이다(조기 예측).

12 ○ 수사단계 범죄예측은 경찰·검찰이 비행자·범죄자에 대한 수사를 종결하면서 내릴 처분 내용을 결정할 때 사용하는 예측방법이다. 수사단계 예측은 조건부 기소유예와 같은 처분의 결정시 소년에 대한 잠재적 비행성을 판단하는 데 유용하다.

13 × 석방단계 예측은 주로 가석방 결정에 필요한 예측을 말하는데, '수용될 때까지의 생활력'·행형성적·복귀할 환경 등을 고려하고 통계를 통해 성적과 인자의 관계를 확인하여 전체적 평가법이나 점수법을 통해 예측을 하는 방법을 사용한다. 따라서 가석방 시의 예측은 수용생활 중의 성적만을 고려하여 결정하는 것은 아니다.

14 × 재판단계 범죄예측과 석방단계 범죄예측을 통해 과밀수용 해소방안 중 인구감소전략인 정문정책(보호관찰 등)과 후문정책(가석방 등)으로 연계될 수 있다.

15 ○ 범죄위험도 예측분석 시스템[프리카스(Pre-CAS, Predictive Crime Risk Analysis System)]는 치안과 공공데이터를 통합한 빅데이터를 최신 알고리즘에 적용한 AI로 분석하여 지역별 범죄위험도와 범죄발생 건수를 예측하고 효과적인 순찰경로를 안내하는 시스템이다.

16 × 범죄를 예측하고 경찰활동에 체계적으로 적용한 미국 내 최초의 사례는 미국 캘리포니아주 엘에이 경찰국(LAPD)과 산타크루즈 경찰서(SCPD)에서 시행한 프레드폴(PredPol)이라고 한다. 공간지각시스템(DAS, Domain Awareness System)은 뉴욕시를 모니터링하기 위해 뉴욕 경찰국(NYPD)과 마이크로소프트사가 협력하여 구축한 세계에서 가장 큰 디지털 감시 시스템이다.

17 ○ 범죄예측의 적용이 죄형법정주의나 책임형법의 원칙과 조화를 이룰 수 있는가의 문제가 있다. 아직 행해지지 않은 미래의 행위에 의하여 범죄자 또는 잠재적 범죄자에게 차별적 대우를 한다면 이는 행위 중심의 죄형법정주의를 위배하게 될 것이다.

18 ○ 기술적 측면에서 100%의 정확도를 가진 범죄예측은 현실적으로 가능하지 않다. 따라서 예측에는 잘못된 결과(잘못된 긍정, 잘못된 부정)가 나타날 가능성이 존재한다.

19 ○ 범죄예측의 항목이 사회적 가치에 반할 수 있다. 범죄발생과 연관이 밀접한 항목으로는 흔히 성별이나 소득수준을 드는데, 이는 결국 자신의 신분적 지위 때문에 차별대우를 받게 하는 것으로 공평한 사법처리와는 거리가 멀다.

제2장 / 범죄예방

01 범죄예방의 정의(개념)

① 범죄예방이란 범죄를 사전에 방지하기 위한 대책으로 법과 제도, 정책, 범죄적 환경의 개선 등을 포함하는 활동을 말한다.
② 제프리(C. R. Jeffery)는 기존의 범죄통제정책에 문제점을 제기하면서 범죄예방이란 ㉠ 범죄발생 이전의 활동이며, ㉡ 범죄행동에 대한 직접적 통제이며, ㉢ 개인의 행동에 초점을 맞추는 것이 아니라 개인이 속한 환경과 그 환경 내의 인간관계에 초점을 맞춰야 하며, ㉣ 인간의 행동을 연구하는 다양한 학문을 배경으로 하는 것이라고 하였다. 23. 간부(73)
③ 랩(S. P. Lab)은 범죄예방의 개념을 <u>실제의 범죄발생 및 시민이 범죄에 대해서 가지는 두려움을 제거하는 활동</u>이라고 하면서, 범죄예방은 범죄의 실질적인 발생을 줄이려는 정책과 일반시민이 범죄에 대하여 가지는 막연한 두려움과 공포를 줄여나가는 정책을 포함하여야 한다고 보았다. 23. 간부(73), 23. 경행 2차

02 범죄의 두려움 23. 간부(73)

① 범죄의 두려움(Fear of Crime)이란 일반적으로 특정 범죄의 피해자가 될 가능성의 추정이나 범죄 등에 대한 막연한 두려움의 추정을 말한다.
② 이웃통합모델(Neighborhood Integration Model)은 이웃과 교류가 없고 오래 살지 않아서 지역의 일에 관여하는 일이 별로 없는 상태가 범죄두려움을 낳을 수 있다고 설명한다.
③ 범죄피해-두려움의 역설(Victimization-fear Paradox)이란 범죄의 두려움이 직접적인 피해경험과 무관하다는 것으로, 특히 여성이나 장애인 등 사회적 약자가 느끼는 범죄의 두려움은 평균보다 훨씬 큰 것으로 알려져 있다.
④ 국민이 느끼는 삶의 질이 범죄피해 자체보다 범죄의 두려움에 더 큰 영향을 받는다고 보아, 범죄예방의 개념과 정책목표에서 범죄의 두려움이 중시되고 있다.
⑤ **범죄의 두려움을 설명하는 4가지 모형**

범죄피해 모형	직·간접적인 범죄피해의 경험이 두려움을 증가시킨다는 입장
취약성 모형	신체적·사회적 취약성(여성, 노약자, 1인가구 등)이 두려움을 증가시킨다는 입장
무질서 모형	무질서한 상태(빈집, 쓰레기, 낙서 등), 무질서한 행위(구걸, 성매매, 음주소란 등)가 두려움을 증가시킨다는 입장(깨진 유리창 이론과 관련)

<table>
<tr><td>사회통제 모형</td><td>지역주민의 유대와 협력, 지역경찰에 대한 신뢰도 등에 따라 두려움이 달라진다는 입장(사회해체이론, 집합효율성이론과 관련)</td></tr>
</table>

⑥ 범죄의 두려움 개념은 CCTV, 거리 조명 개선 등의 범죄예방효과 확인을 위한 지역주민의 주관적 평가에 활용할 수 있다고 한다.

03 범죄예방이론

1. 브랜팅햄과 파우스트(P. Brantingham & F. Faust)의 범죄예방모델

브랜팅햄과 파우스트는 범죄예방에 질병의 예방과 치료의 개념을 도입하여 범죄예방을 1차적 범죄예방, 2차적 범죄예방, 3차적 범죄예방으로 나누었다. 22. 간부(72), 23. 경행 1차, 23. 간부(73), 23. 해경간부, 24. 간부(74)

구분	대상	내용
1차적 범죄예방	일반시민	범죄를 유발·촉진하는 물리적·사회적 환경을 개선 예 환경설계, 이웃감시, 민간경비, 범죄예방교육, 시민순찰 등 24. 간부(74)
2차적 범죄예방	우범자, 우범지역	잠재적 범죄자의 범죄기회를 차단(상황적 범죄예방) 23. 경행 2차 예 감시카메라·비상벨 설치, 방어공간의 확보, 지역사회 경찰활동 등
3차적 범죄예방	범죄자	실제 범죄자의 재범을 예방 예 형사사법절차에서 특별예방을 위한 여러 조치(형벌, 보안처분 등)

2. 톤리와 파링턴(M. Tonry & D. Farrington)의 범죄예방모델 23. 경행 2차 경찰학

구분	내용
사회적 예방	• 지역사회에서 범죄를 유발하는 사회적 조건을 변화(지역사회 예방) • 빈곤과 무질서를 개선하고 지역조직, 유대와 결속을 강화하여 사회적 자본을 증진함으로써 공동체의 회복 및 자정능력의 향상을 목표 • 집합효율성이론, 깨진 유리창이론에 근거
상황적 예방	• 장소의 특징과 상황을 변화시켜 범죄기회를 차단 • 범죄 실행을 곤란하게 하거나 적발과 체포의 위험을 증가시키고 범죄의 보상이나 이익 감소 • 일상활동이론, 범죄패턴이론, 합리적 선택이론 등에 근거
발달적 예방	• 위험요인과 보호요인을 적절히 조작하여 범죄 가능성을 차단 • 아동기와 청소년기의 조기개입에 초점 • 발달범죄학이론에 근거
법집행 예방	• 일반억제와 특별억제 • 억제이론에 근거

3. 제프리(C. R. Jeffery)의 범죄통제모형

구분	내용
범죄억제 모델	• 법과 형벌 등의 제재를 통하여 범죄를 방지하고 범죄인을 교정하는 방안이다. • 비결정론을 전제하는 고전학파의 이론과 같은 맥락에서 범죄예방의 방법으로 형벌을 수단으로 하는 진압적 방법을 사용한다. 범죄억제모델은 처벌을 통한 범죄예방의 효과를 높이기 위해서 처벌의 신속성·확실성·엄격성을 요구한다. 23. 경행 2차
사회복귀 모델	• 교육, 복지정책, 지역사회활동 등을 통하여 범죄인의 재사회화를 지원하는 방안이다. • 결정론을 전제하는 실증주의의 이론과 같은 맥락에서 형 집행단계에서 특별예방의 관점이 많이 강조되는 유형이다. 임상적 치료를 통한 개선 또는 지역활동·교육·직업훈련에 의한 사회복귀 등의 방법을 사용한다. 23. 경행 2차
환경공학적 범죄통제 모델	• 제프리가 주장한 환경의 개선은 물리적 환경의 개선 외에 사회환경의 개선까지 포함하는 것으로 도시정책, 환경의 개선, 인간관계의 개선, 사회구조의 개선 등을 통하여 범죄를 예방하는 방안이다. • 범죄원인을 개인과 환경의 상호작용에서 찾는 입장에 기초하여 범죄정책에 국한하지 않고 사회 전반의 변화를 통해 범죄에 대처하는 사전적 범죄예방을 지향한다(빈곤·차별·경제적 불평등·사회구조의 해체 등 사회적 범죄원인을 개선·제거). 제프리(C. R. Jeffery)는 범죄예방모델을 가장 강조하였는데, 환경설계를 통한 범죄예방(CPTED)도 여기에 포함시킬 수 있다. ☆☆

4. 뉴만(O. Newman)의 방어공간

① 제프리(Jeffery)의 환경공학적 범죄통제모델을 도입하여, 주택의 건축 과정에서 공동체의 익명성을 줄이고 범죄자의 침입과 도주를 차단하며 순찰·감시가 용이하도록 구성하여 주거지역에 대한 통제력을 강화함으로써 범죄예방을 도모하여야 한다는 방어공간(defensible space)의 개념을 사용하였다. 24. 간부(74)

② 뉴만은 영역성을 중심으로 현대도시에서 주민과 주거환경의 관계를 포현하였고, 방어공간의 기본요소에는 ㉠ 영역설정, ㉡ 감시, ㉢ 이미지, ㉣ 주변지역보전 등이 있다고 보았다. 22. 간부(72), 24. 간부(74)

영역설정 (영역성)	어느 지역에 대한 권리를 주장하는 합법적 이용자들의 능력과 희망을 말하는데, 지역에 대한 통제는 경계를 만들고, 합법적 이용자들과 낯선자들을 구별하며, 공동체의 분위기를 조성함으로써 지역에 대한 통제가 가능하게 된다.
감시 (자연적 감시)	주민들이 특별한 장치의 도움 없이 이웃과 낯선자들 모두의 일상 활동을 관찰할 수 있도록 지역을 설계하는 것을 말하며, 이를 통해 주민들이 범죄행위를 관찰하고 쉽게 대응할 수 있도록 하는 것이다.
이미지	외관상 범행을 하기 쉬운 대상으로 여겨지지 않도록 만들고, 주위로부터 고립되지 않은 이웃·공동체를 건설하고자 하는 것이다.
주변지역보전 (환경)	보다 넓고, 범죄율이 낮으며, 철저히 감시되는 지역에 거주지를 건설하여 범죄를 예방하고자 하는 것이다.

③ 이와 같이 범죄행위에 대한 위험과 어려움을 높여(대상물 강화) 범죄기회를 줄임으로써 범죄예방을 도모하는 것을 **상황적 범죄예방모델**이라고 한다. 범죄기회가 주어지면 누구든지 범죄를 저지를 수 있는 것으로 보는 일상활동이론은 이 모델의 근거가 된다. 22. 간부(72), 22. 경행

5. 클락(Clarke)과 코니쉬(Cornish)의 상황적 범죄예방기법

클락과 코니쉬는 상황적 범죄예방의 5가지 목표(방법)로 ㉠ **노력의 증가**, ㉡ **위험의 증가**, ㉢ **보상의 감소**, ㉣ **자극(충동)의 감소**, ㉤ **변명의 제거**를 제시하고, 이에 따른 25가지 구체적 기법(기술)을 제시하였다. 22. 간부(72), 23. 경행 1차, 23. 해경간부, 24. 간부(74)

노력의 증가	1. 대상물 강화 • 운전대 잠금장치 • 강도방지 차단막	2. 시설 접근 통제 • 전자카드 출입 • 소지품 검색	3. 출입구 검색 • 출구통과 티켓 • 전자상품인 식표	4. 잠재적 범죄자 분산 • 분리된 여자 화장실 • 술집 분산	5. 도구/무기 통제 • 스마트 건 • 도난휴대폰 작동 불능화
위험의 증가	6. 보호기능 확장 • 일상적 경계 대책(야간외출 시 집단으로 다니기 등) • 이웃감시 프로그램	7. 자연적 감시 • 가로등 개선 • 방어적 공간설계	8. 익명성 감소 • 택시운전기사 ID 의무화 • 학교교복 착용	9. 장소감독자 활용 • 편의점 2인 정원 두기 • 신고보상	10. 공식적 감시 강화 • 침입절도경보기 • 민간 경비원
보상의 감소	11. 대상물 감추기 • 식별 안 되는 전화번호부 • 표식 없는 금고운송 트럭	12. 대상물 제거 • 탈부착 가능한 차량라디오 • 여성 피난 시설	13. 소유자 표시 • 재물표시 • 자동차고유번호 · 차대번호	14. 장물시장 교란 • 전당포 감시감독 • 노점상 인가제도	15. 이익 불허 • 상품 잉크 도난 방지택 • 스피드광 과속 방지턱
자극의 감소	16. 좌절감과 스트레스 감소 • 효율적인 줄서기 · 서비스 • 마음을 진정시키는 부드러운 음악과 조명	17. 논쟁 피하기 • 라이벌 축구팬들을 분리시킨 관람석 • 택시요금 정찰제	18. 감정적 자극 감소 • 폭력적 포르노물 통제 • 인종적 비하언어 금지	19. 친구 압력 중화 • 음주운전은 바보짓이다 • 교내 문제아들 분리조치	20. 모방 좌절 시키기 • 상세한 범죄수법 노출방지 • TV 폭력물 제어칩 설치
변명의 제거	21. 규칙 명확화 • 괴롭힘 방지규정 • 주택임대 규정 24. 간부(74)	22. 지침의 게시 • 주차금지 • 사유지	23. 양심에 호소 • 도로 옆의 속도알림 표시판 • 세관신고서 작성 24. 간부(74)	24. 준법행동 보조 • 간편한 도서관 체크아웃 • 공중화장실, 쓰레기통	25. 약물과 알코올 통제 • 술집에 음주측정기 • 알코올 없는 행사 진행

6. 상황적 범죄예방의 효과에 대한 논의

(1) 범죄의 전이효과

① 범죄예방활동을 통한 범죄기회의 차단은 범죄행위를 대체·이동시키는 전이효과만 발생하게 한다는 주장이다. 22. 경행, 23. 간부(73)

② 범죄의 전이에서는 범죄의 양과 종류는 비탄력적이어서 일정기간 일정량의 범죄는 반드시 발생하며, 잠재적 범죄자는 물리적·사회적 환경의 다양한 요인들에 기초하여 합리적 의사결정을 하고 범행을 결정한다는 가설을 전제한다. 23. 경행 2차

③ 레페토(T. A. Reppetto)는 범죄 전이의 유형을 다음과 같이 나누었다. 23. 간부(73), 23. 경행 2차, 23. 해경간부

지역적 전이	범죄를 인근의 다른 지역으로 이동하여 저지르는 것(영역적 전이)
시기적 전이	범행의 시간이 다른 시간대로 옮겨가는 것
전술적 전이	범행의 수법을 바꾸는 것(범행방법 전이)
목표의 전이	동일 지역에서 다른 범행대상을 선택하는 것(범행대상 전이)
기능적 전이	기존의 범죄를 포기하고 다른 유형의 범죄를 저지르는 것(범행유형 전이)

(2) 범죄통제이익의 확산효과

① 지역의 상황적 범죄예방 활동 효과는 다른 지역으로 확산되어 다른 지역에서도 범죄기회가 줄어들어 결국 범죄예방에 긍정적인 효과를 가져온다는 이익의 확산효과를 강조한다. 22. 경행

② 클라크와 와이즈버드(Clarke & Weisburd)는 범죄통제이익의 확산효과의 유형을 다음과 같이 나누었다.

억제효과	상황적 범죄예방수단의 억제력이 지속되어 잠재적 범죄자의 범죄활동을 억제하는 것
단념효과	합리적 선택의 관점에서 범죄자가 범행을 위한 노력과 그로 인한 보상을 고려하여 전자가 후자보다 크면 범행을 단념하는 것

(3) 공권력에 의한 자유 억압

국가가 상황적 범죄예방을 이유로 과도한 경비시설을 설치하거나 지나친 감시를 시행할 경우, 국민의 자유가 억압되거나 사생활이 침해될 우려가 있다는 비판이 있다.

7. 윌슨과 켈링(J. Wilson & G. Kelling)의 깨진 유리창 이론 ✦

① 깨진 유리창 이론(Broken Window Theory)이란 윌슨과 켈링에 의해 주장된 것으로서, 건물 주인이 건물의 깨진 유리창을 수리하지 않고 방치해 둔다면 건물관리가 소홀하다는 것을 반증함으로써 절도나 건물파괴 등 강력범죄를 일으키는 원인을 제공한다는 것이다. 즉, 우리의 일상생활에서 사소한 위반이나 침해행위가 발생했을 때 이것들을 제때에 제대로 처리하지 않으면 결국에는 더 큰 위법행위로 발전한다는 것을 의미한다.

② 더 나아가 이를 계기로 지역환경의 황폐화가 촉진되고 범죄가 증가하며, 지역 전체의 방범환경에 대한 의식이 저하되어 지역 전체가 황폐화된다고 본다(황폐이론).

③ 즉, 이웃사회의 무질서는 비공식적 사회통제 참여활동을 감소시켜 이로 인해 지역사회가 점점 더 무질서해지는 악순환에 빠져 지역사회의 붕괴로 이어지게 된다는 것이다. 23. 간부(73)

④ 무관용 정책과 집합효율성의 강화가 범죄예방에 중요한 기여를 하게 된다고 본다.

⑤ 종래의 범죄대책이 범죄자 개인에 집중하는 개인주의적 관점을 취한다는 점을 비판하고 공동체적 관점으로의 전환을 주장하며, 범죄예방활동의 중요성을 강조하는 이론이다. 23. 간부(73)

⑥ 1990년대 미국 뉴욕시에서 깨진 유리창 이론을 적용하여 사소한 범죄(무질서 행위)라도 강력히 처벌하는 이른바 무관용주의를 도입·시행하였다. 22. 간부(72), 23. 간부(73), 23. 경행 2차

⑦ 다만, 깨진 유리창 이론에 대해서는 과연 무질서가 범죄를 초래하는 것인지에 대한 경험적 연구가 미약하다는 비판이 제기된다.

8. 브랜팅햄(Brantingham) 부부의 범죄패턴이론 ✦

① 브랜팅햄 부부에 의하면, 범죄는 패턴이 있고, 범죄를 저지르는 결정에도 패턴이 있으며, 범행과정에도 패턴이 있다고 한다.

② 잠재적 범죄인의 생활패턴은 거의 일정하기 때문에 범죄발생의 3요소가 수렴하는 시간과 장소는 그 생활패턴에서 크게 벗어나지 않는다고 본다.

③ 범죄는 시간, 공간, 지역사회를 아우르며 무작위로 발생하거나 균등하게 발생하지 않으며, 범죄다발지역이 있고 상습범죄자들이나 반복피해자들이 있다고 한다.

④ 범죄패턴이론의 주장은 맵핑과 지리적 프로파일링, 핫스팟 분석기법의 발달에 영향을 미쳤고, 나아가 최근에는 시공간 분석과 근접-반복 모델링, 위험지역 분석 등으로 이어져 범죄예측의 이론적 토대로 자리 잡았다고 한다.

제2절 구체적 범죄예방방안

01 물리적 환경과 범죄예방

1. 물리적 환경이 범죄에 영향을 미치는 요소

① **주거단지의 설계나 구역의 배열**: 범죄의 대상 자체를 감소, 범행이 쉽게 발각되기 어렵게 하는 장애물을 제거, 범행에 대한 물리적 방해물을 증대 등을 말한다.

② **부지의 이용과 인구·차량 등의 유동 유형**: 잠재적 범죄자에 대한 범죄의 대상의 일상적 노출을 줄임으로써 지역의 공간을 보다 안전하게 이용할 수 있다.

③ **영역의 특징**: 특정지역에서 지역행사 등을 개최·후원하여 감시성을 제고하고 지역주민들의 참여도를 과시하는 것이다.

④ **특정 지역의 물리적 환경의 퇴락**: 물리적 환경의 퇴락을 방지하고 개선하여 특정 지역이 범죄에 취약하며, 지역주민들이 범죄문제와 관련하여 아무런 대응을 하지 않을 것이라는 잠재적 범죄자의 인식을 줄일 수 있다.

2. 평가

물리적 환경의 설계 또는 재설계가 범죄 및 관련 문제의 개선에 상당한 기여를 할 수 있다고 평가된다.

02 환경설계를 통한 범죄예방(CPTED)

1. CPTED의 의의

① 환경설계를 통한 범죄예방(CPTED, Crime Prevention Through Environmental Design)이란 지역이나 시설의 물리적 환경설계를 범죄자가 범행을 하기 어렵도록 하는 범죄예방기법을 말한다(범죄기회의 감소, 사전적 범죄예방). CPTED는 범죄기회이론에 해당하는 일상활동이론 등을 이론적 전제로 한다. 22. 간부(72), 22. 경행
② 환경설계란 어느 지역에서 건물의 건축과 그 용도의 설정을 하는 경우에 방어공간(defensible space)의 개념을 도입하여 범죄를 예방하고자 하는 것을 말한다.
③ 방어공간이란 뉴먼(O. Newman)이 제시한 것으로서 주민을 범죄로부터 보호할 수 있도록 주거환경을 조성해 놓은 주거공간을 말한다. 뉴먼은 도시지역의 범죄에 대한 해결방안으로 주거공간을 새롭게 건축하여 주거지역에 대한 통제력을 강화시키는 것이 필요하고, 이는 경찰이 아닌 지역사회 구성원들 스스로 공동영역을 확보함으로써 가능하게 된다고 주장하였다.
④ CPTED로 건축된 방어공간의 효과는 범죄예방뿐만 아니라 범죄의 두려움 감소에도 미친다.

2. CPTED의 진화

<table>
<tr><td>제1세대 CPTED</td><td>도시 건축적인 물리적 환경의 개선을 추구하는 것
예 CCTV 설치, 벽화 그리기, 출입구 단일화 등</td></tr>
<tr><td>제2세대 CPTED</td><td>공공기관 주도 및 규제 중심의 제도적 환경을 개선하고 지역사회의 참여와 유대를 강화하여 사회문화적 환경의 개선을 추구하는 것
예 시민방범순찰 등</td></tr>
<tr><td>제3세대 CPTED</td><td>도시의 생활 기준을 제고하고 도시의 이미지를 사용자 친화적이고, 안전·안심한 것으로 개선하기 위한 친환경적이고, 지속가능하며, 기술적으로 진보된 접근을 추구하여, CPTED에 친환경(에코) 디지털 하이테크 솔루션을 적용하는 것 22. 경행, 23. 간부(73)
예 방범기능을 하는 다용도 친환경 공공시설물이나 안전감을 높여주는 공공장소의 인터랙티브 공공미술</td></tr>
</table>

사빌과 클리블랜드(Saville & Cleveland)의 2세대 CPTED 이론

사빌과 클리블랜가 제시한 2세대 CPTED 이론은 그 주요내용으로 ⊙ 사회적 응집(지역사회의 참여와 유대를 강화하고 주민 간 신뢰와 응집력을 형성하여 범죄의 두려움을 감소), ⓒ 연계성(전문가 등 외부기관과의 연계를 통한 주민들의 문제해결 능력 향상), ⓒ 지역사회 문화(공동의 목표를 추구), ⓔ 한계수용량(문제해결을 위한 지역사회의 역량에 대한 제한된 수용력)을 제시하였다. 이 이론의 목표는 지역주민 간의 신뢰와 응집력을 높이고 범죄의 공포감을 감소시키는 것이다(사회적 응집의 강조). 24. 간부(74)

3. CPTED의 기본 원리(전략)

아래의 요소들은 엄밀히 구분되는 독립적 영역에 있는 것이 아니라 서로 중첩적이며, 상호영향을 주는 보완적 관계에 있다(종합적 고려).

접근통제 (access control)	공공 공간과 개인 공간을 명확히 구별하여 잠재적 범죄인이 범행 대상에 쉽게 접근하지 못하도록 하는 전략이다. 사람들의 출입을 관리 · 통제함으로써 범죄를 예방한다. 22. 간부(72), 22. 경행 예 안과 밖이 서로 보이는 펜스, 잠금장치, 출입차단기, 경비원 등
자연적 감시 (natural surveilance)	감시의 기회를 늘림으로써 잠재적 범죄인과 범행 대상에 대한 가시성을 증가시키는 전략이다. 이를 통해 사적 공간에 대한 경계를 강화하여 주민들의 책임의식과 소유의식을 증대시킴으로써 사적 공간에 대한 관리권을 강화할 수 있다. 22. 간부(72) 예 방범등 설치, 가로수 관리, 담장 허물기, CCTV, 순찰 등
영역성 (territoriality)	주거지역의 공간을 개인 공간과 준공공 공간, 공공 공간 등으로 분리 · 재배치하여 소유와 관리가 잘 이루어지고 있음을 명확히 알림으로써 접근에 대한 심리적 부담을 증대시켜 외부의 접근을 통제하는 전략이다. 이는 공동체의식과 애착을 증진시켜 주민 스스로 지역사회를 지키는 능력의 향상으로 이어진다. 예 울타리, 관목, 잔디 등으로 공적 · 사적 영역을 구분, 표지판
활동성 증대 (activity support)	공적인 공간에 대한 시민들의 사용을 활성화시키는 전략이다(활동성 지원). 이는 거리의 눈(street with eyes)을 증가시키고 사용자들의 안전감을 증대시키며, 주민들의 건전한 상호작용을 증대시킬 수 있다. 23. 경행 1차 예 거리의 벤치, 휴식 공간, 놀이터, 근린공원
유지 · 관리 (maintenance & management)	공공장소나 시설물이 처음 설계될 때의 상태로 계속 사용될 수 있도록 보존하는 전략이다. 이는 깨진 유리창 이론과도 연관된 개념이다. 예 공공시설 파손시 복구

03 지역사회 경찰활동과 문제지향 경찰활동

1. 지역사회 경찰활동 23. 간부(73) 경찰학

① 지역사회 경찰활동은 전통적 경찰활동에 대한 대안으로 1980년대 이후 본격화된 것으로, 경찰과 시민이 협력함으로써 범죄 발생과 범죄의 두려움, 사회적 · 물리적 무질서를 해결할 수 있다는 인식에 기초한다.
② 지역사회 경찰활동은 기본적으로 통제와 사후대응보다는 중립적인 입장에서 문제해결과 사전예방을 지향하며, 집단화된 획일적 접근보다는 개별화된 맞춤형 접근을 선호한다.

2. 문제지향 경찰활동

① 골드스타인(Goldstein)은 기존의 전통적 경찰활동을 비판하면서 경찰이 개별적인 사건에 일일이 대응하는 방식을 벗어나서 지역사회가 당면한 근본 문제를 해결하는 경찰활동을 할 것을 강조하였다.

② 에크와 스펠만(Eck & Spelman)은 문제지향 경찰활동의 실행과정으로 이른바 **SARA 모델**을 제시하였다. 23. 간부(73), 23. 경행 2차 경찰학

조사(탐색) (Scanning)	경찰이 지역사회의 문제나 쟁점사항 등을 인식하는 활동으로 단순한 사고나 범지구분을 넘어서 문제들의 범주를 넓히는 단계이다.
분석 (Analysis)	인지된 문제의 성격에 따라 문제의 원인이 되는 여러 가지 데이터를 수집하고 이를 분석하는 단계로서, 경찰과 지역사회의 협력이 필요하다.
대응 (Response)	경찰과 지역사회가 상호협력을 통해 분석된 문제의 원인을 제거하는 등 문제해결을 위한 대응방안을 실행에 옮기는 과정이다.
평가 (Assessment)	문제해결을 위한 대응 이후의 대응에 대한 효과성을 평가하는 단계로서, 문제해결의 전 과정에 환류를 통해 정보를 제공하거나 대응방안의 개선을 도모하는 과정이다.

04 지역사회의 범죄예방전략

1. 이웃감시 프로그램

지역주민들이 일상생활 중에 주변을 감시하여 스스로 범죄를 예방할 수 있도록 하는 방안으로, 지역주민들의 의식과 자발적 협력을 필요로 한다.

2. 시민방범순찰

지역주민이 당해 지역에서 경찰의 순찰활동과 별도로 순찰을 하여 범죄정황을 경찰에 알리는 방안이다.

3. 재물확인마킹제

자기 소유의 재물에 자신의 정보를 기입하여 범죄의 대상이 되지 못하도록 하는 방안이다.

4. 범죄신고보상제

특정한 범죄의 해결을 위하여 시민들이 범죄에 대한 정보를 제공할 경우 금전적 보상을 하는 방안이다.

5. 기타 방안

사업장·거주지에 대한 안전검사, 무임승차 단속, 자율방범활동, 여성안심귀가서비스 등

05 초범예방과 재범예방

1. 초범예방

(1) 경찰의 범죄예방

경찰은 범죄진압과 범죄예방 기능을 모두 담당하는데, 사후진압적 범죄예방은 사법경찰의 관할 영역이 되고, 사전적 범죄예방은 방범경찰의 관할 영역이 된다.

(2) 형벌의 일반예방 기능

① 형벌의 위하 작용에 의해 범죄를 예방하고 준법의식을 갖게 하는 것이다.

② 형벌은 범죄인의 개선을 통한 **특별예방효과**도 거둘 수 있어 재범예방에도 효과적이다.

(3) 지역사회의 조직화(지역사회 방범활동의 강화)

① 범죄를 개인의 문제에 국한되지 않는 사회적 현상으로 이해하고 범죄의 사회적 원인을 고려하면, 범죄에 영향을 미치는 사회의 여러 조직을 개편·개선함으로써 범죄를 감소시킬 수 있는 가능성이 있다.

② 구체적으로는 구역감시, 동행봉사, 이동순찰, 재물등록, 범죄예방을 위한 자발적 봉사 등이 비공식적 사회통제방법으로서 범죄예방에 도움을 줄 수 있다.

③ 지역사회의 조직화는 **초범예방뿐만** 아니라 **재범예방에도 효과적**이라는 장점이 있으나, **구성원의 이질성이나 인구의 이동성이 높은 지역에서는 한계**가 있다는 단점이 있다.

(4) 협력회의의 편성과 활동

범죄예방을 위한 유관기관(⑩ 경찰, 소년법원, 학교, 청소년 상담소, 사회복지단체 등)들이 범죄예방을 위해 조직간의 프로그램을 연계하는 방법이다.

(5) 매스컴의 범죄예방활동

매스컴은 대중에게 범죄문제를 자세히 알릴 수 있을 뿐만 아니라 범죄예방을 위한 다양한 방법을 교육할 수도 있다(⑩ 경찰청사람들, 사건25시, 그것이 알고 싶다 등의 TV 프로그램).

(6) 그룹워크(group work)

그룹워크란 반사회적 성향이 있는 사람을 별도로 분류하여 교육을 시키거나 다양한 방법으로 치료를 함으로써 사회에 긍정적 태도를 갖도록 하는 것을 말한다.

(7) 여가지도

범행가능성이 높은 사람이 여가를 선용하도록 건전한 레크레이션 활동을 권장하는 것이다. 특히 청소년 집단을 대상으로 하는 여가지도는 반달리즘(Vandalism)을 특징으로 하는 **소년범죄의 예방에 효과적 방법**이 될 수 있다.

2. 재범예방

(1) 교정시설 내의 재범예방

① **형벌의 특별예방 기능**: 형벌(자유형)은 범죄자에게 범행에 상응하는 고통을 부과하여 다시 범죄로 나아가지 않게 하며 범죄자를 사회로부터 격리함으로써 반성·개선하게 하는 효과가 있다.

② **기계적 개선법**: 주로 형벌에 부수하는 효과로서, 수형기간 동안 강제적 방법으로 직업교육과 준법생활을 하도록 함으로써 도덕심을 함양하고 사회에 대한 적응능력을 높이는 것이다.

③ **임상적 개선법**: 범죄인에게 존재하는 생물학적·정신의학적·심리학적 이상·결함을 발견하여 치료하는 것을 말한다(예 「치료감호 등에 관한 법률」상 치료감호처분).

④ **집단관계 개선법**
 ㉠ 범죄인의 행동은 특수한 성격·속성의 결과가 아니고 집단관계·집단문화의 소산이라고 보아(사회적 범죄원인을 중시), 수형자의 대인관계를 개선함으로써 재범가능성을 감소시키는 방법이다.
 ㉡ 집단관계를 이용한 개선방법은 교정시설 안에서 수형자의 개선을 촉진하기 위한 방법으로 사용되고 있다(예 치료를 위한 학교, 수형자자치제 등).

⑤ **전문기술적용 개선법**: 대상 범죄자의 능력을 발견하고 발전시켜 사회적 자원을 활용하여 범죄자 스스로 당면한 문제를 해결하고 사회에 대한 적응능력을 높일 수 있도록 도와주는 것으로서, 소셜 워크(social work)라고 한다.

(2) 교정시설 밖의 재범예방

교정시설 밖의 재범예방조치로는 **갱생보호활동**이 있고, 이를 위한 방법으로는 교육·훈련, 사회여건의 개선 등이 있다.

교육·훈련	교정시설 안의 강제적·비전문적인 직업교육은 석방 이후의 사회적응에 큰 도움이 되지 못한다. 범죄자의 사회적응을 위한 교육·훈련은 석방 이후에도 계속되어야 한다 예 교육 기회의 확대, 교육 프로그램의 개선, 직업훈련교육을 받을 조건을 구비하기 위한 복지정책, 적절한 직업의 알선 등
사회여건 개선	전과자는 공식적·비공식적으로 취업의 불가능 기타 제약을 받는 것이 현실이다. 전과자의 사회적응을 위해서는 사회의 제반여건을 개선하는 것이 가장 좋은 방법이다.

06 참고 – 중대범죄신상공개제도

1. 의의

종래 특정강력범죄의 피의자와 성폭력범죄의 피의자에 대하여 신상정보 공개제도가 규정되어 있었으나, 최근 「특정중대범죄 피의자 등 신상정보 공개에 관한 법률」이 제정되어, 국가, 사회, 개인에게 중대한 해악을 끼치는 특정중대범죄 사건에 대하여 수사 및 재판 단계에서 피의자 또는 피고인의 신상정보 공개제도가 시행되었다(시행 2024.1.25.).

2. 「특정중대범죄 피의자 등 신상정보 공개에 관한 법률」의 주요 내용

제1조【목적】이 법은 국가, 사회, 개인에게 중대한 해악을 끼치는 특정중대범죄 사건에 대하여 수사 및 재판 단계에서 피의자 또는 피고인의 신상정보 공개에 대한 대상과 절차 등을 규정함으로써 국민의 알권리를 보장하고 범죄를 예방하여 안전한 사회를 구현하는 것을 목적으로 한다.

제2조【정의】이 법에서 "특정중대범죄"란 다음 각 호의 어느 하나에 해당하는 죄를 말한다.

1. 「형법」제2편 제1장 내란의 죄 및 같은 편 제2장 외환의 죄
2. 「형법」제114조(범죄단체 등의 조직)의 죄
3. 「형법」제119조(폭발물 사용)의 죄
4. 「형법」제164조(현주건조물 등 방화) 제2항의 죄
5. 「형법」제2편 제25장 상해와 폭행의 죄 중 제258조(중상해, 존속중상해), 제258조의2(특수상해), 제259조(상해치사) 및 제262조(폭행치사상)의 죄. 다만, 제262조(폭행치사상)의 죄의 경우 중상해 또는 사망에 이른 경우에 한정한다.
6. 「특정강력범죄의 처벌에 관한 특례법」제2조의 특정강력범죄
7. 「성폭력범죄의 처벌 등에 관한 특례법」제2조의 성폭력범죄
8. 「아동·청소년의 성보호에 관한 법률」제2조 제2호의 아동·청소년대상 성범죄. 다만, 같은 법 제13조, 제14조 제3항, 제15조 제2항·제3항 및 제15조의2의 죄는 제외한다.
9. 「마약류 관리에 관한 법률」제58조의 죄. 다만, 같은 조 제4항의 죄는 제외한다.
10. 「마약류 불법거래 방지에 관한 특례법」제6조 및 제9조 제1항의 죄
11. 제1호부터 제10호까지의 죄로서 다른 법률에 따라 가중처벌되는 죄

제3조【다른 법률과의 관계】수사 및 재판 단계에서 신상정보의 공개에 대하여는 다른 법률의 규정에도 불구하고 이 법을 우선 적용한다.

제4조【피의자의 신상정보 공개】① 검사와 사법경찰관은 다음 각 호의 요건을 모두 갖춘 특정중대범죄사건의 피의자의 얼굴, 성명 및 나이(이하 "신상정보"라 한다)를 공개할 수 있다. 다만, 피의자가 미성년자인 경우에는 공개하지 아니한다.

1. 범행수단이 잔인하고 중대한 피해가 발생하였을 것(제2조 제3호부터 제6호까지의 죄에 한정한다)
2. 피의자가 그 죄를 범하였다고 믿을 만한 충분한 증거가 있을 것
3. 국민의 알권리 보장, 피의자의 재범 방지 및 범죄예방 등 오로지 공공의 이익을 위하여 필요할 것

② 검사와 사법경찰관은 제1항에 따라 신상정보 공개를 결정할 때에는 범죄의 중대성, 범행 후 정황, 피해자 보호 필요성, 피해자(피해자가 사망한 경우 피해자의 유족을 포함한다)의 의사 등을 종합적으로 고려하여야 한다.

③ 검사와 사법경찰관은 제1항에 따라 신상정보를 공개할 때에는 피의자의 인권을 고려하여 신중하게 결정하고 이를 남용하여서는 아니 된다.

④ 제1항에 따라 공개하는 피의자의 얼굴은 특별한 사정이 없으면 공개 결정일 전후 30일 이내의 모습으로 한다. 이 경우 검사와 사법경찰관은 다른 법령에 따라 적법하게 수집·보관하고 있는 사진, 영상물 등이 있는 때에는 이를 활용하여 공개할 수 있다.

⑤ 검사와 사법경찰관은 제1항에 따라 피의자의 얼굴을 공개하기 위하여 필요한 경우 피의자를 식별할 수 있도록 피의자의 얼굴을 촬영할 수 있다. 이 경우 피의자는 이에 따라야 한다.

⑥ 검사와 사법경찰관은 제1항에 따라 피의자의 신상정보 공개를 결정하기 전에 피의자에게 의견을 진술할 기회를 주어야 한다. 다만, 신상정보공개심의위원회에서 피의자의 의견을 청취한 경우에는 이를 생략할 수 있다.

⑦ 검사와 사법경찰관은 피의자에게 신상정보 공개를 통지한 날부터 5일 이상의 유예기간을 두고 신상정보를 공개하여야 한다. 다만, 피의자가 신상정보 공개 결정에 대하여 서면으로 이의 없음을 표시한 때에는 유예기간을 두지 아니할 수 있다.

⑧ 검사와 사법경찰관은 정보통신망을 이용하여 그 신상정보를 30일간 공개한다.

제5조【피고인의 신상정보 공개】 ① 검사는 공소제기 시까지 특정중대범죄사건이 아니었으나 재판 과정에서 특정중대범죄사건으로 공소사실이 변경된 사건의 피고인으로서 제4조 제1항 각 호의 요건을 모두 갖춘 피고인에 대하여 피고인의 현재지 또는 최후 거주지를 관할하는 법원에 신상정보의 공개를 청구할 수 있다. 다만, 피고인이 미성년자인 경우는 제외한다.

② 제1항에 따른 청구는 해당 특정중대범죄 피고사건의 항소심 변론종결 시까지 하여야 한다.

③ 제1항에 따른 청구에 관하여는 해당 특정중대범죄 피고사건을 심리하는 재판부가 아닌 별도의 재판부에서 결정한다.

④ 법원은 피고인의 신상정보 공개 여부를 결정하기 위하여 필요하다고 인정하는 때에는 검사, 피고인, 그 밖의 참고인으로부터 의견을 들을 수 있다.

⑤ 제1항에 따른 청구를 받은 법원은 청구의 허부에 관한 결정을 하여야 한다.

⑥ 제5항의 결정에 대하여는 즉시항고를 할 수 있다.

⑦ 법원의 신상정보 공개 결정은 검사가 집행하고, 이에 대하여는 제4조 제4항·제5항·제8항·제9항을 준용한다.

제6조【피의자에 대한 보상】 ① 피의자로서 이 법에 따라 신상정보가 공개된 자 중 검사로부터 불기소처분을 받거나 사법경찰관으로부터 불송치결정을 받은 자는 「형사보상 및 명예회복에 관한 법률」에 따른 형사보상과 별도로 국가에 대하여 신상정보의 공개에 따른 보상을 청구할 수 있다. 다만, 신상정보가 공개된 이후 불기소처분 또는 불송치결정의 사유가 있는 경우와 해당 불기소처분 또는 불송치결정이 종국적인 것이 아니거나 「형사소송법」 제247조에 따른 것일 경우에는 그러하지 아니하다.

② 다음 각 호의 어느 하나에 해당하는 경우에는 제1항에 따른 보상의 전부 또는 일부를 지급하지 아니할 수 있다.

1. 본인이 수사 또는 재판을 그르칠 목적으로 거짓 자백을 하거나 다른 유죄의 증거를 만듦으로써 신상정보가 공개된 것으로 인정되는 경우

2. 보상을 하는 것이 선량한 풍속이나 그 밖에 사회질서에 위배된다고 인정할 특별한 사정이 있는 경우

제7조【피고인에 대한 보상】 ① 이 법에 따라 신상정보가 공개된 피고인이 해당 특정중대범죄에 대하여 무죄재판을 받아 확정되었을 때에는 「형사보상 및 명예회복에 관한 법률」에 따른 형사보상과 별도로 국가에 대하여 신상정보의 공개에 따른 보상을 청구할 수 있다.

② 다음 각 호의 어느 하나에 해당하는 경우에는 법원은 재량으로 보상청구의 전부 또는 일부를 기각할 수 있다.

1. 「형법」 제9조 및 제10조 제1항의 사유로 무죄재판을 받은 경우
2. 본인이 수사 또는 심판을 그르칠 목적으로 거짓 자백을 하거나 다른 유죄의 증거를 만듦으로써 기소, 신상정보 공개, 또는 유죄재판을 받게 된 것으로 인정된 경우
3. 수개의 특정중대범죄로 인하여 신상정보가 공개된 피고인이 1개의 재판으로 경합범의 일부인 특정중대범죄에 대하여 무죄재판을 받고 다른 특정중대범죄에 대하여 유죄재판을 받은 경우

제8조【신상정보공개심의위원회】 ① 검찰총장 및 경찰청장은 제4조에 따른 신상정보 공개 여부에 관한 사항을 심의하기 위하여 신상정보공개심의위원회를 둘 수 있다.

② 신상정보공개심의위원회는 위원장을 포함하여 10인 이내의 위원으로 구성한다.

③ 신상정보공개심의위원회는 신상정보 공개 여부에 관한 사항을 심의할 때 피의자에게 의견을 진술할 기회를 주어야 한다.

신상정보공개심의위원회

신상정보공개심의위원회는 각급 검찰청(지청을 포함) 및 경찰관서에 둘 수 있고, 위원장은 공무원이 아닌 위원 중에서 검찰총장 또는 경찰청장이 위촉한다(시행령 제8조 참조).

제3절 범죄예방대책의 발전방향

01 비공식적 사회통제의 강화

공식적 사회통제는 인력·재원의 부족으로 인해 범죄통제에 한계가 있으나, 비공식적 사회통제는 이러한 한계를 보완하고 지역사회의 범죄를 감소시키는 역할을 한다. 그리고 지역사회의 통합성이 높을수록 비공식적 사회통제는 더욱 효율적으로 작용한다.

02 지역사회 경찰활동의 강화

경찰이 범죄예방활동을 효율적으로 수행해 나가기 위해서는 지역주민의 적극적인 참여가 전제되어야 한다. 이처럼 경찰이 지역사회와 공동으로 범죄예방활동을 해 나가는 것을 지역사회 경찰활동(community policing)이라고 한다. ✦

03 기타의 대책

① 미국의 국립범죄예방연구소(NCPI)와 같이 범죄예방을 전담하는 국가기구를 설립하여 보다 효율적으로 범죄예방활동을 수행하는 것이 요구된다.
② 환경설계를 통한 범죄예방(CPTED)도 모색되어야 한다. 특히 건물설계에 범죄예방을 위한 방어공간을 확보하고, 도시계획상 범죄예방평가제의 도입도 고려되어야 한다.
③ 청소년비행예방 프로그램의 개발이 시급히 요구된다.

④ 이웃감시활동, 시민순찰 등을 도입하여 민간자율방범활동을 적극적으로 실시하여야
한다.

⑤ **민간경비의 발전**을 위해서 청원경찰과 용역경비의 일원화를 모색하고, 전문화, 재
정금융 지원, 경찰지원 및 역할 증대를 고려하여야 한다.

⑥ 범죄율이 상대적으로 높은 도시지역을 대상으로 영국의 '더 안전한 도시 프로그램
(safer city programme)'과 같은 범죄예방 프로그램을 개발하여야 한다.

⑦ 다양한 다이버전 프로그램을 개발하는 것은 물론이고, 범죄자의 재범방지를 위한
다양한 사회복귀 프로그램을 개발·시행하여야 하며, 범죄자의 출소 후 사회적응
을 지원하기 위한 갱생보호활동도 활발하게 전개하여야 한다.

단원별 지문 O／X

01 범죄예방은 사후대응적(reactive)인 반면, 형사사법제도는 사전예방적(proactive)이다. (　　) 24. 경행

02 범죄예방의 범주는 범죄행동에 중점을 두는 반면, 형사사법제도는 범죄행동뿐 아니라 범인성, 두려움 등에도 중점을 둔다.
(　　) 24. 경행

03 범죄예방의 접근방법은 개입에만 중점을 두는 반면, 형사사법제도는 개입뿐 아니라 예측 및 평가도 포함한다. (　　)
24. 경행

04 범죄예방은 비공식적 사회통제에 중점을 두는 반면, 형사사법제도는 공식적 사회통제에 중점을 둔다. (　　) 24. 경행

05 랩(Lab)은 범죄예방의 개념을 '실제의 범죄발생 및 범죄두려움(fear of crime)을 제거하는 활동'이라 정의하고, 범죄예방은 범죄의 실질적인 발생을 줄이려는 정책과 일반시민이 범죄에 대하여 가지는 막연한 두려움과 공포를 줄여나가는 정책을 포함하여야 한다고 주장한다. (　　) 23. 경행 2차

06 브랜팅햄과 파우스트(Brantingham & Faust)는 질병예방에 관한 보건의료모형을 응용하여 3단계로 분류한 범죄예방모델을 제시하였다. (　　) 24. 간부(74)

07 이웃감시와 주민순찰은 브랜팅햄과 파우스트(Brantingham& Faust)가 제시한 1차적 범죄예방과 관련이 있다. (　　)
24. 간부(74)

08 브랜팅햄(Brantingham)과 파우스트(Faust)에 의하면, 잠재적 범죄자를 조기에 판별하고 이들이 불법행위를 저지르기 전에 개입하려는 시도는 2차적 범죄예방에 해당한다고 볼 수 있다. (　　) 22. 간부(72)

09 브랜팅햄(Brantingham)과 파우스트(Faust)에 의하면, 범죄 실태에 대한 대중교육을 실시하는 것은 1차적 범죄예방에 가장 가깝다. (　　) 22. 간부(72)

---

01 ✕ '범죄예방은 사전예방적'이며, '형사사법제도는 사후대응적'이다.

02 ✕ '형사사법제도는 범죄행동에 중점'을 두는 반면, '범죄예방은 범죄행동뿐 아니라 범인성, 두려움 등에도 중점'을 둔다.

03 ✕ '형사사법제도는 개입에만 중점'을 두는 반면, '범죄예방은 개입뿐만 아니라 예측 및 평가도 포함'한다.

04 ○ 형사사법제도에 의한 공식적 사법통제는 인력·재원의 부족으로 인해 범죄통제에 한계가 있으나, 비공식적 사회통제는 이러한 한계를 보완하고 지역사회의 범죄를 감소시키는 범죄예방의 역할을 한다.

05 ○ 랩(S. P. Lab)은 범죄예방의 개념을 실제의 범죄발생 및 시민이 범죄에 대해서 가지는 두려움을 제거하는 활동이라고 하면서, 범죄예방은 범죄의 실질적인 발생을 줄이려는 정책과 일반시민이 범죄에 대하여 가지는 막연한 두려움과 공포를 줄여나가는 정책을 포함하여야 한다고 보았다.

06 ○ 브랜팅햄과 파우스트는 범죄예방에 질병의 예방과 치료의 개념을 도입하여 범죄예방을 1차적 범죄예방, 2차적 범죄예방, 3차적 범죄예방으로 나누었다.

07 ○ 브랜팅햄과 파우스트가 제시한 1차적 범죄예방은 범죄를 유발·촉진하는 물리적·사회적 환경을 개선하는 것으로, 환경설계, 이웃감시, 민간경비, 범죄예방교육, 시민순찰 등을 예로 들 수 있다.

08 ○ 2차적 범죄예방은 우범자나 우범지역을 대상으로 범죄기회를 차단하는 것(예 감시카메라·비상벨 설치, 방어공간의 확보 등)을 말한다(상황적 범죄예방).

09 ○ 1차적 범죄예방은 일반시민을 대상으로 범죄를 유발·촉진하는 물리적·사회적 환경을 개선하는 것(예 환경설계, 이웃감시, 민간경비, 범죄예방교육 등)을 말한다.

10 상황적 범죄예방모델은 브랜팅햄(Brantingham)과 파우스트(Faust)의 범죄예방모델 중에서 2차적 범죄예방에 속한다.

(　　) 23. 경행 2차

11 브랜팅햄(Brantingham)과 파우스트(Faust)에 의하면, 2차적 범죄예방은 대부분 형사사법기관에 의해 이루어진다.

(　　) 22. 간부(72)

12 제프리(Jeffery)가 제시한 범죄대책 중 범죄억제모델은 주로 형 집행단계에서 특별예방의 관점을 강조하고 있다. (　　)

23. 경행 2차

13 제프리(Jeffery)는 범죄예방모델로 범죄억제모델(Detement Model), 사회복귀모델(Rehabilitation Model), 환경공학적 범죄통제모델(Crime Control Through Environmental Engineering)을 제시하였으며, 세 가지 모델은 상충관계에 있다.

(　　) 23. 간부(73)

14 뉴만(Newman)은 제프리의 범죄예방모델을 도입하여, 주택의 건축과정에서 공동체의 익명성을 줄이고 범죄자의 침입과 도주를 차단하며 순찰·감시가 용이하도록 구성하여 범죄예방을 도모하여야 한다는 방어공간(defensible space)의 개념을 사용하였다. (　　)

15 뉴먼(Newman)은 방어공간의 4가지 구성요소로 영역성, 자연적 감시, 이미지, 환경을 제시하였다. (　　) 22. 간부(72)

16 뉴만(Newman)의 방어공간이론은 많은 도시시설 가운데 특히, 주거시설에 초점을 두고 정립되었다. (　　) 24. 간부(74)

17 뉴만의 방어공간에는 영역성, 자연적 감시, 이미지, 환경의 네 가지 구성요소가 있는데, 이 가운데 영역성을 강조하였다.

(　　) 24. 간부(74)

---

10 ○ 브랜팅햄(Brantingham)과 파우스트(Faust)의 범죄예방모델 중에서 2차적 범죄예방은 잠재적 범죄자의 범죄기회를 차단하는 상황적 범죄예방을 말한다.

11 × '3차적 범죄예방'은 범죄자를 대상으로 그들의 재범을 예방하는 것(예 형벌, 보안처분 등)을 말하는데, 이는 대부분 형사사법기관이 담당한다.

12 × 제프리(Jeffery)가 제시한 범죄대책 중 범죄억제모델은 법과 형벌 등의 제재를 통하여 범죄를 방지하고 범죄인을 교정하는 방안으로, 비결정론을 전제하는 고전학파의 이론과 같은 맥락에서 범죄예방의 방법으로 형벌을 수단으로 하는 진압적 방법을 사용한다. 지문에서 제시된 형 집행단계에서 특별예방의 관점을 강조하는 것은 '사회복귀모델'의 내용이다. 사회복귀모델은 교육, 복지정책, 지역사회활동 등을 통하여 범죄인의 재사회화를 지원하는 방안으로, 결정론을 전제하는 실증주의의 이론과 같은 맥락에서 형 집행단계에서 특별예방의 관점이 많이 강조되는 유형이다.

13 × 제프리(Jeffery)는 범죄억제모델(Detement Model), 사회복귀모델(Rehabilitation Model), 환경공학적 범죄통제모델(Crime Control Through Environmental Engineering)을 범죄예방모델로 제시하였는데, 이러한 세 가지 모델은 상충관계에 있는 것이 아니라 '상호보완관계'에 있다고 보았다.

14 ○ 뉴만의 상황적 범죄예방모델에 대한 설명이다.

15 ○ 뉴먼(Newman)은 주택의 건축과정에서 공동체의 익명성을 줄이고 범죄자의 침입과 도주를 차단하며 순찰·감시가 용이하도록 구성하여 범죄예방을 도모하여야 한다는 방어공간(defensible space)의 개념을 사용하였다. 이러한 방어공간의 기본요소에는 ⊙ 영역설정, ⓒ 자연적 감시, ⓒ 이미지, ② 주변지역보전 등이 있다. 이와 같이 범죄행위에 대한 위험과 어려움을 높여(대상물 강화) 범죄기회를 줄임으로써 범죄예방을 도모하는 것을 상황적 범죄예방모델이라고 한다.

16 ○ 뉴만은 주택의 건축 과정에서 공동체의 익명성을 줄이고 범죄자의 침입과 도주를 차단하며 순찰·감시가 용이하도록 구성하여 주거지역에 대한 통제력을 강화함으로써 범죄예방을 도모하여야 한다는 방어공간(defensible space)의 개념을 사용하였다.

17 ○ 뉴만은 영역성을 중심으로 현대도시에서 주민과 주거환경의 관계를 표현하였고, 방어공간의 기본요소에는 ⊙ 영역설정, ⓒ 감시, ⓒ 이미지, ② 주변지역보전 등이 있다고 보았다. 특히 방어공간의 영역성 기능에 의하면 지역사회의 사회적 융화와 상호작용이 원활하면 비공식적 통제기능 또한 원활해질 수 있으므로 그만큼 영역성과 감시성이 강화되어 그 지역의 범죄가 감소하게 된다고 본다. 참고로 이에 대해서는 영역성의 강화보다 감시성의 확대가 범죄 감소에 더 많은 영향을 미친다는 비판도 제기된다.

18 뉴만의 방어공간 구성요소 가운데 이미지는 특정 지역·장소에 있는 특정한 사람이 범행하기 쉬운 대상으로 인식되지 않도록 하는 것을 의미한다. (　　) 24. 간부(74)

19 뉴만의 방어공간의 영역은 사적 영역, 준사적 영역, 준공적 영역, 공적 영역으로 나뉘는데, 이 가운데 준공적 영역과 공적 영역의 범죄발생 위험성이 높다고 하였다. (　　) 24. 간부(74)

20 일상활동이론(Routine Activity Theory)은 형사사법체계에 의해서 수행되는 공식적 통제를 통한 범죄예방을 설명하는 데 유용하다. (　　) 22. 경행

21 코니쉬와 클락(Cornish & Clarke)이 제시한 상황적 범죄예방에서, 관련 규정과 규칙을 명확하게 하고 표시판 등을 통해 양심에 호소하는 것은 '변명의 제거'를 목표로 하는 기법이다. (　　) 24. 간부(74)

22 코니쉬와 클락(Cornish & Clarke)은 상황적 범죄예방의 목표를 '노력의 증가', '위험의 감소', '보상의 감소', '변명의 제거' 네 가지로 제시하였다. (　　) 24. 간부(74)

23 레페토(Reppetto)는 범죄는 탄력적이며, 범죄자들은 합리적 선택을 한다고 가정하였다. (　　) 23. 경행 2차

24 레페토가 제안한 전이의 유형 중 전술적 전이는 범죄자가 동종의 범죄를 저지르기 위해 새로운 수단을 사용하는 것을 말한다. (　　) 23. 경행 2차

25 레페토가 제안한 전이의 유형 중 목표의 전이는 범죄자가 같은 지역에서 다른 피해자를 선택하는 것을 말한다. (　　) 23. 경행 2차

26 CCTV의 증설로 인하여 차량절도범이 인접 지역으로 이동해 범행을 저지르는 것은 레페토가 제안한 전이의 유형 중 영역적 전이에 해당한다. (　　) 23. 경행 2차

27 레페토(Reppetto)가 주장한 범죄전이(Crime Displacement) 중 기능적 전이(Functional Displacement)란 기존 범죄자의 활동 중지가 또 다른 범죄자에 의해 대체되는 것을 의미한다. (　　) 23. 간부(73)

---

18 ○ 이미지는 외관상 범행을 하기 쉬운 대상으로 여겨지지 않도록 만들고, 주위로부터 고립되지 않은 이웃·공동체를 건설하고자 하는 것이다.

19 × 방어공간의 영역 구분 중 '사적 영역, 준사적 영역의 범죄발생 위험성이 높다'고 보아, 영역성과 감시성을 중시한다.

20 × '범죄행위에 대한 위험과 어려움을 높여(대상물 강화) 범죄기회를 줄임으로써 범죄예방을 도모'하는 것을 '상황적 범죄예방모델'이라고 하는데, 범죄기회가 주어지면 누구든지 범죄를 저지를 수 있는 것으로 보는 일상활동이론은 이 모델의 근거가 된다.

21 ○ 클락과 코니쉬는 상황적 범죄예방의 5가지 목표(방법)로 노력의 증가, 위험의 증가, 보상의 감소, 자극(충동)의 감소, 변명의 제거를 제시하고, 이에 따른 25가지 구체적 기법(기술)을 제시하였다. 규칙 명확화, 지침의 게시, 양심에 호소, 준법행동 보조, 약물과 알코올 통제 등은 변명의 제거를 위한 구체적 기법(기술)에 해당한다.

22 × 클락과 코니쉬는 상황적 범죄예방의 '5가지' 목표(방법)로 노력의 증가, '위험의 증가', 보상의 감소, '자극(충동)의 감소', 변명의 제거를 제시하였다.

23 × 범죄전이에서는 '범죄의 양과 종류는 비탄력적'이어서 일정기간 일정량의 범죄는 반드시 발생하며, 잠재적 범죄자는 물리적·사회적 환경의 다양한 요인들에 기초하여 합리적 의사결정을 하고 범행을 결정한다는 가설을 전제한다.

24 ○ 전술적 전이는 범행의 수법을 바꾸는 것이다(범행방법 전이).

25 ○ 목표의 전이는 동일 지역에서 다른 범행대상을 선택하는 것이다(범행대상 전이).

26 ○ 영역적 전이는 범죄를 인근의 다른 지역으로 이동하여 저지르는 것이다(지역적 전이).

27 × 기능적 전이란 '기존의 범죄를 포기하고 다른 유형의 범죄를 저지르는 것'을 말한다(범죄유형 전이).

28 깨진 유리창 이론(Broken Windows Theory)을 근거로 도출된 범죄예방모델에서는 무관용 원칙을 중요시한다. ( )

23. 경행 2차

29 지역 내 무질서 행위를 철저히 단속하는 것은 깨어진 유리창 이론(Broken Windows Theory)을 근거로 한다. ( )

22. 간부(72)

30 1990년대 미국 시카고시에서 깨진 유리창 이론을 적용하여 사소한 범죄라도 강력히 처벌하는 무관용주의(Zero Tolerrance)를 도입하였다. ( )

23. 간부(73)

31 CPTED는 주거 및 도시지역의 물리적 환경설계 또는 재설계를 통해 범죄기회를 감소시키고자 하는 기법이다. ( )

22. 간부(72)

32 CPTED는 물리적 환경설계를 통한 범죄예방전략을 의미한다. ( )

22. 경행

33 목표물 견고화(target hardening)란 잠재적 범행대상이 쉽게 피해를 보지 않도록 하는 일련의 조치를 말한다. ( )

22. 경행

34 CPTED의 기본원리 중 자연적 감시는 사적 공간에 대한 경계를 제거하여 주민들의 책임의식과 소유의식을 감소시킴으로써 사적공간에 대한 관리권을 약화시키는 원리이다. ( )

22. 간부(72)

35 CPTED의 기본원리 중 자연적 접근통제는 일정한 지역에 접근하는 사람들을 정해진 공간으로 유도하거나 외부인의 출입을 통제하도록 설계함으로써 접근에 대한 심리적 부담을 증대시켜 범죄를 예방하려는 원리이다. ( )

22. 간부(72)

36 1세대 환경설계를 통한 범죄예방(CPTED) 전략을 활용한 범죄예방 방안으로는 ㉠ CCTV 설치, ㉡ 벽화 그리기, ㉢ 출입구 단일화, ㉣ 시민방범순찰 등을 들 수 있다. ( )

23. 간부(73)

---

28 ○ 1990년대 미국 뉴욕시에서 깨진 유리창 이론을 적용하여 사소한 범죄(무질서 행위)라도 강력히 처벌하는 이른바 무관용주의를 도입·시행하였다.

29 ○ 윌슨(Wilson)과 켈링(Kelling)은 깨어진 유리창 이론(Broken Windows Theory)에서 일상생활에서 사소한 위반이나 침해행위가 발생했을 때 이것들을 제때에 제대로 처리하지 않으면 결국에는 더 큰 위법행위로 발전한다고 주장하면서, 사소한 범죄에 대한 무관용 정책과 지역사회에서 집합효율성의 강화가 범죄예방에 중요한 기여를 하게 된다고 본다.

30 × 1990년대 미국 '뉴욕시'에서 깨진 유리창 이론을 적용하여 무관용주의를 도입하였다.

31 ○ 환경설계를 통한 범죄예방(CPTED)이란 지역이나 시설의 물리적 설계를 범죄자가 범행을 하기 어렵도록 하는 범죄예방기법을 말한다(범죄기회의 감소).

32 ○ 환경설계를 통한 범죄예방(CPTED)이란 어느 지역에서 건물의 건축과 그 용도의 설정을 하는 경우에 방어공간(defensible space)의 개념을 도입하여 범죄를 예방하고자 하는 것을 말한다.

33 ○ 목표물 견고화(target hardening)란 범행대상이 쉽게 범죄피해를 당하지 않도록 조치하여 범죄를 예방하는 것이다(예 자물쇠, 담장, 금고, 경보장치 등).

34 × 자연적 감시란 감시의 기회를 늘림으로써 거주자들의 범죄에 대한 두려움을 줄이고 공공 공간에서 활동을 증가시켜 안전한 생활을 보장하게 되는 방안을 말한다. 따라서 사적 공각에 대한 경계를 '강화'하여 주민들의 책임의식과 소유의식을 '증대'시킴으로써 사적공간에 대한 관리권을 '강화'시키는 것을 의미한다.

35 ○ 자연적 접근통제란 공공 공간과 개인 공간을 명확히 구별하여 범죄의 기회를 제한하는 방안(예 명확하고 식별 가능한 출입구 단일화, 모든 출입자의 안내소 통과 등)을 말한다.

36 × 1세대 CPTED 전략은 도시 건축적인 물리적 환경의 개선을 추구하는 것을 말한다. 반면에 2세대 CPTED 전략은 지자체 주도의 가이드라인 제시와 규제 중심의 제도적 환경의 개선을 추구하고 지역사회의 참여와 유대를 강화하는 것을 말한다. 시민방범순찰(㉣)은 2세대 CPTED 전략에 해당한다.

37 2세대 CPTED는 범죄예방에 필요한 매개요인들에 대한 직접개입을 주목적으로 하지만, 3세대 CPTED는 장소, 사람, 기술 및 네트워크를 핵심요소로 하여 안전한 공동체 형성을 지향한다. ( )
22. 경행

38 방범용 CCTV를 설치함으로써 범죄 위험지역의 감시를 강화하는 것은 허쉬의 사회통제이론(Social Control Theory)에 근거를 두고 있다. ( )
22. 간부(72)

39 브랜팅햄 부부의 범죄패턴이론에 의하면, 개인은 의사결정을 통해 일련의 행동을 하게 되는데, 활동들이 반복되는 경우 의사결정과정은 규칙화된다. ( )

40 범죄패턴이론에 의하면, 범죄자는 일반인과 같은 정상적인 시공간적 행동패턴을 갖지 못한다. ( )

41 에크와 스펠만(Eck & Spelman)이 제시한 SARA 모델 중 탐색(Scanning) 단계는 지역사회 문제, 쟁점, 관심사 등을 인식하고 범주화하는 단계이다. ( )
23. 간부(73)

42 SARA 모델 중 분석(Analysis) 단계는 경찰 내부 조직을 통해 문제의 범위와 성격에 따라 문제에 대한 원인을 파악하기 위해 데이터를 수집하고 분석하는 단계이다. ( )
23. 간부(73)

43 SARA 모델 중 대응(Response) 단계는 경찰과 지역사회의 다양한 주체가 협력하여 분석된 문제의 원인을 제거하고 해결하는 단계이다. ( )
23. 간부(73)

44 SARA 모델 중 평가(Assessment) 단계는 대응 후의 효과성을 검토하는 단계로서 문제해결의 전 과정에 대한 문제점을 분석하고 환류를 통해 대응방안 개선을 도모한다. ( )
23. 간부(73)

45 수사단계에서의 피의자 신상공개는 피의자의 재범방지 및 범죄예방 등을 위하여 필요한 경우에 활용하므로 보안처분에 해당한다. ( )
24. 간부(74)

---

37 ○ ㉠ 제1세대 CPTED는 도시 건축적인 물리적 환경의 개선 추구하는 것, ㉡ 제2세대 CPTED는 지자체 주도의 가이드라인 제시와 규제 중심의 제도적 환경의 개선을 추구하는 것, ㉢ 제3세대 CPTED는 도시의 생활 기준을 제고하고 도시의 이미지를 사용자 친화적이고, 안전·안심한 것으로 개선하기 위한 친환경적이고, 지속가능하며, 기술적으로 진보된 접근방법이라고 전제하여, CPTED에 친환경(에코) 디지털 하이테크 솔루션(예 방범기능을 하는 다용도 친환경 공공시설물이나 안전감을 높여주는 공공장소의 인터랙티브 공공미술)을 적용하는 것을 내용으로 한다.

38 ✕ '상황적 범죄예방 모델'은 범죄행위에 대한 위험과 어려움을 높여(대상물 강화) 범죄기회를 줄임으로써 범죄예방을 도모하고자 한다. 이는 환경설계를 통한 범죄예방(CPTED)으로 구체화되었다.

39 ○ 브랜팅햄 부부의 범죄패턴이론(Crime Pattern Theory)에 의하면 모든 사람은 일정한 생활권이 있고, 나름의 생활 각본이 있다고 한다.

40 ✕ 범죄패턴이론에 따르면 범죄자는 일반인과 같은 정상적인 시공간적 행동패턴을 갖는다고 한다.

41 ○ 에크와 스펠만(Eck & Spelman)은 문제지향적 경찰활동과 관련하여 경찰의 문제해결과정을 제시하였는데, 이를 SARA 모델이라고 한다. 탐색(Scanning) 단계는 경찰이 지역사회의 문제나 쟁점사항 등을 인식하는 활동으로 단순한 사고나 범지구분을 넘어서 문제들의 범주를 넓히는 단계이다.

42 ✕ 분석(Analysis) 단계는 '경찰과 지역사회와의 협력'을 통해 인지된 문제의 성격에 따라 문제의 원인이 되는 여러 가지 데이터를 수집하고 이를 분석하는 단계이다.

43 ○ 대응(Response) 단계는 경찰과 지역사회가 상호협력을 통해 분석된 문제의 원인을 제거하는 등 문제해결을 위한 대응방안을 실행에 옮기는 과정이다.

44 ○ 평가(Assessment) 단계는 문제해결을 위한 대응 이후의 대응에 대한 효과성을 평가하는 단계로서, 문제해결의 전 과정에 환류를 통해 정보를 제공하거나 대응방안의 개선을 도모하는 과정이다.

45 ✕ 「특정중대범죄 피의자 등 신상정보 공개에 관한 법률」이 2024.1.25. 시행되었는데, 이 법은 국가, 사회, 개인에게 중대한 해악을 끼치는 특정중대범죄 사건에 대하여 수사 및 재판 단계에서 피의자 또는 피고인의 신상정보 공개에 대한 대상과 절차 등을 규정함으로써 국민의 알권리를 보장하고 범죄를 예방하여 안전한 사회를 구현하는 것을 목적으로 한다(제1조). 이 법에 의하면 피의자의 신상정보 공개는 검사와 사법경찰관이 할 수 있다고 규정하고 있으므로, 재범예방을 목적으로 하는 보안처분에 해당한다고 보기는 어렵다.

제3장 / 형사사법절차

제1절 공소단계의 형사정책

1. 공소제기

검사는 수사결과 범죄의 객관적 혐의가 인정되고 유죄의 판결을 받을 수 있다고 판단할 때에는 공소를 제기한다. 공소제기가 없는 때에는 법원은 그 사건에 대하여 심판을 할 수 없다(불고불리의 원칙).

2. 공소제기의 역사

공소제기에 관한 고전주의학파와 실증주의학파의 입장

1. 고전주의학파는 기소재량의 인정은 법 앞의 평등에 반하고 법적 안정성을 해치기 쉽다는 이유로 '기소법정주의'를 원칙으로 하였다.
2. 반면 실증주의학파는 기소가 형벌목적을 달성할 수 없을 때에는 기소하지 않는 것이 오히려 현명하다고 보아서 '기소편의주의'의 입장을 보였다.

(1) 국가소추주의를 취할 때에는 소추기관이 기소 여부를 결정할 수 있는 재량을 갖는가에 따라 **기소법정주의**와 **기소편의주의**로 구별된다.

(2) 현행 「형사소송법」은 기소편의주의를 채택하고 있다.

> **형사소송법**
>
> 제246조 【국가소추주의】 공소는 검사가 제기하여 수행한다.
>
> 제247조 【기소편의주의】 검사는 「형법」 제51조의 사항을 참작하여 공소를 제기하지 아니할 수 있다(→ 기소유예).

3. 기소유예제도

(1) 의의

① 기소유예란 공소를 제기할 수 있는 충분한 범죄혐의가 있고 기타 소송조건을 구비하고 있음에도 검사가 재량으로 공소권을 행사하지 않는 경우이다(「형사소송법」 제247조).

② 기소유예는 범죄의 객관적 혐의가 없거나 소송조건이 구비되지 않을 경우에 내리는 **협의의 불기소처분**이나, 피의자 또는 중요한 참고인의 소재불명 등으로 인하여 증거발견이 가능함에도 불구하고 수사절차를 일시 중지하는 경우인 **기소중지처분**과 구별된다.

(2) 장 · 단점

장점	① 기소법정주의에 따른 형식적 공평과 경직성을 지양하고, <u>구체적 정의의 실현과 실질적 공평의 추구</u>에 필요한 탄력성을 부여한다. ② 기소 여부의 결정에 형사정책적 고려를 할 수 있으며, <u>단기자유형의 폐해를 막는 방법</u>으로 기소 전 단계에서 사회복귀를 유도할 수 있다(다이버전의 일종). ③ 형사사법에 대한 사회 일반의 신뢰를 높일 수 있고, <u>공소제기 자체의 일반예방 효과와 특별예방 효과</u>를 증대시킬 수 있다. ④ 낙인 없이 기소 전에 사회복귀를 가능하게 하고, <u>법원 및 교정시설의 부담을 경감</u>할 수 있다.
단점	① 범죄인의 유 · 무죄 판단은 법원의 사법처분을 통하는 것이 합리적임에도 불구하고, 기소단계에서 검사의 행정처분에 의해 <u>사법적 판단이 좌우되는 것은 본질적으로 문제</u>가 있다. ② 무죄결정을 내리는 것이 아니라 시효가 완성될 때까지 기소를 유예하는 것이므로 <u>법적 안정성을 침해</u>할 수 있다. ③ 교화 · 개선가능성보다 <u>검사의 자의적 판단에 좌우될 위험</u>이 있고, 불기소처분을 할 사건에 대해 안이하게 기소유예처분을 하는 폐단마저 생길 수 있다.

(3) 검토

① 기소유예처분은 협의의 불기소처분과 달리 적어도 장래에 정상참작 자료로 남게 되는 것인 만큼, 검사가 불기소처분이 아닌 기소유예처분을 하는 경우에는 신중하게 해야 할 필요가 있다.

② <u>검사의 기소유예처분이 재량권 남용에 해당되지 않도록 제도적 장치를 마련할 필요</u>도 있다. 따라서 기소편의주의는 합리적 운영을 전제하므로 기소합리주의가 되어야 하며, 기소유예처분도 일종의 기속재량행위로 이해되어야 한다.

(4) 형벌작용

① 기소유예뿐만 아니라 선고유예 · 집행유예 등 각종 유예제도들은 형사사법절차의 진행을 일정기간 유보해 주는 기능을 넘어서 현실적으로는 하나의 형벌처럼 작용하고 있다.

② 단기자유형의 폐해를 없애고 행위자에게 일종의 경고를 하는 것으로써 형벌을 대신한다는 장점이 있다. 그러나 각종 유예제도가 형벌의 일종으로 작용하는 것이 정당화되는가는 비판적으로 검토할 필요가 있다.

(5) 조건부 기소유예제도

① 소년범에 대해서는 1981년부터 전국적으로 선도조건부 기소유예를 실시하여 왔다. 이는 범죄소년을 소년절차의 초기단계에서 이탈시켜 민간인인 범죄예방자원봉사위원의 선도보호를 받도록 하여 소년의 사회복귀와 재범방지를 도모하는 제도이다. 이는 보호관찰소의 보호관찰관의 전문적인 보호관찰이 수반되는 보호관찰소 선도위탁제도(「보호관찰 등에 관한 법률」 제15조 제3호)와는 구별된다.

선도조건부 기소유예제도

자유제한적 조치임에도 불구하고 종래 법무부령(검찰사건사무규칙) · 법무부훈령(소년선도보호지침)에 근거하여 검사가 법원의 재판 없이 단독으로 행하였던 것으로서, 헌법상 무죄추정의 원칙에 비추어 볼 때 정당성을 찾기 어렵다는 비판을 받았다.

② 2007년 「소년법」의 개정에 의해 조건부 기소유예제도가 도입되어, 선도조건부 기소유예의 근거를 명문화함과 동시에 선도의 내용을 범죄예방자원봉사위원 선도, 소년 선도, 교육과 관련된 단체, 시설에서의 상담, 교육 등으로 다양화하였다(「소년법」 제49조의3).

> **소년법**
>
> 제49조의3【조건부 기소유예】검사는 피의자에 대하여 다음 각 호에 해당하는 선도 등을 받게 하고, 피의사건에 대한 공소를 제기하지 아니할 수 있다. 이 경우 소년과 소년의 친권자·후견인 등 법정대리인의 동의를 받아야 한다. ☆☆
> 1. 범죄예방자원봉사위원의 선도
> 2. 소년의 선도·교육과 관련된 단체·시설에서의 상담·교육·활동 등

(6) 개선방안

① 기소유예제도 자체는 형사정책상 매우 효과적인 제도라고 할 수 있으나, 검사의 자의적인 재량을 견제하고 정치적 개입을 배제하기 위한 제도적 장치와 피의자의 원활한 사회복귀를 위한 제도적 보완이 이루어져야 한다.

② 현행법상 자의적인 공소권 행사로 인한 기소유예처분에 대한 대처방안으로는 **불기소처분의 통지, 불기소이유 고지, 재정신청, 검찰항고·재항고, 헌법소원** 등이 있다. ☆

> **형사소송법**
>
> 제258조【고소인 등에의 처분고지】① 검사는 고소 또는 고발 있는 사건에 관하여 공소를 제기하거나 제기하지 아니하는 처분, 공소의 취소 또는 제256조의 송치(→ 타관송치)를 한 때에는 그 처분한 날로부터 7일 이내에 서면으로 고소인 또는 고발인에게 그 취지를 통지하여야 한다.
>
> 제259조【고소인 등에의 공소불제기이유고지】검사는 고소 또는 고발 있는 사건에 관하여 공소를 제기하지 아니하는 처분을 한 경우에 고소인 또는 고발인의 청구가 있는 때에는 7일 이내에 고소인 또는 고발인에게 그 이유를 서면으로 설명하여야 한다. ☆
>
> 제260조【재정신청】① 고소권자로서 고소를 한 자[「형법」 제123조부터 제126조까지의 죄(→ 직권남용, 불법체포·불법감금, 폭행·가혹행위, 피의사실공표)에 대하여는 고발을 한 자를 포함한다. 이하 이 조에서 같다]는 검사로부터 공소를 제기하지 아니한다는 통지를 받은 때에는 그 검사 소속의 지방검찰청 소재지를 관할하는 고등법원(이하 '관할 고등법원'이라 한다)에 그 당부에 관한 재정을 신청할 수 있다. 다만, 「형법」 제126조의 죄(→ 피의사실공표죄)에 대하여는 피공표자의 명시한 의사에 반하여 재정을 신청할 수 없다. ☆
>
> **검찰청법**
>
> 제10조【항고 및 재항고】① 검사의 불기소처분에 불복하는 고소인이나 고발인은 그 검사가 속한 지방검찰청 또는 지청을 거쳐 서면으로 관할 고등검찰청 검사장에게 항고할 수 있다. 이 경우 해당 지방검찰청 또는 지청의 검사는 항고가 이유 있다고 인정하면 그 처분을 경정하여야 한다.

③ 제1항에 따라 항고를 한 자(「형사소송법」 제260조에 따라 재정신청을 할 수 있는 자는 제외한다. 이하 이 조에서 같다)는 그 항고를 기각하는 처분에 불복하거나 항고를 한 날부터 항고에 대한 처분이 이루어지지 아니하고 3개월이 지났을 때에는 그 검사가 속한 고등검찰청을 거쳐 서면으로 검찰총장에게 재항고할 수 있다. 이 경우 해당 고등검찰청의 검사는 재항고가 이유 있다고 인정하면 그 처분을 경정하여야 한다.

> **헌법재판소법**
>
> 제68조【청구사유】① 공권력의 행사 또는 불행사로 인하여 헌법상 보장된 기본권을 침해받은 자는 법원의 재판을 제외하고는 헌법재판소에 헌법소원심판을 청구할 수 있다. 다만, 다른 법률에 구제절차가 있는 경우에는 그 절차를 모두 거친 후에 청구할 수 있다. ✔

4. 미결구금제도

(1) 의의

① 미결구금(미결수용)이란 피의자 또는 피고인으로서 구속영장의 집행을 받은 자에 대하여 **수사 및 공판심리의 원활한 진행**을 도모하고, **도주 및 증거인멸을 방지**하며, 종국에는 **형집행을 확보**하기 위하여 아직 형이 확정되지 않았지만 신병을 일정한 국가시설에 수용하는 강제처분을 말한다.

② 미결수용자는 형이 확정되기 전까지는 원칙적으로 **무죄추정**을 받으므로(헌법 제27조 제4항, 「형사소송법」 제275조의2), 미결수용의 목적을 위한 제한 이외에는 헌법상의 기본권이 보장되어야 한다. ✔

③ 미결구금은 형벌은 아니지만 실질적으로 자유를 박탈하는 자유형의 집행과 같은 효과를 가지고 있기 때문에 형사정책적 논의의 대상이 된다.

(2) 문제점

① 법이론적 측면

㉠ 미결구금의 근본적인 문제는 아직 유죄가 확정되지 않은 피의자·피고인의 자유를 제한하는 처분이 정당화될 수 있는가 하는 점에 있다. 이러한 이유로 **미결구금일수 전부를 형기에 산입**하도록 규정되어 있다(「형법」 제57조 제1항).

> **형법**
>
> 제57조【판결선고 전 구금일수의 통산】① 판결선고 전의 구금일수는 그 전부를 유기징역, 유기금고, 벌금이나 과료에 관한 유치 또는 구류에 산입한다.

무죄추정의 원칙

1. **헌법**
   형사피고인은 유죄의 판결이 확정될 때까지는 무죄로 추정된다(헌법 제27조 제4항).
2. **「형사소송법」**
   피고인은 유죄의 판결이 확정될 때까지는 무죄로 추정된다(「형사소송법」 제275조의2).

> **⚖ 판례 | 미결구금일수 형기산입**
>
> **1 판결선고 전 구금일수의 산입을 규정한 「형법」 제57조 제1항 중 '또는 일부' 부분이 헌법상 무죄추정의 원칙 및 적법절차의 원칙 등을 위배하여 신체의 자유를 침해하는지 여부(적극)**
>
> 헌법상 무죄추정의 원칙에 따라 유죄판결이 확정되기 전에 피의자 또는 피고인을 죄 있는 자에 준하여 취급함으로써 법률적·사실적 측면에서 유형·무형의 불이익을 주어서는 아니 되고, 특히 미결구금은 신체의 자유를 침해받는 피의자 또는 피고인의 입장에서 보면 실질적으로 자유형의 집행과 다를 바 없으므로, 인권보호 및 공평의 원칙상 형기에 전부 산입되어야 한다. 따라서 「형법」 제57조 제1항 중 '또는 일부' 부분은 헌법상 무죄추정의 원칙 및 적법절차의 원칙 등을 위배하여 합리성과 정당성 없이 신체의 자유를 침해한다(헌재 2009.6.25, 2007헌바25). ✎
>
> **2 「형법」 제57조 제1항의 일부에 대한 헌법재판소의 위헌결정에 따라 판결에서 별도로 '판결선고 전 미결구금일수 산입에 관한 사항'을 판단할 필요가 없어졌는지 여부(적극)**
>
> 「형법」 제57조 제1항 중 '또는 일부' 부분은 헌법재판소 2009.6.25. 선고 2007헌바25 사건의 위헌결정으로 효력이 상실되었다. 그리하여 판결선고 전 미결구금일수는 그 전부가 법률상 당연히 본형에 산입하게 되었으므로, 판결에서 별도로 미결구금일수 산입에 관한 사항을 판단할 필요가 없다고 할 것이다(대판 2009.12.10, 2009도11448). ✎✎

   ⓛ 여기서 다시 무죄판결을 받은 피고인에 대한 보상문제, 형기에 산입하지 못하는 형벌을 선고받은 자에 대한 문제 등이 제기된다. 「형사보상 및 명예회복에 관한 법률」은 형사소송 절차에서 무죄재판 등을 받은 자에 대한 형사보상 및 명예회복을 위한 방법과 절차를 규정하고 있다. 또한 「형법」은 무기자유형이나 사형을 선고받은 자는 선고받기 전 미결구금일수가 형기에 산입되지 않는 것으로 규정하고 있다(「형법」 제57조 제1항).

② **미결구금영장의 발부**: 구속영장실질심사제도가 실시되면서 사정은 많이 호전되었으나, 종래에는 검사의 영장청구가 예외적으로만 기각됨으로써 아무런 사전통제 없이 가능하였다. 수사실무에 있어서 될 수 있는 대로 구속수사를 지양하는 것이 바람직하다. 어디까지나 **임의수사가 원칙**이고 **강제수사는 예외적으로** 시행되어야 하는 것이다. 법원의 심리를 신속하게 종결하는 것도 미결구금의 장기화를 방지할 수 있는 좋은 방법이 된다.

③ **미결구금시설의 관리문제**

   ㉠ 무죄로 추정되는 미결수용자를 수용하는 곳은 일반교도소보다 시설이 양호해야 하나, 현실은 예산상의 제약 등으로 그렇지 못하다. 미결수용시설에 준하는 것으로 보는 경찰서 유치장(대용감방)의 문제점도 많이 지적된다.

   ㉡ 미결구금의 장소가 새로운 범죄수법을 학습하는 곳이 되지 않도록 특별한 배려를 하여야 한다. 수용의 과밀화 등으로 인해 수형자와의 분리가 제대로 이루어지지 않을 경우 미결구금된 자가 주위의 불량한 범죄인으로부터 오염될 위험성이 있기 때문이다(악풍감염의 우려).

ⓒ 구금기간 중에도 수형자와 달리 접견교통권을 완전히 보장해 주어야 한다. 이는 절차에 정당하게 참여할 수 있는 각종 권리행사의 기초가 된다.

(3) 개선방안

① **구속수사의 지양**: 종래에는 불구속수사의 원칙에도 불구하고 수사의 편의를 위해 구속수사를 원칙처럼 시행함으로써 불필요한 미결수용자를 양산하였고, 그 결과 미결구금시설의 과밀화를 야기하였다. 이를 해소하고 피의자·피고인의 인권 및 방어권을 보장하기 위해서도 불구속수사의 원칙이 실현되어야 한다.

② **석방제도의 적극적 활용**: 무죄추정을 받는 미결수용자는 형사소송상 대등한 당사자의 지위를 가지므로 이의 보장을 위해서라도 체포구속적부심이나 보석제도가 적극 활용되어야 한다.

③ **수사 및 법원심리의 신속화**: 법원의 심리지연은 수용시설의 과밀화와 미결수용자의 고통 가중의 원인이 되므로, 졸속재판을 야기하지 않는 범위에서 가능한 최대로 신속한 재판의 원칙이 지켜져야 한다.

④ **구금시설의 증설과 개선**: 구금시설의 과밀화를 억제하고 분류처우와 악성감염 방지를 위하여 미결구금시설을 교도소와 분리하여 법원, 검찰청 인근에 독립 설치하여야 한다. 아울러 대용감방은 폐지하고 경찰서 유치장을 대체하는 구치지소의 확보가 요구된다.

(4) 「형의 집행 및 수용자의 처우에 관한 법률」 중 미결구금 관련 내용

제11조【구분수용】① 수용자는 다음 각 호에 따라 구분하여 수용한다.
  3. 미결수용자: <u>구치소</u>

제12조【구분수용의 예외】① 다음 각 호의 어느 하나에 해당하는 사유가 있으면 교도소에 미결수용자를 수용할 수 있다.
  1. 관할 법원 및 검찰청 소재지에 구치소가 없는 때
  2. 구치소의 수용인원이 정원을 훨씬 초과하여 정상적인 운영이 곤란한 때
  3. 범죄의 증거인멸을 방지하기 위하여 필요하거나 그 밖에 특별한 사정이 있는 때

제79조【미결수용자 처우의 원칙】미결수용자는 <u>무죄의 추정</u>을 받으며 그에 합당한 처우를 받는다.

제80조【참관 금지】<u>미결수용자</u>가 수용된 <u>거실</u>은 <u>참관할 수 없다</u>.

제81조【분리수용】소장은 미결수용자로서 사건에 서로 관련이 있는 사람은 분리수용하고 서로 간의 접촉을 금지하여야 한다.

제82조【사복 착용】<u>미결수용자는 수사·재판·국정감사 또는 법률로 정하는 조사에 참석할 때에는 사복을 착용할 수 있다</u>. 다만, 소장은 <u>도주우려가 크거나 특히 부적당한 사유가 있다고 인정하면 교정시설에서 지급하는 의류를 입게 할 수 있다</u>.

제83조【이발】<u>미결수용자의 두발 또는 수염은 특히 필요한 경우가 아니면 본인의 의사에 반하여 짧게 깎지 못한다</u>.

제84조【변호인과의 접견 및 편지수수】① 제41조 제4항에도 불구하고 <u>미결수용자와 변호인(변호인이 되려고 하는 사람을 포함한다. 이하 같다)과의 접견에는 교도관이 참여하지 못하며, 그 내용을 청취 또는 녹취하지 못한다. 다만, 보이는 거리에서 미결수용자를 관찰할 수 있다</u>.
  ② 미결수용자와 변호인 간의 접견은 시간과 횟수를 제한하지 아니한다.

③ 제43조 제4항 단서에도 불구하고 미결수용자와 변호인 간의 편지는 교정시설
에서 상대방이 변호인임을 확인할 수 없는 경우를 제외하고는 검열할 수 없다.

제85조【조사 등에서의 특칙】소장은 미결수용자가 징벌 대상자로서 조사받고 있
거나 징벌집행 중인 경우에도 소송서류의 작성, 변호인과의 접견·편지수수, 그
밖의 수사 및 재판 과정에서의 권리행사를 보장하여야 한다. ✗✗

제86조【작업과 교화】① 소장은 미결수용자에 대하여는 신청에 따라 교육 또는
교화 프로그램을 실시하거나 작업을 부과할 수 있다. ✗✗

제87조【유치장】경찰관서에 설치된 유치장은 교정시설의 미결수용실로 보아 이
법을 준용한다.

제88조【준용규정】형사사건으로 수사 또는 재판을 받고 있는 수형자와 사형확정
자에 대하여는 제82조(→ 사복 착용), 제84조(→ 변호인과의 접견 및 편지수수)
및 제85조(→ 조사 등에서의 특칙)를 준용한다.

제2절 재판단계의 형사정책

01 양형이론

1. 양형의 의의

(1) 개념

양형이란 유죄가 인정된 피고인에게 구체적 형벌의 종류와 범위를 정하는 것을
말한다. 즉, 법정형을 토대로 형의 종류를 선택하고 필요한 가중감경을 한 처단형
의 범위 내에서 해당 사건에 상당하다고 인정되는 형벌의 종류와 정도를 구체적
으로 결정하는 법원의 작용을 양형이라고 한다.

(2) 과정 23. 해경간부

① 법관은 먼저 피고인에게 적용된 구성요건의 형벌범위, 즉 **법정형**을 확인해야
한다.
② 법정형을 토대로 법률상 가중·감경을 하고, 피고인에게 정상에 참작할 만한
사유가 있으면 정상참작감경을 한다. 이를 **처단형**이라 한다.
③ 처단형을 토대로 「형법」 제51조의 양형사유를 고려하여 **선고형**을 결정한다.

2. 양형의 기준

(1) 의의

① 법관이 법정형의 범위 안에서 구체적인 형벌을 결정하는 일은 일종의 재량행
위이다. 하지만 이는 자유재량이 아니라 어디까지나 법적으로 구속된 재량(기
속재량)을 의미한다.

② 양형에서 재량은 부분적으로는 성문화되어 있지 않은 양형원칙의 구속을 받는데, 이 원칙은 형벌목적과 양형사안의 관계로부터 나온다. 그 밖에 「형법」은 비록 추상적이기는 하지만 법관이 양형 기준으로 삼아야 할 양형규칙을 제시하고 있다(「형법」 제51조).

(2) 양형의 기초

① **행위자의 책임**

　㉠ 우리 「형법」은 독일 형법과 달리 이에 대한 명시적 규정이 없으나 이론적으로 볼 때 양형은 책임한계를 벗어날 수 없다. **책임원칙**은 형벌을 지배하는 최고의 규범원칙이기 때문이다.

　㉡ 책임주의는 법치국가의 이념을 기초로 하여 개인의 자유와 권리를 보호하는 데 그 의미가 있는 것이므로, 책임에 상응하는 형벌이 있어야 한다는 적극적인 내용(적극적 책임주의)이라기보다는 형벌의 최상한을 정한다고 하는 소극적인 의미(**소극적 책임주의**)라고 보아야 하며, 책임의 범위 내에서 범죄인의 개선·교화와 사회복귀의 목적을 함께 추구해야 한다.

　㉢ 형벌책임의 근거를 비난가능성에서 구하는 것은 객관적이고 중립적이어야 할 국가형벌권의 행사가 감정에 치우칠 위험이 있다는 비판이 제기된다. ✦

② **형벌의 목적**

　㉠ 형벌은 무엇보다도 불법과 책임의 정당한 **응보**에 기여할 수 있어야 한다.

　㉡ **특별예방 목적**을 생각해 볼 수 있다. 양형은 행위자가 사회에 복귀하는 데 도움이 되는 방향으로 이루어짐으로써 그의 사회적 지위를 필요 이상으로 침해하는 일이 없도록 유의하여야 한다(재사회화 목적). 나아가 위험한 행위자로부터 일반인을 보호하는 것도 빼놓을 수 없는 특별예방 목적에 속한다(보안 목적).

　㉢ **일반예방 목적** 또한 고려대상이 된다. 형벌은 범죄행위 결과를 일반인들에게 부정적 본보기로 중화시키고 동시에 일반인의 규범의식을 강화시킴으로써, 행위자의 주변사람들이 요구하는 정의의 요청을 충족시켜 줄 수 있는 방향으로 양정되어야 한다(적극적 일반예방과 법질서 보호).

(3) 양형이론 ✦

책임범위 이론	① 독일연방최고법원이 확립한 이론으로, 법관은 책임에 상응하는 형벌범위 안에서 일반예방과 특별예방을 고려하여 최종적으로 구체적인 형량을 결정하게 된다(범주이론·재량여지이론). ② 책임이 일정한 범위로 형벌 제한 기능을 온전히 수행한다는 것은 불가능한 일이고, 이론적으로 완전히 정립되지 않은 일방예방·특별예방에 의해 구체적 형량을 결정한다는 것은 현실을 무시한 것이라는 비판을 받는다.
유일점 형벌이론	① 책임은 언제나 고정된 일정한 크기를 가지므로 정당한 형벌은 언제나 하나일 수밖에 없다는 주장이다. 나아가서 형벌을 확정하는 데는 책임 이외의 다른 어떤 관점도 기준이 되어서는 안 된다고 한다. ② 절대적 형벌이론을 전제한 것이기 때문에 형벌 목적의 모순관계를 해결할 수 있는 기준을 제시하지 못한다는 비판을 받는다(➡ 일반예방이나 특별예방을 고려하지 못함).

단계이론	① 양형의 단계를 나누어서 그 단계에 맞는 형벌 목적의 의미·가치를 고려하여 형을 양정해야 한다는 이론이다. 형량은 책임에 따라 결정하지만 형벌의 종류는 예방적 목적에 따라서 결정된다고 한다. ② 양형의 단계마다 상이한 형벌 목적이 적용되는 것은 타당하지 않다는 비판이 있다.
특별예방형 위가이론	범주이론과 단계이론을 결합하여 응보형이론을 배제하고 책임을 상한선으로 하고, 법질서 방위의 적극적 예방목적을 하한선으로 하여 그 범위 안에서 특별예방 목적의 우위를 주장하는 이론이다(Roxin).

(4) 양형의 조건

① **법적 근거**: 「형법」제51조는 양형에서 참작해야 할 조건을 규정하고 있다.

② **비판**: 「형법」제51조는 충분한 양형 조건을 규정하고 있다고 보기 어려우므로 **양형의 예시적 규정**으로 보아야 한다. 이 밖에도 예방 목적이 가중·감경사유로 작용할 수 있다고 봄이 일반적이다. 양형판단의 기초가 되는 내용은 책임에서부터 예방 목적에 이르기까지 법률에 구체적으로 규정하는 것이 바람직하다는 지적이 있다.

형법

제51조【양형의 조건】형을 정함에 있어서는 다음 사항을 참작하여야 한다. ✦
  1. 범인의 연령, 성행, 지능과 환경
  2. 피해자에 대한 관계
  3. 범행의 동기, 수단과 결과
  4. 범행 후의 정황

⚖ 판례 | 피고인의 진술거부 등을 이유로 가중적 양형의 허용 여부

형사소송 절차에서 피고인이 범죄사실에 대하여 진술을 거부하거나 거짓 진술을 하는 경우, 피고인의 그러한 태도나 행위를 가중적 양형의 조건으로 참작할 수 있는지 여부(한정 적극)

「형법」제51조 제4호에서 양형의 조건의 하나로 정하고 있는 범행 후의 정황 가운데에는 형사소송 절차에서의 피고인의 태도나 행위를 들 수 있는데, 모든 국민은 형사상 자기에게 불리한 진술을 강요당하지 아니할 권리가 보장되어 있으므로(헌법 제12조 제2항), 형사소송 절차에서 피고인은 방어권에 기하여 범죄사실에 대하여 진술을 거부하거나 거짓 진술을 할 수 있고, 이 경우 범죄사실을 단순히 부인하고 있는 것이 죄를 반성하거나 후회하고 있지 않다는 인격적 비난요소로 보아 가중적 양형의 조건으로 삼는 것은 결과적으로 피고인에게 자백을 강요하는 것이 되어 허용될 수 없다고 할 것이나, 그러한 태도나 행위가 피고인에게 보장된 방어권 행사의 범위를 넘어 객관적이고 명백한 증거가 있음에도 진실의 발견을 적극적으로 숨기거나 법원을 오도하려는 시도에 기인한 경우에는 가중적 양형의 조건으로 참작될 수 있다(대판 2001.3.9, 2001도192).

(5) 양형에 있어 이중평가의 금지

① **의의**: 이중평가의 금지원칙이란 이미 구성요건의 불법과 책임을 근거지우거나 가중·감경사유가 된 상황은 다시 양형의 자료로 고려해서는 아니 된다는 원칙이다. ✿

② **예시**: 누범가중의 기초가 된 범인의 전과를 양형에서 범인의 성행 불량으로 다시 고려해서는 안 된다.

3. 양형의 합리화 방안 ✿

(1) 서론

① 현행법은 양형에서 법관에게 재량을 부여하고 적정하고 공평한 양형을 할 것을 기대하고 있다. 그러나 실무상 양형의 지역 간 불균형, 법관 간의 편차 등의 양형의 불공정에 대한 논란이 적지 않게 일어나고 있다.

② 현행법상 양형의 합리화를 위한 제도로는 「형사소송법」상 **상소심에 의한 양형통제**(제361조의5 제15호, 제383조 제4호)가 있으나 이것만으로는 충분하지 않다.

(2) 양형의 지도원칙의 명시 등 법률의 개선

① 「형법」 제51조에 **양형의 지도원칙을 명시**할 것이 요구된다. 「형법」 제51조는 양형조건만을 예시적으로 열거하고 있을 뿐, 책임요소만이 양형의 근거인지 아니면 예방관점도 함께 고려되는 것인지 규정하고 있지 않다.

② 피고인에게 불리한 **가중처벌 규정**(누범가중·상습범가중)들이 행위책임의 원칙에 상응하는 것인가를 검토할 필요가 있다.

③ 「형법」 제53조의 **정상참작감경 규정**은 법률상 감경사유와 같은 효과를 가지면서도 그 판단에 있어 법관에게 재량이 너무 크게 주어지는 것으로 바람직하지 않다는 비판이 있는바, 이를 폐지하고 대신에 법정감경사유를 개별적으로 확대하여야 한다고 본다.

> **형법**
> 제53조 【정상참작감경】 범죄의 정상에 참작할 만한 사유가 있는 경우에는 그 형을 감경할 수 있다.

> **⚖ 판례 | 징역형과 벌금형 병과 시 징역형만의 작량감경 가능 여부**
>
> **징역형과 벌금형을 병과하여야 할 경우, 징역형만의 작량감경 가부(소극)**
> 징역형과 벌금형을 병과하여야 할 경우에 특별한 규정이 없는 한 징역형에만 작량감경을 하고 벌금형에는 작량감경을 하지 않는 것은 위법하다(대판 1997.8.26, 96도3466). ✿

(3) 공판절차 이분론

① **의의**: 공판절차 이분론이란 소송절차를 **범죄사실의 인정절차**(유·무죄 인부절차)와 **양형절차**로 나누자는 주장이다(소송절차 이분제도). 이는 영미의 형사소송에서 유래하는 것으로서, 배심원에 의한 유죄평결이 있은 후에 직업법관에 의한 형의 선고가 이루어지게 된다. ✿

② 장 · 단점

장점	공판절차 이분론은 <u>사실인정 절차의 순수화, 양형의 합리화, 피고인의 인격권 보호, 변호인의 변호권 보장</u>에 충실할 수 있다.
단점	⊙ 양형자료를 조사하는 전문조사관이 확보되지 않은 상황에서 소송절차를 이분하면 소송지연의 원인이 될 수 있다. ⓛ 공판절차 이분론은 배심원에게 사실인정에 관한 판단을 맡기는 영미식 재판제도를 모델로 한 것이므로 민간인의 형사절차 참여를 전제로 해야 한다. 이는 형사소송의 근본적인 구조 변경을 의미하며, 사법절차에 익숙하지 않은 국민의 법감정에 생소하다는 문제점이 있다. ⓒ 범죄사실의 인정절차에서는 공개주의가 원칙이나, 양형절차에서는 피고인의 인격권 침해를 방지하기 위해 공개주의를 제한할 필요가 있다.

(4) 판결 전 조사제도

① **의의**: 유죄가 인정된 자에게 적합한 처우를 찾아낼 수 있도록 판결을 내리기 전에 피고인의 인격 · 소질 · 환경에 대한 과학적 조사를 하여 이를 양형의 기초로 사용하는 제도이다. ✰

② **연혁**

⊙ 판결 전 조사제도는 미국의 **프로베이션(Probation) 제도와 관련**하여 널리 채택되고 있다. 또한 판결 전 조사제도는 **소송절차 이분제도를 전제**하는 것이라고 할 수 있다. ✰✰

ⓛ 미국에서는 판결 전 조사의 결과에 대하여 피고인과 변호인에게 논박할 기회를 충분히 제공(반대신문권의 인정)하도록 하고 있다. ✰✰

ⓒ 우리나라에서는 「보호관찰 등에 관한 법률」 등에서 판결 전 조사제도를 규정하고 있다. 처음에는 소년 형사범을 대상으로만 판결 전 조사제도를 규정하고 있었으나, 2008년 개정에서 성인에 대한 판결 전 조사와 보호소년에 대한 결정 전 조사를 도입하였다. 24. 간부(74)

> **보호관찰 등에 관한 법률**
>
> **제19조【판결 전 조사】** ① 법원은 <u>피고인(→ 소년 · 성인 불문)</u>에 대하여 「형법」 제59조의2(→ 선고유예 시 보호관찰) 및 제62조의2(→ 집행유예 시 보호관찰, 사회봉사 · 수강명령)에 따른 <u>보호관찰, 사회봉사 또는 수강</u>을 명하기 위하여 필요하다고 인정하면 그 법원의 소재지 또는 피고인의 주거지를 관할하는 <u>보호관찰소의 장</u>에게 범행 동기, 직업, 생활환경, 교우관계, 가족상황, 피해회복 여부 등 <u>피고인에 관한 사항의 조사를 요구</u>할 수 있다. ✰✰
>
> **제19조의2【결정 전 조사】** ① 법원은 「소년법」 제12조에 따라 <u>소년 보호사건</u>에 대한 조사 또는 심리를 위하여 필요하다고 인정하면 그 법원의 소재지 또는 소년의 주거지를 관할하는 <u>보호관찰소의 장</u>에게 소년의 품행, 경력, 가정상황, 그 밖의 환경 등 필요한 사항에 관한 조사를 의뢰할 수 있다. ✰

③ 평가
  ㉠ 판결 전 조사제도는 직권주의의 실질적 부활이라는 비판이 있으나, **양형의 합리화뿐만 아니라 개별적인 교정의 합리화(처우의 개별화)에도 유용**하게 이용될 수 있다. ✬✬
  ㉡ 변호인의 변호 활동을 보완하는 기능도 있고, 전체적으로는 실체적 진실발견에 기여하며 보호관찰의 활성화에도 기여할 수 있다.
  ㉢ 특히 보안처분제도나 각종 유예제도 및 보호관찰을 인정하는 경우, 행위자의 위험성의 정도와 필요한 처우를 판단할 때 판결 전 조사의 결과가 매우 중요한 의미를 가진다.

(5) 양형위원회

① 의의
  ㉠ 양형위원회제도는 유죄가 인정된 피고인에 대한 양형 과정의 일부를 위원회 형식의 협의체에 맡기는 방법이다.
  ㉡ 미국의 양형위원회에서는 법관 이외에 범죄학, 형사정책 및 교정학 등의 전문가가 참여하며, 법관은 여기서 자유롭게 토론하고 그 결과를 양형에 참고하게 된다.

② 장·단점

장점	㉠ 전문가가 양형절차에 참여하여 과학적·합리적인 양형을 할 수 있다. ㉡ 양형에서 교정까지 통일적인 사법절차를 행할 수 있게 된다.
단점	㉠ 양형에 참여할 전문가를 양성함에 어려움이 있다. ㉡ 고도의 법적 평가를 법관이 아닌 사람에 의해 할 수 있는가에 대해 논란의 여지가 있다.

③ 우리나라의 양형위원회제도
  ㉠ 국민의 사법불신을 야기시키는 양형불균형의 문제를 해소하기 위하여 「법원조직법」의 개정을 통해 양형위원회제도를 도입하였다.
  ㉡ 우리나라의 양형위원회는 **양형 기준의 설정·변경과 이와 관련된 양형정책의 심의**를 위하여 설치된 것으로, 실제 재판의 양형에 관여하는 미국의 양형위원회와는 차이가 있다. ✬

> **법원조직법**
>
> **제81조의2 【양형위원회의 설치】** ① 형을 정할 때 국민의 건전한 상식을 반영하고 국민이 신뢰할 수 있는 공정하고 객관적인 양형을 실현하기 위하여 대법원에 양형위원회(이하 '위원회'라 한다)를 둔다.
> ② 위원회는 양형 기준을 설정·변경하고, 이와 관련된 양형정책을 연구·심의할 수 있다.
> ③ 위원회는 그 권한에 속하는 업무를 독립하여 수행한다.
>
> **제81조의6 【양형 기준의 설정 등】** ② 위원회는 양형 기준을 설정·변경할 때 다음 각 호의 원칙을 준수하여야 한다.
> 1. 범죄의 죄질, 범정(犯情) 및 피고인의 책임의 정도를 반영할 것
> 2. 범죄의 일반예방과 피고인의 재범방지 및 사회복귀를 고려할 것

3. 같은 종류 또는 유사한 범죄에 대해서는 고려하여야 할 양형요소에 차
   이가 없으면 양형에서 서로 다르게 취급하지 아니할 것
4. 피고인의 국적, 종교 및 양심, 사회적 신분 등을 이유로 양형상 차별을
   하지 아니할 것
③ 위원회는 양형 기준을 설정·변경할 때 다음 각 호의 사항을 고려하
여야 한다. ✦
1. 범죄의 유형 및 법정형
2. 범죄의 중대성을 가중하거나 감경할 수 있는 사정
3. 피고인의 나이, 성품과 행실, 지능과 환경
4. 피해자에 대한 관계
5. 범행의 동기, 수단 및 결과
6. 범행 후의 정황
7. 범죄 전력(前歷)
8. 그 밖에 합리적인 양형을 도출하는 데 필요한 사항
④ 위원회는 양형 기준을 공개하여야 한다.

제81조의7 【양형 기준의 효력 등】 ① 법관은 형의 종류를 선택하고 형량을
정할 때 양형 기준을 존중하여야 한다. 다만, 양형 기준은 법적 구속력을
갖지 아니한다. 23. 해경간부
② 법원이 양형 기준을 벗어난 판결을 하는 경우에는 판결서에 양형의
이유를 적어야 한다. 다만, 약식절차 또는 즉결심판절차에 따라 심판하는
경우에는 그러하지 아니하다. ✦

⚖ 판례 | 대법원 양형위원회가 설정한 '양형 기준'의 법적 효력

「법원조직법」 제81조의2 이하의 규정에 의하여 마련된 대법원 양형위원회의 양형
기준은 법관이 합리적인 양형을 정하는 데 참고할 수 있는 구체적이고 객관적인
기준으로 마련된 것이다(「법원조직법」 제81조의6 제1항). 위 양형 기준은 법적 구
속력을 가지지 아니하고(「법원조직법」 제81조의7 제1항 단서), 단지 위와 같은 취
지로 마련되어 그 내용의 타당성에 의하여 일반적인 설득력을 가지는 것으로 예
정되어 있으므로 법관의 양형에 있어서 그 존중이 요구되는 것일 뿐이다(대법원
양형위원회가 설정한 '양형 기준'이 발효하기 전에 공소가 제기된 범죄에 대하여
위 '양형 기준'을 참고하여 형을 양정한 사안에서, 피고인에게 불리한 법률을 소급
하여 적용한 위법이 있다고 할 수 없다고 한 사례)(대판 2009.12.10, 2009도11448).

⊕ PLUS 대법원 양형위원회 양형기준의 적용범위

1. 물적 범위
① 양형기준은 구약식 사건에는 적용되지 않고 구공판 사건, 약식명령청구에 대
   한 공판절차회부 사건 및 약식명령에 대한 정식재판청구 사건에만 적용된다.
② 벌금형을 선택한 경우에는 선거범죄, 교통범죄, 스토킹범죄를 제외하고는 양
   형기준이 적용되지 아니한다.
③ 양형기준은 미수범에 대해서 적용되지 않는다. 다만, 살인미수범에 대해서는
   양형기준이 적용된다. 24. 간부(74)

④ 양형기준은 공동정범과 교사범에 대해서도 적용된다. 그러나 양형기준은 방
  조범에 대하여 별도의 기준을 제시하고 있지 않으므로 방조범에 대해서는
  적용되지 않는다.

2. 인적 범위

① 양형기준은 내국인과 외국인을 구분하지 않고 적용한다. 24. 간부(74)
② 소년범에 대하여 성인범과 동일한 양형기준을 설정하는 것은 소년법의 제정
  취지에 비추어 바람직하지 않으므로, 양형기준은 소년이 아닌 성인 피고인
  에 대해서만 적용한다.

3. 시적 범위

① 양형기준은 양형기준의 효력이 발생된 이후 법원에 공소제기된 범죄에 대하
  여 적용된다. 다만, 양형기준이 발효되기 전에 법원에 공소제기된 사건에 관
  하여 형을 양정할 때 양형기준을 참고자료로 삼았다고 하더라도 피고인에게
  불리한 법률을 소급하여 적용한 위법이 있는 것은 아니다(대판 2009도11448).
  24. 간부(74)
② 양형기준이 설정되지 않은 범죄로 공소제기되었다가, 양형기준이 설정된 범
  죄로 공소장이 변경된 경우에도 양형기준을 적용한다.
③ 형사재판 진행 중에 양형기준이 변경된 경우에는 공소제기 시의 양형기준을
  적용하는 것을 원칙으로 하되, 공소제기 후 양형기준의 변경에 의하여 대상
  범죄가 양형기준의 적용대상에서 제외되거나 변경된 양형기준에 의한 권고
  형량범위가 종전 양형기준에 의한 권고 형량범위보다 가벼운 경우에는 새로
  운 양형기준을 적용한다.

(6) 양형기준표

① **의의**: 개개 범죄자의 특징별로 재범가능성, 각종 형벌에 대한 적응능력, 교정방
  안 등을 범죄학적으로 분석하여 이를 참고로 양형이 이루어지도록 하는 방법
  이다(양형지침서).

② **장 · 단점**

장점	㉠ 통계적 연구를 양형에 도입함으로써 양형의 실제적 차별을 명확하게 하고 양형의 과학화에 기여할 수 있다. ㉡ 판결에 대한 예측이 가능하여 교정을 미리 준비하는 데에 적합하다.
단점	㉠ 양형의 수량화는 형벌 목적의 이율배반이나 판결효과의 예방적 작용에 대한 무지 등 개인적 차원의 문제를 통계로 처리하는 데에는 일정한 한계가 있다. ㉡ 법관이 어느 정도로 기준표에 구속될 것인가 하는 점도 문제이다. ㉢ 기준표의 내용은 어디까지나 과거에 대한 통계이기 때문에 미래의 교정측면을 고려하는 양형수단으로는 한계가 있다.

(7) 기타 합리화 방안

① **검사의 합리적 구형**이 필요하다. 검사의 구형은 양형 기준을 종합적으로 검토
  하고 합리적으로 범위를 설정해야 함에도 불구하고, 실제로는 법관의 안이한
  양형을 예정하여 구형 자체를 높이는 경향이 적지 않다.

② **판결서에 양형이유를 명시**하는 것도 양형합리화에 기여할 수 있다. 「형사소송법」은 "형의 선고를 하는 때에는 판결이유에 범죄될 사실, 증거의 요지와 법령의 적용을 명시하여야 한다."고 규정하나(「형사소송법」 제323조 제1항), 양형이유에 대해서는 언급하지 않고 있다.

③ 「형사소송법」에서 **양형부당에 대한 상고이유**를 '사형, 무기 또는 10년 이상의 징역이나 금고가 선고된 사건'으로 엄격히 제한한 것(「형사소송법」 제383조 제4호)을 **완화**하는 것도 필요하다.

⊕ PLUS 시민참여재판을 위한 배심제의 도입

1. 우리나라의 재판제도는 직업법관이 전담하여 운영하는 형태이나, 사법에도 민주적 정당성과 투명성을 강화하고 국민의 신뢰를 받는 사법제도의 확립이 필요하다는 인식에서 일반국민도 일정한 요건을 갖추어 재판절차에 참여하도록 할 필요가 있다.

2. 일반국민이 형사재판에 참여하는 제도로서 대표적으로 배심제와 참심제가 있다.

배심제	일반시민으로 구성된 배심원단이 형사사건에서 유·무죄의 판단 등 사실문제에 대한 평결을 내리고, 법관은 그 평결 결과에 구속되어 양형재판을 하는 제도
참심제	일반시민인 참심법관이 직업법관과 함께 재판부의 일원으로 참여하여 직업법관과 동등한 권한을 가지고 사실문제 및 법률문제를 모두 판단하는 제도

3. 사법의 민주적 정당성을 강화하고 투명성을 높임으로써 국민으로부터 신뢰받는 사법제도를 확립하기 위하여 국민이 배심원으로서 형사재판에 참여하는 국민참여재판제도가 「국민의 형사재판 참여에 관한 법률」의 제정으로 도입되었다.

---

02 선고유예제도와 집행유예제도

1. 서론

(1) 단기자유형이나 다른 형벌의 폐해를 될 수 있는 대로 피하려는 취지에서 형을 집행하지 않고도 형벌의 목적을 달성할 수 있는 제도로 나오게 된 것이 바로 형의 선고유예제도와 집행유예제도이다.

(2) 단기자유형의 폐해를 줄이기 위한 방안으로 기소유예제도, 일수벌금제 등 벌금형의 합리적 운용, 교정시설의 합리화·과학화 등이 있으나, 선고유예·집행유예는 재판단계에서 법관의 사법처분을 통하여 범죄인의 조속한 사회복귀를 도모한다는 형사정책적 고려를 한다는 점이 특징이다.

2. 선고유예제도

(1) 의의

① **개념**: 선고유예란 비교적 가벼운 범죄를 범한 자에 대해 일정기간 형의 선고 자체를 유예하고, 그 유예기간 동안 형법질서를 준수하면 면소된 것으로 간주하는 제도이다(「형법」 제59조). ✦

> **형법**
>
> 제59조 【선고유예의 요건】 ① 1년 이하의 징역이나 금고, 자격정지 또는 벌금의
> 형을 선고할 경우에 제51조의 사항을 고려하여 뉘우치는 정상이 뚜렷할 때
> 에는 그 형의 선고를 유예할 수 있다. 다만, 자격정지 이상의 형을 받은 전과
> 가 있는 사람에 대해서는 예외로 한다. ✿✿
> ② 형을 병과할 경우에도 형의 전부 또는 일부에 대하여 선고를 유예할 수
> 있다.

② **형사정책적 의의**

　㉠ 선고유예는 경미한 범죄에 대한 유죄선고를 유보함으로써 피고인이 쉽게
　　사회질서에 다시 통합될 가능성을 높여 준다(**특별예방**). ✿

　㉡ 경미사건의 초범일 경우에는 선고유예를 함으로써 **재산형·자유형의 폐단
　　을 방지**한다는 점에서 다른 형벌에 대한 대용방안으로서의 의미가 있다.

③ **연혁**

　㉠ 선고유예제도는 주로 영미법계에서 보호관찰제도의 발달과 더불어 성립된
　　것으로서, 선고유예와 보호관찰이 결합된 형태를 **프로베이션**(Probation)이
　　라고 한다.

　㉡ 영미법계는 유죄판결 자체를 유예하는 것으로 되어 있지만, 우리나라는 일
　　단 유죄판결은 내리고 형의 선고만 유예하는 방식을 채택하고 있다.

④ **법적 성격**: 선고유예는 형의 선고 자체를 유예하므로 형 집행방법의 변형으로
　볼 수도 없고, 미리 선고할 형을 정하여 둔다는 점에서 보안처분으로 볼 수도
　없다. 따라서 책임과 형벌을 확정하여 두고 선고만을 유예하는 점에서 **고유한
　제3의 형사제재**라고 본다.

(2) 요건

① 1년 이하의 징역이나 금고, 자격정지 또는 벌금의 형을 선고할 경우일 것

② **뉘우치는 정상이 뚜렷할 것**: 행위자에게 형을 선고하지 않아도 **재범의 위험성이
　없다고 인정**되는 것을 말한다. 그 판단의 기초는 「형법」 제51조에 규정된 양형
　의 조건이며, 판단의 기준시기는 판결선고 시이다.

> ⚖ **판례 |** '개전의 정상이 현저한 때'의 의미
>
> **선고유예의 요건 중 '개전의 정상이 현저한 때'의 의미**
> 선고유예의 요건 중 '개전의 정상이 현저한 때'라고 함은 반성의 정도를 포함하여
> 널리 「형법」 제51조가 규정하는 양형의 조건을 종합적으로 참작하여 볼 때, 형을
> 선고하지 않더라도 피고인이 다시 범행을 저지르지 않으리라는 사정이 현저하게
> 기대되는 경우를 가리킨다고 해석할 것이고, 이와 달리 여기서의 '개전의 정상이
> 현저한 때'가 반드시 피고인이 죄를 깊이 뉘우치는 경우만을 뜻하는 것으로 제한
> 하여 해석하거나, 피고인이 범죄사실을 자백하지 않고 부인할 경우에는 언제나 선
> 고유예를 할 수 없다고 해석할 것은 아니다[대판 2003.2.20, 2001도6138(전합)].

③ **자격정지 이상의 형을 받은 전과가 없을 것**: 선고유예는 불법과 책임이 통상의 경
　우에 비하여 현저히 경미한 경우에만 인정되므로 재범의 위험성이 없는 자, 특
　히 초범에 대하여만 인정될 수 있다는 의미이다.

(3) 효과

① **선고유예의 선고**: 선고 여부는 법원의 재량에 속하나, 유예기간은 언제나 2년이다(단축 불가). 선고유예도 유죄판결의 일종이므로 범죄사실과 선고할 형을 정해서 선고해야 하며, 판결선고 전 구금일수도 선고형에 산입해 두어야 한다.

② **선고유예와 보호관찰**: 선고유예의 경우에는 보호관찰을 명할 수 있으나, 사회봉사명령이나 수강명령은 할 수 없다는 점에서 집행유예와 다르다. ✯✯

> **형법**
>
> 제59조의2【보호관찰】 ① 형의 선고를 유예하는 경우에 재범방지를 위하여 지도 및 원호가 필요한 때에는 보호관찰을 받을 것을 명할 수 있다(→ 임의적 보호관찰). ✯✯
> ② 제1항의 규정에 의한 보호관찰의 기간은 1년으로 한다. ✯✯

③ **선고유예 기간 경과의 효력**

> **형법**
>
> 제60조【선고유예의 효과】 형의 선고유예를 받은 날로부터 2년을 경과한 때에는 면소된 것으로 간주한다. ✯✯

(4) 실효

선고유예는 실효제도만 있고 취소제도는 없다는 점에서 집행유예와 차이가 있다. ✯

> **형법**
>
> 제61조【선고유예의 실효】 ① 형의 선고유예를 받은 자가 유예기간(→ 2년) 중 자격정지 이상의 형에 처한 판결이 확정되거나 자격정지 이상의 형에 처한 전과가 발견된 때에는 유예한 형을 선고한다(→ 필요적 실효).
> ② 제59조의2의 규정에 의하여 보호관찰을 명한 선고유예를 받은 자가 보호관찰기간(→ 1년) 중에 준수사항을 위반하고 그 정도가 무거운 때에는 유예한 형을 선고할 수 있다(→ 임의적 실효). ✯✯

3. 집행유예제도

(1) 의의

① **개념**: 집행유예란 일단 유죄를 인정하여 <u>형을 선고</u>하되 일정한 요건 아래 일정 기간 동안 그 <u>형의 집행을 유예</u>하고, 그것이 취소 또는 실효되지 않고 유예기간을 경과하면 형의 집행뿐만 아니라 형의 선고의 효력까지도 상실시키는 제도이다(「형법」 제62조).

> **형법**
>
> **제62조【집행유예의 요건】** ① <u>3년 이하의 징역이나 금고 또는 500만원 이하의 벌금의 형을 선고</u>할 경우에 제51조의 사항을 참작하여 그 정상에 참작할 만한 사유가 있는 때에는 <u>1년 이상 5년 이하의 기간</u> 형의 집행을 유예할 수 있다. 다만, <u>금고 이상의 형을 선고한 판결이 확정된 때부터 그 집행을 종료하거나 면제된 후 3년까지의 기간</u>에 범한 죄에 대하여 형을 선고하는 경우에는 그러하지 아니하다.
> ② <u>형을 병과할 경우 그 형의 일부에 대하여 집행을 유예할 수 있다.</u>

② **형사정책적 의의**
- ㉠ 집행유예는 자유형의 집행을 유보함으로써 유죄판결을 받은 피고인이 자발적으로 형법 질서에 재통합될 수 있는 기회를 부여하고자 하는 것이다.
- ㉡ 일정기간 동안 형의 집행이 연기된 것일 뿐이라는 것을 알려서 범죄인에게 심리적인 압박을 가하는 동시에, 일정기간 후에는 선고 효력이 없어진다는 희망을 갖게 하여 범죄인의 개선을 유도할 수 있도록 하는 것에 중요한 의미가 있다(**특별예방**).
- ㉢ 집행유예는 **단기자유형의 폐해를 제거**하기 위한 대용방안으로서도 유용하다.

③ **연혁**: 집행유예제도는 대륙법계가 영미법계의 프로베이션(Probation)을 다소 변형시켜 도입한 것이라고 한다.

조건부 유죄판결주의	유예기간 중에 집행유예가 취소되지 않는 한 기간이 경과하면 형의 선고가 없었던 것과 동일한 효과를 발생하게 하는 입장이다(예 우리나라 등).
조건부 특사주의	형의 집행만을 면제하고, 형의 선고는 여전히 유효로 하는 입장이다(예 독일 등).

④ **법적 성격**: 집행유예는 특수성을 가진 **형 집행의 변형**으로서 자유형을 선고하고 그 집행만 유예되는 것에 지나지 않으며, 사회복귀 사상이 주요한 역할을 하고 있는 일종의 양형에 불과하다고 본다.

(2) 요건

① 3년 이하의 징역이나 금고 또는 500만원 이하의 벌금의 형을 선고할 경우일 것
② 정상에 참작할 만한 사유가 있을 것: 형의 집행 없이 형의 선고만으로도 피고인에게 경고 기능을 다하여 **재범의 위험성이 없다고 인정**되는 경우로서, 「형법」 제51조의 양형조건을 종합하여 판단하며, 그 판단시점은 '판결선고 시'를 기준으로 한다.

③ 금고 이상의 형을 선고한 판결이 확정된 때부터 그 집행을 종료하거나 면제된 후 3년까지의 기간에 범한 죄가 아닐 것

> **판례 | 집행유예 결격사유의 위헌 여부**
>
> 「형법」 제62조 제1항 단서(이하 '이 사건 집행유예 결격조항')가 평등원칙, 책임주의원칙에 위배되는지 여부(소극)
>
> 집행유예 결격조항이 초범이나 과거의 범죄일로부터 상당한 기간이 지날 때까지 재범을 하지 아니한 자에 한하여 집행유예를 할 수 있게 규정한 것은 합리적인 형사정책적 이유가 있어 평등원칙에 위배되지 않는다. 그리고 집행유예 결격조항은 결격사유를 '금고 이상의 형을 선고한 판결이 확정된 때'로 정하여 전범이 무겁지 아니한 때에는 후에 한 범죄에 대하여 집행유예를 선고할 수 있도록 하고, 집행유예를 선고하려고 하는 범죄의 범행시기를 전범의 집행종료 또는 면제 후 3년까지의 기간 내에 행해진 것으로 한정하였으므로, 책임주의원칙을 위반하였다고 할 수 없다(헌재 2013.9.26, 2012헌바275).

④ **하나의 형의 전부에 대한 것일 것**: 형을 병과할 경우에는 그 형의 일부에 대하여 집행을 유예할 수 있다(「형법」 제62조 제2항).

> **판례 | 형의 일부에 대한 집행유예 허용 여부**
>
> 1 하나의 자유형 중 일부에 대해서는 실형을, 나머지에 대해서는 집행유예를 선고하는 것이 가능한지 여부(소극)
>
> 집행유예의 요건에 관한 「형법」 제62조 제1항이 '형'의 집행을 유예할 수 있다고만 규정하고 있다고 하더라도, 이는 같은 조 제2항이 그 형의 '일부'에 대하여 집행을 유예할 수 있는 때를 형을 '병과'할 경우로 한정하고 있는 점에 비추어 보면, (중략) 하나의 자유형 중 일부에 대해서는 실형을, 나머지에 대해서는 집행유예를 선고하는 것은 허용되지 않는다(대판 2007.2.22, 2006도8555). ✦
>
> 2 「형법」 제37조 후단의 경합범 관계에 있는 죄에 대하여 「형법」 제39조 제1항에 의하여 따로 형을 선고하여야 하기 때문에 하나의 판결로 두 개의 자유형을 선고하는 경우 그 두 개의 자유형은 각각 별개의 형이므로 「형법」 제62조 제1항에 정한 집행유예의 요건에 해당하면 그 각 자유형에 대하여 각각 집행유예를 선고할 수 있는 것이고, 또 그 두 개의 자유형 중 하나의 자유형에 대하여 실형을 선고하면서 다른 자유형에 대하여 집행유예를 선고하는 것도 우리 「형법」상 이러한 조치를 금하는 명문의 규정이 없는 이상 허용되는 것으로 보아야 한다(대판 2002.2.26, 2000도4637).

(3) 효과

① 집행유예의 선고 효력

> **형법**
>
> 제65조 【집행유예의 효과】 집행유예의 선고를 받은 후 그 선고의 실효 또는 취소됨이 없이 유예기간을 경과한 때에는 형의 선고는 효력을 잃는다. ✦✦

집행유예의 기간은 **1년 이상 5년 이하**이며, 그 범위 내에서 법원의 재량으로 정한다. 형의 선고가 효력을 잃는다는 것은 형의 선고의 법률적 효과가 없어진다는 것을 의미할 뿐이며, 형의 선고가 있었다는 기왕의 사실까지 없어지는 것은 아니다(판례).

② **보호관찰, 사회봉사 및 수강명령**: 형의 집행을 유예하는 경우에는 보호관찰을 받을 것을 명하거나 사회봉사 또는 수강을 명할 수 있다.

> **형법**
>
> 제62조의2【보호관찰, 사회봉사·수강명령】① 형의 집행을 유예하는 경우에는 보호관찰을 받을 것을 명하거나 사회봉사 또는 수강을 명할 수 있다.
> ② 제1항의 규정에 의한 보호관찰의 기간은 집행을 유예한 기간으로 한다. 다만, 법원은 유예기간의 범위 내에서 보호관찰기간을 정할 수 있다.
> ③ 사회봉사명령 또는 수강명령은 집행유예기간 내에 이를 집행한다.

㉠ 집행유예 시 보호관찰과 동시에 사회봉사 또는 수강을 명할 수 있는가에 대해 견해가 대립하나, 판례는 긍정설의 입장에 있다.

> **판례 | 집행유예 시 보호관찰, 사회봉사·수강명령의 동시 부과**
>
> 「형법」제62조에 의하여 집행유예를 선고하는 경우에 같은 법 제62조의2 제1항에 규정된 보호관찰과 사회봉사를 동시에 명할 수 있는지 여부(적극)
> 「형법」제62조의2 제1항은 "형의 집행을 유예하는 경우에는 보호관찰을 받을 것을 명하거나 사회봉사 또는 수강을 명할 수 있다."고 규정하고 있는바, 그 문리에 따르면 보호관찰과 사회봉사는 각각 독립하여 명할 수 있다는 것이지, 반드시 그 양자를 동시에 명할 수 없다는 취지로 해석되지는 아니할 뿐더러, (중략) 「형법」제62조에 의하여 집행유예를 선고할 경우에는 같은 법 제62조의2 제1항에 규정된 보호관찰과 사회봉사 또는 수강을 동시에 명할 수 있다고 해석함이 상당하다(대판 1998.4.24, 98도98).

㉡ 「형법」에는 보호관찰, 사회봉사·수강명령의 구체적 집행에 대해서는 규정이 없다. 따라서 「보호관찰 등에 관한 법률」에 의하여 시행한다.

> **보호관찰 등에 관한 법률**
>
> 제59조【사회봉사명령·수강명령의 범위】① 법원은 「형법」제62조의2에 따른 사회봉사를 명할 때에는 500시간, 수강을 명할 때에는 200시간의 범위에서 그 기간을 정하여야 한다. 다만, 다른 법률에 특별한 규정이 있는 경우에는 그 법률에서 정하는 바에 따른다.
> ② 법원은 제1항의 경우에 사회봉사·수강명령 대상자가 사회봉사를 하거나 수강할 분야와 장소 등을 지정할 수 있다.
>
> 제61조【사회봉사·수강명령 집행 담당자】① 사회봉사명령 또는 수강명령은 보호관찰관이 집행한다. 다만, 보호관찰관은 국공립기관이나 그 밖의 단체에 그 집행의 전부 또는 일부를 위탁할 수 있다.

[1] 형의 집행을 유예하면서 사회봉사를 명할 수 있도록 한 「형법」 제62조의2 제1항 중 사회봉사명령에 관한 부분(이하 '이 사건 법률조항')이 사회봉사의 의의, 부과요건, 부과 대상자를 구체적으로 규정하지 아니하여 명확성원칙에 위배되는지 여부(소극)

이 사건 법률조항의 '사회봉사'란 '사회의 이익이나 복지를 위하여 범죄자에게 부과하는 일 또는 근로활동'이라고 해석할 수 있고, 사회봉사명령의 부과요건 및 부과 대상자는 이 사건 법률조항과 「형법」 제62조 제1항을 종합하면 '범죄사실이 유죄로 인정되어 3년 이하의 징역 또는 금고의 형을 선고받음과 동시에 그 형의 집행을 유예받는 피고인'이며, 사회봉사명령의 집행방법은 「보호관찰 등에 관한 법률」에서 집행기관, 집행담당자, 집행절차 등을 규정하고 있으므로, 이 사건 법률조항은 명확성원칙에 위배되지 아니한다.

[2] 형의 집행을 유예하면서 사회봉사를 명할 수 있도록 한 이 사건 법률조항이 범죄인의 일반적 행동의 자유를 과도하게 제한하여 과잉금지원칙에 위배되는지 여부(소극)

이 사건 법률조항은, 범죄인에게 근로를 강제하여 형사제재적 기능을 함과 동시에 사회에 유용한 봉사활동을 통하여 사회와 통합하여 재범 방지 및 사회복귀를 용이하게 하려는 것으로서, 이에 근거하여 부과되는 사회봉사명령이 자유형 집행의 대체수단으로서 자유형의 집행으로 인한 범죄인의 자유의 제한을 완화하여 주기 위한 수단인 점, 기간이 500시간 이내로 제한되어 있는 점 등을 종합하여 보면 과잉금지원칙에 위배되지 아니한다(헌재 2012.3.29, 2010헌바100). ✪

(4) 실효와 취소

① 집행유예의 실효

형법

제63조 【집행유예의 실효】 집행유예의 선고를 받은 자가 유예기간 중 고의로 범한 죄로 금고 이상의 실형을 선고받아 그 판결이 확정된 때에는 집행유예의 선고는 효력을 잃는다. ✪✪

② 집행유예의 취소

형법

제64조 【집행유예의 취소】 ① 집행유예의 선고를 받은 후 제62조 단행의 사유가 발각된 때에는 집행유예의 선고를 취소한다(→ 필요적 취소).
② 제62조의2의 규정에 의하여 보호관찰이나 사회봉사 또는 수강을 명한 집행유예를 받은 자가 준수사항이나 명령을 위반하고 그 정도가 무거운 때에는 집행유예의 선고를 취소할 수 있다(→ 임의적 취소).

③ **효과**: 집행유예가 실효·취소되면 <u>유예한 형을 집행한다</u>.

⚖ 판례 | 「형법」 제64조 제2항 위헌소원

보호관찰이나 사회봉사 또는 수강을 명한 집행유예를 선고받은 자가 준수사항이나 명령을 위반하고 그 정도가 무거운 때에 집행유예의 선고를 취소할 수 있도록 한 형법 제64조 제2항(이하 '이 사건 법률조항')에 의하여 집행유예가 취소되는 경우 사회봉사 등 의무를 이행하였는지 여부와 관계없이 유예되었던 본형 전부를 집행하는 것이 이중처벌금지원칙에 위반되는지 여부(소극)

<u>집행유예의 취소 시 부활되는 본형은 집행유예의 선고와 함께 선고되었던 것으로 판결이 확정된 동일한 사건에 대하여 다시 심판한 결과 부과되는 것이 아니므로 일사부재리의 원칙과 무관하고, 사회봉사명령 또는 수강명령은 그 성격, 목적, 이행방식 등에서 형벌과 본질적 차이가 있어 이중처벌금지원칙에서 말하는 '처벌'이라 보기 어려우므로, 이 사건 법률조항은 이중처벌금지원칙에 위반되지 아니한다</u>(헌재 2013.6.27, 2012헌바345·364).

⚖ 판례 | 집행유예취소 요건의 심리에서 평가요소

형법 제64조 제2항에 규정된 집행유예취소의 요건에 해당하는지 여부를 심리할 때의 평가요소

법원이 「보호관찰 등에 관한 법률」에 의한 검사의 청구에 의하여 「형법」 제64조 제2항에 규정된 <u>집행유예취소의 요건에 해당하는가를 심리함에 있어, 보호관찰기간 중의 재범에 대하여 따로 처벌받는 것과는 별도로 보호관찰자 준수사항 위반 여부 및 그 정도를 평가하여야 하고, 보호관찰이나 사회봉사 또는 수강명령은 각각 병과되는 것이므로 사회봉사 또는 수강명령의 이행 여부는 보호관찰자 준수사항 위반 여부나 그 정도를 평가하는 결정적인 요소가 될 수 없다</u>(대결 2010.5.27, 2010모446).

---

(5) 문제점

집행유예제도는 여러 가지 이론적 장점에도 불구하고 현실적으로는 법관이 유죄판결을 받는 피고인에게 베푸는 은혜의 수단으로 악용될 위험성이 높고, 실제로 그렇게 이용되고 있다는 비판을 받는다.

제3절 다이버전

1. 의의

(1) 다이버전(전환제도, Diversion)이란 일반적으로 <u>공식적 형사절차로부터의 이탈</u>과 동시에 <u>사회 내 처우 프로그램에 위탁</u>하는 것을 그 내용으로 한다. 23. 경행 2차

(2) 다이버전은 기존의 형사사법체계가 <u>낙인효과로 인하여 범죄문제를 오히려 악화</u>시킨다는 가정에서 논의를 시작한다. ✄✄

(3) 형사사법기관이 통상의 형사절차를 중단하고 이를 대체하는 새로운 절차로의 이행을 의미하며, 이를 통하여 **형사제재의 최소화를 도모**할 수 있다. ✄✄

(4) 다이버전은 형사사법의 탈제도화라는 의미에서 **낙인이론의 산물**이라고 할 수 있다(4D 정책). 일부 낙인이론가들은 경미범죄는 형사처벌의 대상에서 제외하는 것이 오히려 사회에 이익이 된다는 급진적 불간섭주의를 주장하기도 한다. 22. 경간 (72), 22. 경행

2. 분류

(1) 단계별 다이버전

형사사법절차의 진행단계에 따라 체포 전 다이버전, 기소 전 다이버전, 공판절차 전 다이버전, 재판단계 다이버전 등으로 구분된다.

(2) 주체별 다이버전

① **경찰 단계의 다이버전**: <u>훈방</u>, 경고, <u>통고처분</u>, 보호기관 위탁 등이 있다. 22. 경간 (72), 22. 경행, 23. 경행 2차, 24. 경간(74)

② **검찰 단계의 다이버전**: <u>기소유예</u>, 불기소처분, 조건부 기소유예, <u>약식명령청구</u> 등이 있다. 23. 경행 2차, 24. 경간(74)

③ **법원 단계의 다이버전**: <u>선고유예</u>, 집행유예, <u>약식명령</u> 등이 있다. 23. 경행 2차, 24. 경간(74)

④ **교정 단계의 다이버전**: <u>가석방</u>, 개방처우, 보호관찰, 주말구금 등이 있다.

(3) 처우별 다이버전

① **단순형 다이버전**: 국가가 관여하지 않으면서 구금의 대안으로 제기되는 모든 다이버전을 말한다.

② **개입형 다이버전**: 보호처분·보호관찰·민간위탁 등을 통해 신체의 자유를 제한하는 형태의 비공식적 제재를 수반하는 다이버전을 말한다(예 조건부 기소유예 등).

3. 목표

(1) 형사사법제도에 융통성을 부여하여 범죄인에 대하여 보다 적절히 대응하고 범죄를 효과적으로 처리할 수 있도록 한다. 22. 경간(72)

(2) 범죄인에게 형사절차와 유죄판결을 피할 수 있는 기회를 제공한다.

(3) 범죄인에게 범죄를 중단할 수 있는 변화의 기회를 제공한다.

(4) 형사사법제도의 운영이 최적수준이 되도록 자원을 배치한다.

다이버전의 종류 관련

보석이나 구속적부심사제도는 구속 상태에서 불구속 상태로 전환하여 수사·재판을 받게 할 수 있는 제도로서 형사사법기관이 통상의 형사절차를 중단하여 공식적 형사절차로부터 이탈시키는 것이 아니므로 다이버전에 해당하지 않는다. 23. 경행 2차, 24. 경간(74)

(5) 범죄인이 책임감을 갖고 스스로 자신의 생활을 영위할 수 있도록 한다.

(6) 범죄인이 직업을 가지고 자신과 가족을 부양할 수 있도록 한다.

(7) 범죄인이 피해자에게 배상할 수 있는 기회를 갖도록 한다.

4. 장 · 단점

장점	① 정식의 형사절차보다 경제적인 방법으로 범죄문제를 처리할 수 있다(대안적 분쟁해결 가능). ✦ ② 범죄자를 전과자로 낙인찍을 가능성을 감소시킨다(이차적 일탈의 예방). 22. 경간(72), 24. 경간(74) ③ 형사사법기관의 업무량을 줄여 중요한 범죄에 집중할 수 있게 한다(형사사법의 능률성과 신축성 제고). 24. 경간(74) ④ 범죄자에 대하여 보다 인도적인 처우방법이다. ⑤ 과밀수용을 방지하고, 시설 내 처우의 폐해를 감소시킬 수 있다. 24. 경간(74) ⑥ 성인형사사법에서보다는 소년형사사법에서 더욱 유용한 제도로 평가된다. 22. 경간(72)
단점	① 다이버전의 등장으로 인해 형사사법의 대상조차 되지 않을 문제가 다이버전의 대상이 된다는 점에서 이는 사회적 통제가 오히려 강화된다고 볼 수 있다(형사사법망의 확대). ✦ ② 형벌의 고통을 감소시켜 오히려 재범의 위험성을 증가시킬 수 있다. ③ 다이버전은 범죄원인의 제거와는 무관하다. ④ 선별적 법 집행으로 인해 형사사법의 불평등을 가져올 수 있고, 적법절차의 원리에 위배될 우려가 있다. 22. 경간(72) ⑤ 재판 전 형사사법의 개입이라는 점에서 또 하나의 형사사법절차를 창출할 뿐이다. ⑥ 사실상 유죄추정에 근거하는 것이므로, 무죄추정의 원칙에 반한다.

단원별 지문 O X

01 기소유예제도는 피의자의 법적 안전성을 침해할 수 있다. (　　)

02 우리나라의 양형기준은 효력이 발생된 이후에 법원에 공소제기된 범죄에 대하여 내·외국인 모두에게 적용되며, 모든 범죄에서 미수에 대해서는 적용되지 않고 기수에 대해서만 적용된다. (　　) 24. 간부(74)

03 형의 집행유예의 선고가 실효 또는 취소됨이 없이 정해진 유예기간을 경과하여 형의 선고가 효력을 잃게 되었더라도, 이는 선고유예 결격사유인 자격정지 이상의 형을 받은 전과가 있는 경우에 해당한다. (　　)

04 형의 선고를 유예하는 경우에 보호관찰을 받을 것을 명하거나 사회봉사 또는 수강을 명할 수 있다. (　　)

05 형의 선고유예를 받은 날로부터 2년을 경과한 때에는 기소유예된 것으로 간주한다. (　　)

06 선고유예 판결에서도 그 판결 이유에서는 선고형을 정해 놓아야 하고, 그 형이 벌금형일 경우에는 벌금액뿐만 아니라 환형유치처분까지 해 두어야 한다. (　　)

07 형을 병과할 경우에는 그 형의 일부에 대하여 집행을 유예할 수 있다. (　　)

08 500만원 이하 벌금형을 선고할 경우 피고인의 사정을 고려하여 100만원만 집행하고 400만원은 집행을 유예할 수 있다. (　　)

09 형의 집행유예 시 부과되는 수강명령은 집행유예기간이 완료된 이후에 이를 집행한다. (　　)

10 다이버전은 형사사법기관이 통상적인 형사절차를 대체하는 절차를 활용하여 범죄인을 처리하는 제도를 말한다. (　　)

---

01 ○　무죄결정을 내리는 것이 아니라 시효가 완성될 때까지 기소를 유예하는 것이므로 법적 안정성을 침해할 수 있다.

02 ×　양형기준은 양형기준의 효력이 발생된 이후 법원에 공소제기된 범죄에 대하여 적용한다. 양형기준은 내국인과 외국인을 구분하지 않고 적용한다. 양형기준은 살인미수범에 관하여 적용된다. 그러나 양형기준이 다른 대상범죄의 미수범죄 전반에 관하여 기준을 제시하고 있지 않기 때문에 '살인죄를 제외한 다른 범죄군의 미수범에 대해서는 양형기준이 적용되지 않는다'.

03 ○　대판 2003.12.26, 2003도3768

04 ×　선고유예의 경우에는 보호관찰을 명할 수 있으나, 사회봉사명령이나 수강명령은 할 수 없다는 점에서 집행유예와 다르다(「형법」 제59조의2 제1항).

05 ×　형의 선고유예를 받은 날로부터 2년을 경과한 때에는 '면소'된 것으로 간주한다(「형법」 제60조).

06 ○　대판 2015.1.29, 2014도15120

07 ○　「형법」 제62조 제2항

08 ×　3년 이하의 징역이나 금고 또는 '500만원 이하의 벌금의 형을 선고'할 경우 양형의 조건(「형법」 제51조)을 참작하여 정상에 참작할 만한 사유가 있는 때에는 1년 이상 5년 이하의 기간 형의 집행을 유예할 수 있고(「형법」 제62조 제1항), 형을 '병과'할 경우(둘 이상이 형을 함께 선고할 경우) 그 형의 '일부'에 대하여 집행을 유예할 수 있으므로(「형법」 제62조 제2항), '하나의 형' 중 '일부에 대해서 집행유예를 선고할 수는 없다.

09 ×　형의 집행유예 시 부과되는 사회봉사명령 또는 수강명령은 '집행유예기간 내'에 이를 집행한다(「형법」 제62조의2 제3항).

10 ○　다이버전이란 일반적으로 공식적 형사절차로부터의 이탈과 동시에 사회 내 처우 프로그램에 위탁하는 것을 그 내용으로 한다.

11 다이버전은 공식적인 형사처벌로 인한 낙인효과를 최소화하려는 목적을 갖고 있다. (　　)

12 보석과 구속적부심사제도는 다이버전의 한 종류이다. (　　) 23. 경행 2차

13 전환처우(다이버전)에는 검찰 단계의 (조건부) 기소유예, 법원의 집행유예와 구속적부심사제도 등이 있다. (　　)
24. 간부(74)

14 법원 단계에서의 다이버전은 선고유예, 집행유예 등이 있다. (　　) 23. 경행 2차

15 검찰 단계에서의 다이버전은 불기소처분, 가석방 등이 있다. (　　) 23. 경행 2차

16 경찰 단계에서의 다이버전은 훈방, 경고, 약식명령청구 등이 있다. (　　) 23. 경행 2차

17 전환처우(다이버전)는 낙인효과에 의한 2차 범죄를 방지하고 법원의 업무경감을 통해 형사사법 제도의 능률성을 높인다는 장점이 있다. (　　) 24. 간부(74)

18 다이버전에 대해서는 형사사법의 대상조차 되지 않을 문제가 다이버전의 대상이 된다는 점에서 오히려 사회적 통제가 강화된다는 비판이 있다. (　　)

19 검사가 소년피의자에 대하여 선도를 받게 하면서 공소를 제기하지 아니하는 조건부 기소유예는 다이버전의 예이다. (　　)

20 다이버전은 공식적인 절차에 비해서 형사사법비용을 절감할 수 있다. (　　)

21 다이버전은 업무경감으로 인하여 형사사법제도의 능률성과 신축성을 가져온다. (　　)

22 전환처우(다이버전)는 형사사법제도에 융통성을 부여해 범죄인에 대하여보다 적절히 대응하고, 범죄사건을 효과적으로 처리할 수 있도록 한다. (　　) 22. 간부(72)

---

11 ○ 다이버전은 기존의 형사사법체계가 낙인효과로 인하여 범죄문제를 오히려 악화시킨다는 가정에서 논의를 시작하여, 범죄자를 전과자로 낙인찍을 가능성을 감소시킬 수 있다고 평가된다.

12 × 다이버전은 일반적으로 공식적 형사절차로부터의 이탈과 동시에 사회 내 처우 프로그램에 위탁하는 것을 그 내용으로 한다. 보석이나 구속적부심사제도는 구속 상태에서 불구속 상태로 전환하여 수사·재판을 받게 할 수 있는 제도로서 형사사법기관이 통상의 형사절차를 중단하여 공식적 형사절차로부터 이탈시키는 것이 아니므로 다이버전에 해당하지 않는다.

13 × 검찰 단계의 다이버전으로는 기소유예, 불기소처분, 조건부 기소유예, 약식명령청구 등이 있고, 법원 단계의 다이버전으로는 선고유예, 집행유예, 약식명령 등이 있다. 그러나 '구속적부심사제도'와 보석제도 등은 형사사법기관이 통상의 형사절차를 중단하여 공식적 형사절차로부터 이탈시키는 것이 아니므로 다이버전에 속하지 않는다.

14 ○ 법원 단계에서의 다이버전은 선고유예, 집행유예, 약식명령 등이 있다.

15 × '가석방'은 '교정 단계'에서의 다이버전에 해당한다.

16 × '약식명령청구'는 '검찰 단계'에서의 다이버전에 해당한다.

17 ○ 전환(다이버전)은 범죄자를 전과자로 낙인찍을 가능성을 감소시키고(이차적 일탈의 예방), 형사사법기관의 업무량을 줄여 중요한 범죄에 집중할 수 있게 한다(형사사법의 능률성과 신축성 제고)는 장점이 있다고 평가된다.

18 ○ 다이버전의 등장으로 인해 형사사법의 대상조차 되지 않을 문제가 다이버전의 대상이 된다는 점에서 이는 사회적 통제가 오히려 강화된다는 비판이 제기된다(형사사법망의 확대).

19 ○ 기소유예, 불기소처분, 조건부 기소유예, 약식명령청구 등은 검찰 단계의 다이버전에 해당한다.

20 ○ 다이버전은 정식의 형사절차보다 경제적인 방법으로 범죄문제를 처리할 수 있다고 평가된다(대안적 분쟁해결 가능).

21 ○ 다이버전은 형사사법기관의 업무량을 줄여 중요한 범죄에 집중할 수 있게 한다고 평가된다(형사사법의 능률성과 신축성 제고).

22 ○ 전환처우(다이버전)은 형사사법제도에 융통성을 부여하여 범죄인에 대하여 보다 적절히 대응하고 범죄를 효과적으로 처리할 수 있도록 한다는 목표를 지향한다.

23 다이버전은 사법기관의 공식적 개입을 최소화함으로써 부정적 영향을 감소시키는 전략을 의미하며, 검찰 단계에서의 소년범에 대한 선도조건부 기소유예제도 등이 대표적이다. 이는 리스(Reiss)와 나이(Nye)의 사회통제이론(social control theories)을 근거로 하고 있다. (　　) 22. 경행

24 경찰 단계에서의 전환처우(다이버전)는 훈방, 통고처분 등이 있다. (　　) 22. 간부(72)

25 다이버전의 대표적 프로그램으로는 경찰 단계에서의 훈방, 통고처분 등이 있다. (　　) 22. 경행

26 전환처우(다이버전)는 형사사법절차에서 적법절차의 원리를 강화하기 위한 것이다. (　　) 22. 간부(72)

27 전환처우(다이버전)은 교도소의 수용인원을 줄여 과밀 수용 문제를 해결하는 장점이 있다. (　　) 24. 간부(74)

28 전환처우(다이버전)는 성인형사사법에서보다는 소년형사사법에서 더욱 유용한 제도로 평가된다. (　　) 22. 간부(72)

---

23 ✕　다이버전의 이론적 근거는 '낙인이론'이다.

24 ○　경찰 단계의 전환처우(다이버전)는 훈방, 경고, 통고처분, 보호기관 위탁 등이 있다. 그 외에 검찰 단계의 전환처우로는 기소유예, 불기소처분, 조건부 기소유예, 약식명령청구 등, 법원 단계의 전환처우로는 선고유예, 집행유예 등, 교정 단계의 전환처우로는 가석방, 개방처우, 보호관찰, 주말구금 등을 각각 들 수 있다.

25 ○　다이버전은 그 주체에 따라 ⓐ 경찰 단계의 다이버전(예 훈방, 경고, 통고처분, 보호기관 위탁 등), ⓑ 검찰 단계의 다이버전(예 기소유예, 불기소처분, 조건부 기소유예, 약식명령청구 등), ⓒ 법원 단계의 다이버전(예 선고유예, 집행유예, 약식명령 등), ⓓ 교정 단계의 다이버전(예 가석방, 개방처우, 보호관찰, 주말구금 등)으로 분류할 수 있다.

26 ✕　전환처우로 인한 선별적인 법집행으로 인하여 형사사법의 불평등을 가져올 수 있고, 이는 적법절차의 원리에 위배될 우려가 있다.

27 ○　전환(다이버전)은 과밀수용을 방지하고, 시설 내 처우의 폐해를 감소시킬 수 있다는 장점이 있다고 평가된다.

28 ○　전환처우는 소년범죄자에 대한 낙인효과를 감소시킬 수 있다는 장점이 있다.

police.Hackers.com

제4장 / 형벌론

01 형벌의 의의

① 형벌은 범죄에 대한 형사제재로서의 해악을 내용으로 하는 국가적 강제수단이다.
② 일반적으로 형벌은 광의·협의의 개념으로 나뉘어 사용된다. 협의의 형벌은 「형법」 제41조에 규정된 형벌만을 의미하며, 광의의 형벌은 협의의 형벌과 보안처분을 결합한 개념이다.
③ 여기에서 말하는 형벌은 실정법에 규정된 것에 국한되지 않고, 범죄자에게 해악이 되는 다양한 제도를 포함한다.

02 절대적 형벌이론

1. 의의

① 절대적 형벌이론에서는 형벌이 일정한 목적을 추구하기 위하여 존재하는 것이 아니라, 범죄자에게 고통을 주는 그 자체가 가치 있는 것으로 파악한다(형벌의 자기 목적성).
② 형벌의 본질은 범죄에 대한 정당한 응보에 있다.
③ 책임주의에 입각하여 형벌권의 행사를 제한하는 데 기여한다.

2. 장·단점

장점	① 범죄인의 존엄성까지도 철저하게 신봉하고 지키려고 하는 것은 절대적 형벌이론의 탁월한 장점이다. ② 책임 원칙의 절대적 준수는 범죄인에 대한 부당한 인권침해를 방지한다.
단점	① 절대적 범죄개념이란 타당하지 않으므로, 상대적으로 정의되는 범죄에 대해 절대적 가치의 형벌을 귀속시키는 것은 모순이다. ② 절대적 형벌이론은 어떠한 목적 추구도 거부하기 때문에 범죄대책으로 무기력하다.

03 상대적 형벌이론

1. 의의

① 상대적 형벌이론은 **형벌의 도구적 성격**을 분명히 하는 입장으로서, 형벌을 통한 국가적·사회적 이익을 강조한다. 형벌의 정당성도 형벌이 추구하는, 사회적으로 유익한 구체적 목적에 따라서 좌우된다.

② 목적의 내용은 **범죄예방**과 관련을 맺는데, 일반인을 대상으로 하는 일반예방과 범죄자에 대한 영향력 행사인 특별예방으로 나뉜다. ✔

2. 일반예방이론 22. 간부(72)

① 형벌은 불특정 다수의 **일반인**의 범죄예방에 정당성이 인정된다는 견해이다. 즉, 처벌하는 과정을 형벌이 달성하고자 하는 일정한 목적인 잠재적 범죄자의 범죄행위 저지로부터 설명하는 입장이다(형벌의 상대설, 예방형벌 사상). ✔

소극적 일반예방	형벌이 갖는 <u>위하(겁주기)</u>에 의해 일반인이 범행하지 못하도록 하는 것
적극적 일반예방	형벌에 의한 위하가 사회의 <u>규범의식을 강화</u>시켜서 범죄가 예방된다는 것

② 일반예방이론은 범죄인의 심리를 지나치게 단순화하였다는 비판을 받는다. 범죄를 저지르지 않게 되는 동기에는 형벌에 대한 두려움만이 존재하는 것은 아니기 때문이다.

③ 일반인의 범죄성을 억압하기 위해 특정인에게 형벌을 부과할 수 있는가 하는 점에 대해 인간의 존엄성과 관련한 비판이 있으며, 적극적 일반예방의 경우에 대해서는 형벌이 규범의식을 강화시켜 준다는 것이 경험적으로 설명되지 않고 있다는 지적도 있다.

3. 특별예방이론 22. 간부(72)

① 특별예방이론은 형벌을 **범죄자**에 대한 영향력 행사로 보는 입장이다. 이 이론에서는 범죄자 자신이 달성하고자 하는 목적 주체로 등장한다.

② 특별예방이론의 내용은 **재사회화와 보안**이다. 형벌을 통해 범죄자를 교화(재사회화)시키거나, 교화가 불가능한 범죄자는 사회로부터 격리(보안)함으로써 다시 범죄를 저지르지 못하게 한다는 것이다. ✔

③ 특별예방이론은 그 목적달성의 수단으로서 **형벌의 개별화**, 단기자유형의 제한, 가석방·집행유예·선고유예의 활용, 상습범의 특별취급 등을 주장한다.

04 사회방위론

1. 의의

① 개념

- ㉠ 사회방위론은 범죄에 대응하여 사회를 보호하고 사회구성원이 범죄인이 되는 것을 방지하며, 이미 범행한 사람에 대해서는 개선조치를 취하여 사회에 복귀하도록 하는 현대 형사정책이론의 하나이다.
- ㉡ 사회방위론은 형벌이론의 측면에서는 특별예방 중 '보안'을, 형벌과제의 측면에서는 '일반인 보호'를 강화한 이론이다.

② 특징

사회안전을 위한 정책	형사정책의 최우선 목표는 범죄로부터 사회를 보호하는 것이며, 이를 위해서 범죄자를 제거 · 격리 · 치료할 수 있는 어떤 수단을 써도 무방하다.
실증주의적 성격	사회방위는 이미 발생한 범죄행위를 처벌함에 목적이 있는 것이 아니라, 사전에 범죄 위험성으로부터 사회를 보호하자는 성격을 가지고 있다.
개인예방 중심	사회방위는 개별 범죄자의 재범예방과 처우에 중점을 두기 때문에 재사회화를 위한 체계적 조치로서 형벌을 대신한다.
인도주의적 형사정책	범죄심리학이나 정신의학 등과 면밀한 협조를 한다.

2. 초기 사회방위론(급진적 사회방위론) – 그라마티카(F. Gramatica)

① 1945년 사회방위연구소를 설립하고, 1947년 제1차 국제사회방위학회를 개최하면서부터 본격적으로 시작되었다.

② 책임 대신에 주관주의적 반사회성을 기초로 한 **사회방위법에 의해 형법을 대체**하고, **형벌을 보안처분으로 대체**하는 것을 주요한 내용으로 한다.

③ 범죄 행위가 자유의사의 산물이며, 범죄는 범죄자에게 책임이 있다는 전제를 부정한다. 책임 개념 대신 인간의 주관적 · 반사회적 인격성을 근거로 예방적 · 교육적 치료처분을 해야 하며, 처분 방법은 형벌이 아닌 사회보호절차에 의해 이루어져야 한다고 본다.

④ 국가는 개인을 처벌할 수 있는 주체가 될 수 없으며, 단지 사회화할 의무만을 갖는다고 보아 형법과 형벌제도를 인정하지 않는다.

3. 신사회방위론(온건적 사회방위론) – 앙셀(M. Ancel)

① 1954년 앙셀(M. Ancel)의 의견이 반영된 '최소강령'이 국제사회방위학회의 기본입장으로 채택되면서 시작되었다.

② **사회방위법과 형법을 공존**시키면서 인도적 형사정책을 목표로 형법의 기본틀을 새롭게 구성하는 것을 목표로 한다.

③ 그라마티카(F. Gramatica)와 달리 단순한 사회보호절차를 거부하고 **형법과 형벌을 존치**시키되, 응보 목적으로 지향된 형벌제도 · 형사절차에 대해서는 반대한다.

④ 다만, 앙셀(M. Ancel)의 책임개념은 응보에 상응하는 과거지향적인 것이 아니라 오히려 위험성에 가까운 미래지향적 내용을 가지고 있기 때문에(책임과 위험성의 구별을 부정) 그 결과로 부과되는 형벌은 보안처분과 구별되지 않는다고 한다(일원론).

4. 평가 – 급진적 사회방위론에 대한 비판

법치국가 원리의 침식	사회안전을 위해 범죄 가능성이 있는 사람을 무단으로 억압할 수 있음을 배제하기 어렵다.
평등의 정의에 대한 위배	중대한 범죄도 사회적 위험성이 없으면 처벌받지 않는 반면, 가벼운 범죄라도 사회적 위험성이 크면 책임 정도를 초과하여 방위대상이 될 수 있다.
사회적 위험성의 모호성	사회적 위험성은 그 내용·판단 주체·판단 기준 등에서 매우 모호한 개념이다.
형법의 사회방위 기능 무시	형법이 사회방위 기능이 없는 것은 아니며, 사회방위 효과는 형법의 시행을 통해 자연적으로 발생할 수 있다.

05 형벌이론에 대한 결론

① 형벌의 정당성은 어느 하나의 이론을 선택함으로써 해결될 수 있는 것은 아니다. 이는 해당 국가의 법문화와 깊은 관련을 맺고 있기 때문이다.
② 형벌이 해악의 형태로 존재하는 한 응보·일반예방·특별예방 등의 기능은 계속해서 수행한다. 어느 형벌도 한 기능만을 지니고 다른 기능을 배척하지는 못한다. 중요한 것은 형벌을 '어떻게 바라볼 것인가'가 아니라 '형벌을 어떻게 부과할 것인가' 하는 점이다.

제2절 현행법상 형벌제도 개관

01 형벌의 종류

> **형법**
>
> 제41조 【형의 종류】 형의 종류는 다음과 같다.
>
> | | | |
> |---|---|---|
> | 1. 사형 | 2. 징역 | 3. 금고 |
> | 4. 자격상실 | 5. 자격정지 | 6. 벌금 |
> | 7. 구류 | 8. 과료 | 9. 몰수 |

02 형벌의 유형

현행법상 형벌은 형태에 따라 ① 생명형(사형), ② 자유형(징역·금고·구류), ③ 재산형(벌금·과료·몰수), ④ 자격형(자격상실·자격정지)으로 구분된다. ✦

제3절 사형제도

01 의의

① 사형은 범죄자의 **생명을 박탈**하여 그 사회적 존재를 영구적으로 말살하는 것을 내용으로 하는 형벌이다.
② 「형법」에서 절대적 법정형으로서 사형을 과할 수 있는 죄는 여적죄(제93조)뿐이고, 이외에는 상대적 법정형으로서 법관의 재량으로 자유형을 선택할 수 있도록 규정하고 있다.
③ 「소년법」에서는 죄를 범할 당시 18세 미만인 소년에 대하여 사형 또는 무기형으로 처할 경우에는 15년의 유기징역으로 하도록 하고 있다(제59조).

02 현행법상 사형제도의 운용

형법

제66조 【사형】 사형은 교정시설 안에서 <u>교수</u>하여 집행한다. ✦✦

군형법

제3조 【사형 집행】 사형은 소속 군 참모총장이 지정한 장소에서 <u>총살</u>로써 집행한다. ✦✦

형의 집행 및 수용자의 처우에 관한 법률

제91조 【사형의 집행】 ① 사형은 교정시설의 사형장에서 집행한다.
② <u>공휴일과 토요일에는 사형을 집행하지 아니한다.</u>

형사소송법

제463조 【사형의 집행】 사형은 <u>법무부장관의 명령</u>에 의하여 집행한다. ✦

제465조 【사형집행명령의 시기】 ① 사형집행의 명령은 판결이 확정된 날로부터 <u>6월</u> 이내에 하여야 한다. ✦

제466조 【사형집행의 기간】 법무부장관이 사형의 집행을 명한 때에는 <u>5일</u> 이내에 집행하여야 한다.

제467조 【사형집행의 참여】 ① 사형의 집행에는 검사와 검찰청서기관과 교도소장 또는 구치소장이나 그 대리자가 참여하여야 한다.
② 검사 또는 교도소장 또는 구치소장의 허가가 없으면 누구든지 형의 집행장소에 들어가지 못한다.

제468조 【사형집행조서】 사형의 집행에 참여한 검찰청서기관은 집행조서를 작성하고 검사와 교도소장 또는 구치소장이나 그 대리자와 함께 기명날인 또는 서명하여야 한다.

제469조 【사형 집행의 정지】 ① 사형선고를 받은 사람이 <u>심신의 장애로 의사능력이 없는 상태</u>이거나 <u>임신 중인 여자</u>인 때에는 법무부장관의 <u>명령으로 집행을 정지</u>한다. ✔
② 제1항에 따라 형의 집행을 정지한 경우에는 <u>심신장애의 회복 또는 출산 후</u> 법무부장관의 명령에 의하여 형을 <u>집행한다</u>.

03 사형존폐론

1. 사형폐지론의 논거

① 사형은 <u>인도주의</u> 입장에서 허용할 수 없다. 국가는 사람의 생명을 박탈할 권리를 가질 수 없으며, 실정법적으로 헌법 제10조 인간의 존엄성에 반한다.
② 사형의 집행이 오판으로 판정이 났을 때 이를 회복할 방법이 없다.
③ <u>사형의 위하력은 과장</u>된 것이다.
④ 범행한 자만을 사형시키는 것은 범죄에 대한 사회적 책임을 은폐시키는 것이다.
⑤ 사형은 개선·교육의 형벌 이념과 부합하지 않는다.
⑥ 사형은 국가가 인간생명의 절대성을 부정하는 시범을 보이는 것으로서 생명경시 풍조를 조장하는 것이다.
⑦ 사형은 범죄 피해자에 대한 손해배상·구제에서 아무런 도움이 되지 못한다.
⑧ 사형은 다른 형벌처럼 정도의 차이를 나타낼 수 없어, 죄에 대한 형벌의 균형을 유지하기 어렵다.

2. 사형존치론의 논거

① 사형은 <u>정의에 대한 응보적 요구</u>에서 정당하다(필요악).
② 사형은 <u>강력한 일반예방효과</u>를 가지기 때문에 일반인의 범죄를 억제한다.
③ 사회방위를 위해서 극악한 인물을 사회로부터 완전히 격리할 수 있는 방법이 필요하다.
④ 사형은 피해자 또는 일반인의 피해감정을 정화시켜 줄 수 있다.
⑤ 사형은 국가의 행형비용을 절감시킨다.
⑥ 사형에 대한 오판의 우려는 지나친 염려이다.
⑦ 사형제도 자체를 위헌이라고 볼 수 없다.
⑧ 사람을 살해한 자는 자신의 생명을 박탈당할 수도 있다는 것은 아직까지 일반 국민이 가지고 있는 법적 확신이다.

사형존치론자와 사형폐지론자
1. **사형존치론자**
   루소(Rousseau), 칸트(Kant), 헤겔(Hegel), 롬브로조(Lombrosso) 등
2. **사형폐지론자**
   베카리아(Beccaria), 페스탈로찌(Pestalozzi), 하워드(Howard), 캘버트(Calvert), 리프만(Liepmann), 앙셀(Ancel), 서덜랜드(Sutherland) 등

사형의 범죄억제력에 대한 연구
1. **셀린(T. Sellin)**
   사형의 범죄억지 효과가 장기징역보다 크다고 말할 수 없으며, 실제로 사형제도의 존재 여부는 살인율에 아무런 영향을 미치지 않는다.
2. **에어리히(I. Ehrlich)**
   1건의 사형집행은 7~8건의 살인을 감소시켰다.

[1] 사형제도의 헌법적 근거

헌법 제110조 제4항은 법률에 의하여 사형이 형벌로서 규정되고 그 형벌조항의 적용으로 사형이 선고될 수 있음을 전제로 하여, 사형을 선고한 경우에는 비상계엄하의 군사재판이라도 단심으로 할 수 없고 사법 절차를 통한 불복이 보장되어야 한다는 취지의 규정으로, 우리 헌법은 문언의 해석상 사형제도를 간접적으로나마 인정하고 있다.

[2] 헌법 제37조 제2항에 의하여 생명권을 제한할 수 있는지 여부(적극) 및 생명권의 제한이 곧 생명권의 본질적 내용에 대한 침해인지 여부(소극)

헌법은 절대적 기본권을 명문으로 인정하고 있지 아니하며, 헌법 제37조 제2항에서는 국민의 모든 자유와 권리는 국가안전보장·질서유지 또는 공공복리를 위하여 필요한 경우에 한하여 법률로써 제한할 수 있도록 규정하고 있어, 비록 생명이 이념적으로 절대적 가치를 지닌 것이라 하더라도 생명에 대한 법적 평가가 예외적으로 허용될 수 있다고 할 것이므로, 생명권 역시 헌법 제37조 제2항에 의한 일반적 법률유보의 대상이 될 수밖에 없다. 나아가 생명권의 경우, 다른 일반적인 기본권 제한의 구조와는 달리, 생명의 일부 박탈이라는 것을 상정할 수 없기 때문에 생명권에 대한 제한은 필연적으로 생명권의 완전한 박탈을 의미하게 되는바, 위와 같이 생명권의 제한이 정당화될 수 있는 예외적인 경우에는 생명권의 박탈이 초래된다 하더라도 곧바로 기본권의 본질적인 내용을 침해하는 것이라 볼 수는 없다.

[3] 사형제도가 헌법 제37조 제2항에 위반하여 생명권을 침해하는지 여부(소극)

(가) 사형은 일반국민에 대한 심리적 위하를 통하여 범죄의 발생을 예방하며 극악한 범죄에 대한 정당한 응보를 통하여 정의를 실현하고, 당해 범죄인의 재범 가능성을 영구히 차단함으로써 사회를 방어하려는 것으로 그 입법 목적은 정당하고, 가장 무거운 형벌인 사형은 입법 목적의 달성을 위한 적합한 수단이다.

(나) 사형은 무기징역형이나 가석방이 불가능한 종신형보다도 범죄자에 대한 법익침해의 정도가 큰 형벌로서, 인간의 생존본능과 죽음에 대한 근원적인 공포까지 고려하면, 무기징역형 등 자유형보다 더 큰 위하력을 발휘함으로써 가장 강력한 범죄 억지력을 가지고 있다고 보아야 하고, 극악한 범죄의 경우에는 무기징역형 등 자유형의 선고만으로는 범죄자의 책임에 미치지 못하게 될 뿐만 아니라 피해자들의 가족 및 일반국민의 정의 관념에도 부합하지 못하며, 입법목적의 달성에 있어서 사형과 동일한 효과를 나타내면서도 사형보다 범죄자에 대한 법익침해 정도가 작은 다른 형벌이 명백히 존재한다고 보기 어려우므로 사형제도가 침해최소성 원칙에 어긋난다고 할 수 없다. 한편, 오판 가능성은 사법제도의 숙명적 한계이지 사형이라는 형벌제도 자체의 문제로 볼 수 없으며 심급제도, 재심제도 등의 제도적 장치 및 그에 대한 개선을 통하여 해결할 문제이지, 오판 가능성을 이유로 사형이라는 형벌의 부과 자체가 위헌이라고 할 수는 없다.

(다) 사형제도에 의하여 달성되는 범죄예방을 통한 무고한 일반국민의 생명 보호 등 중대한 공익의 보호와 정의의 실현 및 사회방위라는 공익은 사형제도로 발생하는 극악한 범죄를 저지른 자의 생명권이라는 사익보다 결코 작다고 볼 수 없을 뿐만 아니라, 다수의 인명을 잔혹하게 살해하는 등의 극악한 범죄에 대하여 한정적으로 부과되는 사형이 그 범죄의 잔혹함에 비하여 과도한 형벌이라고 볼 수 없으므로, 사형제도는 법익균형성 원칙에 위배되지 아니한다.

[4] 사형제도가 인간의 존엄과 가치를 규정한 헌법 제10조에 위반되는지 여부(소극)

사형제도는 우리 헌법이 적어도 간접적으로나마 인정하고 있는 형벌의 한 종류일 뿐만 아니라, 사형제도가 생명권 제한에 있어서 헌법 제37조 제2항에 의한 헌법적 한계를 일탈하였다고 볼 수 없는 이상, 범죄자의 생명권 박탈을 내용으로 한다는 이유만으로 곧바로 인간의 존엄과 가치를 규정한 헌법 제10조에 위배된다고 할 수 없으며, 사형제도는 형벌의 경고 기능을 무시하고 극악한 범죄를 저지른 자에 대하여 그 중한 불법의 정도와 책임에 상응하는 형벌을 부과하는 것으로서 범죄자가 스스로 선택한 잔악무도한 범죄행위의 결과인바, 범죄자를 오로지 사회방위라는 공익 추구를 위한 객체로만 취급함으로써 범죄자의 인간으로서의 존엄과 가치를 침해한 것으로 볼 수 없다. 한편 사형을 선고하거나 집행하는 법관 및 교도관 등이 인간적 자책감을 가질 수 있다는 이유만으로 사형제도가 법관 및 교도관 등의 인간으로서의 존엄과 가치를 침해하는 위헌적인 형벌제도라고 할 수는 없다. (헌재 2010.2.25, 2008헌가23).

04 개선방안

1. 대상범죄의 제한

① 사상적·정치적 범죄에 대한 사형조항(예 국가적 법익에 대한 죄 및 국가보안법상의 사형조항 등)은 민주주의 이념과도 합치하지 않는다고 할 것이다.

② 특별법을 통해 특정범죄에 대한 가중처벌로서 사형을 인정하는 경우는 적법절차의 관점에서 정당하다고 보기 어렵다.

③ 순간적인 격정에 의한 살인, 사전의도 없이 행해진 살인에 대해서는 사형을 인정하지 않는 것이 바람직하며 가중적 결과로서 사망이 나타난 경우에도 사형을 폐지하거나 그 범위를 제한하는 것이 타당하다.

2. 선고의 신중

① 절차를 통한 적법성을 보장하고 오판의 가능성을 최소화한다는 차원에서 보면 사형을 법정형으로 정한 범죄에 대해서도 사형선고를 신중하게 하기 위한 방안이 필요하다.

> **형사소송법**
>
> 제33조【국선변호인】① 다음 각 호의 어느 하나에 해당하는 경우에 변호인이 없는 때에는 법원은 직권으로 변호인을 선정하여야 한다.
> 　6. 피고인이 사형, 무기 또는 단기 3년 이상의 징역이나 금고에 해당하는 사건으로 기소된 때
>
> 제282조【필요적 변호】제33조(→ 국선변호인) 제1항 각 호의 어느 하나에 해당하는 사건 및 같은 조 제2항·제3항의 규정에 따라 변호인이 선정된 사건에 관하여는 변호인 없이 개정하지 못한다. 단, 판결만을 선고할 경우에는 예외로 한다.
>
> 제283조【국선변호인】제282조 본문의 경우 변호인이 출석하지 아니한 때에는 법원은 직권으로 변호인을 선정하여야 한다.

사형의 집행방법

방법	내용
교살	수형자의 목을 끈을 이용하여 맨 후 수형자의 중량을 이용하여 질식시켜 사망에 이르게 하는 것으로서 흔히 교수형이라고 불린다(「형법」제66조).
총살	대상자를 총으로 사살하는 집행방법으로서 보통 수형자의 명예를 존중하는 의미에서 사용된다(「군형법」제3조).
참살	사형 대상자의 머리를 절단하여 사형에 처하는 방법을 말한다. 조선시대에는 칼을 사용하였고 서양에서는 손도끼를 사용하였는데, 근래까지 사용되어 온 가장 유명한 것은 프랑스에서 사용하였던 기요틴(Guillotin)이다.
전기살	사형 대상자의 몸에 전류를 통하게 함으로써 그의 생명을 빼앗는 것을 말한다. 고통이 덜하고 순간적으로 끝나며 집행인이 직접 손을 대지 않기 때문에 그의 심리적 압박이나 불쾌감을 덜어준다는 장점이 있다고 한다.
가스살	사형수를 밀폐된 가스실에 감금하고 그 안에 가스를 통하게 함으로써 질식사시키는 사형 방법을 말한다. 이는 사망의 신속성과 인도성 그리고 가장 고통을 적게 하는 것이라는 장점이 있다.
기타	서남아시아 부근의 국가(사우디, 이란 등)에서는 특정한 성범죄에 대해서 돌을 던져 살해하는 석형을 법으로 정하고 있으며, 미국의 텍사스주에서는 1977년 9월부터 무통주사에 의한 처형을 인정하고 있다.

> 제349조【상소의 포기, 취하】검사나 피고인 또는 제339조에 규정한 자는 상소의 포기 또는 취하를 할 수 있다. 단, <u>피고인</u> 또는 제341조에 규정한 자는 <u>사형 또는 무기징역</u>이나 무기금고가 선고된 판결에 대하여는 <u>상소의 포기를 할 수 없다.</u> ✦✦

② 초범에 대해서는 사형선고를 금지하는 방안, 사형선고 시 필요적 재심사유로 하는 방안, 합의의 정족수를 강화하는 방안 등이 요청되며, 판결 전 조사제도도 사형판결에 신중을 기한다는 취지에서 활용할 수 있을 것이다.

3. 집행의 제한

사형의 집행을 제한하기 위한 제도로서는 **사형의 집행유예제도**를 들 수 있다. 이는 중국 형법의 사완제도(사형집행연기제도)에서 유래를 찾을 수 있다.

제4절 자유형제도

01 의의

① 자유형이란 범죄인을 사회생활로부터 격리시킴으로써 범죄자의 **신체의 자유를 박탈**하는 형벌을 말한다.
② 자유형을 형벌로서 인정하게 된 이유는 ㉠ 범죄인의 자유를 박탈함으로써 법적 해악으로서의 징벌성을 충족하게 하고, ㉡ 원칙적으로 노동을 강제하여 범죄인을 개선·교화하고 질서 있는 국민생활에 적응하도록 이끌며, ㉢ 범죄인의 자유를 구속하여 장래의 범죄행위로부터 사회를 방위하려는 점 등이 있다.

02 역사

① 범죄인의 개선·교화를 목적으로 하는 근대적인 자유형은 16세기 말 유럽 각지에 설치된 '노역장'에서 비롯된 것이라고 할 수 있다. 특히 1595년 네덜란드의 **암스테르담 노역장**이 대표적이라 할 수 있다.
② 교육·개선이라는 자유형 감옥의 특징은 17세기 중엽 이래 18세기까지 전통적인 위치를 차지하였던 응보형 사상의 영향으로 후퇴해야 했다. 이때 응보형주의의 행형제도에 대하여 개량의 기치를 들고 나온 사람이 영국의 하워드(J. Howard)였다. 하워드의 감옥개량운동의 영향을 받아 유럽 각국에서 감옥개량운동이 일어나고, 18세기 말에는 미국을 비롯하여 범세계적으로 감옥개량운동이 전개되었으며, 19세기 말에는 개선 목적이 더욱 강조되는 한편 보안처분성이 강화되기에 이르렀다.

03 집행

1. 구금주의와 유형주의

구금주의	① 수형자를 국가 안의 일정한 장소에 감금하는 것으로서, 현행법이 규정하고 있는 자유형의 집행방식이다. ② 자유를 박탈하고 구금하여 고통을 부과하여 일반예방의 효과 및 사회복귀의 도모에 의의가 있다. ③ 독거제 · 반독거제 · 혼거제 등으로 나누어지며, 근래에는 사회복귀에 중점을 둔 개방처우 · 외부통근제 · 반구금제 · 주말구금제 · 귀휴제 등이 논의된다.
유형주의	① 국가가 강제로 수형자를 국내 · 국외의 먼 곳에 보내 일정기간 또는 무기한 체류하게 하는 것을 말한다. ② 사형에 대한 환형으로서 사형완화방법으로도 이용되며, 범죄자를 사회에서 격리시킨다는 점에서 사형과 같은 보안기능을 할 수 있고, 국가의 교도소 관리비용을 절약할 수 있는 장점도 있다.

2. 현행법상 자유형의 집행방법

(1) 징역

① 징역은 수형자를 **교정시설에 수용**하여 **정해진 노역에 복무**하게 하는 형벌이다(「형법」 제67조).

② 징역의 종류에는 유기와 무기의 두 가지가 있으며, 유기는 **1개월 이상 30년 이하**이고 가중할 때는 50년까지 가능하다(「형법」 제42조).

(2) 금고

① 금고는 수형자를 **교정시설에 수용**하여 자유를 박탈하는 것을 내용으로 하는 형벌이다.

② 정역을 과하지 않는 점을 제외하면 징역과 같으며(「형법」 제68조), 과실범 · 정치범 등 수형자의 명예를 존중할 필요가 있을 때 부과하는 형벌이다. 금고에서도 본인이 원하면 작업을 시킬 수 있다(「형의 집행 및 수용자의 처우에 관한 법률」 제67조). 금고의 종류와 형기는 징역의 경우와 같다.

(3) 구류

① 구류란 수형자를 **교정시설에 수용**하는 것을 내용으로 하는 자유형의 일종으로서, 그 기간이 **1일 이상 30일 미만**인 것을 말한다(「형법」 제46조).

② 노역에 복무하지 않지만, 본인의 신청이 있으면 가능하다. 구류는 자유형이기 때문에 「형사소송법」상 강제처분인 구금(제69조 이하)이나 벌금 · 과료를 납부하지 않을 때의 환형처분인 노역장 유치(「형법」 제70조)와 구별된다.

> **형법**
>
> **제42조 【징역 또는 금고의 기간】** 징역 또는 금고는 무기 또는 유기로 하고 유기는 1개월 이상 30년 이하로 한다. 단, 유기징역 또는 유기금고에 대하여 형을 가중하는 때에는 50년까지로 한다. ☆☆
>
> **제46조 【구류】** 구류는 1일 이상 30일 미만으로 한다. ☆☆

구류형

구류형은 「형법」에서는 예외적인 경우(공연음란죄 · 폭행죄 · 과실치상죄 · 협박죄 등)에만 적용되고, 주로 「경범죄 처벌법」이나 단행법규에 규정되어 있다.

제67조【징역】징역은 교정시설에 수용하여 집행하며, 정해진 노역에 <u>복무하게 한다</u>. ✤

제68조【금고와 구류】금고와 구류는 교정시설에 수용하여 집행한다. ✤✤

제72조【가석방의 요건】① 징역이나 금고의 집행 중에 있는 사람이 행상이 양호하여 뉘우침이 뚜렷한 때에는 <u>무기형은 20년, 유기형은 형기의 3분의 1</u>이 지난 후 행정처분으로 가석방을 할 수 있다. ✤✤

형의 집행 및 수용자의 처우에 관한 법률

제67조【<u>신청에 따른 작업</u>】소장은 <u>금고형</u> 또는 <u>구류형</u>의 집행 중에 있는 사람에 대하여는 <u>신청</u>에 따라 작업을 부과할 수 있다. ✤✤

⚖ **판례 |** 「형의 집행 및 수용자의 처우에 관한 법률」 제66조 위헌확인

[1] 징역형 수형자에게 정역 의무를 부과하는 「형법」 제67조(이하 '이 사건 법률조항')가 청구인의 신체의 자유를 침해하는지 여부(소극)

이 사건 법률조항은 <u>수형자의 교정교화와 건전한 사회복귀를 도모하고, 노동의 강제를 통하여 범죄에 대한 응보 및 일반예방에 기여하기 위한 것으로서</u> 그 목적이 정당하고, 수단의 적합성도 인정된다. 또한 관련 조항에 의하면 교도소에서의 <u>작업시간 및 그 강도 등이 과중하다고 볼 수 없고, 생산성 없이 육체적 고통만 부과하는 내용의 작업은 배제되고 기술을 습득할 수 있는 직업 훈련을 통하여 재사회화를 위한 실질적인 교육이 이루어지며, 일정 정도의 작업장려금을 지급받아 노동의 가치를 인정받을 수 있다</u>는 점 등에 비추어 볼 때, 신체의 자유에 대한 제한을 최소화하는 방식으로 집행되고 있다. 나아가 이 사건 법률조항으로 말미암아 작업이 강제됨으로써 제한되는 수형자의 개인적 이익에 비하여 징역형 수형자 개개인에 대한 재사회화와 이를 통한 사회질서 유지 및 공공복리라는 공익이 더 크고 법익의 균형성도 인정되므로, 이 사건 법률조항은 <u>신체의 자유를 침해하지 아니한다</u>.

[2] 이 사건 법률조항이 청구인의 평등권을 침해하는지 여부(소극)

이 사건 법률조항은 징역형의 집행방법으로 구금과 의무적인 작업을 규정하고 있을 뿐, 징역형 수형자를 금고형 수형자에 비하여 차별하려는 의도로 만들어진 것이 아니고, 결과적으로 징역형 수형자에게만 작업의무를 부과한다는 점에서 차별이 있다 하더라도 이는 책임에 따른 <u>형벌의 개별화</u>를 실현하려는 입법자의 의사가 반영된 것으로 그 <u>차별에 합리적 이유도 인정</u>되므로, 청구인의 <u>평등권을 침해하지 아니한다</u>.

[3] 이 사건 법률조항이 청구인의 인격권·행복추구권을 침해하는지 여부(소극)

이 사건 법률조항이 청구인의 신체의 자유나 평등권을 침해하지 아니하고, 징역형 수형자에 대한 작업의무 부과가 수형자의 교정교화와 사회복귀를 위한 것이며, 부과되는 작업의 강도가 일반사회에서의 근로자의 노동 강도보다 높지 아니하고, 일정한 사유가 있으면 작업의무가 폭넓게 면제될 수 있으므로, 청구인의 <u>인격권이나 행복추구권을 침해하지 아니한다</u>(헌재 2012.11.29, 2011헌마318). ✤

04 문제점

1. 형벌성

단지 사람을 구금하는 것만으로는 범죄에 대한 응보가 될 수 없고 위하 효과도 없다고 보아 자유형의 형벌성에 대한 의문이 제기되었다. 그러나 일정 장소에 구금하는 것만으로도 충분히 형벌작용이 있다고 할 수 있다.

2. 재사회화

재사회화의 목적이 자유형을 통해서 달성될 수 없다는 비판이 있다. 특히 단기자유형의 경우에는 교도소에서 더욱 심각한 범죄를 학습하는 것(악풍감염)과 재사회화에 필요한 충분한 기간이 되지 못한다는 것이 지적된다.

3. 간접형벌

수형자가 가장일 경우 그 가족은 생계를 보장받을 수 없으며, 가정의 기본조건도 파괴된다. 이는 가족이 자신의 책임과 무관한 간접적 형벌을 받는 결과가 된다.

05 개선방안

1. 단기자유형

(1) 의의

① 단기자유형이란 구류형 또는 극히 단기간의 징역형·금고형을 선고하는 경우를 말한다.
② 단기의 기준에 대해서는 6주 이하(Liszt), 3월 이하(국제형법 및 형무회의), 6월 이하(UN 범죄방지 및 범죄자처우회의), 1년 이하 등으로 다양하나, 일반적으로는 6월 이하를 단기로 본다. 현행법상 단기의 기준은 규정되어 있지 않다. ✦

'단기'의 의미

포레스타(Poresta)는 단기의 의미에 대해 '수형자의 개선을 위해서는 너무나 짧은 기간이지만 그를 부패시키는 데는 충분한 기간'이라고 표현하였다.

(2) 폐지론의 근거 – 문제점

① 행형 과정에서 사회복귀를 위한 개선·교화의 효과를 거둘 시간적 여유가 없다.
② 수형자에 대한 정신적 고통이 적어 위하력이 약하다.
③ 경미한 범죄에 과해지는 경우가 많으므로 가족의 경제적 파탄을 가져오기 쉽다.
④ 전과자의 낙인이 찍히므로 석방 후 사회복귀에 어려움을 겪게 되고, 오히려 재범의 위험성이 있다.
⑤ 단기자유형의 집행시설은 일반적으로 시설이 불충분하고 다수가 한꺼번에 수용되기 때문에 무질서·통제곤란·악풍감염 등이 야기되어 도리어 범죄를 조성하기 쉽다. ✦✦
⑥ 단기자유형의 대상자는 대개 하층계급에 속하여 구금 및 시설 내 생활에 대해 공포감을 갖지 않는 경우가 많고, 오히려 일시적인 생활고에서 구금시설로 도피를 희망하는 경우까지 있다.
⑦ 단기자유형으로 인해 후에 누범 가중이나 집행유예 결격사유가 될 수 있다.

:두문자

단기자유형의 개선방안
벌 / 집 / 선 / 기 / 구

(3) 개선방안 ✰✰

벌금형 활용	㉠ 벌금형의 양정 및 집행방법을 개선하여 단기자유형에 대한 대체효과를 거두려는 것이다. 실제 독일에는 6월 미만의 단기자유형에 대해서 원칙상 벌금형으로 대체하는 규정이 있다. ㉡ 피고인의 재산 상태에 부합하는 벌금액의 양정, 일수벌금제도 도입, 벌금의 분납 및 납입정지 등 편의가 선행되어야 한다.
선고 · 집행 유예제도	㉠ 선고 · 집행유예의 원래 목적은 범죄자를 사회 내에서 처우한다는 데 있으나, 단기자유형의 폐해를 제거하는 데에도 중요한 역할을 한다. ㉡ 유예제도와 보호관찰을 결합시켜 보다 효과적인 범죄방지대책이 될 수 있다.
기소유예 확대 운용	㉠ 단기자유형의 폐해를 기소단계에서 제거하려는 것으로서, 범죄인의 조속한 재사회화라는 관점에서 매우 의미 있는 것이다. ✰ ㉡ 검사의 자의적인 재량에 단기자유형의 개선방안을 맡긴다는 점에 대한 비판도 있다.
구금제도 완화	주말구금, 휴일구금, 단속구금, 반구금제, 무구금강제노역 등이 있다. ✰
기타 방안	선행보증 · 가택구금 · 거주제한 등 자유제한을 수반하는 독자적인 보호관찰의 실시 등이 있다.

경고적 의미의 단기자유형의 활용

영국	청소년에 대한 단기수용소가 원칙적으로 3개월의 수용기간에 작업과 스포츠로 수용청소년을 훈련시키는 3S주의(short, sharp, shock)에 입각하고 있다.
독일	소년구금에 대해서는 자각형으로서의 단기형을 인정하고 있다.
미국	단기자유형 집행 후 보호관찰(shock probation), 단기자유형 집행 후 가석방(shock parole), 형의 일부에 대한 집행유예(split sentencing) 등이 인정되며 점차 확대되는 추세이다.

(4) 활용

① 단기자유형의 폐해에도 불구하고 현실에서는 단기자유형을 선고하지 않을 수 없는 사건들이 많은 비중을 차지하고 있다. 따라서 단기자유형의 폐해를 가능한 한 줄이고, 단기자유형을 효과적으로 활용하기 위한 방안이 모색될 필요가 있다.

② 최근에는 경고적 의미의 단기자유형이 반드시 부정적인 효과만을 초래하는 것은 아니라는 주장도 제기된다. 특히 청소년범죄나 교통범죄 · 경제범죄 등에 대하여는 제한적으로 단기자유형을 효과적으로 활용하는 방안으로서 단기교정요법을 개발 · 실시할 필요가 있다(충격구금).

2. 무기자유형

① 무기자유형은 중한 범죄에 대한 최후수단으로서 대부분의 국가에서 시행되고 있다. 특히 사형제도를 폐지한 국가에서 생명을 해치는 범죄에 대한 제재수단으로 인식되고 있다.

② 무기자유형을 받는 수형자에게는 장기간의 구금생활로 인하여 정신적 장애가 발생하고 인격의 퇴화와 사회적응능력의 상실 등이 일어난다.

③ 우리나라에서 가석방은 수형자의 권리가 아니라 국가의 은혜적인 행정처분에 불과하다. 무기수에게도 일정기간의 집행을 통하여 재범의 우려가 없다면 가석방을 보장해주는 방안이 검토되어야 한다. 독일은 무기수에 대해 필요적 가석방제도를 규정하고 있다.

3. 자유형의 단일화

(1) 의의

① 자유형의 단일화는 목적형·교육형주의 입장에서 현행법상 징역·금고·구류의 세 종류로 되어 있는 자유형을 한 가지로 통일하자는 논의이다.

② 모든 자유형의 목적은 교육·개선에 있으므로 형벌의 내용에 따른 구별이 의미가 없다는 인식에 근거한다. 자유형을 단일화하자는 주장은 제2회 국제형법 및 형무회의(IPPC)에서 처음으로 등장하였다.

③ 역사적으로 금고형은 비파렴치범(사상범·정치범·확신범·과실범 등)에게 명예존중의 목적으로 정역을 면제하는 형벌로 이해되었고(명예구금), 징역형은 파렴치범에게 강제노역을 부과하는 형벌로 평가되었다.

(2) 견해의 대립

단일화 찬성론	㉠ 교정 정책의 일관성을 유지해야 한다. ㉡ 징역과 금고의 구별 기준인 파렴치성은 모호하고 주관적이다. ㉢ 징역이 금고에 비해 중한 형벌이라는 전제는 노동천시사상에서 유래한다. ㉣ 실무상 금고형 수형자의 대부분이 신청에 따른 작업에 종사한다. ㉤ 행형의 개별화는 노역 유무가 아니라 행형수단 또는 처우의 개별화를 의미하는 것이다.
단일화 반대론	㉠ 노동이 형벌과 함께 강제된다는 것에서 노동의 형벌성을 인정할 수 있다. ㉡ 금고형이나 구류형도 징역형과 구별되는 고유한 응보내용이 있다. ㉢ 과실범 등을 다른 고의범죄자와 같이 취급하는 것이 국민감정에 맞지 않으므로, 비파렴치범에 대한 구별이 필요하다. ㉣ 형벌의 종류가 다양하면 형벌의 개별화에 유리하다.

(3) 검토

① 현대적 자유형이 노동을 함께 부과한 것은 노동의 강제가 형벌성을 가졌기 때문이 아니라, 노동 고유의 교정·개선기능이 있었기 때문이다. 행형을 통한 형벌의 개별화라는 취지에서 자유형을 단일화하는 것이 요청된다.

② 수형자의 개성에 따라 과학적인 분류를 하고 이를 기초로 범죄자의 개선과 재사회화라는 관점에서 교도작업 기타 필요한 처우를 탄력적으로 운용해야 한다.

4. 부정기형

(1) 의의

① 부정기형(indeterminate sentence)은 자유형을 선고할 때 형기를 확정하지 않는 것으로서, 형기는 형의 집행단계에서 결정된다.

② 이에는 **절대적 부정기형**과 **상대적 부정기형**이 있는데, 절대적 부정기형은 죄형법정주의의 명확성의 원칙에 반한다고 본다. 22. 간부(72)

절대적 부정기형	형의 기간에 대한 일체의 언급이 없는 경우
상대적 부정기형	기간을 장기와 단기로 정하여 일정한 범위로 형벌을 선고하는 경우

독일 형법의 단일자유형제도

독일 형법은 단일자유형제도를 채택하였다. 노역 여부에 따른 자유형의 구분이 범죄인의 재사회화에 도움이 되지 않을 뿐만 아니라 수형자의 입장에서도 노동을 통하여 수형생활을 더욱 효과적으로 극복할 수 있다고 보기 때문이다.

(2) 연혁

① 부정기형의 필요성은 19세기 전반에 형벌의 목적을 범인의 개선·교육으로 보기 시작하면서 주장되었다.

② 19세기 후반에는 드와이트(Dwight), 와인즈(Wines), 브록웨이(Brockway) 등이 아메리카감옥협회를 조직하여 부정기형운동을 벌였으며, 1877년 뉴욕주의 **엘마이라 감옥**(Elmira Correctional Facility)에서 처음으로 상대적 부정기형이 실시되었다.

③ 현재는 소년범을 제외하고는 거의 채택하지 않는 것이 일반적 추세이다.

④ 현행 「형법」은 정기형을 원칙으로 하고 있으나, 「소년법」에서 소년범에 대해서만 상대적 부정기형을 인정하고 있다(「소년법」 제60조 제1항). 22. 간부(72)

⑤ 형법에 의한 정기형의 경우에 가석방이 인정되므로 실질적으로는 형기를 부정기화하고 있고, 무기자유형도 가석방과 결합됨으로써 실질적으로는 일종의 절대적 부정기형이 된다고 할 수 있다. 그러나 형집행 단계의 부정기형화는 부정기형제도 자체와 구별되어야 한다.

(3) 견해의 대립

부정기형 찬성론	㉠ 부정기형은 개선 목적의 달성에 적합하다. ✦ ㉡ 단기간에 행해지는 양형은 합리적 결정이 되기 어려우므로, 행형단계에서 수형자를 면밀히 관찰하고 범죄성을 평가하여 형량을 정함이 바람직하다. ㉢ 위험한 범죄자나 상습범을 장기간 사회로부터 격리할 수 있다(사회방위). ✦ ㉣ 위험성이 있는 범죄인에게 형기의 부정기가 위하력을 발휘할 수 있다. ✦ ㉤ 초범자나 범죄성이 소멸한 자에게는 수형기간을 단축할 수 있다. ㉥ 석방기일을 자신의 노력에 따라 당길 수 있으므로 개선 의욕이 촉진된다. 22. 간부(72)
부정기형 반대론	㉠ 부정기형의 개선 효과가 입증된 적이 없다. ㉡ 부정기형은 사회적 불공정성이 우려된다. ㉢ 행위 당시의 책임을 넘어서는 처벌을 가능하게 할 수 있다. 22. 간부(72) ㉣ 수형자 간에 긴장과 불안이 생기며 서로 불신하는 분위기에 놓이게 된다. ㉤ 부정기형에서 형의 정도를 판단할 수 있는 객관적 기준이 없다. ㉥ 부정기형은 교활한 수형자에게는 유리하지만, 사회적 위험성이 없고 융통성이 없는 수형자에게는 오히려 준엄한 형벌이 된다. ㉦ 가석방의 결정 과정에 관해 적정절차의 보장이 결여되어 있고 그 판단기준도 모호하다.

(4) 검토

① 부정기형제도는 형벌 정도를 정하는 권한이 법관으로부터 행형담당자에게 넘어간다는 것을 의미하는데, 이것이 어떻게 정당화될 수 있는가를 설명해야 한다.

② 형벌의 많고 적음은 행위 시의 책임을 기준으로 하여야 하며, 부정기형은 책임의 정도를 넘어선 자유의 구속을 가능하게 한다는 점에서 책임주의에 반한다고 본다.

③ 책임에 상응한 형벌상한과 일반예방에 상응한 형벌하한 사이에서 **상대적 부정기형**이 부과되는 경우에는 이를 거부할 이유가 없다. 책임원칙의 보장 기능과 일반예방의 형벌 목적의 범위에서 자율적인 개선·교화라는 특별예방의 형벌 목적을 실현할 수 있기 때문이다.
④ 자율적 개선노력이 요구되는 소년범의 경우에는 상대적 부정기형이 필요하다.
⑤ 성인범의 경우에는 가석방제도가 사실상 상대적 부정기형제도의 기능을 가지고 있기 때문에 굳이 형선고단계에서 부정기형제도를 규정할 필요는 없는 것으로 판단된다.

06 가석방제도

1. 의의

(1) 개념
① 가석방이란 징역·금고의 집행을 받고 있는 자가 개전의 정이 현저하다고 인정되는 때에 형기만료 전에 조건부로 수형자를 석방하고, 그것이 실효 또는 취소됨이 없이 일정한 기간을 경과한 때에 형의 집행을 종료한 것으로 간주하는 제도이다.
② 수형자의 사회복귀를 위한 자발적·적극적 노력을 촉진시키는 **특별예방사상을 실현**하고 **정기형제도의 결함을 보충**하여 형 집행의 구체적 타당성에 기여한다. ✔

(2) 법적 성격
가석방은 자유형의 집행 중에 있는 수형자를 행정처분에 의하여 조기 석방하는 제도라는 점에서 행정기관의 **형집행작용**으로 본다.

2. 요건 ✔

> **형법**
>
> **제72조【가석방의 요건】** ① 징역이나 금고의 집행 중에 있는 사람이 행상이 양호하여 뉘우침이 뚜렷한 때에는 무기형은 20년, 유기형은 형기의 3분의 1이 지난 후 행정처분으로 가석방을 할 수 있다. ✔✔
> ② 제1항의 경우에 벌금이나 과료가 병과되어 있는 때에는 그 금액을 완납하여야 한다. ✔✔
>
> **제73조【판결선고 전 구금과 가석방】** ① 형기에 산입된 판결선고 전 구금일수는 가석방을 하는 경우 집행한 기간에 산입한다. ✔✔
> ② 제72조제2항의 경우에 벌금이나 과료에 관한 노역장 유치기간에 산입된 판결선고 전 구금일수는 그에 해당하는 금액이 납입된 것으로 본다.
>
> **소년법**
>
> **제65조【가석방】** 징역 또는 금고를 선고받은 소년에 대하여는 다음 각 호의 기간이 지나면 가석방을 허가할 수 있다. ✔
> 1. 무기형의 경우에는 5년
> 2. 15년 유기형의 경우에는 3년
> 3. 부정기형의 경우에는 단기의 3분의 1 ✔

(1) 징역이나 금고의 집행 중에 있는 사람

① 구류형은 가석방의 대상에 해당하지 않는다.

② 벌금을 미납하여 노역장에 유치된 자에 대해서도 가석방은 허용하자는 견해가 있으나, 현행법상 노역장 유치자는 가석방의 대상이 될 수 없다.

(2) 무기형은 20년*, 유기형은 형기의 3분의 1이 지날 것

① 형기는 선고형을 의미하지만, 사면 등으로 감형된 때에는 감형된 형이 기준이 된다.

② 형기에 산입된 판결선고 전 구금의 일수는 집행한 기간에 산입한다(「형법」 제73조 제1항).

③ 수개의 형이 확정된 수형자의 경우에는 각 형의 형기를 모두 3분의 1 이상씩 경과한 후가 아니면 가석방이 불가능하다(판례).

> **⚖ 판례 | 수형자에게 가석방을 요구할 권리의 인정 여부**
>
> 무기징역의 집행 중에 있는 자의 가석방 요건을 종전의 '10년 이상'에서 '20년 이상' 형 집행 경과로 강화한 개정 「형법」(이하 '개정 「형법」') 제72조 제1항을, 「형법」 개정 당시에 이미 수용 중인 사람에게도 적용하는 「형법」 부칙 제2항(이하 '이 사건 부칙조항')이 신뢰보호원칙에 위배되어 신체의 자유를 침해하는지 여부(소극)
> 수형자가 「형법」에 규정된 형 집행경과기간 요건을 갖춘 것만으로 가석방을 요구할 권리를 취득하는 것은 아니므로, 10년간 수용되어 있으면 가석방 적격심사 대상자로 선정될 수 있었던 구 「형법」(이하 '구 「형법」') 제72조 제1항에 대한 청구인의 신뢰를 헌법상 권리로 보호할 필요성이 있다고 할 수 없다. 가석방 제도의 실제 운용에 있어서도 구 「형법」 제72조 제1항이 정한 10년보다 장기간의 형 집행 이후에 가석방을 해 왔고, 무기징역형을 선고받은 수형자에 대하여 가석방을 한 예가 많지 않으며, 2002년 이후에는 20년 미만의 집행기간을 경과한 무기징역형 수형자가 가석방된 사례가 없으므로, 청구인의 신뢰가 손상된 정도도 크지 아니하다. 그렇다면 죄질이 더 무거운 무기징역형을 선고받은 수형자를 가석방할 수 있는 형 집행 경과기간이 개정 「형법」 시행 후에 유기징역형을 선고받은 수형자의 경우와 같거나 오히려 더 짧게 되는 불합리한 결과를 방지하고, 사회를 방위하기 위한 이 사건 부칙조항이 신뢰보호원칙에 위배되어 청구인의 신체의 자유를 침해한다고 볼 수 없다(헌재 2013.8.29, 2011헌마408).

(3) 행상이 양호하여 뉘우침이 뚜렷

남은 형기를 집행하지 않고 석방하더라도 수형자에게 재범의 위험성이 없다는 판단이 가능해야 한다. 이에 대한 판단은 오로지 특별예방적 관점만을 기준으로 해야 하고, 책임이나 일반예방적 관점을 고려해서는 안 된다.

(4) 벌금이나 과료가 병과되어 있는 때에는 그 금액을 완납

벌금이나 과료에 관한 노역장 유치기간에 산입된 판결선고 전 구금일수는 그에 해당하는 금액이 납입된 것으로 본다(「형법」 제73조 제2항).

3. 효과

(1) 가석방 기간과 보호관찰

> **형법**
>
> **제73조의2【가석방의 기간 및 보호관찰】** ① 가석방의 기간은 무기형에 있어서는 10년으로 하고, 유기형에 있어서는 남은 형기로 하되, 그 기간은 10년을 초과할 수 없다. ✦✦
> ② 가석방된 자는 가석방 기간 중 보호관찰을 받는다. 다만, 가석방을 허가한 행정관청이 필요가 없다고 인정한 때에는 그러하지 아니하다(→ 필요적 보호관찰, 예외 有). ✦✦

(2) 가석방의 효과

> **형법**
>
> **제76조【가석방의 효과】** ① 가석방의 처분을 받은 후 그 처분이 실효 또는 취소되지 아니하고 가석방 기간을 경과한 때에는 형의 집행을 종료한 것으로 본다. ✦✦
>
> **소년법**
>
> **제66조【가석방 기간의 종료】** 징역 또는 금고를 선고받은 소년이 가석방된 후 그 처분이 취소되지 아니하고 가석방 전에 집행을 받은 기간과 같은 기간이 지난 경우에는 형의 집행을 종료한 것으로 한다. 다만, 제59조의 형기 또는 제60조 제1항에 따른 장기의 기간이 먼저 지난 경우에는 그 때에 형의 집행을 종료한 것으로 한다.

4. 가석방의 실효와 취소

> **형법**
>
> **제74조【가석방의 실효】** 가석방 기간 중 고의로 지은 죄로 금고 이상의 형을 선고받아 그 판결이 확정된 경우에 가석방 처분은 효력을 잃는다(→ 필요적 실효). ✦✦
>
> **제75조【가석방의 취소】** 가석방의 처분을 받은 자가 감시에 관한 규칙을 위배하거나, 보호관찰의 준수사항을 위반하고 그 정도가 무거운 때에는 가석방 처분을 취소할 수 있다(→ 임의적 취소). ✦✦
>
> **제76조【가석방의 효과】** ② 전2조의 경우(→ 가석방의 실효·취소)에는 가석방 중의 일수는 형기에 산입하지 아니한다. ✦

5. 심사 · 허가

형의 집행 및 수용자의 처우에 관한 법률

제119조【가석방심사위원회】「형법」제72조에 따른 가석방의 적격 여부를 심사하기 위하여 법무부장관 소속으로 가석방심사위원회(이하 이 장에서 '위원회'라 한다)를 둔다.

제120조【위원회의 구성】① 위원회는 위원장을 포함한 5명 이상 9명 이하의 위원으로 구성한다.

② 위원장은 법무부차관이 되고, 위원은 판사, 검사, 변호사, 법무부 소속 공무원, 교정에 관한 학식과 경험이 풍부한 사람 중에서 법무부장관이 임명 또는 위촉한다.

④ 위원회의 위원 중 공무원이 아닌 사람은「형법」제127조 및 제129조부터 제132조까지의 규정을 적용할 때에는 공무원으로 본다.

제121조【가석방 적격심사】① 소장은「형법」제72조 제1항의 기간이 지난 수형자에 대하여는 법무부령으로 정하는 바에 따라 위원회에 가석방 적격심사를 신청하여야 한다.

② 위원회는 수형자의 나이, 범죄동기, 죄명, 형기, 교정성적, 건강상태, 가석방 후의 생계능력, 생활환경, 재범의 위험성, 그 밖에 필요한 사정을 고려하여 가석방의 적격 여부를 결정한다.

제122조【가석방 허가】① 위원회는 가석방 적격결정을 하였으면 5일 이내에 법무부장관에게 가석방 허가를 신청하여야 한다. ✦

② 법무부장관은 제1항에 따른 위원회의 가석방 허가신청이 적정하다고 인정하면 허가할 수 있다.

6. 문제점

(1) 삼권분립과 죄형법정주의의 문제

가석방은 사법권에 의한 확정판결을 행정기관의 재량에 의하여 변경하는 것이므로, 삼권분립에 반한다는 문제와 행정처분으로서 그 집행내용에 변경을 가함으로 인하여 형을 사실상 부정기화한다는 점에서 죄형법정주의에 반한다는 비판이 있다.

(2) 가석방심사의 일원화

현재 성인의 경우에는 가석방심사위원회에서, 소년의 경우에는 보호관찰심사위원회에서 가석방 적격 여부를 심사하여 법무부장관의 허가를 받도록 되어 있다. 반면에 보호관찰의 심사는 성인 · 소년 모두 보호관찰심사위원회가 담당한다. 가석방과 보호관찰에 대한 심사는 일관성 유지를 위해 일원화하는 것이 검토되어야 한다. ✦

구분	집행유예	선고유예	가석방
성격	프로베이션 (probation)	프로베이션 (probation)	패롤 (parole)
결정	법원의 재량 (사법 처분)	법원의 재량 (사법 처분)	행정기관의 재량 (행정 처분)
요건	• 3년 이하의 징역 · 금고 또는 500만원 이하의 벌금의 형을 선고 • 정상에 참작할 만한 사유 • 금고 이상의 판결이 확정된 때부터 그 집행을 종료 · 면제된 후 3년이 경과	• 1년 이하의 징역 · 금고, 자격정지 또는 벌금의 형을 선고 • 뉘우치는 정상이 뚜렷 • 자격정지 이상의 전과가 없을 것	• 징역 · 금고의 집행 중 • 무기는 20년, 유기는 형기의 3분의 1 경과 • 행상이 양호하여 뉘우침이 뚜렷 • 벌금 · 과료의 병과시 완납
기간	1년 이상 5년 이하 (법원의 재량)	2년	무기형은 10년 유기형은 남은 형기 (10년 초과 ×)
효과	형 선고의 효력 상실	면소 간주	형 집행 종료 간주
실효	유예기간 중 고의로 범한 죄로 금고 이상의 실형을 선고받아 그 판결이 확정 ➡ 필요적 실효	• 유예기간 중 자격정지 이상의 판결이 확정, 자격정지 이상의 전과가 발견 ➡ 필요적 실효 • 보호관찰기간 중에 준수사항을 위반하고 그 정도가 무거운 때 ➡ 임의적 실효	가석방 중 고의로 범한 죄로 금고 이상의 실형을 선고받아 그 판결이 확정 ➡ 필요적 실효
취소	• 집행유예의 선고 후 결격 사유 발각 ➡ 필요적 취소 • 준수사항 · 명령을 위반하고 그 정도가 무거운 때 ➡ 임의적 취소	없음	감시에 관한 규칙을 위배 또는 보호관찰의 준수사항을 위반하고 그 정도가 무거운 때 ➡ 임의적 취소
보호관찰의 재량 · 기간	임의적 집행유예기간(단축 O)	임의적 1년(단축 ×)	필요적(원칙) 가석방 기간(단축 ×)
사회봉사 · 수강명령	가능 (500시간 · 200시간)	불가	불가

제5절 재산형제도

01 서론

1. 의의

재산형이란 국가가 범죄인에게 일정한 금전의 지급을 명하여 범죄인의 **재산을 박탈**하는 것을 내용으로 하는 형벌을 말한다.

2. 역사

① 국가가 가해자에게 피해자에 대한 배상금의 지급을 강제함과 동시에 일부를 국가에 납입하게 하는 평화금제도가 나타나면서 공형벌(公刑罰)로서 재산형이 출현하였다.

② 근대에 이르러 화폐경제의 발달과 더불어 벌금형이 **단기자유형에 대한 대체방안**으로 주목을 받게 되었다. 현행 「형법」은 벌금, 과료, 몰수 등 세 가지의 재산형을 규정하고 있다.

02 벌금과 과료

1. 의의

① 벌금은 일정금액의 벌금을 국고에 납부하는 것을 내용으로 하는 형벌이다. 과료도 재산형의 한 종류이지만, 경미범죄에 부과되고 금액도 벌금보다 적다.

② 몰수처럼 재산권을 일방적으로 국가에 귀속시키는 효과를 갖는 것이 아니라, 독립된 형벌로서 일정한 금액의 납입의무만을 부담시킨다.

> **형법**
>
> 제45조【벌금】벌금은 5만원 이상으로 한다(→ 상한에는 제한이 없음). 다만, 감경하는 경우에는 5만원 미만으로 할 수 있다. ✹✹
>
> 제47조【과료】과료는 2천원 이상 5만원 미만으로 한다. ✹✹
>
> **형사소송법**
>
> 제477조【재산형 등의 집행】① 벌금, 과료, 몰수, 추징, 과태료, 소송비용, 비용배상 또는 가납의 재판은 검사의 명령에 의하여 집행한다.
> ⑥ 벌금, 과료, 추징, 과태료, 소송비용 또는 비용배상의 분할납부, 납부연기 및 납부대행기관을 통한 납부 등 납부방법에 필요한 사항은 법무부령(→ 재산형 등에 관한 검찰 집행사무규칙)으로 정한다.

2. 성격 ✹

① 재산형은 범죄인 자신에게 속하는 것으로서, 벌금 등을 제3자가 대납하는 것이 허용되지 않는다(**일신전속성**).

② 벌금은 범죄자가 국가에 대해 채권을 가지고 있는 경우에도 상계될 수 없다(**상계금지**).

③ 다수인이 함께 벌금형을 선고받은 경우에도 각 개인이 국가에 대해 벌금을 납부하여야 하며 공동연대책임을 지는 것은 아니다(**개별책임원칙**).

④ 벌금납부의무는 상속되지 않음이 원칙이나(**비상속성**), 예외가 있다(「형사소송법」 제478조 · 제479조).

형사소송법

제478조【상속재산에 대한 집행】몰수 또는 조세, 전매 기타 공과에 관한 법령에 의하여 재판한 벌금 또는 추징은 그 재판을 받은 자가 <u>재판확정 후 사망한</u> 경우에는 그 상속재산에 대하여 집행할 수 있다. ✔

제479조【합병 후 법인에 대한 집행】법인에 대하여 벌금, 과료, 몰수, 추징, 소송비용 또는 비용배상을 명한 경우에 법인이 그 <u>재판확정 후 합병에 의하여 소멸한</u> 때에는 합병 후 존속한 법인 또는 합병에 의하여 설립된 법인에 대하여 집행할 수 있다.

---

3. 벌금형의 확대 ✔

① 20세기를 전후하여 벌금형은 **단기자유형의 폐단을 줄이는 대체수단**으로 주장되고 이용되었다. 그러나 경제적 능력의 차이를 불문하는 벌금형의 형평성 문제와 재범방지의 효과에 대한 회의적 시각으로 인하여 벌금형의 형사제재로서의 실효성에 의문이 제기되었으나 다음과 같은 이유로 벌금형이 확대되는 경향이 나타난다.

② 일정한 범죄영역에서 벌금형으로 처벌할 수 있는 영역이 형성되고, 자유형의 문제점을 인식한 형벌관의 변화, 교정기관의 과밀화와 운영경비증가의 방지, 재범률을 낮추면서 재사회화의 효과를 거둘 수 있는 점 등을 이유로 **벌금형이 확대**되는 경향을 보인다.

③ 형사사법의 운용에 대한 경제적 시각(과밀화 및 운영경비의 과다), 범죄로 인한 수익을 박탈하는 수단으로서의 활용, 범죄자의 경제적 능력을 고려하는 벌금액 부과(일수벌금제도)의 도입으로 인하여 형평성 문제가 해결된 점도 벌금형의 증가를 이끈 요인이다.

4. 범죄대책적 의미

① 이욕에 기인한 범죄 동기를 억압할 수 있다(예 도박죄·장물죄·조세법위반 등).

② 악풍감염의 염려가 전혀 없고, 벌금의 합리적 양정으로 보다 나은 사회복귀를 가능하게 하며, 오판의 회복도 상당부분 가능하다.

③ 벌금형의 집행에는 많은 비용을 요하지 아니하고, 특히 즉결심판·약식절차에 의하는 경우에는 소송경제상 큰 도움이 된다.

④ 국고수입을 증대시킬 수 있고, 이를 범죄방지대책에 사용하여 또 다른 범죄대책적 효과를 거둘 수 있다.

⑤ 법인에 의한 범죄에 대해서 자유형을 과할 수는 없으므로, 벌금형이 효과적인 제재수단이 될 수 있다.

5. 문제점

평등문제	재산형의 가장 큰 문제점은 <u>상대적 불평등</u>에 있다. 벌금형은 가난한 자에게는 무거운 형이 되지만, 재산이 많은 사람에게는 형벌의 효과가 거의 없을 수도 있기 때문이다. ✦
예방효과	재산형은 징역형과 비교하면 사회통념상 현저히 가벼운 형벌이다. 재산이 많은 사람에게는 예방효과도 적다. 직업 범죄인의 경우에는 벌금을 일종의 세금으로 생각하는 풍조가 생길 수도 있다. 재산이 없어서 벌금을 내지 못하거나 대납하는 경우에는 형벌의 실효성이 의문시된다. 또한 화폐가치의 변동에 따라 <u>범죄예방효과에 차이</u>가 생길 수 있다.
환형처분	환형처분(노역장 유치)은 벌금형의 체계가 단기자유형에 의해 무너지는 결과를 가져온다. 이로 인해 벌금형의 장점을 살릴 수 없게 되고, <u>단기자유형의 문제점이 여전히 존속</u>하게 된다. ✦
간접형벌	가족 중 한 사람이 벌금형에 처해지면 나머지 가족에게도 금전적 손실을 초래하여 생계에 영향을 미칠 수 있다.

6. 개선방안

일수벌금제도에서 벌금액의 산정방법

벌금액 = 일수(불법과 책임을 고려) × 일수정액(경제사정을 고려)

(1) 일수벌금제도

① 현행법은 벌금형을 선고하는 경우에 전체 벌금형을 확정·선고하는 **총액벌금제도**를 시행하고 있다. ✦✦

② **일수벌금제도**란 범행의 경중에 따라 일수를 먼저 정하고, 일수정액은 피고인의 경제사정을 고려하여 별도로 정하는 개선된 벌금형제도이다. 이는 행위자의 경제상태 내지 지불능력을 고려하여 벌금형을 개별화함으로써 그 효과를 극대화하기 위한 목적을 가지고 있다.

③ 스웨덴의 타이렌(Thyren) 교수가 주장한 것으로, 포르투갈에서 처음 시행되었으며, 주로 스칸디나비아 국가들을 중심으로 발전하였다.

④ 장·단점

장점	㉠ 일수벌금제도는 <u>범행 자체에 대한 평가를 분명히</u> 하면서 행위자가 받는 <u>고통의 내용에 대해 실질적 평등</u>을 기할 수 있다(배분적 정의에 적합). ㉡ 일수는 양형규정에 따라 불법과 책임을 표시하여 대체자유형의 문제를 자동적으로 해결하고, 일수정액은 피고인의 경제사정을 고려하여 결정함으로써 합리적이고 정당한 벌금형을 정할 수 있다. ㉢ <u>책임주의와 희생평등의 원칙을 조화시키는</u> 의미를 가지고 있다. ✦
단점	㉠ 범죄자의 경제상태를 실제로 조사하는 것이 쉽지 않다. ✦ ㉡ 법관의 자의적 일수정액 산정이 있을 수 있다. ㉢ 양형 과정이 범죄인의 재산상태 조사에 치우칠 가능성이 높다. ㉣ 범죄와 관련이 없는 재산을 양형의 주요기준으로 삼는 것은 책임주의에 부합하기 어렵다.

(2) 벌금의 분납 · 연납제도

① 벌금을 일시에 납부하는 것이 곤란한 경우에 나누어 내거나 연기 후에 내는 제도이다.

② 우리나라는 현재 「재산형 등에 관한 검찰 집행사무규칙」에 따라 벌과금의 일부납부 또는 납부연기가 인정되고 있다. ✍

> **재산형 등에 관한 검찰 집행사무규칙**
>
> 제12조【분할납부 등】① 납부의무자가 벌과금등*의 분할납부 또는 납부연기를 받으려면 별지 제14호서식에 따른 분할납부(납부연기) 신청서를 제출하여야 한다. 이 경우 재산형등 집행 사무 담당직원은 분할납부 또는 납부연기를 신청한 자가 다음 각 호(생략)의 어느 하나에 해당하는지를 조사한 후 관련 자료를 첨부하여 소속 과장을 거쳐 검사의 허가를 받아야 한다.
> ③ 검사는 벌과금등의 액수가 500만원 이하인 경우로서 납부의무자의 신체적 · 정신적인 건강상태가 질병 · 음주 등으로 인하여 즉각적인 노역장 유치 집행을 하기 어려운 상태로 판단되는 경우에는 직권으로 벌과금등의 분할납부 또는 납부연기를 결정할 수 있다. <신설 2021.1.21.>

* **벌과금 등**: 벌금 · 과료 · 추징 · 과태료 · 소송비용 및 비용배상을 말한다.

③ 장 · 단점

장점	벌금을 일시에 납부하기 어려운 경우 합리적으로 벌금을 징수할 수 있다.
단점	㉠ 분납을 하는 경우에는 수형자가 세금을 내는 것과 같이 느낄 수 있으므로 벌금형의 형벌 기능이 상실될 우려가 있다. ㉡ 집행기관의 부담이 늘어나며, 도중에 수형자가 지급불능상태에 빠질 수 있다.

정기벌금형제도 – 바우만(Baumann)

벌금액을 한꺼번에 내는 것을 허용하지 않고 장기간에 걸쳐 피고인의 수입으로부터 일정액수를 공제하여 그의 생활수준을 일정기간 제한하는 것이다. 이에 대해서는 범죄인의 조속한 사회복귀를 저해할 수도 있다는 우려가 있다.

(3) 벌금형의 유예제도

① 종래 「형법」은 벌금형에 관해 선고유예만을 인정하고 있었다(제59조). ✍✍

② 징역형에 대해 인정되는 집행유예가 징역형보다 상대적으로 가벼운 형벌인 벌금형에는 인정되지 않아 합리적이지 않다는 비판이 제기되어 왔고, 벌금 납부 능력이 부족한 서민의 경우 벌금형을 선고받아 벌금을 납부하지 못할 시 노역장에 유치되는 것을 우려하여 징역형의 집행유예 판결을 구하는 예가 빈번히 나타나는 등 형벌의 부조화 현상을 방지하고 서민의 경제적 어려움을 덜어주기 위해 **벌금형에 대한 집행유예를 도입할 필요**가 인정된다. 다만, 고액 벌금형의 집행유예를 인정하는 것에 대한 비판적인 법 감정이 있는 점 등을 고려하여 500만원 이하의 벌금형을 선고하는 경우에만 집행유예를 선고할 수 있도록 규정하였다(2016.1.6. 개정, 2018.1.7. 시행).

(4) 벌금의 현실화 문제

① 급격한 경제 환경의 변화는 다양한 경제범죄를 양산하였고 이에 따른 범죄기대수익 또한 높은 것이 사실이므로, 신종 경제범죄 등의 벌금액을 현실화할 필요가 있다.

② 이에 대해서도 일수벌금제도의 도입이 대처방안으로 제시되는데, 일수벌금제도하에서는 법률에 구체적인 벌금액의 상한 · 하한을 정할 필요가 없기 때문이다.

(5) 벌금형의 과태료 전환

① 벌금형의 과태료 전환 문제는 특히 행정형법에 규정된 벌금형에 대해서 주장된다.
② 행정형벌과 행정질서벌의 구분은 한계가 모호하고, 벌금형과 과태료를 구분하여 규정하는 것도 일관성·균형성이 유지되기 어려우며, 다수 국민이 전과자가 되는 것을 방지할 수 있다는 점에서 전환이 필요하다.

(6) 과료의 문제

① 현재의 경제수준에서 2천원 이상 5만원 미만의 금액을 형벌로 부과하는 것은 형벌의 실효성이라는 측면에서 효과를 기대하기 어렵다.
② 과료의 대상범죄를 비범죄화하거나, 범칙금·과태료와 같은 행정벌로의 대체가 필요하며, 벌금과 과료를 일원화한다는 취지에서 바람직하다.

7. 대체자유형제도

(1) 의의

① 대체자유형(환형처분)이란 법관의 자유재량으로 벌금형을 자유형으로 바꾸어 부과하는 것을 말한다.
② 우리나라의 대체자유형은 벌금을 완납할 때까지 노역장에 유치함으로써 벌금의 납입을 강제하거나 벌금·과료미납자를 노역장에 유치하여 작업에 복무하게 함으로써 납입을 대체하는 방식으로 규정되어 있다(노역장 유치).

> **형법**
>
> 제69조【벌금과 과료】① 벌금과 과료는 판결확정일로부터 30일 내에 납입하여야 한다. 단, 벌금을 선고할 때에는 동시에 그 금액을 완납할 때까지 노역장에 유치할 것을 명할 수 있다. ✡✡
> ② 벌금을 납입하지 아니한 자는 1일 이상 3년 이하, 과료를 납입하지 아니한 자는 1일 이상 30일 미만의 기간 노역장에 유치하여 작업에 복무하게 한다. ✡✡
>
> 제70조【노역장 유치】① 벌금이나 과료를 선고할 때에는 이를 납입하지 아니하는 경우의 노역장 유치기간을 정하여 동시에 선고하여야 한다. ✡✡
> ② 선고하는 벌금이 1억원 이상 5억원 미만인 경우에는 300일 이상, 5억원 이상 50억원 미만인 경우에는 500일 이상, 50억원 이상인 경우에는 1천일 이상의 노역장 유치기간을 정하여야 한다. ✡✡
>
> 제71조【유치일수의 공제】벌금이나 과료의 선고를 받은 사람이 그 금액의 일부를 납입한 경우에는 벌금 또는 과료액과 노역장 유치기간의 일수에 비례하여 납입금액에 해당하는 일수를 뺀다. ✡

⚖ **판례 | 「형법」 제69조 제2항 등 위헌소원**

[1] 벌금미납자를 노역장에 유치하여 신체를 구금하는 「형법」 제69조 제2항 및 제 70조 중 각 '벌금' 부분(이하 '이 사건 법률조항들')이 과잉금지원칙에 위반되는 지 여부(소극)

이 사건 법률조항들은 벌금의 철저한 징수를 통하여 벌금형의 형벌 효과를 유지·확보하기 위한 것으로서 입법 목적의 정당성이 인정되며, 벌금을 납입하지 아니할 경우 자유박탈을 내용으로 하는 노역장 유치는 벌금납입을 대체 혹은 강제할 수 있는 유효한 수단이라는 점에서 수단의 적합성도 갖추었다. 또한 사회봉사특례법의 일정한 요건을 충족할 때에는 노역장 유치를 사회봉사명령으로 대신하여 집행할 수 있고, 집행사무규칙에 의하여 벌금의 분납·연기신청이 가능하며, 노역장 유치기간이 제한되어 있는 점 등을 감안하면 피해의 최소성 원칙에 반한다고 볼 수 없다. 마지막으로 노역장 유치를 통하여 벌금형의 집행률을 제고하고 형벌의 목적을 달성하려는 공익은 노역장 유치자가 입게 되는 불이익에 비하여 현저히 작다고 할 수 없으므로 법익 균형성에 위배된다 고도 할 수 없어 이 사건 법률조항들은 과잉금지원칙에 위배되지 아니한다.

[2] 이 사건 법률조항들이 평등원칙에 위반되는지 여부(소극)

노역장 유치는 경제적 능력의 유무와는 상관없이 모든 벌금미납자에게 적용되므로 이 사건 법률조항들이 경제적 능력이 없는 자를 경제적 능력이 있는 자와 차별하기 위한 것이라고 보기는 어렵고, 1일 환산금액은 법원이 벌금 총액 및 피고인의 경제적 능력 등을 고려하여 결정하는 것이므로 이 사건 법률조항들에 의하여 1일 환산금액에 따른 차별이 발생하는 것이 아니며, 노역장 유치 처분을 받은 벌금미납자가 실형이 선고된 수형자와 동일하게 신체구금을 당하게 된다 고 하더라도, 앞에서 본 바와 같은 합리적 이유가 있으므로, 이 사건 법률조항들 은 평등원칙에도 위배되지 않는다(헌재 2011.9.29, 2010헌바188, 2011헌바91·151).

⚖ **판례 | 「형법」 부칙 제2조 제1항 위헌소원 등**

[1] 1억원 이상의 벌금형을 선고하는 경우 노역장 유치기간의 하한을 정한 형법 (2014.5.14. 법률 제12575호로 개정된 것) 제70조 제2항(이하 '노역장 유치조 항'이라 한다)이 과잉금지원칙에 반하여 청구인들의 신체의 자유를 침해하는지 여부(소극)

벌금에 비해 노역장 유치기간이 지나치게 짧게 정해지면 경제적 자력이 충분함에도 고액의 벌금 납입을 회피할 목적으로 복역하는 자들이 있을 수 있으므로, 벌금 납입을 심리적으로 강제할 수 있는 최소한의 유치기간을 정할 필요가 있다. 또한 고액 벌금에 대한 유치기간의 하한을 법률로 정해두면 1일 환형유치금액 간에 발생하는 불균형을 최소화할 수 있다. 노역장 유치조항은 주로 특별형법상 경제범죄 등에 적용되는데, 이러한 범죄들은 범죄수익의 박탈과 함께 막대한 경제적 손실을 가하지 않으면 범죄의 발생을 막기 어렵다. 노역장 유치조항은 벌금 액수에 따라 유치기간의 하한이 증가하도록 하여 범죄의 경중이나 죄질에 따른 형평성을 도모하고 있고, 노역장 유치기간의 상한이 3년인 점과 선고되는 벌금 액수를 고려하면 그 하한이 지나치게 장기라고 보기 어렵다. 또한 노역장 유치조항은 유치기간의 하한을 정하고 있을 뿐이므로 법관은 그 범위 내에서 다양한 양형요소들을 고려하여 1일 환형유치금액과

노역장 유치기간을 정할 수 있다. 이러한 점들을 종합하면 노역장 유치조항은 과잉금지원칙에 반하여 청구인들의 신체의 자유를 침해한다고 볼 수 없다.

[2] 노역장 유치조항을 시행일 이후 최초로 공소제기되는 경우부터 적용하도록 한 형법 부칙(2014.5.14. 법률 제12575호) 제2조 제1항(이하 '부칙조항'이라 한다)이 형벌불소급원칙에 위반되는지 여부(적극)
형벌불소급원칙에서 의미하는 '처벌'은 형법에 규정되어 있는 형식적 의미의 형벌 유형에 국한되지 않으며, 범죄행위에 따른 제재의 내용이나 실제적 효과가 형벌적 성격이 강하여 신체의 자유를 박탈하거나 이에 준하는 정도로 신체의 자유를 제한하는 경우에는 형벌불소급원칙이 적용되어야 한다. 노역장 유치는 그 실질이 신체의 자유를 박탈하는 것으로서 징역형과 유사한 형벌적 성격을 가지고 있으므로 형벌불소급원칙의 적용대상이 된다. 노역장 유치조항은 1억원 이상의 벌금형을 선고받는 자에 대하여 유치기간의 하한을 중하게 변경시킨 것이므로, 이 조항 시행 전에 행한 범죄행위에 대해서는 범죄행위 당시에 존재하였던 법률을 적용하여야 한다. 그런데 부칙조항은 노역장 유치조항의 시행 전에 행해진 범죄행위에 대해서도 공소제기의 시기가 노역장 유치조항의 시행 이후이면 이를 적용하도록 하고 있으므로, 이는 범죄행위 당시보다 불이익한 법률을 소급 적용하도록 하는 것으로서 헌법상 형벌불소급원칙에 위반된다(헌재 2017.10.26, 2015헌바239 등).

(2) 문제점

① 대체자유형은 **단기자유형의 문제점**을 그대로 가질 뿐만 아니라, 악용될 염려도 있다. 벌금이 지나치게 높은 경우에는 집행 불가로 노역장에 유치되는 것이 범죄자에게 더 유리한 결과가 될 수 있기 때문이다.

② 현재 우리나라에서는 노역장 유치자를 전담하여 수용하는 독립된 전문시설이 설치되어 있지 않아 기존의 교정시설에서 집행되며, 체계적인 전문프로그램도 실시되고 있지 않다.

③ 미납벌금이 고액인 경우에도 노역장 유치기간이 3년을 초과할 수 없어 형사제재의 실효성을 확보하기 어렵다.

④ 대체자유형은 일수벌금제도와 결합될 때 비로소 범죄인의 불법과 책임에 상응하는 형벌의 의미를 갖는다고 할 수 있다.

8. 「벌금 미납자의 사회봉사 집행에 관한 특례법」

(1) 의의

① 현행 제도상 벌금을 납입하지 아니할 경우 일률적으로 노역장에 유치하고 있어 벌금 납입의사가 있으나 경제적 능력이 없어 납입하지 못하는 경우 경제적 불평등이 형벌의 불평등으로 이어지는 경우가 많다.

② 경제적 무능력을 이유로 벌금을 납입하지 못한 사람에 대하여 **노역장 유치에 앞서 미납벌금을 사회봉사로 대체하여 집행**할 수 있도록 「형법」 제69조 제2항에 대한 특례를 마련함으로써 **노역장 유치에 따른 범죄 학습, 가족관계 단절, 구금시설 과밀화 등의 문제점을 해소**하거나 최소화하는 동시에 벌금 미납자에 대한 편익을 도모하자는 취지에서 「벌금 미납자의 사회봉사 집행에 관한 특례법」이 제정되었다.

(2) 「벌금 미납자의 사회봉사 집행에 관한 특례법」의 주요 내용

제1조【목적】이 법은 「형법」 제69조 제2항의 벌금 미납자에 대한 노역장 유치를 사회봉사로 대신하여 집행할 수 있는 특례와 절차를 규정함으로써 경제적인 이유로 벌금을 낼 수 없는 사람의 노역장 유치로 인한 구금을 최소화하여 그 편익을 도모함을 목적으로 한다.

제4조【사회봉사의 신청*】① 대통령령으로 정한 금액(→ 500만원) 범위 내의 벌금형이 확정된 벌금 미납자는 검사의 납부명령일부터 30일 이내에 주거지를 관할하는 지방검찰청(지방검찰청지청을 포함한다. 이하 같다)의 검사에게 사회봉사를 신청할 수 있다. 다만, 검사로부터 벌금의 일부납부 또는 납부연기를 허가받은 자는 그 허가기한 내에 사회봉사를 신청할 수 있다. ✦✦
② 제1항에도 불구하고 다음 각 호의 어느 하나에 해당하는 사람은 사회봉사를 신청할 수 없다. ✦✦
1. 징역 또는 금고와 동시에 벌금을 선고받은 사람 ✦
2. 「형법」 제69조 제1항 단서에 따라 법원으로부터 벌금 선고와 동시에 벌금을 완납할 때까지 노역장에 유치할 것을 명받은 사람 ✦
3. 다른 사건으로 형 또는 구속영장이 집행되거나 노역장에 유치되어 구금 중인 사람
4. 사회봉사를 신청하는 해당 벌금에 대하여 법원으로부터 사회봉사를 허가받지 못하거나 취소당한 사람. 다만, 사회봉사 불허가 사유가 소멸한 경우에는 그러하지 아니하다.

제5조【사회봉사의 청구】① 제4조 제1항의 신청을 받은 검사는 사회봉사 신청인(이하 '신청인'이라 한다)이 제6조 제2항 각 호의 요건에 해당하지 아니하는 때에는 법원에 사회봉사의 허가를 청구하여야 한다. ✦
④ 검사는 신청일부터 7일 이내에 사회봉사의 청구 여부를 결정하여야 한다. 다만, 제2항에 따른 출석 요구, 자료제출 요구에 걸리는 기간은 위 기간에 포함하지 아니한다. ✦
⑥ 사회봉사의 신청을 기각하는 검사의 처분에 대한 이의신청에 관하여는 「형사소송법」 제489조를 준용(→ 법원에 이의신청)한다. ✦

제6조【사회봉사 허가】① 법원은 검사로부터 사회봉사 허가 청구를 받은 날부터 14일 이내에 벌금 미납자의 경제적 능력, 사회봉사 이행에 필요한 신체적 능력, 주거의 안정성 등을 고려하여 사회봉사 허가 여부를 결정한다. 다만, 제3항에 따른 출석 요구, 자료제출 요구에 걸리는 기간은 위 기간에 포함하지 아니한다. ✦✦
② 다음 각 호의 어느 하나에 해당하는 경우에는 사회봉사를 허가하지 아니한다. ✦✦
1. 제4조 제1항에 따른 벌금의 범위를 초과하거나 신청 기간이 지난 사람이 신청을 한 경우
2. 제4조 제2항에 따라 사회봉사를 신청할 수 없는 사람이 신청을 한 경우
3. 정당한 사유 없이 제3항에 따른 법원의 출석 요구나 자료제출 요구를 거부한 경우
4. 신청인이 일정한 수입원이나 재산이 있어 벌금을 낼 수 있다고 판단되는 경우
5. 질병이나 그 밖의 사유로 사회봉사를 이행하기에 부적당하다고 판단되는 경우
④ 법원은 사회봉사를 허가하는 경우 벌금 미납액에 의하여 계산된 노역장 유치기간에 상응하는 사회봉사 시간을 산정하여야 한다. 다만, 산정된 사회봉사시간 중 1시간 미만은 집행하지 아니한다. ✦✦

* 사회봉사의 신청: 종래 사회봉사 신청이 가능한 벌금형 금액의 상한액은 300만원이었으나, 물가상승 등 경제상황 변화와 벌금형에 대해 집행유예를 적용할 수 있는 벌금의 상한액이 500만원인 점 등을 고려하여 사회봉사를 신청할 수 있는 벌금형 금액의 상한액을 500만원으로 상향함으로써 경제적인 이유로 벌금을 내지 못해 발생하는 노역장 유치를 최소화하고, 생계곤란으로 벌금을 내지 못하는 사람의 경제적 어려움을 덜어주기 위하여 개정되었다(시행령 제2조, 2020. 1.7. 개정).

⑤ 사회봉사를 허가받지 못한 벌금 미납자는 그 결정을 고지받은 날부터 <u>15일 이내에 벌금을 내야 하며</u>, 위의 기간 내에 벌금을 내지 아니할 경우 노역장에 유치한다. 다만, 사회봉사 불허가에 관한 통지를 받은 날부터 15일이 지나도록 벌금을 내지 아니한 사람 중 「형법」 제69조 제1항에 따른 벌금 납입기간이 지나지 아니한 사람의 경우에는 그 납입기간이 지난 후 노역장에 유치한다.

제8조 【사회봉사의 신고】 ① <u>사회봉사 대상자</u>는 법원으로부터 사회봉사 허가의 고지를 받은 날부터 <u>10일 이내</u>에 사회봉사 대상자의 주거지를 관할하는 <u>보호관찰소의 장</u>에게 주거, 직업, 그 밖에 대통령령으로 정하는 사항을 <u>신고</u>하여야 한다.

제9조 【사회봉사의 집행담당자】 ① 사회봉사는 <u>보호관찰관</u>이 집행한다. 다만, 보호관찰관은 그 집행의 전부 또는 일부를 국공립기관이나 그 밖의 단체 또는 시설의 협력을 받아 집행할 수 있다. ✍

제10조 【사회봉사의 집행】 ① <u>보호관찰관</u>은 사회봉사 대상자의 성격, 사회경력, 범죄의 원인 및 개인적 특성 등을 고려하여 사회봉사의 <u>집행분야를 정하여야</u> 한다. ✍✍
② 사회봉사는 <u>1일 9시간</u>을 넘겨 집행할 수 없다. 다만, 사회봉사의 내용상 연속집행의 필요성이 있어 <u>보호관찰관이 승낙</u>하고 <u>사회봉사 대상자가 분명히 동의</u>한 경우에만 <u>연장</u>하여 집행할 수 있다. ✍
③ 사회봉사의 집행시간은 사회봉사 기간 동안의 집행시간을 합산하여 시간 단위로 인정한다. 다만, <u>집행시간을 합산한 결과 1시간 미만이면 1시간으로 인정한다.</u>

제11조 【사회봉사의 집행기간】 사회봉사의 집행은 사회봉사가 허가된 날부터 <u>6개월 이내에 마쳐야</u> 한다. 다만, 보호관찰관은 특별한 사정이 있으면 <u>검사의 허가</u>를 받아 <u>6개월의 범위</u>에서 <u>한 번</u> 그 기간을 <u>연장</u>하여 집행할 수 있다. ✍

제12조 【사회봉사 대상자의 벌금 납입】 ① 사회봉사 대상자는 <u>사회봉사의 이행을 마치기 전</u>에 벌금의 전부 또는 일부를 낼 수 있다. ✍

제13조 【사회봉사 이행의 효과】 이 법에 따른 사회봉사를 전부 또는 일부 이행한 경우에는 집행한 사회봉사 시간에 상응하는 벌금액을 낸 것으로 본다. ✍

⚖ 판례 | 「특정범죄 가중처벌 등에 관한 법률」 제8조 제1항 제1호 등 위헌소원 등

[1] 조세포탈범을 가중처벌하는 경우 포탈세액의 2배 이상 5배 이하에 상당하는 벌금형을 필요적으로 병과하도록 규정한 「특정범죄 가중처벌 등에 관한 법률」 제8조 제2항(이하 '이 사건 법률조항')이 과잉처벌에 해당하는지 여부(소극)
조세포탈범에 대한 <u>벌금형의 필요적 병과 여부는 원칙적으로 입법정책의 문제</u>로서 이 사건 법률조항의 벌금형의 필요적 병과는 조세포탈행위의 반사회성, 반윤리성에 터잡아 거액의 조세포탈자에게 경제적인 불이익을 가하고, 아울러 그가 부정하게 취한 이득을 박탈함으로써 국민의 납세윤리를 확립하여 건전한 사회질서의 유지와 국민경제의 발전에 기여하고자 하는 입법 목적에서 비롯된 것인바, 법관은 정상에 따라 벌금형을 감액할 수도 있고, 벌금형만을 선고유예할 수도 있으므로 이 사건 법률조항이 <u>벌금형을 반드시 병과하도록 하였다 하더라도 형벌체계상의 균형을 잃은 것이라거나 범행자를 귀책 이상으로 과잉처벌하는 것으로 보기는 어렵다.</u>

[2] 벌금형의 필요적 병과가 법관의 양형재량권을 침해하는지 여부(소극)

입법자가 이 사건 법률조항에서 벌금형을 필요적으로 병과하도록 하고 있는 것은 일정액 이상의 조세포탈범에 대하여 그 위법성과 비난 가능성의 정도를 높게 평가하여 징벌의 강도를 높이고자 한 결단이라 보아야 할 것이고, 이러한 입법자의 결단이 입법재량의 한계를 벗어난 자의적인 것이라고 보기 어려우므로 법관의 양형재량권을 침해한 것이라고 볼 수 없다.

[3] 벌금을 납입하지 않은 때에 노역장에 유치하는 것이 헌법 제13조 제1항 후단의 이중처벌금지의 원칙에 위배되는지 여부(소극)

벌금형을 선고받는 자가 그 벌금을 납입하지 않은 때에 그 집행 방법의 변경으로 하게 되는 노역장 유치는 이미 형벌을 받은 사건에 대해 또 다시 형을 부과하는 것이 아니라, 단순한 형벌 집행 방법의 변경에 불과한 것이므로 헌법 제13조 제1항 후단의 이중처벌금지의 원칙에 위반되지 아니한다(헌재 2009.3.26, 2008헌바52 · 104). ✔

☑ SUMMARY | 벌금과 과료의 비교

구분	벌금	과료
금액	5만원 이상 (감경시 5만원 미만 가능)	2천원 이상 5만원 미만
노역장 유치기간	1일 이상 3년 이하	1일 이상 30일 미만
선고유예	○	×
완납시까지 노역장 유치	○	×

03 몰수 및 추징

1. 의의

(1) 몰수

① 몰수는 범죄의 반복을 막거나 범죄로 인한 이득을 방지하기 위해 범행과 관련된 재산을 박탈하여 국고에 귀속시키는 재산형이다. ✔

② 일반몰수와 특별몰수

일반몰수	범인의 전 재산을 국고에 귀속시키는 것이다.
특별몰수	범죄와 관계되는 특정한 물건의 소유권을 국고에 귀속시키는 것이다. 일반적으로 몰수란 특별몰수를 의미한다.

③ 임의적 몰수와 필요적 몰수

임의적 몰수	법원의 재량에 의해 국고에 귀속시키는 것이며, 형법총칙상 몰수의 원칙이다(「형법」 제48조 제1항).
필요적 몰수	형법각칙에서는 뇌물죄의 뇌물이나 아편에 관한 죄의 아편 등을 대상으로 하며, 특별법상의 몰수는 대부분 필요적 몰수에 해당한다.

(2) 추징

① 추징은 몰수 대상물의 전부 또는 일부를 몰수하기 불가능한 때에 몰수에 대신해서 그 가액의 납부를 명령하는 사법 처분을 말한다(형벌이 아님). 몰수의 취지를 관철하기 위한 부가형의 성격을 가지고 있다(판례).

② 수인의 공동피고인으로부터 추징할 때에는 원칙적으로 개별추징을 하여야 하며, 개별액을 알 수 없으면 평균분할액을 추징해야 한다(판례).

③ 추징가액의 산정 기준에 대해서는 범행시설·몰수불능시설·판결선고시설 등이 있으나, 추징가액은 범인이 몰수의 선고를 받았더라면 상실할 이득 상당액을 의미한다고 보아야 할 것이므로 '판결선고시설'이 타당하다(판례). ✦

2. 법적 성격

「형법」제41조가 몰수를 형벌의 일종으로 규정하고 있으므로, 몰수는 형식적으로는 형벌의 일종이지만 실질적으로는 대물적 보안처분에 속한다는 것이 다수의 견해이다.

3. 몰수의 대상과 요건

> **형법**
>
> **제48조【몰수의 대상과 추징】** ① 범인 외의 자의 소유에 속하지 아니하거나 범죄 후 범인 외의 자가 사정을 알면서 취득한 다음 각 호의 물건은 전부 또는 일부를 몰수할 수 있다.
> 1. 범죄행위에 제공하였거나 제공하려고 한 물건
> 2. 범죄행위로 인하여 생겼거나 취득한 물건
> 3. 제1호 또는 제2호의 대가로 취득한 물건
> ② 제1항 각 호의 물건을 몰수할 수 없을 때에는 그 가액을 추징한다.
> ③ 문서, 도화, 전자기록 등 특수매체기록 또는 유가증권의 일부가 몰수의 대상이 된 경우에는 그 부분을 폐기한다. ✦

4. 몰수의 부가성과 예외

> **형법**
>
> **제49조【몰수의 부가성】** 몰수는 타형에 부가하여 과한다. 단, 행위자에게 유죄의 재판을 아니할 때에도 몰수의 요건이 있는 때에는 몰수만을 선고할 수 있다. ✦✦

5. 범죄수익박탈제도

(1) 의의

① 최근에 조직범죄·약물범죄 등으로 인한 범죄수익이 증대하면서 이에 대한 효과적인 억제방안들이 모색되고 있고, 그 일환으로 범죄의 수익을 박탈하는 제도가 논의되고 있다.

② 조직·약물·기업범죄 등은 범죄로 인한 이익이 범죄의 주된 동기를 이루므로, 범죄활동의 이득을 박탈하는 것이 그러한 범죄를 억제·무력화하는 데 중요한 역할을 한다는 것이다.

③ 현행 몰수제도는 몰수의 대상을 한정하고 있고, 범죄인의 재산과 범죄 사이에 인과관계가 증명되지 못한 경우에는 효과적인 범죄수익박탈이 곤란하다는 문제가 있다.

④ 이러한 점을 고려하여 **범죄인의 재산 일반에 대한 박탈 내지 몰수를 인정**하기 위해 고안된 제도를 범죄수익박탈제도라고 한다. 이는 형사정책의 초점이 범죄인의 재사회화나 정당한 처벌에서 **범죄무력화**로 이행되는 경향을 나타내는 것이라는 점에서 주목할 만하다.

⑤ 범죄수익박탈제도는 행위자의 재산을 기준으로 형벌을 양정하므로 개별책임에 반하며 국민의 재산권을 침해할 가능성이 있다는 비판을 받는다. 또한 특별예방적인 고려에 의한 제도이므로, 책임원칙의 한도를 넘을 위험성이 있다는 지적이 있다.

(2) 「범죄수익은닉의 규제 및 처벌 등에 관한 법률」의 주요 내용

> **제1조【목적】** 이 법은 특정범죄와 관련된 범죄수익의 취득 등에 관한 사실을 가장하거나 특정범죄를 조장할 목적 또는 적법하게 취득한 재산으로 가장할 목적으로 범죄수익을 은닉하는 행위를 규제하고, 특정범죄와 관련된 범죄수익의 몰수 및 추징에 관한 특례를 규정함으로써 특정범죄를 조장하는 경제적 요인을 근원적으로 제거하여 건전한 사회질서의 유지에 이바지함을 목적으로 한다.

범죄수익박탈제도의 시행

현재 「공무원범죄에 관한 몰수 특례법」, 「마약류 불법거래 방지에 관한 특례법」, 「범죄수익은닉의 규제 및 처벌 등에 관한 법률」 등에서 범죄수익박탈제도가 시행되고 있다.

제2조 【정의】 이 법에서 사용하는 용어의 뜻은 다음과 같다.

  4. '범죄수익 등'이란 범죄수익, 범죄수익에서 유래한 재산 및 이들 재산과 그 외의 재산이 합쳐진 재산을 말한다.

제8조 【범죄수익 등의 몰수】 ① 다음 각 호의 재산은 몰수할 수 있다.

  1. 범죄수익

  2. 범죄수익에서 유래한 재산

  3. 제3조 또는 제4조의 범죄행위에 관계된 범죄수익 등

  4. 제3조 또는 제4조의 범죄행위에 의하여 생긴 재산 또는 그 범죄행위의 보수로 얻은 재산

  5. 제3호 또는 제4호에 따른 재산의 과실 또는 대가로 얻은 재산 또는 이들 재산의 대가로 얻은 재산, 그 밖에 그 재산의 보유 또는 처분에 의하여 얻은 재산

제6절 자격형제도

01 의의

① 자격형이란 범죄인의 **명예·자격을 박탈·제한**하는 형벌이다(명예형).

② 현행 「형법」에는 자격상실과 자격정지의 두 가지가 있다(제43조).

02 현행법상의 명예형

1. 자격상실

① 사형, 무기징역 또는 무기금고의 선고가 있으면 별도의 선고 없이 자격이 당연히 상실되는 것이다. 이는 형벌선고에 따르는 부대적 효력이다.

② 자격상실은 무기형을 선고받은 자가 사면·가석방이 되더라도 복권이라는 별도의 조치가 없는 한 자격이 영구히 상실된다는 점에서 매우 가혹하다는 비판이 있다.

형법

제43조 【형의 선고와 자격상실, 자격정지】 ① 사형, 무기징역 또는 무기금고의 판결을 받은 자는 다음에 기재한 자격을 상실한다.

  1. 공**무**원이 되는 자격

  2. 공법상의 **선**거권과 피선거권

  3. 법률로 요건을 정한 **공**법상의 업무에 관한 자격

  4. 법인의 이**사**, 감사 또는 지배인 기타 법인의 업무에 관한 검사역이나 재산관리인이 되는 자격

---

2. 자격정지

① 자격정지는 일정기간 자격의 전부 또는 일부가 정지되는 것으로서 범죄의 성질에 따라서 선택형 또는 병과형이 있고, 당연정지와 선고정지가 있다.

당연정지	유기징역 또는 유기금고의 판결을 받은 자에 대하여 그 형의 집행이 종료되거나 면제될 때까지 일부 자격이 당연히 정지되는 것
선고정지	판결의 선고에 의해 자격의 전부 또는 일부를 1년 이상 15년 이하의 기간 동안 정지시키는 것

② 자격정지가 선택형일 때에는 다른 형벌과 마찬가지로 판결이 확정된 날로부터 기산한다. 병과형일 때에는 징역 또는 금고의 집행을 종료하거나 면제된 날로부터 기산한다.

형법

제43조【형의 선고와 자격상실, 자격정지】② 유기징역 또는 유기금고의 판결을 받은 자는 그 형의 집행이 종료하거나 면제될 때까지 전항 제1호 내지 제3호에 기재된 자격이 정지된다(→ 원칙적 당연정지). 다만, 다른 법률에 특별한 규정이 있는 경우에는 그 법률에 따른다.

제44조【자격정지】① 전조에 기재한 자격의 전부 또는 일부에 대한 정지는 1년 이상 15년 이하로 한다(→ 선고정지). ✔
② 유기징역 또는 유기금고에 자격정지를 병과한 때에는 징역 또는 금고의 집행을 종료하거나 면제된 날로부터 정지기간을 기산한다. ✔

⚖ 판례 |「공직선거법」제18조 제1항 제2호 위헌확인 등

1 집행유예기간 중인 자와 수형자의 선거권을 제한하고 있는 「공직선거법」(2005. 8.4. 법률 제7681호로 개정된 것) 제18조 제1항 제2호 중 '유기징역 또는 유기금고의 선고를 받고 그 집행이 종료되지 아니한 자(이하 '수형자'라 한다)'에 관한 부분과 '유기징역 또는 유기금고의 선고를 받고 그 집행유예기간 중인 자(이하 '집행유예자'라 한다)'에 관한 부분 및 「형법」(1953.9.18. 법률 제293호로 제정된 것) 제43조 제2항 중 수형자와 집행유예자의 '공법상의 선거권'에 관한 부분(이 조항들을 함께 '심판대상조항'이라 한다)이 헌법 제37조 제2항에 위반하여 청구인들의 선거권을 침해하고, 보통선거원칙에 위반하여 평등원칙에도 어긋나는지 여부(적극)

심판대상조항은 집행유예자와 수형자에 대하여 전면적·획일적으로 선거권을 제한하고 있다. 심판대상조항의 입법 목적에 비추어 보더라도, 구체적인 범죄의 종류나 내용 및 불법성의 정도 등과 관계없이 일률적으로 선거권을 제한하여야 할 필요성이 있다고 보기는 어렵다. 범죄자가 저지른 범죄의 경중을 전혀 고려하지 않고 수형자와 집행유예자 모두의 선거권을 제한하는 것은 침해의 최소성원칙에 어긋난다. 특히 집행유예자는 집행유예 선고가 실효되거나 취소되지 않는 한 교정시설에 구금되지 않고 일반인과 동일한 사회생활을 하고 있으므로, 그들의 선거권을 제한해야 할 필요성이 크지 않다. 따라서 심판대상조항은 청구인들의 선거권을 침해하고, 보통선거원칙에 위반하여 집행유예자와 수형자를 차별취급하는 것이므로 평등원칙에도 어긋난다(헌재 2014.1.28, 2012헌마409·510, 2013헌마167).

명예형(자격형)제도의 문제점

1. **명예의 주관성**
   명예는 침해 정도의 확인이 어렵고 개인편차가 커서 보편적 형벌이 되기 어렵다는 지적이 있으나, 명예형이 자격을 제한·박탈하는 것으로 변모하였기 때문에 더 이상 문제되지 않는다고 본다.

2. **이중형벌**
   범행을 공적으로 확인함으로써 이미 명예는 충분히 실추되었다고 볼 수 있는데, 다시 자격형을 별도로 부과할 필요가 있는가 하는 비판이 있다.

3. **의무면제 가능성**
   자격의 정지나 박탈로 일정한 권리나 의무를 면하게 되는 것이 오히려 이익이 될 수도 있다(예 병역의무의 면제, 증인자격의 박탈 등).

4. **예방효과**
   명예형은 일반예방효과가 적을 뿐만 아니라 특별예방효과 또한 거의 없어서 형벌의 목적에 부합하지 않는다는 지적이 있다.

5. **낙인효과**
   명예형의 본질은 범죄인에게 낙인을 찍는 것이므로 낙인효과가 개인에 따라 달라질 수 있다는 문제도 있다.

6. **사회복귀**
   자격정지를 병과형으로 하는 경우에는 다른 형의 집행을 종료한 후에 다시 형기가 기산되어 사회복귀를 가로막는 결과가 된다는 지적이 있다.

2 1년 이상의 징역의 형의 선고를 받고 그 집행이 종료되지 아니한 사람의 선거권을 제한하는 공직선거법(2015.8.13. 법률 제13497호로 개정된 것) 제18조 제1항 제2호 본문 중 "1년 이상의 징역의 형의 선고를 받고 그 집행이 종료되지 아니한 사람"에 관한 부분(이하 '심판대상조항'이라 한다)이 청구인들의 선거권을 침해하는지 여부(소극)

심판대상조항은 공동체 구성원으로서 기본적 의무를 저버린 수형자에 대하여 사회적·형사적 제재를 부과하고, 수형자와 일반국민의 준법의식을 제고하기 위한 것이다. (중략) 심판대상조항이 과실범, 고의범 등 범죄의 종류를 불문하고, 침해된 법익의 내용을 불문하며, 형 집행 중에 이뤄지는 재량적 행정처분인 가석방 여부를 고려하지 않고 선거권을 제한한다고 하여 불필요한 제한을 부과한다고 할 수 없다. 1년 이상의 징역형을 선고받은 사람의 선거권을 제한함으로써 형사적·사회적 제재를 부과하고 준법의식을 강화한다는 공익이, 형 집행기간 동안 선거권을 행사하지 못하는 수형자 개인의 불이익보다 작다고 할 수 없다. 따라서 심판대상조항은 과잉금지원칙을 위반하여 청구인의 선거권을 침해하지 아니한다[헌재 2017.5.25, 2016헌마292·568(병합)].

제7절 기타 형벌 관련규정

형법

제77조 【형의 시효의 효과】 형(사형은 제외한다)을 선고받은 자에 대해서는 시효가 완성되면 그 집행이 면제된다. <개정 2023.8.8.>

제78조 【형의 시효의 기간】 시효는 형을 선고하는 재판이 확정된 후 그 집행을 받지 아니하고 다음 각 호의 구분에 따른 기간이 지나면 완성된다.

1. 삭제(← 사형: 30년)
2. 무기의 징역 또는 금고: 20년
3. 10년 이상의 징역 또는 금고: 15년
4. 3년 이상의 징역이나 금고 또는 10년 이상의 자격정지: 10년
5. 3년 미만의 징역이나 금고 또는 5년 이상의 자격정지: 7년(← 5년)
6. 5년 미만의 자격정지, 벌금, 몰수 또는 추징: 5년(← 3년)
7. 구류 또는 과료: 1년

제79조 【형의 시효의 정지】 ① 시효는 형의 집행의 유예나 정지 또는 가석방 기타 집행할 수 없는 기간은 진행되지 아니한다.

② 시효는 형이 확정된 후 그 형의 집행을 받지 아니한 사람이 형의 집행을 면할 목적으로 국외에 있는 기간 동안은 진행되지 아니한다.

제80조 【형의 시효의 중단】 시효는 징역, 금고 및 구류의 경우에는 수형자를 체포한 때, 벌금, 과료, 몰수 및 추징의 경우에는 강제처분을 개시한 때에 중단된다. <개정 2023.8.8.>

제81조 【형의 실효】 징역 또는 금고의 집행을 종료하거나 집행이 면제된 자가 피해자의 손해를 보상하고 자격정지 이상의 형을 받음이 없이 7년을 경과한 때에는 본인 또는 검사의 신청에 의하여 그 재판의 실효를 선고할 수 있다.

제82조【복권】자격정지의 선고를 받은 자가 피해자의 손해를 보상하고 자격정지 이상의 형을 받음이 없이 정지기간의 2분의 1을 경과한 때에는 본인 또는 검사의 신청에 의하여 자격의 회복을 선고할 수 있다. ✷

사면법

제2조【사면의 종류】사면은 일반사면과 특별사면으로 구분한다.

제3조【사면 등의 대상】사면, 감형 및 복권의 대상은 다음 각 호와 같다.

 1. 일반사면: 죄를 범한 자

 2. 특별사면 및 감형: 형을 선고받은 자 ✷

 3. 복권: 형의 선고로 인하여 법령에 따른 자격이 상실되거나 정지된 자

제5조【사면 등의 효과】① 사면, 감형 및 복권의 효과는 다음 각 호와 같다.

 1. 일반사면: 형 선고의 효력이 상실되며, 형을 선고받지 아니한 자에 대하여는 공소권이 상실된다. 다만, 특별한 규정이 있을 때에는 예외로 한다. ✷

 2. 특별사면: 형의 집행이 면제된다. 다만, 특별한 사정이 있을 때에는 이후 형 선고의 효력을 상실하게 할 수 있다.

 3. 일반에 대한 감형: 특별한 규정이 없는 경우에는 형을 변경한다.

 4. 특정한 자에 대한 감형: 형의 집행을 경감한다. 다만, 특별한 사정이 있을 때에는 형을 변경할 수 있다.

 5. 복권: 형 선고의 효력으로 인하여 상실되거나 정지된 자격을 회복한다.

 ② 형의 선고에 따른 기성의 효과는 사면, 감형 및 복권으로 인하여 변경되지 아니한다.

제7조【집행유예를 선고받은 자에 대한 사면 등】형의 집행유예를 선고받은 자에 대하여는 형 선고의 효력을 상실하게 하는 특별사면 또는 형을 변경하는 감형을 하거나 그 유예기간을 단축할 수 있다. ✷

제8조【일반사면 등의 실시】일반사면, 죄 또는 형의 종류를 정하여 하는 감형 및 일반에 대한 복권은 대통령령으로 한다. 이 경우 일반사면은 죄의 종류를 정하여 한다. ✷

제9조【특별사면 등의 실시】특별사면, 특정한 자에 대한 감형 및 복권은 대통령이 한다.

제10조【특별사면 등의 상신】① 법무부장관은 대통령에게 특별사면, 특정한 자에 대한 감형 및 복권을 상신한다.

 ② 법무부장관은 제1항에 따라 특별사면, 특정한 자에 대한 감형 및 복권을 상신할 때에는 제10조의2에 따른 사면심사위원회의 심사를 거쳐야 한다.

제10조의2【사면심사위원회】① 제10조 제1항에 따른 특별사면, 특정한 자에 대한 감형 및 복권 상신의 적정성을 심사하기 위하여 법무부장관 소속으로 사면심사위원회를 둔다.

 ② 사면심사위원회는 위원장 1명을 포함한 9명의 위원으로 구성한다.

 ③ 위원장은 법무부장관이 되고, 위원은 법무부장관이 임명하거나 위촉하되, 공무원이 아닌 위원을 4명 이상 위촉하여야 한다.

 ⑤ 사면심사위원회의 심사과정 및 심사내용의 공개범위와 공개시기는 다음 각 호와 같다. 다만, 제2호 및 제3호의 내용 중 개인의 신상을 특정할 수 있는 부분은 삭제하고 공개하되, 국민의 알 권리를 충족할 필요가 있는 등의 사유가 있는 경우에는 사면심사위원회가 달리 의결할 수 있다.

 1. 위원의 명단과 경력사항은 임명 또는 위촉한 즉시

 2. 심의서는 해당 특별사면 등을 행한 후부터 즉시

 3. 회의록은 해당 특별사면 등을 행한 후 5년이 경과한 때부터

형사소송법 제337조【형의 소멸의 재판】① 「형법」 제81조 또는 동 제82조의 규정에 의한 선고는 그 사건에 관한 기록이 보관되어 있는 검찰청에 대응하는 법원에 대하여 신청하여야 한다. ✷

⑦ 위원은 「형법」이나 그 밖의 법률에 따른 벌칙을 적용할 때에는 공무원으로 본다.

제11조 【특별사면 등 상신의 신청】 <u>검찰총장</u>은 <u>직권</u>으로 또는 형의 집행을 지휘한 검찰청 <u>검사의 보고</u> 또는 수형자가 수감되어 있는 <u>교정시설의 장의 보고</u>에 의하여 <u>법무부장관</u>에게 <u>특별사면 또는</u> 특정한 자에 대한 감형을 상신할 것을 신청할 수 있다.

제12조 【특별사면 등의 제청】 ① 형의 집행을 지휘한 검찰청의 <u>검사</u>와 수형자가 수감되어 있는 <u>교정시설의 장</u>이 특별사면 또는 특정한 자에 대한 감형을 제청하려는 경우에는 제14조에 따른 서류를 첨부하고 제청 사유를 기재한 보고서를 검찰총장에게 제출하여야 한다.

형사소송법

제249조 【공소시효의 기간】 ① 공소시효는 다음 기간의 경과로 완성한다.
1. 사형에 해당하는 범죄에는 25년
2. 무기징역 또는 무기금고에 해당하는 범죄에는 15년
3. 장기 10년 이상의 징역 또는 금고에 해당하는 범죄에는 10년
4. 장기 10년 미만의 징역 또는 금고에 해당하는 범죄에는 7년
5. 장기 5년 미만의 징역 또는 금고, 장기 10년 이상의 자격정지 또는 벌금에 해당하는 범죄에는 5년
6. 장기 5년 이상의 자격정지에 해당하는 범죄에는 3년
7. 장기 5년 미만의 자격정지, 구류, 과료 또는 몰수에 해당하는 범죄에는 1년
② 공소가 제기된 범죄는 <u>판결의 확정이 없이 공소를 제기한 때로부터 25년을 경과하면 공소시효가 완성한 것으로 간주한다.</u>

제462조 【형집행의 순서】 <u>2이상의</u> 형을 집행하는 경우에 <u>자격상실, 자격정지, 벌금, 과료와 몰수 외</u>(→ 사형, 징역, 금고, 구류)에는 <u>무거운 형을 먼저 집행</u>한다. 다만, <u>검사</u>는 <u>소속 장관의 허가</u>를 얻어 <u>무거운 형의 집행을 정지하고 다른 형의 집행을 할 수 있다.</u>

01 응보형주의에 따르면 범죄는 정의에 반하는 악행이므로 범죄자에 대해서는 그 범죄에 상응하는 해악을 가함으로써 정의가 실현된다. (　　)

02 목적형주의에 따르면 형벌은 과거의 범행에 대한 응보가 아니라 장래의 범죄예방을 목적으로 한다. (　　)

03 소극적 일반예방이란 형벌을 통해 일반인의 규범의식을 강화하여 사회의 규범안정을 도모한다는 것을 말한다. (　　)
22. 간부(72)

04 징역 또는 금고는 무기 또는 유기로 하고, 유기는 1개월 이상 30년 이하로 한다. 단, 유기징역 또는 유기금고에 대하여 형을 가중하는 때에는 60년까지로 한다. (　　)

05 단기자유형의 대체방안으로 주말구금제도, 귀휴제도, 사회봉사명령제도, 벌금형제도 등이 제시된다. (　　)

06 부정기형제도는 수형자의 개선의욕을 촉진할 수 있다. (　　)
22. 간부(72)

07 부정기형제도는 책임을 초과하는 형벌을 가능하게 하는 문제가 있다. (　　)
22. 간부(72)

08 상대적 부정기형은 죄형법정주의에 반한다. (　　)
22. 간부(72)

09 「소년법」은 부정기형을 선고할 수 있도록 규정하고 있다. (　　)
22. 간부(72)

10 징역이나 금고의 집행 중에 있는 사람이 행상이 양호하여 뉘우침이 뚜렷한 때에는 무기형은 10년, 유기형은 형기의 2분의 1이 지난 후 행정처분으로 가석방을 할 수 있다. (　　)

---

01 ○ 응보형주의(절대적 형벌이론)에서는 형벌의 목적을 범죄에 대한 정당한 응보로 이해한다(형벌의 자기목적성).

02 ○ 목적형주의(상대적 형벌이론)에서는 형벌은 그 자체가 목적이 아니라, 범죄예방을 추구하는 수단이라고 본다(형벌의 도구적 성격).

03 × '적극적 일반예방'에 대한 설명이다.

04 × 형을 가중하는 때에는 '50년'까지로 한다(「형법」 제42조).

05 × 단기자유형의 대체방안(개선방안)으로는 벌금형의 활용, 선고·집행유예의 활용, 기소유예의 확대 운용, 구금제도의 완화(주말구금, 무구금강제노역 등) 등이 제시된다. 또한 사회봉사명령제도는 단기(또는 중기)자유형의 대체, 과밀수용의 해소, 형벌의 다양화, 구금에 대한 회의, 사회에 대한 배상 등을 이유로 도입되었다. 그러나 귀휴제도는 행형성적이 양호하고 도주의 위험성이 없는 수형자에게 기간과 행선지를 제한하여 외출·외박을 허용하는 제도로서, 장기수용의 부작용을 방지하고 사회적 연계의 유지 및 재사회화의 보충을 위해 실시하는 것이므로, 단기자유형의 대체방안과는 관계가 없다.

06 ○ 부정기형제도는 개선 목적의 달성에 적합하다고 볼 수 있다.

07 ○ 부정기형제도는 행위 당시의 책임을 넘어서는 처벌을 가능하게 할 수 있다는 비판을 받는다.

08 × 죄형법정주의는 범죄와 형벌을 확정하여 법정화하는 원칙이므로 형기를 일정하게 하지 않고 선고하는 부정기형을 금지함이 원칙이다(부정기형 금지의 원칙). 그러나 형벌이 범죄자를 교육·개선시켜서 다시 사회에 복귀하게 함을 목적으로 한다는 점을 고려한다면 특수한 범죄인 예컨대 상습범·소년범에 대하여는 부정기형의 채용이 요구된다고 할 수 있다. 따라서 부정기형 금지의 원칙도 오늘날에 있어서 그 본래의 취지대로 유지될 수 없다고 할 것이나(부정기형 금지의 원칙의 수정), 형기를 전혀 확정하지 아니한 절대적 부정기형은 인권보장 및 죄형법정주의의 견지에서 허용되지 아니한다(상대적 부정기형의 인정).

09 ○ 「소년법」에서 소년범에 대해서만 상대적 부정기형을 인정하고 있다(「소년법」 제60조 제1항).

10 × 무기형은 '20년', 유기형은 형기의 '3분의 1'이 지난 후 행정처분으로 가석방을 할 수 있다(「형법」 제72조 제1항).

11 무기징역은 종신형이지만 20년이 경과하면 가석방이 가능하다. (　)

12 형기에 산입된 판결선고 전 구금일수는 가석방을 하는 경우 집행한 기간에 산입하지 아니한다. (　)

13 가석방 기간은 무기형에 있어서는 20년으로 하고, 유기형에 있어서는 남은 형기로 하되 그 기간은 20년을 초과할 수 없다.
(　)

14 가석방된 자는 가석방을 허가한 행정관청이 필요 없다고 인정한 때가 아닌 한 가석방 기간 중 보호관찰을 받는다. (　)

15 「형법」상 가석방된 자에게 보호관찰과 수강명령을 병과할 수 있다. (　)

16 가석방 중 업무상과실치사의 죄로 금고형을 선고받은 경우 가석방 처분은 효력을 잃지 않는다. (　)

17 가석방의 처분을 받은 자가 감시에 관한 규칙을 위배하거나, 보호관찰의 준수사항을 위반하고 그 정도가 무거운 때에는 가석방처분을 취소할 수 있다. (　)

18 가석방 처분을 받은 후 그 처분이 실효 또는 취소되지 아니하고 가석방 기간을 경과한 때에는 형의 선고는 효력을 잃은 것으로 본다. (　)

19 벌금은 5만원 이상으로 하되 감경하는 경우에는 5만원 미만으로 할 수 있으며, 과료는 2천원 이상 5만원 미만으로 한다.
(　)

20 현행법령상 ㉠ 벌금형에 대한 선고유예와 ㉡ 벌금의 연납·분납이 도입되어 있다. (　)

21 벌금과 과료는 판결확정일로부터 30일 내에 납입하여야 한다. 단, 벌금 또는 과료를 선고할 때에는 동시에 그 금액을 완납할 때까지 노역장에 유치할 것을 명할 수 있다. (　)

22 벌금은 확정판결일로부터 30일 내에 납입하여야 하고, 벌금을 납입하지 아니한 자는 1일 이상 3년 이하의 기간 노역장에 유치한다. (　)

23 벌금을 선고할 때에는 동시에 그 금액을 완납할 때까지 노역장에 유치할 것을 명하여야 한다. (　)

---

11 ○　「형법」 제72조 참조

12 ×　집행한 기간에 '산입한다'(「형법」 제73조 제1항).

13 ×　무기형에 있어서는 '10년'으로 하고, 유기형에 있어서는 남은 형기로 하되, 그 기간은 '10년'을 초과할 수 없다(「형법」 제73조의2 제1항).

14 ○　「형법」 제73조의2 제2항

15 ×　가석방된 자에게는 보호관찰이 부과되나(「형법」 제73조의2 제2항), 수강명령을 병과할 수 있다는 규정은 없다.

16 ○　'과실로 인한 죄'이므로 가석방이 실효되지 않는다(「형법」 제74조).

17 ○　「형법」 제75조

18 ×　'형의 집행을 종료'한 것으로 본다(「형법」 제76조 제1항).

19 ○　「형법」 제45조, 제47조

20 ○　㉠ 1년 이하의 징역이나 금고, 자격정지 또는 '벌금'의 형을 선고할 경우에 선고유예를 할 수 있다(「형법」 제59조 제1항). ㉡ 「재산형 등에 관한 검찰 집행사무규칙」에 따라 벌과금의 일부납부 또는 납부연기가 인정되고 있다(제12조).

21 ×　'벌금'을 선고할 때에는 동시에 그 금액을 완납할 때까지 노역장에 유치할 것을 명할 수 있다(「형법」 제69조 제1항 단서). 따라서 '과료'를 선고할 때에는 동시에 완납시까지 노역장유치를 명할 수 없다.

22 ○　「형법」 제69조 제1항·제2항

23 ×　노역장에 유치할 것을 '명할 수 있다'(제69조 제1항 단서 참조).

24 벌금이나 과료를 선고할 때에는 이를 납입하지 아니하는 경우의 노역장 유치기간을 정하여 동시에 선고하여야 한다.

(　　)

25 선고하는 벌금이 1억원 이상 5억원 미만인 경우에는 300일 이상, 5억원 이상 50억원 미만인 경우에는 500일 이상, 50억원 이상인 경우에는 1천일 이상의 노역장 유치기간을 정하여야 한다. (　　)

26 과료의 선고를 받은 사람이 그 금액의 일부를 납입한 경우에는 과료액과 유치기간의 일수에 비례하여 납입금액에 해당하는 일수를 뺀다. (　　)

27 노역장 유치는 그 실질이 신체의 자유를 박탈하는 것으로서 징역형과 유사한 형벌적 성격을 가지므로 형벌불소급원칙의 적용대상이 된다. (　　)

28 벌금형이 확정된 미납자는 검사의 납부명령이 고지된 날로부터 30일 이내에 사회봉사명령을 신청할 수 있다. (　　)

29 「벌금 미납자의 사회봉사 집행에 관한 특례법」에 의하면 대통령령으로 정한 금액 범위 내의 벌금형이 확정된 벌금 미납자는 검사의 납부명령일부터 30일 이내에 주거지를 관할하는 지방검찰청(지방검찰청지청을 포함한다)의 검사에게 사회봉사를 신청할 수 있다. 다만, 검사로부터 벌금의 일부납부 또는 납부연기를 허가받은 자는 그 허가기한 내에 사회봉사를 신청할 수 있다. (　　)

30 500만원 이하의 벌금형이 확정된 벌금 미납자는 검사의 납부명령일부터 30일 이내(검사로부터 벌금의 일부납부 또는 납부연기를 허가받은 자는 그 허가기한 내)에 사회봉사를 신청할 수 있지만, 징역 또는 금고와 동시에 벌금을 선고받은 경우에는 사회봉사를 신청할 수 없다. (　　)

31 「형법」 제69조 제1항 단서에 따라 법원으로부터 벌금 선고와 동시에 벌금을 완납할 때까지 노역장에 유치할 것을 명받은 사람은 사회봉사를 신청할 수 있다. (　　)

32 사회봉사 신청인이 일정한 수입원이나 재산이 있어 벌금을 낼 수 있다고 판단되는 경우에는 법원은 사회봉사를 허가하지 아니한다. (　　)

33 법원은 사회봉사를 허가하는 경우 벌금 미납액에 의하여 계산된 노역장 유치기간에 상응하는 사회봉사시간을 산정하여야 한다. 다만, 산정된 사회봉사시간 중 1시간 미만은 집행하지 아니한다. (　　)

---

24 ○　「형법」 제70조 제1항

25 ○　「형법」 제70조 제2항 참조

26 ○　「형법」 제71조

27 ○　헌재 2017.10.26, 2015헌바239 참조

28 ○　「벌금 미납자의 사회봉사 집행에 관한 특례법」 제4조 제1항

29 ○　「벌금 미납자의 사회봉사 집행에 관한 특례법」 제4조 제1항

30 ○　「벌금 미납자의 사회봉사 집행에 관한 특례법」 제4조 제1항, 동조 제2항 제1호

31 ×　사회봉사를 신청할 수 없다(「벌금 미납자의 사회봉사 집행에 관한 특례법」 제4조 제2항 제2호).

32 ○　「벌금 미납자의 사회봉사 집행에 관한 특례법」 제6조 제2항 제4호

33 ○　「벌금 미납자의 사회봉사 집행에 관한 특례법」 제6조 제4항

34 「벌금 미납자의 사회봉사 집행에 관한 특례법」에 의하면 사회봉사 대상자는 법원으로부터 사회봉사 허가의 고지를 받은 날부터 7일 이내에 사회봉사 대상자의 주거지를 관할하는 보호관찰소의 장에게 주거, 직업, 그 밖에 대통령령으로 정하는 사항을 신고하여야 한다. (　　)

35 보호관찰관은 사회봉사 대상자의 성격, 사회경력, 범죄의 원인 및 개인적 특성 등을 고려하여 사회봉사의 집행분야를 정하여야 한다. (　　)

36 「벌금 미납자의 사회봉사 집행에 관한 특례법」에 의하면 사회봉사는 1일 9시간을 넘겨 집행할 수 없다. 다만, 사회봉사의 내용상 연속집행의 필요성이 있어 보호관찰관이 승낙하고 사회봉사 대상자가 분명히 동의한 경우에만 연장하여 집행할 수 있다. (　　)

37 「벌금 미납자의 사회봉사 집행에 관한 특례법」에 의하면 사회봉사의 집행은 사회봉사가 허가된 날부터 6개월 이내에 마쳐야 한다. 다만, 보호관찰관은 특별한 사정이 있으면 검사의 허가를 받아 6개월의 범위에서 한 번 그 기간을 연장하여 집행할 수 있다. (　　)

38 「벌금 미납자의 사회봉사 집행에 관한 특례법」상 사회봉사 대상자는 사회봉사의 이행을 마치기 전에는 벌금의 전부 또는 일부를 낼 수 없다. (　　)

39 「형법」상 행위자에게 유죄의 재판을 아니할 때에는 몰수의 요건이 있는 때에도 몰수만을 선고할 수는 없다. (　　)

40 법률이 정한 자격의 전부 또는 일부에 대한 정지는 1년 이상 20년 이하로 한다. (　　)

41 「형법」상 유기징역 또는 유기금고에 자격정지를 병과한 때에는 징역 또는 금고의 집행을 종료하거나 면제된 날로부터 정지기간을 기산한다. (　　)

42 형의 시효는 벌금형을 선고하는 재판이 확정된 후 그 집행을 받지 아니하고 3년이 지나면 완성된다. (　　)

---

34 ✕　사회봉사 허가의 고지를 받은 날부터 '10일' 이내에 보호관찰소의 장에게 신고하여야 한다(「벌금 미납자의 사회봉사 집행에 관한 특례법」 제8조 제1항).

35 ○　「벌금 미납자의 사회봉사 집행에 관한 특례법」 제10조 제1항

36 ○　「벌금 미납자의 사회봉사 집행에 관한 특례법」 제10조 제2항

37 ○　「벌금 미납자의 사회봉사 집행에 관한 특례법」 제11조

38 ✕　사회봉사 대상자는 사회봉사의 이행을 마치기 전에 벌금의 전부 또는 일부를 낼 수 있다(「벌금 미납자의 사회봉사 집행에 관한 특례법」 제12조 제1항).

39 ✕　몰수는 타형에 부가하여 과한다. 단, 행위자에게 유죄의 재판을 아니할 때에도 몰수의 요건이 있는 때에는 몰수만을 선고할 수 있다(「형법」 제49조).

40 ✕　1년 이상 '15년' 이하로 한다(「형법」 제44조 제1항).

41 ○　「형법」 제44조 제2항

42 ✕　벌금형을 선고하는 재판이 확정된 후 그 집행을 받지 아니하고 '5년'이 지나면 형의 시효가 완성된다(「형법」 제78조 제6호).

police.Hackers.com

제5장 / 보안처분론

제1절 보안처분론 서론

01 보안처분의 의의

① 보안처분이란 범죄로부터 사회를 방위하는 데 형벌만으로는 불충분·부적당한 경우에 **형벌을 보충·대체**하는 의미에서 범죄자 또는 범죄의 위험성이 있는 자에 대하여 국가가 과하는 형벌 이외의 범죄예방처분을 말한다.

② 광의의 보안처분은 행위자의 재범의 위험성을 방지하기 위하여 **특별예방**을 목적으로 하는 국가적 처분을 말하고, 특히 형법상의 보안처분을 협의의 보안처분이라고 한다.

③ 모든 사회적 일탈행위가 형법상의 범죄로 되는 것은 아니다. 또한 형법상의 범죄에 해당되는 경우에도 책임무능력자·한정책임능력자인 때에는 형벌이 면제·감경되어 재범 위험성에 제대로 대처할 수 없는 경우가 있다. 그러므로 과거의 범죄행위에 대한 응징 차원을 넘어서 미래의 재범 위험성을 예방하기 위하여 협의의 형벌을 보충해야 할 보안처분의 필요성이 등장했다.

02 형벌과 보안처분의 비교

구분	형벌	보안처분
본질	응보	사회방위 + 교정
지도원칙	책임주의	비례성
기초	책임	사회적 위험성
목적	범죄진압	범죄예방
전제	과거의 범죄행위	장래의 위험한 성격
처분	형사처분(사법처분)	행정처분

01 형벌이론에 따른 구분

응보형 이론	형벌은 과거의 범죄에 대한 비난으로서 위해이고, 보안처분은 장래의 범죄 위험성에 대한 예방조치이므로, 양자는 별개의 제도이다(이원주의).
목적형 · 교육형 이론	보안처분도 역시 사회방위를 목적으로 위험한 사람의 개선을 도모하는 방법이므로 형벌과 공통의 성격을 가진다(일원주의).

02 이원주의

1. 의의

① 이원주의는 형벌의 본질이 주로 응보에 있다는 점을 전제로 하여(응보형 이론) 형벌과 보안처분은 그 기능이 다르다는 점을 강조한다. 따라서 형벌과 보안처분은 동시에 선고되고 중복해서 집행될 수 있다고 한다(**병과 긍정**).

② 클라인(Klein), 메이어(Mayer), 비르크마이어(Birkmeyer), 벨링(Beling) 등이 대표적 주장자이다.

2. 근거 ✮✮

① 형벌은 범죄에 대한 해악부과로서 규범적 비난이고 그 본질은 응보에 있는 것에 반하여, 보안처분은 사회방위와 범죄자의 교정 · 교육을 목적으로 하는 점에서 차이가 있다.

② **형벌의 기초는 책임**이지만, **보안처분의 기초는 사회적 위험성**이다. ✮

③ 형벌은 범죄를 전제로 하지만, 보안처분은 전적으로 위험한 성격을 전제로 한다.

④ 형벌은 과거의 범죄사실을 대상으로 하는 회고적(사후적) 성격이지만, 보안처분은 장래의 범죄예방을 목적으로 하는 전망적(예방적) 성격을 갖는다. ✮

⑤ 형벌은 과거의 범죄에 대한 형사처분(법원에서 선고)이지만, 보안처분은 장래의 위험성에 대한 행정처분(행정기관의 권한)의 성격이 강하다.

3. 비판

보안처분이 이론적으로는 형벌과 달리 해악을 내용으로 하지 않는다 하더라도 실제로 보안처분도 억압적 성격이 있고 형벌의 효과를 가지므로, 형벌과 보안처분을 중첩하여 집행하는 경우에는 **이중처벌을 인정**하는 결과가 된다. 벨첼(Welzel)의 상표사기가 그 예이다. ✮

03 일원주의

1. 의의

① 일원주의는 형벌의 본질을 사회방위와 범죄인의 교화·개선에 있다고 보아(목적형·교육형 이론), **형벌과 보안처분은 모두 사회방위와 범죄인의 교육·개선을 목적**으로 하고 반사회적 위험성을 기초로 하는 사회방위처분이므로 양자의 본질적 차이는 없다고 본다. 따라서 형벌이나 보안처분 가운데 어느 하나만을 선고하여 집행하면 된다는 입장이다(**대체성 긍정**). ✿✿
② 리스트(Liszt), 페리(Ferri), 록신(Roxin) 등이 대표적 주장자이다.

2. 근거

① 형벌도 개선·격리를 통한 사회방위를 목적으로 한다는 점에서 광의의 보안처분이라고 할 수 있고, 행위자에게 형벌적응성이 없을 경우에 보안처분을 과하는 것으로서 양자는 그 정도의 차이가 있을 뿐이다.
② 형벌을 범죄에 대한 해악으로 보는 응보형 이론의 입장은 부당하며, 형벌도 수형자의 사회복귀에 중점을 두어야 한다.
③ 보안처분이 합목적성을 강조하기는 하지만 형벌이 가지는 윤리적 비난이 없는 것은 아니며, 반사회적 행위자의 성격을 고려하는 점에 차이가 있을 뿐이다.
④ 보안처분도 형사처분의 성격을 가지므로 법원에서 선고한다.

3. 비판

행위자의 반사회적 위험성만을 척도로 하여 일정한 제재를 부과하는 것은 **개별책임원칙에 반할 위험**이 있다. ✿✿

04 대체주의(제한적 이원론)

1. 의의

대체주의는 **일원주의와 이원주의를 절충**한 것으로서, 형벌은 책임 정도에 따라 선고(이원주의)되지만 집행단계에서는 보안처분으로 대체하거나 보안처분의 집행이 종료된 후에 형벌을 집행(일원주의)하는 제도이다. ✿

2. 근거

① 대체주의는 형벌의 응보적 기능을 무시하지 않는다. 따라서 요건이나 선고에서는 형벌과 보안처분을 별개로 보지만, 양자 모두 범죄자의 사회복귀라는 동일 목적을 추구하므로 집행에서는 대체가 가능하다고 본다.
② 행위자의 사회복귀를 위해서 **보안처분을 먼저 집행**하는 것이 합목적적이다.
③ 보안처분도 부차적이지만 형벌처럼 해악부과의 성격이 있으므로, 보안처분이 집행된 후에 그 기간을 형기에 산입하거나 형벌 집행을 면제하는 **기능적 대체**가 가능하다. ✿

3. 비판 ✦

① 형벌과 보안처분의 대체는 엄격한 책임원칙에 어긋난다.
② 형벌과 보안처분의 적용범위가 불분명하다.
③ 형벌만을 선고받은 경우보다 형벌과 보안처분을 동시에 선고받은 경우가 더 유리할 수 있어 정의 관념에 반한다.

☑ SUMMARY │ 형벌과 보안처분의 관계

구분	이원주의	일원주의	대체주의
의의	• 응보형주의 전제 • 형벌 ≠ 보안처분	• 교육형주의 전제 • 형벌 = 보안처분	• 선고: 이원주의 • 집행: 일원주의
주장	메이어, 벨링, 비르크마이어	록신, 리스트, 페리	슈토스
논거	• 형벌은 책임을 기초로 한 과거행위에 대한 응보로서 형사처분 • 보안처분은 장래의 위험성에 대한 예방조치로서 행정처분	형벌과 보안처분은 범죄인의 개선 및 사회복귀라는 점에서 동일(사회방위처분)	• 범죄인의 사회복귀를 위해서는 보안처분의 선집행이 합리적 • 보안처분도 자유박탈·제한을 내용으로 하므로 형벌 목적 달성 가능
대체	• 대체성 × • 병과 ○	• 대체성 ○ • 어느 하나만 선고·집행	• 대체성 ○ • 기능적 대체 인정
선고	행정기관(행정처분)	법원(형사처분)	특별규정 필요
비판	• 이중처벌의 위험성 • 벨첼(Welzel)의 상표사기	책임주의에 반할 위험성	• 책임주의와 불일치 • 양자의 적용범위 불분명

제3절 보안처분의 기본원리와 적용요건

01 보안처분법정주의

1. 의의

① 보안처분법정주의란 형벌의 경우와 마찬가지로 보안처분에 대해서도 그 종류·요건·효과 등에 대해 미리 법률로 정해두어야 한다는 원칙이다.
② 보안처분 자체가 인간의 존엄성과 가치를 비롯한 기본권을 침해하는 것은 아니지만, 보안처분의 구체적 적용에 있어서 기본권이 본질적으로 침해될 수도 있으므로 엄격히 제한할 필요가 있다. 현행 헌법 제12조 제1항에서는 보안처분법정주의를 선언하고 있다. ✦

> **헌법**
>
> **제12조** ① 모든 국민은 신체의 자유를 가진다. <u>누구든지</u> 법률에 의하지 아니하고는 체포·구속·압수·수색 또는 심문을 받지 아니하며, <u>법률과 적법한 절차에 의하지 아니하고는 처벌·보안처분 또는 강제노역을 받지 아니한다.</u>

2. 구체적 내용

(1) 부정기 보안처분

① 보안처분은 형벌과 달리 행위자의 위험성을 제거함에 목적이 있으므로, 대상자가 재범의 위험성을 가지는 한 처분의 효과가 지속되어야 하기 때문에 부정기처분이 필요하다. 다만, 개인의 자유가 무제한 박탈·제한되어 인권이 침해될 우려가 있으므로, 그 상한을 정하는 것이 일반적이며 정기적으로 처분의 계속 여부를 심사해야 한다.

② 절대적 부정기 보안처분은 금지되나, 상대적 부정기 보안처분은 허용된다고 본다.

③ 구 「사회보호법」은 치료감호의 기간을 '감호의 필요가 없을 정도로 치유'될 때까지로 규정하였으나, 현행 「치료감호 등에 관한 법률」은 심신장애자와 정신성적 장애자에 대한 치료감호 시설의 수용은 15년, 중독자에 대한 수용은 2년을 초과할 수 없도록 규정하였다(동법 제16조 제2항, 상대적 부정기 보안처분).

(2) 유추해석(적용) 금지

보안처분은 위험성에 대한 합목적적 조치라는 점에서 유추해석(적용)을 허용해야 한다는 입장도 있으나, 개인의 자유와 권리에 대해 중대한 제약을 초래하는 점을 고려하면 법률에 대한 자의적인 적용을 초래하는 보안처분의 유추해석(적용)은 당연히 금지되어야 한다(다수설).

(3) 소급효금지

판례는 「형법」상의 보호관찰의 경우에는 소급효금지원칙의 적용을 부정하지만, 「가정폭력범죄의 처벌 등에 관한 특례법」상의 사회봉사명령에 대해서는 소급효금지원칙의 적용을 긍정하고 있다.

> **⚖ 판례 | 보안처분에 대한 소급효금지원칙의 적용 여부**
>
> **1 개정 「형법」 시행 이전에 죄를 범한 자에 대하여 개정 「형법」에 따라 보호관찰을 명할 수 있는지 여부(적극)**
>
> 개정 「형법」 제62조의2 제1항에 의하면 형의 집행을 유예를 하는 경우에는 보호관찰을 받을 것을 명할 수 있고, 같은 조 제2항에 의하면 제1항의 규정에 의한 보호관찰의 기간은 집행을 유예한 기간으로 하고, 다만 법원은 유예기간의 범위 내에서 보호관찰의 기간을 정할 수 있다고 규정되어 있는바, 위 조항에서 말하는 보호관찰은 형벌이 아니라 보안처분의 성격을 갖는 것으로서, 과거의 불법에 대한 책임에 기초하고 있는 제재가 아니라 장래의 위험성으로부터 행위자를 보호하고 사회를 방위하기 위한 합목적적인 조치이므로, 그에 관하여 반드시 행위 이전에 규정되어 있어야 하는 것은 아니며, 재판시의 규정에 의하여 보호관찰을 받을 것을 명할 수 있다고 보아야 할 것이고, 이와 같은 해석이 형벌불소급의 원칙 내지 죄형법정주의에 위배되는 것이라고 볼 수 없다(대판 1997.6.13, 97도703).

2 「가정폭력범죄의 처벌 등에 관한 특례법」상 사회봉사명령의 법적 성질 및 형벌불소급 원칙의 적용 여부(적극)

> 「가정폭력범죄의 처벌 등에 관한 특례법」이 정한 보호처분 중의 하나인 사회봉사명령은 가정폭력범죄를 범한 자에 대하여 환경의 조정과 성행의 교정을 목적으로 하는 것으로서 형벌 그 자체가 아니라 보안처분의 성격을 가지는 것이 사실이다. 그러나 한편으로 이는 가정폭력범죄행위에 대하여 형사처벌 대신 부과되는 것으로서, 가정폭력범죄를 범한 자에게 의무적 노동을 부과하고 여가시간을 박탈하여 실질적으로는 신체적 자유를 제한하게 되므로, 이에 대하여는 원칙적으로 형벌불소급의 원칙에 따라 행위시법을 적용함이 상당하다(「가정폭력범죄의 처벌 등에 관한 특례법」상 사회봉사명령을 부과하면서, 행위시법상 사회봉사명령 부과시간의 상한인 100시간을 초과하여 상한을 200시간으로 올린 신법을 적용한 것은 위법하다고 한 사례)(대결 2008.7.24, 2008어4). ✹✹

02 보안처분의 정당성

1. 보안처분의 목적과 수단

보안처분의 일차적 목적·과제는 형벌과 마찬가지로 일정한 법익침해로부터 사회를 방위하고 범죄인을 교화·개선함에 있다. 그러한 목적을 달성하기 위해서는 수단의 정당성이 있어야 하는데, 이는 **비례성의 원칙**에 의해 판단할 수 있다. ✹✹

2. 비례성의 원칙

① 비례성의 원칙이란 보안처분에 의한 개인의 자유에 대한 침해는 보안처분의 목적이라 할 수 있는 사회방위와 균형을 이루어야 한다는 요청이다.

② 보안처분이 정당성을 갖기 위해서는 보호 목적을 위한 보안처분의 필요성과 함께 그 필요성을 법치국가적으로 제한할 수 있는 비례성의 원칙이 있어야 한다.

③ 우리나라의 보안처분 관련법에서는 비례성의 원칙을 규정하고 있지 않다. 비례성의 원칙을 명문으로 규정함으로써 보안처분이 처벌의 연장수단으로 악용되는 것을 막고, 보호와 보장의 균형을 회복할 필요가 있다.

④ 독일 형법에서는 비례성을 ㉠ 행위자가 행한 범행의 의미, ㉡ 행위자에게 기대되는 범행의 의미, ㉢ 행위자로부터 나타나는 위험의 정도에 따라 판단한다.

⑤ 비례성의 원칙은 일정한 목적의 실현을 위해 투입한 국가수단은 그 목적달성에 **적합**하고 **필요**하며 **균형**을 이루어야 한다는 것을 내용으로 한다.

적합성	보안처분의 수단은 보안처분의 목적달성에 적합하여야 한다.
필요성	대상자의 자유침해는 필요한 최소한도에 그쳐야 한다(최소침해의 원칙).
균형성	보안처분으로 달성하려는 목적과 침해되는 법익은 균형을 이루어야 한다.

보안처분의 적용요건

1. **원인되는 범죄행위의 존재**
   보안처분에 의해 일정한 조치를 취하기 위해서는 일정한 불법행위가 전제되어야 한다. 이는 반드시 유책할 필요는 없고, 구성요건에 해당하고 위법한 행위이면 족하다.

2. **중대한 범죄행위의 예상**
   특히 자유박탈 보안처분의 경우에는 기대되는 행위가 중대한 것이어야 한다.

3. **상당한 개연성을 가진 위험성의 존재**
   행위자가 나타내는 위험성의 정도는 단순히 재범의 '가능성'만으로는 부족하고 보다 높은 '개연성'의 정도에 이르러야 한다.

01 대인적 보안처분과 대물적 보안처분

대인적 보안처분	장래의 범죄 위험성을 방지하기 위한 '사람에 대한 보안처분'이다. 현행법상 보안처분은 모두 대인적 보안처분이다. 이는 자유침해의 정도에 따라 '자유박탈 보안처분'과 '자유제한 보안처분'으로 구분된다.
대물적 보안처분	범죄에 사용될 위험이 있는 '물건에 대한 보안처분'이다. 예 몰수, 영업장 폐쇄명령, 법인의 해산명령 등

02 자유박탈 보안처분과 자유제한 보안처분

1. 자유박탈 보안처분

(1) 보호감호

구「사회보호법」의 보호감호는 동종 또는 유사한 죄로 인하여 수개의 형을 받거나 수개의 죄를 범하여 범죄 상습성이 있다고 인정되는 자에 대해 적용되는 보안처분이다. 보호감호의 집행은 형벌집행이 종료된 후에 행해졌고, 보호감호에 처해진 자를 감호시설에 수용하여 감호·교화하고 사회복귀에 필요한 직업훈련과 근로를 하게 하였다.

(2) 치료감호

2005년 「사회보호법」이 폐지되고 그 대체입법으로 「치료감호법」이 시행됨에 따라 종래의 보호감호 및 그에 따른 보호관찰은 폐지되고, 치료감호 및 그에 따른 보호관찰만이 남게 되었다. 치료감호는 심신장애자·중독자·정신성적 장애자를 치료감호 시설에 수용하여 치료를 위한 조치를 행하는 보안처분을 말한다. 현재는 「치료감호 등에 관한 법률」로 명칭이 개정되었다.

(3) 기타

사회치료 처분	정신병질자의 인격장애를 제거하기 위하여 각종 사회치료(환경요법·행동요법·작업요법 등)를 행하는 시설에 수용하는 처분이다. 이는 심신상태가 책임무능력·한정책임능력에 이르지 않으면서 사회적 위험성이 큰 경우에 치료감호처분을 부과할 수 없는 공백을 메우기 위하여 행해진다.
교정처분	알콜·마약류 사용의 습벽이 있는 자나 중독자가 명정·마취상태에서 범죄를 저질러 그 습벽을 교정할 필요가 있는 경우에 금단시설에 수용하는 것이다.
노동개선 처분	부랑자·걸인·노동기피자 등에 대해 형을 선고하면서 노역장에 수용하고 작업에 종사케 하여 근면하고 규율 있는 생활에 적응하도록 하는 것이다.
보안감호 처분	대개 사상범·상습범·누범위험성이 있는 강력범 등을 대상으로 자유형의 집행을 종료하였으나 아직 충분한 개선이 되지 않아 다시 범죄를 반복할 가능성이 있는 자를 특수한 시설에 수용하는 것이다.

3. 행형에 관한 특칙

(1) 분리주의

제63조【징역·금고의 집행】징역 또는 금고를 선고받은 소년에 대하여는 특별히 설치된 교도소(→ 소년교도소) 또는 일반 교도소 안에 특별히 분리된 장소에서 그 형을 집행한다. 다만, 소년이 형의 집행 중에 23세가 되면 일반 교도소에서 집행할 수 있다. ✿✿

형의 집행 및 수용자의 처우에 관한 법률

제12조【구분수용의 예외】③ 수형자가 소년교도소에 수용 중에 19세가 된 경우에도 교육·교화프로그램, 작업, 직업훈련 등을 실시하기 위하여 특히 필요하다고 인정되면 23세가 되기 전까지는 계속하여 수용할 수 있다.

(2) 보호처분과 형의 집행

제64조【보호처분과 형의 집행】보호처분이 계속 중일 때에 징역, 금고 또는 구류를 선고받은 소년에 대하여는 먼저 그 형을 집행한다. ✿✿

(3) 가석방의 완화

제65조【가석방】징역 또는 금고를 선고받은 소년에 대하여는 다음 각 호의 기간이 지나면 가석방을 허가할 수 있다. ✿✿
1. 무기형의 경우에는 5년
2. 15년 유기형의 경우에는 3년
3. 부정기형의 경우에는 단기의 3분의 1

제66조【가석방 기간의 종료】징역 또는 금고를 선고받은 소년이 가석방된 후 그 처분이 취소되지 아니하고 가석방 전에 집행을 받은 기간과 같은 기간이 지난 경우에는 형의 집행을 종료한 것으로 한다. 다만, 제59조의 형기(→ 15년의 유기징역) 또는 제60조 제1항에 따른 장기의 기간(→ 부정기형의 장기)이 먼저 지난 경우에는 그 때에 형의 집행을 종료한 것으로 한다. ✿✿

(4) 자격에 관한 법령의 적용

제67조【자격에 관한 법령의 적용】① 소년이었을 때 범한 죄에 의하여 형의 선고 등을 받은 자에 대하여 다음 각 호의 경우 자격에 관한 법령을 적용할 때 장래에 향하여 형의 선고를 받지 아니한 것으로 본다.
1. 형을 선고받은 자가 그 집행을 종료하거나 면제받은 경우 ✿✿
2. 형의 선고유예나 집행유예를 선고받은 경우
② 제1항에도 불구하고 형의 선고유예가 실효되거나 집행유예가 실효·취소된 때에는 그 때에 형을 선고받은 것으로 본다.

구분	성인범(「형법」 적용)	소년범(「소년법」 적용)
경과 기간	• 무기형: 20년 • 유기형: 형기의 3분의 1	• 무기형: 5년 • 15년의 유기형: 3년 • 부정기형: 단기의 3분의 1
가석방 기간	• 무기형: 10년 • 유기형: 남은 형기(10년 초과 ×)	가석방 전에 집행을 받은 기간과 같은 기간
벌금·과료 완납	필요	규정 없음
가석방 심사	가석방심사위원회	보호관찰심사위원회
보호관찰 심사	보호관찰심사위원회	보호관찰심사위원회
효과	가석방 처분이 실효 또는 취소되지 아니하고 가석방 기간을 경과한 때에는 형의 집행을 종료한 것으로 본다.	가석방 처분이 취소되지 아니하고 가석방 전에 집행을 받은 기간과 같은 기간이 지난 경우에는 형의 집행을 종료한 것으로 한다.

⚖ **판례** | 소년범으로서 처벌받은 징역형의 과거 전과 여부

「소년법」 제67조의 규정 취지 및 구 「특정범죄 가중처벌 등에 관한 법률」 제5조의4 제5항의 적용 요건인 과거 전과로서의 징역형에 '소년범'으로서 처벌받은 징역형도 포함되는지 여부(적극)

「소년법」 제67조는 "소년이었을 때 범한 죄에 의하여 형을 선고받은 자가 그 집행을 종료하거나 면제받은 경우 자격에 관한 법령을 적용할 때에는 장래에 향하여 형의 선고를 받지 아니한 것으로 본다."라고 규정하고 있는바, 위 규정은 '사람의 자격'에 관한 법령의 적용에 있어 장래에 향하여 형의 선고를 받지 아니한 것으로 본다는 취지에 불과할 뿐 전과까지 소멸한다는 것은 아니다. 따라서 「특정범죄 가중처벌 등에 관한 법률」 제5조의4 제5항을 적용하기 위한 요건으로서 요구되는 과거 전과로서의 징역형에는 소년으로서 처벌받은 징역형도 포함된다고 보아야 한다(절도죄의 소년범으로서 1회, 성인범으로서 2회 각 징역형을 선고받아 그 집행을 종료한 후 누범 기간 중에 다시 절도범행을 저지른 경우, 구 「특정범죄 가중처벌 등에 관한 법률」 제5조의4 제5항에 해당한다고 한 원심판단을 수긍한 사례)(대판 2010.4.29, 2010도973). ✔

구분	소년보호사건	소년형사사건
제재 수단	보호처분	형벌
연령 기준	10세 이상 19세 미만	14세 이상 19세 미만
대상	범죄소년·촉법소년·우범소년	범죄소년
관할	소년부(소년법원)	법원(형사법원)
심리구조	직권주의	당사자주의
재판 공개	비공개	공개
적용 법률	「소년법」	「소년법」, 「형법」, 「형사소송법」
진술거부권	인정	인정
변론	보조인, 국선보조인	필요적 변론, 국선변호인
수용시설	소년원	소년교도소

제1조【목적】 이 법은 아동·청소년 대상 성범죄의 처벌과 절차에 관한 특례를 규정하고 피해아동·청소년을 위한 구제 및 지원절차를 마련하며 아동·청소년 대상 성범죄자를 체계적으로 관리함으로써 아동·청소년을 성범죄로부터 보호하고 아동·청소년이 건강한 사회구성원으로 성장할 수 있도록 함을 목적으로 한다.

제2조【정의】 이 법에서 사용하는 용어의 뜻은 다음과 같다.

1. '아동·청소년'은 19세 미만의 자를 말한다. 다만, 19세에 도달하는 해의 1월 1일을 맞이한 자는 제외한다. 23. 경행 2차 경찰학

제20조【공소시효에 관한 특례】 ① 아동·청소년 대상 성범죄의 공소시효는 「형사소송법」 제252조 제1항(→ 시효는 범죄행위가 종료한 때로부터 진행)에도 불구하고 해당 성범죄로 피해를 당한 아동·청소년이 성년에 달한 날부터 진행한다.

② 제7조의 죄는 디엔에이(DNA)증거 등 그 죄를 증명할 수 있는 과학적인 증거가 있는 때에는 공소시효가 10년 연장된다.

③ 13세 미만의 사람 및 신체적인 또는 정신적인 장애가 있는 사람에 대하여 다음 각 호(생략)의 죄를 범한 경우에는 제1항과 제2항에도 불구하고 「형사소송법」 제249조부터 제253조까지 및 「군사법원법」 제291조부터 제295조까지에 규정된 공소시효를 적용하지 아니한다.

④ 다음 각 호의 죄를 범한 경우에는 제1항과 제2항에도 불구하고 「형사소송법」 제249조부터 제253조까지 및 「군사법원법」 제291조부터 제295조까지에 규정된 공소시효를 적용하지 아니한다.

1. 「형법」 제301조의2(강간 등 살인·치사)의 죄(강간 등 살인에 한정한다)
2. 제10조 제1항(→ 아동·청소년에 대한 강간 등 살인) 및 제11조 제1항(→ 아동·청소년성착취물의 제작·수입·수출)의 죄
3. 「성폭력범죄의 처벌 등에 관한 특례법」 제9조 제1항의 죄

제21조【형벌과 수강명령 등의 병과】 ① 법원은 아동·청소년 대상 성범죄를 범한 「소년법」 제2조의 소년에 대하여 형의 선고를 유예하는 경우에는 반드시 보호관찰을 명하여야 한다.

② 법원은 아동·청소년 대상 성범죄를 범한 자에 대하여 유죄판결을 선고하거나 약식명령을 고지하는 경우에는 500시간의 범위에서 재범예방에 필요한 수강명령 또는 성폭력 치료프로그램의 이수명령(이하 '이수명령'이라 한다)을 병과하여야 한다. 다만, 수강명령 또는 이수명령을 부과할 수 없는 특별한 사정이 있는 경우에는 그러하지 아니하다.

제25조의2【아동·청소년 대상 디지털 성범죄의 수사 특례】 ① 사법경찰관리는 다음 각 호(생략)의 어느 하나에 해당하는 범죄(이하 '디지털 성범죄'라 한다)에 대하여 신분을 비공개하고 범죄현장(정보통신망을 포함한다) 또는 범인으로 추정되는 자들에게 접근하여 범죄행위의 증거 및 자료 등을 수집(이하 '신분비공개수사'라 한다)할 수 있다. 23. 경행 2차 경찰학

② 사법경찰관리는 디지털 성범죄를 계획 또는 실행하고 있거나 실행하였다고 의심할 만한 충분한 이유가 있고, 다른 방법으로는 그 범죄의 실행을 저지하거나 범인의 체포 또는 증거의 수집이 어려운 경우에 한정하여 수사 목적을 달성하기 위하여 부득이한 때에는 다음 각 호의 행위(이하 '신분위장수사'라 한다)를 할 수 있다. 23. 경행 2차 경찰학

1. 신분을 위장하기 위한 문서, 도화 및 전자기록 등의 작성, 변경 또는 행사
2. 위장 신분을 사용한 계약·거래
3. 아동·청소년성착취물 또는 「성폭력범죄의 처벌 등에 관한 특례법」 제14조 제2항의 촬영물 또는 복제물(복제물의 복제물을 포함한다)의 소지, 판매 또는 광고

제38조【성매매 피해아동·청소년에 대한 조치 등】 ①「성매매알선 등 행위의 처벌에 관한 법률」 제21조 제1항에도 불구하고 제13조(→ 아동·청소년의 성을 사는 행위 등) 제1항의 죄의 상대방이 된 아동·청소년에 대하여는 보호를 위하여 처벌하지 아니한다.

제49조【등록정보의 공개】 ① 법원은 다음 각 호의 어느 하나(생략)에 해당하는 자에 대하여 판결로 제4항의 공개정보를 「성폭력범죄의 처벌 등에 관한 특례법」 제45조 제1항의 등록기간 동안 정보통신망을 이용하여 공개하도록 하는 명령(이하 '공개명령'이라 한다)을 등록 대상사건의 판결과 동시에 선고하여야 한다. 다만, 피고인이 아동·청소년인 경우, 그 밖에 신상정보를 공개하여서는 아니 될 특별한 사정이 있다고 판단하는 경우에는 그러하지 아니하다.

제50조【등록정보의 고지】 ① 법원은 공개 대상자 중 다음 각 호(생략)의 어느 하나에 해당하는 자에 대하여 판결로 제49조에 따른 공개명령기간 동안 제4항에 따른 고지정보를 제5항에 규정된 사람에 대하여 고지하도록 하는 명령(이하 '고지명령'이라 한다)을 등록 대상 성범죄사건의 판결과 동시에 선고하여야 한다. 다만, 피고인이 아동·청소년인 경우, 그 밖에 신상정보를 고지하여서는 아니 될 특별한 사정이 있다고 판단하는 경우에는 그러하지 아니하다.

제51조【고지명령의 집행】 ① 고지명령의 집행은 여성가족부장관이 한다.

제52조【공개명령의 집행】 ① 공개명령은 여성가족부장관이 정보통신망을 이용하여 집행한다.

제56조【아동·청소년 관련 기관 등에의 취업 제한 등】 ① 법원은 아동·청소년 대상 성범죄 또는 성인 대상 성범죄(이하 '성범죄'라 한다)로 형 또는 치료감호를 선고하는 경우에는 판결(약식명령을 포함한다. 이하 같다)로 그 형 또는 치료감호의 전부 또는 일부의 집행을 종료하거나 집행이 유예·면제된 날(벌금형을 선고받은 경우에는 그 형이 확정된 날)부터 일정기간(이하 '취업 제한기간'이라 한다) 동안 다음 각 호(생략)에 따른 시설·기관 또는 사업장(이하 '아동·청소년 관련 기관 등'이라 한다)을 운영하거나 아동·청소년 관련 기관 등에 취업 또는 사실상 노무를 제공할 수 없도록 하는 명령(이하 '취업 제한명령'이라 한다)을 성범죄사건의 판결과 동시에 선고(약식명령의 경우에는 고지)하여야 한다. 다만, 재범의 위험성이 현저히 낮은 경우, 그 밖에 취업을 제한하여서는 아니 되는 특별한 사정이 있다고 판단하는 경우에는 그러하지 아니한다.
② 제1항에 따른 취업 제한기간은 10년을 초과하지 못한다.

제61조【보호관찰】 ① 검사는 아동·청소년 대상 성범죄를 범하고 재범의 위험성이 있다고 인정되는 사람에 대하여는 형의 집행이 종료한 때부터 「보호관찰 등에 관한 법률」에 따른 보호관찰을 받도록 하는 명령(이하 '보호관찰명령'이라 한다)을 법원에 청구하여야 한다. 다만, 검사가 「전자장치 부착 등에 관한 법률」 제21조의2에 따른 보호관찰명령을 청구한 경우에는 그러하지 아니하다.

② 법원은 공소가 제기된 아동·청소년 대상 성범죄사건을 심리한 결과 보호관찰명령을 선고할 필요가 있다고 인정하는 때에는 검사에게 보호관찰명령의 청구를 요청할 수 있다.

③ 법원은 아동·청소년 대상 성범죄를 범한 사람이 금고 이상의 선고형에 해당하고 보호관찰명령 청구가 이유 있다고 인정하는 때에는 2년 이상 5년 이하의 범위에서 기간을 정하여 보호관찰명령을 병과하여 선고하여야 한다.

제62조【보호관찰 대상자의 보호관찰기간 연장 등】 ① 보호관찰 대상자가 보호관찰기간 중에 「보호관찰 등에 관한 법률」 제32조에 따른 준수사항을 위반하는 등 재범의 위험성이 증대한 경우에 법원은 보호관찰소의 장의 신청에 따른 검사의 청구로 제61조 제3항에 따른 5년을 초과하여 보호관찰의 기간을 연장할 수 있다.

단원별 지문 O X

01 바톨라스(Bartollas)와 밀러(Miller)의 소년교정모델 중 적응모형(adjustment model)에 의하면 범죄자 스스로 책임 있는 선택과 합법적 결정을 할 수 없다. 그 결과, 현실요법, 환경요법 등의 방법이 처우에 널리 이용된다. (   )

02 바톨라스(Bartollas)의 소년교정모형 중 범죄소년은 치료의 대상이지만 합리적이고 책임 있는 결정을 할 수 있다고 하면서, 현실요법·집단지도상호작용·교류분석 등의 처우를 통한 범죄소년의 사회재통합을 강조하는 입장은 범죄통제모형이다. (   )

03 바톨라스(Bartollas)의 소년교정모형 중 지금까지 소년범죄자에 대하여 시도해 온 다양한 처우모형들이 거의 실패했기 때문에 유일한 대안은 강력한 조치로서 소년범죄자에 대한 훈육과 처벌뿐이라고 보는 입장은 적응(조정)모형이다. (   )

04 바톨라스(Bartollas)의 소년교정모형 중 비행소년은 통제할 수 없는 요인에 의해서 범죄자로 결정되어졌으며, 이들은 사회적 병질자이기 때문에 처벌의 대상이 아니라 치료의 대상이라고 보는 입장은 의료모형이다. (   )

05 바톨라스(Bartollas)와 밀러(Miller)의 소년교정모델 중 범죄통제모형(crime control model)에 의하면 청소년도 자신의 행동에 대해서 책임을 져야 하므로, 청소년 범죄자에 대한 처벌을 강화하는 것만이 청소년범죄를 줄일 수 있다. (   )

06 바톨라스(Bartollas)와 밀러(Miller)의 소년교정모델 중 최소제한모형(least restrictive model)에 의하면 비행소년에 대해서 소년사법이 개입하게 되면, 이들 청소년들이 지속적으로 법을 위반할 가능성이 증대될 것이다. (   )

07 글룩 부부(S. Glueck & E. Glueck)는 비행소년들이 일반소년들보다 도전적이고 반항적이지만 외향적이고 양면가치적인 성격은 갖지 않는다고 주장한다. (   )

08 국가는 모든 국민의 보호자이며 부모가 없는 경우나, 있더라도 자녀를 보호해 줄 수 없는 경우, 국가가 나서서 대신 보호해 주어야 한다는 소년보호제도의 기본이념은 국친 사상이다. (   )

24. 간부(74)

---

01 ✕ 적응모형에서는 국친사상과 실증주의에 재통합사상을 결합하여, 범죄자는 스스로 책임 있는 선택과 합법적 결정을 할 수 있다고 보아, 현실요법·환경요법·집단지도 상호작용·교류분석·긍정적 동료문화 등의 처우기법을 활용해야 한다고 본다.

02 ✕ 적응모형은 국친사상과 실증주의에 재통합사상을 결합하여, 범죄자는 스스로 책임 있는 선택과 합법적 결정을 할 수 있다고 보고, 현실요법·환경요법·집단지도상호작용·교류분석 등의 처우기법을 활용할 것을 주장한다.

03 ✕ 범죄통제모형은 기존의 비행소년 처우모형의 실패를 비판하면서, 엄격한 훈육과 처벌만이 소년범죄를 억제하는 대안이라고 보아, 범죄자에 대한 처우가 아닌 범죄에 상응한 처벌을 중시하고, 비행소년에 대한 지역사회교정에 대해 부정적 입장이다.

04 ◯ 의료모형은 국친사상과 실증주의를 결합하여, 비행소년은 자신이 통제할 수 없는 요인(소질·환경)에 의해 범죄로 나아가게 된다고 보고, 비행소년은 처벌이 아니라 치료의 대상이며 국가는 비행소년을 대리부모로서 보호할 의무가 있다고 본다.

05 ◯ 범죄통제모형에서는 기존의 비행소년 처우모형의 실패를 비판하면서, 엄격한 훈육과 처벌만이 소년범죄를 억제하는 대안이라고 본다. 따라서 범죄자에 대한 처우가 아니라 범죄에 상응한 처벌을 중시하고, 비행소년에 대한 지역사회교정에 대해서는 부정적으로 본다.

06 ◯ 최소제한모형은 낙인이론에 근거하여 낙인의 부정적 영향, 소년교정의 비인도성 등을 이유로 형사사법기관의 개입을 최소화하자는 입장이다.

07 ✕ 글룩 부부는 비행소년들이 외향적이고 충동적이며, 자제력이 약하고 도전적이며 파괴적이며, 다른 사람들의 기대에 관심이 없고 국가기관의 권위에 대해서도 양면적인 태도를 가지고 있다고 주장한다.

08 ◯ 국친사상은 비행소년을 건전하게 육성하기 위해 국가가 처벌보다는 처우를 통해 비행원인이 되는 환경과 성행을 개선하고 필요한 교육과 복지를 제공해야 한다는 입장으로, 국가가 비행소년의 부모로서의 역할을 대신하여 수행해야 한다는 취지이다.

09 소년법원은 범죄소년은 물론이고 촉법소년, 우범소년 등 다양한 유형의 문제에 개입하여 비행의 조기발견 및 조기처우를 하고 있다. ( )

10 소년의 보호를 위하여 사후적 처벌보다는 장래에 다시 죄를 범하는 것을 예방하는 활동을 중시하는 예방주의에 비중을 두어야 한다. ( )

11 효율적 소년보호를 위해 국가는 물론이고 소년의 보호자를 비롯한 민간단체 등이 서로 협력해야 한다는 협력주의에 바탕을 둔 조치들이 필요하다. ( )

12 소년보호조치를 할 때 소년 개개인을 독립된 단위로 하여 독자적인 사건으로 취급해야 한다. ( ) 22. 간부(72)

13 비행소년의 처우는 법률전문가인 법관에 의한 분석과 검토만을 고려해서 결정해야 한다. ( ) 22. 간부(72)

14 소년보호절차에서는 객관적 판단이 중요하므로 개인적 환경 특성에 대한 판단을 최소화하고 비행사실 자체에 중점을 두어야 한다. ( ) 22. 간부(72)

15 소년범죄자에 대해서는 시설 내 처우를 우선적으로 고려하여야 한다. ( ) 22. 간부(72)

16 소년보호 이념 중 인격주의는 소년사법절차에서 소년 개인을 단위로 한 독자적 사건으로 취급해야 한다는 것이다. ( ) 23. 간부(73)

17 소년보호의 원칙 중 밀행주의와 협력주의는 절차법적 성격을 가진다. ( ) 24. 경행

18 소년범죄자에 대한 사회내처우는 소년보호의 원칙 중 보호주의 및 예방주의와 관련이 있다. ( ) 24. 경행

---

09 ○ 소년법원은 범죄소년이나 촉법소년이 다시 비행을 하지 않도록 하고, 우범소년도 대상으로 하여 처벌 위주가 아니라 범죄예방에 비중을 둔다(「소년법」 제4조 제1항 참조).

10 ○ '예방주의'란 소년법의 목적은 범행한 소년의 처벌이 아니라 이미 범행한 소년이 다시 범죄를 범하지 않도록 함에 있고, 장래에 죄를 범할 우려가 있는 우범소년도 그 대상으로 하여 범죄예방에 비중을 두어야 한다는 것으로, 「소년법」 제4조 제1항의 우범소년에 관한 규정은 예방주의를 표현하고 있다.

11 ○ 소년보호를 위해서는 보호자 및 관계기관은 물론이고 사회 전반에 걸쳐 상호부조 · 협력이 이루어져야 한다는 것이 '협력주의'이다.

12 ○ 소년보호의 원칙 중 개별주의란 소년사건에서 소년 개개인을 독립된 사건으로 취급하고 그 개별 특성을 중시하며, 소년사건의 조사에서는 대상소년의 개성 · 환경 등에 대한 정확한 규명이 필요하다는 입장이다.

13 × 소년보호의 원칙 중 과학주의란 소년의 범죄환경 및 소년에게 어떤 형벌을 얼마나 부과하는 것이 적합한가에 대한 연구가 필요하므로, 소년의 교육 · 보호에 적합한 대책을 '정신의학 · 교육학 등의 전문가의 의견'을 들어 결정해야 한다는 입장이다.

14 × 소년보호의 원칙 중 인격주의란 소년법은 교육 기능과 사법 기능을 동시에 수행해야 하므로 '객관적 비행사실만 중요시해서는 아니 되고, 소년의 인격에 내재하는 개인적 범죄특성도 함께 고려'하여야 한다.

15 × 소년사법에 있어서도 4D(비범죄화, 비시설수용, 적법절차, 전환)원칙을 적용하자는 입장에서는 대상자인 소년을 '시설에 수용하는 것에서 탈피하여 지역사회에 거주'하게 하면서 건전한 육성을 위하여 필요한 서비스를 제공하자고 주장한다(비시설수용).

16 × 소년보호의 이념 중 '개별주의'에 대한 설명이다. 인격주의는 소년법이 교육 기능과 사법 기능을 동시에 수행해야 하므로 객관적 비행사실만 중요시해서는 안 되고, 소년의 인격에 내재하는 개인적 범죄특성도 함께 고려하여야 한다는 입장이다.

17 ○ 소년보호의 원칙 중 인격주의, 보호주의, 교육주의, 예방주의는 실체법적 성격을 갖는다고 보고, 개별주의, 심문주의, 과학주의, 협력주의, 밀행주의는 절차법적 성격을 갖는다고 한다.

18 ○ 보호주의는 소년의 건전한 육성을 목적으로 하는 것을 말하고, 예방주의는 이미 범행한 소년이 다시 범죄를 범하지 않도록 하는 것을 말한다. 소년법상 보호처분 중 단기 또는 장기 보호관찰, 수강명령, 사회봉사명령 등의 사회내처우는 이러한 보호주의 및 예방주의와 관련이 있다고 본다.

19 「소년법」제24조 제2항에서 규정한 심리의 비공개는 소년보호의 원칙 중 인격주의와 관련이 있다. (　　) 24. 경행

20 소년분류심사원의 분류심사는 소년보호의 원칙 중 과학주의와 관련이 있다. (　　) 24. 경행

21 형벌 법령에 저촉되는 행위를 한 10세 이상 14세 미만인 소년도 「소년법」의 규율대상으로 하는 것은 비밀주의와 직접 관련이 있는 규정이다. (　　) 24. 간부(74)

22 검사는 소년에 대한 피의사건을 수사한 결과 보호처분에 해당하는 사유가 있다고 인정한 경우에는 사건을 관할 소년부에 송치하여야 한다. (　　)

23 소년부는 검사로부터 송치된 사건을 조사 또는 심리한 결과 그 동기와 죄질이 금고 이상의 형사처분을 할 필요가 있다고 인정할 때에는 결정으로써 해당 검찰청 검사에게 송치할 수 있다. (　　)

24 형벌법령에 저촉되는 행위를 한 10세 이상 14세 미만의 소년에 대하여 경찰서장은 직접 관할 소년부에 송치할 수 없다. (　　)

25 촉법소년과 우범소년에 해당하는 소년이 있을 때에는 경찰서장은 직접 관할 소년부에 송치하여야 한다. (　　) 24. 간부(74)

26 보호자는 형벌 법령에 저촉되는 행위를 한 10세 이상 14세 미만인 소년을 발견한 경우 이를 관할 소년부에 통고할 수 있다. (　　)

27 소년보호사건에 있어서 보호자는 소년부 판사의 허가 없이 변호사를 보조인으로 선임할 수 있다. (　　)

28 소년이 소년분류심사원에 위탁된 경우 보조인이 없을 때에는 법원은 변호사 등 적정한 자를 보조인으로 선정하여야 한다. (　　)

29 소년보호사건의 심리는 공개하지 아니한다. 다만, 중요 강력범죄의 경우에는 공개할 수 있다. (　　) 24. 간부(74)

---

19 ✕ 「소년법」제24조 제2항에서 규정한 심리의 비공개는 '밀행주의'와 관련이 있다. 밀행주의는 보호소년을 개선하여 사회생활에 적응시키고 건전하게 육성하기 위해서 문제소년을 가급적 노출시키지 않아야 한다는 것을 말한다.

20 ○ 소년보호의 원칙 중 과학주의는 「소년법」제9조와 제12조에서 표방하고 있다. 특히 「소년법」제12조에서는 전문가의 진단, '소년분류심사원의 분류심사 결과와 의견', 보호관찰소의 조사결과와 의견 등을 고려하여야 한다고 규정하고 있다.

21 ✕ 소년보호의 원칙 중 비밀주의(밀행주의)란 보호소년을 개선하여 사회생활에 적응시키고 건전하게 육성하기 위해서 문제소년을 가급적 노출시키지 않아야 한다는 것을 의미한다. 소년보호의 원칙 중 예방주의에 의하면 소년법의 목적은 범행한 소년의 처벌이 아니라 이미 범행한 소년(범죄소년, 촉법소년)이 다시 범죄를 범하지 않도록 함에 있으므로, 촉법소년(형벌 법령에 저촉되는 행위를 한 10세 이상 14세 미만인 소년)도 소년법의 규율대상으로 하는 것은 바로 '예방주의'와 관련이 있다.

22 ○ 「소년법」제49조 제1항

23 ○ 「소년법」제49조 제2항

24 ✕ 형벌법령에 저촉되는 행위를 한 10세 이상 14세 미만의 소년은 촉법소년이고(「소년법」제4조 제1항 제2호), 촉법소년이 있을 때에는 경찰서장은 직접 관할 소년부에 송치하여야 한다(동법 제4조 제2항).

25 ○ 「소년법」제4조 제2항

26 ○ 형벌 법령에 저촉되는 행위를 한 10세 이상 14세 미만인 소년은 '촉법소년'이고, 이를 발견한 보호자 등은 관할 소년부에 통고할 수 있다(「소년법」제4조 제3항).

27 ○ 「소년법」제17조 제1항·제2항

28 ○ 「소년법」제17조의2 제1항

29 ✕ 소년보호사건의 심리는 공개하지 아니하나, 소년부 판사는 적당하다고 인정하는 자에게 참석을 허가할 수 있다(「소년법」제24조 제2항).

30 소년 보호사건의 기록과 증거물은 소년부 판사의 허가를 받은 경우에만 열람하거나 등사할 수 있으며, 보조인이 심리 개시 결정 후에 소년 보호사건의 기록과 증거물을 열람하는 경우에 소년부 판사의 허가를 받아야 한다. (　　) 24. 간부(74)

31 소년에 대하여 단기 보호관찰 처분을 하는 경우 「아동복지법」에 따른 아동복지시설이나 그 밖의 소년보호시설에 감호 위탁 또는 1개월 이내의 소년원 송치 처분을 병합할 수 있다. (　　)

32 소년법상 보호처분 중 보호관찰관의 장기보호관찰과 1개월 이내의 소년원 송치는 병합할 수 있다. (　　)

33 수강명령 및 사회봉사명령은 단기 보호관찰처분 또는 장기 보호관찰처분과 병합할 수 있다. (　　)

34 수강명령과 사회봉사명령은 14세 이상의 소년에게만 할 수 있다. (　　)

35 법원은 과거 「소년법」에 의한 보호처분을 받은 사실을 범죄의 상습성 인정 자료로 삼을 수 있다. (　　)

36 소년에게 단기 보호관찰 처분을 할 때에는 3개월 이내의 기간을 정하여 「보호소년 등의 처우에 관한 법률」에 따른 대안교육 또는 소년의 상담·선도·교화와 관련된 단체나 시설에서의 상담·교육을 받을 것을 동시에 명할 수 있다. (　　)

37 보호관찰관의 단기 보호관찰과 장기 보호관찰 처분시에는 2년 이내의 기간을 정하여 야간 등 특정 시간대의 외출을 제한하는 명령을 보호관찰대상자의 준수 사항으로 부과할 수 있다. (　　)

38 「소년법」상 소년부 판사는 가정상황 등을 고려하여 필요하다고 판단되면 보호자에게 소년원·소년분류심사원 또는 보호관찰소 등에서 실시하는 소년의 보호를 위한 특별교육을 받을 것을 명할 수 있다. (　　)

39 「아동복지법」에 따른 아동복지시설이나 그 밖의 소년보호시설 위탁감호처분 기간은 6개월로 하되, 6개월의 범위에서 한 번에 한하여 그 기간을 연장할 수 있다. (　　)

40 보호관찰관의 장기 보호관찰기간은 2년으로 한다. 다만, 소년부 판사는 보호관찰관의 신청에 따라 결정으로써 1년의 범위에서 한 번에 한하여 그 기간을 연장할 수 있다. (　　)

---

30 × 　보조인이 심리 개시 결정 후에 소년 보호사건의 기록과 증거물을 열람하는 경우에는 소년부 판사의 허가를 받지 아니하여도 된다 (「소년법」 제30조의2 단서).

31 × 　단기 보호관찰 처분(제4호 처분)을 하는 경우에 1개월 이내의 소년원 송치 처분(제8호 처분)은 병합할 수 없다(「소년법」 제32조 제2항).

32 ○ 　장기 보호관찰(제5호 처분)과 1개월 이내의 소년원 송치(제8호 처분)은 병합할 수 있다(「소년법」 제32조 제2항 제5호).

33 ○ 　수강명령(2호), 사회봉사명령(3호)은 단기 보호관찰(4호) 또는 장기 보호관찰(5호)과 병합할 수 있다(「소년법」 제32조 제2항 제1호·제2호).

34 × 　수강명령(2호 처분)은 '12세' 이상의 소년에게만 할 수 있고, 사회봉사명령(3호 처분)은 14세 이상의 소년에게만 할 수 있다(「소년법」 제32조 제3항·제4항)

35 ○ 　소년법 제1조나 제32조 제5항의 규정이 있다 하여 보호처분을 받은 사실을 상습성 인정의 자료로 삼을 수 없는 것은 아니다(대판 1989.12.12, 89도2097).

36 ○ 　「소년법」 제32조의2 제1항

37 × 　'1년 이내'의 기간을 정하여 야간 등 특정 시간대의 외출을 제한하는 명령을 보호관찰대상자의 준수 사항으로 부과할 수 있다(「소년법」 제32조의2 제2항).

38 ○ 　「소년법」 제32조의2 제3항 참조

39 ○ 　「소년법」 제33조 제1항

40 ○ 　「소년법」 제33조 제3항

41 최대 200시간을 초과하지 않는 범위 내에서 수강명령처분을 결정할 수 있다. (　　　)

42 단기로 소년원에 송치된 소년의 보호기간은 6개월을, 장기로 소년원에 송치된 소년의 보호기간은 2년을 초과하지 못한다.
(　　　)

43 검사는 소년피의사건에 대해 소년부송치, 공소제기 등의 처분을 결정하기 위하여 필요하다고 인정하면 피의자의 주거지 또는 검찰청 소재지를 관할하는 보호관찰소의 장 등에게 피의자의 품행, 생활환경 등에 관한 조사를 요구할 수 있다. (　　　)

44 검사는 피의자에 대하여 범죄예방자원봉사위원의 선도를 받게 하고 피의사건에 대한 공소를 제기하지 아니할 수 있다. 이 경우 소년과 소년의 친권자 · 후견인 등 법정대리인의 동의를 받아야 한다. (　　　)

45 소년에 대한 구속영장은 부득이한 경우가 아니면 발부할 수 없다. (　　　)

46 죄를 범할 당시 19세 미만인 소년에 대하여 사형 또는 무기형으로 처할 경우에는 15년의 유기징역으로 한다. (　　　)

47 소년이 법정형으로 장기 2년 이상의 유기형에 해당하는 죄를 범한 경우에는 그 형의 범위에서 장기와 단기를 정하여 선고한다. 다만, 장기는 5년, 단기는 3년을 초과하지 못한다. (　　　)

48 형의 집행유예를 선고하면서 부정기형을 선고할 수 있다. (　　　)

49 소년에 대한 부정기형을 집행하는 기관의 장은 형의 단기가 지난 소년범의 행형 성적이 양호하고 교정의 목적을 달성하였다고 인정되는 경우, 관할 소년부 판사의 지휘에 따라 그 형의 집행을 종료시킬 수 있다. (　　　)

50 18세 미만인 소년에게는 노역장유치를 선고할 수 없다. (　　　)

51 징역 또는 금고를 선고받은 소년에 대하여는 특별히 설치된 교도소 또는 일반 교도소 안에 특별히 분리된 장소에서 그 형을 집행한다. 다만, 소년이 형의 집행 중에 19세가 되면 일반 교도소에서 집행할 수 있다. (　　　)

52 15년의 유기징역을 선고받은 소년 丁의 경우 성인범죄자의 경우와 같이 5년이 지나야 가석방을 허가할 수 있다. (　　　)

---

41 ✕　수강명령은 '100시간'을 초과할 수 없고, 사회봉사명령은 200시간을 초과할 수 없다(「소년법」 제33조 제4항).

42 ○　「소년법」 제33조 제5항 · 제6항

43 ○　「소년법」 제49조의2 제1항

44 ○　「소년법」 제49조의3 제1호

45 ○　「소년법」 제55조 제1항

46 ✕　죄를 범할 당시 '18세' 미만인 소년에 대하여 사형 또는 무기형으로 처할 경우에는 15년의 유기징역으로 한다(「소년법」 제59조).

47 ✕　장기는 '10년', 단기는 '5년'을 초과하지 못한다(「소년법」 제60조 제1항).

48 ✕　형의 집행유예나 선고유예를 선고할 때에는 상대적 부정기형을 선고하지 못한다(「소년법」 제60조 제1항 · 제3항).

49 ✕　'관할 검찰청 검사의 지휘'에 따라 그 형의 집행을 종료시킬 수 있다(「소년법」 제60조 제4항 참조).

50 ○　「소년법」 제62조

51 ✕　형의 집행 중에 '23세'가 되면 일반 교도소에서 집행할 수 있다(「소년법」 제63조).

52 ✕　'3년'이 지나면 가석방을 허가할 수 있다(「소년법」 제65조 제2호).

police.Hackers.com

제7장 / 교정론

제1절 교정의 의의와 이념

01 개념

교정(矯正)이란 반사회적·반규범적 행위를 한 범죄자의 일탈된 성격·행동 등을 바로 잡아 건전한 사회인으로 복귀(재사회화)시키는 일체의 활동이다.

02 범위

구분	대상	법적 규율
최협의	자유형(징역·금고·구류) 수형자, 노역장유치 명령을 받은 사람	「형의 집행 및 수용자의 처우에 관한 법률」상 수형자
협의	최협의 + 미결수용자, 사형확정자, 기타 수용자	형집행법상 수용자
광의	협의 + 자유박탈적 수용처분의 대상자	형집행법, 「치료감호 등에 관한 법률」, 「보호소년 등의 처우에 관한 법률」
최광의	광의 + 사회 내 처우의 대상자(보호관찰·갱생보호 등)	형집행법, 「치료감호 등에 관한 법률」, 「보호소년 등의 처우에 관한 법률」, 「보호관찰 등에 관한 법률」 등

03 교정의 이념과 목적

1. 응보형주의

형벌의 목적을 응보로 이해하여, 행형의 본질적 목적은 <u>자유의 박탈</u>이라고 본다. ✯✯

2. 목적형주의

형벌은 그 자체가 목적이 아니라, 범죄인을 사회에서 격리시켜 사회의 안전을 유지하고 범죄자를 보호 및 <u>교화개선(재사회화)하는 수단</u>이라고 본다. ✯

3. 교육형주의

형벌을 통한 범죄인의 자유박탈과 사회로부터의 격리는 <u>교육을 위한 수단</u>이라고 본다. ✯✯

04 처벌의 정당성

1. 처벌의 목적

응보	범죄에 대한 도덕적 평가로서, 범죄에 상응한 처벌을 의미한다.
공리	범죄를 처벌함으로써 일정한 가치(목적)를 추구하는 것을 의미한다. 예 일반제지 · 특별제지, 교화개선, 무능력화

2. 공리적 목적에 의한 처벌이론

(1) 제지(억제, Deterrence)

① 인간은 합리적 · 이성적 존재이므로, 처벌을 강화하면 두려움 · 공포에 의해 범죄동기가 억제되고 범죄는 감소한다는 입장이다.

② 범죄억제의 요소로서, **처벌의 확실성 · 엄중성 · 신속성**을 제시한다. ☆

③ **일반제지와 특별제지**

일반제지	범죄자에 대한 처벌을 통해 일반시민이 범죄비용을 인식하게 하여 일반시민의 범죄를 줄이는 것
특별제지	형벌을 통해 범죄자의 처벌에 대한 민감성을 자극하여 범죄자의 재범을 줄이는 것

(2) 교화개선(Rehabilitation)

① 범죄의 원인은 개인적 차원(소질)뿐만 아니라 사회적 원인(환경)에도 있다고 보아, 형의 집행을 통해 범죄자를 건전한 사회인으로 변화시켜 사회에 복귀(재사회화)시키는 것이 교정의 목적이라는 입장이다. ☆☆

② 범죄자의 교화개선뿐만 아니라 동시에 지역사회의 변화를 강조하는 재통합모형이 새로운 교화개선의 모형으로 강조된다.

③ 자유박탈에 의한 자유의 교육은 모순이라는 비판, 국가형벌권을 자의적으로 확장할 위험성에 대한 우려, 범죄자가 사회규범에 적응하도록 강제로 교육하는 것은 인간의 존엄에 반한다는 비판 등이 제기된다. ☆

(3) 무능력화(무력화, Incapacitation)

① **의의**

㉠ 무능력화란 **현대적 고전주의**의 입장에서 범죄방지 및 피해자보호를 위해 범죄성이 강한 자들을 추방 · 구금 · 사형에 처함으로써 범죄가능성을 원천봉쇄하자는 주장이다. ☆

㉡ 무능력화는 응보와 달리 미래지향적이고, 일반제지와 달리 범죄자의 특성에 기초하며, 목적형 · 교육형주의와 달리 범죄로부터 사회방위에 목적을 두고 있다는 점에 특징이 있다.

㉢ 무능력화는 대상자에 따라 **집합적 무능력화**와 **선별적 무능력화**로 분류할 수 있다.

② **집합적 무능력화** ✄✄
  ㉠ 집합적 무능력화란 **모든 강력범죄자(집단)**를 장기간 구금함으로써 범죄의 예방을 추구하는 방안이다.
  ㉡ 가석방의 요건 강화, 정기형제도에서 강제양형제도의 시행, 선시제도의 기준 강화 등을 통해 강력범죄자의 석방시기를 지연시키는 것도 포함된다.

③ **선별적 무능력화** ✄✄
  ㉠ 선별적 무능력화란 **소수의 중·누범자(개인)**들이 대부분의 강력범죄를 저지른다는 전제(재범위험성이 높다고 판단)에서 이들을 장기간 구금하여 범죄의 감소를 추구하는 방안이다(P. Greenwood).
  ㉡ 재범의 위험성이 높은 강력범죄자에 대한 부정기형의 시행도 포함된다.
  ㉢ 장·단점

장점	단점
ⓐ 중·누범자들의 장기간 구금을 통해 범죄를 감소시킬 수 있다. ⓑ 교정시설의 과밀수용 현상을 해소할 수 있다. ⓒ 경미범죄자나 재범위험성이 낮은 범죄자의 사회 내 처우를 확대시킨다. ⓓ 집합적 무능력화에 비해 교정 예산의 절감에 도움이 된다.	ⓐ 중·누범자들이 구금된 빈자리를 다른 범죄자들이 대신하는 경우에는 범죄감소 효과를 기대하기 어렵다(범죄자 대체효과를 야기). ⓑ 범죄위험성의 판단 기준을 과거의 범죄전력에 두어 대상자를 선별한다. ⓒ 잘못된 긍정 또는 잘못된 부정의 문제를 야기할 우려가 있다.

④ **무능력화와 범죄예측**
  ㉠ 선별적 무능력화의 가장 중요한 문제는 대상자의 선별에 있다.
  ㉡ 이는 범죄예측을 통해 행해지므로, **잘못된 긍정**(False Positive) 또는 **잘못된 부정**(False Negative)의 문제가 야기될 수 있다. ✄

구분	잘못된 긍정(False Positive)	잘못된 부정(False Negative)
내용	차후 범죄가 있을 것이라고 예측하였지만 실제로는 그렇지 않은 경우	차후 범죄가 없을 것이라고 예측하였지만 실제로 범죄를 저지른 경우
피해발생	개인의 인권 침해	사회와 구성원의 피해

1. 개관

수용자의 사회복귀(재사회화)를 실현하기 위한 처우모델에는 그 모델이 어떠한 이념에 의하는가에 따라 여러 형태가 있으며, 대표적으로 구금모델, 의료모델, 개선모델, 재통합모델, 정의모델 5가지로 나눌 수 있다. 22. 경간(72)

처벌을 위한 교정	구금모델
교화개선을 위한 교정	의료모델·개선모델·재통합모델
사법정의를 위한 교정	정의모델

2. 처벌을 위한 교정 - 구금모델

(1) 응보형사상을 전제로 하고, 고전주의학파의 자유의사론(비결정론)에 입각하여 **정기형주의를 강조**하는 입장이다.

(2) 교정시설의 보안·훈육·질서유지를 위한 행동규제를 강조하고, 수용자는 **응보·제지·무능력화를 위하여 구금**된다고 본다.

(3) 1970년대 이후에는 정의모델로 발전하였다.

(4) **비인간적이고 불공정한 처우가 될 우려**가 있고, 사회복귀를 위한 처우모델로는 부적합하다는 단점이 있다.

3. 교화개선을 위한 교정

(1) 의료모델(치료모델, 갱생모델)

① 실증주의학파의 결정론적 관점에서 1920년대 말과 1930년대 초에 미국 교정국 등의 주도로 발전한 모델로서 범죄자를 인격이나 사회화에 결함이 있는 환자로 보아 처벌보다는 치료(처우)의 대상으로 보는 입장이다(F. Allen). ✔

② 처벌은 범죄자 문제를 해결하는 데 전혀 도움이 되지 않고, 오히려 범죄자의 부정적 관념을 강화시킬 수 있으므로 범죄자를 치료할 수 있는 치료 프로그램을 개발하고 적용하는 것이 필요하다고 주장한다.

③ 수용자에 대한 **처우를 강제적으로 실시**하고, 교정시설에 광범위한 재량권을 부여한다.

④ 판결 전 조사제도를 중시하며, 미국 **부정기형의 이론적 기초**가 되었다. ✔

⑤ 치료효과의 측정이 어렵고, 수용자가 단순히 치료의 객체로 취급되기 쉬워 **인권침해의 우려**가 있다는 비판을 받는다.

(2) 개선모델(경제모델, 적응모델)

① 교육형사상 및 실증주의에 기초하여, 범죄인의 교화·개선을 통한 범죄방지에 목적을 두고 종교교회·상담·직업훈련 등을 통한 수용자의 사회복귀를 도모하는 입장이다. ✔

② 범죄인을 처벌의 대상이 아닌 처우의 대상으로 보고, **부정기형을 인정**한다.

③ 의료모형과 같이 범죄자를 환자로 보아 처우를 행해야 한다고 보지만, 의료모형과 달리 범죄자도 자신의 **행위에 대해 책임**을 질 수 있고 **준법 여부에 대한 의사결정능력**이 있는 자라고 본다.

④ 범죄인의 사회적응에 중점을 두어 수형자자치제에 의한 보충적 운영을 강조하고, **지나친 시설 내 처우의 이용을 반대**한다.

⑤ 시설 내 처우의 경우에 교정처우기법으로는 현실요법, 교류분석, 집단지도상호작용, 환경요법, 요법처우공동체, 행동수정 등을 활용한다.

⑥ 개선의 정도를 파악하기 어렵고, **시설 내 처우를 통한 개선효과에 한계가 있다**는 비판을 받는다.

(3) 재통합모델

① 구금의 부정적 요인을 최소화하면서 지역사회에 재적응할 수 있도록 하는 모델이다.

② **범죄자의 교화개선** 외에 범죄를 유발하는 **사회의 변화도** 수반되어야 하며, 사회와 범죄자가 통합되어야 범죄문제는 해결될 수 있다고 본다. 22. 경행

③ **지역사회와의 유대관계를 중시**하고, **지역사회에 기초한 교정을 강조**한다. 22. 경행

④ **수용자의 주체성과 자율성을 인정하여 수용자의 동의와 참여하에 처우 프로그램을 결정**한다. ✄

⑤ 과학적 처우기법 및 사회적 처우와 사회 내 처우의 확대가 필요하다(예 귀휴, 외부통근 등).

⑥ 지역사회의 협조 및 교정에 대한 인식 변화가 없으면 효과를 거두기 어렵다.

4. 사법정의를 위한 교정 – 정의모델(사법 · 공정모델) ✄

(1) 극단적인 개선모델이나 의료모델에 의해 야기되는 인권침해의 문제를 고려하고 응보의 측면을 강조하여 등장한 것으로서 **범죄인의 법적 권리보장, 처우의 공정성 확보** 및 **사법정의의 실현**에 중점을 두는 입장이다(D. Fogel). ✄

(2) 자유의사를 존중하는 **현대적 고전주의**의 접근방법으로, 수용자의 개선보다 교정제도의 개선을 강조한다(적법절차의 강조). ✄

(3) 부정기형과 가석방제도를 폐지하고 **정기형으로 복귀** 및 선시제도의 채택, 법관의 재량권 제한, 미결구금일수의 형기산입, 수형자자치제의 확대, 옴부즈만제도의 채택, **교도소 처우의 공개** 등을 주장한다.

(4) **응보형주의로 회귀할 우려가 있고**, 범죄자의 교화개선을 경시하는 경향이 있다는 비판을 받는다.

강경책	마약과의 전쟁, 정기형의 복귀, 부정기형 및 가석방의 제한, 삼진법의 도입, 강제양형제도, 법관의 재량권을 축소하는 양형지침
수용인원 조절	선별적 무능력화, 선시제도(적용요건은 강화)
인권보장	민원조사관제, 범죄자의 피해자에 대한 배상, 교도소 처우의 공개, 교정시설의 소규모화, 수형자자치제의 확대, 미결구금일수의 형기산입

제3절 수용자 구금제도

01 서론

1. 분류

구금제도에는 여러 수형자를 동일한 거실 또는 작업장에서 함께 생활하게 하는 혼거제와 수형자를 혼자 구금하는 독거제가 있다.

2. 발달순서

(1) '혼거제'는 가장 오래된 구금방식으로서, 존 하워드(J. Howard)가 혼거제의 폐단을 지적하면서 '독거제'를 주장하고 여기에 종교적 참회사상이 결부되면서 엄정독거제인 '펜실베니아제'가 창안되었다. 이후 엄정독거로 인한 구금성 정신질환 등의 부작용이 나타나자 이를 완화한 '오번제'가 등장하게 되었다.

(2) 펜실베니아제(Pennylvania System)란 절대침묵과 정숙을 유지하며 **주·야간 구분 없이 엄정한 독거수용**을 통해 회오·반성하는 것을 목적으로 하는 구금방식이다(엄정독거제, 분방제, 필라델피아제).

(3) 오번제(Auburn System)란 **엄정독거제의 결점을 보완**하고 **혼거제의 폐해를 제거**하기 위한 목적으로 고안된 것으로서, **야간에는 독거구금**하고 주간에는 **침묵상태에서 혼거작업을 실시**하는 구금방식이다(침묵제, 완화독거제, 교담금지제). 24. 간부(74)

02 독거제와 혼거제의 장·단점

구분	독거제	혼거제
장점	① 반성 및 참회의 기회를 부여 ② 악풍감염 예방 및 전염병 예방에 유리 ③ 수형자의 개별처우에 유리 ④ 수형자의 명예와 감정 보호에 유리 ⑤ 증거인멸 및 공모 방지에 유리 ⑥ 감시·감독 및 질서유지에 편리 ⑦ 도주 방지에 유리	① 수용자의 심신단련에 유리 ② 교정비용이 절감(건축비, 인건비 등) ③ 시설관리가 편리 ④ 형벌집행의 통일성 유지 ⑤ 사회적 훈련이 용이 ⑥ 자살 등 교정사고의 방지에 유리
단점	① 인간의 사회성 무시 ② 집단교육훈련 등 사회적 훈련에 부적합 ③ 신체적·정신적 장애의 우려 ④ 자살사고의 방지 곤란 ⑤ 다수의 감시·감독 필요 ⑥ 교정비용의 과다 소요	① 수용자 간 갈등의 우려 ② 악풍감염의 우려 ③ 개별처우의 곤란 ④ 출소 후 공모범죄 가능 ⑤ 감시·감독 및 질서유지에 곤란 ⑥ 비위생적이고 방역이 곤란

03 독거수용의 원칙과 혼거수용의 예외

「형의 집행 및 수용자의 처우에 관한 법률」은 **독거제를 원칙**으로 하면서, **예외적으로 혼거수용이 가능함**을 규정하고 있다. 24. 간부(74)

형집행법

제14조 【독거수용】 수용자는 독거수용한다. 다만, 다음 각 호의 어느 하나에 해당하는 사유가 있으면 혼거수용할 수 있다. ✔
1. 독거실 **부족** 등 시설여건이 충분하지 아니한 때
2. 수용자의 생명 또는 신체의 **보호**, 정서적 **안정**을 위하여 필요한 때
3. 수형자의 **교화** 또는 건전한 **사회복귀**를 위하여 필요한 때

제4절 사회적 처우(개방처우)

01 사회적 처우의 의의

(1) 사회적 처우란 <u>시설 내 처우를 기반</u>으로 <u>격리와 계호를 완화</u>하여 사회와 접촉하고 교류하는 것을 확대시켜 수형자의 사회복귀를 용이하게 하는 것으로, **시설 내 처우와 사회 내 처우의 결합형태**로 볼 수 있다(**개방처우** 또는 중간처우). ✔

(2) 오늘날은 교정시설의 과밀수용, 시설 내 처우로 인한 악풍감염 및 사회적응의 곤란, 낙인효과 등으로 인해 시설 내 처우에서 사회 내 처우로 전환되는 추세이다. 이러한 시대적 요청에 의해 범죄자에 대한 처우도 시설 내 처우의 사회화를 추구하고 있다.

(3) 사회적 처우에는 귀휴, 외부 통근작업, 외부 통학, 주말구금, 사회견학, 가족 만남의 집, 가족 만남의 날, 보스탈제도, 중간처우소 등이 있다. 24. 경행

02 사회적 처우의 장·단점

장점	단점
① <u>형벌의 인도화</u>, <u>사회복귀능력의 향상</u>에 기여할 수 있다. ✔	① <u>일반국민의 법감정에 위배</u>될 수 있다. 24. 경행
② 규율 위반에 따른 처벌의 필요성이 감소한다.	② 외부와의 부정한 접촉의 우려, <u>도주의 우려</u>가 있다.
③ 구금의 완화로 <u>단기자유형의 폐해</u>를 일부 해소할 수 있다.	③ 사회의 안전을 강조하여 수용의 필요성이 없는 자를 대상자로 포함함으로써 <u>형사사법망의 확대</u>를 초래할 수 있다.
④ <u>교정비용의 절약</u>의 효과가 있다.	
⑤ 재범 방지, 갱생의욕의 고취, <u>처우의 다양화</u>에 기여한다. 24. 경행	
⑥ <u>가족과의 유대가 지속</u>될 수 있다. 24. 경행	

03 사회적 처우의 종류

1. 귀휴제도

(1) 의의

① 귀휴제도란 행형 성적이 양호하고 도주의 위험성이 없는 <u>수형자</u>(미결수용자는 대상 아님)에게 <u>외출·외박</u>을 허용하는 제도이다. 24. 간부(74)

② 귀휴제도는 **장기수용의 부작용을 방지**하고 **사회적 연계의 유지** 및 **재사회화의 보충**을 위해 실시한다.

③ 귀휴제도는 형의 집행을 정지시키지 않는 점에서(법 제77조 제4항), 형의 집행 정지와 구별된다. ✦

(2) 목적

① <u>가</u>족 간의 유대를 강화하고 지역사회와 연계로 사회적응력을 배양함에 도움이 된다. 24. 간부(74)

② <u>가</u>족 및 사회복귀에 대한 불안감을 제거하여 안정된 수용생활을 도모한다.

③ <u>입</u>소 전의 직업이나 사업에 대한 구제가 가능하고, 교화개선을 촉진한다.

④ <u>귀</u>휴를 통해 가석방 대상자를 선별하고 석방시기를 판단하는 자료를 획득할 수 있다.

(3) 「형의 집행 및 수용자의 처우에 관한 법률」상 귀휴제도

> **형집행법**
>
> 제77조【귀휴】① 소장은 <u>6개월 이상 형을 집행받은 수형자</u>로서 그 형기의 3분의 1(21년 이상의 유기형 또는 무기형의 경우에는 7년)이 지나고 <u>교정 성적이 우수</u>한 사람이 다음 각 호의 어느 하나에 해당하면 <u>1년 중 20일 이내의 귀휴</u>(→ 일반귀휴)를 <u>허가할 수 있다.</u> ✦
>
> 1. 가족 또는 배우자의 직계존속이 <u>위독</u>한 때 ✦
> 2. 질병이나 사고로 외부 의료시설에의 <u>입원</u>이 필요한 때
> 3. 천재지변이나 그 밖의 재해로 가족, 배우자의 직계존속 또는 수형자 본인에게 회복할 수 없는 <u>중대한 재산상의 손해</u>가 발생하였거나 발생할 우려가 있는 때
> 4. 그 밖에 교화 또는 건전한 사회복귀를 위하여 <u>법무부령</u>으로 정하는 사유가 있는 때
>
> ② <u>소장</u>은 다음 각 호의 어느 하나에 해당하는 사유가 있는 수형자에 대하여는 <u>제1항에도 불구하고 5일 이내의 특별귀휴</u>를 허가할 수 있다. ✦
>
> 1. <u>가족 또는 배우자의 직계존속이 사망</u>한 때
> 2. <u>직계비속의 혼례</u>가 있는 때
>
> ③ 소장은 귀휴를 허가하는 경우에 법무부령으로 정하는 바에 따라 <u>거소의 제한</u>이나 그 밖에 <u>필요한 조건</u>을 붙일 수 있다.
>
> ④ 제1항(→ <u>일반귀휴</u>) 및 제2항(→ <u>특별귀휴</u>)의 <u>귀휴기간은 형 집행기간에 포함</u>한다. 24. 간부(74)

2. 외부 통근제도

(1) 의의

외부 통근제도란 교정 성적이 우수한 수형자를 대상으로 주간에는 교정시설 밖의
직장에 통근하게 하고, 야간과 휴일에는 교정시설 내에서 생활하게 하는 제도를
말한다(주간가석방제, 반자유제, 반구금제).

(2) 유형

사법형 외부 통근제	① 법원이 형벌의 일종으로 외부 통근형을 선고하여 실시하는 제도 이다. ② 미국에서 주로 직업이 있는 경범죄자와 단기수형자를 대상으로 하며, 본인이 희망하면 법원이 보호관찰관에게 조사하도록 하여 적합하다고 판단되면 통근형을 선고한다.
행정형 외부 통근제	① 교도소 또는 가석방위원회 등의 행정기관에 의해 석방 전 교육 및 사회복귀능력 향상의 일환으로 시행하는 제도이다. ② 유럽에서 주로 장기수형자를 대상으로 사회복귀준비의 일환으로 실시하였으며, 점차 적용 대상이 확대되어 단기수형자에게 수용 초기부터 실시하기도 하였다. ③ 우리나라에서는 행정형 외부 통근제를 채택하여 실시하고 있다.
혼합형 외부 통근제	① 사법형 외부 통근제와 행정형 외부 통근제의 혼합형태이다. ② 법원이 통근형을 선고하고, 가석방위원회 등의 허가를 얻어 외부 통근을 실시하는 형태로 시행된다.

(3) 「형의 집행 및 수용자의 처우에 관한 법률」상 외부 통근제도

> **형집행법**
>
> 제68조【외부 통근작업 등】① 소장은 수형자의 건전한 사회복귀와 기술습득을 촉
> 진하기 위하여 필요하면 외부 기업체 등에 통근작업하게 하거나 교정시설의 안
> 에 설치된 외부 기업체의 작업장에서 작업하게 할 수 있다.

3. 기타 사회적 처우

(1) 주말구금제도

① 주말구금제도란 단기자유형의 분할집행방법으로 평일에는 형을 집행하지 않고
주말(토·일요일)에만 형을 집행하는 것을 말한다.

② 독일의 소년법원법에서 단기자유형의 폐해를 제거하기 위해 소년구금의 형태
로 규정한 휴일구금에서 유래한다.

③ 현재 프랑스·벨기에 등 일부 국가에서 실시하고 있으나, 우리나라에서는 주
말구금제도를 시행하고 있지 않다.

장점	단점
㉠ 경범죄자의 명예 감정을 자각시켜 범행에 대한 반성을 촉구한다. ㉡ 단기자유형의 폐해를 제거하고, 자유형의 순화에 기여한다. ㉢ 직장생활 및 가족과의 유대관계를 지속할 수 있다. ㉣ 경제활동을 통해 피해자에 대한 손해배상에 유리하다.	㉠ 도주우려자 및 장기수형자에게 부적합하다. ㉡ 구금 장소가 원거리인 경우 집행이 곤란하여 대상자의 범위가 한정된다. ㉢ 엄정한 법집행을 요구하는 일반국민의 법감정에 부적합하다.

(2) 보스탈제도

① 보스탈제도(Borstal System)란 범죄소년을 구금하여 직업훈련, 학과교육, 개방처우, 수용자 간의 토의 등을 중시하여 시행한 소년교정시설(소년원·소년교도소)의 선구적 모델을 말한다. 24. 경행

② 1897년 영국의 브라이스(R. Brise)가 16~21세의 범죄소년을 보스탈교도소에 수용하면서 시작되었다.

③ 1922년 피터슨(A. Peterson)이 보스탈교도소의 책임자가 되어 엄격한 군대식 훈련방법으로 소그룹(15명 정도)별로 개별 지도하는 방법으로 개선되었다.

(3) 사회견학 등

형집행법

제57조【처우】⑤ 수형자는 교화 또는 건전한 사회복귀를 위하여 교정시설 밖의 적당한 장소에서 봉사활동·견학, 그 밖에 사회적응에 필요한 처우를 받을 수 있다.

(4) 외부 통학제도

형집행법

제63조【교육】③ 소장은 제1항 및 제2항에 따른 교육을 위하여 필요하면 수형자를 중간처우를 위한 전담교정시설에 수용하여 다음 각 호의 조치를 할 수 있다. ✔
1. 외부 교육기관에의 통학
2. 외부 교육기관에서의 위탁교육

단원별 지문 O X

01 집합적 무력화(collective incapacitation)는 과학적 방법을 활용하여 재범의 위험성이 높은 것으로 판단되는 개인을 구금하기 위해서 활용되고 있다. (   )

02 범죄자를 건설적이고 법을 준수하는 방향으로 전환시키기 위해 범죄자를 구금하는 것을 교정의 교화개선(rehabilitation)적 목적이라고 할 수 있다. (   )

03 무력화(incapacitation)는 범죄자가 구금기간 동안 범행할 수 없도록 범행의 능력을 무력화시키는 것을 의미한다. (   )

04 교화개선모형에 의하면 범죄자의 형기는 범죄행위에 대한 것이 아니라 범죄자를 교화개선시키는 데 요구되는 시간이 되어야 한다. (   )

05 범죄인처우모델(교정처우모델) 중 교화개선을 위한 모델로는 ㉠ 의료모델(치료모델), ㉡ 정의모델(공정모델), ㉢ 재사회화모델(재통합모델)이 있다. (   )

22. 간부(72)

06 의료모형(medical model)은 1920년대 말과 1930년대 초에 미국 교정국 등의 주도하에 발전한 모델로 범죄 원인은 개인에게 있으므로 진단하고 치료할 수 있다고 본다. (   )

07 적응모형(adjustment model)의 처우기법은 주로 지역사회에 기초한 사회복귀프로그램이다. (   )

---

01 ✕ 집합적 무력화(무능력화)란 '모든 강력범죄자(집단)'를 장기간 구금함으로써 범죄의 예방을 추구하는 방안이다. 반면에 선별적 무력화(무능력화)란 '소수의 중·누범자(개인)'들이 대부분의 강력범죄를 저지른다는 전제(범죄예측을 통해 재범위험성이 높다고 판단)에서 이들을 장기간 구금하여 범죄의 감소를 추구하는 방안이다.

02 ◯ 교정의 목적(정당성)을 교화개선(rehabilitation)에서 찾는 입장은 범죄의 원인이 개인적 차원(소질)뿐만 아니라 사회적 원인(환경)에도 있다고 보아, 형의 집행을 통해 범죄자를 건전한 사회인으로 변화시켜 사회에 복귀(재사회화)시키는 것이 교정의 목적이라고 본다.

03 ◯ 무력화(무능력화)란 현대적 고전주의의 입장에서 범죄방지 및 피해자보호를 위해 범죄성이 강한 자들을 추방·구금·사형 등에 처함으로써 범죄가능성을 원천봉쇄하자는 주장이다.

04 ◯ 수용자처우모델(범죄자처우모형)은 ㉠ 처벌을 위한 교정으로서 '구금모델', ㉡ 교화개선을 위한 교정으로서 '의료모델'·'개선모델'·'재통합모델', ㉢ 사법정의를 위한 교정으로서 '정의모델'로 나눌 수 있다. 이 중 교화개선을 위한 교정(교화개선모형)은 실증주의에 기초한 입장으로서, 일반적으로 범죄자의 형기는 범죄행위에 대한 것이 아니라(정기형 부정) 범죄자를 교화개선시키는 데 요구되는 시간이 되어야 한다(부정기형 인정)고 본다.

05 ✕ 범죄인처우모델(수용자처우모델, 교정처우모델)은 ㉠ 처벌을 위한 교정모델(구금모델), ㉡ 교화개선을 위한 교정모델[의료모델, 개선모델(적응모델), 재통합모델], ㉢ 사법정의를 위한 교정모델(정의모델)로 구분할 수 있다. 정의모델(공정모델)은 '사법정의를 위한 교정모델'에 해당한다. 정의모델은 극단적인 개선모델이나 의료모델에 의해 야기되는 인권침해의 문제를 고려하고 응보의 측면을 강조하여 등장한 것으로서 범죄인의 법적 권리보장, 처우의 공정성 확보 및 사법정의의 실현에 중점을 두는 입장이다. 이 입장은 자유의사를 존중하는 현대적 고전주의의 접근방법으로, 수용자의 개선보다 교정제도의 개선을 강조한다(적법절차의 강조). 이에 따라 부정기형과 가석방제도를 폐지하고 정기형으로 복귀 및 선시제도의 채택, 법관의 재량권 제한, 미결구금일수의 형기산입, 수형자자치제의 확대, 옴부즈만제도의 채택, 교도소 처우의 공개 등을 주장한다.

06 ◯ 의료모형은 실증주의학파의 결정론적 관점에서 범죄자를 인격이나 사회화에 결함이 있는 환자로 보아 처벌보다는 치료(처우)의 대상으로 보는 입장이다.

07 ✕ 교화개선모형 중 지역사회와의 유대관계를 중시하고 지역사회에 기초한 교정을 강조하는 입장은 '재통합모델'이다.

08 재통합모형(reintegration model)에서는 처벌은 범죄자 문제를 해결하는 데 전혀 도움이 되지 않고, 오히려 범죄자의 부정적 관념을 강화시킬 수 있으므로 범죄자를 치료할 수 있는 치료프로그램을 개발하고 적용하는 것이 필요하다고 본다. (   )

09 교화개선모형 중 재통합모델에 의하면 범죄자의 사회재통합을 위해서는 지역사회와의 의미 있는 접촉과 유대관계가 전제되어야 한다. (   )

10 재통합모델(reintegration mode)이란 범죄자의 문제는 범죄가 발생한 사회 내에서 해결되어야 한다는 전제를 기초로 한 교정처우모델로 지역사회에 기반한 교정프로그램을 강조한다. (   )　　　　　　　　　　22. 경행

11 교화개선모형에 입각한 대부분의 처우프로그램은 효과가 없다고 비판받는다. (   )

12 정의모형에서는, 처벌은 범죄로 인한 사회적 해악이나 범죄의 경중에 상응해야 한다고 주장한다. (   )

13 정의모형에서는, 교화개선보다 사법정의의 실현이 바람직하고 성취 가능한 형사사법의 목표라고 주장한다. (   )

14 우리나라는 독거수용을 원칙으로 하고 있으나, 현실적으로는 독거실 부족 등의 사유로 혼거수용이 일반적으로 이루어지고 있다. (   )　　　　　　　　　　24. 간부(74)

15 펜실베니아시스템(Pennsylvania System)은 독거생활을 통한 반성과 참회를 강조한다. (   )

16 오번제(Auburn System)는 엄정독거제의 결점을 보완하고 혼거제의 폐해를 제거하기 위한 목적으로 고안된 것으로, 주간에는 침묵상태에서 혼거작업하고 야간에는 독거수용하는 제도이다. (   )　　　　　　24. 간부(74)

17 보스탈(Borstal) 제도는 경미범죄를 저지른 성인범죄자의 교정·교화를 위한 사회적 처우이다. (   )　　　　24. 경행

---

08 ✕　재통합모형은 구금의 부정적 요인을 최소화하면서 지역사회에 재적응할 수 있도록 하는 모델로서, 범죄자의 교화개선 외에 범죄를 유발하는 사회의 변화도 수반되어야 하며, 사회와 범죄자가 통합되어야 범죄문제는 해결될 수 있다고 보아, 지역사회와의 유대관계를 중시하고, 지역사회에 기초한 교정을 강조한다. 지문의 내용은 의료모형에 대한 설명이다.

09 ○　교화개선모형 중 재통합모델에서는 범죄자의 교화개선 외에 범죄를 유발하는 사회의 변화도 수반되어야 하며, 사회와 범죄자가 통합되어야 범죄문제는 해결될 수 있다고 본다.

10 ○　교화개선을 위한 교정모델 중 재사회화모델(재통합모델)은 구금의 부정적 요인을 최소화하면서 지역사회에 재적응할 수 있도록 하는 입장이다. 이에 의하면 범죄자의 교화개선 외에 범죄를 유발하는 사회의 변화도 수반되어야 하며, 사회와 범죄자가 통합되어야 범죄문제는 해결될 수 있다고 보며, 지역사회와의 유대관계를 중시하고, '지역사회에 기초한 교정을 강조'한다.

11 ○　교화개선모형에 따른 처우의 효과에 대한 비판으로, 이후 정의모델이 등장하는 계기가 되었다.

12 ○　정의모형에서는 응보의 측면을 강조한다.

13 ○　정의모형에서는 범죄인의 법적 권리보장, 처우의 공정성 확보 및 사법정의의 실현에 중점을 둔다.

14 ○　「형의 집행 및 수용자의 처우에 관한 법률」은 독거제를 원칙으로 하면서, 예외적으로 혼거수용이 가능함을 규정하고 있으나(제14조), 실무적으로는 혼거수용이 대다수를 차지하고 있다.

15 ○　펜실베니아제는 절대침묵과 정숙을 유지하며 주간·야간 구분 없이 엄정한 독거수용을 통해 회오·반성하는 것을 목적으로 하는 구금방식이다(엄정독거제, 분방제, 필라델피아제).

16 ○　오번제(Auburn System)란 엄정독거제의 결점을 보완하고 혼거제의 폐해를 제거하기 위한 목적으로 고안된 것으로서, 야간에는 독거구금하고 주간에는 침묵상태에서 혼거작업을 실시하는 구금방식이다(침묵제, 완화독거제, 교담금지제).

17 ✕　보스탈제도(Borstal System)란 '범죄소년'을 구금하여 직업훈련, 학과교육, 개방처우, 수용자 간의 토의 등을 중시하여 시행한 소년 교정시설(소년원·소년교도소)의 선구적 모델을 말한다.

18 사회적 처우(개방처우)는 가족, 친지 등과의 유대를 지속시켜 범죄자의 갱생 의욕을 자극할 수 있다. (　　) 24. 경행

19 귀휴, 외부통근제, 주말구금제, 가족 만남의 날(가족·부부접견)은 사회적 처우에 해당된다. (　　) 24. 경행

20 사회적 처우(개방처우)는 통상적 형벌관념이나 일반국민의 법감정에 적합하지 않다는 단점이 있다. (　　) 24. 경행

21 귀휴제는 행형성적이 우수한 수형자를 일정 기간 동안 가정이나 사회에 내보내어 장기간 수형생활로 인하여 단절된 사회사정을 접할 수 있는 기회를 줌으로써 사회적응을 보다 용이하게 하는 제도이다. (　　) 24. 간부(74)

22 일반귀휴는 형집행기간에 포함하나, 특별귀휴는 형집행기간에 포함하지 않는다. (　　) 24. 간부(74)

---

18 ○　사회적 처우(개방처우)란 시설 내 처우를 기반으로 격리와 계호를 완화하여 사회와 접촉하고 교류하는 것을 확대시켜 수형자의 사회복귀를 용이하게 하는 것으로, 시설 내 처우와 사회 내 처우의 결합형태로 볼 수 있다. 사회적 처우는 재범 방지, 갱생의욕의 고취, 처우의 다양화에 기여하고, 가족과의 유대가 지속될 수 있다는 장점이 있다고 평가된다.

19 ○　사회적 처우에는 귀휴, 외부 통근작업, 외부 통학, 주말구금, 사회견학, 가족 만남의 집, 가족 만남의 날, 보스탈제도, 중간처우소 등이 있다.

20 ○　사회적 처우를 통하여 범죄자에게 완화된 처우를 한다는 점에서 일반국민의 법감정에 위배될 수 있다는 단점이 지적된다.

21 ○　귀휴제도란 행형 성적이 양호하고 도주의 위험성이 없는 수형자(미결수용자는 대상 아님)에게 기간과 행선지를 제한하여 외출·외박을 허용하는 제도이다. 이는 장기수용의 부작용을 방지하고 사회적 연계의 유지 및 재사회화의 보충을 위해 실시한다.

22 ×　'일반귀휴' 및 '특별귀휴'의 귀휴기간은 '형 집행기간에 포함'한다(형집행법 제77조 제4항).

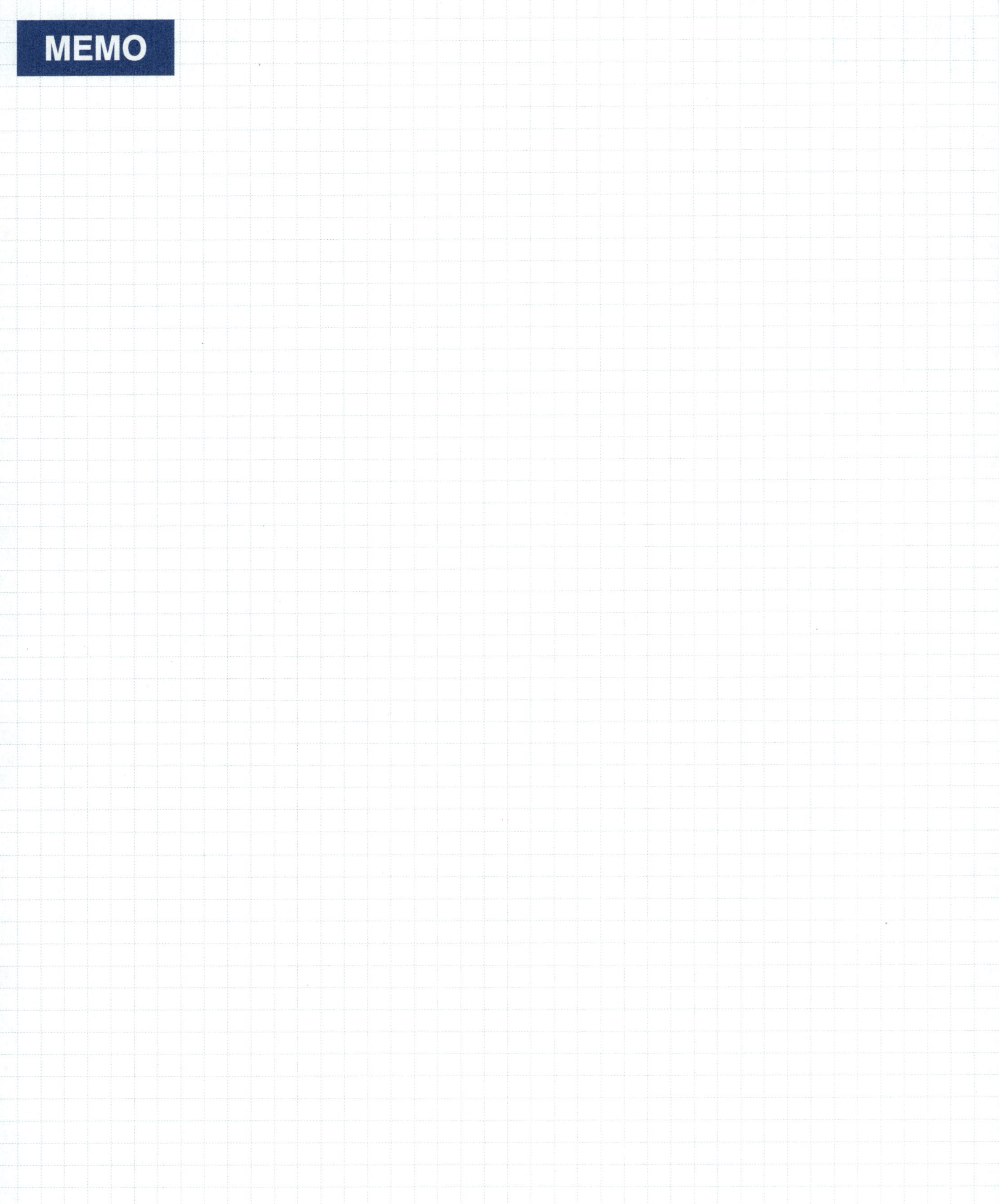
MEMO

MEMO

2025 대비 최신개정판

해커스경찰 노신 범죄학 기본서

개정 4판 1쇄 발행 2024년 11월 29일

지은이	노신 편저
펴낸곳	해커스패스
펴낸이	해커스경찰 출판팀

주소	서울특별시 강남구 강남대로 428 해커스경찰
고객센터	1588-4055
교재 관련 문의	gosi@hackerspass.com
	해커스경찰 사이트(police.Hackers.com) 교재 Q&A 게시판
	카카오톡 플러스 친구 [해커스경찰]
학원 강의 및 동영상강의	police.Hackers.com

ISBN	979-11-7244-616-1 (13350)
Serial Number	04-01-01

해커스 경찰간부

기적의 합격패스

경찰간부 시험 완벽대비

경찰간부& 순경 전 과목 인강 무제한 수강!

경찰간부 전 강좌
무제한 수강

합격까지
평생수강 지원

합격 시
수강료 전액환급*

*평생: 최초 수강기간 내 불합격 인증 시, 1년씩 연장

* 최초 수강기간 내 최종 합격시,
제세공과금 본인부담

해커스경찰 **police.Hackers.com**

문의 1588-4055